Inteligencia Artificial ¿amiga o enemiga?

CIENCIAS SOCIALES EN ABIERTO

Editada por

DAVID CALDEVILLA DOMÍNGUEZ
ALMUDENA BARRIENTOS-BÁEZ

Vol. 1

PETER LANG

Berlin - Bruxelles - Chennai - Lausanne - New York - Oxford

Almudena Barrientos-Báez /
David Caldevilla Domínguez /
Javier Sierra Sánchez (eds.)

Inteligencia Artificial
¿amiga o enemiga?

PETER LANG

Berlin - Bruxelles - Chennai - Lausanne - New York - Oxford

Información bibliográfica publicada por la Deutsche Nationalbibliothek
La Deutsche Nationalbibliothek recoge esta publicación en la
Deutsche Nationalbibliografie; los datos bibliográficos detallados
están disponibles en Internet en http://dnb.d-nb.d.

Catalogación en publicación de la Biblioteca del Congreso
Para este libro ha sido solicitado un registro en el catálogo
CIP de la Biblioteca del Congreso.

ISSN 2944-4276
ISBN 978-3-631-91587-5 (Print)
E-ISBN 978-3-631-93049-6 (E-PDF)
E-ISBN 978-3-631-93050-2 (EPUB)
DOI 10.3726/b22553

© 2024 Peter Lang Group AG, Lausanne
Publicado por Peter Lang GmbH, Berlín, Alemania
info@peterlang.com - www.peterlang.com

PREFACIO

El presente libro, *Inteligencia Artificial ¿amiga o enemiga?*, incluido en la colección '*Ciencias sociales en abierto*' de la editorial PETER LANG reúne textos que sirven de puente entre el ayer y el hoy y lanzan sus redes al mañana.

Todos los capítulos que conforman las presentes páginas suponen una apuesta comprometida con la Academia, la ciencia y sus investigadores por parte de unos autores que quieren exponer sus experiencias profesionales en las aulas y en los laboratorios, transmitiendo y compartiendo sus logros. Los campos del saber en los que se centra la colección '*Ciencias sociales en abierto*' compendian lo que damos en llamar Ciencias Sociales, Docencia y Humanismo pues en ellas encontramos el verdadero centro del universo: el hombre, ya que sin él nada tendría sentido.

La Academia halla su esencia y motivo de ser en esfuerzos como el que aquí se presenta, fruto de años, si no de carreras docentes completas, llenos de labores concienzudas, vocacionales y reiteradas, las más de las veces calladas, pero con gran predicamento social pues la imagen de la Ciencia y los científicos es socialmente siempre muy valorada, aunque sea más citada que comprendida por el gran público.

Los autores de los capítulos conformantes de este volumen son profesores investigadores con años de desempeño en Universidades de muchos países, en especial los de la Lengua y los de los países hermanos lusófonos, a los que se unen algunos europeos que trabajan en idioma italiano, francés e inglés.

Su valía, su profesionalidad y su buen hacer revierten en la sociedad el esfuerzo que ésta realiza para que los centros de investigación y docencia mejoren y la hagan avanzar; es un camino de doble sentido que busca una simbiosis perfecta. Acompasar necesidades y aportaciones de una y de otra, Academia y sociedad, deben ser el motor de esta relación nuclear para el desarrollo del hombre.

El compromiso de calidad, exigido y exigible en todo producto científico se halla respaldado por la inestimable, y pocas veces valorada en su justa medida, labor del conspicuo Comité Editorial conformado por más de 200 doctores de más de 40 universidades internacionales, y cuyas filiaciones encabezan cada libro. Así podemos asegurar que los resultados aquí expuestos responden a los cánones de excelencia científica irrenunciable en el trabajo académico; es decir, todos los capítulos han superado la llamada revisión por doble par ciego (*peer review*). Este método, apriorístico y secular en la Universidad avala que la evaluación es llevada a cabo por académicos de igual categoría (pares), que desconocen la autoría de los textos arbitrados (ciegos) y al menos en número de dos (doble).

Deontológica e inconcusamente, todos los firmantes se han comprometido a salvaguardar las exigencias propias de la ética investigadora: renunciar al plagio, veracidad en la obtención de datos, presentación de conclusiones pertinentes y desinteresadas, planteamiento de resultados que supongan un avance académico-científico, eludir la autoalabanza y la colusión académica, las autocitas o las de favor a terceros, evitar la parcialidad en la selección de las fuentes epistemológicas y teóricas, remitirse a todos los datos procedentes, adecuados, relevantes y actuales y no omitir informaciones que puedan colisionar con los postulados o pretensiones del texto o directamente los refuten.

Por ello, está garantizado el total cumplimiento de todos los requisitos imprescindibles y la observancia rigurosa de lo anteriormente descrito. Todo ello supone la marca identitaria de la colección '*Ciencias sociales en abierto*' y que este título cumple plenamente. Por ello, la editorial, los coordinadores y los autores coinciden al manifestar:

- El consentimiento en la publicación de su trabajo y, de existir, de sus entidades financiadoras (tácita o explícitamente).
- La originalidad del texto como fruto de un trabajo, análisis y/o reflexión personales.
- Las citas empleadas no obedecen a criterios de favor.
- La bibliografía es actualizada y pertinente.
- Trabajo de revisión a cargo de revisores externos a la editorial PETER LANG y pertenecientes a la Comunidad Universitaria Internacional.
- Coherencia y calidad de los resultados, aportaciones, objetivos y conclusiones.

Por ello, supone un honor poder afirmar que, gracias a su esfuerzo editorial y a sus autores, en ideal simbiosis, la colección '*Ciencias sociales en abierto*' se posiciona a la altura de las mejores y más grandes recopilatorios de literatura científica mundial, logrando que PETER LANG sea una de las editoriales más señeras, según el índice referencial SPI (2022).

Rogamos al lector marque estas iniciales páginas como si de un *albo lapillo notare diem* se tratase ya que podrá dumir dulces frutos del árbol de la ciencia.

David Caldevilla-Domínguez
I. P. Grupo Complutense de Investigación en Comunicación **Concilium** (nº 931.791)
Universidad Complutense de Madrid (España)
Coordinador adjunto en la colección 'Ciencias sociales en abierto'

COMITÉ EDITORIAL

Coordinadora General

Almudena Barrientos Báez
Universidad Complutense de Madrid

Olga Bernad Cavero

Universitat de Lleida (España)

Juan José Blázquez Resino

Universidad de Castilla-La Mancha (España)

Ana María Botella Nicolás

Universitat de València (España)

Tania Brandariz Portela

Universidad Nebrija (España)

David Caldevilla Domínguez

Universidad Complutense de Madrid (España)

Marina Camino Carrasco

Universidad de Cádiz (España)

Concepción Campillo Alhama

Universidad de Alicante (España)

Basilio Cantalapiedra Nieto

Universidad de Burgos (España)

Yánder Castillo Salina

Pontificia Universidad Católica del Perú (Perú)

Vicente Castro Alonso

Universidade da Coruña (España)

Benjamín Castro Martín

Centro Universitario Cardenal Cisneros (España)

María Nereida Cea Esteruelas

Universidad de Málaga (España)

Antoni Cerdà Navarro

Universitat de les Illes Balears (España)

Bárbara Cerrato Rodríguez

Universitat d'Andorra (Andorra)

Aurelio Chao Fernández

Universidade da Coruña (España)

Rocío Chao Fernández

Universidade da Coruña (España)

María Belén Cobacho Tornel

Universidad Politécnica de Cartagena (España)

Rubén Comas Forgas

Universitat de les Illes Balears (España)

Juan Manuel Corbacho Valencia

Universidade de Vigo (España)

José Luis Corona Lisboa

Universidad Nacional Experimental Francisco de Miranda
y Universidad Centro Panamericano de Estudios Superiores (México)

Almudena Cotán Fernández

Universidad de Huelva (España)

Carmen Cristófol Rodríguez

Universidad de Málaga (España)

Francisco Javier Cristófol Rodríguez

Universidad Loyola (España)

Purificación Cruz Cruz

Universidad de Castilla-La Mancha (España)

Jorge Enrique Chaparro Medina

Fundación Universitaria del Área Andina (Colombia)

Ricardo Curto Rodríguez

Universidad de Oviedo (España)

Alberto Dafonte Gómez

Universidade de Vigo (España)

Virginia Dasí Fernández

Universitat de València (España)

Pedro De La Paz Elez

Universidad de Castilla-La Mancha (España)

Senén Del Canto García

Universidad Internacional de La Rioja (España)

Carlos Felimer del Valle Rojas

Universidad de La Frontera en Temuco (Chile)

Yorlis Delgado López

Colegio Universitario San Gerónimo de La Habana (Cuba)

Pilar Díaz Cuevas

Universidad de Sevilla (España)

Elena Domínguez Romero

Universidad Complutense de Madrid (España)

Carmen Dorca Fornell

Universidad Internacional de La Rioja (España)

Guillem Escorihuela Carbonell

Universitat de València (España)

Beatriz Esteban Ramiro

Universidad de Castilla-La Mancha (España)

Carolina Estrada Bascuñana

Universitat Internacional de Catalunya (España)

Cesáreo Fernández Fernández

Universitat Jaume I de Castellón (España)

Estrella Fernández Jiménez

Universidad de Sevilla (España)

Mónica Fernández Morilla

Universitat Internacional de Catalunya (España)

Alejandro Fernández-Pacheco García

Universidad de Castilla-La Mancha (España)

Antonio Rafael Fernández Paradas

Universidad de Granada (España)

María Remedios Fernández Ruiz

Universidad de Málaga (España)

María Teresa Fuertes Camacho

Universitat Internacional de Catalunya (España)

Cinta Gallent Torres

Universitat de València (España)

Fernando García Chamizo

ESIC University (España)

Ana García Díaz

Universidad Internacional de La Rioja (España)

Silvia García Mirón

Universidade de Vigo (España)

Alberto E. García Moreno

Universidad de Málaga (España)

Vicenta Gisbert Caudeli

Universidad Autónoma de Madrid (España)

Francisco Javier Godoy Martín

Universidad de Cádiz (España)

Óscar Gómez Jiménez

Universidad Internacional de Valencia (España)

Liuba González Cid

Universidad Rey Juan Carlos (España)

María del Carmen González Rivero

Biblioteca Médica Nacional (Cuba)

Juan Enrique Gonzálvez Vallés

Universidad Complutense de Madrid (España)

Edurne Goñi Alsúa

Universidad Pública de Navarra (España)

Carmen Lucía Hernández Stender

Universidad Europea de Canarias (España)

Francisco Jaime Herranz Fernández

Universidad Carlos III (España)

Mercedes Herrero De la Fuente

Universidad Nebrija (España)

María Isabel Huerta Viesca

Universidad de Oviedo (España)

Coral Ivy Hunt Gómez

Universidad de Sevilla (España)

Hamed Abdel Iah Alí

Universidad de Granada (España)

Guillermina Jiménez López

Universidad de Málaga (España)

Francisco Javier Jiménez Ríos

Universidad de Granada (España)

Abigail López Alcarria

Universidad de Granada (España)

Enric López C.

CETT - Universitat de Barcelona (España)

Lorena López Oterino

Universidad de Castilla-La Mancha (España)

Sidoní López Pérez

Universidad Internacional de La Rioja (España)

Manuel José López Ruiz

Universidad de Granada (España)

Paloma López Villafranca

Universidad de Málaga (España)

Arantza Lorenzo De Reizábal

Universidad Pública de Navarra (España)

Manuel Osvaldo Machado Rivero

Universidad Central "Marta Abreu" de Las Villas (Cuba)

Cristina Manchado Nieto

Universidad de Extremadura (España)

Rafael Marcos Sánchez

Universidad Internacional de La Rioja (España)

Pedro Pablo Marín Dueñas

Universidad de Cádiz (España)

Sara Mariscal Vega

Universidad de Cádiz (España)

María José Márquez Ballesteros

Universidad de Málaga (España)

Davinia Martín Critikián

Universidad CEU San Pablo (España)

Marta Martín Gilete

Universidad de Extremadura (España)

Nazaret Martínez Heredia

Universidad de Granada (España)

Soledad María Martínez María-Dolores

Universidad Politécnica de Cartagena (España)

Alba María Martínez Sala

Universidad de Alicante (España)

Xabier Martínez Rolán

Universidade de Vigo (España)

Sendy Meléndez Chávez

Universidad Veracruzana (México)

María Isabel Míguez González

Universidade de Vigo (España)

Olga Moreno Fernández

Universidad de Sevilla (España)

Louisa Mortimore

Universidad Internacional de La Rioja (España)

Daniel Muñoz Sastre

Universidad de Valladolid (España)

Sara Navarro Lalanda

Universidad Internacional de La Rioja (España)

Daniel Navas Carrillo

Universidad de Málaga (España)

Marta Oria De Rueda

Universidad Isabel I (España)

Inmaculada Concepción Orozco Almario

Universitat Jaume I de Castellón (España)

Delfín Ortega Sánchez

Universidad de Burgos (España)

Enrique Ortiz Aguirre

Universidad Complutense de Madrid (España)

Graciela Padilla Castillo

Universidad Complutense de Madrid (España)

Carmen Paradinas Márquez

ESIC University (España)

Concepción Parra Meroño

Universidad Católica San Antonio de Murcia (España)

María Josefa Peralta González

Universidad Central 'Marta Abreu' de las Villas (Cuba)

Victoriano José Pérez Mancilla

Universidad de Granada (España)

Hugo Pérez Sordo

Universidad de La Rioja (España)

Teresa Piñeiro Otero

Universidade da Coruña (España)

José Carlos Piñero Charlo

Universidad de Cádiz (España)

Carolina Patricia Porras Florido

Universidad de Málaga (España)

Mercedes Querol Julián

Universidad Internacional de La Rioja (España)

Vanessa Quintanar Cabello

Universidad Complutense de Madrid (España)

Diana Ramahí García

Universidade de Vigo (España)

Dolores Rando Cueto

Universidad de Málaga (España)

Rocío Recio Jiménez

Universidad de Sevilla (España)

Natalia Reyes Ruiz de Peralta

Universidad de Granada (España)

Isabel Cristina Rincón Rodríguez

Universidad de Santander (Colombia)

Paola Eunice Rivera Salas

Benemérita Universidad Autónoma de Puebla (México)

Isabel Rodrigo Martín

Universidad de Valladolid (España)

Alfredo Rodríguez Gómez

Universidad Internacional de La Rioja (España)

Sonia María Rodríguez Huerta

Universidad de Oviedo (España)

Nuria Rodríguez López

Universidade de Vigo (España)

Juan Andrés Rodríguez Lora

Universidad de Sevilla (España)

Javier Rodriguez Torres

Universidad de Castilla-La Mancha (España)

Aurora María Ruiz Bejarano

Universidad de Cádiz (España)

Encarnación Ruiz Callejón

Universidad de Granada (España)

Ignacio Sacaluga Rodríguez

Universidad Europea de Madrid (España)

Virginia Sánchez Rodríguez

Universidad de Castilla-La Mancha (España)

Andrés Sánchez Suricalday

Centro Universitario Cardenal Cisneros (España)

Alexandra María Sandulescu Budea

Universidad Rey Juan Carlos (España)

María Santamarina Sancho

Universidad de Granada (España)

Clara Janneth Santos Martínez

Universidad Rey Juan Carlos (España)

Begoña Serrano Arnáez

Universidad de Granada (España)

Marta Talavera Ortega

Universitat de València (España)

Blanca Tejero Claver

Universidad Internacional de La Rioja (España)

Ricardo Teodoro Alejandre

Universidad Veracruzana (México)

Raúl Terol Bolinches

Universitat Politècnica de València (España)

Ana Tomás López

Universidad Nacional de Educación a Distancia (España)

Rocío Torres Mancera

Universidad de Málaga (España)

Karen Cesibel Valdiviezo Abad

Universidad Técnica Particular de Loja (Ecuador)

Carmen Vázquez Domínguez

Universidad de Cádiz (España)

Enric Vidal Rodá

Universitat Internacional de Catalunya (España)

Mónica Viñarás Abad

Universidad Complutense de Madrid (España)

Óscar Javier Zambrano Valdivieso

Corporación Universitaria Minuto de Dios (Colombia)

Jessica Zorogastua Camacho

Universidad Rey Juan Carlos (España)

ÍNDICE

PRÓLOGO

Prologar un libro fruto de 37 magníficas investigaciones no es fácil pues el tintero amenaza con quedar lleno de ideas, comentarios, impresiones y recomendaciones para aquellos que se adentren en la *terra incógnita* donde habitan los dragones de sus páginas.

Negro sobre blanco *Inteligencia Artificial ¿amiga o enemiga?* recoge reflexiones agudas y profundas sobre la realidad de la tecnología más actual y aún balbuciente: la Inteligencia Artificial.

El empleo de estos 0 y 1 que damos en tildar como inteligentes abarca todos los campos del saber y de la cotidianeidad del día a día. Cada vez más habitual, la IA (por sus siglas en español) sirve de apoyo, no sólo en el desarrollo de nuevos modelos de análisis sino también en muchas labores mecánicas y relacionales entre elementos que han de ser imbricados según normas que emplearían muchísimo tiempo a los humanos.

Estas soluciones tecnológicas pueden ser entendidas como ayudas y apoyos a las labores más arduas, pesadas o tediosas a las que nos enfrentamos como trabajadores día a día, pues simplifican análisis, aportan ideas y agilizan estructuraciones que otrora se realizaban "a mano" o con un despliegue de fuerza de trabajo enorme… pero ¿qué precio hemos de pagar como sociedad por esta indudable ventaja?. Por respuesta hallamos variadas opiniones, muy fundamentadas en todos los sentidos y por cada una de las áreas afectadas, que van desde el entusiasmo incondicional y la promesa salvífica de un ocioso futuro de empíreos confines a un miedo pánico a ser recluidos en el Érebo del olvido lotófilo y la inoperancia fútil, incluyendo una plausible y apocalíptica extinción por inanidad de la especie bípeda por antonomasia.

El presente texto pretende enfocar todas las posibilidades que nos oferta la IA en las más variadas áreas de la Academia, por no decir en la totalidad de las mismas, basadas en estudios empíricos pero también en reflexiones sobre su empleo actual, pórtico de sus futuras aplicaciones.

Quien quiera conocer el *statu quo ante bellum* de la IA en este primer cuarto de siglo ha de pasar esta página de presentación con el firme ánimo de matar a los dragones que pueblan la recóndita geografía de lo ígnoto y edificar un sólido basamento de saberes que le ayuden a entender más el cambiante mundo que le rodea.

Bajo esta bandera, que no es ni de conveniencia ni falsa, los académicos que han confeccionado los presentes capítulos, como abanderados de los múltiples saberes científicos, pretenden generar banderines de enganche a los usos y aplicaciones vigentes transmitiendo experiencias propias y propuestas de un porvenir tan cada vez más cercano a la ciencia ficción como alejado del mundo conocido, que es donde habita nuestra zona de comodidad, de la que no queremos salir pero de la que seremos indefectiblemente expulsados cual Edén perdido miltoniano en éxodo sin retorno.

Dentro de unos años miraremos atrás, hacia las incipientes revueltas y recodos donde principia esta senda que recién hollamos con leve pisada y quién sabe si haremos buenas las ideas de Schopenhauer cuando aseveró: *Toda verdad pasa por tres etapas. Primero, es ridiculizada. En segundo lugar, es violentamente rechazada. En tercer lugar, es aceptada como evidente por sí misma. ¿En qué trinchera colgaremos nuestra impedimenta…?.*

Si bien *Inteligencia Artificial ¿amiga o enemiga?* no se decanta ni predice la naturaleza profunda de ese país desconocido que es el futuro y donde estamos destinados a vivir por un *fatum* temporal irreversible, sí nos muestra embriones de posibles mundos, en un acto de prospectiva que brota por entre las líneas nacidas de una segunda lectura, allende de prejuicios y torticeras intenciones.

Seamos balsámicos y optimistas. La IA, cuya inocencia presuponemos, algo a lo que la nobleza de nuestro estado de derecho obliga, ha venido como invitada a nuestras vidas, el papel que ya ejerce y aquel que le otorguemos dependerá de estudios como el aquí presentado pues si amplia es su presencia, infinita su capacidad.

Pásense, pues, estas líneas de prólogo como necesario epítome, muestras de nuestra imperiosa ansia (y deber científico) de arrostrar la ignorancia y crear una suficiente luz que ilumine el camino.

Fiat lux.

Almudena Barrientos-Báez
David Caldevilla-Domínguez
Javier Sierra-Sánchez
Universidad Complutense de Madrid (España)

EN BUSCA DE LOS QUE NOS HACE HUMANOS: CONFRONTAR INTELIGENCIA ARTIFICIAL Y NATURAL A TRAVÉS DE TRES METODOLOGÍA DOCENTES

Nereida Bueno-Guerra [1]

El presente texto nace en el marco del proyecto de innovación docente con referencia 2223-02 titulado "HUMAN-CHAT, Inteligencia artificial versus natural: tres metodologías docentes (debate, experimento y podcast) en busca de lo que nos hace humanos", concedido por la Universidad Pontificia Comillas a la autora de este capítulo.

1. INTRODUCCIÓN

La llegada de la inteligencia artificial (IA) a nuestras vidas es evidente: disponemos de asistentes virtuales, usamos herramientas como *ChatGPT* o los algoritmos determinan el contenido que consumimos en las redes sociales. De hecho, el impacto de la IA sobre la sociedad es tan elevado que se denomina Cuarta Revolución Industrial (Schwab, 2016) a la era actual, donde los sistemas digitales inteligentes se integran en las organizaciones humanas. Así, conviven distintas visiones sobre las consecuencias que puede tener para nuestra especie, unas de carácter pesimista, donde se augura la merma de las capacidades cognitivas (la introducción de buscadores de información *online* demostraban pérdidas en la capacidad de recordar, el denominado efecto Google (Sparrow *et al.*, 2011)) o la desaparición de ciertos empleos (Huang y Rust, 2020), junto con otras visiones de carácter más optimista, donde se augura la potencialidad de determinadas capacidades cognitivas (Rampersad, 2020) o la creación de nuevos empleos (Wilson *et al.*, 2017).

Por tanto, parece un momento idóneo para reflexionar sobre qué es aquello que nos hace humanos; cuál es nuestro aporte fundamental en una era eminentemente digitalizada, mediante una comparación entre las capacidades de la IA y las capacidades cognitivas humanas. No se trata de establecer una competición, sino más bien de volver a un debate pausado, socrático y filosófico sobre nuestra capacidad de contribución al mundo, revisitando las capacidades de nuestra especie, para reflexionar sobre qué aportaciones podemos hacer en un mundo cada vez más digital y automatizado.

Además, dado que esta revolución se produce a escala mundial pudiendo afectar a todas las disciplinas y no solo a las específicamente tecnológicas, surge una oportunidad de trabajo interdisciplinar en los contextos educativos, invitando a alumnos de distintos grados a esta reflexión trascendental. Llegar al alumnado universitario es relevante porque son los actuales usuarios, futuros beneficiarios y potenciales creadores de los nuevos avances.

---

1   Universidad Pontificia Comillas (España)

Es en este contexto de elevada digitalización y oportunidad propicia para la reflexión en el que surge la idea de llevar a cabo un proyecto de innovación educativa, titulado *"Inteligencia artificial versus natural: tres metodologías docentes (debate, experimento y podcast) en busca de lo que nos hace humanos"*, financiado en concurrencia competitiva por la universidad de origen de la autora, en el que se invita al estudiantado universitario a reflexionar sobre las cualidades del ser humano para repensar su capacidad de contribución en el mundo actual como agentes activos. Además, explorar las diferencias humano-máquina, tal y como se pretende en este proyecto, son cada vez más abundantes en ciencia a través experimentos con inteligencia artificial generativa, como *ChatGPT*, (ej., Ayers *et al.*, 2023) y hasta se realizan competiciones internacionales tras las que se escriben discusiones al respecto (ej., Dinan *et al.*, 2020). En concreto, dado el perfil académico de la autora y sus horas de docencia asignadas en la universidad donde trabaja, se realiza el proyecto en diferentes grados: Matemáticas e Inteligencia Artificial, IMAT (asignatura Cognición Humana e Inteligencia Artificial, segundo curso de cuatro años) y Psicología (asignatura Pensamiento y Lenguaje, tercer curso de cuatro años). La manera de conseguirlo será, como indica el proyecto, a través de tres metodologías docentes:

a) una actividad de debate, donde se enfrentarán posturas contrarias sobre si determinadas capacidades son exclusivas o no de los seres humanos;

b) una actividad experimental, en la que se formulará la misma pregunta a una inteligencia artificial y a varios sujetos a fin de comprar sus respuestas y hacer una votación sobre cuál parece la respuesta no-humana y por qué;

c) finalmente la grabación de varios podcasts de las actividades precedentes, esto es, tanto de los debates como de los mejores trabajos experimentales expuestos.

La pertinencia temática de estas actividades parece no sujeta a dudas. Por una parte, el grado IMAT surge con vocación de ser líder en el sector en cuanto a formación en inteligencia artificial con componente ético y humano (una de las tres áreas que se defienden en su Memoria Académica aprobada por el Ministerio), y una manera de hacerlo es indagar en la esencia del ser humano. Esta perspectiva, además, coincide con recientes proyectos europeos y líneas Horizon de financiación (ej.: HORIZON-cl42023-HUMAN-01-81 Digital Humanism- Putting people at the centre of the digital transformation (CSA)).

Por otra parte, en el grado de Psicología, la asignatura Pensamiento y Lenguaje siempre ha generado sensaciones contrarias al ser tradicionalmente poco práctica, que detraía el interés. De esta forma, no solo la introducción de una actividad nueva centrada en una nueva vertiente laboral, la de un egresado psicólogo capaz de contribuir a equipos de ingenieros de inteligencia artificial con sus conocimientos del funcionamiento del pensamiento y procesamiento del lenguaje, puede generar interés. De hecho, de nuevo en la línea europea, se cuentan por varios los proyectos que buscan la unión entre psicólogos y especialistas computacionales (ej., HORIZON-CL4-2023-HUMAN-01-03: Natural Language Understanding and Interaction in Advanced Language Technologies (AI Data and Robotics Partnership) (RIA); HORIZON-CL4-2024-HUMAN-01-07: Collaborative intelligence – combining the best of machine and human (AI Data and Robotics Partnership [RIA]).

Otro aspecto que justifica la pertinencia de este proyecto es la creación de material digital que puede servir de fórmula divulgativa, ofreciendo un producto atractivo para la sociedad. El uso además de este tipo de actividades que involucran tecnología e impacto en medios sociales mediante la creación de un *podcast* es factible con la generación Z, ya que se desenvuelven con soltura y encuentran atractivo que los medios digitales formen parte de sus actividades diarias (Hernández-de-Menéndez *et al.*, 2020).

A continuación, se exponen los objetivos concretos que persigue el proyecto; se describen las teorías y metodologías docentes en las que se apoya para conseguirlo y, por último, se expone una propuesta de organización temporal de la asignatura, así como el material instructivo necesario para llevarlo a cabo.

2. OBJETIVOS

El objetivo principal de este proyecto es provocar una reflexión centrada en la esencia de lo que nos hace humanos en relación con la tecnología actual. No obstante, este objetivo general contiene otros de carácter más específico, alguno de ellos curriculares (aparecen como objetivos y competencias a alcanzar en las Memorias Académicas) y otros de carácter innovador, basados en el proyecto de innovación educativa concedido:

- Objetivos específicos de carácter curricular (OEC):
  - OEC1. Fomentar las habilidades de expresión oral en el alumnado
  - OEC2. Desarrollar trabajos en equipo con resultados evaluables
  - OEC3. Potenciar el pensamiento crítico
  - OEC4. Aplicar el conocimiento teórico explicado en clase
- Objetivos específicos de carácter innovador (OEI) vinculados al proyecto:
  - OEI1. Potenciar el pensamiento humanista en el debate tecnología-ser humano
  - OEI2. Empatizar con posturas contrarias a la propia
  - OEI3. Conocer y emplear la herramienta ChatGPT
  - OEI4. Aprender a realizar prompts basadas en objetivos
  - OEI5. Producir material digital con capacidad de difusión

3. MARCO TEÓRICO

En este apartado se van a exponer las teorías educativas que respaldan las actividades escogidas para lograr los objetivos del proyecto de innovación. Así, para los objetivos OEC1, OEC3, OEI1, OEI2, se llevará a cabo una actividad de oratoria y debate donde se expondrán posturas opuestas respecto a si la inteligencia artificial puede o no llevar a cabo determinados procesos cognitivos (ej., pensar). Para ello, se empleará la metodología del mismo nombre (debate y oratoria) junto con metodologías evaluativas basadas en rúbricas y en evaluación por pares. Para los objetivos OEC2, OEC3, OEC4, OEI3, OEI4, se llevará a cabo una actividad experimental, que consistirá en pensar una pregunta para formular tanto a una máquina como a tres personas que permita reflexionar a partir de sus respuestas sobre las diferencias entre la cognición humana y artificial. Para ello, se empleará la rutina de pensamiento. Por último, para cumplir con el OEI5, se llevará a cabo la grabación de los debates y de los mejores trabajos experimentales en formato *podcast*. Para ello, se recurrirá a metodologías de uso de las tecnologías. A continuación, se exponen en detalle cada una de las teorías educativas que respaldan estas actividades.

3.1. Metodologías docentes involucradas en la actividad de debate

a) *Oratoria y debate:* el debate es un encuentro entre dos posturas enfrentadas donde es necesario buscar argumentos para convencer a un auditorio (Sánchez Prieto, 2017), por lo que en el ámbito académico son una buena forma para que el alumnado ponga en práctica habilidades de expresión oral; buscar argumentos o sintetizar información. Tal vez por ello el recorrido histórico de esta metodología es tan largo, remontándose a la Antigua Grecia (Bailey, 2019). En carreras tipo ingeniería, además, este tipo de habilidades son especialmente deseables y se pueden conseguir mediante este método (Ruxsora, 2019; Shageeva y Kraysman, 2021).

Para llevarla a cabo, la estructura y organización propuesta por Alan Cirlin (1999), uno de los autores referentes en el desarrollo de los debates universitarios, es la siguiente: introducción, donde cada equipo plantea sus argumentos para defender su postura y aporta las primeras evidencias; refutación, donde cada equipo defiende su postura en oposición a la de su contrincante, intentando rebatir las tesis opuestas; y conclusión, donde cada equipo resume el flujo del debate intentando convencer de que su postura ha sido más sólida o mejor defendida. Durante este proceso pueden emplearse, entre otras técnicas, los exordios, el lenguaje no verbal, metáforas, identificar falacias (ej., Cattani, 2003; Huber y Snider, 2006), respetar al contrincante y manejar el uso del tiempo.

b) *Sistema de evaluación a través de rúbricas*: la evaluación del desarrollo de los debates podría caer en el error de dejarse llevar por los argumentos más persuasivos o favorecer al alumnado mejor entrenado en oratoria, en perjuicio del resto de estudiantes. Así pues, la técnica de evaluación mediante rúbricas diseñadas por el docente puede contribuir a una evaluación ajustada. En concreto, las rúbricas son "tablas que desglosan los niveles de desempeño de los estudiantes en un aspecto determinado, con criterios específicos sobre rendimiento" (Gatica-Lara y Uribarren-Berrueta, 2013, p. 61). Sirven para señalar el nivel de logro de unos objetivos y ayuda a que los estudiantes sepan las expectativas del docente en la actividad, para poder ajustarse a las mismas. Aunque algunos autores exponen ventajas y desventajas (ej., Cano, 2015), parece una manera justa de evaluación de debates, señalando en cada apartado qué aspectos deben puntuarse y cómo.

c) *Sistema de evaluación por pares:* esta metodología consiste en que sean los propios compañeros de clase quienes se evalúen entre ellos. Contrario a la evaluación tradicional docente-discente, la evaluación entre pares (y, en concreto, la que se lleva a cabo con rúbricas, que permiten una evaluación objetiva del trabajo), añaden un valor educativo especial (Panadero y Alqassab, 2019), porque ayudan a integrar los resultados esperados de uno mismo en las actividades al tener que evaluar esos mismos resultados de aprendizaje en otras personas. Además, llevar a cabo este sistema de evaluación fomenta el interés y la asistencia de aquellos grupos que pierdan debates previos, dado que tienen cierto poder de decisión sobre quién pasa a la siguiente fase, y además pueden llevar a cabo escuchas técnicas que les suponga puntuación (ver Metodología, más abajo). Reducida al 30% (y el 70% restante siendo aportado por la profesora), se evitan posibles juicios parciales. Para llevar a cabo esta evaluación, se diseñaron formularios online a través de la aplicación *Forms* de *One Drive*, donde se replicó la rúbrica correspondiente a cada nivel de debate, de manera que quienes no habían participado en el debate accedían *online* al formulario correspondiente, bien a través de un enlace o de escanear un código QR. Además, al registrar el nombre de usuario que accede al cuestionario, se reduce la posibilidad de evaluaciones viciadas.

3.2. Metodologías docentes involucradas en la actividad experimental

a) *Rutinas de pensamiento*: Las rutinas de pensamiento son secuencias ordenadas de tareas que permiten al alumno darse cuenta del objetivo final que persigue y los pasos intermedios que debe dar para llegar al mismo (por ejemplo: Veo, Me pregunto, Pienso).

Son empleadas en distintos ámbitos educativos (ej., Chiliquinga Campos y Balladares Burgos, 2020 en matemáticas; Grez Cook, 2018 en historia). Aquí, dado que el objetivo de la rutina consiste en que el alumno aprenda a formular preguntas a una máquina encaminadas a generar respuestas confundibles con las de un ser humano, la rutina de pensamiento que se les puede plantear es: (1) ¿Qué objetivo tengo?; (2) ¿Qué necesito conseguir de la máquina?; (3) ¿Qué pregunta puedo formular para conseguirlo? A nivel experimental, además, existe abundante investigación al respecto de cómo formular preguntas efectivas a máquinas virtuales persiguiendo objetivos (ej., Dinan *et al.*, 2020).

3.3. Metodología transversal a todas las actividades: uso de las tecnologías

Como se comentó en la introducción, la generación Z, a la que va destinada esta actividad (alumnado universitario nacido a partir del año 2003), se desenvuelve con soltura en los medios digitales y forman parte de sus actividades diarias (Hernández-de-Menéndez *et al.*, 2020), por lo que las posibles resistencias a emplearlos en clase parecen poco probables. En concreto, los medios tecnológicos empleados serían:

- Debates: evaluación mediante formularios *online* prediseñados por la profesora;
- Interacción con *ChatGPT*: acceso a la herramienta *online*. En el improbable caso de que *ChatGPT* desapareciese o se quedase obsoleto, esta misma actividad podría llevarse a cabo con cualquier asistente virtual tipo Siri, Alexa o Bard;
- *Podcast*: se solicitará el consentimiento informado por escrito de los componentes del equipo que deseen participar. Su distribución quedará a cuenta de los propios alumnos y alumnas y, en su caso, de los medios que tiene la universidad.

4. METODOLOGÍA

4.1. Actividad de debate

Se hará una competición de debate por equipos donde cada uno defenderá una postura asignada al azar sobre si determinados procesos cognitivos (Dudar, Pensar), previamente escogidos por la profesora y relacionados con la teoría expuesta en clase, son exclusivos de los seres humanos o en cambio pueden ser replicados en inteligencias artificiales.

La evaluación de estos debates se llevará a cabo mediante el uso de rúbricas y, además, se compartirá entre pares (30%) y la profesora (70%). En concreto, se plantea una rúbrica para cada nivel de competición que valore cuatro aspectos fijos (organización del tiempo y dominio del tema, aplicaciones en inteligencia artificial, uso de términos técnicos de la asignatura, presentación y lenguaje) y uno variable (cuartos: documentación empleada, semifinal: originalidad en los ejemplos presentados, final: refutación) (ver ejemplos en el apartado Resultados). El total de puntuación de esta práctica corresponde a un 30% de la asignatura. Para impedir que los alumnos con menos dotes de oratoria obtengan menos puntuación y encuentren una baja motivación para participar al compararse con otros alumnos, los equipos que pierdan podrán realizar ejercicios complementarios de aumento de puntuación denominados escuchas técnicas (ET), y que consistirán en ejercicios de refutación por escrito de los equipos ganadores. Estos ejercicios serán evaluados exclusivamente por la profesora, de manera que la puntuación que se podrá obtener será la que se expone en la Tabla 1.

	Cuartos	Semifinal	Final	Total
Campeón	1	1	1	3
Subcampeón	1	1	0,5	2,5
Equipos pierden semifinal	1	0	ET optativa (máx. 1)	1 (+1)
Equipos pierden cuartos	0	ET obligatoria (máx. 1)	ET optativa (máx. 1)	0 (+1)(+1)

Tabla 1. Sistema de puntuación de la actividad de debate. Fuente: Elaboración propia.

Antes de llevar a cabo esta actividad en el aula, se explicarán las instrucciones al respecto de los tiempos, turnos de debate, reglas (ej., no usar dispositivos móviles durante los debates; no emplear información falsa, etc.) y sistema de evaluación. También se ofrecerá a los alumnos la posibilidad de asistir, de manera voluntaria, a una charla sobre consejos para afrontar un debate académico con ejercicios preparatorios.

La estructura de competición puede seguir el flujo habitual de las contiendas deportivas, esto es: cuartos de final, semifinal, final. La duración de cada debate puede variar, pero se suele aconsejar que no superen los 30 minutos, sorteando previamente el orden de intervención de cada postura (A favor/En contra), repartidos aproximadamente así: introducción (4 mins., primero una postura, después otra, 8 mins. totales); refutación (3 mins., comenzando por la postura que terminó la introducción y llevando a cabo dos turnos de réplica, es decir, cuatro refutaciones, 12 mins. totales) y conclusión (4 mins., siguiendo el mismo orden de posturas de la introducción, 8 mins. totales).

Así pues, dependiendo del número de discentes en clase y de la duración de los debates, se necesitará reservar una serie de días para llevar a cabo los debates. En una clase habitual de *circa* 40 estudiantes y clases de hora y media, se podrá pensar en grupos de cinco o seis y configurar cuartos de final en cuatro debates repartidos en dos días completos de clase, llevando a cabo cada día dos debates de 30 minutos cada uno; 5 minutos de votación y 10 minutos de valoración conjunta para cada debate. En este caso, todos los debates serán grabados para formar parte de los episodios del *podcast* del proyecto.

4.2. Actividad experimental

La segunda actividad del proyecto toma como inspiración el artículo seminal de Alan Turing donde explicaba y vaticinaba las capacidades relacionadas con la inteligencia que tendrían las máquinas (Turing, 1950), y en concreto el Test de Turing, esto es, el diseño de una situación experimental donde se reta a un ser humano a que descubra si el interlocutor con el que mantiene un diálogo escrito se trata de otro ser humano o de una máquina (ver revisión histórica de los últimos 50 años del Test de Turing, French, 2000), de manera que, si es engañado por una máquina, se considera que esta tiene suficientes capacidades intelectivas programadas. Su utilidad para reflexionar sobre las capacidades de construir máquinas inteligentes o descifrar los procesos cognitivos que siguen los humanos es evidente (ej., Warwick y Shah, 2015). En concreto, el uso de *ChatGPT* en este contexto es extenso ya que es una de las herramientas de lenguaje más extendidas (ej., Elkins y Chun, 2020), aunque actualmente se desarrollan otras fórmulas alternativas no verbales para plantear el Test de Turing (Marcus *et al.*, 2016).

Una manera de plantear este ejercicio en clase es mediante una actividad de arranque consistente en abrir un *chatbot* en clase, esto es, algún programa que permite mantener un diálogo virtual con una máquina (como Eliza) para formularle preguntas con el objetivo de descubrir si es humano o no, abriendo la participación a cualquier estudiante. El previsible caos inicial con formulación de preguntas impulsivas será guiado hacia el planteamiento de preguntas a través de una rutina de pensamiento: se dividirá a la clase en dos equipos para que compitan buscando la mejor pregunta, y, tras unos minutos, se les explicará la rutina de pensamiento mencionada. Después, se les volverá a dar tiempo para formular preguntas (*prompt*, en inglés), compartiendo esta vez el proceso de reflexión seguido. De esta forma, los estudiantes empezarán a plantear preguntas habiendo previamente pensado en el objetivo que pretenden conseguir.

La actividad experimental consistirá en formular una pregunta a la aplicación *ChatGPT* y a tres personas para después analizar las respuestas obtenidas. Se pide tan solo tres respuestas humanas para evitar complejizar la realización de la actividad, así como favorecer que la comparativa de respuestas sea más exhaustiva. Por tanto, el primer reto consiste en escoger bien la pregunta a llevar a cabo, ya que esta debe ser lo suficientemente hábil para confundir a quien evalúe si respondió o no una máquina. Esta actividad se llevará a cabo en ambos grados, de manera que en cada uno se reflexione sobre la teoría impartida en clase: en IMAT sobre la arquitectura programática del *software* y qué aspectos han sido relevantes implementar en cuanto al procesamiento del lenguaje natural, y en Psicología sobre cómo los humanos categorizamos y expresamos la información así como qué áreas del lenguaje (ej., pragmática, semántica) son relevantes al detectar una respuesta humana. Después, cada grupo expondrá las respuestas obtenidas para que los compañeros voten cuál consideran no-humana, reproduciendo en clase un simulacro del Test de Turing, y posteriormente se hará una puesta en común de impresiones.

La evaluación de esta actividad consistirá en un 10% de la asignatura y será realizada por parte de la profesora, donde se valorará el ajuste del experimento al diseño y la interpretación de los resultados a la teoría explicada. Como forma de recompensa, el mejor trabajo de cada titulación expondrá su trabajo en un episodio del *podcast*.

4.3. Elaboración de un *podcast*

La expansión del contenido digital da lugar a que en la actualidad existan distintas plataformas con una oferta variada de programación y temas. En el caso de los *podcast* o grabaciones, el número de usuarios mundial que se congrega es asombroso: hasta 208 millones mensuales en Spotify según la web de análisis Soundchart o 5 millones de usuarios mensuales en Ivoox, según Huawei. Estas cifras permiten concluir que el público se encuentra interesado en escuchar contenidos y, en concreto, producir un *podcast* puede ser una manera de compartir las reflexiones producidas en clase y conseguir impacto social. Por eso se pensó que las actividades previas podían grabarse en formato *podcast*.

Para ello, se contará con ayuda técnica del organismo de la universidad de afiliación de la autora dedicado al apoyo a la innovación docente (OAID): por una parte, todos los debates serán grabados en clase con material técnico apropiado, y por otra, los dos trabajos experimentales inspirados en el Test de Turing de cada grado con mayor puntuación serán resumidos y grabados, esta vez acudiendo ambos grupos a las instalaciones de radio. Así se conformará una serie de 10 podcast (9 con debates y 1 sobre experimentos) sobre lo que nos hace humanos, que podrá no solo ser distribuido entre la comunidad universitaria, sino también subido a una de las plataformas mencionadas para que el público general también comparta esta reflexión.

5. RESULTADOS

A continuación, se expone una temporalización del proyecto. Si bien por la agenda académica de la autora el proyecto se configuró para que la actividad de debate se haga en el segundo cuatrimestre (grado IMAT) y la actividad experimental en ambas asignaturas, esto es, tanto en el primero como en el segundo cuatrimestre (grado Psicología y grado IMAT), se ha desglosado de manera que ocupe cuatro meses con sus respectivas semanas, para que cualquier lector pueda aplicarlo según su conveniencia.

5.1. Temporalización

Para programar la temporalización es importante tener en cuenta varios factores si se van a realizar ambas actividades (debate y experimento) para un mismo grupo de estudiantes: no es recomendable que coincidan en el tiempo actividades de arranque o entregas, dado que así se evita una sobrecarga de esfuerzo, y es recomendable que ambas actividades las lleve a cabo el mismo grupo de sujetos, dado que de esta forma podrán organizarse mejor. Además, ya se haga una o ambas actividades, es necesario prever el temario que debe impartirse necesariamente antes de cada actividad y no colocar ninguna actividad presencial para la última semana, a fin de contar con días de reserva en la última semana para solventar cualquier imprevisto. Por último, contar con un apoyo técnico resulta de gran ayuda para que la grabación de los *podcasts* sea de calidad.

A continuación, se propone un calendario para la actividad de debate (ver Tabla 2) y la actividad experimental (ver Tabla 3). Para ambas es recomendable pensar en una actividad de arranque motivacional y situarla al comienzo del cuatrimestre, seguida al poco tiempo de la explicación de las instrucciones y la constitución de los equipos.

Mes	Semana	Actividad debate
Mes 1	Primera	Presentación. Teoría
	Segunda	Teoría
	Tercera	Actividad de arranque: visionado de extractos de película Her, donde un humano se enamora de una inteligencia artificial. Discusión sobre si esta máquina piensa o ama
	Cuarta	Teoría
Mes 2	Primera	Teoría
		Explicar instrucciones de la actividad
		Configuración de los equipos. Son los mismos para ambas actividades (libre elección por parte de los discentes, máximo 6 personas). Reparto de roles recomendado: introducción (un miembro), refutación (uno o dos), conclusión (un miembro), documentalista (dos o tres)
	Segunda	Teoría
	Tercera	Teoría
	Cuarta	Teoría

Mes 3	Primera	Teoría
		Se presentarán las temáticas a debatir (Dudar, Amar, Moralidad, Soñar, Ver, Pensar). Se hace asignación de temáticas y posturas A favor (la inteligencia artificial puede emular ese aspecto) y En Contra (solo los humanos pueden emular ese aspecto) al azar en clase. Quedan expuestos qué grupos debatirán entre ellos en cuartos ya que el resto dependerá de las puntuaciones que obtengan
	Segunda	Teoría
	Tercera	Teoría
	Cuarta	Teoría
		Taller Preparación Oratoria y Debate voluntario (2h, fuera del horario habitual de clase) con trucos, detección de falacias, ejercicios
		Ensayo con Oficina de Ayuda a la Innovación Docente de las grabaciones en clase de los debates con material técnico
Mes 4	Primera	Clase 50mins+50mins (Cuartos de final grupo 1 vs. 2 y 3 vs. 4)
		Grabación debates
	Segunda	Clase 50mins+50mins (Cuartos de final grupos 5 vs. 6 y 7 vs. 8)
		Clase 50mins+50mins (Semifinales)
		Grabación debates
		Para la final, el tema se escogerá entre toda la clase
	Tercera	Clase 50mins (Final). Entrega de premio (detalle)
		Grabación debate
	Cuarta	Entrega de Escritos de Escucha Técnica por parte de grupos que han perdido debates a través de Turnitin

Tabla 2. Calendario de la actividad de debate. Fuente: Elaboración propia.

Mes	Semana	Actividad experimental
Mes 1	Primera	Presentación. Teoría
	Segunda	Teoría
	Tercera	Teoría
	Cuarta	Teoría
		Presentación de actividad ChatGPT en clase. Actividad de arranque: hacer preguntas a un bot sin guía; explicar rutina de pensamiento; hacer preguntas a un bot con rutina de pensamiento
Mes 2	Primera	Teoría: áreas de estudio del lenguaje y categorización de pensamiento (en Psicología) o de los procesos psicológicos básicos de pensamiento y lenguaje (en Cognición Humana e Inteligencia Artificial).
		Explicar instrucciones de la actividad
		Configuración de equipos de trabajo para ChatGPT. Son los mismos para ambas actividades (libre elección por parte de los discentes, máximo 6 personas)
	Segunda	Teoría
	Tercera	Teoría
	Cuarta	Teoría

Mes 3	Primera	Teoría
		Explicar dificultades prácticas a la hora de hacer un diseño quasiexperimental
		A lo largo del mes, contactar con la oficina correspondiente para reservar espacio y hora de grabaciones de podcast
	Segunda	Teoría
	Tercera	Teoría
		Entrega trabajo experimental en plataforma
	Cuarta	Teoría
		Exposición en grupo de las respuestas del experimento y votación en clase de respuestas humanas/artificiales
Mes 4	Primera	Teoría
		¿Grabaciones de podcast?
	Segunda	Teoría
		¿Grabaciones de podcast?
	Tercera	Teoría
	Cuarta	Teoría
		Entrega de las escuchas técnicas obligatorias y optativas

Tabla 3. Calendario de la actividad experimental. Fuente: Elaboración propia.

5.2. Instrucciones de las actividades

Las actividades se presentan en clase y además se cuelga un documento de ayuda en la plataforma educativa, para que pueda ser consultado por el alumnado. En la actividad de debate resulta fundamental explicar la función de cada fase (Introducción, Refutación y Conclusión), las penalizaciones que se escoge imponer (ej., pasarse de tiempo, ser irrespetuoso), las rúbricas (pueden consultarse en los siguientes enlaces: cuartos de final: https://shorturl.at/vxL01; semifinal: https://shorturl.at/ftwKM; final: https://shorturl.at/dowIN), las reglas y el formato de entrega de las escuchas técnicas. A continuación, se muestran como ejemplo las reglas generales:

a) Toda la información que se vierta durante los debates debe ser cierta. Si se descubre que se ha usado una información inventada, el equipo será descalificado y no podrá seguir compitiendo. La documentación empleada en cada debate será enviada a la profesora a través de la Tarea creada en la plataforma, para su comprobación;

b) El debate que se lleva a cabo es sobre las posibilidades de la inteligencia artificial actual y no sobre una posible revolución tecnológica, mundo utópico o similares. Todos necesitamos un marco de comparación y análisis común y ese marco es el mundo contemporáneo actual, a la fecha en que se realice cada debate;

c) Durante los debates, la persona que expone no puede hablar con los miembros de su equipo salvo para pedir algún documento. Solo pueden hablar entre sí los miembros sentados en la mesa. Si se descubre que algún miembro se comunica con quien está exponiendo, use el medio que sea, será penalizado;

d) Las preguntas que se formulen durante los debates las pueden formular cualquier miembro del equipo independientemente de su rol;

e) Si el tono que emplean en hablar los miembros de cualquier grupo es muy elevado y puede dar pistas o interferir a quien expone, pueden ser penalizados;

f) Cualquier comentario, palabra o término que pueda ser considerado peyorativo o descalificador hacia otro compañero, supondrá la inmediata descalificación del equipo al que pertenezca el miembro que la pronunció, de manera que su grupo no podrá seguir compitiendo y recibirá 0 puntos en la práctica, independientemente de los puntos que llevase acumulados hasta entonces;

g) Cuando se avise de que el tiempo ha terminado, los equipos que sigan hablando durante más de 5 segundos, serán penalizados.

En la actividad experimental, dado que es probable que los estudiantes se enfrenten por vez primera al diseño de un experimento, es necesario que las instrucciones sean muy detalladas y que el acompañamiento por parte del profesor durante todo el cuatrimestre sea continuado. Un ejemplo de instrucciones puede ser el siguiente:

• ELECCIÓN Y LANZAMIENTO DE PREGUNTA: Tras llevar a cabo vuestra rutina de pensamiento, formulad la pregunta definitiva a *ChatGPT*. Copiad la respuesta, adjuntad una impresión de pantalla y anotad la fecha en la que se lanzó la pregunta. Anotad también el número de palabras de la respuesta de *ChatGPT*.

• SELECCIÓN DE MUESTRA: Escoged en vuestro entorno a tres personas no bilingües, sin trastorno que dificulte el pensamiento y lenguaje (ej., excluid diagnósticos de dislexia, discapacidad intelectual, etc.). La edad debe ser entre 20 y 30 años, preferiblemente al menos un hombre y una mujer. No escojáis a personas de vuestro mismo grupo de clase, ya que conocen los objetivos de esta práctica.

• PROCEDIMIENTO: Las personas que participen deben firmar el Consentimiento Informado de la plataforma y debéis adjuntarlo a vuestro trabajo. El experimento preferiblemente debe hacerse con vosotros delante (para vigilar que no busca información que desvirtúe su manera de hablar), mediante ordenador (para evitar el uso de modismos u onomatopeyas propias de la lengua oral), en un entorno tranquilo y la persona debe estar sola, para evitar que reciba consejos. Concededle un máximo de 5 minutos. Las instrucciones que debe recibir cada persona son: *"Estamos haciendo un trabajo para una asignatura de la carrera. Necesitamos varias respuestas a una misma pregunta para después aprender a hacer un análisis de contenido de texto, sintaxis y gramática. Por tanto, no te preocupes mucho por si sabes o no la respuesta a la pregunta. Lo importante es que escribas una respuesta de unas XXX palabras* [aquí escribís el número de palabras de la respuesta de *ChatGPT*]. *Cuando leas la pregunta, simplemente responde sin buscar información. Te daremos 5 minutos. ¿Tienes alguna duda?"* Tras resolver las dudas, le mostraréis un Word donde aparezca escrita exactamente la misma pregunta que formulasteis a *ChatGPT*. En ese momento, decidle a la persona *"Recuerda que tienes 5 minutos para escribir una respuesta de XXX palabras"*. Cuando termine, comprobad que el número de palabras es correcto (con una diferencia de +/- 20 palabras), agradeced su participación y explicadles el objetivo real del trabajo (comparar su respuesta con la respuesta de *ChatGPT*). Si desea ver la respuesta de *ChatGPT*, enseñádsela.

- REFLEXIÓN: En vuestro documento, copiad y pegad las cuatro respuestas (una *ChatGPT*, tres humanas), indicando el número de palabras, las características de cada sujeto y el lugar, día y hora en que se formuló la pregunta. De cada respuesta, ¿qué diferencias principales existen entre las respuestas humanas y la respuesta artificial? Por ejemplo, ¿cómo estructuran la información; hay nodos semánticos? Para terminar, hipotetizad qué respuestas será escogida por vuestros compañeros como la respuesta artificial el día de la votación y por qué.

6. DISCUSIÓN

Pese a la elevada digitalización actual, que asusta a muchos docentes ya que la viven como una amenaza al proceso de enseñanza-aprendizaje, podemos llevar a cabo actividades en clase de carácter reflexivo con un tono humanista o trascendental, para fomentar las capacidades de pensamiento crítico, científico y expresión oral (en este caso, a través de un debate, un experimento y grabación de *podcast*).

La realización de los debates ayuda a cumplir el objetivo general de este proyecto, esto es, provocar una reflexión centrada en la esencia de lo que nos hace humanos en relación con la tecnología actual, dado que ya se prepare una u otra postura (A favor o En contra), se necesita pensar en los argumentos que empleará el equipo contrario, así como las evidencias que probablemente consulte, para poder rebatirlos. De esta manera, se fomenta el pensamiento crítico, lo que, en una carrera de ingeniería, donde no abundan las actividades de enfrentamiento de posturas, resulta especialmente deseable (Ruxsora, 2019; Shageeva y Kraysman, 2021). Por otra parte, la realización de una actividad experimental empleando como muestra tanto a máquinas como a humanos es otra forma de reflexionar sobre qué nos hace humanos, ya que posteriormente se comparan las similitudes y diferencias de las respuestas. De hecho, ya se llevan a cabo experimentos similares en ciencias de la salud (ej., Ayers *et al.* 2023), concluyendo de momento que capacidades como la empatía parecen indicadores de la existencia de un humano detrás de las respuestas. Por último, la realización de *podcasts* ayuda a que exista un debate público informado al respecto de las posibilidades reales de la tecnología en un tiempo en el que importa la regulación normativa de cuestiones éticas al respecto del avance de la inteligencia artificial (*Artificial Intelligence Act*, EU, 2023).

7. CONCLUSIONES

La conclusión de este capítulo es que la combinación de actividades tanto de carácter humanista (debate) como empíricas (experimento) pueden ser útiles en la era digital actual. Ojalá este proyecto anime a otros docentes a llevar a cabo propuestas similares y, entre todos, fomentemos un diálogo común sobre nuestra especie.

8. REFERENCIAS

Ayers, J. W., y Smith, M. A. S. (2023). Comparing physician and artificial intelligence chatbot responses to patient questions posted to a public social media forum. *JAMA Internal Medicine, 183*(6), 589–596. https://doi.org/10.1001/jamainternmed.2023.1838

Bailey, E. (2019). A historical view of the pedagogy of public speaking. *Voice and Speech Review, 13*(1), 31–42. https://doi.org/10.1080/23268263.2018.1537218

Cano, E. (2015). Las rúbricas como instrumento de evaluación de competencias en Educación Superior: ¿Uso o abuso? *Profesorado, 19*(2), 265–280.

Cattani, A. (2003). *Los usos de la retórica*. Alianza Ensayo.

Chiliquinga Campos, F. D., y Balladares Burgos, J. (2020). Rutinas de pensamiento: Un proceso innovador en la enseñanza de la matemática. *Revista Andina De Educación, 3*(1), 53–63. https://doi.org/10.32719/26312816.2020.3.1.9

Cirlin, A. (1999). *Academic debate and program development for students and teachers around the world. An introductory textbook, handbook and sourcebook*. Isocratic Press.

Dinan, E., y Weston, J. (2020). The second conversational intelligence challenge (ConvAI2). En S. Escalera y R. Herbrich (Eds.), *The NeurIPS '18 Competition*. Springer. https://doi.org/10.1007/978-3-030-29135-8_7

Elkins, K., y Chun, J. (2020). Can GPT-3 pass a writer's turing Test? *Journal of Cultural Analysis, 5*(2), 1–16. https://doi.org/10.22148/001c.17212

EU (2023). *Artificial intelligence act. Briefing EU legislation in progress.*

French, R. M. (2000). The turing Ttst: the first 50 years. *Trends in Cognitive Sciences, 4*(3), 115–122. https://doi.org/10.1016/S1364-6613(00)01453-4

Gatica-Lara, F., y Uribarren-Berrueta, T. (2013). ¿Cómo elaborar una rúbrica? *Investigación en Educación Médica, 2*(5), 61–65. https://doi.org/10.1016/S2007-5057(13)72684-X

Grez Cook, F. (2018). Veo, pienso y me pregunto. El uso de rutinas de pensamiento para promover el pensamiento crítico en las clases de historia a nivel escolar. *PRA, 18*(22), 65–84. https://doi.org/10.26620/uniminuto.praxis.18.22.2018.65-84

Hernández-de-Menéndez, M., Escobar Díaz, C. A., y Morales-Menéndez, R. (2020). Educational experiences with Generation Z. *International Journal on Interacting Design and Manufacturing, 14*, 847–859. https://doi.org/10.1007/s12008-020-00674-9

Huang, M-H., y Rust, R. T. (2020). Artificial intelligence in service. *Journal of Service Research, 21*(2), 155–172. https://doi.org/10.1177/1094670517752459

Huber, R., y Snider, A. (2006) *Influencing through argument*. Idebate press.

Marcus, G., Rossi, F., y Veloso, M. (2016). Beyond the turing test. *AI Magazine, 37*(1), 3–4. https://doi.org/10.1609/aimag.v37i1.2650

Panadero, E., y Alqassab, M. (2019). An empirical review of anonymity effects in peer assessment, peer feedback, peer review, peer evaluation and peer grading. *Assessment & Evaluation in Higher Education, 44*(8), 1253–1278. https://doi.org/10.1080/02602 938.2019.1600186

Rampersad, G. (2020). Robot will take your job: Innovation for an era of artificial intelligence. *Journal of Business Research, 116*, 68–74. https://doi.org/10.1016/j.jbusres.2020.05.019

Ruxsora, X. (2019). The formation of professional speech of students in the learning process at the university. *European Journal of Research and Reflection in Educational Sciences, 7*(12), 26–30.

Sánchez Prieto, G. A. (2017). El debate competitivo en el aula como técnica de aprendizaje cooperativo en la enseñanza de la asignatura de recursos humanos. *Aula: revista de Pedagogía de la Universidad de Salamanca, 23*, 303–318. https://doi.org/10.14201/aula201723303318

Schwab, K. (2016). *La cuarta revolución industrial*. Debate.

Shageeva, F. T., Kraysman, N. V. (2021). Development of the ability for professional interaction in future engineers at a research university. En M. E. Auer y T. Rüütmann (Eds.) *Educating Engineers for Future Industrial Revolutions*. Springer. https://doi.org/10.1007/978-3-030-68201-9_12

Sparrow, B., Liu, J., y Wegner, D.M. (2011) Google effects on memory: Cognitive consequences of having information at our fingertips. *Science 333*, 776–778. https://doi.org/10.1126/science.1207745

Turing, A. (1950). Computing machinery and intelligence. *Mind, 59*, 433–460. https://doi.org/10.1093/mind/LIX.236.433

Warwick, K., y Shah, H. (2015). Human misidentification in Turing tests, *Journal of Experimental & Theoretical Artificial Intelligence, 27*(2), 123–135. https://doi.org/10.1080/0952813X.2014.921734

Wilson, H. J., Daugherty, P. R., y Morini-Bianzino, N. M. (2017). The jobs that artificial intelligence Will Create. *MIT Sloan.*

"HOUSTON, TENEMOS UN PROBLEMA". RESPUESTAS SOBRE EDUCACIÓN ARTÍSTICA DE CHATGPT

María Dolores Callejón Chinchilla [1]

1. INTRODUCCIÓN

Hay una débil frontera entre la cordura y la locura: el cuerdo sabe lo que no es real y el demente se lo cree. La distinción no es fácil; es una línea frágil. La disyuntiva entre realidad y ficción es una reflexión clásica de la filosofía, que de nuevo está de actualidad por las recreaciones que hace posible la inteligencia artificial (IA). Este es uno de los muchos temores ante el futuro que se nos presenta -aunque no el único-; y, como ante toda novedad, son muchas las discusiones que surgen sobre su uso. Pero, como señala Leal Rivero (2022), incluso aunque seamos escépticos, hemos de repensarnos y formarnos para asumir los retos y desafíos que se nos van presentando; y, si hubiera complicaciones o errores, intentar resolverlos.

En este sentido, como forma de indagación, se realiza un acercamiento al ChatGPT, una herramienta desarrollada por OpenAI en 2022; Se concreta a través de una entrevista realizada al prototipo, a partir de la cual se cuestiona y reflexiona sobre el presente y futuro de la educación artística -el área de conocimiento del autor de este texto-.

Se descubren limitaciones en su uso y evidencian problemas, al menos, en este ámbito.

Tanto el arte como la educación son disciplinas que forman parte de las llamadas humanidades, es decir, relacionadas con la cultura humana, cuyos criterios de cientificidad, por algunos, son discutidos; son áreas de conocimiento disperso, en la medida en que se defienden diversidad de posturas, incluso contradictorias, sin que haya un consenso sobre ellas. Tanto en uno como otro campo, siguen existiendo un importante número de expertos que defiende la tradición y otros que defienden el cambio proponiendo innovaciones -que realmente no lo son tanto, sino que son antiguas propuestas que reaparecen con nuevos nombres y pequeñas modificaciones-. Esto complica la evolución. Winner *et al.* (2013) señalaban que la investigación en nuestra área no se construía dentro de marcos teóricos sólidos, que faltaba la reflexión teórica sobre por qué y cómo se lograban los efectos deseados de la educación artística. Tenemos un problema que ChatGPT evidencia. Nosotros desde antes, también ya veníamos defendiendo la necesidad de consensuar teorías y prácticas, realizar revisiones y análisis de conjunto que nos permitieran tener argumentos sólidos para defender, demostrar y convencer, en nuestro caso, del valor de las artes, y de su enseñanza (Callejón-Chinchilla *et al.*, 2018).

---

1. Universidad de Jaén (España).

Es un problema de formación, pero también de información porque lo anterior no significa que no haya nuevo conocimiento en nuestra área, hay mucho e interesante, pero no es visible; aunque demasiadas veces ni siquiera ha habido intenciones de mostrarlo, y, cuando se hace, se pierde en la maraña de información; la cantidad es cada vez más ingente y, por tanto, más complejas las posibilidades de sistematizarla, diferenciando lo que es realmente valioso. Es, además, un problema añadido para las minorías, cuando no tenemos posibilidades de cribado. Hace años un compañero de ciencias, en la evaluación de un trabajo sobre fototerapia, nos acusaba de no utilizar bases de datos de la Web Of Science (WOS); pero es que allí no había nada de lo que en ese momento buscábamos: solo había tres entradas que se referían a la terapia con luz y no del uso de la fotografía que era nuestro tema de investigación. Ahora comenzamos a situarnos, pero sigue siendo limitado lo que este espacio, nos ofrece.

Siendo un área de conocimiento complejo y fluido, marginal y de pequeños relatos…, ¿cómo podemos encontrar y recoger lo que hay para sistematizarlo y poder reconocer lo que pueda ser realmente valioso? La WOS no nos vale; los buscadores de internet o las redes sociales han quedado al servicio no de la comunidad científica, ni académica, ni siquiera de la población en general sino al de la publicidad, de empresas cuyo único interés, a pesar de las pretendidas campañas sociales, solo buscan mejorar sus beneficios. Lo mismo ocurre con la tecnología Blockchain o cadena de bloques, base de datos que se replican y sincronizan, que son interesantes porque permiten procesar y gestionar gran cantidad de información, y, desde estructuras descentralizadas, ser compartidas, verificar su veracidad y ordenarse en forma fractal, Estas se ha implantado a nivel comercial, convirtiendo en oro la información para muchas multinacionales (López Zafra y Queralt, 2019), pero, aunque comienzan a oírse en el ámbito de la educación y en el de las artes, no parecen accesibles para cualquiera.

¿Podrían sernos útiles herramientas basadas en la IA como ChatGPT? Según Diego *et al.* (2023) son muchas las aplicaciones para las que se puede utilizar el Chat GPT, entre ellas, desarrollar contenidos, dar respuestas a problemas, generar informes o analizar datos. En respuestas a otras entrevistas ChatGPT reconoce su "vasto conocimiento" que, con "las técnicas de inteligencia artificial y aprendizaje automático se pueden utilizar para analizar grandes conjuntos de datos", y, entre otras cosas, "mejorar la base de conocimientos" (palabras recogidas por News Center Microsoft Latinoamérica, 2023, s/p); ya que "puede hacer mejor [que un humano] tareas relacionadas con el procesamiento de datos, como la identificación de patrones, la predicción de tendencias y la búsqueda de información" (palabras recogidas por Cano, 2022, s/p). Tal vez podría servirnos; por ello decidimos probarlo.

2. OBJETIVOS

Nos planteamos como objetivo general indagar sobre las posibilidades de la IA para el avance del conocimiento en el ámbito de la educación artística. Para ello, buscamos conocer cuáles son sus respuestas ante el tema, valorando su validez. Así podremos pronunciarnos sobre el uso y utilidad de esta herramienta, a partir de la propia experiencia.

3. METODOLOGÍA

Esta es una indagación preliminar teórica, exploratoria y cualitativa, de acercamiento a la inteligencia artificial; en este caso al modelo de lenguaje basado en la arquitectura

GPT desarrollada por OpenAI. No se pretende llegar a obtener datos generalizables, sino conocer esta herramienta que, actualmente, es novedosa.

Se desarrolla a partir de preguntas que, de manera flexible y no cerradas, y en distintos momentos, realiza el autor de este texto a ChatGP. La entrevista se va encauzando según las respuestas obtenidas y el interés de la investigación.

La información que se recoge, posteriormente se analiza de manera interpretativa, se observan las respuestas, se verifican comparándolas con conocimiento experto y se contrasta con otras experiencias similares.

4. DESARROLLO, RESULTADOS Y DISCUSIÓN

La conversación discurrió sobre conceptos de arte y educación artística: los elementos de una obra, los procesos de creación, los modelos de enseñanza de las artes e incluso se le pidió a ChatGPT que indicara algunos referentes, entre los que nos incluimos.

Por cuestiones de espacio no se transcriben completas las preguntas y respuestas; solo se presentan fragmentos que se analizan y discuten, a partir de algunos de los temas de interés surgidos en el desarrollo del proceso de indagación.

Se recogen entrecomilladas las palabras textuales que nos ofrece la herramienta, en las conversaciones realizadas entre el 8 febrero y el 10 de marzo.

4.1. Sobre el arte, los elementos de una obra y los procesos de creación

De manera general, en una primera observación de las respuestas de ChatGPT, parece advertirse lo estereotipado de las respuestas, que se relacionan con un conocimiento tradicional y creencias populares, que, hoy se consideran, de alguna manera, superadas, e incluso erróneas.

Por ejemplo, cuando se le pregunta por los elementos de una obra de arte, nos responde indicando solo aspectos formales (línea, forma, color, textura...) –además, centrados en los del lenguaje visual-; es verdad que cuando el experto le señala que la obra de arte es mucho más que eso, lo reconoce:

> *"Tienes razón, una obra de arte es mucho más que la mera aplicación de los elementos formales del arte. La creación de una obra de arte también involucra la intención del artista, la exploración de ideas, la expresión de emociones y la conexión con el espectador. Además de los elementos formales de arte, existen otros aspectos que pueden contribuir a la creación de una obra de arte coherente y efectiva, como la técnica utilizada, la elección del tema o la narrativa, el contexto cultural y social en el que se crea la obra, y la relación del artista con su propio proceso creativo. En definitiva, una obra de arte es una expresión única y personal del artista, que refleja su visión del mundo y su experiencia en él. Los elementos formales de arte son una herramienta importante en la creación de una obra coherente y efectiva, pero no son el único factor a considerar en el proceso creativo del artista".*

Esta respuesta, más compleja, sí nos parece apropiada, sin embargo, no fue la primera que nos ofreció; fue necesario, reconducir la conversación.

Lo mismo ocurre cuando se le pregunta por los procesos de creación artística, que confunde, con las fases del proceso creativo (preparación, incubación, iluminación...); procesos que, aunque comparten aspectos comunes, no son lo mismo.

En distintos momentos se le ha preguntado a ChatGPT por metodologías de creación artística e igual se refiere a métodos (diferenciando entre intuitivo, analítico, experimental, narrativo, conceptual, colaborativo o sistemático -como algunos de ellos-), que a metodologías (de las que recoge, algunas útiles para el desarrollo de productos o tareas en general, que no para la actividades artística, ni siquiera creativa, como la Lean; que cita junto a otras como la Agile, la Waterfall, la Lean, la Six Sigma, el Design Thinking o la metodología de Investigación Cualitativa; que no tiene que ver con el interés de la pregunta). Sin embargo, en un momento posterior, a lo largo de la conversación, reconoce que "Existen diversas metodologías de creación artística, cada una con enfoques y procesos diferentes", [...pues] en realidad, cada artista puede tener su propio enfoque y proceso único".

Esto último sí lo compartimos; es la idea que defendemos; y por ello, cuando lanzamos la pregunta utilizamos el término propuesto por Caeiro (2020) de *metodografías*, que no reconoció. Tampoco, entendió la primera vez que utilizamos la expresión *a/r/tografía* (Irwin y Cosson, 2004), una forma de indagación autobiográfica a través de las artes, muy utilizada en el ámbito de la educación artística; aunque luego fue capaz de exponer su significado y recoger referentes.

Con esto destacamos la necesidad previa de cuidar la formulación de las preguntas, además de insistir luego, en conducir las respuestas.

4.2. Sobre la pedagogía de las artes, la educación artística y el arte como útil y/o recurso

Cuando se le pregunta a ChatGPT que por lo que es la educación artística, responde que "se refiere a un enfoque educativo", es decir, una manera de valorar o considerar, en este caso, lo educativo. Mientras la misma pregunta en el buscador de Google la respuesta que nos ofrece, en vista previa, es la de la Wikipedia que indica que "los términos educación artística, pedagogía del arte, enseñanza del arte, aprendizaje del arte, enseñanza de las artes o alguna otra combinación son denominaciones para las diferentes modalidades y metodologías de enseñanza y aprendizaje del arte o las distintas artes y las instituciones relacionadas". Esto es, además, algo similar a lo que el ChatGPT responde al preguntarle por la educación matemática: "se refiere al proceso de enseñanza y aprendizaje de las matemáticas". Nos preguntamos el porqué de esa diferencia.

Es la pregunta sobre lo que se considera pedagogía de las artes. lo que nos da la respuesta. ChatGPT indica: "es un enfoque educativo que se centra en el uso de diferentes formas de expresión artística para fomentar el aprendizaje y el desarrollo personal y social de los estudiantes" [...] "una herramienta valiosa para mejorar el aprendizaje de los estudiantes en todas las áreas curriculares" [...] "fomentar habilidades sociales y emocionales, como la empatía, la autoestima, la colaboración y la confianza, que son importantes para el éxito en la vida".

Además, esta herramienta completa la información, presentándonos distintos enfoques, que buscan desarrollar diferentes aspectos a través de las artes (y aquí está la clave, como señalamos después). Entre los más comunes, cita el que "se centra en fomentar la creatividad y la originalidad de los estudiantes", el que busca "ayudar a los estudiantes a expresar sus emociones y sentimientos de una manera saludable y constructiva", el que utiliza "las artes para enseñar habilidades de resolución de problemas y pensamiento crítico a través de la exploración de diferentes soluciones creativas", el que "se centra en el uso de las artes para explorar y celebrar la diversidad cultural y promover la comprensión intercultural" o el enfoque para "el aprendizaje interdisciplinario para enseñar conceptos y habilidades en otras áreas curriculares". Recoge, insistentemente, aspectos como la conexión con otras disciplinas o la inclusión y diversidad.

Aunque en otro momento nos responde que la enseñanza y aprendizaje de las artes debe enfocarse en el desarrollo de la creatividad y la expresión personal, el desarrollo de habilidades técnicas, la apreciación estética, aspectos que sí están relacionados con la educación artística. En este sentido creemos que confunde la educación artística con la educación a través de las artes, pero cuando se lo decimos reconoce la diferencia. Y nos contesta diciendo que, a veces los términos se utilizan indistintamente (y es verdad), además, tiene claro cada concepto y así lo explica: La educación artística "se centra en el estudio y la práctica de las disciplinas artísticas [...], busca desarrollar habilidades técnicas y estéticas en los estudiantes, así como fomentar la creatividad, la expresión personal y la apreciación del arte"; mientras que la educación a través de las artes "utiliza las artes como un medio para enseñar y reforzar conceptos en otras áreas académicas".

De nuevo la primera respuesta que nos da no nos parece adecuada, hasta que la reformulamos a partir de lo que ya sabemos. En este sentido consideramos que esta herramienta, en manos de una persona que desconozca el tema, puede confundir, más que generar conocimiento; para el experto si puede servir de contrapunto, como una manera de reflexionar desde otras perspectivas.

Así es, cuando le preguntamos en concreto, sobre metodologías de educación artística, ChatGPT nos habla de un "enfoque visual [que] se enfoca en el desarrollo de habilidades técnicas de dibujo, pintura, escultura, fotografía y otras formas de expresión visual", diferenciado de un "Enfoque creativo [que] se enfoca en el desarrollo de la creatividad y la originalidad a través de la exploración y experimentación con diferentes medios y materiales" o un "enfoque del aprendizaje basado en el arte [que] utiliza el arte como una herramienta para enseñar otros temas y habilidades, como matemáticas, ciencias...", entre otros, y nos indica la posibilidad de que coexistan todos estos diferentes enfoques. Esto, por ejemplo, nos plantea la posibilidad de cuestionarnos, como profesionales de este campo, en cual y por qué nos centramos más.

En este sentido, es también interesante la comparación que hace Arias-Camisón (2023), de la voz de un experto con las respuestas generadas por Chat GPT sobre la utilidad de la educación artística. En este caso, en principio parece que la respuesta de chat GPT, es más concreta y clara, ya que el experto se orienta hacia una manera más particular y propia, de entender y practicar la educación artística, pero se reconoce en ella la experiencia en la praxis y en el conocimiento profundo de la realidad de la que nos habla, resultando, por tanto, más rica e interesante.

4.3. Sobre los referentes y la veracidad de sus respuestas

Como muchos de los autores que han probado e intentado verificar las respuestas de ChatGPT, se confirma que no toda la información que genera es veraz, pues en muchas ocasiones son inexactas y las fuentes no confiables. Diego Olite et al. (2023) llegan a decir que la IA, en particular el Chat GPT, igual reproduce ideas falsas que verdaderas; el problema es que lo hace sin compromisos ni consecuencias.

Como ha ocurrido en nuestra experiencia, en la entrevista realizada por Rodríguez para *National Geografic* ante la pregunta "¿De dónde obtienes la información y cómo sabes si es fiable?"; recibe esta contestación: "Obtengo mi información de un gran corpus de texto en línea, que incluye artículos de noticias, enciclopedias, libros, páginas web, y otros documentos" (Rodríguez, 2023, s/p). "La herramienta sondea el contenido que existe sobre la temática y ofrece de manera resumida información generalista desde su base de datos. Esto no quiere decir que sea la correcta ni la respuesta más acertada" –señala Arias-Camisón (2023, p. 35)-. Y lo reconoce ChatGPT: "no tengo la capacidad de verificar la veracidad o la fiabilidad de la información en el corpus de entrenamiento. Mi capacidad para responder a preguntas se basa en la frecuencia y la asociación de las palabras y las frases en el texto, por lo que puedo producir respuestas que sean inapropiadas o erróneas. Por lo tanto, es importante siempre verificar la información con fuentes adicionales antes de tomar acciones o decisiones importantes basadas en mi respuesta" (palabras recogidas por Rodríguez, 2023, s/p).

Saenz Abarzuza (2023), en una entrevista que le hace sobre cuestiones musicales, detecta no solo errores, sino, además, juicios subjetivos, aunque ChatGPT declara que, si lo son, "son sin intención, ni conciencia de hacerlo" (2023, p. 9). De la misma manera, recomienda a los lectores de *Sonograma Magazine* una lista de obras musicales, que son de diferentes géneros y épocas, aunque reconoce que la lista es parcial y subjetiva, como le recrimina el autor del artículo, "todas son occidentales" (Saenz Abarzuza, 2023, p. 8).

ChatGPT señala que sus respuestas "dependen de los datos con los que se alimenta [...] Por lo tanto, es importante que los datos sean lo más neutros y precisos posible para evitar sesgos en las respuestas de la inteligencia artificial" (palabras recogidas por Cano, 2022, s/p). Pero no es solo cuestión de esto, si se trata simplemente de datos que ofrece de otros datos, ¿por qué da referencias erróneas? Cuando se le pregunta si está seguro de alguna información concreta ofrecida, se disculpa diciendo que ha cometido un error y cambia la respuesta (Saenz Abarzuza, 2023). En nuestro caso, tras buscar una referencia, rectificada por la herramienta, más de cuatro veces, nos dimos por vencidos. Estas fueron algunas de sus respuestas: "Mis disculpas nuevamente, cometí otro error"; "Realmente no sé cómo sucedió este error en mis respuestas anteriores"; "Por favor, permita que rectifique la información"; "Lo siento por la confusión. Aquí está la referencia correcta". Pero seguía sin serla. Al preguntar: "¿De dónde has sacado la información?"; esta fue la respuesta: "Tomé la información de una base de datos bibliográfica, pero parece que hubo algún error"; y, al pedirle la base de datos: "La referencia que proporcioné anteriormente también fue incorrecta y, en este caso, la información que utilicé provino de una base de datos que tenía una entrada incorrecta. Lamentablemente, no puedo proporcionar una dirección exacta de la base de datos, ya que consulto varias fuentes de información para obtener los resultados de búsqueda que proporciono." Así quedamos, advirtiendo una importante falta de validez.

De hecho, por ejemplo, cuando le hemos pedido que nos cite algunos referentes y le hemos preguntado expresamente por el autor de este texto nos ha dicho: "es una reconocida experta en educación artística, en particular en el ámbito de la enseñanza de la música"; y, a continuación, cita una serie de publicaciones que no son de este autor.

Todo esto nos lleva a cuestionarnos ya no solo cuáles y cómo son los datos de los que se nutre, sino por qué ocurren estos fallos, si los desaciertos son queridos o no, si benefician a alguien; y, ante este escenario, cuál ha de ser nuestra posición y cuáles los retos que se nos presentan.

5. CONCLUSIONES

La IA supone un nuevo gran salto para la humanidad, pero, como dijo Neil Armstrong en 1969 cuando pisó la luna "tenemos un problema".

Tenemos un problema y no es solo por la mentira intencionada que se facilita con estas herramientas, capaces de crear realidades de ficción; como hemos visto, individualmente tenemos un problema si no somos conscientes de las limitaciones, si nos quedamos con las respuestas que se nos den, sin comprobarlas, sin rebatirlas. No todas las respuestas son verídicas, y este trabajo es una muestra de ello.

Tenemos un problema si las respuestas de la IA son parciales, al no disponer de datos suficientes o inexactas, lo que se agrava especialmente, con la complejidad del tema sobre el que preguntamos -como pasa con la educación y el arte-; como señalan Diego Olite et al. (2023), al menos por el momento, en estos casos, hay más posibilidades de que las respuestas no se ajusten a la realidad; pues será más difícil sacar patrones o conclusiones no sesgadas. Pero, y si encima, como sabemos que ocurre –por ejemplo, en nuestro ámbito de conocimiento-, las informaciones son divergentes y lo que más se escucha o visibiliza no es lo real, o lo más válido. Tenemos un problema. Son muchas las voces, y es necesario que todas se escuchen, el problema es que esto afecte, más que a los procesos de verdad -como señala Pérez Boada (2020), que, como tal, puede ser discutido-, al avance del conocimiento, que quede dando vueltas, una y otra vez, siempre volviendo a los avances particulares que cada uno haga -repetitivos, por innovadores que le parezcan-.

En general, para un buen uso de la IA, se requieren ciudadanos formados e informados; es necesario conocer, reflexionar y ser críticos. Y como ámbito de conocimiento específico hay que ser capaz de visibilizarse, informar y comunicar de manera eficiente y con calidad. Los especialistas, reconociendo los inevitables sesgos y diferentes posiciones, deben llegar a acuerdos, reforzar los contenidos básicos de sus disciplinas (Diego Olite et al., 2023) -por fluidas y difusas que estas sean-, y posicionarse en las bases de datos de las que se nutre la IA.

Pero lo más preocupante, es que, buscando una herramienta para la recolección y análisis objetivo de información, las respuestas puedan ser subjetivas y que ChatGPT nos mienta, como hemos comprobado, perdiendo confiabilidad. Lamentablemente, sin duda, ahora mismo, para conocer y aprender, entrevistaré a un experto y a ChatGPT, solo me acercaré, para entretenerme.

6. REFERENCIAS

Arias-Camisón Coello, A. (2023). *Cuerpo e hipervisualidad: Una investigación a/r/tográfica de la era digital en contextos educativos* [Tesis doctoral, Universidad de Granada]. DIGIBUG. https://digibug.ugr.es/handle/10481/80687

Caeiro, M. (2020). Describiendo las metodografías: crear, aprender e investigar biográficamente desde la educación artística. *Artseduca*, 27, 20-35. https://doi.org/10.6035/Artseduca.2020.27.2

Callejón-Chinchilla, M.D., Caeiro-Rodríguez, M., Aznárez-López, J.P. y Grau-Costa, E. (2018, 29 de junio-1 julio). Por el valor de la educación artística [Ponencia]. En *30º Encontro da Associação de Professores de Educação e ExpressãoVisual, APECV. 3º Congresso da Rede Ibero Americana de Educação Artística, RIAEA*. Coimbra, Portugal.

Cano, L. (2022, 08 de diciembre). La inteligencia artificial confiesa qué profesiones hará desaparecer y cuáles creará en el futuro. *ABC digital. Tecnología*. https://n9.cl/2bjlp

Diego Olite, F., Morales Suárez, I. y Vidal Ledo, M. (2023). Chat GPT: origen, evolución, retos e impactos en la educación. *Educación Médica Superior, 37*(2), 1-23. https://ems.sld.cu/index.php/ems/article/view/3876

Irwin, R. y Cosson, A. de (eds.). (2004). *A/r/tography: Rendering self through arts-based living inquiry.* Pacific Educational Press.

Leal Rivero, J. J. (2022). Ciencia de datos e inteligencia artificial como apoyo para investigaciones cualitativas. *Revista EDUCARE - UPEL-IPB. Segunda Nueva Etapa 2.0, 26*(2), 186–209. https://doi.org/10.46498/reduipb.v26i2.1605

López Zafra, J. M. y Queralt Sánchez, R. A. (2019). *Alquimia: Cómo los datos se están transformando en oro.* Ediciones Deusto.

News Center Microsoft Latinoamérica (2023, 12 de junio). El futuro de la atención al cliente: creatividad en la atención al cliente | Una entrevista con ChatGPT. *News Microsoft, s/p. https://n9.cl/cdtge*

Pérez Boada, H. F. (2020). Sacrificio como voluntad de negar la voluntad: proceso necesario para la legitimación de un relato y la superación de toda tensión narrativa. *Revista De Filosofía UCSC, 19*(2), 59–85. https://doi.org/10.21703/2735-6353.2020.19.02.0004

Rodríguez, H. (2023, 11 de febrero). Entrevista a ChatGPT, la Inteligencia Artificial de moda. *National Geographic Online. Ciencia] inteligencia artificial.* https://n9.cl/k1ris

Saenz Abarzuza, I. (2023, 23 de abril). Entrevista a ChatGPT. "La inteligencia artificial está cambiando la música, para bien o para mal" (poema accidental). *Sonograma magazine. Revista de pensament musical i difusió cultural en V.O. Metamorfosis edició #058*, 1-10. https://hdl.handle.net/2454/45265

Winner, E., Goldstein, T.R. & Vincent-Lancrin, S. (2013). *Art for Art's Sake?: The Impact of Arts Education, Educational Research and Innovation.* OECD Publishing. http://dx.doi.org/10.1787/9789264180789-en

RETOS Y OPORTUNIDADES DEL USO DE CHATGPT EN EL ESPACIO EUROPEO DE EDUCACIÓN SUPERIOR (EEES)

Fernando Castelló-Sirvent[1]

Este estudio es un resultado de producción académica derivado de la estancia de investigación realizada por el autor bajo estatus de Visiting Research Fellow en la Facultad de Economía y Empresa de la Universitat Oberta de Catalunya (UOC).

1. INTRODUCCIÓN

En los últimos tiempos, la Inteligencia Artificial (IA) ha alcanzado una importante notoriedad mediática como consecuencia del lanzamiento del modelo GPT-4 desarrollado por OpenAI.com. Como su antecesor, GPT-4 se aplica de acuerdo con una IA generativa de texto. Los avances recientes en esta tecnología presentan impactos profundos sobre actividades relacionadas con la economía del conocimiento (Bommarito *et al.*, 2023; Niszczota y Abbas, 2023). Además, con la generalización de la IA generativa de texto, se abren importantes debates sobre la transformación de los recursos humanos (Eubanks, 2022) y el desarrollo de competencias y la gestión del talento (Chen, 2023). Por su parte, el modo en que estas nuevas tecnologías ha entrado en el debate académico (Farhat *et al.*, 2023; Khosravi *et al.*, 2023; Kirtania, 2023) debe ser evaluado de acuerdo con un especial énfasis sobre el interés de los científicos en comprender el efecto que tendrán estos modelos de IA sobre la productividad empresarial (Saxena, 2023) y el ámbito de disrupción que representan para la gestión empresarial (George y George, 2023; Mich y Garigliano, 2023).

Desde una perspectiva académica, algunos autores han comenzado a realizar investigaciones participativas de tipo híbrido, utilizando Chat-GPT e incluso considerando que el modelo opera como un coautor de diferentes publicaciones científicas (Osterrieder y GPT, 2023; Rossoni y GPT, 2023). En este contexto, diversos académicos han promovido debates sobre los límites de la creatividad de Chat-GPT (Da Silva, 2023) y su capacidad de autorreflexión crítica comienza a ser discutida (Castelló-Sirvent, 2022; GPT, 2023). De hecho, la IA generativa presenta múltiples desafíos y oportunidades (Sohail *et al.*, 2023), particularmente en el entorno de la educación superior (Ausat *et al.*, 2023)

Este estudio examina los retos y oportunidades que la IA generativa de texto (IAGT) en el contexto de la educación superior, y explora los riesgos y beneficios potenciales que esta tecnología proporciona a la actividad académica, en su conjunto, y al proceso de

1. Universidad Rey Juan Carlos (España)

aprendizaje, en particular. Aspectos tales como la personalización del aprendizaje y la mejora de la eficiencia en la creación de materiales educativos deben ser tenidos en cuenta, así como el conjunto de desafíos éticos y pedagógicos que se asocian a esta importante transformación emergente en la Educación Superior.

2. OBJETIVOS

Los objetivos del estudio se centran en identificar los retos y oportunidades que presenta el uso de la IA generativa de texto (i.e., Chat-GPT), tanto entre el alumnado como entre el profesorado. Se propone identificar los diez principales riesgos y oportunidades adoptando la perspectiva de ambos colectivos de la comunidad universitaria.

3. MARCO TEÓRICO

A partir de la generalización del uso de Chat-GPT, la gestión y control de los usos de la IAGT ha despertado el interés de investigadores e instituciones académicas. Su popularización entre al alumnado –particularmente desde el lanzamiento del modelo GPT-3 por parte de OpenAI.com, en noviembre de 2022– ha puesto de manifiesto los importantes retos que afronta la Universidad de acuerdo con los preceptos de base establecidos por el Espacio Europeo de Educación Superior (EEES). Algunos autores han incidido sobre el cambio de paradigma que representa esta nueva realidad y la reconfiguración del proceso de aprendizaje que va a resultar obligada, incluyendo el rediseño y reformulación de muchos de los sistemas de evaluación preexistentes, evidenciando una disrupción de grandes dimensiones sobre el sistema universitario (Ausat *et al.*, 2023; Crompton y Burke, 2023; Göksu y Duran, 2023; Shidig, 2023).

La irrupción de la IA generativa en las aulas y fuera de ellas obliga a la reflexión, tanto del profesorado como del alumnado, adoptando una perspectiva que se centre en términos de mejoras de productividad y oportunidades latentes y en atención a los riesgos subyacentes desentrañados por el uso de esta tecnología y que deben ser abordados por los gestores de la política pública educativa.

4. METODOLOGÍA

Esta investigación llevó a cabo un trabajo previo de diseño metodológico y una etapa de trabajo campo posterior al objeto de identificar los principales retos y oportunidades que presenta la IAGT. Se utilizó una metodología cualitativa basada en *design thinking* (Rowe, 1991; Brown, 2008; Plattner *et al.*, 2009; Kimbell, 2011; Black *et al.*, 2019) bajo el paradigma de la reflexión sistémica. La metodología *design thinking* ha sido aplicada en diversos contextos de reflexión sistémica (Espejo, 1994; Mononen, 2017; Watanabe *et al.*, 2017; Buchanan, 2019). Esta metodología permite extraer importantes elementos de análisis y diseño de política pública, tanto en términos de gobernanza como de dirección y gestión institucional (Cooper *et al.*, 2009), contribuyendo a mejorar las capacidades de aprendizaje de organizaciones públicas y privadas en entornos VUCA (volátiles, inciertos, complejos y ambiguos) (Cousins, 2018).

En esta investigación se integraron las herramientas y modelos desarrollados por De Vicente y Matti (2016) para la implementación de protocolos de system thinking y se consiguió extraer un decálogo doble que identificaba los retos y oportunidades para los dos colectivos de la comunidad universitaria preferenciales en este estudio, esto es, desde las perspectivas de alumnado y profesorado.

Particularmente, se aplicó un modelo pentagonal para la definición del sistema universitario post-IAGT, y en su aplicación se observó el detalle de sus límites contingentes y del conjunto de elementos impulsores que resultan susceptibles de desarrollar soluciones de conjunto para el sistema previamente definido. El pensamiento sistémico abordado desde metodologías design thinking tiene como objetivo llevar a cabo un proceso de innovación de los sistemas conforme son delimitados por aquellos factores identificados por los diferentes stakeholders involucrados. En este trabajo se describen los resultados posteriores a la delimitación de factores contingentes, según resultó posible reconfigurar la definición del conjunto de retos y oportunidades subyacentes en el contexto de transiciones sociotécnicas propiciadas por la irrupción y desarrollo posterior de la IAGT. El enfoque metodológico utilizado ha sido previamente abordado de una forma extensa y recurrente en estudios internacionales (Nisiforou, 2022; Betta *et al.*, 2022; Koundouri *et al.*, 2021; Chibambo, 2019), por cuanto los hallazgos de este estudio garantizan su fiabilidad interna y permiten su extrapolabilidad a otros contextos alejados del contexto universitario español en que se realiza la investigación.

5. RESULTADOS

La implementación de la IA generativa de texto en el ámbito universitario presenta tanto desafíos como oportunidades para alumnos y profesores, que varían en función del contexto y de los roles individuales. A continuación, se presentan los resultados obtenidos. Primero, se relacionan los retos y oportunidades desde la cosmovisión del alumnado, y posteriormente se relacionan los retos y oportunidades de esta tecnología desde la óptica del profesorado.

La Tabla 1 muestra el decálogo de retos y oportunidades desde la perspectiva del alumnado.

Retos	Oportunidades
1. Dependencia excesiva en la IA para las respuestas	1. Acceso inmediato a información y datos actuales
2. Interpretación incorrecta de la información proporcionada	2. Respaldo para investigación y aprendizaje autónomo
3. Riesgo de plagio de la información generada por IA	3. Fuente de retroalimentación 24/7
4. Falta de habilidades interpersonales debido al uso excesivo	4. Refuerzo de la comprensión y retención del material de estudio
5. Posible pérdida de pensamiento crítico y creatividad	5. Mejora de las habilidades lingüísticas en diversos idiomas
6. Falta de contexto o información específica de una universidad o curso	6. Preparación para futuros trabajos relacionados con IA y tecnología
7. El sistema puede no tener la capacidad de proporcionar una guía y consejo como un profesor humano	7. Ayuda en la organización de tareas y gestión del tiempo
8. El modelo puede no estar actualizado con la información más reciente en ciertos campos	8. Acceso a una amplia variedad de conocimientos y temas

Retos	Oportunidades
9. Desarrollo de una comprensión superficial del material	9. Mejora las habilidades de autoaprendizaje y adaptabilidad a nuevas tecnologías
10. Riesgo de privacidad y seguridad de los datos	10. Herramienta de apoyo para la inclusión y la educación a distancia

Tabla 1. Retos y oportunidades identificados por el profesorado. Fuente: Elaboración propia.

La Tabla 2 muestra los resultados del estudio desde la perspectiva del profesorado.

Retos	Oportunidades
1. Dificultad para adaptarse a nuevas tecnologías	1. Mayor eficiencia en la gestión del tiempo y las tareas
2. Riesgo de dependencia de los alumnos de la IA en lugar de la enseñanza humana	2. Recursos adicionales para mejorar la enseñanza
3. Problemas de plagio o falta de originalidad en el trabajo del estudiante	3. Facilita la enseñanza a distancia y el aprendizaje mixto
4. La IA no puede capturar la complejidad y la profundidad de algunos temas	4. Amplía el alcance y la accesibilidad de los materiales de aprendizaje
5. El modelo puede no estar actualizado con la información más reciente en ciertos campos	5. Refuerzo del aprendizaje autónomo de los estudiantes
6. Cuestiones éticas y de privacidad relacionadas con el uso de la IA	6. Fomenta la inclusión de tecnología avanzada en el aula
7. Evaluación de la eficacia del aprendizaje a través de la IA	7. Preparación para futuros trabajos y entornos que incorporan IA
8. Falta de interacción y relación personal con los estudiantes	8. Herramienta para el aprendizaje individualizado y adaptativo
9. Los errores o malentendidos de la IA pueden causar confusión	9. Fomenta la colaboración y la interacción en línea
10. Retos en la implementación y mantenimiento de la tecnología	10. Promoción del pensamiento crítico y el análisis en el contexto de la IA

Tabla 2. Retos y oportunidades identificados por el profesorado. Fuente: Elaboración propia.

6. DISCUSIÓN

Entre los retos identificados adoptando la perspectiva del alumnado destacan las amenazas latentes que representa la IAGT para los estudiantes, y se identifican como riesgos el desarrollo de inercias de excesiva dependencia sobre la IA para la generación de respuestas a actividades y análisis de síntesis o finales para la evaluación, laminando su pensamiento crítico y la creatividad. Este enfoque puede conducir de forma secuencial y reiterada a una interpretación incorrecta de la información proporcionada por la IA y, en casos más graves y persistentes, al plagio de la información generada por la IA, en tanto que el resultado facilitado pudiera llegar a ser utilizado sin tratamiento propio por parte del alumnado. El uso excesivo de la IAGT también podría provocar la pérdida de habilidades interpersonales del alumnado, ya que la interacción humana se ve potencialmente reducida, tanto alumno-alumno como alumno-profesor.

Por otro lado, puede identificarse como riesgo latente la ausencia de contexto específico institucional –impulsado por la universidad– o personal –impulsado por el profesor–, dado que la IAGT no posee la capacidad de proporcionar guías y consejos bajo patrones de adherencia humana. Este desafío se ve potencialmente agravado por la evidencia disponible, dado que los modelos de IA pueden no estar actualizados con la información más reciente en ciertos campos de conocimiento, extremo que conduce a una comprensión superficial del fondo meramente instrumental. Finalmente, entre los riesgos del estudiantado se muestran los de fiabilidad de la información facilitada por la IAGT y, particularmente, la privacidad y seguridad de los datos.

No obstante, la IAGT también ofrece oportunidades significativas para los estudiantes. Primero, en tanto que brinda acceso inmediato a información relevante y actúa como respaldo para la investigación y el aprendizaje autónomo, es susceptible de convertirse en una fuente de retroalimentación constante con disponibilidad horaria ilimitada (24/7). La IAGT puede contribuir a reforzar la comprensión y retención del material de estudio por parte del alumnado y a mejorar sus habilidades lingüísticas en un contexto multiidiomático.

Por otro lado, entre las ventajas de la IAGT para los estudiantes también destaca la posibilidad de mejorar su preparación para futuros trabajos relacionados con la IA, en general, y en vinculación con tecnologías emergentes, en particular, de forma tal que ofrezcan la utilización y/o combinación de la IAGT. Asimismo, esta tecnología cuenta con potencial suficiente para facilitar un desarrollo consciente y orientado hacia la organización de tareas del alumnado y una mejora sustancial de su gestión del tiempo, proporcionando acceso a una amplia variedad de conocimientos y temas que permitan el desarrollo de habilidades de autoaprendizaje y la adaptabilidad del alumnado a los nuevos contextos VUCA. Además, la IAGT puede convertirse en una útil herramienta de apoyo para la inclusión de las minorías y el impulso de la educación de tipo híbrido y asíncrono, particularmente desde un enfoque específico que tome en consideración colectivos vulnerables y en riesgo de exclusión.

Desde la perspectiva del profesorado, se presentan importantes desafíos en el uso de la IAGT. Entre ellos, destaca la dificultad de este colectivo para adaptarse al uso de estas nuevas tecnologías y destaca el riesgo subyacente de dependencia del alumnado que, si bien ya ha sido descrito en el bloque anterior, también cuenta con implicaciones importantes sobre el conjunto de retos que debe abordar el profesorado. Estas tecnologías pueden presentar un riesgo de limitación adicional a la concentración del alumnado, pudiendo llegar a distorsionar la interacción auténtica en el proceso enseñanza-aprendizaje, incrementando la tendencia ya detectada en torno a dispositivos móviles y redes sociales.

El profesorado y sus instituciones también enfrentan graves riesgos derivados de la potencial disminución de la integridad académica provocada por un uso continuado de la IAGT por parte del alumnado, más allá del ya conocido riesgo de plagio. En este sentido, destaca una posible disolución del vínculo causa-efecto existente entre el aprendizaje efectivamente alcanzado por el alumnado y su capacidad de elegir conocimientos adecuados para la solución de problemas. En paralelo, se presenta un profundo problema de factibilidad y fiabilidad de los medios de prueba que constituyen los actos de evaluación disponibles para el profesorado. La distorsión en la evaluación de la adquisición de competencias obliga a replantear el sistema de evaluación, particularmente en trabajos de elaboración y entrega asíncrona, potenciando el retorno a actos de evaluación síncrona, probablemente planteados en presencialidad y con garantías sobre la no utilización de tecnologías tipo IAGT.

Otra preocupación relevante para el profesorado y para los responsables de la dirección académica universitaria supone que, con el tiempo, la IAGT pueda limitar de forma irreversible las capacidades del alumnado para capturar elementos parciales disponibles de forma desagregada entre el conocimiento del área de estudio, por cuanto un uso dependiente de la IAGT podría inhibir su capacidad de síntesis en un contexto de complejidad incremental en el entorno y, por tanto, esta coyuntura limitaría sus posibilidades efectivas para abordar diagnósticos adecuados y formular soluciones válidas que cuenten con los niveles de profundidad mínima necesaria para lograr el óptimo ajuste factual con respecto a los temas analizados y/o los problemas a resolver.

Como se ha apuntado, dado que los modelos de IA pueden no contar con actualización competencial en la vanguardia de las diferentes especialidades profesionales (y áreas de conocimiento científico), entre los retos identificados desde la óptica del profesorado, surgen problemas relevantes vinculados con un uso ético de estas tecnologías por parte del alumnado, así como de acuerdo con la evaluación de la eficacia del aprendizaje logrado con el uso –pleno o tangencial– de la IAGT por parte de este colectivo universitario. Además, una posible tendencia futura que eventualmente se consolidara en torno a una disminución de la interacción y la relación personal con los estudiantes (estudiante-estudiante; profesor-estudiante), podría suponer que ciertos errores o malentendidos suscitados por el uso de la IAGT llegaran a causar confusión y desajustes críticos en el juicio del alumnado y en la formulación de sus propuestas de valor.

Con todo, también emergen oportunidades para el profesorado en la combinación de su labor con la IAGT. Esta tecnología puede mejorar la eficiencia en la gestión del tiempo y el diseño de tareas por parte del profesorado (i.e., cuestionarios tipo test), liberando recursos adicionales que permitan mejorar su labor docente e investigadora, y facilitar la enseñanza a distancia y el aprendizaje mixto e híbrido. Además, la IAGT es susceptible de ampliar el alcance y la accesibilidad de los materiales de enseñanza, reforzando el aprendizaje autónomo del alumnado, e impulsando la integración de tecnologías diferenciales en el aula que permitan impulsar el proceso de aprendizaje más allá de sus límites actuales. Además, esta última oportunidad identificada representa también un reto para el profesorado, dado que permite intuir una vía futura de desarrollo que prepare a los estudiantes para trabajos aún no existentes en el mercado en entornos que incorporarán la IAGT.

El aprendizaje individualizado –one-to-one– y de tipo adaptativo –incremental– impulsa la colaboración e interacción y, en caso de resultar correctamente diseñado e implementado, podría llegar a contribuir al desarrollo del pensamiento crítico de los resultados ofrecidos por la IAGT, convirtiendo la herramienta en un apoyo instrumental para la eficiencia profesional de los futuros egresados y evitando que este tipo de tecnologías fagociten su capacidad de desempeño efectivo. Como se ha identificado en esta sección, la IAGT presenta importantes desafíos para alumnos y profesores y ofrece oportunidades relevantes que deben ser tenidas en cuentas para llevar a cabo con éxito la inevitable transformación de la educación superior.

7. CONCLUSIONES

Esta investigación ha abordado una revisión de la literatura académica más relevante sobre IA generativa de texto y sus usos, riesgos y oportunidades en el contexto del Espacio Europeo de Educación Superior (EEES). Además, se ha sintetizado el decálogo de riesgos y oportunidades que ofrece esta tecnología, tanto desde la perspectiva del profesorado como desde un enfoque circunscrito al alumnado.

De acuerdo con el análisis presentado en el entorno educativo, la IAGT se caracteriza por su doble enfoque. Por un lado, existen riesgos de dependencia excesiva de los estudiantes hacia la IA y una consecuencia de ésta podría suponer impactos significativos que reduzcan la creatividad y el pensamiento crítico del alumnado, lo que podría empeorar sus habilidades interpersonales. Así, debe prestarse especial atención a los procesos que tengan como consecuencia laminar el espíritu crítico del alumnado. Por otro lado, la deshumanización de la interacción docente-alumno y la progresiva evaporación del contexto institucional universitario puede dar lugar a comprensiones superficiales del contenido académico que se presenten junto a riesgos latentes propios de la fiabilidad de la información disponible y/o deficiencias de adecuación a los hechos y los casos de uso específicos objeto de análisis en cada situación académica y profesional.

Por otro lado, se identifican algunas oportunidades, tanto para profesores como para alumnos. La IAGT puede facilitar los procesos de autoaprendizaje, mejorando la adaptabilidad a necesidades específicas, incrementando el rol del alumno como protagonista de su propio proceso de aprendizaje.

Otros aspectos que podrían resultar reforzados son la comprensión y retención del material de estudio o las habilidades lingüísticas. El uso de la IAGT plantea importantes desafíos para el profesorado y a para las instituciones educativas superiores. Destacan los problemas de integridad académica y la limitación de las capacidades del alumnado para el diagnóstico y formulación de soluciones efectivas. Ambos vectores de desarrollo deben ofrecer una guía útil para la adaptación de los sistemas de evaluación, particularmente en actividades asíncronas como trabajos o ensayos, y la reformulación de los planes de estudio tradicionales, incidiendo en particular sobre los contenidos y los resultados de aprendizaje esperados. Destaca la atención a la diversidad y las posibilidades que esta nueva tecnología ofrece para la adaptación curricular de los contenidos, particularmente en su orientación a colectivos que requieren atención especial. Esta es una investigación exploratoria que pretende establecer puntos de base para el desarrollo posterior de estudios cuantitativos que permitan identificar constructos relevantes sobre los que comprender las dimensiones de la problemática de transición tecnológica que se presenta, al tiempo que permitan diseñar una política pública universitaria en las próximas décadas de acuerdo con el reto histórico que representa la IAGT.

Futuras líneas de investigación deben ofrecer evidencia empírica fundamentada en la valoración de la IAGT y de las consecuencias de su uso, tanto por parte de alumnos como de profesores. Una línea de investigación prometedora se articula desde la reorientación de los principios morales y el comportamiento ético de los estudiantes en el uso de estas tecnologías en el Espacio Europeo de Educación Superior (EEES). Próximos estudios deben analizar el diseño de intervenciones pedagógicas que incentiven y perfilen el pensamiento crítico y la creatividad en presencia –y en combinación– de la IAGT.

8. REFERENCIAS

Ausat, A. M. A., Massang, B., Efendi, M., Nofirman, N., & Riady, Y. (2023). Can Chat GPT Replace the Role of the Teacher in the Classroom: A Fundamental Analysis. *Journal on Education*, *5*(4), 16100-16106.

Betta, A., Nikologianni, A., Berg, M., Ciolli, M., Ternell, A., & Gretter, A. (2022). Decision Making in City Planning: Processes of Visioning and Stakeholders Engagement and their Relation to Sustainable Land-Use in the SATURN Project. *Athens Journal of Architecture, 8*(3), 261-276.

Black, S., Gardner, D. G., Pierce, J. L., y Steers, R. (2019). Design thinking. *Organizational behavior*. Openstax.

Bommarito, J., Bommarito, M., Katz, D. M. y Katz, J. (2023). GPT as Knowledge Worker: A Zero-Shot Evaluation of (AI) CPA Capabilities. *arXiv preprint arXiv:2301.04408*.

Brown, T. (2008). Design thinking. *Harvard business review, 86*(6), 84.

Buchanan, R. (2019). Systems thinking and design thinking: The search for principles in the world we are making. *She Ji: The Journal of Design, Economics, and Innovation, 5*(2), 85-104.

Castelló-Sirvent, F. (2022, November). GPT-3: Inteligencia artificial, marketing y estrategia, una historia del tiempo presente. Rethink by ESIC Business & Marketing School. https://n9.cl/gr0p2

Chen, E. (2023). Generate labeled training data using Prompt Programming and GPT-3. An example of Big Five Personality Classification. *arXiv preprint arXiv:2303.12279*.

Chibambo, C., Popokostova, Y. y Carry, L. (2019). Localising the grand transition: Enabling citizen participation and encompassing local government. *World Energy Council: Government Future Energy Leader Position Paper*, 1-56.

Cooper, R., Junginger, S., & Lockwood, T. (2009). Design thinking and design management: A research and practice perspective. *Design Management Review, 20*(2), 46-55.

Cousins, B. (2018). Design thinking: Organizational learning in VUCA environments. *Academy of Strategic Management Journal, 17*(2), 1-18.

Crompton, H., & Burke, D. (2023). Artificial intelligence in higher education: the state of the field. *International Journal of Educational Technology in Higher Education, 20*(1), 1-22.

Da Silva, J. A. T. (2023). Is ChatGPT a valid author? *Nurse Education in Practice, 68*, 103600.

De Vicente, J. y Matti, C. (2016). Visual toolbox for system innovation. A resource book for practitioners to map, analyse and facilitate sustainability transitions. *Climate-KIC.# YourPathYourFuture, pioneers.climate-kic.org*

Espejo, R. (1994). What is systemic thinking? *System Dynamics Review, 10*(2-3), 199-212.

Eubanks, B. (2022). *Artificial intelligence for HR: Use AI to support and develop a successful workforce*. Kogan Page Publishers.

Farhat, F., Sohail, S. S. y Madsen, D. Ø. (2023). How Trustworthy is ChatGPT? The Case of Bibliometric Analyses.

George, A. S. y George, A. H. (2023). A review of ChatGPT AI's impact on several business sectors. *Partners Universal International Innovation Journal, 1*(1), 9-23.

Göksu, D. Y. y Duran, V. (2023). Examination of the flipped classroom approach in the context of bibliometric analysis and GPT-3 model: Flipped classroom approach and GPT-3 model. *International Journal of Curriculum and Instruction, 15*(2), 1096-1125.

GPT, C. (2023). Comment l'IA va transformer les métiers des Ressources Humaines? *Management & Datascience, 7*(2).

Khosravi, H., Shafie, M. R., Hajiabadi, M., Raihan, A. S. y Ahmed, I. (2023). Chatbots and ChatGPT: A Bibliometric Analysis and Systematic Review of Publications in Web of Science and Scopus Databases. *arXiv preprint arXiv:2304.05436*.

Kimbell, L. (2011). Rethinking design thinking: Part I. *Design and culture, 3*(3), 285-306.

Kirtania, D. K. (2023). ChatGPT as a tool for Bibliometrics Analysis: Interview with ChatGPT. *SSRN 4391794*.

Koundouri, P., Papadaki, L., Guittard, A., Demian, E. y Akinsete, E. (2021). Tackling Single-Use- Plastic Products in the Easter Mediterranean Sea: The BL. EU. Climate and MEDfreeSUP Projects. In *The Ocean of Tomorrow* (pp. 135-151). Springer, Cham.

Mich, L. y Garigliano, R. (2023). ChatGPT for e-Tourism: a technological perspective. *Information Technology & Tourism*, 1-12.

Mononen, L. (2017). Systems thinking and its contribution to understanding future designer thinking. *The Design Journal*, *20*(sup1), S4529-S4538.

Nisiforou, O., Shakou, L. M., Magou, A. y Charalambides, A. G. (2022). A Roadmap towards the Decarbonization of Shipping: A Participatory Approach in Cyprus. *Sustainability*, *14*(4), 2185.

Niszczota, P. y Abbas, S. GPT as a Financial Advisor. *Available at SSRN 4384861*.

Osterrieder, J., & GPT, C. (2023). A Primer on Deep Reinforcement Learning for Finance. *Available at SSRN 4316650*.

Plattner, H., Meinel, C. y Weinberg, U. (2009). *Design-thinking*. Landsberg am Lech: Mi-Fachverlag.

Rossoni, L. y GPT, C. (2022). A inteligência artificial e eu: escrevendo o editorial juntamente com o ChatGPT. *Revista Eletrônica de Ciência Administrativa*, *21*(3), 399-405.

Rowe, P. G. (1991). *Design thinking*. MIT press.

Saxena, A. (2023). *The AI Factor: How to Apply Artificial Intelligence and Use Big Data to Grow Your Business Exponentially*. Post Hill Press.

Shidiq, M. (2023). The use of artificial intelligence-based Chat-GPT and its challenges for the world of education; from the viewpoint of the development of creative writing skills. In *Proceeding of International Conference on Education, Society and Humanity*, *1*(1), 360-364.

Sohail, S. S., Farhat, F., Himeur, Y., Nadeem, M., Madsen, D. Ø., Singh, Y. y Mansoor, W. (2023). The Future of GPT: A Taxonomy of Existing ChatGPT Research, Current Challenges, and Possible Future Directions. *Current Challenges, and Possible Future Directions (April 8, 2023)*.

Watanabe, K., Tomita, Y., Ishibashi, K., Ioki, M. y Shirasaka, S. (2017). Framework for problem definition–a joint method of design thinking and systems thinking. In *INCOSE International Symposium*, 27(1), 57-71.

HERRAMIENTAS DE INTELIGENCIA ARTIFICIAL UTILIZADAS EN LA EDUCACIÓN SUPERIOR DEL ÁREA DE CIENCIAS SOCIALES Y SU IMPACTO EN LOS RESULTADOS DE APRENDIZAJE

Mª de las Mercedes de Obesso Arias [1] *, Carlos Alberto Pérez Rivero* [2]

1. INTRODUCCIÓN

El concepto de Inteligencia Artificial (IA), aunque parezca reciente, por la notoriedad que está recibiendo a través de los diferentes medios de comunicación en el último año, no es novedoso. En 1955, un grupo de investigadores de la inteligencia militar de Estados Unidos trataron de demostrar que una máquina es capaz de replicar cualquier aspecto de la inteligencia (McCarthy, 2006) por eso, definirla no es sencilla, ya que está en constante evolución. En noviembre de 2022, la presidencia de la Unión Europea hizo una propuesta de Reglamento de Inteligencia Artificial, que fue aprobada por unanimidad y en su artículo 3.1 recoge que la Inteligencia Artificial es un sistema entrenado para ser autónomo y hacer predicciones o recomendaciones basadas en reglas lógicas (Pagallo *et al.*, 2022).

El crecimiento de la inteligencia artificial ha sido exponencial en los últimos años y ha afectado a diferentes áreas de la economía, sanidad, logística, turismo, fabricación... señalan De Obesso *et al.* (2023). Y como era de esperar, la educación no podía quedar fuera de ese grupo. Son diversas las razones que explican este crecimiento, pero hay tres desarrollos simultáneos que lo explican: mejores algoritmos, aumento de la potencia de cálculo en red y capacidad de la industria tecnológica para capturar y almacenar cantidades masivas de datos (Campolo y Crawford, 2020).

La reacción en el ámbito educativo a la IA ha sido muy dispar. En un primer momento ha sido de preocupación ante la realidad constatada de que algunos alumnos han utilizado las herramientas propias de la AI para elaborar las tareas asignadas en diferentes asignaturas de disímiles materias. Reacciones como regresar a los exámenes de papel y lápiz han sido ya una realidad para algunos centros educativos. Por otra parte, las herramientas de detección de plagio como Turnitin han incluido nuevas funcionalidades para detectar el uso de inteligencia artificial (Turnitin, 2023). Sin embargo, después de este primer impacto negativo se ha pasado a la etapa de aceptar esta nueva realidad y utilizarla en mejorar la formación de los estudiantes. Esta nueva realidad genera grandes dudas sobre el papel de los docentes en cuanto a metodologías y a sistemas de evaluación, que garanticen la integridad académica, pero también cuestiona la actitud del alumnado y el uso que va a hacer de las nuevas herramientas a su disposición (King y ChatGPT, 2023). Con el objetivo

---

1. ESIC Universidad y ESIC Business and Marketing School
2. ESIC Universidad y ESIC Business and Marketing School

de dar respuesta a la ineludible situación, cada vez son más los autores que emplean el término "Aula SMART" (Huang *et al.*, 2019), por sus siglas en inglés, que se podrían traducir por visible, gestionable, accesible, interactiva en tiempo real y que permite experimentar. Este aula inteligente, acerca la tecnología al aula y mejora a experiencia de aprendizaje (Mircea *et al.*, 2021), se puede entender como una forma de integrar las diferentes herramientas de inteligencia artificial en el concepto tradicional de clase en la únicamente interactuaban profesores y alumnos con pocos elementos adicionales más allá de un proyector.

2. OBJETIVO

El objetivo de este trabajo es analizar cómo la IA ha impactado en la adquisición de los resultados de aprendizaje en la educación superior, concretamente en el área de Ciencias Sociales, a través de las diferentes herramientas existentes que tratan de sustituir o hacer más eficiente el trabajo de los estudiantes. Todo ello, suscita un gran dilema ético y cuestiona la integridad académica, lo que obliga a las universidades, al igual que hacen cada vez más empresas, a no perder de vista la ética en sus decisiones y a adoptar compromisos al respecto como indican Méndez-Suarez *et al.* (2023).

La evaluación es la evidencia de la adquisición del conocimiento, en esta línea, la Agencia Nacional de Evaluación de la Calidad y Acreditación, ANECA (2013) en su Guía de apoyo para la redacción, puesta en práctica y evaluación de los resultados de aprendizaje estableció los principales métodos de evaluación, de los cuales, los más empleados en las Ciencias Sociales son: Examen escrito, examen tipo test, trabajos, ensayos, resolución de problemas, presentación oral, estudios de caso, informes, además de prácticas externas y trabajo fin de grado. Posteriormente, la ANECA (2022), con el objetivo de adaptarse a los RD 640/2021 y RD 822/2021 publicó un documento complementario titulado: Resultados de aprendizaje y procedimientos de aseguramiento de la calidad para la evaluación, certificación y acreditación de enseñanzas e instituciones, conforme al RD 640/2021 y al RD 822/2021. Esta guía determina que cada universidad debe identificar el modo en el que evaluará los resultados de aprendizaje en sus planes de estudio.

La proliferación de herramientas de inteligencia artificial supone que su utilización puede distorsionar los resultados de los sistemas de evaluación tradicionales tales como: ensayos, presentaciones, casos informes, trabajos fin de grado o memorias de prácticas externas.

3. MATERIALES

Para llevar a cabo la revisión bibliográfica se ha partido de dos fuentes de datos relevantes, Web of Science (WOS) y Google Scholar.

Como muchas herramientas son de reciente creación y no hay suficiente bibliografía al respecto, se analizarán también las diferentes páginas web o aplicaciones para estudiar su impacto tanto en docentes como en estudiantes, principales grupos de interés en el proceso enseñanza-aprendizaje.

4. MÉTODOS

Rudolph *et al.* (2023) señalan que noviembre de 2022 marcó el momento en el que los sistemas de inteligencia artificial en forma de chatbots empezaron a crecer a un ritmo vertiginoso y revolucionaron para siempre la educación superior Dwivedi *et al.* (2023). De hecho, ChatGPT consiguió más de 123 millones de usuarios activos en menos de tres meses, superando a TikTok, Instagram (Wodecki, 2023).

Debido a este crecimiento exponencial surge la necesidad de hacer una revisión de las principales herramientas de IA que empiezan a ser de uso frecuente en la educación superior.

En la búsqueda inicial de WOS se aplicó el siguiente criterio "Artificial or intelligence" en cualquier campo, entre el 1 de diciembre de 2022 y el 5 de agosto de 2023. Se obtuvieron 46172 resultados, de los cuales 3632 pertenecen a artículos revisados. Posteriormente, se hace una búsqueda más exhaustiva "Artificial and Intelligence" en el campo Título y se obtienen 6075 resultados. A continuación, se afina más, haciendo obligatorio que aparezcan en el título las palabras: artificial, intelligence, higher y education y así se llega a las 105 referencias seleccionadas.

En una fase posterior se han descartado 14 artículos que no eran aplicables a las Ciencias Sociales, por lo que quedan 91 artículos.

Además de referencias académicas, se consultan diferentes webs y blogs especializados y que tratan el funcionamiento de las diferentes herramientas de inteligencia artificial.

El análisis se llevó a cabo mediante un enfoque cualitativo, que supuso la lectura y evaluación crítica de las fuentes y la identificación de datos relevantes para apoyar el objetivo de la investigación. Se concluyó confirmando que las diferentes herramientas de inteligencia artificial pueden, en el área de Ciencias Sociales, sustituir el trabajo de los alumnos y, por tanto, dificultar la evaluación de los resultados de aprendizaje.

5. RESULTADOS

Los resultados muestran que cada vez aparecen más herramientas de inteligencia artificial que pueden sustituir el trabajo, y, por tanto, modificar el proceso de aprendizaje de los estudiantes de Ciencias Sociales. A la vista de las diferentes herramientas existentes que optimizan e incluso sustituyen el trabajo de los estudiantes, es importante reflexionar no sólo sobre su funcionalidad sino también sobre su uso. Ensayos, presentaciones, casos, informes, trabajos fin de grado o memorias de prácticas externas, las formas de evaluación más frecuentes en el ámbito de las Ciencias Sociales (además del examen escrito), pueden realizarse en cuestión de segundos si se sabe cómo dar instrucciones precisas a cada herramienta.

A groso modo, se pueden dividir las aplicaciones existentes en varias categorías: En un primer grupo se ubicarían aquellas que generan contenido a través de una breves instrucciones o preguntas sucesivas, es el caso de ChatGPT, Perplexity ai, Jasper, Copymatic, Escribelo o Tweetmonk, entre otras. En un segundo conjunto se encontrarían aquellas cuya funcionalidad principal está ligada a la realización de presentaciones, Powerpoint o similares, como son Slidesai, Beautiful.ai o Tomeapp. En un tercer grupo estarían aquellas que detectan similitudes o plagio, la más empleada en Turnitin. En un cuarto cluster, y dado que el objetivo de este trabajo está circunscrito a la educación superior, se ubicarían las aplicaciones de uso profesional.

ChatGPT: OpenAI es la empresa que ha desarrollado este sistema, un chat basado en inteligencia artificial, que es capaz de generar texto con un lenguaje muy natural. Tiene una versión gratuita y una versión de pago con más funcionalidades. (Fernández, 2023). Está teniendo un gran impacto en el mundo académico, algunos incluso afirman que sustituirá a Google. Es capaz de generar contenidos y va aprendiendo y mejorando sus respuestas (Lund y Wang, 2023). Tiene ventajas e inconvenientes, como afirman Sok y Heng (2023), la principal ventaja es el ahorro de tiempo para los docentes a la hora de elaborar contenidos o plantear preguntas abiertas que comprueben la adquisición de los resultados de aprendizaje; se posiciona como un gran aliado para elaborar cuestionarios o pruebas de evaluación. Sin embargo, el mayor inconveniente está vinculado a la integridad académica y a la posibilidad de plagio por parte de los estudiantes, que no citen las fuentes empleadas o incluso el uso de inteligencia artificial. Malinka *et al.* (2023) revelan que la calidad de la herramienta ha superado todas las expectativas y sugieren que está llegando el fin de los ensayos escritos y el fin de la enseñanza tal y como la conocíamos, algo que afecta especialmente a las disciplinas de Ciencias Sociales.

Perplexity AI: Es similar a ChatGPT, pero con algunas mejoras. Perplexity además de emplear sus propios parámetros, se conecta a internet para responder mejor, es decir, está muy actualizado. Por otra parte, detalla las fuentes de la información proporcionada en forma de bibliografía. (Rodríguez, 2023)

Existen herramientas similares que generan de forma automática textos para Twitter como Tweetmonk, propone tweets más originales y potencialmente más virales (Gozalo-Brizuela y Garrido-Merchán, 2023)

Jasper ai: Se trata de una herramienta de pago, su coste oscila entre los 10 y los 499 dólares. Igual que las anteriores, genera contenido automáticamente, eso sí, sin plagio alguno. Su uso es adecuado para redes sociales, blogs, anuncios... (Mann, 2023 y Crawford et al., 2023).

Copymatic ai y Escribelo ai: Son herramientas similares, ambas de pago, que también generan contenido, la principal diferencia entre ellas es que la segunda está enfocada al mercado que habla español.

Turnitin: El plagio se ha convertido en una gran preocupación para los docentes, sin embargo, los criterios para considerarlo o no son diferentes dependiendo de la asignatura, lo que en ocasiona genera confusión entre los estudiantes. (Dahl, 2007). Para dar respuesta a esta inquietud, aparecen programas como Turnitin, un software de uso habitual por las instituciones de educación superior que comprueba la originalidad de los textos de los estudiantes, comparando con una gran base de datos (Turnitin, 2023). A partir de abril de 2023 y como consecuencia del incremento del plagio por la llegada de herramientas como ChatGPT incluye un apartado específico que indica el porcentaje de texto elaborado con herramientas de inteligencia artificial (actualmente sólo está disponible en inglés).

SlidesAI: Es una aplicación, con una versión gratuita y otra de pago (con más funcionalidades) que permite hacer presentaciones o diapositivas, con diseños originales a partir de un texto facilitado por el usuario (García-Marcos, 2023)

Beautiful.ai: Sirve también para hacer presentaciones creativas a partir de un gran número de plantillas predeterminadas.

Tomeapp: A partir de dos tecnologías, GPT3 y DALL-E, Tomeapp es capaz de hacer presentaciones a partir únicamente de ideas. Las presentaciones son como una historia con una narrativa, que además incluye imágenes atractivas que captan la atención del receptor. Sobre la base de esa versión inicial propuesta por la aplicación, se pueden hacer modificaciones de estilo, diseño, ... Sus principales ventajas son el ahorro de tiempo y la creatividad, pero como sus fuentes no están validadas es recomendable una supervisión por una persona (Allende, 2023).

Para el caso concreto de determinadas funciones empresariales, existen también aplicaciones a tener en cuenta como: Fators.ia, para temas de marketing; donotpay, un abogado online (únicamente maneja legislación estadounidense); magiceraser, corrector de imágenes; resume.io o klickresume, para la elaboración de CVs; synthesia, crea vídeos y las personas que aparecen en ellos están creadas por inteligencia artificial...

Pero un mundo global como el que vivimos, y teniendo en cuenta que el conocimiento está al alcance de todos, pero en diferentes idiomas, es inevitable hacer referencia a las aplicaciones vinculadas con los idiomas, con la traducción, con la corrección de textos, ... Son cada vez más, desde los traductores tradicionales de Google, Bing Microsoft y Amazon translate, a los sistemas como Deepl o Gramarly. Su ventaja fundamental es la rapidez, lo que implica un gran ahorro en tiempo; sin embargo, la mayor desventaja es que no puede tener en cuenta el contexto cultural, lo que puede conllevar imprecisiones.

6. DISCUSIÓN

La llegada de la inteligencia artificial y su incursión en la educación hace que las instituciones de educación superior deban replantearse sus estrategias. Su objetivo fundamental es que se produzca el proceso enseñanza-aprendizaje de una forma correcta, es decir, que los estudiantes adquieran los resultados de aprendizaje, en forma de conocimientos habilidades y competencias/ destrezas. Para garantizar que eso sucede, cuentan con diferentes actividades formativas y para comprobar que los han adquirido se establecen diferentes sistemas de evaluación.

A priori, parece que el mayor impacto será en los estudiantes, ahí es donde se concentran todos los malos augurios, plagiarán, no aprenderán, todo se lo preguntarán a un chatbot y no tendrán pensamiento crítico, perderán creatividad, ... Serán los sistemas de inteligencia artificial los que elaborarán los textos para sus trabajos, harán resúmenes, presentaciones, vídeos... ¿Dónde queda entonces la integridad académica? ¿Cómo comprobar entonces si efectivamente han aprendido, si han interiorizado los conceptos, si son capaces de relacionarlos y de aplicarlos?

La realidad es que la inteligencia artificial en educación ha venido para quedarse y eso va a suponer que las universidades deben reinventarse y sus docentes aprovechar las ventajas de estas nuevas tecnologías para complementar el aprendizaje y hacer que sea más rico. El valor de las exposiciones debe ser mayor, allí el alumnado podrá demostrar que es capaz de explicar con claridad lo aportado y que sabe responder a las cuestiones que el profesorado les plantee. El trabajo autónomo del estudiante, sin el apoyo de dispositivos electrónicos será también clave, una vuelta a la escritura a mano, al bolígrafo y al papel, a enfrentarse a una hoja en blanco en la que demostrar lo aprendido.

Por otra parte, la actividad del profesorado también cambia, sus dos actividades principales, la docencia y la investigación pueden y deben, plantearse de otra manera. Las herramientas de inteligencia artificial pueden ser fuente de inspiración, complementar con ejemplos o casos similares, permiten liberar al docente de la tarea de realizar presentaciones atractivas, y que se dedique a la innovación, la investigación, la atención al alumno... Son ahora las universidades las que deben recoger el testigo y ser conscientes de esta nueva realidad, e igual que en 2020, por una pandemia mundial originada por el COVID, fueron capaces de mantener la docencia, pasando en semanas de una modalidad presencial a una modalidad a distancia o remota de emergencia, quienes ahora, deben adaptarse a este nuevo entorno, dotando a docentes y estudiantes de las herramientas necesarias para ser competitivos en un mundo global. La formación juega nuevamente un papel fundamental, para dar a conocer las aplicaciones, su funcionalidad y su contribución al proceso de aprendizaje.

7. CONCLUSIONES

Aunque la inteligencia artificial tiene una antigüedad de más de 30 años, sigue habiendo muchas dudas de cómo va a ser la adaptación pedagógica y cómo va a influir realmente en la enseñanza y el aprendizaje en la educación superior, tal y como señalaban Zawacki-Richter *et al.* (2019).

La IA ha llegado a la educación para quedarse. No se trata de ver su encaje en los sistemas educativos actuales y reaccionar con medidas extremas como, por ejemplo, pasar todos los exámenes a papel y lápiz, se trata de visualizar la educación desde una nueva perspectiva aún en construcción y en constante cambio a una velocidad de vértigo. Hace solo unos pocos meses se dio a conocer la herramienta ChatGPT, jamás una herramienta informática había tenido un crecimiento tan exponencial y había sido utilizada con tanta naturalidad en cuestión de meses.

En la educación superior la IA constituye una herramienta transversal que influye, modifica y en general enriquece al resto de herramientas didácticas utilizadas. Por ejemplo, en la metodología *learning by teaching*, en la que el alumno aprende enseñando a sus compañeros, lo que cambia es la posibilidad de que de una manera mucho más rápida los alumnos puedan estructurar, casi desde cero una temática que controlan mínimamente.

En este sentido, se puede asegurar que la IA no sustituye de ninguna manera el trabajo del estudiante, aunque si le da nuevas potencialidades y le ayuda a estructurar un tema de una manera rápida, le aclara dudas, como por ejemplo la mejor formulación de un comando informático.

Podemos concluir que la IA tampoco sustituye el trabajo del profesor, referida a la mejor manera de ir creado el conocimiento y su interrelación para lograr un nivel intelectual cualitativamente superior a la mera suma de conocimientos aislados.

El propio desarrollo de la IA va generando herramientas con un mayor nivel de especialización, como por ejemplo Perplexity, que además de estructurar el conocimiento de manera aumentada incluye las referencias bibliográficas utilizadas.

Es necesario un mayor esfuerzo por parte de las instituciones, los docentes y los propios alumnos para trabajar con la AI desde una perspectiva ética y responsable. Esto requiere un enfoque multilateral para tratar un problema de gran complejidad. No es solo labor de los profesores, ni tampoco se trata únicamente de desarrollar o mejorar las herramientas antiplagio.

Un aspecto esencial del proceso es la evaluación, como medidor de la adquisición de conocimientos y de los resultados del aprendizaje. Sin embargo, los sistemas de evaluación tradicionalmente más empleados en las Ciencias Sociales, además de los exámenes, trabajos, ensayos, casos, elaboración de informes, presentaciones... pueden ser realizados en cuestión de segundos por herramientas de inteligencia artificial si se dan las instrucciones precisas y habrá que buscar formas alternativas para comprobar que los estudiantes han aprendido realmente. El gran reto del sistema universitario es precisamente integrar estas herramientas y aprovecharlas de la mejor manera tanto para favorecer el aprendizaje de los alumnos como para generar debate y pensamiento crítico.

El próximo paso, la futura línea de investigación que ya está en marcha es estudiar el impacto de la IA en el aprendizaje de los alumnos aplicado a una asignatura en concreto, que se imparte en los Grados de Administración y Dirección de Empresas y Marketing. El trabajo consistirá en utilizar la metodología *learning by teaching* en la asignatura de Métodos de Decisión enmarcada dentro del ámbito de las Ciencias Sociales. Se les dará a los alumnos la tarea de estudiar, estructurar, exponer y aplicar a la práctica un tema de actualidad relacionado con la toma de decisiones, como, por ejemplo, el impacto de la neurociencia en la toma de decisiones, o la influencia del género en los estilos de toma de decisiones. Se les pedirá realizar el trabajo de forma tradicional y también empleando ChatGPT u otra herramienta de inteligencia artificial similar. Posteriormente se contrastará el tiempo dedicado a cada una y los resultados obtenidos, con sus ventajas e inconvenientes y sobre todo, relacionándolo con el aprendizaje adquirido.

8. REFERENCIAS

Agencia Nacional de Evaluación de la Calidad y Acreditación (España). (2013). *Guía de apoyo para la redacción, puesta en práctica y evaluación de los resultados del aprendizaje.* Aneca. https://tinyurl.com/bdh3n58j

Agencia Nacional de Evaluación de la Calidad y Acreditación (España). (2022). Resultados de aprendizaje y procedimientos de aseguramiento de la calidad para la *evaluación, certificación y acreditación de enseñanzas e instituciones, conforme al RD 640/2021 y al RD 822/2021 mayo 2022. Aneca.* Recuperado de https://n9.cl/m72q8

Allende (9 de junio de 2023). *Tome.app: la herramienta para crear presentaciones con inteligencia artificial AI.* Creative.cloud. https://n9.cl/gtjuh

Campolo, A. y Crawford, K. (2020). Enchanted determinism: Power without responsibility in artificial intelligence. *Engaging Science, Technology and Society*, 6, 1-19. https://doi.org/10.17351/ests2020.277

Crawford, J., Cowling, M., Ashton-Hay, S., Kelder, J. A., Middleton, R., y Wilson, G. S. (2023). Artificial Intelligence and Authorship Editor Policy: ChatGPT, Bard Bing AI, and beyond. *Journal of university teaching and learning practice, 20*(5). https://doi.org/10.53761/1.20.5.01

Dahl, S. (2007). Turnitin®: The student perspective on using plagiarism detection software. *Active Learning in Higher Education, 8*(2), 173-191. https://doi.org/10.1177/1469787407074

De Obesso, M. D. L. M., Rivero, C. A. P. y Márquez, O. C. (2023). Artificial intelligence to manage workplace bullying. *Journal of Business Research*, 160, 113813. https://doi.org/10.1016/j.jbusres.2023.113813

Dergaa, I., Chamari, K., Zmijewski, P. y Saad, H. B. (2023). From human writing to artificial intelligence generated text: examining the prospects and potential threats of ChatGPT in academic writing. *Biology of Sport, 40*(2), 615-622. https://doi.org/10.5114/biolsport.2023.125623

Dwivedi, Y. K., Kshetri, N., Hughes, L., Slade, E. L., Jeyaraj, A., Kar, A. K., ... y Wright, R. (2023). "So what if ChatGPT wrote it?" Multidisciplinary perspectives on opportunities, challenges and implications of generative conversational AI for research, practice and policy. *International Journal of Information Management, 71*, 102642. https://doi.org/10.1016/j.ijinfomgt.2023.102642

Fernández, Y. (9 de junio de 2023). *ChatGPT : qué es, cómo usarlo y qué puedes hacer con este chat de inteligencia artificial.* Xacata. https://n9.cl/w3l2f

García Marcos, E. (9 de junio de 2023). *7 inteligencias artificiales que no mucha gente conoce y que son bestiales en el día a día con el PC.* La Vanguardia. https://n9.cl/uv72e

Gozalo-Brizuela, R. y Garrido-Merchán, E. C. (2023). A survey of Generative AI Applications. *arXiv preprint arXiv:2306.02781.*

Huang, L. S., Su, J. Y., y Pao, T. L. (2019). A context aware smart classroom architecture for smart campuses. *Applied sciences, 9*(9), 1837. https://doi.org/10.3390/app9091837

King, M. R. y ChatGPT. (2023). A conversation on artificial intelligence, chatbots, and plagiarism in higher education. *Cellular and Molecular Bioengineering, 16*(1), 1-2. https://doi.org/10.1007/s12195-022-00754-8

Lund, B. D. y Wang, T. (2023). Chatting about ChatGPT: how may AI and GPT impact academia and libraries?. Library Hi Tech News, 40(3), 26-29. https://doi.org/10.1108/LHTN-01-2023-0009

Malinka, K., Peresíni, M., Firc, A., Hujnák, O. y Janus, F. (2023). On the educational impact of ChatGPT: Is Artificial Intelligence ready to obtain a university degree? *Proceedings of the 2023 Conference on Innovation and Technology in Computer Science Education V. 1* (pp. 47-53). https://doi.org/10.1145/3587102.3588827

Mann, D. L. (2023). Artificial Intelligence Discusses the Role of Artificial Intelligence in Translational Medicine: A JACC: Basic to Translational Science Interview With ChatGPT. *Basic to Translational Science.* https://doi.org/10.1016/j.jacbts.2023.01.001

McCarthy, J., Minsky, M. L., Rochester, N. y Shannon, C. E. (2006). A proposal for the dartmouth summer research project on artificial intelligence, august 31, 1955. *AI magazine, 27*(4), 12-12. https://doi.org/10.1609/aimag.v27i4.1904

Méndez-Suárez, M., de Obesso, M. D. L. M., Márquez, O. C., y Palacios, C. M. (2023). Why Do Companies Employ Prohibited Unethical Artificial Intelligence Practices?. *IEEE Transactions on Engineering Management.* https://doi.org/10.1109/TEM.2023.3258686

Mircea, M., Stoica, M., y Ghilic-Micu, B. (2021). Investigating the impact of the internet of things in higher education environment. *IEEE Access, 9,* 33396-33409. https://doi.org/10.1109/ACCESS.2021.3060964

Pagallo, U., Sciolla, J. C. y Durante, M. (2022). The environmental challenges of AI in EU law: lessons learned from the Artificial Intelligence Act (AIA) with its drawbacks. *Transforming Government: People, Process and Policy, 16*(3), 359-376. https://doi.org/10.1108/TG-07-2021-0121

Rodríguez, E. (9 de junio de 2023). *Perplexity AI, guía a fondo: qué es, cómo usarlo y todo lo que necesitas saber de este buscador IA conectado a internet.* Genbeta. https://n9.cl/itu68

Rudolph, J., Tan, S. y Tan, S. (2023). War of the chatbots: Bard, Bing Chat, ChatGPT, Ernie and beyond. The new AI gold rush and its impact on higher education. *Journal of Applied Learning and Teaching, 6*(1). https://doi.org/10.37074/jalt.2023.6.1.23

Sok, S. y Heng, K. (2023). ChatGPT for education and research: A review of benefits and risks. *Available at SSRN 4378735.* https://doi.org/ 10.2139/ssrn.4378735

Turnitin (9 de junio de 2023). Ayuda a los estudiantes a producir su mejor trabajo original. http://www.turniting.com/es

Wodecki, B. (2023, February 4). *UBS: ChatGPT is the fastest growing app of all time.* AI Business. https://aibusiness.com/nlp/ubs-chatgpt-is-the-fastest-growing-app-of-all-time

Zawacki-Richter, O., Marín, V. I., Bond, M. y Gouverneur, F. (2019). Systematic review of research on artificial intelligence applications in higher education–where are the educators?. *International Journal of Educational Technology in Higher Education, 16*(1), 1-27. http://doi.org/10.1186/s41239-019-0171-0

INTEGRATING BIM, ARTIFICIAL INTELLIGENCE, AND PHYSICS-BASED SIMULATIONS. AN EDUCATIONAL INNOVATION PROJECT IN ARCHITECTURE SCHOOLS

Federico Luis del Blanco García [1], Alejandro Jesús González Cruz [2], José Ramón Aira Zunzunegui [3], Luis Javier Sánchez Aparicio [4]

This text is part of an Educational Innovation Project (IE23.0303) of the Polytechnic University of Madrid, "Development of physic-based simulations using evolutionary computation (artificial intelligence), for implementation in BIM methodology".

1. INTRODUCTION

The article presented below is part of an Educational Innovation Project that aims to raise awareness among Architecture students about the impact of construction on the environment, as well as the need to reduce material consumption. By developing physical simulations, artificial intelligence, and integrating them into the BIM Methodology, it is expected that students will be able to create more efficient and sustainable designs (del Blanco 2018).

In recent years, society has become aware of the problems associated with greenhouse gas emissions. The ongoing war in Ukraine has highlighted the limited nature of energy production. However, the depletion of material resources has not received as much attention. Except for renewable resources like wood, materials are finite (Figure 1). The construction industry, due to its large volume, is one of the main contributors to these issues. If we continue practicing architecture as we have been, we will not be able to meet the housing needs of future decades.

There has been a rapid increase in technological advancements. Artificial Intelligence has become one of the main driving forces behind the so-called "fourth industrial revolution," characterized by the digitization and automation of processes in various fields (Álvarez, et al., 2021).

Digitalization processes in the architecture and construction sector tend to lag behind other fields. Artificial intelligence is often associated with other areas, such as computer engineering, which makes its implementation in Architecture Schools challenging. The

1. Polytechnic University of Madrid (Spain). Universidad Politécnica de Madrid (España)
2. Polytechnic University of Madrid (Spain). Universidad Politécnica de Madrid (España)
3. Polytechnic University of Madrid (Spain). Universidad Politécnica de Madrid (España)
4. Polytechnic University of Madrid (Spain). Universidad Politécnica de Madrid (España)

lack of programming knowledge among architecture students hinders its adoption and diminishes any enthusiasm they may have.

Figure 1. Depletion of material resources. Source: Commons

In the construction and architectural design industry, the implementation of efficient methodologies and innovative technologies is crucial for improving productivity, optimizing resources, and ensuring project quality. In this regard, Building Information Modeling (BIM) has emerged as a revolutionary tool that is transforming the way a project is conceived, constructed, and managed from its inception to final delivery.

The BIM methodology is based on the creation and management of digital models that contain detailed and accurate information about all aspects of the project, including building geometry, structural components, facility systems, materials used, and energy performance, among others. These models are developed in a collaborative environment where all stakeholders involved in the project's lifecycle can work in an integrated and coordinated manner, sharing real-time information.

The importance of the BIM methodology lies in its ability to improve communication and coordination among different teams and disciplines involved in a project. By centralizing all information in a single, shared model, errors are minimized, design and construction times are reduced, costs are optimized, and decision-making is improved in all stages of the project.

Moreover, the BIM methodology facilitates early detection of potential problems and conflicts, allowing for their correction before they become costly errors in construction. It also provides the possibility to simulate and analyze the building's performance in terms of energy efficiency, thermal comfort, acoustics, among other aspects, contributing to the implementation of more sustainable and environmentally-friendly solutions.

In this context, physical simulations have emerged as a powerful and efficient tool for optimizing architectural design and achieving material savings (Adriaenssens, et al., 2014). They offer a unique opportunity to optimize the use of materials from the early stages of the design process (Rippman, et al., 2012; Block, et al., 2006). These simulations allow for the evaluation and prediction of material behavior under real conditions, taking into account structure and strength (Figure 2).

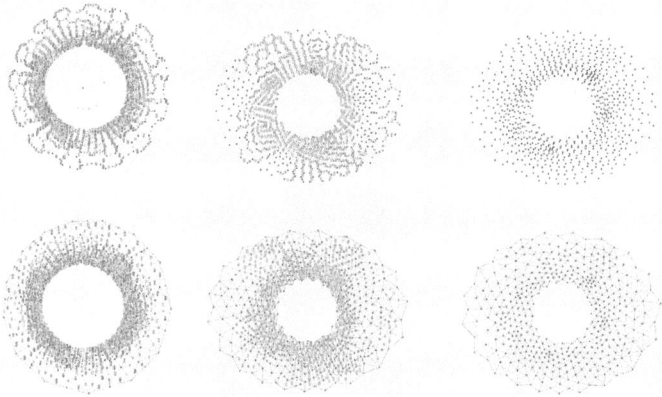

Figure 2. Iterations until reaching a vector equilibrium. Source: Own elaboration

On the other hand, we find ourselves in a moment in history where material savings have become a global concern and a priority for the international community, including the United Nations (2020). In an increasingly populated world with limited natural resources, it is imperative to take measures to minimize excessive consumption and waste of materials in all areas of society, from construction to manufacturing and daily consumption. If we continue building as we have been, we will not be able to meet the housing needs of future decades.

The importance of material savings lies in its close relationship with sustainability and environmental preservation. The production and extraction of natural materials have a significant impact on ecosystems, greenhouse gas emissions, and the depletion of non-renewable resources. Furthermore, improper waste management and incorrect disposal of materials contribute to pollution and environmental degradation.

In this context, the United Nations plays a fundamental role in promoting policies and actions aimed at fostering global material savings. Through initiatives such as the Sustainable Development Goals (SDGs), efforts are made to raise awareness among countries and society at large about the importance of adopting more responsible and efficient practices in the use of natural resources.

Material savings not only involve reducing consumption but also promoting reuse, recycling, and the circular economy. These strategies extend the lifespan of materials, reduce the amount of waste generated, and minimize the need for extracting new resources. Moreover, material savings bring economic benefits by reducing production costs and increasing efficiency in industrial processes.

In addition to environmental and economic aspects, material savings are also closely related to social justice and equitable development. By promoting sustainable and efficient practices, it contributes to the creation of green jobs and improves living conditions in communities, especially in developing countries that heavily rely on natural resources.

2. OBJETIVES

The main objectives of the project are as follows:

- Search for efficient structural forms through physical simulations.
- Optimization of geometries through evolutionary computation.
- Implementation of these systems in the BIM methodology.
- Introduce architecture students to the use of artificial intelligence and simulations based on physical behaviors for the optimization of freeform surfaces.
- Raise awareness among students, future architects, about the importance of the link between design aspects, construction, and structural efficiency with sustainable development goals such as reducing CO_2 emissions and decreasing material consumption.

3. METHODOLGY

The methodology used is based on the development of prototypes as practical cases. Students have solved different problems related to project design and structure optimization using evolutionary computation and simulations that emulate physical behaviors.

Evolutionary computation is a branch of artificial intelligence that uses algorithms inspired by biological evolution to find optimal solutions, allowing a process to find the best possible outcome within a set of possible solutions.

Finally, the optimized simulations and geometries are incorporated into BIM, expanding its traditional capabilities.

Through digital fabrication, the prototypes are materialized in the form of scale models. In this way, the results obtained in the virtual models can be verified.

4. RESULTS AND DISCUSSION

Currently, there are various numerical calculation methods used to improve and optimize the shape and structure of surfaces and three-dimensional objects. These methods are highly accurate when it comes to analyzing and sizing structures after a project has been designed. However, they tend to be less intuitive during the initial design stages, where drawing, graphical methods, and other algorithm-based or simulation-based strategies are more effective (Ostrowska et al., 2022; Lastra, 2022; Güzelci et al., 2022).

The students carried out two working methods based on simulations and artificial intelligence:

- Thrust network analysis, based on simulations using «graphic statics.»
- Optimization using evolutionary computation, a branch of artificial intelligence.

Subsequently, the surfaces obtained through these methods were exported to a BIM working environment. The surfaces, meshes, and polygons were transformed into entities with associated metadata, enabling their conversion to the open IFC format, prepared for a collaborative working environment.

Finally, the virtual models were fabricated using 3D printers and laser cutters. This generated scaled models that allowed the verification of structural behavior and the stability of the original designs.

The students had to solve the challenge of designing roofs to span large distances, using methods that generated efficient structures.

A traditional approach would involve designing a structure and then conducting an analysis and sizing. Intuition and experience play an important role in the design phase of such structures.

However, the approach for the project was based on obtaining optimized shapes, defining an environment that allowed for simulation based on physical parameters, thus achieving efficient results.

For the first phase, the «thrust network analysis» method (Block 2007) was employed to understand three-dimensional funicular systems. It is suitable for generating vaulted surfaces and networks that function solely under compression. The method finds possible funicular solutions by defining a surface on which gravity acts.

It is a structural design methodology based on forces that rely on geometric constructions. It extends the principles of graphic statics, seeking a balance of forces through simple techniques for use in complex irregular three-dimensional surfaces (Rippmann et al., 2012).

If we introduce constraints to modify the shape of our project, such as maximum height or modification of spans by changing supports, the force vectors will be forced to follow that shape. Similarly, if we vary the loads by modifying the force diagram, the shape will adapt to the system.

Figure 3 shows the result of a structure that functions solely under compression after eliminating tensile stresses. By introducing a tension ring around the perimeter, a cantilevered structure functioning solely under compression is achieved.

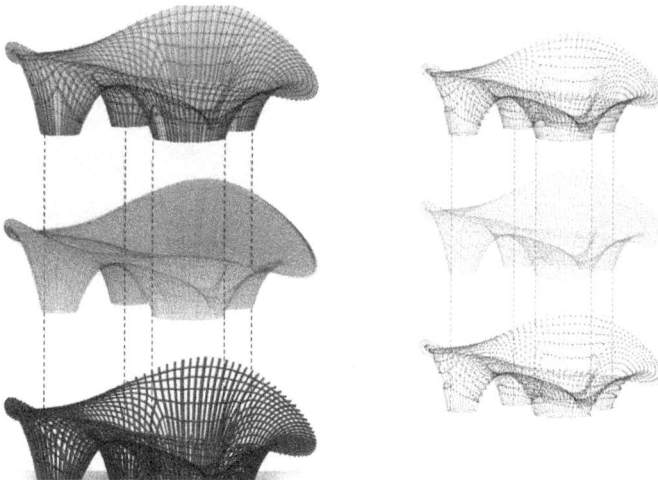

Figure 3. Structure without tensile stresses and cantilevered elements. Source: Students of the BIM and Computational Design Workshop 2022/2023 (UPM)

Generating structures that function solely under compression, eliminating tensile and, consequently, bending stresses, allows for a reduction in the amount of material required for construction, as well as its carbon footprint. Furthermore, it reduces or eliminates the need to use steel as a reinforcing element in concrete structures.

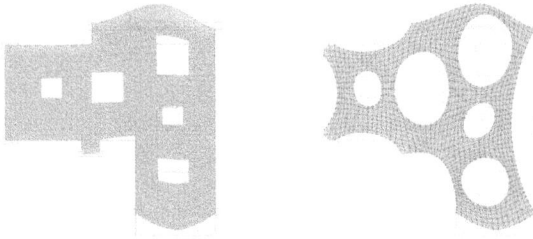

Figure 4. Initial and final states after horizontal equilibrium. Source: Students of the BIM and Computational Design Workshop 2022/2023 (UPM)

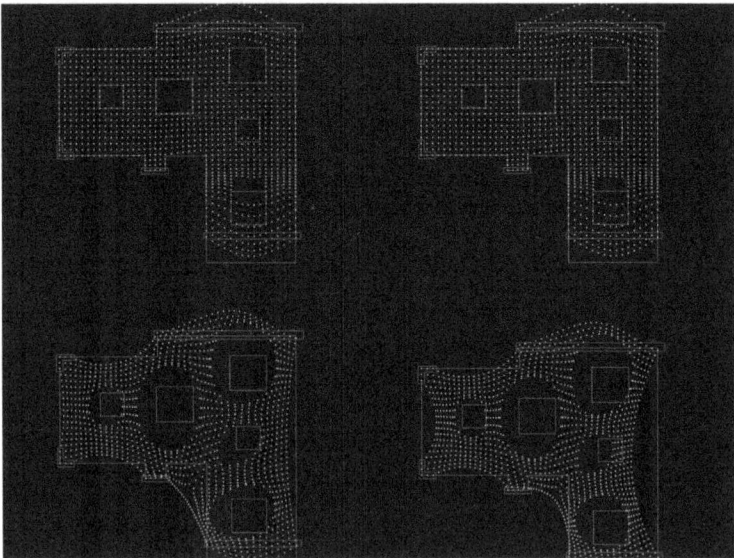

Figure 5. Evolution of different iterations until achieving equilibrium. Source: Students of the BIM and Computational Design Workshop 2022/2023 (UPM)

The techniques employed allow for the dissociation of the structural design into two phases. In the first phase, the focus is on achieving a horizontal force equilibrium. This requires defining an initial state through support points, loads, self-weight, etc. (Figure 4). There is no unique horizontal vector equilibrium for the defined initial state, allowing freedom for the designers. After performing hundreds of iterations (Figure 5), the desired horizontal equilibrium can be achieved. It is worth noting that, due to the complexity of the systems used, it is common to have to vary the initial conditions to obtain satisfactory solutions so that the simulations can converge on a valid solution.

In this way, multiple solutions with variable height can be generated (Figure 6). The more horizontal the surface, the greater the horizontal forces transmitted to the foundation or supports. If the surface is more vertical, the horizontal forces decrease (while the vertical forces increase), but the self-weight of the structure increases. Being able to control horizontal and vertical equilibriums in different phases facilitates decision-making.

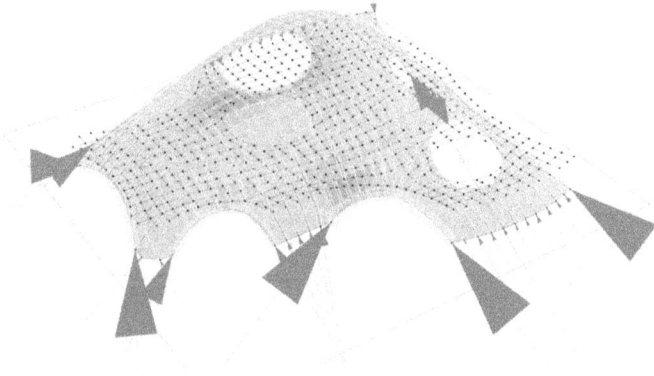

Figure 6. A possible solution after achieving horizontal equilibrium. Source:
Students of the BIM and Computational Design Workshop (UPM)

These processes could be automated by generating random solutions that satisfy the established conditions. Figure 7 shows different solutions for continuous roof structures that function solely under compression.

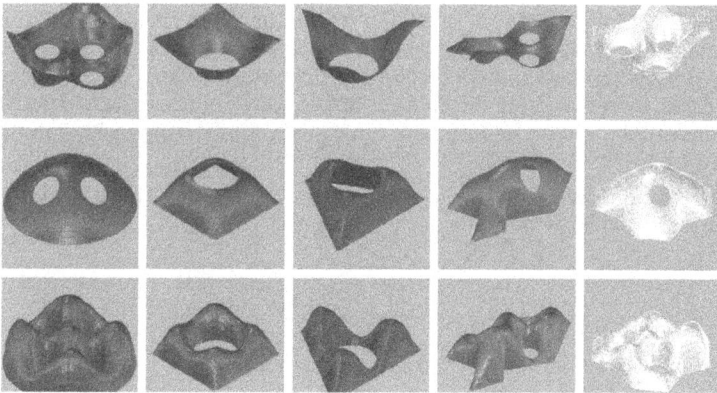

Figure 7. Random surfaces with compressive forces only. Source: Students
of the BIM and Computational Design Workshop (UPM)

Other alternatives to this working method include the approach through simulations of hanging chains (Bukowski 2008) (Figure 8), popularized by architects such as Gaudí or Frei Otto. By creating a virtual environment, we can emulate these behaviors with greater control than with scale models.

Due to the limitations of the scope of this chapter, we will not go into details on the following points. However, we believe it is interesting to at least be aware of the complete workflow carried out.

Once the initial surfaces are obtained through a process based on evolutionary computation (a branch of artificial intelligence), we can optimize the solutions by including the necessary parameters. The shapes obtained by following the principle of maximum structural efficiency may not fit the desired solutions for an architectural project, leading to constructional, functional, bioclimatic, etc., issues.

In this way, we can control different optimal solutions that may sacrifice certain aspects, following the concept of Pareto optimality (Barr 2004).

Figure 8. Hanging chains. Environment and integration generated through AI (Stable Diffusion). Source: Students of the BIM and Computational Design Workshop (UPM)

The results obtained digitally are grouped only as points, lines, and meshes. It is important for us to associate metadata with these elements, which will be useful for the construction phase, management, measurements, budgets, or documentation development.

For this phase, BIM technology is used. Currently, there are serious limitations when it comes to generating complex geometries from major BIM software. To carry out the project, we worked only with surface elements without thickness, which were later exported to these programs. By recognizing the contour lines of these surfaces, constructive elements could be generated natively, maintaining their properties when working in the open IFC format.

Finally, scaled models were produced using digital fabrication. These models allow us to verify the structural behavior of the designs (Figures 9 and 10).

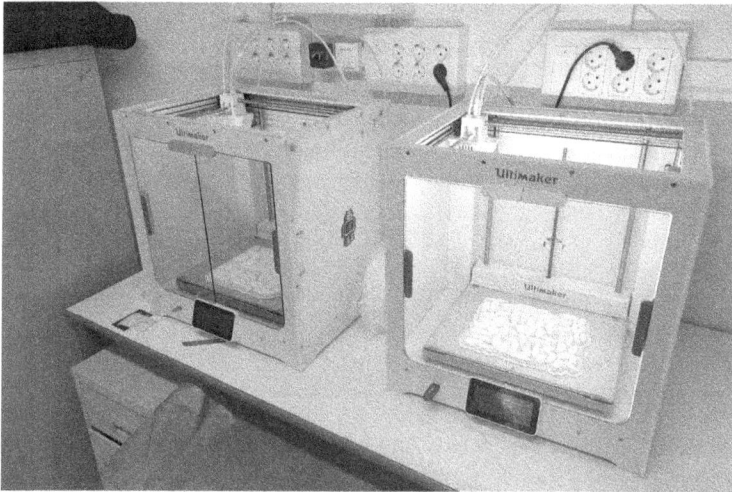

Figure 9. Digital fabrication of panels for a scale model. Source: Own elaboration

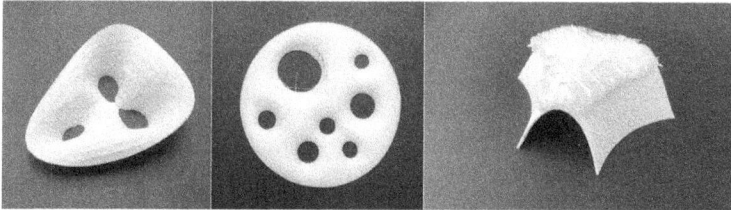

Figure 10. Scale models to verify structural behavior. Source: Students
of the BIM and Computational Design Workshop (UPM)

5. CONCLUSIONS

The use of innovative techniques that include Artificial Intelligence and the search for efficient structures through physical simulations becomes an opportunity and a responsibility for material savings and CO_2 emissions reduction.

Physical simulations allow designers to have a comprehensive and precise understanding of material behavior in different scenarios, enabling informed decisions to maximize material savings.

Designing architecture through physical simulations is an essential tool for achieving material savings and sustainability in the construction industry. By enabling virtual testing and detailed analysis of material behavior, these simulations empower professionals to make informed decisions that optimize resource usage, reduce costs, and enhance the energy efficiency of buildings. It is through the integration of these technologies that we can progress towards a more responsible and sustainable architecture, where material savings are a priority for building a better future.

The use of simulations, optimization, and evolutionary computing in architecture allows students to improve architectural design in an efficient and effective manner. By employing simulations and evolutionary algorithms, students have successfully discovered optimal solutions that would otherwise be difficult to obtain.

Material savings have become a global priority due to their impact on environmental sustainability, conservation of natural resources, and equitable development. The United Nations plays a key role in promoting policies and actions that foster responsible and efficient use of materials across all sectors of society. Material savings are not only a necessity but also an opportunity to build a more sustainable and equitable future for future generations.

6. ACKNOWLEDGEMENTS

This project has been partially funded by the Polytechnic University of Madrid (IE23.0303).

We would like to express our gratitude to the students of the School of Architecture of Madrid and the students from international exchange programs who participated in this project: Luis Álvarez, Filipe Alexandre, Iván Abella, Susana Galán, Marcos García, Carlos Daniel Gómez, Ángela Julián, Joaquín Alonso Linares, Yashodan Mangukia, Fernando Martínez, Pablo Mayol, Tanvi Prasad, Anderson Quintana, Paola Rentería, Iría Alexandra Reñones, Mannat Singh, Elena Tilve, María Vargas, Ainoa Villalba, and Mariano Vizcaino.

7. REFERENCES

Adriaenssens S., Block P., Veenendaal D., Williams C. 2014. *Shell Structures for Architecture: Form Finding and Optimization.* Routledge.

Álvarez Ayuso, L., & del Blanco García, F. (2021). *Application of neural networks to the design of collective housing. Automation and combinatorial generative processes using artificial intelligence.* Rita_revista Indexada de Textos Académicos, 16, 214–231. https://doi.org/10.24192/2386-7027(2021)(v16)(20)

Barr, N. (2004). *Economics of the welfare state.* New York, Oxford University Press (USA).

Billington, David. 1985. *The Tower and the Bridge.* Princeton: Princeton University Press.

Block, Philippe, Matt DeJong, and John Ochsendorf. 2006. As Hangs the Flexible Line: Equilibrium of Masonry Arches. *Nexus Network Journal* 8(2): 13-24. https://doi.org/10.1007/s00004-006-0015-9

Block, P., y Ochsendorf, J. 2007. Thrust Network Analysis: A New Methodology for Three-Dimensional Equilibrium. Journal of the IASS. 48(2007).

Bukowski, John. 2008. Christiaan Huygens and the Problem of the Hanging Chain. *College Mathematics Journal* 39(1): 2-11.

Del Blanco García, F.L., García Ríos, I., González Uriel, A. (2020). *Process Design for Automation.* In: Agustín-Hernández, L., Vallespín Muniesa, A., Fernández-Morales, A. (eds) Graphical Heritage. Springer Series in Design and Innovation, vol 6. Springer, Cham. https://doi.org/10.1007/978-3-030-47983-1_35

Del Blanco, F. (2021). Virtual reconstruction and geometric analysis of Félix Candela's inverted umbrellas for The Villahermosa Cathedral. *Disegnarecon*, 14(27):1-14. https://doi.org/10.20365/disegnarecon.27.2021.10

Del Blanco García, F. L., & García Ríos, I. (2018). Fernando Higueras and Félix Candela: back to the umbrella's geometry. Analysis and 3D reconstruction of Murcia airport, 1983. EGA Expresión Gráfica Arquitectónica, 23(32), 232–243. https://doi.org/10.4995/ega.2018.9813

Del Blanco García, F. L. (2018). *Digital crafts. Procedural design in education and research.* In J. Merina (Ed.), EURAU18: Retroactive Research: Congress Proceedings (pp. 581 – 588). https://doi.org/10.14198/EURAU18alicante

González, G., Samper, A. 2018. Classification by Type of the Arches in Gaudí's Palau Güell. *Nexus Network Journal.* 20: 173–186. https://doi.org/10.1007/s00004-017-0355-7

Güzelci, O., Sousa, J. y Joao, X. 2022. Integrated Structural and Environmental Form-Finding: A Teaching Experiment. *Nexus Network Journal* 24, 247–264. https://doi.org/10.1007/s00004-021-00582-9

García-Ríos, I., del Blanco García, F.L., González-Uriel, A. (2022). Study and Application of NURBS and Free-Form Surfaces for Design and Architecture. In: Ródenas-López, M.A., Calvo-López, J., Salcedo-Galera, M. (eds) Architectural Graphics. Springer Series in Design and Innovation, vol 21. Springer. https://doi.org/10.1007/978-3-031-04632-2_33

Heyman, J. 1995. *The Stone Skeleton: Structural engineering of masonry architecture.* Cambridge: Cambridge University Press.

Heyman, Jacques. 1999. *The Science of Structural Engineering.* London: Imperial College Press.

Lastra, A. 2022. Architectural Form-Finding Through Parametric Geometry. *Nexus Network Journal.* 24(1): 271–277. https://doi.org/10.1007/s00004-021-00579-4

Ostrowska, K., Strzała, M. y Słyk, J. 2022. Form Follows Parameter: Algorithmic-Thinking-Oriented Course for Early-stage Architectural Education. *Nexus Network Journal.* 24(2): 503–522. https://doi.org/10.1007/s00004-022-00603-1

Piker, D. 2013. Kangaroo: form finding with computational physics. *Architectural Design* 83(2): 136–137. https://doi.org/10.1002/ad.1569

Rippmann, M., Lorenz L., y Block, P. 2012. Interactive vault design. *International Journal of Space Structures* 27:(4), 219–230. https://doi.org/10.1260/0266-3511.27.4.219

Schumacher, P. 2014. The congeniality of architecture and engineering – the future potential and relevance of shell structures in architecture. *Shells Structures for Architecture.* S.l.: Routledge

United Nations. 2020.https://www.un.org/es/global-issues/population

IMPACTO DE LOS *CHATBOTS* BASADOS EN INTELIGENCIA ARTIFICIAL SOBRE ENFOQUES PEDAGÓGICOS EN LA EDUCACIÓN PARA LA SOSTENIBILIDAD

Juan Dempere [1]

1. INTRODUCCIÓN

1.1. Antecedentes

La educación en sostenibilidad, también conocida como formación para el desarrollo sostenible, es un elemento vital de la pedagogía global (Mortensen, 2000; Redman y Larson, 2011). Esta disciplina enfatiza la importancia de comprender la interconexión entre los sistemas sociales, económicos y ambientales y promover comportamientos sostenibles (Jucker y Mathar, 2020). Se han implementado numerosas estrategias para la capacitación en sostenibilidad, con avances tecnológicos recientes que mejoran su pedagogía (Deng y Yu, 2023; Marouli, 2021).

Los *chatbots* impulsados por la Inteligencia Artificial (IA) han surgido como un avance significativo (Deng y Yu, 2023; Okonkwo y Ade-Ibijola, 2021). Estos son programas que simulan conversaciones humanas utilizando procesamiento de lenguaje natural, aprendizaje automático y otras tecnologías de IA (UNESCO, n. d.). El potencial de estos *chatbots* como herramientas educativas radica en su capacidad para proporcionar aprendizaje personalizado, mejorar el compromiso y brindar retroalimentación inmediata (Deng y Yu, 2023; UNESCO, n. d.).

Se han utilizado dichos *chatbots* para ayudar a los alumnos a entender conceptos complejos de sostenibilidad, desarrollar habilidades de pensamiento crítico y resolución de problemas, y promover el aprendizaje colaborativo (Deng y Yu, 2023; Okonkwo y Ade-Ibijola, 2021). Su integración ofrece oportunidades para experiencias de aprendizaje individualizadas, flexibles e interactivas (Marouli, 2021; UNESCO, n. d.).

1.2. Justificación

La rápida evolución de las tecnologías de IA y su impacto transformador en la enseñanza y el aprendizaje han suscitado un interés significativo en la educación para la sostenibilidad (Pérez, Daradoumis, y Puig, 2020; Deng y Yu, 2023). Sin embargo, todavía falta una síntesis y evaluación exhaustiva del conocimiento existente sobre su uso en este campo (Tahiru,

---

1. Polytechnic University of Madrid (Spain). Universidad Politécnica de Madrid (España)

2021), lo que dificulta el desarrollo de pautas y mejores prácticas basadas en evidencia (Major *et al.*, 2018).

El presente estudio pretende abordar esta brecha en la literatura examinando la integración, los resultados y los desafíos de los *chatbots* de IA utilizados en la educación para la sostenibilidad (Tahiru, 2021; Pérez, Daradoumis, y Puig, 2020; Deng y Yu, 2023). Nuestra pregunta de investigación es: "¿Cuál es el estado actual de la investigación sobre el papel de los *chatbots* de IA en la formación para la sostenibilidad y cuáles son los impactos reportados?" Los hallazgos podrán clarificar temas clave de investigación, metodologías y un marco referencial, destacando áreas para una mayor investigación (Major *et al.*, 2018).

Esta investigación también busca profundizar la comprensión del potencial pedagógico de los *chatbots* de IA en la instrucción para la sostenibilidad (Deng y Yu, 2023). Aunque los estudios individuales subrayan los beneficios de los *chatbots* de IA, como mejorar la participación de los estudiantes y proporcionar retroalimentación individualizada, esta revisión tiene como objetivo contextualizar estas ventajas dentro de la capacitación para la sostenibilidad. Pretende demostrar cómo los *chatbots* de IA pueden fomentar el pensamiento sistemático, las habilidades para resolver problemas y la reflexión orientada al futuro, que son esenciales para la enseñanza de la sostenibilidad (Deng y Yu, 2023). Esta perspectiva puede informar a los educadores y diseñadores de currículos sobre cómo crear estrategias de instrucción basadas en estos *chatbots* pedagógicamente sólidas y adaptadas a los objetivos de aprendizaje únicos de la educación para la sostenibilidad (Mubin *et al.*, 2013).

2. MATERIALES

Este estudio abarca un amplio espectro de literatura sobre la aplicación de los *chatbots* de IA en el aprendizaje de la sostenibilidad en diversos contextos educativos. Incorpora artículos revisados por pares, informes, estudios de casos y literatura gris en los campos de Educación, Ciencias de la Computación, Ciencias de la Sostenibilidad e IA.

Las fuentes interdisciplinarias permiten una exploración integral de estos *chatbots* en la formación para la sostenibilidad. Los materiales incluyen estudios teóricos que examinan los beneficios y desafíos de estos *chatbots* en la instrucción de la sostenibilidad (Winkler y Söllner, 2018; Deng y Yu, 2023), investigaciones empíricas que cuantifican los impactos de dichos *chatbots* en el aula (Okonkwo y Ade-Ibijola, 2021) y artículos que exploran las implicaciones éticas de estos asistentes virtuales (Gkinko y Elbanna, 2022; Henriksen, Enni, y Bechmann, 2021).

Las fuentes secundarias consultadas también cubren aplicaciones prácticas de *chatbots* de IA en la educación para la sostenibilidad, como estudios de caso sobre el uso de *chatbots* por parte de CapacitaBOT para mejorar la accesibilidad e inclusión (Mateos-Sanchez *et al.*, 2022), y piezas sobre el papel de ChatGPT en la provisión de información confiable sobre sostenibilidad (Makower, 2023; Deidda, 2023). Esta variedad de fuentes contribuye a una comprensión múltiple del tema.

3. MÉTODOS

Se llevó a cabo una revisión exhaustiva para examinar la integración y el efecto de los *chatbots* de IA en la formación para la sostenibilidad. La revisión implicó una búsqueda rigurosa en varias bases de datos como Web of Science, Scopus, PubMed, ERIC, IEEE Xplore, entre otras. Estas bases de datos fueron seleccionadas por su amplia cobertura en los campos de la educación, la tecnología, la sostenibilidad y la IA. Se utilizó Google Scholar para acceder a literatura gris, evitando algún sesgo relacionado con el origen de la publicación.

La estrategia de búsqueda incluyó tanto palabras clave como vocabulario seleccionado para garantizar la inclusión. Las palabras clave usadas fueron '*chatbots* de IA', 'Inteligencia Artificial', 'Educación', 'Sostenibilidad', 'Educación Ambiental', 'Aprendizaje Automático', entre otras. No hubo restricciones en cuanto al idioma o la fecha de publicación, y se priorizaron los artículos revisados por pares para capturar una visión completa del uso e impacto de estos *chatbots* en la educación para la sostenibilidad.

Los criterios de inclusión fueron diseñados para captar la riqueza y diversidad de la literatura existente. Se incluyeron los estudios que discutían estos *chatbots* con énfasis en la sostenibilidad o la instrucción ambiental, así como aquellos que informaban sobre los resultados de dichos *chatbots* en estos contextos. La selección de estudios siguió las pautas PRISMA (Shamseer *et al.*, 2015; Tricco *et al.*, 2018). La selección inicial de título y resumen eliminó los estudios irrelevantes (Delgado-Rodríguez y Sillero-Arenas, 2018). Posteriormente, se realizó una revisión completa de los estudios restantes, evaluando la calidad de cada uno para asegurar su precisión y fiabilidad (Ahmed *et al.*, 2020; Tricco *et al.*, 2018). La extracción de datos fue sistemática, utilizando un formulario estandarizado (Aboueid *et al.*, 2019) para capturar detalles como nombre del autor(es), año de publicación, nivel y entorno educativo, métodos de investigación, hallazgos clave e implicaciones.

Se empleó un análisis temático, identificando patrones y tendencias significativas en la información recabada (White *et al.*, 2022). Los temas influyentes se categorizaron en función del impacto de los *chatbots* de IA en el aprendizaje de la sostenibilidad y su integración en diversos niveles y entornos educativos. Los sub-temas ofrecieron una visión matizada de la efectividad de éstos *chatbots* en la personalización del aprendizaje, la mejora de la motivación, la participación, el pensamiento crítico y las habilidades para la resolución de problemas (Ahmed *et al.*, 2020; Wilson y Marasoiu, 2021).

4. RESULTADOS

4.1. Personalización e Individualización de las Experiencias de Aprendizaje

La mejora de la personalización e individualización de las experiencias de aprendizaje es un aspecto crítico en la integración de los *chatbots* de IA en la educación para la sostenibilidad (2019; Thomas, 2020). Estos *chatbots* han demostrado una capacidad única para atender las necesidades individuales de los estudiantes, proporcionando un nivel de personalización que supone un desafío para los educadores (Kerly *et al.*, 2006; 2021; Thomas, 2020). Son capaces de analizar al instante las respuestas de los estudiantes, lo que permite una retroalimentación inmediata, que ha demostrado mejorar el proceso de aprendizaje (Kerly *et al.*, 2006; Thomas, 2020). Además, pueden interactuar con múltiples estudiantes simultáneamente, facilitando a los educadores la atención a clases más numerosas sin comprometer la calidad de la enseñanza.

Un estudio de González-González *et al.* (2023) propuso usar *chatbots* para personalizar la retroalimentación en la experiencia de aprendizaje lúdica contextual. El estudio encontró que presentar información de diferentes maneras y proporcionar oportunidades para el debate a través de un sistema conversacional como los *chatbots*, puede mejorar la experiencia del aprendiz.

4.1.1. Vías de Aprendizaje Adaptativas en la Educación para la Sostenibilidad

En el ámbito de la educación para la sostenibilidad, los *chatbots* de IA han demostrado su valor al ofrecer rutas de aprendizaje adaptativas (Kerly *et al.*, 2006; Deng y Yu, 2023). Estos evalúan el avance del estudiante y ajustan la complejidad y profundidad del contenido en tiempo real, adaptándose a las capacidades y métodos de aprendizaje individuales (Kerly *et al.*, 2006; Deng y Yu, 2023). Este enfoque es crucial dada la naturaleza compleja e interdisciplinaria de la formación para la sostenibilidad (Deng y Yu, 2023).

La integración de estos *chatbots* en la educación para la sostenibilidad ha potenciado la personalización del aprendizaje. Esto ha sido corroborado por empresas de todo el mundo que utilizan dichos *chatbots* para alcanzar sus objetivos de sostenibilidad, ofreciendo una educación ambiental asequible, individualizada y motivadora (Frąckiewicz, 2023).

Los itinerarios de aprendizaje flexibles proporcionadas por estos *chatbots* han incrementado el compromiso y la retención en la instrucción para la sostenibilidad (Deng y Yu, 2023). Las experiencias de aprendizaje a la medida fomentan la motivación y la participación de los estudiantes, mejorando los resultados del aprendizaje (Deng y Yu, 2023). Además, la capacidad de estos *chatbots* para identificar y llenar lagunas de conocimiento ayuda a los estudiantes a formar una comprensión sólida de los conceptos de sostenibilidad (Kerly *et al.*, 2006; Deng y Yu, 2023).

4.1.2. Los Chatbots de IA como Facilitadores del Aprendizaje Multidisciplinario

El principal beneficio de los *chatbots* de IA en la enseñanza de la sostenibilidad es su capacidad para facilitar el aprendizaje interdisciplinario (Deng y Yu, 2023; Winkler y Söllner, 2018). Dado que la sostenibilidad combina campos como la ciencia ambiental, la economía y los estudios sociales, su comprensión integral requiere conocimientos variados. Los *chatbots* de IA cubren esta brecha, combinando perspectivas de diferentes disciplinas para proporcionar una formación en sostenibilidad integral (Deng y Yu, 2023). Estos *chatbots* ayudan a los estudiantes a correlacionar asignaturas y a desentrañar la naturaleza multifacética de los problemas de sostenibilidad (Radziwill y Benton, 2017; Winkler y Söllner, 2018), fomentando una comprensión de la sostenibilidad que abarca todo lo esencial para la resolución de problemas en el mundo real.

Además, este aprendizaje interdisciplinario facilitado por dichos *chatbots* promueve el pensamiento crítico (Deng y Yu, 2023). Comprender los aspectos entrelazados de la sostenibilidad insta a los estudiantes a considerar críticamente las implicaciones de las soluciones de sostenibilidad, mejorando el aprendizaje mientras los prepara para enfrentar complejos problemas de sostenibilidad.

Aunque la capacidad de los *chatbots* de IA para fomentar el aprendizaje interdisciplinario en la capacitación para la sostenibilidad todavía está en desarrollo, los estudios preliminares muestran su potencial (Deng y Yu, 2023; Winkler y Söllner, 2018), indicando que la evolución de la IA podría fortalecer la formación para la sostenibilidad a través de la habilitación del aprendizaje interdisciplinario (Gkinko y Elbanna, 2022).

4.2. Mejorando la motivación y el compromiso de los estudiantes:

La introducción de los *chatbots* de IA en el ámbito educativo brinda una oportunidad para aumentar la participación y motivación de los estudiantes, particularmente en la capacitación para la sostenibilidad. Esto se logra proporcionando experiencias de aprendizaje personalizadas y dinámicas que aclaran conceptos complejos de sostenibilidad

(Luckin *et al.*, 2016). Diversas investigaciones, incluyendo un estudio de Fryer *et al.* (2019), respaldan la efectividad de estos *chatbots* para fomentar la motivación, gracias a su carácter interactivo y capacidad para proporcionar retroalimentación inmediata.

Además, estos *chatbots* pueden mejorar la participación en el aprendizaje de la sostenibilidad a través de simulaciones y experiencias lúdicas. Deterding *et al.* (2011) encontraron que la *gamificación* aumenta la motivación y el compromiso de los estudiantes, lo que sugiere que la integración de dichos *chatbots* en programas de formación para la sostenibilidad lúdicos podría estimular el interés y promover cambios de comportamiento a largo plazo.

Sin embargo, el uso de estos *chatbots* requiere una cuidadosa consideración sobre sus posibles limitaciones y cuestiones éticas, incluyendo consideraciones de privacidad, equidad de acceso y calidad de la interacción para garantizar su aplicación responsable y efectiva en la educación para la sostenibilidad, como lo consideró Sharkey (2016) en su artículo.

4.2.1. Gamificación de la Educación sobre Sostenibilidad utilizando Chatbots de IA

En la capacitación sobre sostenibilidad, la tendencia de usar *chatbots* de IA para la *gamificación* ha estado ganando impulso progresivamente. Estos *chatbots* proporcionan una plataforma interactiva para estimular el aprendizaje sobre temas de sostenibilidad con una pedagogía muy atractiva (Winkler y Söllner, 2018; Deng y Yu, 2023). La *gamificación*, que implica puntuación, competencia e insignias, aumenta la motivación del estudiante (Inocencio, 2018; Morschheuser *et al.*, 2017).

Estos *chatbots* también permiten retroalimentación inmediata, dominio a través de la repetición de tareas y presentan desafíos en niveles óptimos de dificultad para mantener el interés de los estudiantes (Seaborn y Fels, 2015; Radziwill y Benton, 2017). Dichos *chatbots* estimulan motivadores intrínsecos como la autonomía, la competencia y la conexión, fomentando el compromiso con la experiencia de aprendizaje. Estudios previos informan que la instrucción lúdica mejora la motivación, la retención y el pensamiento crítico (Inocencio, 2018; Seaborn y Fels, 2015).

Además, la *gamificación* respalda el aprendizaje personalizado, atendiendo a estilos y ritmos individuales, esencial para un tema complejo como la sostenibilidad (Oliveira *et al.*, 2021; Gkinko y Elbanna, 2022). Los *chatbots* de IA pueden presentar conceptos intrincados de manera atractiva y manejable a través de la *gamificación* (Oliveira *et al.*, 2021).

El aprendizaje lúdico con estos *chatbots* también cultiva habilidades de resolución de problemas (Dreimane, 2018). Al integrar desafíos del mundo real en escenarios de juego, los alumnos obtienen un espacio seguro para probar soluciones y aprender de fracasos (Oliveira *et al.*, 2021), preparándolos para la resolución de problemas en la vida real.

Sin embargo, el éxito de la *gamificación* basada en chatbots de IA depende de la calidad de su diseño: deben ser fácil de usar, apropiados para su contexto, e inducir desafíos (Radziwill y Benton, 2017), lo que requiere de más investigación y desarrollo en este campo (Winkler y Söllner, 2018; Deng y Yu, 2023).

4.2.2. Enfoques de aprendizaje colaborativo en temas de sostenibilidad

Los *chatbots* de IA pueden fortalecer el aprendizaje colaborativo en la instrucción para la sostenibilidad estimulando el diálogo, el pensamiento crítico y la participación activa

(Daniels y Walker, 1996; Resta y Laferrière, 2007; Deng y Yu, 2023). Estos *chatbot* pueden facilitar discusiones grupales inclusivas y aclarar malentendidos utilizando algoritmos programados (Kuhai *et al.*, 2023; Gkinko y Elbanna, 2022), fomentando una comprensión integral de la sostenibilidad y preparando a los estudiantes para los desafíos del mundo real (Winkler y Söllner, 2018; Deng y Yu, 2023).

Más allá de las aulas, los *chatbots* de IA facilitan experiencias de aprendizaje interculturales, ampliando las perspectivas de sostenibilidad (Yang y Evans, 2019). Las plataformas en línea, con una comunicación efectiva y una participación equitativa, pueden mejorar el conocimiento de la sostenibilidad, como lo demostraron Anyolo y Tshiningayamwe (2022) en su estudio.

Sin embargo, para un aprendizaje colaborativo efectivo, estos *chatbots* necesitan mejorar en la comprensión y respuesta a diálogos humanos complejos (Winkler y Söllner, 2018). Se necesitan avances continuos en IA e investigaciones para abordar estos desafíos (Okonkwo y Ade-Ibijola, 2021).

4.3. Promoción del pensamiento crítico y las habilidades de resolución de problemas

Promover el pensamiento crítico y las habilidades de resolución de problemas es un aspecto crucial de la educación, especialmente en el dominio de la sostenibilidad (Kearins y Springett, 2003; Daniels y Walker, 1996). Estas habilidades equipan a los estudiantes para comprender problemas complejos, evaluar diferentes soluciones y tomar decisiones informadas. Los *chatbots* de IA, debido a su naturaleza interactiva, pueden contribuir significativamente a fomentar estas habilidades (Zoller, 2016; Gkinko y Elbanna, 2022). Estos *chatbots* pueden plantear preguntas complejas, alentar a los alumnos a articular y defender sus puntos de vista y proporcionar retroalimentación inmediata, promoviendo la reflexión y el aprendizaje a partir de los errores (Morin *et al.*, 2013).

4.3.1. Pensamiento Sistémico en la Educación sobre Sostenibilidad

El pensamiento sistémico, un método para entender la interconexión de los componentes dentro de un sistema, es un aspecto esencial de la formación sobre sostenibilidad (Caniglia *et al.*, 2020; Resta y Laferrière, 2007). Dicha habilidad dota a los estudiantes con la capacidad de analizar la interacción intrincada de factores sociales, económicos y ambientales dentro de los problemas de sostenibilidad. Los *chatbots* de IA, con sus capacidades para el aprendizaje a la medida y adaptativo, pueden proporcionar un apoyo efectivo para fomentar el pensamiento sistémico (Okonkwo y Ade-Ibijola, 2021). Pueden guiar a los aprendices en la exploración de varios aspectos de los problemas de sostenibilidad, identificar patrones y conexiones y comprender cómo los cambios en un componente pueden afectar al sistema completo (Frisk y Larson, 2011).

4.3.2. Abordando desafíos de sostenibilidad complejos con ayuda de *Chatbots* de IA

Los *chatbots* de IA también pueden ayudar a los estudiantes a abordar desafíos de sostenibilidad complejos (Deng y Yu, 2023). Al simular situaciones del mundo real, estos *chatbots* pueden proporcionar a los aprendices oportunidades para aplicar sus conocimientos y habilidades en la resolución de problemas (Zoller, 2016). Pueden desafiar a los alumnos a considerar múltiples perspectivas, evaluar soluciones alternativas y reflexionar sobre las posibles consecuencias de sus decisiones (Caniglia *et al.*, 2020). Además, dichos *chatbots* pueden proporcionar retroalimentación inmediata y personalizada, ayudando a los aprendices a identificar lagunas en su comprensión y estrategias para mejorar (Frisk y Larson, 2011; Winkler y Söllner, 2018).

4.4. Ética y accesibilidad en la integración de *Chatbots* de IA

Incorporar *chatbots* de IA en la educación sobre sostenibilidad plantea múltiples cuestiones éticas claves (Gkinko y Elbanna, 2022; Henriksen, Enni, y Bechmann, 2021). Uno de los aspectos más cruciales es garantizar la fiabilidad y la confiabilidad de la información difundida por estos *chatbots*. Para ello, los *chatbots* deben ser construidos y entrenados de acuerdo con protocolos rigurosos, y someterse a una supervisión y modificación continua (Cihon *et al.*, 2021). Además, la aplicación ética de estos *chatbots* exige un enfoque en la privacidad y la seguridad de los datos, garantizando que las interacciones de los usuarios permanezcan confidenciales y que sus datos se recogen, almacenan y gestionan de manera segura (Gkinko y Elbanna, 2022). Por ejemplo, la UNESCO aborda el sesgo de género en la IA en la Recomendación de la UNESCO sobre la Ética de la Inteligencia Artificial (UNESCO, 2023).

4.4.1. Garantizando la credibilidad de la información sobre sostenibilidad proporcionada por *Chatbots*

Proporcionar información creíble sobre sostenibilidad es crucial para mantener la confianza del usuario y fomentar el aprendizaje adicional (Nicodeme, 2021). Esto significa que las fuentes de datos para el entrenamiento de los *chatbots* de IA deben ser creíbles y autorizadas. Además, la información debe ser actual y estar al día para reflejar los últimos avances en la investigación y la práctica de la sostenibilidad (Okonkwo y Ade-Ibijola, 2021). Un aspecto importante para garantizar la credibilidad de la información proporcionada por los *chatbots* es la implementación de rigurosos procesos de aseguramiento de la calidad. Estos incluyen auditorías y actualizaciones regulares, así como el establecimiento de procedimientos para abordar las inexactitudes y disputas (Cihon *et al.*, 2021). Por ejemplo, GreenBiz realizó una prueba real en seis *chatbots de IA*, para ver cómo abordan el complejo y matizado mundo de los negocios sostenibles (Makower, 2023). Otro ejemplo está representado un artículo sobre sostenibilidad publicado en LinkedIn que fue escrito en su totalidad por *ChatGPT* (Deidda, 2023).

4.4.2 Abordando la accesibilidad y la inclusión en la educación sobre sostenibilidad a través de los *Chatbots*

Los *chatbots* pueden ayudar a mejorar la accesibilidad y la inclusión en la educación sobre sostenibilidad (Deng y Yu, 2023; Winkler y Söllner, 2018). Esto se puede lograr diseñando *chatbots* que sean fácilmente accesibles y utilizables por una amplia gama de aprendices, incluyendo aquellos con diferentes niveles de conocimientos previos, estilos de aprendizaje y habilidades (Okonkwo y Ade-Ibijola, 2021). Además, estos *chatbots* deben estar disponibles en varias plataformas y dispositivos para satisfacer las preferencias y el acceso tecnológico de diferentes usuarios (Henderson, Selwyn y Aston, 2017; Deng y Yu, 2023). Asegurar la inclusión también implica consideraciones culturales y lingüísticas, como ofrecer contenido en varios idiomas y reconocer diversos contextos culturales y perspectivas sobre los problemas de sostenibilidad (Winkler y Söllner, 2018). Por ejemplo, CapacitaBOT es una aplicación móvil basada en un *chatbot* que permite a las personas con discapacidades intelectuales trabajar y entrenar sus habilidades sociales (Mateos-Sánchez *et al.*, 2022).

4.5. Aplicaciones en entornos educativos no formales e informales:

El uso innovador de los *chatbots* de IA ha abierto nuevas posibilidades para experiencias de aprendizaje mejoradas en contextos educativos no formales e informales, contribuyendo significativamente a la formación para la sostenibilidad (Winkler y Söllner, 2018). Estas herramientas tecnológicas, con su escalabilidad, personalización y capacidades interactivas, pueden adaptarse a diferentes entornos pedagógicos y necesidades individuales de aprendizaje (Thomas, 2020). Su adaptabilidad permite a los educadores y entrenadores crear programas de formación flexibles que pueden ser fácilmente accesibles y navegados por los estudiantes, mejorando la experiencia educativa en general (Rooein y Paolini, 2020).

Además de su versatilidad, los *chatbots* de IA ofrecen la ventaja adicional de estar disponibles 24/7 (Deng y Yu, 2023). Esto significa que los estudiantes pueden acceder a la información y participar en actividades de aprendizaje en cualquier momento, creando un entorno más centrado en el alumno. Tal flexibilidad puede ser particularmente beneficiosa en entornos no formales e informales, donde los horarios de aprendizaje pueden ser a menudo impredecibles y variados (Gkinko y Elbanna, 2022).

4.5.1 Programas de formación en sostenibilidad corporativa

Los *chatbots* de IA están encontrando cada vez más un lugar en los programas de formación en sostenibilidad corporativa, desempeñando un papel fundamental en la difusión de información y facilitando las discusiones sobre las políticas, objetivos y prácticas de sostenibilidad (Winkler y Söllner, 2018). Al ayudar a los empleados a entender conceptos y regulaciones de sostenibilidad complejos, los *chatbots* pueden mejorar significativamente los resultados de aprendizaje de estos programas de formación (Deng y Yu, 2023). Estos *chatbots* pueden responder a preguntas, proporcionar retroalimentación instantánea y fomentar una mayor participación con los contenidos impartidos, lo que ayuda a retener el conocimiento (Gkinko y Elbanna, 2022).

Además, dichos *chatbots* ofrecen una solución rentable para las grandes corporaciones que necesitan impartir formación en sostenibilidad a un gran número de empleados en diversas ubicaciones (Miklošík, Evans y Qureshi, 2021). Al automatizar ciertos aspectos de la formación, las corporaciones pueden garantizar unaa entrega consistente de contenidos mientras ahorran recursos (Okonkwo y Ade-Ibijola, 2021). Además, el análisis de los datos monitorizados en tiempo real presentados por los *chatbots* permite a las corporaciones controlar el compromiso de sus empleados y evaluar la efectividad del programa de formación, permitiendo mejoras continuas (Følstad *et al.*, 2018).

4.5.2 Participación comunitaria en proyectos de sostenibilidad

Los *chatbots* de IA tienen el potencial de mejorar significativamente la participación comunitaria en los proyectos de sostenibilidad (Følstad *et al.*, 2018). Estas herramientas pueden actuar como una plataforma para que los miembros de la comunidad accedan a informaciones, expresen sus preocupaciones y contribuyan a los procesos de toma de decisiones relacionados con las iniciativas de sostenibilidad (Kuhail, 2022). La naturaleza interactiva de dichos *chatbots* puede estimular una mayor participación y compromiso, lo que logra mejores resultados de los proyectos (Winkler y Söllner, 2018).

Entidades gubernamentales locales u organizaciones sin ánimo de lucro pueden desplegar estos *chatbots* para recoger comentarios de la comunidad sobre iniciativas de sostenibilidad, como programas de reciclaje locales o proyectos de espacios verdes urbanos (Deng y Yu, 2023). Esto puede democratizar el acceso a la información y fomentar la participación activa de los ciudadanos en los esfuerzos por la sostenibilidad (Okonkwo y Ade-Ibijola, 2021). Además, el uso de dichos *chatbots* en este contexto puede promover la transparencia y la responsabilidad, ya que los miembros de la comunidad pueden ver cómo se incorporan sus comentarios en tiempo real, lo que genera más confianza en estas iniciativas (Følstad *et al.*, 2018).

4.6 Análisis

Este estudio se centra en el impacto significativo de los *chatbots* de IA en la educación para la sostenibilidad, abarcando una variedad de niveles y entornos educativos. A pesar de que se destaca su potencial para personalizar el aprendizaje, mejorar el compromiso con los esfuerzos educativos, fomentar la comprensión interdisciplinaria y facilitar el aprendizaje colaborativo, se identificaron ciertas brechas críticas. Estos *chatbots* ofrecen rutas de aprendizaje adaptativas, ajustando la dificultad y profundidad del contenido en tiempo real para ajustarse a las capacidades y métodos de aprendizaje individuales, lo cual es especialmente relevante en la educación para la sostenibilidad, que es un campo interdisciplinario y complejo. Posibles extensiones de la presente investigación incluyen el análisis sobre el papel de estos *chatbots* en la transición entre etapas educativas y su beneficio para grupos marginados. Así, se debe explorar el valor pedagógico de los *chatbots* de IA en diversos contextos culturales y su interacción con lo multimedia para mejorar el compromiso del proceso educativo con contenidos de sostenibilidad.

El estudio subraya la importancia de protocolos estrictos de garantía de calidad y normas éticas en el desarrollo de *chatbots* basados en IA para la educación en sostenibilidad. Nuestro análisis sugiere que se debe investigar la escalabilidad y la resiliencia de los *chatbots* de IA en entornos educativos, especialmente en aquellos con recursos limitados. Este estudio también aboga por una investigación más profunda en el diseño de estos *chatbots* para mejorar su relevancia, precisión e impacto, y para monitorear los resultados del aprendizaje a lo largo del tiempo. Igualmente, la presente investigación provee clara evidencia de que los *chatbots* de IA facilitan el aprendizaje interdisciplinario, una habilidad esencial en la educación para la sostenibilidad. Al combinar perspectivas de diferentes disciplinas, los *chatbots* ayudan a los estudiantes a entender la naturaleza polifacética de los problemas de sostenibilidad. Los estudios futuros deberían investigar la integración de estos *chatbots* en entornos educativos formales e informales focalizando en los desafíos éticos, de accesibilidad y de privacidad.

Finalmente, los *chatbots* de IA pueden promover el pensamiento crítico y las habilidades de resolución de problemas, destrezas esenciales para comprender y abordar problemas de sostenibilidad complejos. Los *chatbots* pueden plantear preguntas difíciles y alentar a los estudiantes a articular y defender sus puntos de vista. Sin embargo, la integración de estos *chatbots* en la educación para la sostenibilidad también plantea cuestiones éticas, como la fiabilidad de la información y la privacidad de los datos. Por lo tanto, es esencial que los *chatbots* sean construidos y entrenados de acuerdo con protocolos rigurosos y que se sometan a una supervisión y modificaciones regulares. Estos *chatbots* tienen el potencial para mejorar la educación en sostenibilidad en diversos contextos y entornos.

5. DISCUSIÓN Y CONCLUSIONES

La incorporación de *chatbots* de IA en la educación para la sostenibilidad proporciona una vía prometedora para diversificar y mejorar las metodologías pedagógicas. Esta investigación explora los impactos y potencialidades de estas herramientas progresivas en diversos entornos educativos. Estos *chatbots* individualizan efectivamente las experiencias de aprendizaje, facilitan la instrucción adaptativa y multidisciplinaria, promoviendo la participación del alumnado a través de la *gamificación* y la colaboración.

Además, estos *chatbots* mejoran las habilidades de pensamiento crítico y resolución de problemas, esenciales para el pensamiento sistémico en la educación para la sostenibilidad. Dichos *chatbots* ayudan a entender los complejos problemas de sostenibilidad al desentrañar los intrincados vínculos entre los factores sociales, económicos y medioambientales. Al abordar problemas éticos como la privacidad de los datos, las organizaciones están implementando cada vez más medidas para el uso responsable de estos *chatbots*. La adaptabilidad y escalabilidad de la tecnología permiten su utilización efectiva en la educación informal y no formal, ampliando así su influencia.

Este artículo, a la vez que resalta las potencialidades de los *chatbots* de IA, también señala áreas que requieren más exploración, como la efectividad del aprendizaje multidisciplinario, la comprensión del diálogo humano y el diseño óptimo para la motivación y el compromiso con el proceso educativo. Las implicaciones éticas de la integración de estos *chatbots*, incluyendo la privacidad de los datos, la seguridad, y la minimización de sesgos, precisan una investigación rigurosa. El papel de estos *chatbots* en entornos no formales e informales, sus impactos a largo plazo en la retención de conocimientos, el desarrollo de habilidades y el cambio de comportamiento, también requieren estudios más profundos.

En conclusión, la integración de los *chatbots* de IA en la educación para la sostenibilidad ofrece beneficios significativos, prometiendo vastas oportunidades. A pesar de los desafíos, su contribución a experiencias de aprendizaje personalizadas y mejoradas los convierte en una valiosa inversión para la educación del futuro.

6. REFERENCIAS

Ahmed, A., Hassan, A., Abd-alrazaq, A. A., Ali, N., Aziz, S., Alzubaidi, M., Elhusein, B., Siddig, M., Ahmed, M., y Househ, M. (2020). *Anxiety and Depression Chatbot Features: A Scoping Review*. https://doi.org/10.2196/preprints.26341

Anyolo, E. O. & Tshiningayamwe, S. A. N. (2022). The Contribution of a Collaborative Learning Approach to Education for Sustainable Development in Teacher Education in the Digital Age. En j. Olivier, A. Oojorah, W. Udhin, (Eds) *Perspectives on Teacher Education in the Digital Age. Future Education and Learning Spaces.* Springer. https://doi.org/10.1007/978-981-19-4226-6_9

Caniglia, G., Luederitz, C., von Wirth, T., Fazey, I., Martín-López, B., Hondrila, K., König, A., von Wehrden, H., Schäpke, N. A., Laubichler, M. D. y Lang, D. J. (2020). A pluralistic and integrated approach to action-oriented knowledge for sustainability. *Nature Sustainability, 3*(4), 267-276. https://doi.org/10.1038/s41893-020-00616-z

Cihon, P., Kleinaltenkamp, M. J., Schuett, J., y Baum, S. (2021). AI Certification: Advancing Ethical Practice by Reducing Information Asymmetries. *IEEE Transactions on Technology and Society, 2*(1), 1-10. https://doi.org/10.1109/TTS.2021.3077595

Daniels, S. E., y Walker, G. B. (1996). Collaborative learning: Improving public deliberation in ecosystem-based management. *Environmental Impact Assessment Review*, *16*(1), 71-84. https://doi.org/10.1016/0195-9255%2896%2900003-0

Deidda, M. (2023, January 16). Can an AI chatbot write meaningful content about sustainability? LinkedIn. https://acortar.link/g9y2eB

Delgado-Rodríguez, M., y Sillero-Arenas, M. (2018). Systematic review and meta-analysis. *Medicina Intensiva*, *42*(1), 5-12. https://doi.org/10.1016/j.medin.2017.10.003

Deng, X., y Yu, Z. (2023). A Meta-Analysis and Systematic Review of the Effect of Chatbot Technology Use in Sustainable Education. *Sustainability*, *15*(4), 2940. https://doi.org/10.3390/su15042940

Deterding, S., Dixon, D., Khaled, R., y Nacke, L. (2011). From game design elements to gamefulness: Defining «gamification». En VV.AA. Proceedings of the 15th International Academic MindTrek Conference: Envisioning Future Media Environments (pp. 9–15). https://doi.org/10.1145/2181037.2181040

Dreimane, S. (2018). Gamification for Education: Review of Current Publications. En VV.AA . *Didactics of Smart Pedagogy* (pp. 269-280). Springer. https://doi.org/10.1007/978-3-030-01551-0_23

Følstad, A., Brandtzæg, P., Feltwell, T., Law, E., Tscheligi, M. y Luger, E. (2018). SIG: Chatbots for Social Good. En VV.AA. *CHI Extended Abstracts*. (pp. LBW523:1-LBW523:8). https://doi.org/10.1145/3170427.3185372

Frisk, E. y Larson, K. L. (2011). Educating for sustainability: competencies y practices for transformative action. *Journal Sustainability Education*, 2, 1–20.

Fryer, L. K., Ainley, M., Thompson, A., Gibson, A. y Sherlock, Z. (2017). Stimulating and sustaining interest in a language course: An experimental comparison of Chatbot and Human task partners. Computers in Human Behavior, 75, 461-468. https://doi.org/10.1016/j.chb.2017.05.045

Gkinko, L., y Elbanna, A. R. (2022). AI chatbots sociotechnical research: An overview and future directions. In P. M. Bednar, A. S. Islind, H. V. Hult, A. Nolte, M. Rajanen, F. Zaghloul, A. Ravarini, y A. M. Braccini (Eds.), 8th International Workshop on Socio-Technical Perspective in Information Systems Development (STPIS 2022), Hybrid conference in Reykjavik, Iceland, August 19-20, (Vol. 3239, pp. 173–183). CEUR-WS.org. https://ceur-ws.org/Vol-3239/paper17.pdf

González-González, C. S., Muñoz-Cruz, V., Toledo-Delgado, P. A., y Nacimiento-García, E. (2023). Personalized Gamification for Learning: A Reactive Chatbot Architecture Proposal. *Sensors*, *23*(1), 545. https://doi.org/10.3390/s23010545

Henriksen, A., Enni, S., y Bechmann, A. (2021). Situated Accountability: Ethical Principles, Certification Standards, and Explanation Methods in Applied AI. AAAI/ACM. Conference on AI, Ethics and Society (pp. 1-7). https://doi.org/10.1145/3461702.3462564

Inocencio, F. (2018). Using Gamification in Education: A Systematic Literature Review. In International Conference on Interaction Sciences (pp. 1-8). https://acortar.link/m4Qwhc

Jucker, R., y Mathar, R. (2020). A Multi-Perspective Reflection on How Indigenous Knowledge and Related Ideas Can Improve Science Education for Sustainability. *Journal of Science Education and Technology*, *29*(1), 1–10. https://doi.org/10.1007/s10956-019-09829-9

Kearins, K., y Springett, D. (2003). Educating for sustainability: Developing critical skills Innovations. *Education and Teaching International*, *40*(4), 349-360. https://doi.org/10.1177/1052562903251411

Kerly, A., Hall, P., y Bull, S. (2006). Bringing Chatbots into Education: Towards Natural Language Negotiation of Open Learner Models. SGAI Conference (pp. 179-190). https://doi.org/10.1007/978-1-84628-666-7_14

Kuhail, M.A., Alturki, N., Alramlawi, S. *et al.* (2023). Interacting with educational chatbots: A systematic review. *Education Information Technologies*, 28, 973–1018. https://doi.org/10.1007/s10639-022-11177-3

Luckin, R., y Holmes, W. (2016). Intelligence Unleashed: An argument for AI in Education. UCL Knowledge Lab. https://discovery.ucl.ac.uk/id/eprint/1475756

Major, L., Warwick, P., Rasmussen, I., Ludvigsen, S., y Cook, V. (2018). Classroom dialogue and digital technologies: A scoping review. *Education and Information Technologies*, 23(4), 1585-1602. https://doi.org/10.1007/s10639-018-9701-y

Makower, J. (2023, June 5). How AI chatbots are transforming the sustainability profession. GreenBiz. https://acortar.link/krzWLd

Marouli, C. (2021). Sustainability Education for the Future? Challenges and Implications for Education and Pedagogy in the 21st Century. *Sustainability*, 13(5), 2901. https://doi.org/10.3390/SU13052901

Mateos-Sanchez, M., Casado Melo, A., Sánchez Blanco, L., y Fermoso García, A. M. (2022). Chatbot, as Educational and Inclusive Tool for People with Intellectual Disabilities. *Sustainability*, 14(3), 1520. https://doi.org/10.3390/su14031520

Miklošík, A., Evans, N., y Qureshi, A. (2021). The Use of Chatbots in Digital Business Transformation: A Systematic Literature Review. *IEEE Access*, 9, 38547-38567. https://doi.org/10.1109/ACCESS.2021.3100885

Morin, O., Tytler, R., Barraza, L., Simonneaux, L., y Simonneaux, J. (2013). Cross Cultural Exchange to Support Reasoning about Socio-Scientific Sustainability Issues. *Teaching Science*, 59(1), 16-22.

Mortensen, L. L. (2000). Teacher Education for Sustainability. I. Global Change Education: The Scientific Foundation for Sustainability. *Journal of Cleaner Production*, 8(6), 497-507. https://doi.org/10.1023/A:1009468806854

Mubin, O., Stevens, C., Shahid, S., Mahmud, A., y Dong, J. J. (2013). A review of the applicability of robots in education. *Journal of Automation, Mobile Robotics y Intelligent Systems*, 7(1), 7-16. https://doi.org/10.2316/JOURNAL.209.2013.1.209-0015

Nicodeme, C. (2021). AI Legitimacy for Sustainability. 2021 IEEE Conference on Technologies for Sustainability (SusTech) (pp. 1-6). https://doi.org/10.1109/SusTech51236.2021.9467431

Okonkwo, C. W., y Ade-Ibijola, A. (2021). Chatbots applications in education: A systematic review. *Computers and Education: Artificial Intelligence*, 1, 100033. https://doi.org/10.1016/j.caeai.2021.100033

Oliveira, R. P., de Souza, C. G., Reis, A., y de Souza, W. M. (2021). Gamification in E-Learning and Sustainability: A Theoretical Framework. *Sustainability*, 13(21), 11945. https://doi.org/10.3390/su132111945

Pérez, J. Q., Daradoumis, T., y Puig, J. (2020). Rediscovering the use of chatbots in education: A systematic literature review. *Computer Applications in Engineering Education*, 28(1), 7-22. https://doi.org/10.1002/cae.22326

Radziwill, N. M., y Benton, M. C. (2017). Evaluating Quality of Chatbots and Intelligent Conversational Agents. https://doi.org/10.48550/arXiv.1704.04579

Redman, E., y Larson, K. (2011). *Educating for Sustainability: Competencies y Practices for Transformative Action*. Greenleaf Publishing.

Resta, P., y Laferrière, T. (2007). Technology in Support of Collaborative Learning. Educational Psychologist, *42*(2), 123-137. https://doi.org/10.1007/S10648-007-9042-7

Rooein, D., y Paolini, P. (2020). Adaptive Conversations for Adaptive Learning: Sustainable Development of Educational Chatbots. En Proceedings of the 2020 IEEE Global Engineering Education Conference (EDUCON) (pp. 1179-1186). https://doi.org/10.1109/EDUCON45650.2020.9125142

Seaborn, K., y Fels, D. I. (2015). Gamification in theory and action: A survey. *International Journal of Human-Computer Studies*, 74, 14-31. https://doi.org/10.1016/j.ijhcs.2014.09.006

Shamseer, L., Moher, D., Clarke, M., Ghersi, D., Liberati, A., Petticrew, M., Shekelle, P., y Stewart, L. (2015). Preferred reporting items for systematic review and meta-analysis protocols (PRISMA-P) 2015: elaboration and explanation. *BMJ: British Medical Journal*, 349, g7647. https://doi.org/10.1136/bmj.g7647

Sharkey, A.J.C. (2016). Should we welcome robot teachers? Ethics and Information Technology, *18*(4), 283-297. https://doi.org/10.1007/s10676-016-9387-z

Tahiru, F. (2021). AI in Education: A Systematic Literature Review. *Journal of Cases on Information Technology*, *23*(1), 1-21. https://doi.org/10.4018/jcit.2021010101

Thomas, H. (2020). Critical Literature Review on Chatbots in Education. International *Journal of Trend in Scientific Research and Development*, *4*(6), 786-790. https://acortar.link/h4hBTe

Tricco, A., Lillie, E., Zarin, W., O'Brien, K., Colquhoun, H., Levac, D., Moher, D., Peters, M., Horsley, T., Weeks, L., Hempel, S., Akl, E., Chang, C., McGowan, J., Stewart, L., Hartling, L., Aldcroft, A., Wilson, M., Garritty, C., Lewin, S., Godfrey, C., Macdonald, M., Langlois, E., Soares-Weiser, K., Moriarty, J., Clifford, T., Tunalp, z., y Straus, S. (2018). PRISMA Extension for Scoping Reviews (PRISMA-ScR): Checklist and Explanation. *Annals of Internal Medicine*, *169*(7), 467-473. https://doi.org/10.7326/M18-0850

UNESCO (s/f). *Sustainable Development. Education for sustainable development.* https://acortar.link/HZttj4

UNESCO (2023). *Artificial Intelligence: examples of ethical dilemmas.* https://acortar.link/lAGLR2

White, B., Martin, A., y White, J. (2022). User Experience of COVID-19 Chatbots: Scoping Review. *Journal of Medical Internet Research*, *24*(1), e35903. https://doi.org/10.2196/35903

Winkler, R., y Söllner, M. (2018). Unleashing the Potential of Chatbots in Education: A State-Of-The-Art Analysis. *Academy of Management Proceedings*, *2018*(1), 15903. https://doi.org/10.5465/AMBPP.2018.15903ABSTRACT

Yang, S., y Evans, C. (2019). Opportunities and Challenges in Using AI Chatbots in Higher Education. [Ponencia]. International Conference on Education and E-Learning, 1-5. https://doi.org/10.1145/3371647.3371659

Zoller, U. (2016). From algorithmic science teaching to "know" to research-based transformative inter-transdisciplinary learning to "think": Problem-solving in the STES/STEM and sustainability contexts. In N. Papadouris, A. Hadjigeorgiou, C. P. Constantinou (Eds.) *Insights from Research in Science Teaching and Learning* (pp. 153-168) Springer. https://doi.org/10.1007/978-3-319-20074-3_11

INTELIGENCIA ARTIFICIAL PARA RECONOCIMIENTO DE TEXTO MANUSCRITO: UNA REVISIÓN SISTEMÁTICA DEL USO DE TRANSKRIBUS

Ana T. Depizzolatti [1], Joel G. Perozo-Vasquez [2], Manoel M. Santiago-Almeida [3]

1. INTRODUCCIÓN

La utilización de la Inteligencia Artificial (IA) en las herramientas de Reconocimiento de Texto Manuscrito (*Handwritten Text Recognition* - HTR) ha permitido una lectura automática cada vez más precisa y rápida de cantidades mayores de texto manuscrito. Esto supone una revolución en la actividad de historiadores, archiveros, bibliotecarios, bibliotecólogos filólogos, informatólogos y cualquier persona interesada en la investigación de documentos históricos, al permitir no sólo el acceso a estos documentos en soporte digital, sino también su lectura y uso. El dominio y comprensión de esas herramientas se hace cada vez más imprescindible para cualquier profesional implicado en la investigación y gestión de dichos textos.

Transkribus es una herramienta HTR ampliamente utilizada para la transcripción de manuscritos en el campo del patrimonio cultural. Ha sido desarrollada por un consorcio de universidades, en el contexto del proyecto Horizonte 2020, financiado por la Unión Europea, y desde 2019 es mantenida y desarrollada por la Sociedad Cooperativa Europea READ-COOP. Se apoyó en proyectos anteriores, como Improving Access to Text - IMPACT (2008-2012) y TranScriptorium (2013-2015), todos con el objetivo fundamental de desarrollar tecnologías que faciliten el acceso y la transcripción de documentos manuscritos históricos (Muehlberger *et al.*, 2019). La herramienta no es de código abierto, pero su uso está disponible para cualquier persona interesada, simplemente registrándose en su página web oficial. Casi todas las funciones de la herramienta son gratuitas, con cargos solo por el reconocimiento automático de texto.

El reconocimiento automático de texto en la plataforma Transkribus se realiza utilizando modelos, previamente entrenados por otros usuarios, o modelos creados por el propio usuario. La herramienta también permite la transcripción manual (sin usar HTR), segmentación de la imagen en líneas de texto y párrafos, sincronización de transcripciones con imágenes, anotación del texto transcrito (con comentarios y etiquetas), busca de palabras en el texto, trabajo colaborativo en el documento, y exportación de las

---

transcripciones en varios formatos (incluidos xml, tei, pdf, docx) (Colutto *et al.*, 2019; Kahle *et al.*, 2018; Muehlberger *et al.*, 2019).

El HTR es un subcampo de la tecnología OCR (*Optical Character Recognition*, desarrollada desde la década de 1940 para el reconocimiento de caracteres impresos). Los avances tecnológicos (como el reconocimiento avanzado de patrones, el desarrollo de enfoques de redes neuronales profundas, el aprendizaje automático, el procesamiento de imágenes) han permitido que la computadora pueda "comprender" mejor caracteres irregulares como la escritura a mano (Memon *et al.*, 2020). Algunos *softwares* de OCR son Abbey FineReader, Tesseract, OCRopus, y AnyOCR (Philips y Tabrizi, 2020); algunos *softwares* HTR son Monk y DIVA-Services (Nockles *et al.*, 2022; Philips y Tabrizi, 2020).

De forma genérica, los sistemas HTR extraen de la imagen "características representativas del texto" y las clasifican mediante un algoritmo (entrenado sobre un conjunto de datos conocido), logrando así predecir la clase de caracteres/palabras de la imagen (Wang *et al.*, 2021). Cada paso realizado por el sistema HTR utiliza una o más tecnologías combinadas, como técnicas de procesamiento de imágenes, técnicas de aprendizaje automático y enfoque de aprendizaje profundo, como redes neuronales recurrentes (RNN), redes neuronales convolucionales (CNN) y redes de memoria de corto plazo (LSTM) (Memon *et al.*, 2020; Sinha *et al*, 2020). Terras (2022) afirma que Transkribus utiliza tecnología de aprendizaje automático de redes neuronales profundas; y según READ-COOP, tal como se presentó en la Transkribus *User Conference* 2022, ya se están probando modelos HTR basados en arquitecturas de *transformers* (TrHTR), uno de los enfoques más recientes en el campo de HTR (Li *et al.*, 2022; Ströbel *et al.*, 2022).

Estudios anteriores que investigaron HTR en las humanidades incluyen la evaluación de diferentes métodos de transcripción (Souibgui *et al.*, 2022), aspectos técnicos del OCR o HTR (Mukherjee *et al.*, 2022; Yeleussinov *et al.*, 2023) y potenciales del uso de la IA en património cultural (Colavizza *et al.*, 2022; Neudecker, 2022). Más específicamente sobre Transkribus, Colutto *et al.* (2019); Kahle *et al.* (2018) y Muehlberger *et al.* (2019) explican el funcionamiento de la herramienta, el modelo de negocio de READ y mencionan algunos casos de uso.

Nockles *et al.* (2022) realizaron una revisión sistemática de la literatura para entender cómo los investigadores están utilizando Transkribus, centrándose, en los resultados, en la identificación de los dominios en los que se aplica HTR, el enfoque adoptado y cómo se entiende la tecnología. En esta revisión, restringimos mucho más los trabajos para que podamos visualizar más de cerca cómo y en qué contexto los investigadores utilizaron el Transkribus. Buscamos así contribuir con investigadores que utilizan o desean utilizar Transkribus, por proporcionar ejemplos, posibilidades y metodologías de uso.

2. OBJETIVO

El objetivo de este estudio es describir cómo los investigadores en humanidades han estado utilizando la herramienta; se busca visualizar el uso de las funcionalidades del Transkribus por parte de los investigadores.

3. MATERIALES

Para esta revisión fueron utilizadas las bases de datos Scopus (Elsevier) y Web of Science - WoS (Clarivate), por ser las que indexan internacionalmente mayor cantidad de publicaciones científicas. El término de búsqueda utilizado fue "Transkribus", en todos los campos. Se incluyeron en esta búsqueda cualquier trabajo que haya utilizado el Transkribus en la ejecución de su investigación, en cualquier idioma, fecha y de cualquier tipo (*proceedings*, artículos, conferencias, etc.). Solo se excluyeron los trabajos en los que no fue posible acceder al contenido completo; y los que, apesar de mencionarla, no usaron tal herramienta.

4. MÉTODOS

La metodología empleada responde a una investigación bibliográfica y de levantamiento de datos, de naturaleza aplicada, con abordaje descriptivo y cuali-cuantitativo. Para realizar este estudio, y siempre que fue posible, se adoptó una simplificación de la lista de chequeo del Protocolo 'Prisma 2020' y del flujo de selección de artículos 'Prisma 2009' (Moher *et al.,* 2009; Page *et al.,* 2021).

La identificación de los estudios relevantes se realizó mediante una búsqueda bibliográfica en las bases de datos Scopus y Web of Science del término "Transkribus" en todos los campos, sin limitaciones por fecha, idioma o tipo de documento. Se recuperaron un total de 197 documentos que, tras la exclusión de duplicados, dio como resultado 179 artículos.

Se revisaron los textos completos de los 179 estudios y se excluyeron 139: 26 documentos a los cuales no fue posible acceder al texto completo, por causa del *paywall* impuesto por los publicadores y editores; 89 estudios apenas citan la herramienta, sea como una posible solución en sus investigaciones, sea señalando las limitaciones de la herramienta para justificar no usarla, pero no la usan efectivamente. 14 estudios que tratan aspectos técnicos de OCR/HTR; 3 trabajos que explican el funcionamiento del software (Colutto *et al.,* 2019; Kahle *et al.,* 2018; Muehlberger *et al.,* 2019), 1 artículo que trata de un test de usabilidad del Transkribus (Lehenmeier y Burghardt, 2019) 1 revisión de softwares de transcripción (Philips y Tabrizi, 2020) y 1 revisión semejante a este trabajo, que investiga las publicaciones acerca del Transkribus (Nockles *et al.,* 2022).

También fueron excluidos 2 proyectos de investigación (Haverals y Kestemont, 2020; Pisani, 2022) porque sugieren el uso de Transkribus en futuros estudios; y 2 estudios que comenzaron a utilizarlo pero lo abandonaron en el transcurso de sus investigaciones (Van der Meulen, 2022; Hernandéz-Lorenzo y Byszuck, 2023);

Tras la aplicación de los criterios de exclusión, resultaron finalmente 40 estudios para su inclusión en la revisión, cuyos resultados son descritos en la sección subsecuente. Los investigadores fueron los mismos revisores que de forma independiente llevaron a cabo la selección mediante la evaluación de los textos completos y cualquier discrepancia se resolvió mediante discusión y consenso.

De esos 40 textos, se extrajeron informaciones sobre autores, idiomas, año y fuentes de publicación mediante el uso de la biblioteca-R *Bibliometrix* (Aria y Cuccurullo, 2017). Los metadatos obtenidos y utilizados para los respectivos análisis cienciométricos son: resúmen (*Abstract*: AB), autor (*Author*: AU), Identificador de Objeto Digital (*Digital Object Identifier - DOI*: DI), tipo de documento (*Document Type*: DT), revista académica (*Journal*: SO), idioma (*Language*: LA), año de publicación (*Publication Year*: PY), citaciones totales (*Total Citation*: TC), institución (*Affiliation*: C1), referencias citadas (*Cited References*: CR), palabras clave (*Keywords*: DE). Tras la lectura de los textos completos se identificaron los principales usos de la herramienta en cada estudio; permitiendo agrupar los trabajos por el tipo de uso dado a la herramienta.

5. RESULTADOS

Los 40 trabajos están publicados en 32 revistas, editoriales o congresos. Son 24 artículos, 14 conference papers, 1 capítulo de libro y 1 data paper. Apenas 15 trabajos están en acceso abierto. Los idiomas de publicación son Inglés (29), Español (4), Francés (3), Italiano (2), Alemán (1) y Esloveno (1). Se identificaron un total de 119 autores, concentrados principalmente en Europa: 15 autores en Francia, 13 en Alemania, 12 en España, 11 en Suiza, 9 en Irlanda, 9 en Países Bajos, 6 en Suecia, 5 en Austria, y 5 en Reino Unido. Las publicaciones abarcan el periodo comprendido entre 2017 y 2023. El año de 2019 fue el más prolífico, con 19 trabajos publicados, seguido por 2023 con 9 y 2020 con 5. Se constató un aumento continuo de las investigaciones sobre el uso de Transkribus, con una tasa de crecimiento anual del 44,22%.

Con base en la observación del uso del Transkribus en cada estudio, fueron creadas las siguientes categorías para clasificar y agrupar los trabajos: C1) creación de modelo, C2) utilización de modelo, C3) transcripción manual, C4) funcionalidad, y C5) acceso a textos. Los 40 artículos fueron agrupados conforme la tabla 1 y sus respectivas referencias se encuentran disponibles en https://doi.org/10.5281/zenodo.8247808.

Categoría	Documentos
C1 n = 23	Bazzaco, (2020); Blomqvist et al. (2023); Cuéllar (2023); Galleron (2020); Galleron y Williams (2022); Garrido et al. (2022); Glavič (2020); Ildikó (2022); Lassche y Morante (2021); Moss et al. (2021); Ó Raghallaigh et al. (2022); O'Neill y Hill (2022); Patraș et al (2019); Perkova y Kozhanov (2022); Platanou et al. (2022); Polomac (2022); Rabus (2021); Rabus y Petrov (2023); Resch (2022); Schwarz-Ricci (2022); Sinclair et al. (2022); Soffer et al. (2020); Volk et al. (2022).
C2 n = 5	Cuellar y García-Luengos (2023); Hofman-de Keijzer y de Keijzer (2023); Lang (2021); Poczai et al. (2022); Spina (2022).
C3 n = 4	Boening et al. (2019); Debruyne et al. (2022); Lassche et al. (2022); Ruskov y Taseva (2022).
C4 n = 7	Andonovski et al. (2019); Boros et al. (2020); Granell et al. (2023); Stegmeier et al. (2022); Partanen et al. (2022); Stutzmann et al. (2017); Tarride et al. (2023).
C5 n=1	Luthra et al. (2023).

Tabla 1. Agrupación de los trabajos por Categorías. Fuente: Elaboración propia, 2023.

Los trabajos agrupados en la **categoría C1** tienen en común la creación de un modelo. Bazzaco (2020), Glavič (2020), O'Neill y Hill (2022), Perkova y Kozhanov (2022), Polomac (2022), Rabus (2021) y Schwarz-Ricci (2022), narran sus experiencias en la creación de modelos en la plataforma, describiendo el corpus, los procedimientos adoptados, las dificultades encontradas y las características del modelo obtenido. De estos, O'Neill y Hill (2022), Perkova y Kozhanov (2022) y Rabus (2021) utilizaron la opción *text2image* del Transkribus, que combina transcripciones ya realizadas en otras fuentes con las imágenes de los documentos; y Polomac (2022) usó un modelo existente en la plataforma como base de su modelo.

Ya Cuéllar (2023), Ildikó (2022), Moss *et al.* (2021), Ó Raghallaigh *et al.* (2022) Patraș *et al* (2019) y Sinclair *et al.* (2022) describen la creación de modelos en el contexto de proyectos de transcripción para grandes colecciones de documentos: textos del siglo de oro español; textos del siglo XIX de los Archivos Nacionales de Hungría; textos de teoría musical alemana del siglo XIX; Cuentos populares en gaélico irlandés y escocés; novelas rumanas del siglo XIX; y textos tradicionales en gaélico escocés, respectivamente. Algunos posteriormente hechos disponibles en línea.

Resch (2022) aprovecha su experiencia en la creación de modelos para discutir medidas que puedan contribuir a mejorar la tasa de reconocimiento automático de caracteres en periódicos. Platanou *et al.* (2022) realizan una evaluación más exhaustiva de la calidad de las transcripciones de textos en griego generadas automáticamente por Transkribus. Volk *et al.* (2022) analizan la capacidad de un modelo para identificar el cambio de lenguaje en un mismo texto. Y Lassche y Morante (2021) buscan determinar si es posible extraer automáticamente información contenida en las transcripciones de crónicas holandesas modernas.

Por otro lado, la investigación de Galleron (2020), Galleron y Williams (2022), Garrido *et al.* (2022), Rabus y Petrov (2023) y Soffer *et al.* (2020) se enfocan en los análisis realizados sobre los textos que fueron transcritos, sin embargo describen o citan la creación de modelos, por parte de los autores, en Transkribus. Blomqvist *et al.* (2023) desarrollan un método de aprendizaje profundo para leer registros escritos a mano del siglo XVI y utilizan la transcripción (generada por el modelo creado por los autores) en el Transkribus para comparar con el HTR de su método.

Referente a la **categoría C2**, aprovechando la facilidad de transcribir automáticamente un texto utilizando un modelo disponible en la plataforma Transkribus, Cuellar y García-Luengos (2023) usaron el modelo 'Spanish Golden Age Manuscripts (Spelling modernization) 1.0' para transcribir textos teatrales del "Siglo de Oro", lo que les llevó a encontrar un manuscrito anónimo que, tras análisis estilométricos, creen que es de Lope de Vega. Estudio similar al de Lang (2021), quien transcribe la obra 'Apologie ou Apologia' (1616) de Francis Anthony (1550–1632) con el modelo 'NOSCEMUS GM4', para luego realizar análisis estilométricos con el fin de identificar la participación de Michael Maier (1568-1622) en la obra de Anthony.

Spina (2023) usó el modelo 'Italian Administrative Hands 1550-1700' para transcribir el archivo 'della famiglia Paternò Castello, principi Biscari', conservado en el Archivo Estatal de Catania, y realizar varios análisis computacionales en el corpus (como redes de personas y lugares de eventos).

Hofman-de Keijzer y Keijzer (2023) pudieron estudiar y hacer accesible la disertación en latín de Engelbert Jörlin, 'Plantae tinctoriae' (1759), utilizando el modelo 'Noscemus General Model'. Ya Poczai *et al.* (2022) estudiaron documentos, periódicos e informes de censura checos de la década de 1810, de varias colecciones, para investigar las fricciones políticas e ideológicas dentro de la 'Moravian Agricultural and Natural Science Society', debido a estudios de mejoramiento genético de ovejas.

En la **categoría C3** fueron agrupados trabajos que utilizaron Transkribus para realizar la transcripción manual de los textos, que luego fueron analizados en el contexto de la investigación. Lassche *et al.* (2022) aplicaron métodos de la teoría de la información a un corpus de 191 crónicas modernas de los Países Bajos (1500-1820) para obtener información sobre la forma en que las personas en ese momento manejaron la información durante eventos impactantes. Las crónicas se transcribieron y anotaron usando Transkribus (las etiquetas incluían el número de página, la fecha, el lugar y el nombre de la persona).

Ruskov y Taseva (2022) crearon un diccionario griego-eslavo basado en el evangelio del siglo XIX 'Uchitel'noe'. El texto fue transcrito en Transkribus y anotado por un filólogo. Boening *et al.* (2019) presentan un formato de descripción basado en XML de los recursos del *Ground Truth* (GT) para entrenamiento del OCR. El corpus de GT utilizado fue creado con Transkribus. Debruyne *et al.* (2022) presentan un enfoque para generar un grafo de conocimiento y ontología, cuyos textos base fueron creados usando Transkribus.

Trabajos de la **categoría C4** utilizaron alguna funcionalidad de la herramienta Transkribus, con el fin de obtener material que sería manipulado en otro software. Andonovski *et al.* (2019) narran el tratamiento dado al corpus 'SrpNemKor', compuesto por novelas contemporáneas en serbio y alemán, con el objetivo de crear un corpus serbio-alemán anotado que permita búsquedas. Entre las herramientas de OCR, corrección ortográfica, alineación automática de oraciones de texto y muchas otras empleadas, Transkribus se utilizó para controlar y corregir textos en alemán.

Granell *et al.* (2023) reportan la creación de la base de datos HisClima, una colección de imágenes de documentos en texto plano y tablas. Para procesar los documentos, los autores utilizaron una serie de herramientas en el análisis del '*Layout*' de las imágenes, transcripción automática del texto e indexación probabilística. Transkribus se utilizó como herramienta de anotación de corpus. Boros *et al.* (2020) comparan dos enfoques para el reconocimiento de entidades. Para hacerlo, crearon un corpus anotado a partir de cartas cartas en latín, alemán y checo antiguo digitalizadas, disponibles en línea. Transkribus se utilizó para 'vincular' imágenes a transcripciones preexistentes y para etiquetar personas, lugares y fechas.

Tarride *et al.* (2023) presentan un flujo de trabajo que utiliza varios modelos de aprendizaje automático para identificación de líneas, transcripción automática de texto, clasificación de páginas, reconocimiento automático de entidades y exportación XML, destinados a extraer información de registros manuscritos. Se utilizó Transkribus para la transcripción y anotación del corpus. Partanen *et al.* (2022) crearon un modelo en Transkribus para transcribir textos manuscritos en ruso y finlandés, que luego se conectaron a los respectivos archivos de audio.

Stegmeier *et al.* (2022) y Stutzmann *et al.* (2017) utilizaron Transkribus para corregir el *Layout* de las imágenes del documento. Stegmeier *et al.* (2022) presentan en su trabajo el flujo de trabajo desarrollado para la digitalización de periódicos dentro del proyecto 'Digitization of the Darmstädter Tagblatt', flujo que va desde el escaneo hasta la publicación en línea del corpus anotado.

Stutzmann *et al.* (2017) proponen un modelo de acceso a la información del corpus de registros de la Real Cancillería francesa de los años 1302-1483, a través de la indexación de imágenes digitalizadas. La investigación se lleva a cabo en el contexto del proyecto de investigación HIMANIS (Historical MANuscript Indexing for user-controled Search).

En la **categoría C5**, Luthra *et al.* (2023) accedió a la transcripción de testamentos del archivo colonial de la Compañía Holandesa de las Indias Orientales (siglo XVII). El corpus fue digitalizado y transcrito, utilizando Transkribus, como parte del proyecto de digitalización 'IJsberg Zichtbaar Maken' de los Archivos Nacionales Holandeses. En su investigación, Luthra *et al.* (2023) proponen una tipología de anotación, utilizando el reconocimiento automático de entidades, con el fin de reducir el sesgo en la construcción de instrumentos como los índices de nombres de personas.

Cuanto a los textos transcritos por los autores en las investigaciones aquí analizadas, encontramos: tablas (Blomqvist *et al.*, 2023; Granell *et al.*, 2023; Ildikó, 2022), documentos musicales (Moss *et al.*, 2021) y periódicos (Resch, 2022; Stegmeier *et al.*, 2022). Los idiomas transcritos fueron: **alemán** (Andonovski *et al.*, 2019; Boros *et al.*, 2020; Moss *et al.*, 2021; Resch, 2022; Stegmeier *et al.*, 2022; Volk *et al.*, 2022); **checo** (Boros *et al.*, 2020; Poczai *et al.*, 2022); **croata** (Rabus, 2021); **eslavo eclesiástico** (Polomac, 2022); **esloveno** (Rabus y Petrov, 2023; Ruskov y Taseva, 2022); **español** (Bazzaco, 2020; Cuellar, 2023; Cuellar y García-Luengos, 2023; Garrido *et al.*, 2022); **finlandés** (Partanen *et al.*, 2022); **francés** (Galleron, 2020; Galleron y Williams, 2022; Stutzmann *et al.*, 2017; Tarride *et al.*, 2023); **gaélico escocés** (Sinclair *et al.*, 2022); **griego** (Platanou *et al.*, 2022; Ruskov y Taseva, 2022); **hebreo** (Soffer *et al.*, 2020); **holandés** (Lassche *et al.*, 2022; Lassche y Morante, 2021; Luthra *et al.*, 2023); **hungaro** (Ildikó, 2022); **irlandés** (Debruyne *et al.*, 2022; Ó Raghallaigh *et al.*, 2022); **italiano** (Schwarz-Ricci, 2022; Spina, 2023); **inglés** (Granell *et al.*, 2023; Lang, 2021; Tarride *et al.*, 2023); **latín** (Boros *et al.*, 2020; Hofman-de Keijzer y Keijzer, 2023; Lang, 2021; Volk *et al.*, 2022); **letón romaní** (Perkova y Kozhanov, 2022); **romeno** (Patraş *et al*, 2019); **ruso** (Partanen *et al.*, 2022); **sánscrito** (O'Neill y Hill, 2022); **servio** (Andonovski *et al.*, 2019); **sueco** (Blomqvist *et al.*, 2023).

Cuanto a limitaciones del Transkribus, Volk *et al.* (2022) reportan la dificultad del software para identificar la alternancia entre griego y latín en un mismo documento; Blomqvist *et al.* (2023) y Granell *et al.* (2023) reportan un bajo rendimiento de Transkribus en la segmentación de imágenes de documentos con tablas o diseños irregulares, lo que genera dificultades en la transcripción. Hubo algunas dificultades para transcribir caracteres griegos del siglo XVI y textos hebreos del siglo XIX (*Character Error Rate* - CER cercana al 10% informada por Platanou *et al.* (2022) y Soffer *et al.* (2020), respectivamente) y en letón y croata. (CER cercano al 5%, reportado por Perkova y Kozhanov (2022) y Rabus (2021).

6. DISCUSIÓN

Los investigadores de los trabajos analizados han utilizado intensivamente la herramienta Transkribus: hay estudios que informan la creación de modelos, de formas de mejoría de modelos o de segmentación de líneas. Hay informes sobre su uso en diversos sistemas de escritura (como griego, eslavo, sánscrito) y otras estructuras textuales (tablas, periódicos, partituras). Se han transcrito colecciones religiosas, jurídicas, coloniales, burocráticas, científicas; de anónimos e investigadores famosos. Se informa de descubrimientos de nuevas obras y textos y se discute sobre las posibilidades y dificultades que plantean el uso de estas nuevas tecnologías.

Cómo encontraron Nockles *et al.* (2022) en su revisión, la mayoría de los trabajos fueron producidos por investigadores europeos, lo cual es comprensible, dado el origen europeo del programa y la disponibilidad de colecciones digitalizadas por parte de instituciones europeas. Hay un gran aumento en el número de trabajos relacionados con Transkribus en los últimos años, lo que posiblemente indica su uso cada vez más generalizado (e incluso su reconocimiento por parte de los investigadores, dada la cantidad de estudios excluidos que, aún sin utilizarlo, citaron la herramienta como una posible solución).

La madurez de la herramienta también puede ser observada por la pequeña cantidad de trabajos que reportan solamente la experiencia de creación de modelos frente a la gran cantidad de trabajos que ya sugieren flujos de trabajo, mejoras y realizan análisis y comparaciones de los modelos y transcripciones obtenidas; lo que también refleja la madurez de los investigadores con la herramienta: las investigaciones narran usos avanzados del software, como la integración de transcripciones, 'reentrenamiento' de modelos, anotaciones de corpus, correcciones de diseño, creación de índices. No fue posible identificar si el modelo pago (implementado a partir de 2019) tuvo impacto en el uso de la herramienta, ya que muchos de los proyectos reportados en los trabajos aquí revisados fueron desarrollados en años anteriores. Al abordar el tema de pago, Rabus (2021) considera que vale la inversión.

Como también sugieren Nockles *et al.* (2022), muchos trabajos comienzan a utilizar la herramienta adoptando nuevas metodologías y en una gama cada vez mayor de documentos, sea en forma, idioma o contenido. Las transcripciones fueron realizadas por investigadores independientes, por grupos de voluntarios y grupos de investigación; en colecciones con cientos o miles de documentos. La contribución de Transkribus en las investigaciones se realiza, por ejemplo, al permitir la transcripción de grandes volúmenes de documentos, a través de la sencilla interfaz de transcripción y anotación del software, a través de las posibilidades de exportación o incluso la disponibilidad de textos ya transcritos, como en la investigación de Luthra *et al.* (2023).

Con el uso cada vez más generalizado en archivos y bibliotecas (que en la actualidad ya proporcionan muchas imágenes digitalizadas), la disponibilidad de textos ya manuscritos puede ampliar aún más investigaciones como esta última. El gran uso de colecciones previamente digitalizadas por instituciones en las transcripciones aquí reportadas refuerza la importancia de los proyectos de digitalización y difusión de las colecciones institucionales.

Si bien Transkribus puede presentar algunas dificultades, herramientas como esta son fundamentales en la investigación científica, en la preservación del patrimonio y en el ejercicio de la ciudadanía, ampliando el público capaz de realizar operaciones tecnológicas sobre textos manuscritos.

7. CONCLUSIONES

El objetivo de este estudio fue describir cómo los investigadores en humanidades han estado utilizando el Transkribus; buscando visualizar el uso de las funcionalidades de la herramienta por parte de los investigadores. Para tanto, se realizó una búsqueda bibliográfica en las bases de datos Scopus y Web of Science del término "Transkribus", retornando 179 estudios que, tras una revisión de los textos completos, resultaron 40 estudios analizados. Los estudios se concentran en Europa; publicados en lengua inglesa. Se constató un aumento continuo de las investigaciones sobre el uso de Transkribus, con una tasa de crecimiento anual del 44,22%.

Con base en la observación del uso del Transkribus en cada estudio, fueron creadas categorías para clasificar y agrupar los trabajos: C1) creación de modelo, C2) utilización de modelo, C3) transcripción manual, C4) funcionalidad, y C5) acceso a textos. La gran mayoría de los trabajos (23) se concentra en C1. La herramienta está siendo utilizada en diversas lenguas y tipos documentales. Los estudios presentan discusiones avanzadas sobre creación, uso y mejora de modelos; y sobre el uso combinado del Transkribus con otras herramientas. Es perceptible la importancia de dichas herramientas en el acceso y búsquedas en fondos documentales.

8. INFORMACIÓN ADICIONAL

Lista completa de las referencias del corpus textual analizado disponible en:

Depizzolatti, Ana T., Perozo-Vasquez, Joel G. y Manoel Mourivaldo Santiago-Almeida. (2023). *Referencias del corpus analizado para el artículo "Inteligencia Artificial Para*

Reconocimiento De Texto Manuscrito: Una Revisión Sistemática Del Uso De Transkribus"
[Data set]. Zenodo. https://doi.org/10.5281/zenodo.8247808

9. REFERENCIAS

Aria, M. y Cuccurullo, C. (2017). bibliometrix: An R-tool for comprehensive science mapping analysis. *Journal of Informetrics, 11*(4), 959–975. https://doi.org/10.1016/j.joi.2017.08.007

Colavizza, G., Blanke, T., Jeurgens, C. y Noordegraaf, J. (2021). Archives and AI: An Overview of Current Debates and Future Perspectives. *Journal on Computing and Cultural Heritage*, 15(1), 4:1-4:15. https://doi.org/10.1145/3479010

Colutto S., Kahle P., Guenter H. y Muehlberger G. (2019). Transkribus. A Platform for Automated Text Recognition and Searching of Historical Documents. *Proceedings - IEEE 15th International Conference on eScience, eScience 2019, 463-466.* https://doi.org/10.1109/eScience.2019.00060

Haverals W. y Kestemont, M. (2020). Silent voices A Digital Study of the Herne Charterhouse Scribal Community (ca. 1350-1400). *Queeste, 27(2), 186-195.* https://doi.org/10.5117/QUE2020.2.006.HAVE

Hernández-Lorenzo L. y Byszuk J. (2023). Challenging stylometry: The authorship of the baroque play La Segunda Celestina. *Digital Scholarship in the Humanities, 38(2), 544-558.* https://doi.org/10.1093/llc/fqac063

Kahle P., Colutto S., Hackl G. y Muhlberger G. (2018). Transkribus - A Service Platform for Transcription, Recognition and Retrieval of Historical Documents. *Proceedings of the International Conference on Document Analysis and Recognition, ICDAR, 19-24.* https://doi.org/10.1109/ICDAR.2017.307

Lehenmeier C. y Burghardt M. (2019). Usability statt frustration. *Lecture Notes in Informatics (LNI), Proceedings - Series of the Gesellschaft fur Informatik (GI), 97-106.* https://doi.org/10.18420/inf2019_ws10

Li, M., Lv, T., Chen, J., Cui, L., Lu, Y., Florencio, D., Zhang, C., Li, Z. y Wei, F. (2022). TrOCR: Transformer-based Optical Character Recognition with Pre-trained Models. *arXiv:2109.10282.* https://doi.org/10.48550/arXiv.2109.10282

Muehlberger G., Seaward L., Terras M., Ares Oliveira S., Bosch V., Bryan M., Colutto S., Déjean H., Diem M., Fiel S., Gatos B., Greinoecker A., Grüning T., Hackl G., Haukkovaara V., Heyer G., Hirvonen L., Hodel T., Jokinen M., Kahle P., Kallio M., Kaplan F., Kleber F., Labahn R., [...] y Zagoris K. (2019). Transforming scholarship in the archives through handwritten text recognition: Transkribus as a case study. *Journal of Documentation, 75(5), 954-976.* https://doi.org/10.1108/JD-07-2018-0114

Mukherjee, J., Parui, S. K. y Roy, U. (2021). An Unsupervised and Robust Line and Word Segmentation Method for Handwritten and Degraded Printed Document. *ACM Transactions on Asian and Low-Resource Language Information Processing*, 21(2), 29:1-29:31. https://doi.org/10.1145/3474118

Memon, J., Sami, M., Khan, R. A. y Uddin, M. (2020) Handwritten Optical Character Recognition (OCR): A Comprehensive Systematic Literature Review (SLR). *IEEE Access*, 8, pp. 142642-142668. https://doi.org/10.1109/ACCESS.2020.3012542.

Moher, D., Liberati, A., Tetzlaff, J., Altman, D. G., y PRISMA Group. (2009). Preferred reporting items for systematic reviews and meta-analyses: The PRISMA statement. *PLoS Medicine*, 6(7), e1000097. https://doi.org/10.1371/journal.pmed.1000097

Neudecker, C. (2022). Cultural Heritage as Data: Digital Curation and Artificial Intelligence in Libraries. *Qurator 2022: 3rd Conference on Digital Curation Technologies.* https://ceur-ws.org/Vol-3234/paper2.pdf

Nockels, J., Gooding, P., Ames, S. y Terras, M. (2022). Understanding the application of handwritten text recognition technology in heritage contexts: A systematic review of Transkribus in published research. *Archival Science, 22*(3), 367–392. https://doi.org/10.1007/s10502-022-09397-0

Page, M. J., McKenzie, J. E., Bossuyt, P. M., Boutron, I., Hoffmann, T. C., Mulrow, C. D., Shamseer, L., Tetzlaff, J. M., Akl, E. A., Brennan, S. E., Chou, R., Glanville, J., Grimshaw, J. M., Hróbjartsson, A., Lalu, M. M., Li, T., Loder, E. W., Mayo-Wilson, E., McDonald, S., [...] y Moher, D. (2021). The PRISMA 2020 statement: An updated guideline for reporting systematic reviews. *BMJ* (Clinical Research Ed.), 372, 71. https://doi.org/10.1136/bmj.n71

Philips J. y Tabrizi N. (2020). Historical document processing: A survey of techniques, tools, and trends. *IC3K 2020 - Proceedings of the 12th International Joint Conference on Knowledge Discovery, Knowledge Engineering and Knowledge Management, 341-349.*

Pisani, V. (2022). The Gəʿəz Version of the Passio of St Cyricus (Gadla Qirqos): A Critical Edition, Translation, and Commentary. *Comparative Oriental Manuscript Studies Bulletin, 8(1), 249-256.*

Sinha, S., Gurav, Y., Bhagat, P. y Jadhav, R. (2020). A Review of Literature on Handwritten Text Recognition. *International Journal of Research in Engineering, Science and Management,* 3(2). https://www.ijresm.com/Vol.3_2020/Vol3_Iss2_February20/IJRESM_V3_I2_159.pdf

Souibgui, M. A., Bensalah, A., Chen, J., Fornés, A. y Waldispühl, M. (2023). A User Perspective on HTR Methods for the Automatic Transcription of Rare Scripts: The Case of Codex Runicus. *Journal on Computing and Cultural Heritage, 15*(4), 72:1-72:18. https://doi.org/10.1145/3519306

Ströbel, P. B., Clematide, S., Volk, M. y Hodel, T. (2022). Transformer-based HTR for Historical Documents. *arXiv:*2203.11008. https://doi.org/10.48550/arXiv.2203.11008

Terras, M. (2022). *The role of the library when computers can read: Critically adopting Handwritten Text Recognition (HTR) technologies to support research.* ACRL - Association of College & Research Libraries.

Van Der Meulen, M.S. (2022). Leiden University Resolutions Appendici Corpus (1575-1811): Linguistics and Literature. *Research Data Journal for the Humanities and Social Sciences, 20(4), 1-10.* https://doi.org/10.1163/24523666-07010001

Wang, Y., Xiao, W. y Li, S. (2021). Offline handwritten text recognition using deep learning: A review. *Journal of Physics: Conference Series.,1848*(1), 12-015. https://doi.org/10.1088/1742-6596/1848/1/012015

Yeleussinov, A., Amirgaliyev, Y. y Cherikbayeva, L. (2023). Improving OCR Accuracy for Kazakh Handwriting Recognition Using GAN Models. *Applied Sciences, 13*(9), Artigo 9. https://doi.org/10.3390/app13095677

METAPHOR MASTERY: UNLOCKING CHATGPT'S POTENTIAL TO CULTIVATE METAPHORIC COMPETENCE

Montserrat Esbrí-Blasco [1]

1. INTRODUCTION

Conceptual metaphors are cognitive operations that surface in language, enabling us to reason and talk about a given cognitive domain (the target domain) in terms of another domain of experience (the source domain) (Lakoff & Johnson, 1980; Lakoff, 1993). As mental constructs, metaphors do not only manifest in language but also in a broad array of modes (Forceville & Urios-Aparisi, 2009; Kövecses, 2020). Regardless of the ubiquity of metaphor in our everyday communication, the comprehension of the metaphorical patterns of conceptualization still poses a major hurdle in the realm of EFL teaching and learning. Addressing figurative language effectively in the language classroom is absolutely vital, given the cross-cultural variation exhibited by conceptual metaphors (Kövecses, 2005; Ibarretxe-Antuñano, 2013; Esbrí-Blasco & Navarro i Ferrando, 2023). Mastering metaphorical language in the target language directly contributes to enhancing students' linguistic proficiency (Boers & Lindstromberg, 2008; Danesi, 1995; Doiz & Elizari, 2013; Gutiérrez-Pérez, 2016; Piquer-Píriz, 2008). Regarding the intricate interplay between language proficiency and metaphoric competence, Littlemore and Low (2006, p. 268) hold that:

> *Metaphoric competence has in fact an important role to play in all areas of communicative competence. [...] It can contribute centrally to grammatical competence, textual competence, illocutionary competence, sociolinguistic competence, and strategic competence. Metaphor is thus highly relevant to second language learning, teaching and testing, from the earliest to the most advanced stages of learning.*

As cognitive semanticists suggest, raising awareness of metaphorical patterns of conceptualization and the specific mappings involved in conceptual metaphors may facilitate the comprehension, entrenchment and production of metaphorical language. Consequently, traditional practices such as learning expressions by heart should be avoided, as they treat metaphors as arbitrary, without delving into the conceptual projections motivating those figurative expressions.

---

1. Universitat Jaume I (España) / IULMA

One innovative way of addressing figurative language in the language classroom is through the use of artificial intelligence (henceforth, AI), more specifically, ChatGPT. The inception of this AI language tool has inevitably raised concern among educators as to how AI may impact the educational milieu. Whilst ChatGPT may undoubtedly pose certain threats, educators should adapt and embrace the substantial prospects AI offers in language instruction.

With the objective of advancing in this particular area of research, the current article examines the potential of ChatGPT to the teaching and learning of metaphorical language in Higher Education. The AI language model ChatGPT could be an invaluable pedagogical instrument for enabling language learners to engage in a more profound exploration of the intricacies of figurative language in the target language. To accomplish this, this article suggests an array of task types involving ChatGPT to assist language learners in deciphering the meaning of certain metaphorical expressions, exploring the underlying conceptual mappings between the source and target domains of particular metaphors, and, most importantly, being able to successfully produce metaphorical expressions in diverse contexts and incorporate those figurative expressions in simulated conversations with ChatGPT.

2. AIM

The present article endeavors to explore the potential of ChatGPT as a pedagogical tool for assisting language learners in sharpening their metaphoric competence in Higher Education. More specifically, the task types proposed in this paper are aimed at examining the meaning of metaphorical expressions, their underlying conceptual metaphors, identifying, comparing and searching for alternative metaphors for a given concept and using and refining linguistic metaphors in conversations with ChatGPT.

3. ENHANCING METAPHORIC COMPETENCE WITH CHATGPT

As an AI language model, ChapGPT can assist language learners in enhancing their metaphoric competence. The types of tasks presented in the following sections reveal various interactive and engaging ways in which ChatGPT can be involved in the acquisition of figurative language.

3.1. Metaphor explanation

When language learners need assistance in understanding the meaning of a given metaphorical expression, they can engage in a conversation with ChatGPT to ask for a detailed explanation of the motivation of that figurative expression. In this regard, ChatGPT can provide a definition and even offer examples in context to enable students to fully comprehend the intended meaning and usage of that metaphor. For instance, they can ask questions like "Please, can you explain the meaning of the metaphor *feeling on top of the world?*". ChatGPT can provide clear and succinct explanations, as shown in Figure 1.

The metaphorical expression "to be/feel on top of the world" is used to convey a state of extreme happiness, elation, or triumph. The source domain of this orientational metaphor is "height" or "elevation," and the target domain is "happiness." This metaphorical expression is derived from the conceptualization that when one is physically elevated or on top of something, they experience a sense of power, achievement, and contentment.

Examples in context:

1. After winning the championship, Sarah felt on top of the world. She had worked tirelessly for months, and the victory brought her an overwhelming sense of joy and accomplishment.
2. Mark had just received his acceptance letter from his dream university. He couldn't contain his excitement and shouted, "I'm on top of the world!" The news filled him with immense happiness and a feeling of reaching the pinnacle of his aspirations.

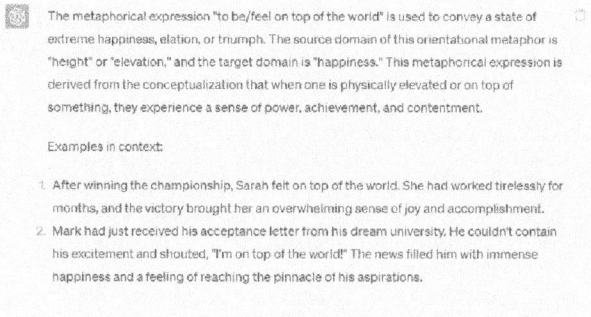

Figure 1. Example of the explanation of the metaphorical expression
feel on top of the world. Source: ChatGPT (2023).

Apart from explaining metaphorical expressions, ChatGPT can also help students to decipher the meaning of conceptual metaphors and the conceptual projections between the cognitive domains involved.

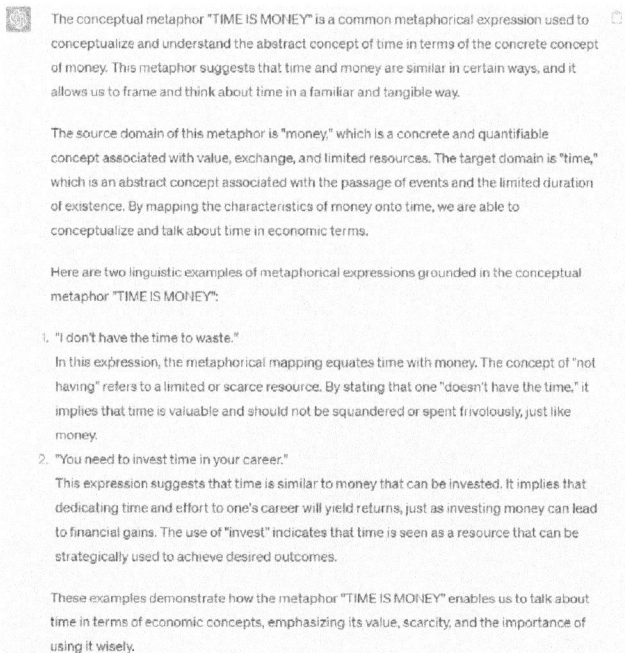

The conceptual metaphor "TIME IS MONEY" is a common metaphorical expression used to conceptualize and understand the abstract concept of time in terms of the concrete concept of money. This metaphor suggests that time and money are similar in certain ways, and it allows us to frame and think about time in a familiar and tangible way.

The source domain of this metaphor is "money," which is a concrete and quantifiable concept associated with value, exchange, and limited resources. The target domain is "time," which is an abstract concept associated with the passage of events and the limited duration of existence. By mapping the characteristics of money onto time, we are able to conceptualize and talk about time in economic terms.

Here are two linguistic examples of metaphorical expressions grounded in the conceptual metaphor "TIME IS MONEY":

1. "I don't have the time to waste."
   In this expression, the metaphorical mapping equates time with money. The concept of "not having" refers to a limited or scarce resource. By stating that one "doesn't have the time," it implies that time is valuable and should not be squandered or spent frivolously, just like money.
2. "You need to invest time in your career."
   This expression suggests that time is similar to money that can be invested. It implies that dedicating time and effort to one's career will yield returns, just as investing money can lead to financial gains. The use of "invest" indicates that time is seen as a resource that can be strategically used to achieve desired outcomes.

These examples demonstrate how the metaphor "TIME IS MONEY" enables us to talk about time in terms of economic concepts, emphasizing its value, scarcity, and the importance of using it wisely.

Figure 2. Example of the explanation of the conceptual metaphor TIME IS MONEY
and some of its linguistic manifestations. Source: ChatGPT (2023).

For example, as illustrated in Figure 2, we can ask the AI model "Please, can you explain the meaning of the conceptual metaphor TIME IS MONEY?", to which the digital AI tool may offer an explanation of the conceptual correspondences between the source and target domain as well as examples of linguistic realizations of that given conceptual metaphor.

3.2. Metaphor identification in context

ChatGPT can also be utilized so as to help language learners identify the presence of metaphors in a given passage or dialogue. We can provide ChatGPT with the text we want to analyze and ask for the identification and interpretation of the metaphors involved (see Figure 3).

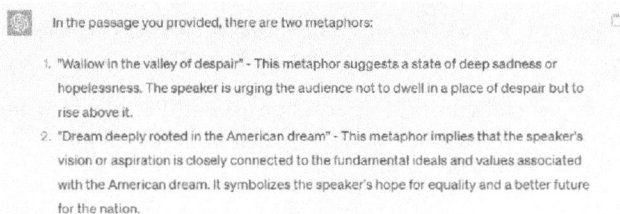

In the passage you provided, there are two metaphors:

1. "Wallow in the valley of despair" - This metaphor suggests a state of deep sadness or hopelessness. The speaker is urging the audience not to dwell in a place of despair but to rise above it.

2. "Dream deeply rooted in the American dream" - This metaphor implies that the speaker's vision or aspiration is closely connected to the fundamental ideals and values associated with the American dream. It symbolizes the speaker's hope for equality and a better future for the nation.

Figure 3. Example of metaphor identification. Source: ChatGPT (2023).

In turn, this can lead to a discussion with ChatGPT regarding the possible interpretations of those metaphors examined in context, seek clarification or request examples of similar metaphors used in different contexts to broaden the students' understanding of the usage of those metaphorical expressions.

3.3. Metaphor creation

When language learners need to talk about a specific domain, they may refer to it by means of metaphors. In this regard, ChatGPT can assist students in discovering which cognitive domains are usually employed metaphorically to evoke a given domain. For instance, we could ask "Please, could you help me to find a metaphor to refer to the domain of SUCCESS?". By asking for metaphoric associations, ChatGPT would generate a list of metaphors activating the domain SUCCESS, which students could analyze and discuss (see Figure 4).

Certainly! Metaphors are a powerful linguistic tool used to describe abstract concepts such as success. Here are three commonly employed metaphors to refer to the domain of success, along with explanations:

1. "Climbing the ladder of success": This metaphor compares success to ascending a ladder. It implies that success is achieved by steadily progressing upward, step by step. It suggests that reaching higher levels of success requires effort, perseverance, and strategic planning, just as one must climb one rung at a time to reach the top of a ladder.
2. "Reaching the pinnacle of success": This metaphor portrays success as reaching the highest point or peak, much like ascending a mountain or standing at the summit. It implies that success is a culmination of one's efforts, where they have achieved the utmost level of accomplishment or recognition in their field. It emphasizes the idea of standing above others and attaining an exceptional level of achievement.
3. "Hitting the bullseye": This metaphor draws inspiration from the sport of archery, where the goal is to hit the center of the target or the bullseye. It suggests that success is synonymous with precise aim and accuracy. It implies that achieving success requires a clear vision, setting specific goals, and hitting the target with precision, just as an archer aims for the bullseye.

These metaphors provide vivid imagery and help us understand the concept of success by relating it to familiar experiences or actions, making it easier to grasp and visualize the journey towards success.

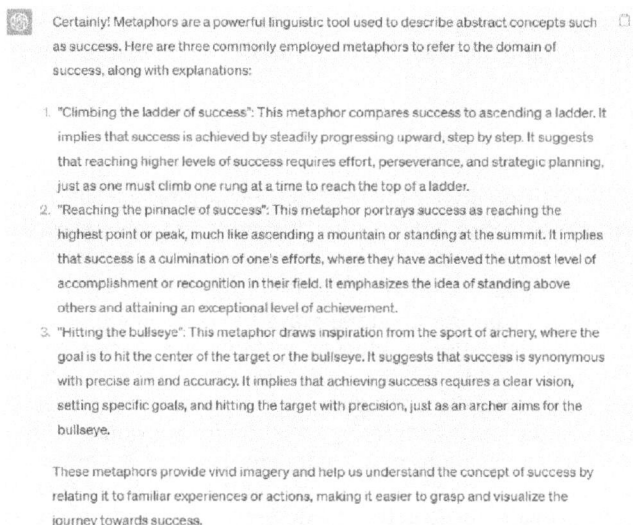

Figure 4. Example of diverse metaphors evoking the domain of SUCCESS. Source: ChatGPT (2023).

If necessary, ChatGPT can offer more examples in context, suggest alternative metaphors, and even provide feedback on the metaphors put forward by students.

3.4. Metaphor in conversation

In order to incorporate metaphors in conversations, students can be instructed to engage in a conversation with ChatGPT in order to talk about a given topic (e.g., describing experiences, situations, emotions, etc.). The teacher can provide the students with metaphorical expressions they could deploy to activate that domain, or alternatively, students could proactively request ChatGPT to provide examples of metaphors evoking that topic. Once the learners have the information they need, they can initiate the conversation with the AI tool, purposely integrating the metaphors previously gathered in a natural and meaningful way, while also creating novel ones. During the conversations, ChatGPT can provide feedback and suggest improvements. This kind of practice may help learners become more comfortable and fluent utilizing metaphorical expressions in their everyday conversations.

4. DISCUSSION

In the task types presented in section 3, it would be necessary for the students to keep the conversations and send them to their teacher so that the students do not just receive feedback from ChatGPT but also from their language instructor. By having access to the interactions with ChatGPT, the teacher can easily detect, for example, if a certain aspect has not been fully comprehended by the student and, most importantly, if all the information provided by ChatGPT is accurate and relevant.

By deploying this kind of tasks in the language classroom, EFL learners can interact with ChatGPT, receive explanations, examples in context, alternative metaphorical associations and feedback on their own creations, which, in turn, may refine and expand their metaphoric repertoire. Thereby, ChatGPT could serve as a valuable digital tool to support language learners' comprehension, exploration and development of their metaphoric competence.

5. CONCLUSION

This article explores the potential of ChatGPT as a powerful pedagogical tool for enhancing metaphoric competence in Higher Education. In contrast to conventional approaches, the utilization of this AI language model can foster student engagement in the educational process, thereby promoting autonomous learning while bolstering their motivation.

This proposal sheds light on the manifold ways in which ChatGPT can aid students in understanding, identifying, and producing metaphorical language efficiently. Since metaphors enable us to reason about abstract domains of experience in terms of more concrete domains, unveiling the conceptual correspondences underlying metaphorical expressions has a pivotal role in facilitating their comprehension. As this article explores, ChatGPT can generate explanations of the mappings between cognitive domains, provide metaphorical examples in context, suggest alternative metaphors referring to the same domain and even provide constructive feedback to students on the metaphors they produce. Nonetheless, it is important to highlight that whilst ChatGPT may be a valuable supplementary resource for assisting language learners in sharpening their metaphoric competence, this digital instrument should not replace the role of the teacher. Language instructors should still guide students through the process, providing additional explanations and examples and facilitating discussions.

Further experimental research is required to determine the level of effectiveness of the ChatGPT-based tasks proposed for enhancing students' comprehension, exploration, entrenchment and production of metaphorical language.

On the whole, this article adds to the burgeoning field of AI in EFL pedagogy, inasmuch as it may motivate other researchers in the discipline to embrace the implementation of ChatGPT-based tasks on metaphorical language structured around a cognitive-semantic approach.

6. REFERENCES

Boers, F. (2013). Cognitive linguistic approaches to teaching vocabulary: Assessment and integration. *Language Teaching*, *46*(2), 208–224. https://doi.org/10.1017/S0261444811000450

Boers, F. & Lindstromberg, S. (2008). How Cognitive Linguistics can foster effective vocabulary teaching. In: Boers, F. & Lindstromberg, S. (Eds.), *Cognitive Linguistic Approaches to Teaching Vocabulary and Phraseology* (pp.1-61). Mouton de Gruyter.

ChatGPT (2023). OpenAI. https://chat.openai.com/

Chen, Y. & Lai, H. (2013). Teaching English idioms as metaphors through cognitive-oriented methods: A case in an EFL writing class. *English Language Teaching*, *6*(6), 13–20. https://doi.org/10.5539/elt.v6n6p13

Danesi, M. (1995). Learning and teaching languages: The role of conceptual fluency. *International Journal of Applied Linguistics*, 5, 3-20. https://doi.org/10.1111/j.1473-4192.1995.tb00069.x

Doiz, A. & Elizari, C. (2013). Metaphoric competence and the acquisition of figurative vocabulary in foreign language learning. *Estudios de Lingüística Inglesa Aplicada*, 13, 47–82. http://dx.doi.org/10.12795/elia.2013.i13.02

Esbrí-Blasco, M. & Navarro i Ferrando, I. (2023). Thematic role mappings in metaphor variation: contrasting English *bake* and Spanish *hornear*. *Poznan Studies in Contemporary Linguistics*, *59*(1), 43-64. https://doi.org/10.1515/psicl-2022-1020

Forceville, C. & Urios-Aparisi, E. (Eds.) (2009). *Multimodal metaphor*. Mouton de Gruyter. https://doi.org/10.1515/9783110215366

Gutiérrez-Pérez, R. (2016). Teaching conceptual metaphors to EFL learners in the European space of higher education. *European Journal of Applied Linguistics, 5*(1), 87-114. https://doi.org/10.1515/eujal-2015-0036

Ibarretxe-Antuñano, I. (2013). The relationship between conceptual metaphor and culture. *Intercultural Pragmatics, 10*(2), 315-339. https://doi.org/10.1515/ip-2013-0014

Kövecses, Z. (2005). *Metaphor in Culture: Universality and variation*. Cambridge University Press. https://doi.org/10.1017/CBO9780511614408

Kövecses, Z. (2020). *Extended conceptual metaphor theory*. Cambridge University Press. https://doi.org/10.1017/9781108859127

Lakoff, G. (1993). The Contemporary Theory of Metaphor. In Ortony, A. (ed.) *Metaphor and Thought.* (pp. 202-251). Cambridge University Press. https://doi.org/10.1017/CBO9781139173865.013

Lakoff, G., & Johnson, M. (1980). *Metaphors We Live By*. The University of Chicago Press.

Littlemore, J., & Low, G. (2006). Metaphoric competence and communicative language ability. *Applied Linguistics*, *27*(2), 268-294. https://doi.org/10.1093/applin/aml004

Piquer-Píriz, A. M. (2008). Reasoning figuratively in early EFL: some implications for the development of vocabulary. In Frank Boers & Seth. Lindstromberg (Eds.), *Cognitive Linguistic Approaches to Teaching Vocabulary and Phraseology* (pp. 233–257). Mouton de Gruyter. https://doi.org/10.1515/9783110199161.3.219

LA INTELIGENCIA ARTIFICIAL COMO HERRAMIENTA EDUCATIVA EN LAS NUEVAS GENERACIONES

Ricardo Fabelo Rodriguez [1]

1. INTRODUCCIÓN

El concepto de Inteligencia artificial apareció en 1956, en donde varios inves-tigadores estadounidenses, entre ellos John McCarthy y Marvin Minsky, utili-zan sus computadoras para algo más que cálculos científicos, en la universi-dad de Dartmouth, en New-Hampshire, en Estados Unidos, su finalidad fue el desarrollo de inteligencia artificial. (Ortiz, 2021)

Uno de los primeros prototipos fue creado por el psicólogo estadounidense Frank Rosenblatt que aprende a reconocer las letras del alfabeto escritas en una hoja, denominado el perceptrón que funciona a través de sensores y un programa de computadora que imita el funcionamiento del cerebro humano, llamándose red neuronal artificial.

Tres años después en el seminario de Dartmouth, se fundó el laboratorio de inteligencia artificial en el Instituto de Tecnología de Massachusetts (MIT), extendiéndose gradualmente a Gran Bretaña y Francia, y al resto de países donde se están comenzando a utilizar este tipo de computadoras. (Ortiz, 2021)

Desde los años 1990, la mayoría de las grandes compañías tecnológicas em-piezan a hacer enormes inversiones en este tipo de tecnología, las empresas se dieron cuenta de que necesitaban mejorar la capacidad de procesamiento y análisis de la enorme cantidad de datos que se avecinaba. (Ortiz, 2021)

El punto importante de la inteligencia artificial fue en el año 1997, cuando la empresa IBM lanzó Deep Blue, un ordenador capaz de ganar a Gari Kaspárov (Campeón Mundial de Ajedrez) en una competencia de ajedrez. Esta situación trajo un gran revuelo a nivel global generando gran cantidad de pelicular, me-táforas e investigaciones sobre el futuro tecnológico, donde la inteligencia artificial era la principal protagonista. En esta misma década se crean los lla-mados agentes inteligentes, que más tarde serán adaptados según varios usos específicos por ejemplo los chatbots, o asistentes virtuales que conocemos ahora.

Otro de los grandes momentos sucedería nuevamente con Watson, otro or-denador de IBM ganando el famoso concurso de preguntas y respuestas "Jeo-pardy" de la cadena

---

1. Profesor Asociado en la Universidad Gabriela Mistral (Chile)

norteamericana ABC. Durante varios años las empresas IBM y Microsoft invierten enormes cantidades de dinero para liderar la inno-vación en Inteligencia Artificial.

Hoy en día, es cuando la inteligencia artificial ya se ha instalado en nuestras vidas y permite la sustitución del hombre en diversas actividades y todas las empresas saben la importancia de esta tecnología.

En la educación superior se han iniciado a incorporar estas tecnologías y prácticas modernas con el objetivo mejorar la experiencia educativa. Los sis-temas de gestión del aprendizaje, gamificación, aprendizaje asistido por vídeo, realidad virtual y aumentada, son los más claros ejemplos de cómo la tecnolo-gía ha incrementado el compromiso de los estudiantes con respecto a la plani-ficación de las clases.

Existen innumerables beneficios que la tecnología ha aportado a la educación, trayendo un impacto significativo en las instituciones de educación superior. Con la creciente demanda de la educación en línea y dependencia de recursos educativos en Internet, muchas universidades e institutos tradicionales están preocupados por el futuro. Esto trae como resultado, que muchas institucio-nes de enseñanza superior necesitan ayuda e inversión para poder seguir al ritmo de los rápidos cambios tecnológicos y buscando formas de adaptarse y seguir siendo relevantes en esta nueva etapa de la educación.

Una de las aplicaciones de inteligencia artificial más utilizadas es el ChatGPT, desarrollado por OpenAI.

ChatGPT es un software informático diseñado para entender, comprender y responder el lenguaje humano de forma natural y similar. Es un asistente vir-tual o un chatbot que puede entender, comprender y responder al lenguaje escrito o hablado. Fue creado a través una gran base de datos que puede utili-zarse para diversas tareas, por ejemplo, la respuesta a preguntas, traducir idiomas e incluso escribir textos creativos.

Existen varios ejemplos de herramientas y plataformas educativas basadas en inteligencia artificial que son utilizadas con gran éxito en la actualidad. Algunas de las más populares son:

- Duolingo, es una aplicación de aprendizaje de distintos idiomas que permite personalizar las lecciones para cada usuario.
- ALEKS, es una plataforma de aprendizaje de matemáticas impulsada por inteligencia artificial que proporciona evaluaciones adaptativas y planes de aprendizaje personalizados
- Coursera, siendo una aplicación de inteligencia artificial que permite recomendar cursos a los estudiantes en función de sus intereses, re-gistro profesional o académico y su historial de aprendizaje previo.
- QuestionPro, es una herramienta que permite crear encuestas y eva-luaciones en segundos.

Bajo esta filosofía para Marquez, el proyecto educativo sobre la utilización de la inteligencia artificial, se encuentra distribuido en la realización de un con-junto de actividades pedagógicas que apoyan al fortalecimiento de áreas espe-cíficas del conocimiento desarrollando competencias en el alumno, a través de la concepción, creación y análisis crítico de la información generada, en el cual participan personas que poseen un interés por el uso de la tecnología y analí-tica de datos, la representación de los datos generada servirá para que el estu-diante pueda generar una nueva información e identificar criterios de propie-dad y derecho de autor a través de otros programas secundarios, así mismo se puede hacer destacar que el objetivo primordial de la enseñanza usando inteligencia artificial, es lograr una adaptación de los alumnos a los procesos productivos de la sociedad, donde la tecnología juega un papel predominante basado en el empleo de simuladores y herramientas de modelamiento de sis-temas.

El uso de la inteligencia artificial se encuentra fundamentado en el constructi-vismo, posibilitando el desarrollo de la creatividad, capacidad de abstracción, relaciones intra e interpersonales, habito del trabajo en equipo, permitiéndole al educador realizar acciones que desarrollen la motivación, memoria, lengua-je, atención de los educandos y entre otros aspectos mejorando la práctica pedagógica actual.

Entre las teorías más influyentes en la educación del siglo XX, resulta impres-cindible considerar el constructivismo, propuesto Piaget. Sus conceptos y modelos psicológicos fueron ampliamente utilizados para fundamentar teo-rías didácticas y pedagógicas.

Uno de los pensadores más reconocido internacionalmente es el matemático Seymour Papert, del Instituto Tecnológico de Massachusetts (MIT), realizan-do estudios importantes sobre la dificultad que presentan los niños para ope-rar las computadoras, a causa de que debían utilizar lenguajes de programa-ción que les resultaban ininteligibles, conduciendo a considerar dos aspectos importantes: estudiar profundamente la teoría sobre el constructivismo, en Ginebra, entre 1958 y 1963, asociándose con Marvin Minsky, gran teórico de la inteligencia artificial, en Boston, quienes propusieron el "Construccionis-mo" como una teoría educativa que fundamenta el uso de las tecnologías digi-tales en educación.

El Construccionismo, otorga a los alumnos un rol activo en su aprendizaje, colocándolos como diseñadores de sus propios proyectos y constructores de su propio aprendizaje. Desarrollando en los estudiantes para que asuman un papel activo "construyendo su propio conocimiento". La construcción del conocimiento, según Papert, comprende: la primera tiene lugar en la mente de las personas. La segunda, externa, ocurre de manera especialmente provecho-sa porque el alumno está conscientemente involucrado en una construcción de tipo más público, dando origen a la validación a través de su muestra, dis-cusión, examinación o prueba.

En contraste con las teorías antes mencionadas el uso de la inteligencia artifi-cial trae beneficios adicionales entre los cuales se destacan el desarrollo de:

- Inteligencia lógica-matemática aplicando cálculos numéricos y si-guiendo patrones lógicos de programación.
- Conocimiento espacial apreciando con certeza periodos, espacios y gestión del conocimiento, además su interrelación.
- Capacidad física - kinestésica al hacer trabajos de construcción con percepción de un pensamiento analítico y computacional.
- Desarrollo de la lingüística ampliando su vocabulario y empleando efi-cazmente palabras técnicas en la sustentación de sus trabajos.
- Habilidad inter personal mediante la socialización en trabajos colabo-rativos y en equipo.
- Estrategias intra personales al reconocer por él mismo sus virtudes y defectos al asignarle un rol determinado dentro de un grupo.
- Inteligencia emocional al trabajar en equipo con entusiasmo, empatía, motivación y autoconciencia de su sensitividad y manejo de sus des-trezas.
- Capacidad creativa y sus habilidades manuales y de construcción.

La problemática que se ha observado en los niveles básicos de la educación se encuentra en el hecho de que a los alumnos se les pide en un primer momento memorizar el contenido del material que cubren los programas escolares en los cuales ellos están inscritos, y en un segundo momento recitarlos con fines de evaluación.

Según Márquez (s.f.), Con el uso de la inteligencia artificial se pretende enseñar a los niños los conceptos principalmente de las herramientas (capacidad ana-lítica), pensamiento computacional y critico (creación de nuevos conocimien-tos), interrelación de conceptos (modelamiento de procesos) y aplicación de la tecnología (desarrollo conocimientos tecnológicos), entre otras materias, utilizando para esto herramientas que resulten interesantes para los alumnos y que faciliten el aprendizaje. La aplicación de esta disciplina tiene como obje-tivo el explotar lo atractivo que resulta para los educandos la idea de "apren-der jugando". Esta es el área en la cual los investigadores se han enfocado con mayor frecuencia.

Esta idea genera gran interés en los alumnos y facilita el proceso cognitivo de tipo deductivo, un proceso que requiere que el alumno atienda una serie de explicaciones, retenga los principios enseñados y los aplique en ejercicios prácticos que favorecen todo su proceso de aprendizaje.

2. OBJETIVOS

El proyecto educativo comprende una serie de talleres teórico-prácticos que combinan la adquisición de conocimientos tecnológicos, inteligencia artificial, modelado y simulación, junto con actividades lúdicas, herramientas de diseño, programación y multimedia, entre otros.

Estas actividades se adaptan de manera atractiva según el nivel de conoci-miento y la edad de los participantes, y tienen como objetivo final desarrollar una simulación que cumpla con parámetros establecidos al inicio de los talle-res. Esto fomenta la creatividad e innovación de los participantes.

La Universidad Gabriela Mistral (Chile) selecciona comunidades e institucio-nes educativas en colaboración con empresas e instituciones para proporcio-nar el material didáctico necesario para llevar a cabo los proyectos finales.

En resumen, el programa educativo busca permitir a los estudiantes de educa-ción media utilizar la inteligencia artificial como una herramienta de aprendi-zaje, brindándoles una experiencia educativa personalizada, interactiva y adaptada a sus necesidades individuales, mientras promueve el desarrollo de habilidades relacionadas con la inteligencia artificial y la tecnología en general.

3. METODOLOGÍA

El estudio se enmarca dentro de la formación académica del docente y el alumno en las áreas de innovación tecnológica y de investigación, por cuanto aspira la construcción de una metodología práctica en los ultimos niveles de educación secundaria para la generación de nuevos valores del docente inves-tigador basada en su vocación de servicio.

La investigación se llevó a cabo bajo las orientaciones del paradigma científico postpositivista, el cual engloba un conjunto de corrientes humanísticas-interpretativas centrando su interés en el estudio de los diversos significados de las acciones de los sujetos dentro del contexto; a este respecto Martí-nez(2010, p. 8) Plantea, la investigación cualitativa identifica la naturaleza pro-funda de las realidades, su estructura dinámica, da razón plena al comporta-miento y manifestaciones desde su interacción.

En el método de la etnografía educativa, Martínez (2010, p. 30) tiene como objetivo inmediato crear una imagen realista del grupo estudiado, apoyándose en la convicción de tradiciones, roles, valores y normas del ambiente en que se vive, internalizando y generando regularidades que pueden explicar la con-ducta individual y del grupo en forma adecuada.

Por otra parte, desde el punto de vista espacial y temporal, el estudio se llevó a cabo en los laboratorios de computación de la Universidad Gabriela Mistral, ubicada en la comuna de Providencia, en un periodo de tiempo desde Marzo 2022 hasta Marzo 2023 dirigido a estudiantes de tercero y cuarto medio.

En esta investigación se encuentran como actores intervinientes en el desa-rrollo del proyecto los siguientes: Alumno y Facilitador.

- El alumno aprende de otras personas, etimológicamente, alumno es una palabra que viene del latín alumnus, participio pasivo del verbo alere, que significa 'alimentar' o 'alimentarse' y también 'sostener', 'mantener', 'promover', 'incrementar', 'fortalecer'. De hecho, al alumno se le puede generalizar como estudiante o también como aprendiz. También es alumno el discípulo respecto de su maestro, de la materia que aprende o de la escuela, colegio o universidad donde estudia. El estudiante es un alumno.

- Un facilitador es la persona que orienta a un grupo permitiendo en-tender los objetivos comunes y contribuye a crear un plan para al-canzarlos sin tomar partido, utilizando herramientas que permitan al grupo alcanzar un consenso en los desacuerdos preexistentes o que surjan en el transcurso del mismo.

4. DESARROLLO DE LA INVESTIGACIÓN

Como primer paso en el desarrollo del proyecto se ejecutó el contenido peda-gógico y académico del taller, tomando en consideración actividades lúdicas y recreativas que motiven y ayuden a comprender e investigar en la profundi-zación de los conocimientos aprendidos, trabajando en base a los conocimien-tos adquiridos en las materias y cruzandolas como eje transversal el desarro-llo del prototipo en las mismas, llegando a un conceso entre el grupo de inves-tigadores del siguiente contenido:

1. Teoría y Antecedentes sobre Inteligencia Artificial
2. Conceptos básicos del Pensamiento Computacional
3. Utilización de Software de Flujo de Datos
4. Creación de ChatBot

Utilizando los siguientes recursos instruccionales:

- Estrategias socializadas: Debate, Taller y Seminario
- Exposición del Mediador, Técnicas del aprendizaje significativo.
- Ejercicios prácticos individuales y grupales, Discusiones dirigidas, Lec-turas comentadas

El proyecto final fue ejecutado con la asesoría de los facilitadores con la cola-boración de estudiantes de las carreras de Ingeniería Civil Informática de la Universidad Gabriela

Mistral con una guía didáctica de instrucciones que permitiría el desarrollo del primer mundo virtual comprendiendo las siguien-tes fases:

- Fase I: Teoria y Antecedentes sobre Inteligencia Artificial : Al inicio del programa educativo se desarrollan conceptos básicos, origen, evolu-ción, características y prinicipales usos de la inteligencia artificial, además de interactuar con las principales herramientas inteligentes utilizadas en la actualidad (ChatGpt y DallE), como se puede observar en la Figura 1. Desarrollo de Conceptos Básicos de Inteligencia Artifi-cial (Elaboración Propia, 2023)

- Fase II : Conceptos Básicos de Pensamiento Computacional y Flujo de Datos: Posteriormente se les explico conceptos fundamentales de programación relacionados al manejo de variables, inicio y finaliza-ción de procesos, comandos mas utilizados, entre otros, con la herra-mienta computacional (PSeint) esencialmente en el manejo de flujo de datos y sus distintas acciones de entrada, procesamiento y salida de información, como se puede observar en la Figura 2: Construcción del Pensamiento Computacional (Elaboración Propia, 2023) y Figura 3. Creación del Flujo de Datos (Elaboración Propia, 2023)

- Fase III: Creación de ChatBot : Por último, ya teniendo claro cada uno de los procesos del manejo de datos, se utilizo la herramienta Digital Assis-tant, para la creación de un ChatBots estableciendo el flujo de datos y los condicionantes a cada una de las acciones creadas. Identificando la res-puesta a cada uno de los datos ingresados de forma predeterminada, como se puede observar en la Figura 4. Construcción de nuevos conoci-mientos (Elaboración Propia, 2023) y Figura 5. Creación de ChatBot (Elaboración Propia, 2023)

Teniendo como proyecto final el desarrollo de una herramienta inteligente aplicada a una problematica real de nuestra sociedad.

5. CONCLUSIONES

El uso de la inteligencia artificial promueve distintos aprendizajes que facilitan la integración de conceptos, iniciando con el manejo de teoría y su aplicación por medio de la experimentación utilizando herramientas de apoyo en dia-gramación, programación y simulación, para la construcción de un aplicativo de inteligencia artificial. El educando se mantiene interesado por conocer y utilizar varias herramientas tecnológicas, resultando la formación en un futu-ro, de jóvenes científicos, con gran interés en la innovación de la tecnología y por ende al desarrollo de su país. Se puede concluir que el uso de la inteligencia artificial a través del acercamiento a una situación real de nuestra sociedad permita brindar soluciones prácticas de distintas áreas del conocimiento co-mo las matemáticas, ciencias naturales, experimentales, tecnología, ciencias de la información, comunicación, entre otras. Uno de los factores más interesan-tes es que la integración de diferentes áreas se da de manera natural. Demos-trando que el desarrollo de herramientas inteligentes es factible para em-plearse a nivel de educación media, siempre y cuando se utilicen software de simulación.

La educación, tiene un compromiso con la transmisión del saber sistematiza-do, y conducir a la formación del educando, haciéndolo capaz de vivir y convi-vir en la sociedad, en relación con el prójimo. Es imposible separar la tecnolo-gía del hombre, por tanto, se debe poseer los conocimientos además del saber usarla, cómo la tecnología puede influir e influirá en su subjetividad. Cuando el alumno vive la experiencia, de procesos simulados a reales, descubre la im-portancia de la práctica en la ejecución en todas sus construcciones.

El uso de la inteligencia artificial esta fundamentado en el constructivismo, posibilitando el desarrollo de la creatividad, la capacidad de abstracción, las relaciones intra e interpersonales, el hábito del trabajo en equipo, permitien-do realizar acciones para desarrollar la motivación, memoria, lenguaje y otros aspectos que contribuyen a la práctica pedagógica actual.

A través de esta experiencia educativa se enriquece la formación integral de los facilitadores y estudiantes colaboradores, trayendo una nueva visión am-plia de estrategias instruccionales, motivar enormemente a los alumnos de las distintas escuelas en el estudio de la inteligencia artificial como instrumento facilitador de las materias vistas como también iniciar la curiosidad de los mismos a nuevos paradigmas investigativos para su continuidad en estudios superiores

6. REFERENCIAS

Ortiz, A. (15 de Febrero de 2021). Orígenes de la inteligencia artificial: pione-ros. HostDime. https://www.hostdime.com.ar/blog/origenes-de-la-inteligencia-artificial-pioneros/

Márquez, I. V. (s.f.). La simulación como aprendizaje: educación y mundos vir-tuales. Universidad Complutense de Madrid. https://campus.usal.es/~comunicacion3punto0/comunicaciones/059.pdf

Giron, S. (2023). Introducción a la Inteligencia Artificial. Editorial Sekotia.

Rouhianien, L. (2018) Inteligencia artificial. 101 cosas que debes saber hoy sobre nuestro futuro. Editorial Alienta.

EL USO DE CHATGPT EN LAS AULAS UNIVERSITARIAS DE LOS ESTUDIANTES UNIVERSITARIOS

Ana Fernández Jiménez[1]

1. INTRODUCCIÓN

En este proyecto, OpenAI ha desarrollado un chatbot versátil llamado ChatGPT que utiliza el modelo de lenguaje GPT-3. Puede mantener conversaciones abiertas sobre diversos temas y ha sido programado para generar texto que se asemeja a las respuestas humanas a preguntas o conversaciones. ChatGPT aprendió de las respuestas de conversaciones humanas, a diferencia del modelo de lenguaje anterior. Los humanos dan retroalimentación (recompensas) y ayudan a la Optimización de Política Próxima a mejorar el modelo evaluando las respuestas de la máquina. ChatGPT puede rechazar preguntas inapropiadas, admitir errores, devolver premisas falsas y responder a preguntas de seguimiento con el nuevo enfoque de desarrollo. ChatGPT proporciona respuestas "más creativas" que otros modelos lingüísticos de IA.

Este estudio pretende identificar las intervenciones educativas únicas de ChatGPT. He utilizado ChatGPT para escribir este artículo sobre la aplicación y su uso en las aulas universitarias por estudiantes, que permite a los alumnos pedir ayuda. La interacción entre las universidades y los estudiantes actuales y futuros está cambiando gracias a la recopilación inteligente de datos, que permite a los sistemas de información inteligentes adaptar cada aspecto de la experiencia docente a las necesidades y objetivos de los estudiantes.

Los objetivos son conocer las aplicaciones de ChatGPT en la enseñanza superior y sus ventajas e inconvenientes. Además, se identificaron y explicaron las áreas futuras de la educación que pueden beneficiarse de esta moderna tecnología de IA, tal y como recomienda la bibliografía y, por último, analizar las implicaciones de los resultados de la investigación. Por ejemplo, pueden aumentar el compromiso y el apoyo de los estudiantes. La tecnología Chatbot puede personalizar los entornos de aprendizaje para los estudiantes.

2. MARCO TEORICO

Zhai, X. (2022) describe tres tipos de usos de la AI para la educación: tutoría y formación, tareas administrativas informatizadas y aprendizaje personalizado. También examina

---

1. ESIC Universidad y ESIC Business and Marketing School

el uso de cada uno de estos tres tipos de aplicaciones para comprender mejor los usos habituales de la AI en la educación y el aprendizaje personalizado. Primero hablaré de las implicaciones de la AI y luego del Chatbot. La AI tiene el potencial de cambiar por completo nuestra forma de enseñar y aprender, ofreciendo a los estudiantes experiencias de aprendizaje personalizadas. El aprendizaje personalizado utiliza la tecnología para proporcionar experiencias educativas e información adaptadas a las necesidades, habilidades e intereses de cada estudiante. La AI puede utilizarse para el aprendizaje adaptativo, las sugerencias personalizadas, la instrucción personalizada y la identificación temprana de las necesidades de aprendizaje. En general, el uso de la AI para personalizar el aprendizaje puede impulsar el compromiso de los estudiantes y mejorar los resultados del aprendizaje.

Otro punto crucial es el aprendizaje adaptativo, impulsado por la inteligencia artificial. Los programas informáticos de enseñanza pueden evaluar el progreso de un estudiante y ajustar el contenido en tiempo real para garantizar que sea lo suficientemente estimulante. El «aprendizaje adaptativo» utiliza la tecnología para cambiar automáticamente el contenido y la dificultad de una experiencia de aprendizaje en función del rendimiento de los estudiantes. Este método pretende ayudar a los estudiantes a aprender más rápido y mejor ofreciéndoles experiencias de aprendizaje personalizadas que se adapten a sus necesidades y talentos. La invención de la evaluación adaptativa informatizada en los años sesenta sentó las bases del aprendizaje flexible. En las últimas décadas, la tecnología del aprendizaje adaptativo ha avanzado y se utiliza en muchos entornos educativos, como escuelas primarias y secundarias, universidades y plataformas de aprendizaje en línea.

A partir de los intereses y preferencias de aprendizaje de un alumno, otra aplicación de AI, la sugerencia personalizada, puede sugerir contenidos y recursos. Las recomendaciones personalizadas para el aula pueden ayudar a los alumnos a encontrar nuevas herramientas o actividades de aprendizaje que se ajusten a sus necesidades e intereses. Estas recomendaciones pueden basarse en el rendimiento anterior del alumno, su método de aprendizaje u otros factores como sus objetivos o intereses. Los algoritmos sencillos para sugerir recursos de aprendizaje a los estudiantes en función de su comportamiento anterior se remontan a los primeros días del aprendizaje en línea, cuando aparecieron por primera vez las sugerencias educativas individuales. Desde entonces, las sugerencias educativas personalizadas han avanzado considerablemente y ahora se utilizan en centros de enseñanza primaria y secundaria, instituciones de educación superior y plataformas de aprendizaje a distancia.

La IA puede proporcionar a los alumnos una formación personalizada utilizando métodos como la instrucción individualizada, los planes de clase personalizados y las interacciones personalizadas. La instrucción individualizada utiliza la AI para adaptar el aprendizaje a las necesidades y capacidades de cada alumno. La tutoría individualizada, la formación en grupos reducidos y el aprendizaje a ritmo propio son ejemplos de cómo enseñar. La IA puede analizar los datos sobre el rendimiento de los alumnos para detectar posibles áreas de necesidad y ofrecerles ayuda o recursos adicionales, haciendo identificación temprana de las necesidades de aprendizaje, también conocida como el proceso de identificar y atender las necesidades educativas, interpersonales o mentales. La evaluación temprana de las necesidades de aprendizaje puede evitar que se agraven los problemas de aprendizaje y garantizar que los alumnos reciban el apoyo que necesitan para tener éxito en la escuela.

La creación de programas educativos que ayudan a los estudiantes a evaluar sus necesidades de aprendizaje se remonta a los primeros tiempos de la educación basada en ordenadores, en los que se puede trazar el historial de AI para identificar las necesidades de aprendizaje desde el principio. Posteriormente, la AI ha apoyado métodos de identificación temprana como las plataformas de aprendizaje adaptativo, los entornos de aprendizaje personalizados y los sistemas de tutoría automatizados. Algunos datos sugieren que la AI puede ayudar a detectar necesidades tempranas de aprendizaje. Los programas de tutoría basados en IA pueden identificar con precisión las necesidades de aprendizaje de los alumnos y proporcionarles el apoyo necesario, lo que puede mejorar el rendimiento de los estudiantes en una serie de medidas, como las puntuaciones de los exámenes y las calificaciones de los cursos.

2.1. Retos de AI en clase

Entre las preocupaciones éticas que suscita el uso de la AI en la educación figura la posibilidad de reforzar las desigualdades existentes y perpetuar los prejuicios. Debido a estas preocupaciones, la ética y los procesos de AI son necesarios para la educación. La IA en la educación plantea problemas éticos. Entre las preocupaciones figuran: Los sistemas de AI pueden reforzar las ideas preconcebidas sobre los datos de formación. La etnia, el sexo y el nivel socioeconómico pueden dar lugar a resultados injustos y desiguales para los alumnos.

Existen muchas soluciones éticas, como crear directrices y normas éticas para el uso de la IA en la educación, minimizar los sesgos y promover la imparcialidad en el diseño y la implementación de los sistemas de IA, proteger los datos de los estudiantes con estrictas medidas de privacidad y seguridad, y garantizar que los sistemas de IA tomen decisiones éticas. Los sistemas de AI pueden ser avanzados, pero crearlos y mantenerlos requiere muchos recursos y conocimientos. Esto puede suponer un reto para las facultades y universidades y para el personal que no disponga de los recursos o conocimientos necesarios para implantar y utilizar la AI de forma eficaz.

La IA en la educación tiene limitaciones tecnológicas. Entre las restricciones figuran: Complejidad: Los sistemas de AI pueden ser complicados y requerir importantes recursos y conocimientos para su desarrollo y mantenimiento. Esto puede suponer un dilema para los centros educativos y el personal sin los recursos o conocimientos necesarios para implantar y utilizar eficazmente la AI. Integrar los sistemas de AI en los procesos y sistemas existentes puede resultar difícil para los centros educativos y los educadores. Pueden surgir problemas técnicos y de privacidad/seguridad de los datos. Muchos sistemas de AI necesitan acceso a Internet para funcionar eficazmente. En lugares con acceso irregular a Internet, esto puede resultar difícil. Costes iniciales: Los colegios y educadores con fondos suficientes pueden tener dificultades para utilizar los sistemas de AI debido a sus elevados costes iniciales.

En general, el uso de la AI en el aula puede presentar desafíos, pero con una reflexión y planificación cuidadosas, es posible utilizar la AI para apoyar y mejorar la enseñanza y el aprendizaje de una manera ética y eficaz. Nos centramos en el uso potencial de la AI en la educación, como el ChatGPT.

OpenAI, un centro de investigación de inteligencia artificial (IA), tiene como objetivo promover y desarrollar de manera que beneficie a la humanidad (OpenAI, 2015). El quién es quién de los magnates tecnológicos de Silicon Valley, incluidos Elon Musk (que renunció a la Junta Directiva de la organización en 2018), Reid Hoffman de LinkedIn, Peter Thiel de PayPal, Greg Brockman de Stripe y Sam Altman de Y Combinator (cuya incubadora de startups ayudó a arrancar empresas como AirBnB, Dropbox y Coinbase), fundó la organización.

El objetivo a largo plazo de OpenAI era la "inteligencia general artificial" (AGI; OpenAI, 2015). Según Grace *et al.,* (2018), Bostrom (2017), McAfee & Bryn-jolfsson (2017), Harari (2016), Kurzweil (2005) & Searle (1980), la AGI, también llamada "IA fuerte", es el santo grial de la IA y se refiere a que las máquinas puedan realizar cualquier actividad intelectual que los humanos puedan. Musk insistió en que el objetivo de OpenAI es desarrollar tecnologías que mejoren la capacidad humana, no que la sustituyan. Ha calificado la inteligencia artificial como nuestra "mayor amenaza existencial" y que con ella "invocamos al diablo" (Markoff, 2015). Los fundadores de OpenAI querían que el software de código abierto y las herramientas de IA se compartieran libremente sin restricciones de propiedad intelectual (Markoff, 2015). En un principio, OpenAI afirmó que estaría libre de incentivos financieros para las empresas con ánimo de lucro y, por tanto, en una buena posición para guiar la tecnología teniendo en cuenta los intereses humanos (Hao, 2020b).

OpenAI lanzó en 2020 el Generative Pre-Trained Transformer (GPT-3), un gran avance en IA. Se utilizaron 45 gigabytes de texto para entrenar el GPT-3 en millones de palabras (Cooper, 2021). Sus fuentes de datos son libros (Books1 y Books2 son dos corpus de libros basados en Internet), Wikipedia (Brown *et al.,* 2020), Common Crawl (una organización sin ánimo de lucro que rastrea la web y pone a disposición del público sus archivos y conjuntos de datos), WebText2 y todos los enlaces de Reddit para publicaciones con más de tres idiomas. OpenAI anunció en 2020 una API relacionada con GPT-3 para responder a preguntas en lenguaje natural. La API también puede traducir y crear texto improvisado. Los modelos de aprendizaje profundo de OpenAI, como DALL-E, pueden generar imágenes digitales a partir de descripciones en lenguaje natural.

El 30 de noviembre de 2022, OpenAI lanzó una versión gratuita de ChatGPT, un nuevo chatbot de IA (Jin & Kruppa, 2023; Hao, 2022; OpenAI, 2022). Los chatbots pueden simular conversaciones humanas. El sistema responde a las peticiones de los usuarios en cuestión de segundos. ChatGPT alcanzó el millón de usuarios en cinco días (Murati, 2022). Debido al tráfico de usuarios, los errores de ChatGPT eran frecuentes.

ChatGPT, basado en la familia GPT-3 de OpenAI de grandes modelos lingüísticos, personaliza mediante aprendizaje supervisado y reforzado. A diferencia de los motores de búsqueda como Google, Bing y Baidu, ChatGPT sólo sabe lo que aprendió antes de 2021. Así, se encontró un grave error de precisión factual (Vincent, 2022a).

3. METODOLOGÍA

Los métodos analíticos se centran en la fiabilidad de los datos en este manuscrito. Debido a la novedad, sólo encontramos 33 artículos sobre ChatGPT y educación superior hasta junio de 2023. La evaluación, el aprendizaje y la enseñanza dominaban los artículos de WOS y Scopus.

El trabajo de Pavlik del 7 de enero de 2023 puede ser el primer artículo académico revisado por pares sobre ChatGPT y la educación superior. Pavlik escribió sobre ChatGPT para la revista de acceso cerrado Journalism & Mass Communication Educator. Analiza los méritos y los contras de ChatGPT y analiza cómo afectan los generadores de texto a la enseñanza del periodismo y la comunicación (Pavlik, 2023). Huh (2023) presentó un «breve informe» el 11 de enero que concluía que la comprensión y la capacidad de evaluar datos de ChatGPT seguían estando por detrás de las de los estudiantes coreanos de parasitología. King y ChatGPT fueron coautores de un editorial de Cellular and Molecular Bioengineering el 2 de enero de 2023. El mismo autor publicó otro editorial el 26 de diciembre (King, 2023). Tanto King como ChatGPT escriben sobre aplicaciones médicas de la IA. El 16 de diciembre de 2022, una revista de acceso cerrado publica el primer editorial sobre educación en enfermería (O'Connor & ChatGPT, 2023).

Tras una rápida recapitulación de ChatGPT y las presiones de la educación superior. Cotton et al. (2023) se centran en el uso de asistentes de escritura potenciados por IA, a diferencia de Yeadon et al. (2022), que ven en ChatGPT una seria amenaza para la validez de la evaluación a corto plazo. Tate *et al.*, (2023) examinan ChatGPT y otras herramientas relacionadas de generación de texto para la educación como parte de su enfoque más amplio, que coincide con el examen del asistente de escritura basado en IA de nuestro artículo. Estas herramientas también documentan la historia de la tecnología educativa.

También incluimos un breve resumen de la investigación sobre GPT-3 y GPT-2 en la educación superior. Dehouche (2021) evalúa críticamente las mejoras de GPT-3. Fyfe (2022) explora plagio, juega con GPT-2 y pide a los estudiantes universitarios que «hagan trampas» en un ensayo utilizando software de generación de texto. Anson y Straune (2022) explican las capacidades de los modelos lingüísticos basados en IA como el GPT-3 y ofrecen consejos sobre cómo los instructores podrían superar los retos de ponerlos a disposición de los estudiantes (véase también Anson, 2022). Los participantes en el GPT-2 de Köbis y Mossink sólo reconocieron parcialmente la poesía. Tack y Piech (2022) creen que la GPT-3 puede educar las conversaciones en línea. Moore et al. (2022) utilizaron la GPT-3 para evaluar las respuestas de estudiantes universitarios de química. Elkins & Chun (2020) afirman que la GPT-3 puede revelar nuevos conocimientos sobre los procesos de escritura de los autores literarios. Existen otros trabajos académicos relacionados (Nguyen *et al.*, 2022; Sharples, 2022a; Sparrow, 2022).

Desde el lanzamiento de ChatGPT, tecnólogos y educadores se han mostrado fascinados e intrigados. ChatGPT tiene partidarios y detractores, pero los educadores deberían centrarse en la investigación sobre AIEd para comprender y emitir juicios objetivos sobre su papel en la educación. Para contextualizar, los investigadores sobre inteligencia artificial en la educación (AIEd) han estudiado cómo la IA podría utilizarse para mejorar los métodos de aprendizaje desde la década de 1970 (du Boulay, 2016). AIEd ha pasado las últimas tres décadas investigando, debatiendo y discutiendo los beneficios del campo para aumentar la comprensión pública de la disciplina.

Dado que ChatGPT es uno de los últimos desarrollos de IA, es importante analizar los estudios recientes sobre aplicaciones educativas impulsadas por IA y contextualizar ChatGPT dentro de marcos teóricos comunes para debatir sus efectos en la educación. La siguiente sección ofrece una visión más completa de la posición de ChatGPT en la investigación sobre IAEd.

4. RESULTADOS

Los resultados explican el estado actual de las aplicaciones ChatGPT en la enseñanza Superior e identifican sus ventajas e inconvenientes. También se identifican y explican futuras áreas educativas que podrían beneficiarse de esta avanzada tecnología de AI. Por último, se examinan las implicaciones de los resultados de la investigación. Por ejemplo, pueden aumentar el compromiso y el apoyo de los estudiantes. La tecnología chatbot puede personalizar los entornos de aprendizaje de los alumnos.

Zawakki-Richter *et al.*, (2019) encontraron que las aplicaciones de AI dirigidas a los estudiantes tienen el potencial de mejorar los sistemas inteligentes de apoyo a los estudiantes y personalizar el aprendizaje de los estudiantes. A medida que los investigadores educativos experimentan con nuevos modelos de aprendizaje, crece la personalización y surgen nuevas oportunidades en el sector. Los algoritmos basados en IA permiten imitar la tutoría y proporcionar asistencia personalizada para la resolución de problemas. A medida que mejora la tecnología de big data, se espera que surja un nuevo paradigma de aprendizaje adaptativo y personalizado. Estas tecnologías pueden registrar y comprender los rasgos y estados emocionales de los estudiantes en tiempo real, lo que da lugar a un aprendizaje adaptativo personalizado (PAL) (Peng *et al.*, 2019).

En comparación, ChatGPT se entrena con un gran corpus de textos, lo que le permite descubrir patrones lingüísticos y producir nuevos textos similares al corpus. Sin embargo, el modelo utiliza una arquitectura de red neuronal Transformer, especialmente eficaz para el procesamiento y la producción de textos. A falta de un estudio completo, ChatGPT podría mejorar el aprendizaje adaptativo. El modelo ChatGPT parece optimizar actividades específicas, como la traducción de idiomas o la respuesta a preguntas, para mejorar el rendimiento, tal y como se está desarrollando. ChatGPT genera ideas basadas en lo que se ha leído y analizado, comparable a Google Smart Compose. Sus extraordinarios poderes y límites así lo reflejan (Heilwell, 2022). Así, puede parecer seguro de sí mismo cuando carece de un conocimiento profundo de la materia.

5. DISCUSIÓN

ChatGPT permite a los alumnos aprender a través de la escritura y la experiencia. ChatGPT permite a los alumnos evaluar diversos métodos de resolución de problemas y consecución de objetivos mediante el aprendizaje basado en juegos. Sutton y Allen (2019) y Mills (2023a) hablan de la educación centrada en el alumno. ChatGPT beneficiará a los alumnos experimentales y prácticos. ChatGPT puede fomentar la colaboración y el trabajo en equipo de los participantes con técnicas pedagógicas eficaces. Muchas técnicas de aprendizaje centradas en el alumno pueden convertirse en juegos de grupo. ChatGPT puede utilizarse para crear diversos escenarios en los que los alumnos colaboren para resolver problemas y alcanzar objetivos. Así, los estudiantes pueden apoyarse y aprender unos de otros, fomentando la comunidad.

6. BIBLIOGRAFIA

Chaudhry, I. S., Sarwary, S. A. M., Refae, G. A. E., & Chabchoub, H. (2023). Time to revisit existing student's performance evaluation approach in higher education sector in a new era of CHATGPT — a case study. Cogent Education, 10(1). https://doi.org/10.10 80/2331186x.2023.2210461

Chen, Y., Kang, H., Zhai, V., Li, L., Singh, R., & Ramakrishnan, B. (2023). GPT-Sentinel: Distinguishing Human and ChatGPT Generated Content. arXiv preprint arXiv:2305.07969.

Crawford, J., Cowling, M., & Allen, K. (2023). Leadership is needed for ethical ChatGPT: Character, assessment, and learning using artificial intelligence (AI). *Journal of University Teaching & Learning Practice, 20(3)*. https://doi.org/10.53761/1.20.3.02

Crompton, H., Burke, D. Artificial intelligence in higher education: the state of the field. *International journal of educational technology in higher education,* 20(1). https://doi. org/10.1186/s41239-023-00392-8

Debby R. E. Cotton, Peter A. Cotton & J. Reuben Shipway (2023) Chatting and cheating: Ensuring academic integrity in the era of ChatGPT, *Innovations in Education and Teaching International*, DOI: 10.1080/14703297.2023.2190148

Dergaa, I., Chamari, K., Zmijewski, P., & Ben Saad, H. (2023). From human writing to artificial intelligence generated text: examining the prospects and potential threats of ChatGPT in academic writing. Biology of sport, 40(2), 615–622. https://doi.org/10.5114/biolsport.2023.125623

Fergus, S., Botha, M., & Ostovar, M. (2023). Evaluating academic answers generated using ChatGPT. *Journal of Chemical Education*, 100(4), 1672-1675. https://doi.org/10.1021/acs.jchemed.3c00087

Gao, C. A., Howard, F. M., Markov, N., Dyer, E. C., Ramesh, S., Wang, F., & Pearson, A. T. (2022). Comparing scientific abstracts generated by ChatGPT to original abstracts using an artificial intelligence output detector, plagiarism detector, and blinded human reviewers. bioRxiv (*Cold Spring Harbor Laboratory*). https://doi.org/10.1101/2022.12.23.521610

Ghosh, A., & Bir, A. (2023). Evaluating ChatGPT's Ability to Solve Higher-Order Questions on the Competency-Based Medical Education Curriculum in Medical Biochemistry. *Cureus*, 15(4), e37023. https://doi.org/10.7759/cureus.37023

Iqbal, N., Ahmed, H., & Azhar, K. A. (2022). Exploring teachers' attitudes towards using chatgpt. Global *Journal for Management and Administrative Sciences, 3(4), 97–111.* https://doi.org/10.46568/gjmas.v3i4.163

J. Chem. Educ. 2023, The Challenges and Value of Undergraduate Oral Exams in the Physical Chemistry Classroom: A Useful Tool in the Assessment Toolbox. 100, 5, 1705–1709. Publication Date: April 24, 2023

Jeon, J., Lee, S. Large language models in education: A focus on the complementary relationship between human teachers and ChatGPT. *Educ Inf Technol* (2023). https://doi.org/10.1007/s10639-023-11834-1

Johinke, R., Cummings, R., & Di Lauro, F. (2023). Reclaiming the technology of higher education for teaching digital writing in a post—pandemic world. Journal of University Teaching & Learning Practice, 20(2). https://doi.org/10.53761/1.20.02.01

Jürgen Rudolph, Samson Tan, Shannon Tan (2023) ChatGPT: Bullshit spewer or the end of traditional assessments in higher education? VOL. 6 NO. 1 (2023), ED-TECH REVIEWS

Kasneci, E., Sessler, K., Küchemann, S., Bannert, M., Dementieva, D., Fischer, F., Gasser, U., Groh, G., Günnemann, S., Hüllermeier, E., Krusche, S., Kutyniok, G., Michaeli, T., Nerdel, C., Pfeffer, J., Poquet, O., Sailer, M., Schmidt, A., Seidel, T., . . . Kasneci, G. (2023b). ChatGPT for Good? on Opportunities and Challenges of Large Language Models for education. *Learning and Individual Differences, 103*, 102274. https://doi.org/10.1016/j.lindif.2023.102274

Kooli C. Chatbots in Education and Research: A Critical Examination of Ethical Implications and Solutions. *Sustainability. 2023*; 15(7):5614. https://doi.org/10.3390/su15075614

Leo S. Lo, (2023). The CLEAR path: A framework for enhancing information literacy through prompt engineering, The Journal of Academic Librarianship, Volume 49, Issue 4,102720, ISSN 0099-1333,

M. Mijwil, M., Hiran, K. K., Doshi, R., Dadhich, M., Al-Mistarehi, A.-H., & Bala, I. (2023). ChatGPT and the Future of Academic Integrity in the Artificial Intelligence Era: A New Frontier. Al-Salam *Journal for Engineering and Technology, 2(2), 116–127.* https://doi.org/10.55145/ajest.2023.02.02.015

Malau-Aduli, B. S., Alele, F. O., Heggarty, P., Reeve, C., & Teague, P. A. (2021). Key elements of effective postgraduate GP educational environments: a mixed methods study. BMJ *open, 11(2),* e041110. https://doi.org/10.1136/bmjopen-2020-041110

John Markoff. 2015. Machines of Loving Grace: The Quest for Common Ground Between Humans and Robots. HarperCollins Publishers, USA.

Mohammadreza Farrokhnia, Seyyed Kazem Banihashem, Omid Noroozi & Arjen Wals(2023) A SWOT analysis of ChatGPT: Implications for educational practice and research, *Innovations in Education and Teaching International,* DOI: 10.1080/14703297.2023.2195846

Pavlik, J. V. (2023). Collaborating With ChatGPT: Considering the Implications of Generative Artificial Intelligence for Journalism and Media Education. Journalism & Mass Communication Educator, 78(1), 84–93. https://doi.org/10.1177/10776958221149577

Perkins, M. (2023). Academic Integrity considerations of AI Large Language Models in the post-pandemic era: ChatGPT and beyond. *Journal of University Teaching & Learning Practice, 20(2).*https://doi.org/10.53761/1.20.02.07

Quintans-Júnior, L. J., Gurgel, R. Q., Araújo, A. A. S., Correia, D., & Martins-Filho, P. R. (2023). ChatGPT: the new panacea of the academic world. *Revista da Sociedade Brasileira de Medicina Tropical, 56, e0060.* https://doi.org/10.1590/0037-8682-0060-2023

Sallam M. (2023). ChatGPT Utility in Healthcare Education, Research, and Practice: Systematic Review on the Promising Perspectives and Valid Concerns. Healthcare (Basel, Switzerland), 11(6), 887. https://doi.org/10.3390/healthcare11060887

Sánchez-Ruiz LM, Moll-López S, Nuñez-Pérez A, Moraño-Fernández JA, Vega-Fleitas E. ChatGPT Challenges Blended Learning Methodologies in Engineering Education: A Case Study in Mathematics. Applied Sciences. 2023; 13(10):6039. https://doi.org/10.3390/app13106039

Strzelecki A. (2023) To use or not to use ChatGPT in higher education? A study of students' acceptance and use of technology, *Interactive Learning Environments,* DOI: 10.1080/10494820.2023.2209881.Volume 71,102642, ISSN 0268-4012, https://doi.org/10.1016/j.ijinfomgt.2023.102642.

Zhai, X. (2022), ChatGPT User Experience: Implications for Education http://dx.doi.org/10.2139/ssrn.4312418

Yogesh K. Dwivedi, Nir Kshetri, Laurie Hughes, Emma Louise Slade, Anand Jeyaraj, Arpan Kumar Kar, Abdullah M. Baabdullah, Alex Koohang, Vishnupriya Raghavan, Manju Ahuja, Hanaa Albanna, Mousa Ahmad Albashrawi, Adil S. Al-Busaidi, Janarthanan Balakrishnan, Yves Barlette, Sriparna Basu, Indranil Bose, Laurence Brooks, Dimitrios Buhalis, Lemuria Carter, Soumyadeb Chowdhury, Tom Crick, Scott W. Cunningham, Gareth H. Davies, Robert M. Davison, Rahul Dé, Denis Dennehy, Yanqing Duan, Rameshwar Dubey, Rohita Dwivedi, John S. Edwards, Carlos Flavián, Robin Gauld, Varun Grover, Mei-Chih Hu, Marijn Janssen, Paul Jones, Iris Junglas, Sangeeta Khorana, Sascha Kraus, Kai R. Larsen, Paul Latreille, Sven Laumer, F. Tegwen Malik, Abbas Mardani, Marcello Mariani, Sunil Mithas, Emmanuel Mogaji, Jeretta Horn Nord, Siobhan O'Connor, Fevzi Okumus, Margherita Pagani, Neeraj Pandey, Savvas Papagiannidis, Ilias O. Pappas, Nishith Pathak, Jan Pries-Heje, Ramakrishnan Raman, Nripendra P. Rana, Sven-Volker Rehm, Samuel Ribeiro-Navarrete, Alexander Richter, Frantz Rowe, Suprateek Sarker, Bernd Carsten Stahl, Manoj Kumar Tiwari, Wil van der Aalst, Viswanath Venkatesh, Giampaolo Viglia, Michael Wade, Paul Walton, Jochen Wirtz, Ryan Wright,Opinion Paper: "So what if ChatGPT wrote it?" Multidisciplinary perspectives on opportunities, challenges and implications of generative conversational AI for research, practice and policy,*International Journal of Information Management,*Volume 71,2023,102642,ISSN 0268-4012,

https://doi.org/10.1016/j.ijinfomgt.2023.102642.

L'UTILISATION DE L'IA GÉNÉRATIVE DANS LE CADRE DE L'ENSEIGNEMENT DU FLE : ASPECTS PRATIQUES ET CONSIDÉRATIONS ÉTHIQUES

Cinta Gallent Torres [1]

Ce travail fait partie des actions du Réseau Ibéro-américain de Recherche sur l'Intégrité Académique (Red-IA) auquel l'auteure appartient.

1. INTRODUCTION

Ces derniers mois, l'Intelligence Artificielle Générative (IAG) a fait l'objet de nombreux débats, démontrant un vif intérêt pour son potentiel de transformation dans les processus d'enseignement et d'apprentissage universitaires (Sullivan *et al.*, 2023). Des outils tels que ChatGPT, Perplexity ou Jasper AI ont ouvert un nouvel éventail de possibilités pour les étudiants et les enseignants, tout en soulevant des dilemmes éthiques et pédagogiques liés à la véracité des contenus, à la protection des données, aux droits d'auteur ou au rôle de l'interaction humaine dans un domaine aussi particulier que celui de l'apprentissage d'une seconde langue.

Il est indéniable que ces outils ont la capacité de générer des textes « cohérents », de les traduire dans différentes langues et même de résoudre des problèmes de complexité variée. Cependant, leur potentiel implique une série de limites et de risques qui remettent en question la valeur de l'éthique et de l'intégrité académique (Perkins, 2023). Ces risques incluent le développement de nouvelles formes de plagiat et de fraude académique, la création de contenus incomplets ou trompeurs, ainsi que l'usurpation de la condition d'auteur, entre autres.

Il est donc essentiel qu'étudiants et enseignants connaissent le fonctionnement de ces outils et qu'ils acquièrent les compétences nécessaires pour les utiliser, identifier les contenus erronés ou inadéquats et évaluer la qualité des résultats générés. Dans ce sens, les enseignants devraient être encouragés à saisir toutes les occasions, en classe ou en dehors, pour montrer aux étudiants leur potentiel et réfléchir ensemble à leur utilisation dans une perspective de transparence et d'équité. Par l'analyse des défis que l'IAG pose, des avantages associés à son utilisation (l'automatisation des tâches, l'amélioration de l'efficacité dans la création de contenus, la personnalisation de l'apprentissage, etc.), ou des dilemmes éthiques, il devient fondamental d'intégrer l'exploration et la compréhension de cette technologie dans l'enseignement supérieur (Barrot, 2023). Pour ce faire, son intégration doit avant tout privilégier la sécurité, l'inclusion, la diversité, et

---

1. Université de Valence et Université des Îles Baléares.

la transparence, conformément à la Recommandation de l'Organisation des Nations Unies pour l'éducation, la science et la culture (UNESCO) sur l'Éthique de l'Intelligence Artificielle (2021), le premier instrument normatif mondial en cette matière. À ce document lui succèdera le projet de loi sur l'Intelligence Artificielle proposée par la Commission européenne dans le but d'introduire un cadre réglementaire et juridique commun au sein de l'Union européenne (UE) qui aura effet et validité légale avant 2026. Dans le cadre de cette étude, on prendra également en considération les lignes directrices éthiques sur l'IA et l'utilisation des données dans l'enseignement et l'apprentissage conçues pour aider les éducateurs à comprendre le potentiel des applications de l'IA dans l'éducation, tout en les sensibilisant aux risques éventuels qui y sont associés (Commission européenne, 2022).

2. OBJECTIFS

Dans cette optique, ce travail décrit une expérience de classe menée dans la matière de Langue française IV des études en langues modernes et leurs littératures à l'Université de Valence (Espagne) au cours de l'année universitaire 2022-2023. Le projet, intitulé « ChatGPT et autres outils d'Intelligence Artificielle au service de l'apprentissage du Français Langue Étrangère (FLE) », vise à étudier les connaissances des étudiants de premier cycle sur l'IA génératrice de texte, les outils disponibles sur Internet et leur application potentielle dans l'apprentissage des langues étrangères, ainsi que leurs avantages, limites et risques dans le domaine académique. Il aborde également l'impact que l'utilisation non éthique et irresponsable de l'IA peut avoir sur le développement de compétences telles que la pensée critique, la résolution de problèmes et l'analyse d'informations.

3. CADRE THÉORIQUE

Dans l'enseignement supérieur, l'IAG a acquis une notoriété médiatique importante grâce au lancement de l'outil ChatGPT-3.5, un robot conversationnel développé par la société OpenAI en novembre 2022, capable de générer du texte en réponse à une demande d'un utilisateur exprimée en langage naturel (Cotton *et al.*, 2023). Son lancement a suscité inévitablement des positions divergentes : certains considèrent cet outil (et ses versions récentes plus performantes) comme une révolution technologique car ils y voient une opportunité de repenser la manière dont l'enseignement et l'évaluation sont réalisés (Kumar, 2023). En revanche, d'autres s'opposent à ces outils dans le domaine de l'éducation en arguant que leur utilisation représente une menace pour le système éducatif actuel (Godwin-Jones, 2021), le processus de rédaction des travaux et l'évaluation. La position la plus répandue aujourd'hui à l'égard de cette technologie combine donc l'enthousiasme et l'appréhension concernant son impact et développement, évitant ainsi les extrêmes des technophiles qui défendent la technologie sans analyser leurs risques et des technophobes qui la rejettent sans réfléchir à ses avantages (Flores-Vivar et García-Peñalvo, 2023).

La réalité est que l'IAG s'est installée, et ne pas l'utiliser nous donne une perspective limitée sur l'avenir de l'éducation universitaire. Cette technologie, considérée comme perturbatrice car elle dépasse le service analogique en termes d'efficacité et de coût (Diamandis et Kotler, 2015), offre de nombreuses possibilités d'utilisation : de la création de contenu éducatif numérique, au tutorat intelligent, à l'apprentissage personnalisé ou adaptatif, en passant par le développement initial d'idées, l'évaluation automatisée, l'amélioration de la collaboration et de la coopération au cours des processus éducatifs, le développement de compétences linguistiques, etc., elle révolutionne la façon dont l'éducation est dispensée et évaluée.

Toutefois, dans le domaine technologique, les avantages ne sont pas les seuls aspects à prendre en considération ; il est aussi essentiel de comprendre leurs limites. Alors que certaines de ces limites peuvent être rapidement identifiées lors d'une première utilisation des outils d'IAG (telles que la non-actualisation des informations, les inexactitudes factuelles, les biais, les hallucinations, etc.), d'autres nécessitent une réflexion plus approfondie, car elles impliquent des aspects tels que la protection des données personnelles, l'éthique, le manque de créativité et de pensée critique, la qualité des sources, les inégalités d'accès et d'équité, la violation des droits d'auteur, ainsi que la dépendance à la technologie, entre autres.

Bien que ces limitations soient appelées à changer avec le temps (certaines pourraient même disparaître à court terme), il est nécessaire de prendre des mesures en faveur d'une IA éthique, responsable et fiable (Flores-Vivar et García-Peñalvo, 2023). C'est pourquoi, face à la tentation de résister à son utilisation ou de l'interdire dans le contexte éducatif, il conviendrait de reconsidérer son intégration d'une manière efficace dans le processus d'apprentissage, et d'envisager une alphabétisation en IA comme une compétence technologique essentiel pour le XXIe siècle. Comprendre ce que ces outils peuvent apporter aux étudiants et aux enseignants (l'analyse des sources fiables, la sélection ou reformulation de questions, l'autonomie dans l'apprentissage, etc.) et comment en tirer leur meilleur profit est l'un des défis auxquels les institutions académiques sont confrontées. Dans cette optique, certaines études soulignent que l'IAG non seulement améliore l'apprentissage des étudiants, mais elle stimule également leur participation (Sullivan *et al.*, 2023). D'autres concluent que l'IAG contribue à développer leur créativité, leur capacité de réflexion et résolution de problèmes (Barrot, 2023). Ces outils facilitent aussi l'apprentissage des concepts complexes –expliqués de manière claire et accessible par les robots conversationnels–, et améliorent l'inclusion des personnes ayant des handicaps de communication. De la part des enseignants, ces outils les encouragent à : (i) reconsidérer les tâches écrites traditionnels ; (ii) concevoir des activités mettant davantage l'accent sur l'application pratique des connaissances plutôt que sur une simple reproduction d'information ; et (iii) envisager de nouvelles approches pédagogiques où l'IAG est intégrée en tant que ressource complémentaire plutôt qu'exclusive.

Suite à ce qui précède, l'expérience pédagogique ici décrite pourrait être considérée comme une étude de cas visant à aborder ouvertement des questions éthiques et d'intégrité éducative avec un groupe d'étudiants de premier cycle inscrits dans la matière de Langue française IV : une expérience qui ne cherche pas à critiquer la manière dont les étudiants utilisent l'IAG pour rédiger leurs travaux académiques, mais plutôt à évaluer leur prise de conscience des avantages et des risques liés à une utilisation appropriée de ces outils.

4. MÉTHODOLOGIE

Pour mener à bien ce projet, une méthodologie constructiviste basée sur l'interaction et l'échange d'idées, d'expériences et des perspectives entre les étudiants et l'enseignant est utilisée. Il s'agit d'une approche qui favorise la collaboration entre les étudiants, et qui vise à transférer les contenus d'apprentissage à des situations concrètes, tout en créant une expérience d'apprentissage enrichissante. Cette méthodologie soutient que la connaissance ne peut pas être transmise passivement, mais elle se construit activement dans l'esprit de l'étudiant à mesure qu'il interagit avec le monde et relie de nouvelles informations à des connaissances préalables (Vygotsky, 2010). En fait, l'étudiant est considéré comme un « constructeur » de sa propre connaissance, au lieu d'un simple « récepteur » ; il construit sa propre connaissance de manière individuelle et à son rythme –chaque étudiant est unique et a des besoins éducatifs différents ; les interactions avec les autres enrichissent sa propre compréhension du monde ; aussi, le contexte joue un rôle important, car il donne un sens à ce qui est appris.

D'ailleurs, cette approche méthodologique accorde un rôle essentiel à la technologie car elle permet aux étudiants de créer, d'innover, de développer et d'acquérir de nouvelles compétences numériques qui les prépareront aux défis d'un monde en constante évolution. Dans ce sens, l'IAG contribue à favoriser un apprentissage plus interactif et engageant qui leur sera bénéfique tant sur le plan personnel qu'académique. Cet apprentissage sera atteint par le biais de diverses stratégies méthodologiques (notamment, l'apprentissage par projets) et des activités comme un questionnaire de connaissances préalables, des vidéos et podcasts en français portant sur le sujet, des exercices d'exploration guidée des différents outils d'IAG (ChatGPT, Perplexity AI, Jasper AI, etc.), des débats, des remue-méninges, des infographies, et d'autres ressources.

Bien évidemment ces activités incitent les étudiants à remettre en question les notions préconçues, à participer à des débats animés avec leurs pairs et à développer des compétences essentielles pour l'enseignement supérieur, telles que la pensée critique et la créativité, le tout en utilisant une deuxième langue.

5. RÉSULTATS

Les résultats obtenus grâce à ce projet nous offrent une première approche de la connaissance des étudiants de la matière Langue française IV sur l'IAG. En particulier, les données recueillies à travers le questionnaire, conçu et validé par l'avis de quatre experts dans le domaine (« Questionnaire sur l'utilisation de ChatGPT et d'autres outils d'Intelligence Artificielle Générative dans le contexte de l'enseignement universitaire »), révèlent que les étudiants n'avaient pratiquement pas entendu parler de l'IAG au cours des mois d'avril et de mai 2023. En fait, pour 51,4 % des participants (n=35), c'était la première fois qu'ils recevaient des informations sur ce sujet dans le cadre de leurs études ; une seule étudiante a affirmé l'avoir déjà abordé dans d'autres matières du programme d'études, et parmi ceux qui ont répondu avoir reçu des informations sur l'IAG à partir d'autres sources ou agents extérieurs à l'université, 37,7 % précisent les avoir obtenues via les réseaux sociaux, les journaux télévisés, l'École Officielle de Langues de la ville, ou leurs amis.

En ce qui concerne le concept d'Intelligence Artificielle (IA) en général, les étudiants l'ont défini avec leurs propres mots en utilisant tout sortes de descripteurs : l'IA, pour eux, est *un serveur, une machine, un système artificiel, un nouveau mécanisme technologique, un programme, un outil, un logiciel, une forme d'intelligence, un objet doté de sa propre intelligence, une simulation, un pouvoir*, etc. ; un concept ayant des connotations positives et négatives : certains mettent en avant ses potentialités en soulignant sa capacité à traiter n'importe quel sujet, à générer du texte rapidement, à accélérer les processus ou à servir d'accompagnement virtuel ; d'autres reconnaissent ressentir une certaine peur, car ils estiment que l'IA finira par remplacer l'homme, supprimer des emplois et limiter ses capacités de réflexion. Pour cette raison, ils insistent sur la supervision et la définition de paramètres restreignant ses capacités, ainsi que sur une utilisation en complément et comme outil de soutien. Les plus sceptiques qualifient l'IA de *nuisible, dangereuse, problématique et une menace pour l'humanité*, la considérant comme *un outil capable de tout contrôler* et *de causer du tort à autrui*. Peu mentionnent les aspects éthiques de son utilisation (*l'IA utilise de données volées sans autorisation ; elle est utilisée uniquement pour réduire les coûts ; elle devrait être utilisée de manière responsable et sans abus ; elle ne devrait pas être utilisée pour plagier*), ce qui montre qu'à l'étape où cette expérience se déroule (entre les mois d'avril et de mai 2023), la nouveauté de ces outils amène les étudiants à se concentrer sur d'autres aspects que ceux liés à l'éthique (i.e., son potentiel et ses applications concrètes dans leur apprentissage). Pour finir, certains étudiants indiquent que tout dépend de l'objectif pour lequel l'IA est utilisée. Tous ces points de vue mettent en évidence la dualité de l'IA en tant qu'outil qui peut être à la fois une ressource utile et une source de préoccupation, en fonction de la manière dont elle est employée.

En ce qui concerne l'utilisation de l'IA, les étudiants indiquent qu'ils ont tendance à utiliser, dans leurs tâches académiques, des traducteurs automatiques et des correcteurs orthographiques (DeepL, Google Translate, Amazon Translate, Bing Microsoft, Grammarly, Reverso, etc.), des outils de traduction assistée par ordinateur (OmegaT), des dictionnaires contextuels en ligne (*Le Dictionnaire de l'Académie Française, Le Trésor de la Langue Française Informatisé, Le Grand Dictionnaire Terminologique*), et des plates-formes de ressources linguistiques (Le Centre National de Ressources Textuelles et Lexicales et Ortholang). En ce qui concerne les outils d'IAG spécifiques (comme ChatGPT, Jasper AI, Humata AI, Sudowrite, Paperpal ou Perplexity), 61,5 % des participants affirment ne jamais les avoir utilisés, tandis que 38,5 % l'ont fait. Ce pourcentage changerait probablement si l'enquête était remplie à nouveau aujourd'hui. Il en va de même pour la fréquence d'utilisation : 69,2 % déclarent ne pas du tout l'utiliser, contre 12,8 % des participants qui indiquent l'utiliser de manière ponctuelle au cours du semestre ou du mois (5,1 %).

Lorsqu'on leur demande à quoi ils utilisent l'IAG dans le domaine académique, ils indiquent principalement, par ordre décroissant, les utilisations suivantes : (i) obtenir des idées et des suggestions d'écriture pour servir de base à la création de travaux académiques (23,1 %) ; (ii) corriger ou améliorer leurs textes sur le plan grammatical, stylistique, ou du registre, etc. (20,5 %) ; (iii) résoudre des doutes concernant certains concepts ou contenus expliqués en cours (17,9 %) ; (iv) résumer des textes longs impliquant une certaine difficulté de compréhension (12,8 %) ; et (v) apprendre des langues (12,8 %). Ainsi, lorsqu'on leur demande quels sont les facteurs qui les motivent à utiliser l'IAG, ils mettent en avant principalement quatre éléments : sa facilité d'utilisation (33,3 %), l'économie de temps (28,2 %), la rapidité de sa réponse (20,5 %), et l'amélioration de la qualité de leurs travaux académiques (10,5 %). À contrario, les éléments moins appréciés comprennent : le degré de fiabilité de ces outils (5,1 %), leur caractère actuel ou « à la mode » (2,6 %), ainsi que la dimension sociale qu'ils procurent permettant aux étudiants de ne pas se sentir seuls pendant leurs tâches (2,6 %).

En considérant le contexte dans lequel cette expérience se développe, ainsi que de l'intérêt de l'enseignant pour l'application de l'IAG à l'apprentissage d'une langue étrangère (en l'occurrence, le français), il est surprenant que 51,3 % des étudiants affirment ne pas être en accord ni en désaccord quant au fait que ces outils pourraient les aider à apprendre une langue étrangère. De plus, 20,5 % déclarent être en désaccord, et seulement 25,6 % voient une certaine applicabilité dans ce domaine. En ce qui concerne les compétences linguistiques qu'ils estiment être les plus favorisées, ils sont nombreux (69,4 %) à penser que ce serait la compréhension de la lecture et de l'écriture, trouvant peu d'utilité pour la compréhension auditive et orale. C'est pourquoi, parmi les actions qu'ils suggèrent pour améliorer leur expérience d'apprentissage avec ces outils, ils aimeraient que l'IAG leur facilite la transcription en temps réel de nouvelles ou de podcasts, leur explique le contenu d'un fichier audio, puisse parler ou interagir oralement avec eux, prononcer des sons ou leur fournir la transcription phonétique d'une phrase ou d'un texte, etc. Certainement, l'IAG réalise déjà quelques fonctionnalités mentionnées par les étudiants, mais étant donné que les données sont collectées à partir d'un questionnaire sur leurs connaissances préalables sur ce sujet et qu'aucune de ces fonctionnalités n'avait été expliquée ni utilisée en classe, les étudiants les ignoraient encore. Parmi les fonctionnalités les plus fréquemment mentionnées (non seulement dans le questionnaire, mais aussi lors des discussions en classe après son remplissage) figurent la possibilité de converser ou de chatter avec l'outil, la reformulation de phrases ou de fragments, la correction d'erreurs (grammaticales ou syntaxiques), la traduction de textes, la possibilité de fournir des commentaires sur les textes produits par les étudiants, la recherche de synonymes/antonymes, etc. ; des utilisations qui sont explorées lors des séances ultérieures du projet.

Quant à savoir si ces outils peuvent contribuer au développement d'autres compétences telles que la pensée critique, la résolution de problèmes ou l'analyse de l'information, la plupart des étudiants ne sont ni en accord ni en désaccord (46,2 %). Seulement 17,9 % sont d'accord avec cette idée, un pourcentage qui invite à une réflexion plus approfondie sur les limites de l'IAG dans le processus d'enseignement-apprentissage universitaire. C'est précisément sur ce sujet que porte la dernière dimension du questionnaire qui interroge les étudiants sur leur considération des résultats ou des productions générés par ChatGPT (ou d'autres outils d'IAG) en tant que source fiable ou d'autorité. Uniquement 10,3 % des participants considéraient cet outil comme une source fiable, tandis que le reste vérifierait les informations générées par l'IAG avant de les utiliser dans leurs travaux académiques (51,3 %), en fonction de l'importance de la tâche à accomplir (28,2 %) ou s'ils avaient le temps (7,9 %). D'autres préfèrent recourir à des logiciels anti-triche (20,5 %) pour vérifier l'absence de plagiat lorsqu'ils utilisent des outils d'IAG.

En cohérence avec ce qui précède, lorsqu'on leur demande s'ils estiment nécessaire de citer toute production générée par ChatGPT (ou d'autres outils d'IAG) dans leurs travaux, 30,8 % expriment leur réticence, 28,2 % ne savent pas ou ne répondent pas, tandis que 41 % affirment que c'est nécessaire. 5,1 % des participants sont catégoriquement en désaccord avec l'idée que l'utilisation de ces outils accroîtrait le risque de cyberplagiat, alors que 30,8 % pensent que ce risque existe bel et bien.

En ce qui concerne l'impact que l'utilisation peu éthique et irresponsable de l'IAG pourrait avoir sur le processus d'enseignement-apprentissage universitaire, la majorité des étudiants se concentrent sur plusieurs points, notamment : la perte de la pensée critique, une moindre acquisition de connaissances, moins d'effort dans la recherche d'informations, plus de confort et de rapidité dans l'obtention de réponses, l'assimilation de certaines connaissances comme acquises alors qu'elles ne le sont pas réellement, l'anxiété liée à une dépendance à ces outils en cas de perte d'accès (même temporaire), l'impossibilité pour l'enseignant de vérifier la performance réelle des étudiants, l'affaiblissement des compétences en recherche, le manque d'autonomie, la perte de concentration, la détérioration des compétences en production écrite, ou le ralentissement du développement intellectuel, entre autres. Peut-être que la peur de l'inconnu rend les étudiants réticents au changement, les amenant à penser que *l'apparition de ChatGPT les rendra idiots, qu'habituer le cerveau à ne pas penser l'atrophiera*, ou qu'*ils ne devraient absolument pas utiliser cette technologie perturbatrice car ils ne connaissent pas son impact réel ni les conséquences à court terme de son utilisation.* En tout cas, et comme l'a souligné un autre étudiant, *le fait que l'IAG aide à réaliser un travail universitaire ne les prive pas de la possibilité d'apprendre par leurs propres moyens.* Bien au contraire, elle peut jouer un rôle de soutien précieux dans le processus d'apprentissage, toutefois, la responsabilité de l'acquisition des connaissances demeure notre devoir ou notre priorité.

6. DISCUSSION

Dans cette section, et à partir de l'expérience pédagogique ici décrite, nous pourrions discuter de divers aspects liés à l'utilisation de l'IAG dans le cadre de l'enseignement du Français Langue Étrangère (FLE). Par exemple, du type d'activités qui pourraient être proposées aux étudiants, des compétences linguistiques qu'ils développeraient par son utilisation, de la création de matériaux éducatifs originaux, ou de l'automatisation de l'évaluation, entre autres. Cependant, l'un des aspects qui est généralement abordé de manière superficielle lors d'une introduction pratique de l'IAG dans la salle de classe est la question de l'éthique, l'intégrité académique et les limites de son utilisation (Ausín, 2021). Lors des échanges avec les étudiants en classe, un sujet est revenu régulièrement, celui de l'authenticité des productions (Lancaster, 2023). Les universitaires sont préoccupés par la question de savoir si les textes générés par l'IAG peuvent être considérés comme authentiques car leur ressemblance avec les créations humaines les rendent indiscernables. Bien évidemment, la distinction entre ce qui est originale et ce qui est généré par une machine devient de plus en plus floue, ce qui soulève des enjeux quant à la manière dont les textes sont produits, ainsi que leur appropriation inadéquate. Par conséquent, il est essentiel de mettre l'accent sur l'importance de la réflexion personnelle, la création originale, la citation des sources et le respect des idées des tiers, à travers des sessions de formation ou des modules qui les aident à comprendre ces idées clés dès le début de leurs études universitaires.

Un autre sujet récurrent était celui de la transparence dans l'utilisation de l'IAG en salle de cours ou en dehors (Naidu et Sevnarayan, 2023). À cet égard, il est essentiel de former les étudiants sur la manière de l'employer de façon responsable, tout en évitant des pratiques déloyales, tels que la triche, le plagiat ou la falsification des travaux (et encore moins la commercialisation des résultats fournis par l'outil). Cette notion de transparence les aidera à réfléchir et à comprendre les frontières entre l'utilisation légitime de l'IAG (comme un outil d'apprentissage) et tout usage abusif et malhonnête de la technologie. Aussi, il convient de préciser que l'utilisation de l'IAG ne dispense en aucun cas les étudiants de leurs responsabilités académiques en matière d'intégrité, une valeur que les établissements doivent préserver avec rigueur. À cette fin, une orientation méthodique et continue, dirigée par les enseignants dans leurs domaines respectifs, s'avère indispensable. Toutefois, cette formation devrait d'abord être proposée aux enseignants afin qu'ils puissent intégrer efficacement l'IAG dans leur pratique professionnel (Waltzer *et al.*, 2023). Cela revêt une importance particulière pour sensibiliser les étudiants au fait que l'IAG ne saurait jamais remplacer la réflexion personnelle, la pensée critique et l'acquisition de compétences linguistiques qui demeurent essentielles à leur développement académique et professionnel. Il faudra donc trouver l'équilibre entre l'apport de la technologie dans sa formation (dans l'apprentissage d'une langue étrangère) et le développement des compétences essentiels afin de s'assurer une excellente performance tout au long de leurs études universitaires.

Pour ce faire, les établissements devraient mettre en place un suivi régulier et une évaluation continue de l'utilisation de l'IAG, en veillant à ce que son intégration dans les programmes d'études favorise le renforcement des compétences plutôt que leur affaiblissement. Les enseignants, quant à eux, doivent adapter leurs méthodes pédagogiques et leurs systèmes d'évaluation, en les diversifiant, sans pour autant multiplier les tâches ou les examens écrits de manière excessive. Ainsi, ils doivent veiller à ce que les activités demandées et les travaux rendus par les étudiants reflètent leur compréhension personnelle de la matière et leurs compétences, plutôt que d'être le résultat de l'IAG. À cette fin, il est impératif de définir des critères clairs pour évaluer l'originalité des travaux, d'encourager les étudiants à jouer un rôle actif dans la préservation de l'authenticité académique, de garantir l'adoption de bonnes pratiques scientifiques et de promouvoir une culture de l'honnêteté, de l'intégrité et de l'éthique au sein des salles de classe, des programmes d'études et des établissements (Gallent, 2023).

D'importants défis éthiques se dessinent à court terme pour les enseignants, les étudiants et les responsables des programmes d'études. Par conséquent, la communication entre eux devient essentielle afin d'évaluer l'efficacité de l'intégration de l'IAG et apporter des ajustements en fonction de leurs besoins, de l'évolution de cette technologie perturbatrice et des retours d'expérience.

7. CONCLUSION

Cette expérience pédagogique, pionnière dans les études en langues modernes et leurs littératures à l'Université de Valence (Espagne), constitue un point de départ pour des réflexions plus approfondies sur l'intégration de l'IAG dans l'enseignement du français. Elle ouvre la voie à de nouvelles possibilités d'innovation pédagogique et d'amélioration de l'expérience d'apprentissage des étudiants (cela inclut : la découverte de nouvelles technologies, le développement des compétences numériques, les échanges animés entre pairs, la promotion des valeurs fondamentales de l'enseignement supérieur, etc.). Elle permet également d'analyser la compréhension des étudiants à l'égard de cette technologie et de l'intégrer de manière efficace dans leur apprentissage. Cette initiative offre aussi une occasion de réfléchir sur l'avenir de l'enseignement universitaire ainsi que sur les pratiques des enseignants et leur capacité à s'adapter à un environnement éducatif en constante évolution.

En effet, tout comme en 2020, lors d'une pandémie mondiale provoquée par la COVID-19, nous avons rapidement basculé en quelques semaines d'une modalité enseignement présentielle à un mode d'enseignement à distance ou en ligne. Dans l'urgence, nous avons dû nous adapter au nouveau contexte socio-éducatif ainsi qu'à ses exigences. Bien qu'il y ait certainement des aspects qui pourraient être améliorés, aujourd'hui, avec le recul, la pandémie a apporté des évolutions positives (i.e., des nouvelles formes de collaboration et communication, l'adoption de nouvelles technologies, la révision des méthodes de travail traditionnelles, etc.). Il est probable qu'aujourd'hui nous soyons confrontés à une situation similaire à celle que nous avons vécue pendant la pandémie, mais qui a permis de renforcer notre capacité d'adaptation. C'est pourquoi nous ne pouvons pas ignorer ni craindre une avancée technologique telle que celle qui se présente, car elle est susceptible d'améliorer la qualité de l'enseignement.

Étant donné que nous ne pouvons pas revenir en arrière à l'époque pré-ChatGPT, nous devons être attentifs aux changements que cette technologie continuera d'introduire dans le domaine du FLE. Notre rôle en tant qu'enseignants de langues sera essentiel pour garantir que les étudiants intègrent leurs connaissances, apprécient la culture française, et développent des compétences critiques et linguistiques dans une société influencée par une collaboration de plus en plus étroite entre les humains et les machines. Nous devons également veiller à ce qu'ils deviennent des apprenants autonomes, critiques et respectueux, tant envers leur propre formation que vis-à-vis des normes académiques. En somme, nous sommes face à un défi passionnant qui façonnera l'avenir de l'enseignement des langues, en plaçant au cœur de la réflexion les valeurs de l'éthique et l'intégrité académique.

8. REMERCIEMENTS

L'auteure tient à exprimer sa profonde gratitude envers Marylène Bruey pour les corrections pertinentes qu'elle a apportées, lesquelles ont contribué à l'amélioration de ce travail.

9. RÉFÉRENCES

Ausat, A. M. A., Massang, B., Efendi, M., Nofirman, N. et Riady, Y. (2023). Can Chat GPT Replace the Role of the Teacher in the Classroom: A Fundamental Analysis. *Journal on Education*, 5(4), 16100-16106. https://jonedu.org/index.php/joe/article/view/2745

Barrot, J. S. (2023). Using ChatGPT for second language writing: Pitfalls and potentials. *Assessing Writing*, 57, 1-6. https://ir.uv.es/HdVB6Ut

Commission européenne (2023). Projet de loi sur l'Intelligence Artificielle. https://n9.cl/yu1xc

Cotton, D. R. E, Cotton, P. A. et Reuben Shipway, J. (2023). Chatting and cheating: Ensuring academic integrity in the era of ChaGPT. *Innovations in Education and Teaching International.* Routledge. Taylor & Francis Group, pp. 1-12. https://n9.cl/0bb63s

European Commission, Directorate-General for Education, Youth, Sport and Culture (2022). *Ethical guidelines on the use of artificial intelligence (AI) and data in teaching and learning for educators*, Publications Office of the European Union. https://n9.cl/1kfhd

Gallent Torres, C. (2023). Fomentando una cultura de honestidad académica entre el alumnado de grado. *Edutec. Revista Electrónica De Tecnología Educativa*, 83, 72-86. https://doi.org/10.21556/edutec.2023.83.2723

Godwin-Jones, R. (2021). Big data and language learning: Opportunities and challenges. *Language Learning*, 25(1), 16. http://hdl.handle.net/10125/44747

Kumar, R. (2023). Faculty members' use of artificial intelligence to grade student papers: a case of implications. *International Journal for Educational Integrity*, 19(9), 1-10. https://doi.org/10.1007/s40979-023-00130-7

Organisation des Nations Unies pour l'éducation, la science et la culture (UNESCO) (2021). Recommandation de l'UNESCO sur l'Éthique de l'Intelligence Artificielle, https://unesdoc.unesco.org/ark:/48223/pf0000380455_fre

Perkins, M. (2023). Academic Integrity considerations of AI Large Language Models in the post-pandemic era: ChatGPT and beyond. *Journal of University Teaching &Learning Practice, 20*(2). https://doi.org/10.53761/1.20.02.07

Sullivan, M., Kelly, A. et McLaughlan, P. (2023). ChatGPT in higher education: Considerations for academic integrity and student learning. *Journal of Applied Learning & Teaching*, 6(1), 31-40. https://doi.org/10.37074/jalt.2023.6.1.17

Vygotsky, L. (2010). Pensamiento y lenguaje. Paidós.

Waltzer, T., Cox, R. L. et Heyman, G. D. (2023). Testing the ability of teachers and students to differentiate between essays generated by ChatGPT and High School Students.

Human Behaviour and Emerging Technologies. Article ID 1923981, 1-9. https://doi.org/10.1155/2023/1923981

LA INTELIGENCIA ARTIFICIAL. REVISIÓN DE LAS VENTAJAS Y RIESGOS EN LA TOMA DE DECISIONES EMPRESARIALES

Vicente Giner-Crespo[1] , José Ramón Sarmiento Guede [2]

1. INTRODUCCIÓN

De acuerdo con Yang *et al.* (2019), el término inteligencia artificial (IA) fue acuñado por John McCarthy en 1956 para designar la ciencia de hacer máquinas inteligentes que implican la integración de conocimientos de diversas disciplinas como matemáticas, informática, psicología y filosofía. Sin embargo, la primera referencia a la posibilidad de que las máquinas puedan simular el comportamiento y el pensamiento humanos fue realizada anteriormente por el matemático Alan Turing, quien desarrolló su propio test con el objetivo de poder diferenciar a los humanos de las máquinas (Mintz y Brodie, 2019). Desde entonces, el desarrollo de la IA ha sido exponencial, permitiendo cálculos inmediatos de la información disponible, pero también la capacidad de evaluar nueva información en tiempo real. Su potencia de cálculo casi ilimitado (Raisch y Krakowski, 2021) ha llegado hasta el punto de permitir cómputos instantáneos y de evaluar nuevos datos en función de los previamente analizados en tiempo real. Actualmente, el desarrollo de sistemas inteligentes está facilitando la resolución de múltiples problemas de la vida diaria de las personas. Según Yang *et al.* (2019), la aplicación de la IA abarca campos tan variados como la comprensión y el procesamiento del lenguaje natural y del habla, la visión mecánica/informática, los robots autónomos/inteligentes y la adquisición de conocimientos especializados. Estos autores destacan especialmente su utilidad en aspectos hoy en día tan relevantes como son la adquisición de conocimiento, la búsqueda de soluciones, el razonamiento lógico y el aprendizaje automático. En la misma línea, Hermann (2022) subraya que la IA contribuye a la satisfacción de necesidades tanto individuales como empresariales mediante la personalización masiva. De acuerdo con Hermann (2022), el impacto de la IA también afecta a la manera en que se comunican las personas, qué información y qué datos encuentran y a cómo estos se difunden. Por su parte, Winter *et al.* (2021) relacionan la cada vez más avanzada sofisticación y la potencia de cálculo de las aplicaciones de IA. Sirva como ejemplo reciente el ChatGPT (van Dis *et al.*, 2023) con la disponibilidad actual de *bigdata* de forma que la primera aporta la capacidad de filtrar la sobreabundancia de la segunda.

---

1. Universidad Internacional de La Rioja
2. Universidad Rey Juan Carlos.

1.1. La IA como recurso valioso para las empresas

Krakowski *et al.* (2022) relacionan la IA con el resurgir de la visión o estrategia basada en los recursos, al considerar que el uso de herramientas de IA puede mejorar la capacidad competitiva y el rendimiento de las empresas (Daugherty y Wilson, 2018). Krakowski *et al.* (2022) destacan que las tecnologías basadas en IA sustituyen y a la vez complementan a los humanos en tareas como la toma de decisiones. Estos autores distinguen entre sustitución y complementación de recursos. De forma que, de una parte, la sustitución elimina una ventaja competitiva cuando nuevos recursos de fácil acceso sustituyen a los tradicionales proporcionando la misma funcionalidad y, de parte, la complementación crea una ventaja competitiva cuando los recursos tradicionales y los nuevos heterogéneos se integran para formar paquetes de recursos únicos. Esto implica de acuerdo con Davenport y Kirby (2016) que, a más capacidades por parte de las personas, les corresponde mayor aprovechamiento de las herramientas de IA y, por consiguiente, dicha complementariedad podría ser una nueva fuente de ventajas competitivas.

Tomando como referencia las aportaciones de Krakowski *et al.* (2022) en las que destacan que la complementación puede ser generadora de ventajas competitivas y, por tanto, combinando las dos estrategias, es decir, tanto la basada en los "recursos" como la basada en el "conocimiento" se podría considerar que la IA como "recurso" no podría aportar el valor necesario como vector de ventajas competitivas si no va acompañada del talento y, por tanto, de las capacidades de los directivos, de forma que, cuanto más "conocimiento" atesoren los directivos, tanto mayor será el aprovechamiento de las herramientas de IA. Sin embargo, y pese a todo lo expuesto sobre las indudables bondades que la IA posee en el complejo proceso de obtención y filtrado de la información y de los datos "conocimiento explícito", Hermann (2022) considera que tanto los emisores como los receptores de contenidos no son inmunes a los sesgos cognitivos. En la misma línea, Hancock et al. (2020) y Morley et al. (2020) advierten que la calidad y la integridad de los datos son decisivos, por lo que las imprecisiones y los errores inherentes a la propia información y a los datos obtenidos podrían también sesgar los resultados y llevar a conclusiones falsas. Por tanto, como la inteligencia artificial no puede detectar los sesgos de la propia información de la que aprende, su aportación también estará sesgada. Algunos autores van incluso más allá y advierten de las consecuencias negativas, por ejemplo, de la IA generativa que puede crear textos, imágenes y vídeos a partir de las instrucciones dadas por sus usuarios y desembocar en una cierta destrucción de la percepción de la realidad. Esta tecnología de IA en apenas unos años será capaz de crear videos en alta definición que imposibilitará distinguirlos de los que sean reales. De esta forma, distinguir lo real de lo meramente creado por la IA será probablemente imposible. Todo esto implica que la ecuación "conocimiento explícito", representado por la capacidad que tiene la IA de obtener y de filtrar ingentes cantidades de información y de datos de forma casi ilimitada, más el "conocimiento tácito" representado por la experiencia acumulada de los directivos, no serían por sí mismas generadoras de ventajas competitivas.

1.2. Sesgos cognitivos

El concepto general de "sesgo cognitivo" fue presentado ante la comunidad científica en 1972 por los psicólogos Daniel Kahneman y Amos Tversky. Estos autores explicaron la existencia de diferentes patrones de situaciones en las que los juicios y las decisiones diferían de lo predecible según la teoría de la elección racional. La causa estaría en los sesgos cognitivos que afectan al sistema 1, o cerebro emocional, y que definieron como efectos psicológicos que originan una alteración en el procesamiento de la información, lo cual da lugar a una distorsión, juicio erróneo, interpretación deformada sobre la información y situación previamente evaluada (Neal *et al.*, 2022). El primer sesgo cognitivo al que hicieron referencia Tversky y Kahneman (1973) lo denominaron "sesgo de disponibilidad" y lo definieron como la tendencia que tiene el sistema 1 a confiar prioritariamente en aquella información que está disponible al instante y, por tanto, de forma fácil e inmediata convirtiéndose en un atajo cognitivo de la mente para tomar decisiones. La razón de esto radicaría según Goleman (2017) en la tendencia que tiene la mente hacia el rechazo de aquella información que pueda ser amenazante o que no confirme la idea preconcebida que tenía. Esta circunstancia generaría una percepción selectiva, la cual vendría a ser la tendencia a ver aquello que o bien se espera ver o bien se quiere ver (Krawczyk y Baxter, 2020). James (2013) lo llama "atención selectiva" y la considera responsable de que las personas en no pocas ocasiones se alejen de la realidad. En esta línea, Goleman (2017) considera que esta situación causa un autoengaño como consecuencia de la tendencia que tiene el cerebro de realizar un filtrado más bien selectivo de la información que le llega. La causa estaría según este autor en que el cerebro genera este rechazo de forma natural para protegerse de todo aquello que considere amenazante o simplemente que vaya en contra de sus esquemas. Los sesgos cognitivos pueden afectar, por tanto, a nuestras acciones y juicios de forma negativa (Gurrola, 2022).

En línea con lo mencionado, Hammond *et al.* (2013), Robson (2019), Krawczyk y Baxter (2020) y Machuca (2022) definen algunos de los sesgos más habituales a los que se enfrentan los directivos:

- Sesgo del *statu quo*. A todas las personas les gusta creer que sus decisiones han sido tomadas de forma racional y, por tanto, objetiva, obviando que los sesgos generan prejuicios que influyen sobre estas.
- Sesgo del coste hundido. Tomar decisiones que justifiquen y avalen las decisiones pasadas, incluso cuando éstas ya no parezcan válidas.
- Sesgo de confirmación. Uno de los más habituales al que se enfrentan los directivos y las personas en general (Rollwage *et al.*, 2020) lleva a la búsqueda de aquella información que apoye y confirme la idea preconcebida o expectativa del directivo evitando aquella información que la contradiga.
- Sesgo de la maldición del conocimiento. Son predicciones erróneas sobre los pensamientos y acciones de otras personas basándonos en información personal propia.
- Sesgo del exceso de confianza y del exceso de prudencia. Puede generar un exceso de confianza que lleve al directivo a apoyar-se más de los debido en su experiencia obviando información actualizada. El mismo riesgo en el caso contrario.
- Sesgo del conocimiento social. Podemos cometer grandes errores cuando nos dejamos influir demasiado por el pensamiento de los demás.
- Sesgo del exceso de conocimiento. Un conocimiento profundo de cualquier tema puede dejarnos expuestos a una serie de prejuicios derivados de saber demasiado.

1.3. El autoconocimiento en la toma de decisiones

Si, como decía Sócrates, la persona realmente inteligente es aquella capaz de reconocer sus propias limitaciones, la toma de conciencia de cómo funciona la mente y de sus propios sesgos cognitivos implicaría una autoevaluación objetiva del directivo (Schwartz y Pines, 2019) y, en especial, de su experiencia. Lo cual ayudaría a tomar mejores decisiones. Sin embargo, y con base en la literatura, esta no es una tarea fácil. De acuerdo con Ahmad *et al.* (2020), si bien los directivos podrían mejorar la calidad de sus decisiones reconociendo sus sesgos conductuales y cognitivos y sus errores de juicio, lo cierto es que la potente influencia que ejerce el Sistema 1 sobre las decisiones que tomamos las personas, obliga a una autosupervisión constante (Schwartz y Pines, 2019) por medio de un juez implacable. La comprensión de los demás -añade este autor- es inseparable de la compresión de uno mismo. En este sentido, Aristóteles decía que la verdad es la adecuación de la mente a la realidad (Di Camillo, 2019) y, sin el conocimiento de uno mismo, que es la base sobre la que Sócrates construyó todo su pensamiento filosófico (Quintanilla, 2019), sería improbable lograr visionar la realidad que nos rodea tal cual es.

2. OBJETIVOS

Una vez revisada la literatura existente sobre la IA, se plantean las siguientes preguntas de investigación:

- ¿Cuáles son las principales ventajas de la IA en la toma de decisiones de la empresa?
- ¿Cuáles son las principales limitaciones de la IA en la toma de decisiones de la empresa?
- ¿Qué papel juega la IA en la actualidad?

2.1. Objetivos

Una vez planteadas las preguntas de investigación, se definen los siguientes objetivos:

- Identificar las principales ventajas y riesgos que la IA tiene en la toma de decisiones empresariales.
- Analizar la importancia actual de la IA para las empresas.
- La finalidad de este estudio es destacar las bondades que tiene la IA en la gestión de la información y los datos "conocimiento explícito" necesarios para la toma de decisiones, pero igualmente advertir de la persistencia de los riesgos que esta implica si no se toma conciencia de que dicha información y datos estarán igualmente sometidos a la interpretación del decisor y, por tanto, influidos por los mismos sesgos cognitivos que antes de su utilización.

3. METODOLOGÍA

La metodología empleada en el presente artículo se basa en la Revisión Sistemática de la Literatura (RSL), como se conoce en inglés, *Systematic Literature Review*. Según García de Blanes *et al.* (2022), esta se entiende como "la revisión de contribuciones científicas de estudios primarios con la finalidad de resumir la información existente de un tema en particular" (p. 17). Este método identifica, selecciona y evalúa la investigación para responder a una pregunta claramente formulada (Dewey y Drahota, 2016) y debe seguir unas fases muy bien definidas antes de empezar con la recopilación de la información a través de las bases de datos seleccionadas (García De Blanes *et al.*, 2022).

Las bases de datos seleccionadas para realizar la RSL fueron Web of Science (WOS) y Scopus. El principal motivo de seleccionar estas bases de datos, como indican Zhao *et al.* (2021), fue determinar cuáles son las bases de datos más prestigiosas en el mundo científico. Para que la selección fuera fiable y de calidad, se procedió a seleccionar unas palabras clave o *keywords*, que, como indican Quinto *et al.* (2021), son palabras o frases cortas que permiten identificar y clasificar las entradas en los sistemas de indexación y recuperar la información sobre una temática en particular.

	Inteligencia artificial	Decisiones empresariales
Palabras clave o keywords	Artificial intellingence; cognitive computing; maching learning.	Administrative decisions; strategic planing; business processes;
Bases de datos seleccionadas	Web of Science (WOS)	
	Scopus	
Método	Cualitativo	
Técnica	Revisión Sistemática de la Literatura	
Muestra	18 artículos	

Tabla 1. Descripción de la metodología empleada. Fuente: Elaboración propia.

En una primera fase, se identificaron 375 artículos, pero, al resultar una muestra muy grande, seguimos el método de Zhao *et al.* (2021) para descartar los trabajos menos citados. En este sentido, los criterios de inclusión que se aplicaron fueron que los artículos seleccionados deberían estar publicados entre los años 2020 y 2022, que debían de estar escritos solo en inglés, que debían de haber pasado una revisión por pares, que los artículos debían de tener una estructura adecuada según el método de investigación y, por último, que estuvieran en acceso abierto o a través de la suscripción de nuestra universidad. Una vez aplicados estos criterios, la muestra final resultó ser de 18 artículos.

4. DESARROLLO DE LA INVESTIGACIÓN

Una vez analizada la información, esta investigación se centra en identificar las principales ventajas y limitaciones que puede ofrecer la Inteligencia Artificial en la toma de decisiones de las organizaciones.

4.1. Beneficios de la Inteligencia Artificial en la toma de decisiones

En esta investigación, se recogen evidencias empíricas y/o teóricas de la literatura académica sobre las ventajas que ofrece la IA (Quinto *et al.*, 2021). Entre ellas, identificamos que la Inteligencia Artificial puede mejorar el tiempo y reducir los costes de los procesos, como señalan Drewniak y Posadzinska (2020). Además, puede ayudar a tomar decisiones a las organizaciones, ya sean estratégicas (Kietzmann y Pitt, 2020), operativas (Königstorfer y Thalmann, 2020) o tácticas (Quinto *et al.*, 2021). El hecho de reducir costes y tiempo en los procesos supone una mayor rentabilidad para las organizaciones (Canhoto y Clear, 2020). Respecto de la creación de valor, autores como Toorajipour *et al.* (2021) afirman que la IA puede aportar valor a todos los públicos objetivos que rodean a las organizaciones, es decir, a los empleados, a los clientes, a los clientes o a los accionistas. El hecho de crear valor para los diferentes tipos de públicos supone también un mayor conocimiento. Por último, se puede indicar que mejora la experiencia del cliente tanto en un entorno físico como virtual, según indican las investigaciones de Quinto *et al.* (2021).

4.2. Limitaciones de la Inteligencia Artificial en la toma de decisiones

Canhoto y Clear (2020), indican que la Inteligencia Artificial puede tener una serie de limitaciones como la de destrucción de valor para las organizaciones. Ante este contexto, hemos de señalar que la IA puede, en ningún caso, sustituir a los humanos, ya que la tecnología carece de ciertas capacidades (Quinto et al., 2021). Por esta razón, es importante que las organizaciones cuantifiquen antes de implantar la IA en sus organizaciones las limitaciones que pueden tener.

5. CONCLUSIONES

Si bien es cierto que, a tenor de los altísimos niveles de competitividad e incertidumbre a los que se tienen que enfrentar los directivos a diario para lograr la supervivencia y el éxito de sus negocios, las tecnologías de la información y de la comunicación (las TIC) les han aportado grandes ventajas, no es menos cierto que todavía se pueden encontrar grandes fracasos, tanto entre las empresas pequeñas y medianas como también en las grandes. La tecnología ayuda significativamente a gestionar más información y datos, facilitando que los directivos puedan disponer de más evidencias que les permitan a su vez tomar mejores decisiones. Sin embargo, donde hay información, hay interpretación.

Y es precisamente ahí en donde las personas siguen encontrando las mismas limitaciones que antes del avance de la IA. Se ha considerado que la IA implica en sí misma más "conocimiento", cuando en realidad, no puede haber conocimiento hasta que no hay interpretación. Es decir, sin la interpretación, el "conocimiento" que aporta la IA es meramente información, independientemente de que esta pueda ser, más abundante, más precisa o incluso, más concreta. Y la interpretación de la información y de los datos aportados por la IA tienen que ser hecha por quien ha de tomar las decisiones, por tanto, por una persona que estará como todas influida por sus propios sesgos y limitaciones cognitivas. Como se ha señalado, la IA es generadora de grandes ventajas en lo que al manejo y filtrado de la abundante información y datos de que se dispone en la actualidad. Sin embargo, esta es en sí misma también una fuente inagotable de más información y datos, lo cual obliga a más interpretación. A ello habría que añadir, como se ha señalado, que dicha información y datos puedan igualmente venir sesgados. El futuro no es tan halagüeño como quizá se puede imaginar. Si bien el ser humano tiene, debido a los sesgos y limitaciones cognitivas inherentes a su propia naturaleza una cierta tendencia natural hacia el autoengaño, la IA y su inmensa capacidad en el corto y medio plazo de generar nuevas realidades puede agudizarlo hasta el punto de que el conocimiento de uno mismo sea, o bien una misión imposible o bien un imperativo fundamental requerido por las empresas, como forma de asegurar la capacidad de sus directivos para tomar decisiones objetivas.

6. REFERENCIAS

Ahmad, M., Shah, S. Z. A., y Abbass, Y. (2020). The role of heuristic-driven biases in entrepreneurial strategic decision-making: evidence from an emerging economy. *Management Decision,* 59(3), 669-691. https://doi.org/10.1108/MD-09-2019-1231

Canhoto, A. I., y Clear, F. (2020). Artificial intelligence and machine learning as business tools: A framework for diagnosing value destruction potential. *Business Horizons*, 63(2), 183-193. https://doi.org/10.1016/j.bushor.2019.11.003

Daugherty, P. R., y Wilson, H. J. (2018). *Human+ machine: Reimagining work in the age of AI*. Harvard Business Press.

Davenport, T. H., y Kirby, J. (2016). *Only humans need apply: Winners and losers in the age of smart machines*. New York: Harper Business.

Dewey, A., y Drahota, A. (2016). *Introduction to systematic reviews: online learning module Cochrane Training*. Cochrane Training.

Di Camillo, S. (2019). *Los distintos significados del ser en Aristóteles*. Universidad Nacional de la Plata.

Drewniak, Z., y Posadzinska, I. (2020). Learning and development tools and the innovative potential of artificial intelligence companies. *European Research Studies Journal, 23*(2), 388-404.

Einhorn, H. J., y Hogarth, R. M. (1978). Confidence in judgment: Persistence of the illusion of validity. *Psychological review, 85*(5), 395.

García de Blanes Sebastián, M., Sarmiento Guede, J. R., y Antonovica, A. (2022). Los modelos tam frente a los utaut: estudio comparativo de la producción científica y análisis bibiométrico. *TECHNO REVIEW. International Technology, Science and Society Review /Revista Internacional De Tecnología, Ciencia Y Sociedad, 12*(3), 1–27. https://doi.org/10.37467/revtechno.v11.4445

García De Blanes Sebastián, M., Artonovica, A.., y Sarmiento Guede, J. R. (2022). Why do users accept the information technology? Description and use of theories and models of their acceptance. *HUMAN REVIEW. International Humanities Review / Revista Internacional De Humanidades, 15*(7), 1–15. https://doi.org/10.37467/revhuman.v11.4366

Goleman, D. (2017). *Leadership that gets results. In Leadership Perspectives*. Routledge.

Graham, D.W., y Barney, J. (2016). On the Date of Chaerephon's Visit to Delphi. *Phoenix, 70*(3/4), 274–289. https://doi.org/10.7834/phoenix.70.3-4.0274

Gurrola, J. (2022). The importance of self-knowledge for free action. *European Journal of Philosophy*. https://doi.org/10.1111/ejop.12812

Hammond, J.S., Keeney, R.L., y Raiffa, H. (2013). The Hidden Traps in Decision Making. *Harvard Business Review, 76*(5), 47-58.

Hancock, J. T., Naaman, M., y Levy, K. (2020). AI-mediated communication: Definition, research agenda, and ethical considerations. *Journal of Computer-Mediated Communication, 25*(1), 89-100. https://doi.org/10.1093/jcmc/zmz022

Hermann, E. (2022). Artificial intelligence and mass personalization of communication content—An ethical and literacy perspective. *New media & society, 24*(5), 1258-1277. https://doi.org/10.1177/14614448211022702

James, W (2013). *The principles of psychology*. Vol 2. Ed. Cosimo Classics.

Kietzmann, J., y Pitt, L. F. (2020). Artificial intelligence and machine learning: What managers need to know. *Business Horizons, 63*(2), 131-133. https://doi.org/10.1016/j.bushor.2019.11.005

Königstorfer, F., y Thalmann, S. (2020). Applications of Artificial Intelligence in commercial banks–A research agenda for behavioral finance. *Journal of behavioral and experimental finance, 27*, 100352. https://doi.org/10.1016/j.jbef.2020.100352

Krakowski, S., Luger, J., y Raisch, S. (2022). Artificial intelligence and the changing sources of competitive advantage. *Strategic Management Journal*. https://onlinelibrary.wiley.com/doi/pdfdirect/10.1002/smj.3387

Krawczyk, D.C., y Baxter, G.H. (2020). *Knowledge Biases. From Understanding Behavioral BIA$: A Guide to Improving Financial Decision-Making. Business Expert Press*. Harvard Business Publishing.

Kumari, S. S., Raja, B. W. D., y Sundaravalli, S. R. (2021). Analysis Paralysis–The Product of Information Explosion. *Annals of the Romanian Society for Cell Biology*, 4456-4458.

Lyubomirsky, S. (2014). *The myths of happiness: What should make you happy, but doesn't, what shouldn't make you happy, but does*. Penguin.

Machuca, D. E. (2022). The Limits of Self-Knowledge. In *Pyrrhonism Past and Present: Inquiry, Disagreement, Self-Knowledge, and Rationality* (pp. 175-213). Cham: Springer International Publishing.

Mintz, Y., y Brodie, R. (2019). Introduction to artificial intelligence in medicine. *Minimally Invasive Therapy & Allied Technologies*, 28(2), 73-81. https://www.tandfonline.com/doi/abs/10.1080/13645706.2019.1575882

Morley, J., Floridi, L., Kinsey, L., y Elhalal, A. (2020). From what to how: an initial review of publicly available AI ethics tools, methods and research to translate principles into practices. *Science and engineering ethics*, 26(4), 2141-2168. https://link.springer.com/article/10.1007/s11948-019-00165-5

Neal, T., Lienert, P., Denne, E., y Singh, J. P. (2022). A general model of cognitive bias in human judgment and systematic review specific to forensic mental health. *Law and human behavior*, 46(2), 99. https://doi.org/10.1037/lhb0000482

Quintanilla, P. (2019). *La comprensión del Otro: Explicación, interpretación y racionalidad*. Fondo Editorial de la PUCP.

Quinto, N. M. D., Villodas, A. J. C., Montero, C. P. C., Cueva, D. L. E., y Vera, S. A. N. (2021). La inteligencia artificial y la toma de decisiones gerenciales. *Revista de Investigación Valor Agregado*, 8(1), 52-69. https://doi.org/10.17162/riva.v8i1.1631

Raisch, S., y Krakowski, S. (2021). Artificial intelligence and management: The automation–augmentation paradox. *Academy of management review*, 46(1), 192-210. https://doi.org/10.5465/amr.2018.0072

Robson, D. (2019). *The Intelligence Trap: Revolutionise Your Thinking and Make Wiser Decisions*. Hachette UK.

Rollwage, M., Loosen, A., y Hauser, et al. (2020). Confidence drives a neural confirmation bias. *Nature communications*, 11(1), 1-11.

Schwartz, T., y Pines, E. (2019). Great Leaders Are Thoughtful and Deliberate, Not Impulsive and Reactive. *Harvard Business Review*.

Snowden, D.J., y Boone, M.E. (2007). A Leader's Framework for Decision Making. *Harvard Business Review*.

Starbuck, W. H., y Hedberg, B. (2001). *How organizations learn from success and failure*. Oxfod University Press.

Toorajipour, R., Sohrabpour, V., Nazarpour, A., Oghazi, P., y Fischl, M. (2021). Artificial intelligence in supply chain management: A systematic literature review. *Journal of Business Research*, 122, 502-517. https://doi.org/10.1016/j.jbusres.2020.09.009

Tversky, A., y Kahneman, D. (1973). Availability: A heuristic for judging frequency and probability. *Cognitive psychology*, 5(2), 207-232. https://doi.org/10.1016/0010-0285(73)90033-9

Van Dis, E. A., Bollen, J., Zuidema, W., van Rooij, R., y Bockting, C. L. (2023). ChatGPT: five priorities for research. *Nature*, 614(7947), 224-226. https://doi.org/10.1038/d41586-023-00288-7

Winter, S., Maslowska, E., y Vos, A. L. (2021). The effects of trait-based personalization in social media advertising. *Computers in Human Behavior*, 114, 106525. https://doi.org/10.1016/j.chb.2020.106525

Wright, S. A., y Schultz, A. E. (2018). The rising tide of artificial intelligence and business automation: Developing an ethical framework. *Business Horizons*, 61(6), 823-832. https://doi.org/10.1016/j.bushor.2018.07.001

Yang, X., Wang, Y., Byrne, R., Schneider, G., y Yang, S. (2019). Concepts of artificial intelligence for computer-assisted drug discovery. *Chemical reviews*, 119(18), 10520-10594. https://doi.org/10.1021/acs.chemrev.8b00728

Zhao, Y., Llorente, A. M. P., y Gómez, M. C. S. (2021). Digital competence in higher education research: A systematic literature review. *Computers & Education*, 168, 104212. https://doi.org/10.1016/j.compedu.2021.104212.

LA INTELIGENCIA ARTIFICIAL Y EL APRENDIZAJE DEL ALEMÁN. LA PERCEPCIÓN DE LOS ESTUDIANTES

Tim Hammrich [1]

1. INTRODUCCIÓN

En los últimos años, se ha producido una transformación significativa en el ámbito educativo debido a procesos de digitalización. En este contexto, el uso de la inteligencia artificial (IA) en general y de los chatbots en particular ofrece, por un lado, un gran potencial y plantea, por otro lado, un desafío importante para los docentes y los responsables de las políticas educativas (Fryer et al., 2020; Kohnke, 2020; Mageira et al., 2022).

A pesar de su rápido desarrollo y crecimiento, tanto el uso de los chatbots en clase como la investigación correspondiente se encuentran aún en una etapa inicial. En este contexto, la investigación sobre la percepción por parte del estudiantado acerca del uso de los chatbots para el aprendizaje constituye un reto importante (Hwang y Chang, 2021; Ogosi Auqui, 2021).

Este trabajo se basa en una intervención didáctica en la cual se diseñó e implementó un chatbot en una asignatura de alemán del Grado de Turismo y tiene como objetivo investigar diferentes aspectos sobre la percepción por parte del estudiantado acerca del uso de un chatbot como herramienta de aprendizaje.

2. OBJETIVOS

Los objetivos del presente trabajo se condensan en una serie de Preguntas de Investigación (PI) que se pueden agrupar en cuatro apartados:

1) Experiencia previa

PI 1: ¿Existen experiencias previas con el uso de chatbots para el aprendizaje de idiomas?

2) Percepción del estudiantado con vistas al uso del chatbot

PI 2: ¿Cómo valoran los estudiantes la usabilidad del chatbot?

PI 3: ¿Perciben los estudiantes el chatbot como algo que les beneficia en su proceso de aprendizaje?

---

1. Tim Hammrich, Profesor Ayudante Doctor en la Universidad de Oviedo.

PI 4: ¿Qué aspectos lingüísticos se pueden practicar sobre todo con el apoyo de un chatbot según la opinión de los estudiantes?

3) Medición de la fluidez de diálogo con el chatbot

PI 5: ¿Existen datos objetivos que revelan el grado de fluidez en la interacción usuario – chatbot?

4) Factores que influyen en la percepción del estudiantado

PI 6: ¿Existen correlaciones entre las variables experiencia previa, usabilidad y fluidez de diálogo con la percepción del estudiantado de que el uso del chatbot es beneficioso para el aprendizaje de idiomas?

3. MARCO TEÓRICO

3.1. Los chatbots como herramienta de aprendizaje

Entendemos como chatbot un programa de software diseñado para interactuar y mantener conversaciones con los usuarios, ya sea verbalmente o a través de texto. Utilizando técnicas de inteligencia artificial, como el procesamiento del lenguaje natural y el aprendizaje automático, los chatbots son capaces de simular una comunicación humana en la cual pueden responder a preguntas, brindar información y llevar a cabo diversas tareas (Kohnke, 2022; Pérez-Marín, 2021; Qinghua y Satar, 2020).

En el ámbito educativo se reconoce el potencial de los chatbots para apoyar procesos de aprendizaje (Artiles Rodríguez et al., 2021; Fryer et al., 2020; Haristiani et al., 2019). Entre las ventajas más destacadas se menciona que los chatbots ofrecen una fuente de información prácticamente ilimitado y que están disponibles las 24 horas del día, los siete días de la semana, lo que permite a los estudiantes resolver sus dudas desde cualquier lugar y a cualquier hora (Allouch et al., 2021; Belda-Medina y Calvo-Ferrer, 2022; Huang et al., 2022). Igualmente, los chatbots pueden llevar a cabo tareas repetitivas, lo que permite liberar tiempo al docente (García Brustenga et al., 2018; Huang et al., 2022).

Más especificadamente con vistas a procesos de la enseñanza de lenguas extranjeras los chatbots permiten una personalización e individualización del aprendizaje, adaptándose a las necesidades específicas de cada estudiante en términos del nivel de idioma, intereses y progreso (Mageira et al., 2022; Shawar, 2017; Winkler y Soellner, 2018). Asimismo, pueden ofrecer una retroalimentación inmediata y personalizada, lo que ayuda a los estudiantes a corregir errores y mejorar en el momento (Fryer y Carpenter, 2006; Ruan et al., 2019). También facilita el desarrollo de competencias comunicativas al simular una comunicación realista y auténtica que puede tener lugar en horario fuera de clase (Yang y Zapata-Rivera, 2010), lo cual es especialmente relevante teniendo en cuenta la falta de tiempo y de posibilidades para la comunicación en clase (Ayedoun et al., 2019; Kohnke, 2023). Durante la interacción el chatbot ofrece acceso instantáneo a un amplio repertorio de vocabulario y expresiones idiomáticas, lo que favorece el desarrollo del léxico de los estudiantes (Alsadoon, 2021; Jeon, 2021). Algunos autores constatan que los chatbots reducen el miedo a cometer errores y a comunicarse en el idioma meta, lo que aumenta la disposición de los estudiantes para hablar y practicar (Fryer et al., 2020; Huang et al., 2022).

A pesar de los beneficios mencionados, son varios autores que destacan que el uso de los chatbots en la enseñanza de lenguas extranjeras sigue siendo escaso (Kohnke, 2022; Yang et al., 2022), lo cual ha generado una situación en la que la investigación en este ámbito se encuentra todavía en una fase poco avanzada (Haristiani et al., 2019; Kim et al., 2022; Ruan et al., 2021).

3.2. Los chatbots y la percepción del aprendiente

Uno de los aspectos que requiere mayor investigación es la percepción de los aprendientes al utilizar un chatbot, ya que es precisamente la percepción que pueda tener un estudiante sobre una determinada tarea o una herramienta utilizada que influye en diferentes aspectos de su aprendizaje, como la motivación, el compromiso y su rendimiento (Bernat y Gvozdenko, 2005; Kalaja y Ferreira Barcelos, 2013). Es el conocimiento de su opinión, por lo tanto, que permite adaptar las estrategias educativas, identificar posibles obstáculos y facilitar un aprendizaje efectivo (Berndt, 2010; Hammrich y Friedel, 2022).

Para el ámbito de la adquisición de lenguas extranjeras existen algunos trabajos que abordan algunos aspectos de la percepción de los aprendientes. En ellos frecuentemente se investigan la facilidad percibida a la hora de usar el chatbot y la utilidad percibida del mismo para el aprendizaje de idiomas. Por lo general, los estudios coinciden en que los aprendientes opinan que los chatbots son fáciles de usar (Ayedoun et al., 2015; Hew et al., 2023; Qinghua y Satar, 2020) y que lo valoran como útil en cuanto a apoyar el aprendizaje de idiomas (Bailey et al., 2021; Haristiani y Rifai, 2021; Kohnke, 2023; Yang y Zapata-Rivera, 2010).

En cambio, pocos autores han investigado acerca de los factores que puedan influir en la formación de las percepciones a la hora de usar el chatbot. Qinghua y Satar (2020) identificaron como una variable el nivel de idioma. En su estudio todos los participantes del grupo de bajo nivel lingüístico afirmaron que tuvieron mejor experiencia interactiva con el chatbot conversacional Mitsuku que con el chatbot pedagógico Tutor Mike, mientras los participantes con niveles lingüísticos más altos tenían la opinión contraria. Algunos autores constatan que la percepción de la utilidad del chatbot como herramienta de aprendizaje de idioma depende de la calidad de la interacción entre el usuario y el chatbot (Bailey et al., 2021).

Otro aspecto poco investigado es la opinión acerca de qué aspectos lingüísticos se pueden desarrollar principalmente mediante el uso del chatbot. Kohnke (2023) por ejemplo pregunta por las cuatro destrezas. Para su estudio diseña y aplica un chatbot en una universidad de Hong Kong que brinda apoyo a los estudiantes en cuanto a recursos didácticos. La interacción con el chatbot se lleva a cabo en inglés, permitiendo de esta manera a los estudiantes practicar y comunicarse en la lengua meta. Según la opinión de los estudiantes el chatbot sirve sobre todo para practicar la comprensión de lectura y la expresión escrita (medias de 3,9 sobre 5) y menos para practicar la comprensión auditiva (2,8) y la expresión oral (3,1). Bailey et al. (2021) usaron un sistema de chatbot de narración digital (conocido como "storybot") con el objetivo de aumentar el rendimiento en el aprendizaje de idiomas. En su encuesta, los ítems que preguntan por la comprensión de lectura y la expresión escrita reciben una valoración positiva (media de 3,9 sobre 5).

Finalmente es importante considerar la afirmación de varios autores que indican que un cuestionario refleja principalmente la opinión del estudiante, lo que sugiere la necesidad de complementar estos datos con mediciones objetivas para obtener una imagen más completa y precisa (Fryer et al., 2020; Huang et al., 2022).

4. METODOLOGÍA

4.1. Recopilación de datos

Para poder recabar los datos necesarios, se lleva a cabo una encuesta a través del Campus Virtual de la asignatura, utilizando un documento de Word. La encuesta se compone de 11 ítems que reciben una valoración de entre 1 (completamente en desacuerdo) a 5 (completamente de acuerdo). Mientras el ítem E1 pregunta por posibles experiencias previas (contestando a la PI1), los ítems U2 y U3 abordan la percepción de los estudiantes en cuanto a la usabilidad del chatbot (PI2). Los ítems A4 a A6 indagan la valoración del estudiante acerca del uso del chatbot para apoyar su propio aprendizaje de idiomas (PI3) y los ítems AL7 a AL11 preguntan en qué aspectos lingüísticos el chatbot puede resultar especialmente beneficioso (PI4).

Además de la encuesta, se recabó datos sobre la fluidez de diálogo que tiene lugar entre el estudiante y el chatbot (PI5). Estos datos cumplen dos propósitos: en primer lugar, tener en cuenta la crítica de varios autores que señalan que un cuestionario refleja principalmente la opinión del estudiante, por lo que es necesario complementar estos datos con mediciones objetivas (véase apartado 3.2) y, en segundo lugar, determinar si la fluidez de diálogo constituye un factor que influye en la percepción de los estudiantes (PI6). Para conceptualizar la fluidez de diálogo se establece los dos indicadores FL1 y FL2 que tienen en cuenta las respuestas erróneas que se pueden producir por parte del estudiante y la incapacidad del chatbot de comprender la entrada proporcionada por el estudiante (véase Tabla 1).

Indicador FL1: Contestación errónea (FL1_Contest.err.)	Este indicador se refiere a los errores o malentendidos que surgen cuando el estudiante responde inapropiadamente o no actúa de acuerdo con las indicaciones proporcionadas por el chatbot. Por ejemplo, si el chatbot solicita al estudiante información sobre un entrante y este responde mencionando un plato principal.
Indicador FL 2: Chatbot no entiende (FL2_no_entiende)	Este indicador se refiere a la situación en la que el chatbot no logra comprender la entrada o las instrucciones proporcionadas por el estudiante. Por ejemplo, si el estudiante solicita algo que no está disponible en el menú del restaurante, el chatbot no comprende la solicitud y solicita al estudiante que corrija o aclare su aportación.

Tabla 1. Indicadores de medición de la fluidez de diálogo. Fuente: Elaboración propia.

4.2. Análisis de datos

El análisis de los datos se lleva a cabo con la ayuda de SPSS y Excel. Para los diferentes ítems de la encuesta se calcula la mediana. Para los indicadores FL1 y FL2 se contabiliza el número de incidencias para cada estudiante. Además, se calcula las correlaciones para los ítems E1, U2, U3, FL1 y FL2 con los ítems A4 a A6 usando el coeficiente de correlación Rho de Spearman. Siguiendo la clasificación propuesta por Cohen (1988), consideramos una relación débil cuando los valores están alrededor de 0.1, moderada cuando los valores están alrededor de 0.3 y fuerte cuando los valores están alrededor de 0.5.

5. DESARROLLO DE LA INVESTIGACIÓN

5.1. Contexto y Participantes

El estudio se llevó a cabo en 2022 en el contexto de una asignatura de alemán con fines específicos en una universidad española. La asignatura está diseñada para estudiantes matriculados en el Grado de Turismo sin conocimientos previos de alemán y tiene como objetivo desarrollar las competencias comunicativas básicas que permiten al estudiantado comunicarse en contextos laborales del sector turístico. La asignatura cuenta con 24 sesiones de 90 minutos, lo cual permite concluir la mitad de un A1 según el MCER.

En el curso 2022-23, se matricularon 10 estudiantes en la asignatura. De ellos, 9 participaron y 8 completaron la actividad con el chatbot. Estos 8 estudiantes son los que forman parte de la muestra del presente estudio (n=8, 2 hombres).

5.2. Intervención didáctica con el chatbot

El objetivo de la incorporación del chatbot en la asignatura es la de ofrecer al estudiantado una herramienta adicional que puede usar de manera autónoma para desarrollar competencias comunicativas en contextos auténticos del ámbito laboral. Huang et al. (2022) propusieron un marco de categorización para el uso de chatbots, que los clasifica en cinco categorías diferentes según su uso didáctico. El chatbot utilizado en este estudio se encuentra en la categoría de simulación, ya que permite simular un entorno lingüístico auténtico a través de actividades de juegos de rol.

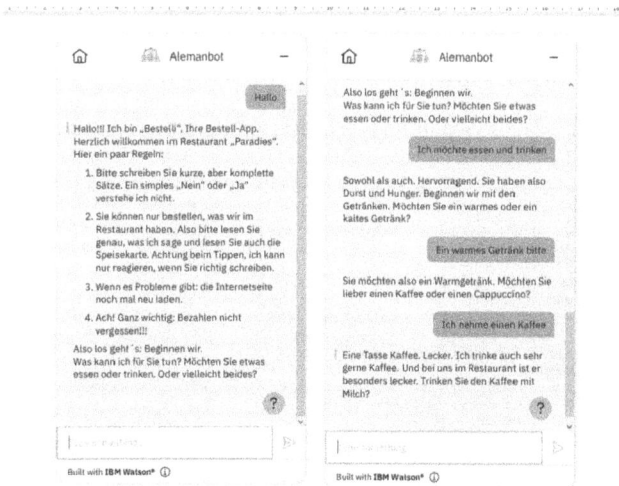

Figura 1. Ejemplo de diálogo con el chatbot. Fuente: Elaboración propia.

El chatbot se creó por el investigador/profesor usando el Watson Assistant de IBM y se accede a él utilizando un navegador (web-based). Se llama Bestelli y simula un diálogo entre un camarero y un cliente en un restaurante. La tarea para el estudiante consiste en interactuar con el chatbot y pedir un entrante, una sopa, un plato principal y una bebida siguiendo en cada momento las instrucciones que le da el propio chatbot (véase Figura 1).

Adicionalmente se le requiere al estudiante que trabaje sobre una hoja de preguntas resolviendo una serie de cuestiones repasando los contenidos más importantes de la comunicación con el chatbot (véase Figura 2).

Nach dem Essen fragt Sie Ihr Freund/Ihre Freundin:
1) Wie heißt das Restaurant?
______
2) Welche warmen Getränke bietet die Bedienung (chatbot) an? Was trinken Sie?
______
3) Was essen Sie?
Welche Vorspeise? ______
Welche Salatsauce? ______
Welche Suppe? ______
Welches Hauptgericht? ______

4) Gibt es Probleme bei der Bestellung?
______
5) Ist die Rechnung richtig? Wie viel bezahlen Sie?
______
6) Wie verabschiedet sich die Bedienung?
______
7) Notieren Sie *drei* neue Vokabeln oder Wortstrukturen aus dem Dialog mit dem chatbot
______
______
______

Después de la comida tu amigo/ amiga te pregunta:
1) ¿Cómo se llama el restaurante?
______
2) ¿Qué bebida caliente ofrece la camarera / camarero (chatbot)? ¿Qué tomas?
______
3) ¿Qué comes?
¿Qué entrante? ______
¿Qué salsa para la ensalada? ______
¿Qué sopa? ______
¿Qué plato principal? ______

4) ¿Hay problemas a la hora de pedir?
______
5) ¿Está bien la factura? ¿Cuánto pagas?
______
6) ¿Cómo se despide la camarera/ el camarero?
______
7) Apunta *tres* palabras o estructuras nuevas del diálogo con el chatbot:
______
______
______

Figura 2. Hoja de preguntas que acompaña la tarea de conversación con el chatbot. Fuente: Elaboración propia.

6. RESULTADOS Y DISCUSIÓN

En la Tabla 2 se observa los resultados de la encuesta para los 11 ítems de la encuesta.

		Mediana	Max	Min	Desv. estandar
E1	Tengo mucha experiencia a la hora de usar un chatbot para aprender idiomas.	1,0	3	1	0,93
U2	Me resultó fácil usar un chatbot.	4,0	5	2	1,19
U3	La interacción con chatbots para aprender idiomas fue clara y comprensible.	4,0	5	2	1,31
A4	El uso de chatbots aumenta el rendimiento del aprendizaje.	3,5	5	1	1,75
A5	El uso de chatbots hace más fácil aprender idiomas.	3,5	5	1	1,49
A6	Usar un chatbot para el aprendizaje de idiomas es divertido.	4,0	4	1	1,25
AL7	El uso del chatbot me ayudó ampliar mi vocabulario.	2,5	5	1	1,51
AL8	El uso del chatbot me ayudó mejorar mis conocimientos sobre gramática.	3,5	5	1	1,49
AL9	El uso del chatbot me ayudó mejorar mi comprensión de lectura.	4,0	5	1	1,41
AL10	El uso del chatbot me ayudó mejorar a la hora de redactar frases.	3,5	5	1	1,51
AL11	El uso del chatbot me ayudó a practicar situaciones de la vida real (como pedir comida, reservar una habitación, etc.).	4,0	5	1	1,49

Tabla 2. Encuesta sobre la percepción el estudiantado Nota: Valoración de 1 a 5. Fuente: Elaboración propia.

6.1. Experiencia Previa

El ítem E1 recibe una valoración baja (mediana de 1, véase Tabla 2) indicando que la experiencia previa con los chatbots para el aprendizaje de idiomas es reducida (PI1). Solo 2 de los 8 estudiantes habían utilizado un chatbot para aprender idiomas anteriormente. Por lo menos en la presente muestra el gran interés por los chatbots mencionado en la literatura (Belda-Medina y Calvo-Ferrer, 2022) no pudo ser demostrado. Al contrario, los datos obtenidos indican que el uso de los chatbots como herramienta de aprendizaje aún no ha sido adoptado por el grupo aquí estudiado, lo cual, por otro lado, está en línea con Kohnke (2023) quien señala que en sus clases de inglés en una universidad de Hong Kong ninguno de los estudiantes había usado un chatbot previamente.

Sin embargo, a medida que los chatbots se incorporen como herramienta de aprendizaje en la formación del profesorado (Belda-Medina y Calvo-Ferrer, 2022) y teniendo en cuenta la mejora continuada de los chatbots de libre acceso, es de suponer que su implantación aumentará en el aula de idiomas. En este sentido, cabe mencionar que el presente estudio tuvo lugar en 2022, cuando el chatbot ofrecido por OpenAI (chatGPT) aún no tenía la misma repercusión que tiene a la hora de redactar los resultados del presente estudio.

6.2. Percepción del estudiantado

1) Usabilidad del chatbot empleado

La valoración de la usabilidad (PI2) se refleja mediante los ítems U2 y U3. Ambos recibieron una valoración positiva (mediana de 4, Tabla 2), lo cual indica que el estudiantado percibió el uso del chatbot como fácil y la interacción como clara. Esta interpretación se ve reforzada por los resultados de los indicadores FL1 y FL2 donde la mayoría de los estudiantes consigue establecer una comunicación fluida con el chatbot sin mayores contratiempos (véase Tabla 3). Interpretamos, por lo tanto, que la herramienta aquí aplicada está diseñada de tal manera que permite al estudiantado practicar la comunicación en un contexto laboral de manera fácil y fluida. Estos datos corroboran los resultados de la mayoría de los estudios que constatan que los aprendientes disfrutan el uso del chatbot y que no suelen tener mayores contratiempos a la hora de interactuar con él (Ayedoun et al., 2015; Qinghua y Satar, 2020).

2) Beneficios en el aprendizaje debido al uso del chatbot

La percepción de los estudiantes sobre los beneficios derivados de la utilización de un chatbot para el aprendizaje de un idioma (PI3) se encuentra representada mediante los ítems A4 a A6 que recibieron una valoración positiva (mediana entre 3,5 y 4). Esto indica que los estudiantes están de acuerdo con la idea de que el uso de un chatbot puede ser beneficioso para el proceso de aprendizaje. En la literatura se destaca el potencial del uso de los chatbots para el aprendizaje de idiomas (Fryer et al., 2020; Huang et al., 2022). Los resultados obtenidos revelan que los estudiantes incluidos en este estudio comparten esta perspectiva. Un resultado que debería tenerse en cuenta en la planificación de las asignaturas de idiomas haciendo un uso más frecuente de esta herramienta.

3) Aspectos lingüísticos

Los ítems AL7 a AL11 indagan la percepción del estudiantado acerca de los aspectos lingüísticos que son más susceptibles de ser eficazmente desarrollados mediante el uso del chatbot (PI4). Los resultados indican que según la percepción del estudiantado son en primer lugar la lectura (ítem AL9) y la práctica de una comunicación en situaciones reales (AL11, ambos con una mediana de 4,0) y en menor grado la gramática (ítem AL8) y la redacción (ítem AL10, ambos con una mediana de 3,5). Sobre todo, en cuanto a la práctica de la comunicación en situaciones reales el estudiantado coincide con las afirmaciones en la literatura donde se menciona entre las ventajas principales del chatbot precisamente la posibilidad de desarrollar competencias comunicativas mediante la interacción con el chatbot (Ayedoun et al., 2019; Kohnke, 2023).

En cambio, los estudiantes opinan que el aprendizaje de vocabulario es el ámbito que presenta menos posibilidades de desarrollo mediante el uso del chatbot (ítem AL7, mediana: 2,5), lo cual resulta llamativo, ya que en la literatura se destaca el potencial del chatbot como fuente de una gran variedad de vocabulario (Fryer y Carpenter, 2006; Haristiani, 2020) y que en otros estudios se pudo comprobar que los participantes pudieron desarrollar su competencia léxica interactuando con un chatbot (Jeon, 2021; Ruan et al., 2021). Deducimos, por un lado, que según la percepción del estudiante el diseño del chatbot utilizado en este estudio no ofreció el vocabulario suficiente y/o adecuado para considerarlo una herramienta útil de aprendizaje de vocabulario. Por otro lado, es posible que el estudiantado no perciba la lectura y la redacción realizada durante la conversación con el chatbot como una posibilidad de reforzar el aprendizaje de vocabulario, lo cual conllevaría una implicación didáctica en el sentido de llevar a cabo en clase una reflexión sobre el desarrollo de la competencia léxica mediante un aprendizaje incidental.

6.3. Fluidez de diálogo con el chatbot

La Tabla 3 detalla cuantas veces cada estudiante contestó erróneamente a las indicaciones del chatbot (FL1) y la cantidad de veces que el chatbot no entendió la contestación del estudiante (FL2, contestando a la PI5).

Estudiante	Indicador FL1: Contestación errónea	Indicador FL2: Chatbot no entiende
ES1	6	4
ES2	0	0
ES3	1	0
ES4	0	0
ES5	10	10
ES6	4	1
ES7	1	0
ES8	3	1

Tabla 3. Indicadores para la medición de la fluidez del diálogo. Fuente: Elaboración propia.

Se entiende que cuantas menos incidencias se presentan en el transcurso del diálogo, mayor es el grado de fluidez de comunicación entre el usuario y el chatbot. De la Tabla 3 se desprende que la fluidez de diálogo con el chatbot varía según cada estudiante. Por lo general la fluidez de diálogo fue buena con pocas incidencias. No obstante, el diálogo de los estudiantes ES1 y ES5 fue menos fluido con altos valores en ambos indicadores. Los indicadores FL1 & FL2 representan una medición objetiva de la fluidez de diálogo y pueden usarse para interpretar mejor los resultados acerca del grado de usabilidad del chatbot que se indaga con los ítems U2 & U3 (véase también el apartado 6.2).

6.4. Factores que influyen en la percepción del estudiantado

En la tabla 4 se observa las correlaciones existentes entre las variables experiencia previa (ítem E1), usabilidad del chatbot (ítem U2 & U3) y fluidez de diálogo (ítem FL1 & FL2) con la percepción del estudiantado de que el uso de un chatbot beneficia al aprendizaje de idiomas (A4 a A6, contestando a la PI6).

	A4_mayor rendim.	A5_más fácil aprendiz	A6_divertido
E1_prim.vez	,650	,513	,436
U2_uso fácil	,873**	,962**	,877*
U3_interacc.clara	,909**	,962**	,873**
FL1_Contest.err.	-,845**	-,920**	-,793*
FL2_no_entiende	-,770*	-,832*	-,767*

Tabla 4. Correlaciones entre ítems experiencia, usabilidad y fluidez con la percepción de que el chatbot beneficie el aprendizaje. Nota: Coeficiente de correlación: Spearman, bilateral. * = Correlación significativa en el nivel de 0,01. ** = Correlación significativa en el nivel de 0,05. Fuente: Elaboración propia.

1) Experiencia Previa

En cuanto a las correlaciones entre la experiencia previa (ítem E1) y la percepción de que el uso del chatbot beneficie al aprendizaje (ítem A4 a A6) se observa que todas las correlaciones son positivos y fuertes (solamente ítem A6 por debajo del 0,5, véase Tabla 4). Los valores positivos indican que entre los ítems existe una relación positiva, lo cual quiere decir que los estudiantes con más experiencia previa mejor valoran el uso de un chatbot como herramienta de aprendizaje, y al revés, cuanta menos experiencia tiene el estudiante, peor resulta la valoración del chatbot como herramienta. Se deduce, por lo tanto, que el factor de la experiencia previa influye en la percepción de la utilidad de la herramienta. Hasta cierto punto se puede interpretar que un manejo previo del chatbot facilita su uso, puesto que el estudiante ya está acostumbrado a la herramienta, y, por consecuencia, puede centrar la atención en el desarrollo de la conversación con el chatbot y en el propio aprendizaje. En cualquier caso, interpretamos como una implicación didáctica que la primera interacción con el chatbot debe ir acompañada de unas explicaciones sobre el funcionamiento de la herramienta y de una reflexión guiada sobre los posibles beneficios y contratiempos del uso del chatbot. Asimismo, sería conveniente no limitar la incorporación de la herramienta a un único uso, sino dar al estudiantado la opción de familiarizarse con ella y percibir mejor su potencial.

2) Usabilidad

Otro factor que se investigó como posible factor que pueda influir la percepción de que la herramienta beneficie el aprendizaje (ítems A4 – A6) es la usabilidad (ítems U2 & U3). Los resultados indican unas correlaciones positivas, muy fuertes y estadísticamente significativas (véase Tabla 4). Eso quiere decir que cuanto más fácil el uso o más clara la interacción con el chatbot mejor es su evaluación como herramienta de aprendizaje, y al revés; cuanto menos fácil o clara la interacción con el chatbot, peor se percibe como herramienta de aprendizaje. Interpretamos que es importante tener en cuenta el factor de la usabilidad a la hora de incorporar el chatbot en procesos de aprendizaje. El chatbot debe ser de un uso fácil y permitir el desarrollo de una comunicación sin exceso de problemas y contratiempos, de lo contrario, reduce considerablemente la aceptación como herramienta de aprendizaje.

3) Fluidez de diálogo

Para los ítems FL1 & FL2 (fluidez de diálogo) se observa que todas las correlaciones con los ítems A4 – A6 son fuertes, negativas y estadísticamente significativas (véase Tabla 4). Las correlaciones negativas significan que cuantas menos dificultades plantea la conversación con el chatbot, mejor se valora su uso para el aprendizaje. Estos resultados indican que la fluidez en el diálogo y la percepción de que el chatbot beneficie al aprendizaje tienen una relación importante, lo cual está en línea con los resultados de otros autores (Hew et al., 2023) y corrobora los resultados y las interpretaciones anteriores sobre la importancia de la usabilidad (ítems U2 y U3), con la diferencia de que en el punto anterior se refleja la percepción del estudiantado, mientras los ítems FL1 & FL2 se producen como resultado del conteo de los malentendidos reales de los estudiantes en el diálogo con el chatbot. Insistimos, por lo tanto, en la relevancia de lograr una interacción fluida con el chatbot, con el fin de asegurar una buena aceptación de este como herramienta de aprendizaje, ya que la percepción de su aporte al proceso de aprendizaje tiene un impacto directo en la participación de los estudiantes (Bailey et al., 2021).

7. CONCLUSIONES

En el presente trabajo se investigó una serie de variables sobre el uso de un chatbot en una asignatura de alemán en el Grado de Turismo. Se aplicó una encuesta para indagar las experiencias previas y la percepción del estudiantado. Asimismo, se diseñó dos indicadores para medir la fluidez del diálogo estudiante-chatbot y se investigó tres factores que puedan influir en la formación de la percepción del estudiantado.

Lo resultados obtenidos indican que los estudiantes tienen poca experiencia en el uso del chatbot para el aprendizaje de idiomas que corrobora los resultados de otros estudios (Kohnke, 2023). Sin embargo, hay que tener en cuenta que el presente estudio tuvo lugar antes de la irrupción del chatGPT de OpenAI a finales de 2022. Pensamos que en los próximos años el uso de los chatbots de acceso libre aumentará debido a su constante mejora y desarrollo. Esto plantea interrogantes a la hora de diseñar chatbots propios, como ha sido el caso en el presente estudio, e impone nuevas exigencias a la formación adecuada del futuro profesorado.

Al mismo tiempo, este estudio, en línea con investigaciones anteriores (Ayedoun et al., 2015; Hew et al., 2023), encontró que los estudiantes perciben el chatbot como fácil de usar. Esta opinión se ve confirmada por los resultados de la medición de la fluidez del diálogo. Asimismo, valoran positivamente la utilidad del chatbot con vistas al aprendizaje de idiomas, sobre todo la práctica de la comunicación en situaciones auténticas. Dada la buena valoración que los estudiantes otorgan a los chatbots y el amplio potencial que la literatura les atribuye, en contraste con su escaso uso actual, se deduce la necesidad educativa de aumentar la incorporación de chatbots en el aula de idiomas.

Finalmente, se encontraron en este estudio pruebas empíricas de que los factores experiencia previa, usabilidad del chatbot y fluidez de diálogo influyeron directamente en la percepción por parte de los estudiantes en cuanto a la aportación de los chatbots en su propio aprendizaje.

8. LIMITACIONES

El presente estudio, presenta ciertas limitaciones que deben tenerse en cuenta a la hora de interpretar los resultados. Algunas de ellas se detallan a continuación.

En primer lugar, es importante señalar que, los resultados del presente estudio se refieren a un contexto específico que es el del aprendizaje de alemán en el contexto de un Grado de Turismo y con un grupo de aprendientes con un nivel de idioma muy básico. Además, se obtuvieron a partir de una muestra reducida. Sin embargo, consideramos que los resultados podrían ser aplicables a contextos similares de enseñanza de lenguas extranjeras en la universidad. Al mismo tiempo, es necesario llevar a cabo estudios de seguimiento en años posteriores para confirmar o refutar los hallazgos obtenidos en este estudio.

Asimismo, hay que tener en cuenta que la buena valoración a la hora de introducir en clase una herramienta nueva puede disminuir con el tiempo. Este efecto, conocido como "novelty effect", también se ha descrito en la literatura en relación al uso de los chatbots (Fryer et al., 2017). Por lo tanto, son necesarios más estudios para poder descartar que la buena valoración de la herramienta por parte del estudiantado son el resultado de dicho efecto.

Por último, queremos destacar que el presente estudio demostró la influencia de los tres factores experiencia previa, usabilidad y fluidez de diálogo como crucial para la precepción del estudiantado. Sería interesante en futuras investigaciones abordar si se puede establecer una correlación entre la percepción del estudiantado con el rendimiento en su aprendizaje.

9. REFERENCIAS

Allouch, M., Azaria, A. y Azoulay, R. (2021). Conversational Agents: Goals, Technologies, Vision and Challenges. *Sensors, 21*(24), 1–48. https://doi.org/10.3390/s21248448

Alsadoon, R. (2021). Chatting with AI Bot: Vocabulary Learning Assistant for Saudi EFL Learners. *English Language Teaching, 14*(6), 135–157. https://doi.org/10.5539/elt.v14n6p135

Artiles Rodríguez, J., Guerra Santana, M., Aguiar Perera, V. y Rodríguez Pulido, J. (2021). Agente conversacional virtual: la inteligencia artificial para el aprendizaje autónomo. *Pixel-Bit, Revista De Medios Y Educación,* (62), 107–144. https://doi.org/10.12795/pixelbit.86171

Ayedoun, E., Hayashi, Y. y Seta, K. (2015). A Conversational Agent to Encourage Willingness to Communicate in the Context of English as a Foreign Language. *Procedia Computer Science, 60,* 1433–1442.

Ayedoun, E., Hayashi, Y. y Seta, K. (2019). Adding Communicative and Affective Strategies to an Embodied Conversational Agent to Enhance Second Language Learners' Willingness to Communicate. *International Journal of Artificial Intelligence in Education, 29*(1), 29–57. https://doi.org/10.1007/s40593-018-0171-6

Bailey, D., Southam, A. y Costley, J. (2021). Digital storytelling with chatbots: mapping L2 participation and perception patterns. *Interactive Technology and Smart Education, 18*(1), 85–103. https://doi.org/10.1108/ITSE-08-2020-0170

Belda-Medina, J. y Calvo-Ferrer, J. R. (2022). Using Chatbots as AI Conversational Partners in Language Learning. *Applied Sciences, 12*(17), 8427.

Bernat, E. y Gvozdenko, I. (2005). Beliefs about Language Learning: Current Knowledge, Pedagogical Implications, and New Research Directions. *TESL-EJ, 9*(1), 1–21.

Berndt, A. (2010). Subjektive (Lerner-)Theorien. En H.-J. Krumm, C. Fandrych, B. Hufeisen y C. Riemer (Eds.), *Handbooks of linguistics and communication science. Deutsch als Fremd- und Zweitsprache: Ein internationales Handbuch* (pp. 895–901). De Gruyter Mouton.

Cohen, J. (1988). *Statistical power analysis for the behavioral sciences*. Erlbaum.

Fryer, L. K., Ainley, M., Thompson, A., Gibson, A. y Sherlock, Z. (2017). Stimulating and sustaining interest in a language course: An experimental comparison of Chatbot and Human task partners. *Computers in Human Behavior, 75*, 461–468. https://doi.org/10.1016/j.chb.2017.05.045

Fryer, L. K. y Carpenter, R. (2006). Bots as Language Learning Tools. *Language Learning & Technology, 10*(3), 8–14.

Fryer, L. K., Coniam, D., Carpenter, R. y Lăpuşneanu, D. (2020). Bots for language learning now: Current and future directions. *Language Learning & Technology, 24*(2), 8–22.

García Brustenga, G., Fuertes Alpiste, M. y Molas Castells, N. (2018). *Briefing Paper: Chatbots in Education*. https://doi.org/10.7238/elc.chatbots.2018

Hammrich, T. y Friedel, B. (2022). Creencias sobre el aprendizaje: Investigando la perspectiva del aprendiente sobre las actividades y tareas en un curso tándem presencial. *Moderna Språk, 116*(2), 294–324.

Haristiani, N. (2020). Artificial Intelligence (AI) Chatbot as Language Learning Medium: An inquiry. *Journal of Physics: Conference Series, 1387*(1), 12020. https://doi.org/10.1088/1742-6596/1387/1/012020

Haristiani, N., Danuwijaya, A. A., Rifa'l, M. M. y Sarila, H. (2019). Gengobot: A chatbot-based grammar application on mobile instant messaging as language learning medium. *Journal of Engineering Science and Technology, 14*(6), 3158–3173.

Haristiani, N. y Rifai, M. M. (2021). Chatbot-Based Application Development and Implementation as an Autonomous Language Learning Medium. *Indonesian Journal of Science and Technology, 6*(3), 561–576. https://doi.org/10.17509/ijost.v6i3.39150

Hew, K. F., Huang, W., Du, J. y Jia, C. (2023). Using chatbots to support student goal setting and social presence in fully online activities: Learner engagement and perceptions. *Journal of Computing in Higher Education, 35*(1), 40–68. https://doi.org/10.1007/s12528-022-09338-x

Huang, W., Hew, K. F. y Fryer, L. K. (2022). Chatbots for language learning—Are they really useful? A systematic review of chatbot-supported language learning. *Journal of Computer Assisted Learning, 38*(1), 237–257.

Hwang, G.-J. y Chang, C.-Y. (2021). A review of opportunities and challenges of chatbots in education. *Interactive Learning Environments*, 1–14. https://doi.org/10.1080/10494820.2021.1952615

Jeon, J. (2021). Chatbot-assisted dynamic assessment (CA-DA) for L2 vocabulary learning and diagnosis. *Computer Assisted Language Learning*, 1–27. https://doi.org/10.1080/09588221.2021.1987272

Kalaja, P. y Ferreira Barcelos, A. M. (2013). Beliefs in Second Language Acquisition: Learner. En C. A. Chapelle (Ed.), *The encyclopedia of applied linguistics* (pp. 485–491). Wiley-Blackwell.

Kim, H., Yang, H., Shin, D. y Lee, J. (2022). Design principles and architecture of a second language learning chatbot. *Language Learning & Technology, 26*(1), 1–18.

Kohnke, L. (2020). Exploring Learner Perception, Experience and Motivation of Using a Mobile App in L2 Vocabulary Acquisition. *International Journal of Computer-Assisted Language Learning and Teaching, 10*(1), 15–26. https://doi.org/10.4018/IJCALLT.2020010102

Kohnke, L. (2022). A Pedagogical Chatbot: A Supplemental Language Learning Tool. *RELC Journal*, 1-11. https://doi.org/10.1177/00336882211067054

Kohnke, L. (2023). L2 learners' perceptions of a chatbot as a potential independent language learning tool. *International Journal of Mobile Learning and Organisation*, *17*(1/2), 214–225.

Mageira, K., Pittou, D., Papasalouros, A., Kotis, K., Zangogianni, P. y Daradoumis, A. (2022). Educational AI Chatbots for Content and Language Integrated Learning. *Applied Sciences, 12*(7), 3239. https://doi.org/10.3390/app12073239

Ogosi Auqui, J. A. (2021). Chatbot del proceso de aprendizaje universitario: Una revisión sistemática. *Alpha Centauri, 2*(2), 29–43. https://doi.org/10.47422/ac.v2i2.33

Pérez-Marín, D. (2021). A Review of the Practical Applications of Pedagogic Conversational Agents to Be Used in School and University Classrooms. *Digital, 1*(1), 18–33.

Qinghua, Y. y Satar, M. (2020). English as a foreign language learner interaction with chatbots: Negotiation for meaning. *International Online Journal of Education and Teaching, 7*(2), 390–410.

Ruan, S., Jiang, L., Xu, Q., Liu, Z., Davis, G. M., Brunskill, E. y Landay, J. A. (2021). EnglishBot: An AI-Powered Conversational System for Second Language Learning. En T. Hammond, K. Verbert, D. Parra, B. Knijnenburg, J. O'Donovan y P. Teale (Eds.), *26th International Conference on Intelligent User Interfaces* (pp. 434–444). Association for Computing Machinery.

Ruan, S., Willis, A., Xu, Q., Davis, G. M., Jiang, L., Brunskill, E. y Landay, J. A. (2019). BookBuddy. Turning digital materials into interactive foreign language lessons through a voice chatbot. En Association for Computing Machinery (Ed.), *L@S '19: Proceedings of the Sixth (2019) ACM Conference on Learning @ Scale* (pp. 1–4). Association for Computing Machinery.

Shawar, B. A. (2017). Integrating CALL Systems with Chatbots as Conversational Partners. *Computación Y Sistemas, 21*(4), 615–626. https://doi.org/10.13053/CyS-21-4-2868

Winkler, R. y Soellner, M. (2018). Unleashing the Potential of Chatbots in Education: A State-Of-The-Art Analysis. *Academy of Management Proceedings, 2018*(1), 15903. https://doi.org/10.5465/AMBPP.2018.15903abstract

Yang, H.-C. y Zapata-Rivera, D. (2010). Interlanguage pragmatics with a pedagogical agent: the request game. *Computer Assisted Language Learning, 23*(5), 395–412.

Yang, H., Kim, H., Lee, J. H. y Shin, D. (2022). Implementation of an AI chatbot as an English conversation partner in EFL speaking classes. *ReCALL, 34*(3), 327–343. https://doi.org/10.1017/S0958344022000039

LENGUAS EXTRANJERAS E INTELIGENCIA ARTIFICIAL. ADQUISICIÓN DE COMPETENCIAS COMUNICATIVAS EN ALEMÁN COMO LENGUA EXTRANJERA EN LA EDUCACIÓN SUPERIOR: UN CASO PRÁCTICO

Bárbara Heinsch [1]

Esta investigación forma parte del proyecto-marco "Idiomas y Espacio Europeo de Educación Superior: escenario digital e intercultural" del grupo de investigación LINGÜÍSTICA APLICADA AL APRENDIZAJE DE LENGUAS Y CULTURAS EXTRANJERAS (ALCE) de la Universidad de Oviedo.

1. INTRODUCCIÓN

La enseñanza-aprendizaje de idiomas nunca fue ajena a las tecnologías del momento empezando por los medios más sencillos de los años 1960, pasando por la enseñanza asistida por ordenador (*Computer assisted language learning*, CALL) hasta las nuevas tecnologías de la información y comunicación (TIC). Esta relación histórica entre tecnología y aprendizaje de lenguas (Trujillo *et al.*, 2019) se intensifica, si cabe, con el desarrollo vertiginoso de la inteligencia artificial (IA) de la que el modelo de lenguaje de ChatGPT lanzado por la empresa OpenAI solo parece la punta del iceberg. El debate en torno a la incorporación, o siquiera la admisión de esta aplicación en la educación superior, en especial con respecto a los procesos de evaluación, no ha hecho más que comenzar (Limburg *et al.*, 2022; Salden y Leschke, 2023; Kasneci *et al.*, 2023; Mohr *et al.*, 2023). En junio de 2023, la Universidad de Bochum (Alemania) organizó un simposio sobre las aplicaciones de IA en la enseñanza-aprendizaje de lenguas extranjeras y la escritura académica bajo el lema "Friend or foe? 敵か味方か? (Teki ka Mikata ka?) Freund oder Feind? Ystävä vai viholli?". Su objetivo era dar respuesta de esta manera a la "Aufregung über ChatGPT" (Ruhr-Universität Bochum, 2023), traducida erróneamente por el mismo bot como "emoción sobre ChatGPT". El encuentro suscitó gran interés a pesar de que los instrumentos basados en IA no representan ninguna novedad en las universidades. Pero es de vital importancia la reflexión sobre su potencial debido a los múltiples factores implicados: "To fully realize this potential, however, it is important to consider not only technical aspects but also ethical, legal, ecological and social implications" (Kasneci *et al.*, 2023, p. 6).

Los cambios tecnológicos impactan en la investigación educativa y la didáctica, pero no al mismo ritmo que la ingeniería informática. Para diseñar y validar nuevos modelos

---

1. Profesora Titular del Departamento de Filología Inglesa, Francesa y Alemana de la Universidad de Oviedo (España)

pedagógicos que incorporen aplicaciones de IA se requieren tres cosas: en primer lugar, tiempo; en segundo, escenarios académicos con actores que puedan participar en encuestas y estudios de campo o incluso experimentales; y en tercer lugar, unos objetivos de aprendizaje claramente definidos o redefinidos teniendo en cuenta la naturaleza interdisciplinar de la IA que se nutre también de otras disciplinas: "AI [...] is complemented by learning sciences (pedagogy, psychology, neuroscience, linguistics, sociology and anthropology). The aim is to develop adaptive, integrative, flexible, personal and effective learning environments that complement classical/traditional education and training formats" (Renz *et al.*, 2020, p. 17). La cuestión reside, por tanto, en aprovechar con criterio pedagógico aquellos elementos de la IA que potencien la enseñanza-aprendizaje de lenguas extranjeras en cada curso concreto con un estudiantado que tiene unas necesidades bien definidas. Por este motivo es imprescindible construir sobre la base de la disciplina misma, es decir, sobre los conocimientos que históricamente la han ido conformando (Rodríguez Pérez y Heinsch, 2021, p. 72). Desde una reflexión pedagógica más allá del entusiasmo y alarmismo por la transformación digital, hoy en día se pide cada vez menos una digitalización de la educación, sino una educación en medio de un mundo digital (Klein *et al.*, 2020, p. 5).

No obstante, estas prioridades no eximen al profesor-investigador de ampliar sus conocimientos y ahondar en el funcionamiento de algunas aplicaciones de IA que pudieran aportar avances en el aprendizaje de idiomas. Solo entonces podrá contemplar su incorporación en el programa de enseñanza o dedicar un tiempo al debate con el alumnado sobre sus oportunidades y riesgos. Tanto docentes como discentes necesitan desarrollar una *AI literacy* (alfabetización en inteligencia artificial).

Si bien abundan los estudios sobre tecnologías emergentes en relación con la enseñanza de lenguas -que pueden aportar aspectos interesantes para el presente contexto-, se hace necesaria una investigación específicamente dirigida al Alemán como lengua extranjera y orientada a la competencia comunicativa por los siguientes motivos:

1. Existe una brecha tecnológica importante entre el inglés y los demás idiomas europeos. La disponibilidad y calidad de los sistemas de traducción automática por ejemplo solo son buenas en el caso del inglés, según un estudio actualizado en 2016 (Krüger, 2022, p. 8). El soporte digital para 21 de las 30 lenguas analizadas se califica de "no existente" o "débil" en el mejor de los casos. Estos resultados se publicaron con el título *At least 21 European Languages in Danger of Digital Extinction*, lo que generó más de 600 referencias a nivel internacional (European Parliament, 2017, p. 34). Esta tendencia se refleja en algunas revisiones sistemáticas de investigaciones sobre herramientas de aprendizaje de lenguas basadas en IA, como la de Woo y Choi (2021), que por los filtros aplicados "the studies were skewed towards university students learning English in China or Japan" (p. 1289), o la de Klimova *et al.* (2023) que enfocan únicamente el inglés en la educación superior y presentan 14 casos que se sitúan en Oriente Próximo, Asia y Europa. Otros autores publican resultados de encuestas, como Kushmar *et al.* (2022), que analizan el papel de IA en la enseñanza-aprendizaje del inglés en universidades de Ucrania.

2. Muchas investigaciones se centran sobre todo en las diferentes herramientas de IA que son susceptibles de aplicarse en el aula de idiomas, sin relacionarlas con un diseño pedagógico concreto. Aportan aspectos tecnológicamente novedosos, como el estudio de Kannan y Munday (2018) sobre nuevas tendencias que abarca también ICALL (*Intelligent Computer Assisted Language Learning*), el de Hein *et al.* (2021) sobre el aprendizaje de lenguas extranjeras a través de tecnologías inmersivas y el artículo de Hartmann (2021) enfocado a la enseñanza del alemán, que incluye un listado de diferentes *softwares* con

una breve descripción y la URL de acceso. Si bien las publicaciones sobre el papel de la IA relacionado con el aprendizaje de idiomas son cada vez más frecuentes, "the research into the practical utilizations of digital technologies with clear pedagogical outcomes is, surprisingly, scarce" (Klimova *et al.*, 2023, p. 2).

3. Faltan estudios de campo en Alemán como lengua extranjera apoyados en aplicaciones de IA, por ejemplo las de traducción automática neuronal (NMT por sus siglas en inglés), accesibles de forma gratuita a los usuarios desde hace pocos años y utilizados de manera especial para la traducción y la escritura en una lengua extranjera. Existen numerosas investigaciones en este campo, y los autores más relevantes recomiendan "best practices for using MT to support language learning" (Jolly y Maimone, 2022, p. 28), porque su uso por parte de los aprendices se considera inevitable. Este es el caso de manera especial de los estudiantes de alemán. En los últimos años, las y los investigadores sostienen "the idea of exploring ways to use it for pedagogical purposes" (Jolly y Maimone, 2022, p. 37). Esto indica que el papel del profesor será fundamental en cuanto al conocimiento de sus estudiantes, la materia que imparte y el perfil formativo al que se aspira, y, no menos importante, su propia *AI literacy*. Jolly y Maimone concluyen su estudio con la observación que "advances in the field of MT use for L2 learning and teaching will require research that looks more closely at language and communicative competence development" (2022, p. 40). La incorporación de tecnología IA al aula de idioma queda subordinada, por tanto, a los objetivos de la competencia comunicativa.

2. OBJETIVOS

El objetivo fundamental de esta investigación consiste en analizar las tareas de producción oral y escrita de un grupo de discentes universitarios de Alemán como lengua extranjera para detectar en qué medida el uso de herramientas de IA empleados por ellos de manera informal y sin instrucciones recibidas por el profesorado han repercutido en su aprendizaje y la adquisición de competencias comunicativas y culturales. Para ello se formulan las siguientes hipótesis:

- El uso intuitivo y no planificado de aplicaciones de IA no es beneficioso a largo plazo, dado que a menudo induce a saltarse procesos importantes en la adquisición de conocimientos lingüísticos y culturales.
- El apoyo demasiado confiado en la NMT impide una progresión según los descriptores del MCER.
- Es necesario un diseño pedagógico adaptado al grupo de destinatarios para poder incorporar de manera provechosa instrumentos de IA al proceso de enseñanza-aprendizaje, para lo que por otro lado es imprescindible un mínimo de *AI literacy* por parte del docente.

Otro objetivo es definir, en base a los resultados obtenidos en el presente estudio, las necesidades de futuras líneas de investigación en este campo.

3. METODOLOGÍA

La metodología empleada para el estudio de caso que se presenta es analítico-descriptiva basada en la observación y comparación de datos objetivos, obtenidos en el segundo semestre del curso 2022/2023 en una asignatura de Alemán en el Grado de Turismo de la Universidad de Oviedo. Dicha asignatura se enmarca en el módulo de Comunicación en Lengua alemana aplicada al Turismo y se imparte en un nivel A2.1 según el *Marco común europeo de referencia para las lenguas* (MCER). La muestra se obtiene de un volumen de unas 100 tareas de producción oral y escrita generadas por los once estudiantes que participaron activamente en el programa, de las cuales para el presente estudio se escogen aquellas entregadas a través de los foros del Campus virtual de la asignatura y por correo electrónico a la profesora, además del ejercicio nº 7 (tabla 1) que se realizó en el aula. Una de estas actividades (T9) constituía el paso previo a la T10 (una prueba concreta de evaluación continua), el resto se evaluaba como participación en clase. Para la realización de estas tareas el alumnado utilizó todas aquellas herramientas digitales que estimó oportunas. Este conjunto de actividades, denominado Grupo 1 (G 1) en la tabla 1, se contrasta con otro, Grupo 2 (G 2), conformado por todos los ejercicios y pruebas, incluido el examen final, para los que no se podía contar con ningún medio fuera del expresamente permitido. Los trabajos realizados se basan en una progresión lingüística y presentan la siguiente tipología y temporalización durante el semestre (tabla 1):

Semana	Tareas Grupo 1 (G1) Con medios digitales	Tareas Grupo 2 (G2) Sin medios auxiliares
2	1. Producción escrita en foro	
3	2. Interacción persona-máquina (formulario Internet)	
5		3. Prueba de comprensión oral
7		4. Grabación de lectura
9		5. Prueba escrita
10	6. Producción escrita en foro	
11		7. Presentación oral de un texto turístico redactado y corregido con anterioridad
12	8. Producción escrita personalizada en papel y realizada en el aula	
13	9. Producción escrita: guion de una situación turística	10. Grabación en video de dicha situación sin apoyo escrito
17		11. Examen final

Tabla 1. Tipología y temporalización de las tareas. Fuente: Elaboración propia.

Para el análisis se forman cuatro bloques, según las calificaciones obtenidas por los estudiantes en las pruebas de evaluación. En cada bloque, las tareas de G1 y G2 entregadas se califican de manera individual para después comparar los resultados con el fin de analizar el posible impacto de alguna aplicación de IA utilizada. Se tiene en cuenta también la actuación del alumnado en clase, dado que arroja luz sobre las competencias realmente adquiridas por cada estudiante en el día a día y ayuda a confirmar los resultados. El total de las tareas analizadas en el grupo G1 suma 37, el del grupo G2 asciende a 57. La desigualdad reside en que el G2 comprende también las actividades que influían en la calificación final de la asignatura y la tasa de "no presentados" fue menor.

4. DESARROLLO DE LA INVESTIGACIÓN

Este curso, dirigido de manera prioritaria a las presentaciones orales en contextos turísticos, contó con un manual en formato papel incluidos CDs con los audios y solucionarios, otros materiales disponibles en el Campus virtual de la asignatura (enlaces a fuentes auténticas en alemán, algunos multimedia, esquemas gramaticales teóricos con varios ejercicios, enlaces a ejercicios *online* auto evaluables y foros para compartir tareas), herramientas de grabación de audio y vídeo, y todas aquellas digitales y de IA que los alumnos libremente decidían (en especial diccionarios en línea, traductores automáticos (NMT), ChatGPT, etc.). No se impusieron restricciones ni se ofrecieron instrucciones por parte de la profesora. Este aspecto era fundamental para el objeto de esta investigación, que buscaba entre otras cosas concocer la influencia de su aplicación informal y a menudo inexperta en la adquisición de competencias comunicativas a la vez que detectar necesidades pedagógicas concretas.

Durante las sesiones presenciales se desarrolló una importante dinámica dialógica en lengua alemana, tanto en el pleno como con trabajos grupales y por parejas, lo que permitió constatar tres tendencias: la mayoría de los estudiantes trabajaban en clase con sus portátiles, smartphones o tablets, lo que facilitaba el uso de diccionarios en línea y NMT, comprobado esporádicamente por la docente; parte de ellos tuvo grandes dificultades para entender las intervenciones orales en alemán, siempre relacionadas con el tema tratado, y en consecuencia para responder, otros sorprendieron positivamente; el trabajo en clase demostrado por los participantes confirmaba o no los resultados obtenidos en las tareas y pruebas al conocer a cada uno más en profundidad: su motivación, sus competencias comunicativas, sus estrategias de aprendizaje, su ingenio y voz.

Las tareas analizadas en este contexto se realizaron en tiempo de trabajo autónomo del estudiante, salvo el ejercicio nº 8 (tabla 1), la prueba de comprensión oral (T3) y otra escrita (de gramática, vocabulario y comprensión lectora) (T5), y el examen final (T11), cuyo calendario se conocía desde el inicio del curso. Todas recibieron corrección y *feedback* por parte de la profesora, de forma que un trabajo podía constituir el paso previo para el siguiente: por ejemplo un diálogo escrito, ya corregido, fue objeto de una lectura grabada en parejas y subida al Campus virtual, o una redacción sobre un tema turístico concreto, igualmente corregida, se expuso en clase de manera individual y sin el soporte escrito. De ahí que tanto la lectura como la exposición formen parte del grupo de control G2.

5. RESULTADOS

A continuación se exponen los resultados del análisis agrupados en cuatro bloques tomando como criterio de división el número de suspensos o aprobados en las pruebas de evaluación continua y el examen final. El conjunto de las tareas se presenta como G1 y G2, según figura en la tabla 1, y las diferentes actividades se califican según el mismo sistema de notas que los exámenes para garantizar la comparabilidad. Se valoran los siguientes factores: corrección lingüística, vocabulario adecuado al tema correspondiente, aspectos culturales adecuados, comunicación fluida y adaptada al contexto profesional, amplitud y originalidad. La guía docente prescribía ponderar las calificaciones obtenidas en las pruebas de evaluación continua y el examen final. Para el cálculo de las notas medias en el presente contexto no se aplica ninguna ponderación.

Una vez valorado el volumen total de las actividades y aplicado el criterio de división, resultan los siguientes bloques:

- Bloque 1: Tareas del alumnado que suspende todas las pruebas

- Bloque 2: Tareas del alumnado que supera todas las pruebas
- Bloque 3: Tareas del alumnado que suspende una prueba de evaluación continua, pero que obtiene una calificación de > 7 en el examen final
- Bloque 4: Tareas del alumnado que supera al menos una prueba de evaluación continua, con independencia de la calificación en el examen final.

Los resultados cuantitativos se resumen en la siguiente tabla (tabla 2):

	Tareas G1 n.p. %	Nota media G1 t. entregadas	Tareas G2 n.p. %	Nota media G2 t. entregadas	Diferencia notas medias
Bloque 1	66,6	9,4	22,2	3,2	6,2
Bloque 2	20	8,9	8,3	7,9	1
Bloque 3	10	9,2	8,3	6,2	3
Bloque 4	25	7,4	12,5	5,4	2

Tabla 2. Valoración cuantitativa de las tareas. Fuente: Elaboración propia.

Destaca el bloque 1, no solo por el alto índice de trabajos no entregados, sino también por la gran diferencia entre las notas medias de los grupos G1 y G2, lo que insinúa que las tareas del primero fueron elaboradas con varias herramientas de generación de textos y NMT. En concreto se recibieron una T2, una T6 y tres T9. La T2 consistió en rellenar, en lengua alemana, dos formularios para la reserva de una habitación en dos hoteles cuyas direcciones web estaban disponibles en el Campus virtual de la asignatura. El único formulario entregado en este bloque evidenció un error de comprensión –interesante, por cierto, por encerrar información cultural que en este nivel de aprendizaje se suele desconocer- al introducir en la casilla "Titel" (no "Anrede") un nombre de pila. Se detectaron otros detalles menores, como la falta de prefijo en el número de teléfono español o no fijarse en el número de adultos para la reserva. El apartado "Sonderwünsche" en el primer formulario se rellenó con "Guter Kundenservice und gute WiFi-Abdeckung", susceptible de ser una traducción automática de "una buena atención al cliente y buena cobertura wifi". Aparte de "wifi", que en alemán se traduce como "WLAN", llama la atención la palabra "Abdeckung", no adecuada en este contexto. Al consultar la palabra "cobertura" en varios sistemas de NMT (DeepL, Google Traductor, Bing Microsoft Translator y Pons), se recibe como resultado en todos los casos "Abdeckung". Si se introduce toda la expresión antes mencionada, Pons traduce "guter Kundenservice und gute WiFi-Abdeckung", los demás "guter Kundenservice und gute WLAN-Abdeckung". Si en Pons se añade el determinante "una" antes de "cobertura", el sistema emite "gute Kundenbetreuung und gute WiFi-Abdeckung". "Kundenbetreuung" como sinónimo de "Kundenservice" también aparece si se restringe la búsqueda, en Pons, a "atención al cliente", palabra que la estudiante escogió para el segundo formulario. El verdadero problema se presenta con el sustantivo "Abdeckung". Si la alumna hubiera consultado un diccionario en línea, habría encontrado la traducción correcta: "Empfang", que en Leo figura en segundo lugar entre todas las acepciones, en Pons, en el último, y que Langenscheidt también ofrece; todos la enmarcan en su ámbito de aplicación. La práctica de buscar palabras sueltas mediante NMT y no en diccionarios parece generalizada, posiblemente por falta de formación o comodidad: "We say this in the knowledge that language learners and university students in general do, in fact, use FOMT engines very frequently to find translations of single words" (Carré *et al.*, 2022, p. 200). Carré *et al.* destacan la importancia del diccionario por ofrecer definiciones y estar diseñado y revisado por lexicógrafos, mientras que las traducciones de una sola palabra o términos aislados efectuadas por NMT a menudo no son fiables (2022, p. 200), como se ha visto en el caso citado, por lo que estos autores recomiendan:

> *Overall, it makes much more sense to use NMT with full sentences [...] or texts than with isolated words or phrases. When looking for a word, a collocation or a phrase, it might be more efficient and reliable to use a dictionary and/or a corpus, since you will get controlled results (2022, p. 201).*

En la actividad T6 se le pedía a los discentes expresar su opinión en el foro correspondiente sobre uno de estos tres temas: redes sociales, prácticas o plurilingüismo. Solo se obtuvo una respuesta. La autora de esta redacción presentó un trabajo breve pero impecable, en un nivel lingüístico superior al exigido, que reflejaba un registro muy formal y el uso por ejemplo del genitivo, participio de presente adjetivado, subordinadas con *zu* + infinitivo y elementos catafóricos ("kann dazu führen, dass"). Este resultado contrasta poderosamente con el del examen final, donde los ejercicios de producción escrita se dejaron en blanco.

De manera similar, para cumplir con la tarea T9, dos estudiantes entregaron un guion prácticamente perfecto, paso previo a la grabación en video de la situación turística diseñada en él. Se incorporan las estructuras gramaticales tratadas en el curso, que era uno de los requisitos exigidos, pero se emplean también muchas que aún no se habían estudiado: el futuro simple, subordinadas de relativo, preguntas indirectas, una subordinada que depende de otra, voz pasiva en *Präteritum*, declinación de un adjetivo en superlativo, elementos anafóricos, oración subordinada con *damit*, subjuntivo de pasado (*Konjunktiv II*), subordinadas con *zu* + infinitivo, partículas modales ("lassen Sie es uns einfach wissen"). Se encuentra vocabulario también propio de niveles lingüísticos superiores: *im Hinterkopf behalten*, traducción de DeepL cuando se introduce "tener en cuenta"; *bereits, irgendwelch-, in der Zwischenzeit, verfehlen, benötigen, Gehminuten, weitere Fragen, falls, beheben, wunderschönes, derselb-*. Además se utilizaron expresiones típicas de conversaciones con clientes, por ejemplo "disculpe las molestias", "no dude en…" y "¿Quiere que le acompañe?", vertidas al alemán, en este orden, por NMT como "Entschuldigen Sie die Unannehmlichkeiten", "Zögern Sie bitte nicht.." y "Möchten Sie, dass ich Sie begleite?". Estas dos últimas son traducciones correctas, pero no idiomáticas. "Soll ich Sie begleiten?" sería la propuesta más frecuente, y que ofrece el traductor de Pons. Varias de las fórmulas estándar ofrecidas coinciden con las utilizadas por las estudiantes, lo que lleva a pensar en el posible uso de la aplicación ChatGPT, que en segundos genera propuestas diferentes incluso repitiendo el mismo *prompt*. Su redacción contrasta con las actividades del G2, el grupo de control, de manera muy concreta en el video correspondiente (T10), donde se percibe claramente que las autoras no están a la altura de su propio guion, que han memorizado sin entender mucho. El diálogo tiene algunos aciertos pero con errores de gramática, algunas frases están incompletas, se unen partes de oraciones con otras sin sentido alguno y, lo más notorio, los errores de pronunciación (no de acento) y una entonación a veces no idiomática dificultan mucho la comprensión. El tercer guion entregado presenta características parecidas. Contiene algunos errores culturales como el uso inadecuado de *du/Sie*, que en el video se subsanan, pero la pronunciación deficiente imposibilita en determinados momentos la comprensión del diálogo representado, y ello a pesar de haber sido mejorada con respecto a la lectura grabada en audio, la T4, donde se escuchan [ɔk] (ok.) y [tuai] (zwei), y se utiliza "möchen" para todas las personas gramaticales (error perpetuado a lo largo del curso). En algunos casos como este no es suficiente escuchar hablar en alemán en el aula. Existen aplicaciones de IA para practicar la pronunciación que emiten también *feedback*, por ejemplo Sylby, recomendada por el Instituto Goethe (Scholvin, 2022).

En todo el bloque 1 se observa que el uso de aplicaciones de IA, en especial NMT, no se aprovecha como sería lo deseable para mejorar el aprendizaje debido al bajo nivel lingüístico de las participantes. Se han apoyado en exclusiva en estas herramientas, sin invertir en esfuerzo y trabajo personal, con lo que se confirman los resultados de otras investigaciones: para mejorar la comprensión y producción oral y escrita en lengua extranjera con el uso de NMT se necesita en primer lugar "reasonably good proficiency in the foreign language, and second, sound knowledge of MT and a set of skills now often described as 'machine-translation literacy'" (Carré et *al.*, 2022, p. 195).

En el bloque 2, compuesto por las tareas del alumnado que supera todas las pruebas, se observa la tendencia a la inversa. La nota media del G1 es alta y solo supera en un punto la del G2. Las tareas realizadas por una de las estudiantes demuestran una estrategia combinada: escribir desde los propios conocimientos con la ayuda de materiales y apuntes y el apoyo de herramientas digitales, de lo que dan fe las T1, T8 y T9. El aprendizaje se refleja en los ejercicios de redacción en el examen final (T11), donde supo aprovechar su propia T1 con las correcciones recibidas en su momento y la T6 de otra compañera, dado que ambos trabajos se encontraban en los foros correspondientes del Campus virtual. Su propia T6, en la que expresó su opinión sobre redes sociales, la elaboró a partir de alguna herramienta de NMT y/o generador de textos a juzgar por el nivel lingüístico: el uso sin errores de elementos catafóricos ("sich darüber im Klaren sein"), subordinadas con *zu* + infinitivo (las usa también en la redacción del examen final), "wir sollten... ", varias subordinadas dependientes de otra (con verbo separable), "solange man... ", y vocabulario como *mit Bedacht, Missbrauch, Verbreitung von..., verlässlichen Quellen*. Otra estudiante, con una base en alemán ya más consolidada, parece trabajar de manera más tradicional, con cuaderno y bolígrafo en clase. Las consultas puntuales de herramientas digitales no se detectan con facilidad, salvo por algunas estructuras gramaticales en el guion de T9. De sus trabajos escritos y orales se desprende que ha asumido los contenidos y los sabe comunicar con una corrección y fluidez aceptables, lo que se ve también en su actuación en el video (T10). En este bloque, las tareas entregadas están en consonancia con las intervenciones de sus autoras en clase y con su estudio y trabajo personal. Se llega a la conclusión de que este incluso se podía haber completado con el uso experto de algunas herramientas digitales. De ahí la importancia del desarrollo de una *AI literacy*, que también beneficia al alumnado con un buen nivel de lengua.

El bloque 3 está conformado por las tareas del alumnado que suspende una prueba de evaluación continua, pero que consigue una calificación superior a un 7 en el examen final. Para su realización se han utilizado herramientas de IA en la producción escrita, más notable en el caso de un alumno porque sus redacciones en el grupo G1 contrastan bastante con los resultados de redacción en el G2. Además, él mismo confirmó *a posteriori* haber recurrido a DeepL. Otro estudiante aprovechó, en un proceso de estudio constante, todos los medios analógicos y digitales a su alcance, como los materiales facilitados por la docente, diccionarios *online*, NMT, etc. La T7, presentación oral de un texto turístico propio y corregido por la docente, es un ejemplo de la integración de estos medios. El alumno había preparado un tema con vocabulario muy específico que había consultado, pero que supo explicar en su exposición. Es este el caso de los participantes donde mejor se ha visto cómo las herramientas digitales han supuesto un complemento valioso en el proceso de aprendizaje, que por otro lado no habría servido de mucho sin el estudio concienzudo de la lengua. El estudiante, que no partía de una base muy firme en alemán, experimentó una mejora progresiva, con una competencia comunicativa bastante aceptable, aunque la pronunciación fue la parte más débil. Lo que no se pudo compensar con aplicaciones de IA, en ninguno de los cuatro bloques, fue la formación en aspectos culturales.

Finalmente, las tareas del alumnado que supera al menos una prueba de evaluación continua, con independencia de la calificación en el examen final, constituyen el bloque 4. Se caracteriza por la heterogeneidad de los trabajos, aunque sean de un mismo alumno o una misma alumna, por lo que se detecta fácilmente qué tareas se han realizado con NMT y cuáles no. Un ejemplo es el video (T10) de un alumno, en el que sus errores típicos (las fechas con números cardinales, confusiones al decir la hora, incongruencia en el trato de los interlocutores) coexisten con estructuras de participio, preposiciones que rigen genitivo o subordinadas de relativo con preposiciones. Otro caso es el de una alumna cuyas redacciones (T1, T6 y T8) son de calidad muy dispar: la primera merece un 9,9, las otras dos un 3 y 3,5 respectivamente. No se trata de detectar en este contexto lo que se debate en muchas instituciones como posible fraude (Limburg *et al.*, 2022, Carré *et al.*, 2022, Jolly y Maimone, 2022), sino de constatar que el uso de NMT puede no conectar en absoluto con el aprendizaje del estudiante, ni ayudar a su personalización, y habría que ahondar en la casuística. En los ejemplos citados puede influir que el alumnado confíe demasiado en sus conocimientos previos o esté anclado por momentos en una falta de constancia y dedicación.

6. DISCUSIÓN

A la vista de los resultados de este estudio de caso se plantean varias preguntas. Todas las tareas y pruebas se calificaron como productos de la autoría exclusiva del estudiantado, que en el caso de las presenciales del G2 estaba garantizada en cumplimiento del Reglamento de evaluación de la Universidad de Oviedo, según el cual "no está permitido otro material que el distribuido por el profesorado y aquel otro que expresamente autorice" (2013, p. 7). Autorizar medios electrónicos en un examen para la realización de ejercicios con la ayuda de algún programa basado en IA sería actualmente inviable por falta de medios de control. La cuestión está entonces en cómo preparar a los estudiantes con el apoyo de herramientas digitales y de IA para que superen los exámenes prescindiendo de ellas. El citado reglamento también prevé la evaluación de trabajos individuales o grupales entregados por el alumnado en su artículo 24.3 y advierte sobre "el uso fraudulento de trabajos de otros como si del de uno mismo se tratara y con la intención de aprovecharlo en beneficio propio" (Universidad de Oviedo, 2013, p. 7). ¿Cómo evaluar las tareas entregadas por el estudiantado que muy probablemente haya utilizado instrumentos de IA para su realización, con independencia de que esté prohibido o no, cuando por ley puede atribuirse la autoría de un texto generado por un modelo de lenguaje como por ejemplo ChatGPT? Autoría significa haber utilizado la herramienta como simple medio auxiliar en apoyo a la propia actividad creativa de la persona. Lo decisivo en este caso es "ein signifikantes Maß an geistiger Eigenleistung, welche die Gestalt des KI-generierten Textes in den wesentlichen Aspekten vorherbestimmt" (Hoeren, 2023, p. 23). No será fácil para el profesorado conocer cuál es esta parte significativa de aportación intelectual propia que predetermina los aspectos esenciales del texto generado por IA. ¿Cómo evitar el llamado *Ghostwriting* –escritura fantasma que esconde al autor- y fomentar la honestidad académica? Limburg *et al.* ofrecen un modelo de "Eigenständigkeitserklärung im Zeitalter kollaborativer Mensch-Maschine-Schreibprozesse an Hochschulen", una declaración al uso en las universidades alemanas, pero con la novedad de que el/ la estudiante indique qué herramientas de escritura basada en TI/IA ha utilizado para la realización del trabajo presentado, con inclusión del nombre del producto, la URL de acceso, las funciones del *software* de las que se ha beneficiado y el volumen de su uso, con excepción de aquellas que en su universidad no son de declaración obligatoria (2022, p. 103).

Otro aspecto importante es la formación en competencias de recepción y producción en lengua extranjera, el alemán en nuestro caso, y de interacción intercultural aplicadas al mundo profesional del turismo que presenta muchas situaciones que exigen intervenciones orales espontáneas de interacción con actores internacionales y a menudo con importantes implicaciones culturales. La oralidad se nutre y se consolida con la escritura, por lo tanto es imprescindible desarrollar ambas paso a paso, siguiendo los descriptores del MCER. El uso de aplicaciones de IA ha de reforzar este proceso. Sin embargo, según Delorme Benites y Lehr, "a logical learner-centred progression scheme can be disrupted by the rise of AI" (2021, p. 57) y "the linear progression described through the CEFR level scale might no longer be followed by many learners. If so, how can teachers provide learners with the necessary proficiency to perform the goal activities described in the upper levels?" (p. 59) Si pretendemos que el aprendiz sea capaz de realizar tareas por sí mismo, sin depender en todo momento de un traductor automático o un generador de textos, cabe preguntarse sobre su impacto en el proceso de enseñanza-aprendizaje del idioma. En este sentido, un estudio con más de mil redacciones producidas por estudiantes estadounidenses de español y francés como lengua extranjera arroja resultados sorprendentes. Para la realización de las tareas se dividió al alumnado en cinco grupos según se permitía el uso de IA o no: dos grupos en los que el uso de Google Translate se admitía, uno con previa formación y entrenamiento, el otro, no; otros dos grupos en los que se permitía el uso de diccionarios *online* (WordReference), uno con previa formación y entrenamiento, el otro, no; otro grupo en el que no se podían consultar ninguno de estos medios citados. Los estudiantes que utilizaron Google Translate y recibieron instrucciones sobre su uso consiguieron las mejores calificaciones, pero no en los *posttests* en los que ya no se permitía ninguna herramienta: "The Posttest revealed that the Google Translate group that received training [...] did significantly worse than three of the other groups"; "Delayed Posttest suggest that there was no longer-term effect on student performance after using online translation, for the GT-T group or GT+T" (O'Neill, 2019, p. 59). La ventaja de este grupo solo lo fue a corto plazo y las puntuaciones más altas en sus redacciones no lo llevaron a un mayor aprendizaje. ¿Cúales son entonces los objetivos a la hora de servirse de aplicaciones de IA? O'Neill opina que su uso puede estimular a los alumnos a explotar mejor sus conocimientos y contribuir a una comunicación efectiva (O'Neill, p. 60), se entiende que en los momentos de acceso, pero esto no siempre será posible en todas las situaciones profesionales.

También es preciso reflexionar sobre la competencia de comprensión lectora. Si para entender un texto en alemán no hace falta leer el original porque se dispone de NMT, el aprendiz se arriesga a saltarse pasos importantes que construyen su conocimiento, dado que al leer en la lengua extranjera adquiere vocabulario que luego necesita en niveles superiores; por ejemplo en el C1, según el MCER, se le pide entre otras cosas saber apreciar distinciones de estilo (Consejo de Europa, 2002, p. 31). Quedaría un hueco importante que podría acarrear un dilema: "If job applicants indicate a reading level C1 on their CV using the support of MT tools, this no longer means that they have enough competence to achieve level C2 soon." (Delorme Benites y Lehr, 2021, p. 61). En nuestro contexto del Grado en Turismo, la formación en Lengua alemana acaba con el nivel A2. Por consiguiente, es fundamental ayudar al estudiantado a adquirir estrategias para extraer lo esencial de un texto que a veces supera sus conocimientos gramaticales sin depender de NMT.

Finalmente cabe mencionar que todos los participantes necesitan formación continua para alcanzar un nivel suficiente de *AI literacy*, en especial el docente, dado que sin esa alfabetización un diseño pedagógico para optimar todos los recursos no será posible.

Algunos profesores podrían ser reticentes a la incorporación de tecnologías emergentes en sus cursos, de ahí la importancia de unas medidas de sensibilización previa. No se trata de sustituir los métodos más tradicionales de enseñanza-aprendizaje, sino de enriquecerlos donde las herramientas de IA lo permitan. Se confirman por tanto todas las hipótesis formuladas en el apartado sobre los objetivos.

7. CONCLUSIONES

Se concluye que para futuras ediciones de la asignatura de Alemán en Turismo en un nivel A2 según el MCERL conviene incorporar al menos una sesión al inicio de curso sobre las aplicaciones de IA susceptibles de reforzar la adquisición de las competencias establecidas para este módulo, sus funciones y formas de uso, las oportunidades que ofrecen y los riesgos que encierran. El ejemplo del sistema Sylby arriba citado, orientado a la mejora de la pronunciación y que en los casos que más lo necesitaban con bastante probabilidad no se utilizó, quizás también por ignorar su existencia, invita a reflexionar sobre si el uso que hacen los alumnos de las aplicaciones se encamina fundamentalmente a reducir su carga de trabajo o a la mejora de sus conocimientos. Por eso sería interesante establecer un plan de trabajo que determinara con más detalle con qué herramientas concretas se pueden elaborar ciertas tareas, y guardar un espacio para la realización de otras sin medios digitales o de IA. Este método mixto llevará a la renovación de contenidos y al reajuste de la metodología, en función de las necesidades profesionales del estudiantado.

La limitación de este estudio reside en el volumen de la muestra analizada y en el hecho de no poder contar con más revisores. La calificación de las tareas tiene un margen de subjetividad, como es lógico, pero la intención fue detectar tendencias en el comportamiento de estudio y aprovechamiento de las aplicaciones de IA, y a la vista de los resultados definir nuevas líneas de investigación en este campo. Las tendencias recogidas en los cuatros bloques confirman la necesidad de más estudios de caso y experimentales. Urge investigar en profundidad el impacto del uso de programas TI/AI en los estudiantes para conocer qué sistemas apoyan un aprendizaje eficaz y cuáles atrofian la capacidad del discente de desarrollar las competencias comunicativas que necesita para una incorporación exitosa al mercado laboral.

8. REFERENCIAS

Carré, A., Kenny, D., Rossi, C., Sánchez-Gijón, P. y Torres-Hostench, O. (2022). Machine translation for language learners. En D. Kenny (Ed.), *Machine translation for everyone: Empowering users in the age of artificial intelligence* (pp.187–207). Language Science Press. https://doi.org/10.5281/zenodo.6760024

Consejo de Europa (2002). *Marco común europeo de referencia para las lenguas: aprendizaje, enseñanza, evaluación.* Versión en castellano. Instituto Cervantes. https://cvc.cervantes.es/ensenanza/biblioteca_ele/marco/cvc_mer.pdf

Delorme Benites, A. y Lehr, C. (2021). Neural machine translation and language teaching – possible implications for the CEFR. *Bulletin suisse de linguistique appliquéee*, 114, 47-66. https://doi.org/10.21256/zhaw-24716

European Parliament (2017). *Language equality in the digital age - Towards a Human Language Project.* European Parliamentary Research Service. Autores externos: Rivera Pastor, R., Tarín Quirós, C., Villar García, J. P., Badia Cardús, T. y Melero Nogués, M. https://www.europarl.europa.eu/RegData/etudes/STUD/2017/598621/EPRS_STU(2017)598621_EN.pdf

Hartmann, D. (2021). Künstliche Intelligenz im DaF-Unterricht? Disruptive Technologien als Herausforderung und Chance. *Info Daf, 48*(6). 683–696. https://doi.org/10.1515/infodaf-2021-0078

Hein, R. M., Wienrich, C. y Latoschik, M. E. (2021). A systematic review of foreign language learning with immersive technologies (2001-2020). *AIMS Electronics and Electrical Engineering, 5*(2), 117–145. https://doi.org/10.3934/electreng.2021007

Hoeren, T. (2023). Rechtsgutachten zum Umgang mit KI-Software im Hochschulkontext. En P. Salden y J. Leschke (Eds.), *Didaktische und rechtliche Perspektiven auf KI-gestütztes Schreiben in der Hochschulbildung.* Zentrum für Wissenschaftsdidaktik der Ruhr-Universität Bochum. https://doi.org/10.13154/294-9734

Jolly, J.R. y Maimone, L. (2022). Thirty Years of Machine Translation in Language Teaching and Learning: A Review of the Literature. *L2 Journal, 14*(1), 26-44. https://doi.org/10.5070/L214151760

Kannan, J. y Munday, P. (2018): New Trends in Second Language Learning and Teaching through the lens of ICT, Networked Learning, and Artificial Intelligence. *Círculo De Lingüística Aplicada a La Comunicación, 76*, 13–30. http://dx.doi.org/10.5209/CLAC.62495

Kasneci, E., Sessler, K., Küchemann, S., Bannert, M., Dementieva, D., Fischer, F., Gasser, U., Groh, G., Günnemann, S., Hüllermeier, E., Krusche, S., Kutyniok, G., Michaeli, T., Nerdel, C., Pfeffer, J., Poquet, O., Sailer, M., Schmidt, A., Seidel, T., Stadler, M., Weller, J., Kuhn, J. y Kasneci, G. (2023). ChatGPT for Good? On Opportunities and Challenges of Large Language Models for Education. *Learning and Individual Differences, 103*, 1-9. https://doi.org/10.1016/j.lindif.2023.102274

Klein, B., Demantowsky, M., Lauer, G., Schmidt, R. y te Wildt, B. (2020). Einleitung. En M. Demantowsky, G. Lauer, R. Schmidt y B. te Wildt (Eds.), *Was macht die Digitalisierung mit den Hochschulen? Einwürfe und Provokationen* (pp. 1-11). De Gruyter Oldenbourg. https://www.degruyter.com/document/doi/10.1515/9783110673265-001/html

Klimova, B., Pikhart, M., Polakova, P., Cerna, M., Yayilgan, S.Y. y Shaikh, S. (2023). A Systematic Review on the Use of Emerging Technologies in Teaching English as an Applied Language at the University Level. *Systems, 11*(42). 1-15. https://doi.org/10.3390/systems11010042

Krüger, R. (2022). Zum möglichen Einfluss der neuronalen maschinellen Übersetzung (und weiterer sprachrelevanter KI-Technologien) auf die Fremdsprachenlehre. https://www.goethe.de/resources/files/pdf289/ki_fremdsprache_praesentation_ralph-krueger.pdf

Kushmar, L.V., Vornachev, A.O., Korobova, I.O. y Kaida, N.O. (2022). Artificial Intelligence in Language Learning: What Are We Afraid of. *Arab World English Journal (AWEJ)*, Special Issue, 8, 262-273. https://dx.doi.org/10.24093/awej/call8.18

Limburg, A., Mundorf, M., Salden, P. y Weßels, D. (2022). Plagiarismus in Zeiten Künstlicher Intelligenz. *Akademische Kultur und Wissenschaftsfreiheit angesichts der Digitalisierung von Lehren und Lernen, 17*(3), 91-106. https://doi.org/10.3217/zfhe-17-03/06.

Mohr, G., Reinmann, G., Blüthmann, N., Lübcke, E. y Kreinsen, M. (2023). Übersicht zu ChatGPT im Kontext Hochschullehre. Universität Hamburg, pp. 1-12. https://www.hul.uni-hamburg.de/selbstlernmaterialien/dokumente/hul-chatgpt-im-kontext-lehre-2023-01-20.pdf

O'Neill, E.M. (2019). Training students to use online translators and dictionaries: The impact on second language writing scores. *International Journal of Research Studies in Language Learning, 8*(2), 47-65. https://doi.org/10.5861/ijrsll.2019.4002

Renz, A., Krishnaraja, S. y Gronau, E. (2020). Demystification of Artificial Intelligence in Education. How much AI is really in the Educational Technology? *International Journal of Learning Analytics and Artificial Intelligence for Education (iJAI)*, *2*(1), 14-30. https://doi.org/10.3991/ijai.v2i1.12675

Rodríguez Pérez, N. y Heinsch, B. (2021). El impacto de la digitalización en la competencia comunicativa en lenguas extranjeras en la Educación Superior. *Revista Latinoamericana de Tecnología Educativa - RELATEC*, *20*(1), 71-85. https://doi.org/10.17398/1695-288X.20.1.71

Ruhr-Universität Bochum (2023). Künstliche Intelligenz. Freund oder Feind? https://news.rub.de/studium/2023-05-25-kuenstliche-intelligenz-freund-oder-feind

Salden, P. y Leschke, J. (Eds.) (2023). *Didaktische und rechtliche Perspektiven auf KI-gestütztes Schreiben in der Hochschulbildung*. Zentrum für Wissenschaftsdidaktik der Ruhr-Universität Bochum. https://doi.org/10.13154/294-9734

Scholvin, V. (2022). "SYLBY": Aussprachetraining und künstliche Intelligenz. https://www.goethe.de/prj/dlp/de/magazin-sprache/zuk/tdf/23559365.html

Trujillo Sáez, F., Salvadores Merino, C. y Gabarrón Pérez, A. (2019). Tecnología para la enseñanza y el aprendizaje de lenguas extranjeras: revisión de la literatura. *RIED. Revista Iberoamericana de Educación a Distancia*, *22*(1), 153-169. https://doi.org/10.5944/ried.22.1.22257

Universidad de Oviedo (2013). Acuerdo de 17 de junio de 2013, del Consejo de Gobierno de la Universidad de Oviedo, por el que se aprueba el texto refundido del Reglamento de evaluación de los resultados de aprendizaje y las competencias adquiridas por el alumnado. *Boletín Oficial del Principado de Asturias*, núm. 147 de 26-VI-2013 [Cód. 2013-11835], 8 págs. https://sede.asturias.es/bopa/2013/06/26/2013-11835.pdf

Woo, J.H. y Choi, H. (2021). Systematic Review for AI-based Language Learning Tools. *Journal of Digital Contents Society*, *22*(11), 1783-1792. https://doi.org/10.9728/dcs.2021.22.11.1783

DE LA MANO DE LA INTELIGENCIA ARTIFICIAL. EL VERDADERO PAPEL DE ESTA INNOVACIÓN TECNOLÓGICA EN LA CREACIÓN DEL ARTE EN EL ANIME

Antonio Horno López [1]

1. INTRODUCCIÓN

En los últimos años, la popularidad de las series y películas de animación japonesa ha aumentado significativamente en todo el mundo. A medida que los servicios de *streaming* (*Netflix, Crunchyroll, Funimation,* etc.) han ganado terreno en la industria del entretenimiento, los consumidores han tenido acceso a una amplia variedad de anime en cualquier momento y lugar, expandiendo la riqueza y diversidad, propios de este producto nipón, a una audiencia mucho más global.

Además, la innovación tecnológica ha hecho posible que la producción de anime avance significativamente en los últimos años y el uso de herramientas de animación 2D y 3D ha permitido que los animadores puedan crear escenas más detalladas, dinámicas y visualmente más impactantes, logrando, a su vez, reducir el tiempo y los costes de producción de una manera más eficiente.

Del mismo modo, la Inteligencia Artificial (IA) también ha comenzado a hacerse hueco como herramienta complementaria en la producción de anime. Este tipo de avance tecnológico puede ayudar en la creación de escenas complejas, el desarrollo automatizado de movimientos intermedios o, como se ha dado a conocer recientemente con la obra *The Dog & The Boy* (2023), en la elaboración de los fondos. Este corto, de unos 3 minutos de duración y dirigido por el animador Ryoutarou Makihara, busca experimentar la generación automática de imágenes para la escenografía de las animaciones.

No obstante, el incesante progreso de la IA y lo llamativo de sus resultados dentro del ámbito de las artes está dando lugar a diferentes posicionamientos, en donde, por ejemplo, se debate si la utilización de estas herramientas en la producción de animación sería beneficioso o no para su desarrollo. Así, mientras desde la propia industria se argumenta que el aprovechamiento de la IA podría solventar las carencias de personal y crear obras a un ritmo más rápido, gran parte del público que consume estos productos cuestiona esta justificación exponiendo que la IA podría estar reemplazando la labor de los artistas y que ello podría suponer, además de la pérdida de numerosos puestos de trabajo, una reducción de la creatividad y la originalidad en el producto final. Sin embargo, y a pesar de las críticas, no se puede negar el enorme potencial de estas herramientas, pues cada

---

vez son más comunes los proyectos que buscan utilizar la IA para explorar y aprovechar sus capacidades.

Por todo ello, y a objeto de comprender la función real de la IA en el proceso creativo e identificar su impacto en la creación artística, en esta investigación se llevará a cabo, en primer lugar, una revisión bibliográfica de estudios recientes sobre los resultados más destacados en la utilización de aplicaciones de IA en el contexto artístico actual. Así mismo, y tras la descripción detallada de los programas más relevantes del ámbito, se analizarán, exhaustivamente, los aspectos estéticos y técnicos de los cortometrajes *The Dog & The Boy* (2023) y *Anime: Rock, Paper, Scissors* (2023), los cuales han aprovechado la IA en parte de su proceso de producción, lo que ha suscitado una gran polémica, ya que sus resultados no han dejado indiferente a nadie, generando debates acerca de los límites y el impacto de esta tecnología en la industria del entretenimiento.

2. OBJETIVOS

A continuación, se exponen los principales objetivos del estudio:

Realizar una revisión bibliográfica de estudios, propuestas y fuentes relevantes recientes sobre el uso de herramientas de IA en el mundo del arte y la animación japonesa.

1. Realizar una revisión bibliográfica de estudios, propuestas y fuentes relevantes recientes sobre el uso de herramientas de IA en el mundo del arte y la animación japonesa.

2. Contextualizar el estado actual de la utilización de aplicaciones de IA en el ámbito de la imagen y, en concreto, del anime, así como su posible impacto en la industria y en la creatividad de los artistas.

3. Describir algunas de las herramientas artísticas que dispongan de algoritmos de aprendizaje automático, procesamiento de imágenes y otros enfoques relacionados con el proceso de creación.

4. Analizar obras recientes que hayan utilizado IA para su elaboración, a objeto de comprender las ventajas o desventajas de su utilización, su potencial como herramienta complementaria para la creatividad del artista y su eficacia gráfica y técnica en el resultado final.

3. MARCO TEÓRICO: LA IA EN EL ÁMBITO ARTÍSTICO

Indiscutiblemente, el siglo XXI se caracteriza por ser una era dominada por la información, la comunicación y la tecnología digital, donde estamos siendo testigos de una nueva revolución: la IA.

La IA y el aprendizaje automático están adquiriendo una creciente importancia en nuestra sociedad, ya que están moldeando nuestro futuro de manera fascinante. Conforme las herramientas de IA van evolucionando, volviéndose más capaces de comprender, afectar y reproducir nuestras percepciones, cada vez se vuelve más necesario empezar a explorar las formas innovadoras de implementar esta tecnología en nuestro proceso de creación, independientemente del ámbito al que pertenezcamos.

La integración de la IA en la creación artística y en la toma de decisiones en el diseño de nuestro entorno puede abrir nuevas posibilidades creativas y transformar la forma en que experimentamos el mundo. La interacción entre la tecnología y la creatividad humana puede generar resultados sorprendentes y enriquecedores (Ocampo-Rendón, 2022, p. 224).

De la misma manera, dentro de este ámbito artístico, la revolución de los medios digitales es el resultado de la combinación y avance del arte y la tecnología de vanguardia, incluyendo el procesamiento de información digital, el almacenamiento y la adquisición de datos digitales, entre otros (Liu, 2022, p. 57). Esto ha llevado al desarrollo de herramientas que son capaces de crear o imitar de manera automática procesos casi completos en la elaboración de animaciones, diseño de escenografías, referencias para la creación de personajes, autocompletado de colores y fotogramas intermedios, entre otros avances.

En la tesis doctoral *Arte e inteligencia artificial: técnicas de aprendizaje automático en el arte generativo actual* de De Propios (2022), se destaca la importancia de la IA como medio a través del cual las máquinas pueden comunicarse y expresarse en el campo del arte. Los artistas, sin importar su disciplina, son quienes guían la mente de la máquina hacia el espectador, dándole a la IA un protagonismo que ha generado controversia en debates sobre la autoría y la creatividad en la obra, relegando al ser humano a un papel de simple intermediario en el proceso creativo. Sin embargo, se ha evidenciado —y como se verá más adelante durante el análisis— que el papel humano es indispensable en ciertas etapas del proceso para que el resultado sea factible.

El estudio también hace una llamada de atención a la necesidad de introducir estas tecnologías en desarrollo como herramientas en la formación artística, con el potencial de contribuir significativamente en el futuro (De Propios, 2022). No obstante, es importante tener en cuenta las implicaciones éticas y sociales de la IA. Es fundamental abordar cuestiones como la responsabilidad, la equidad y la privacidad en la implementación de estas herramientas en diferentes campos. Además, no debemos perder de vista la importancia de la creatividad y la originalidad, propias del ser humano, en un mundo cada vez más impulsado por la tecnología. Por ello, es importante encontrar un equilibrio entre el uso de la tecnología y la valoración del papel creativo y autoría del ser humano en el proceso artístico, reconociendo que la IA puede ser una herramienta poderosa, pero que aún depende de la creatividad y visión humanas para alcanzar su máximo potencial en el campo del arte.

Del mismo modo, y para terminar este apartado, hay que mencionar que, aunque el libre acceso a diferentes softwares de IA ha hecho que hoy, más que nunca, seamos conscientes de las posibilidades de estos avances, esta tecnología no es algo reciente. Así, en el ámbito de la animación japonesa Yuichi Yagi, programador CG, comenzó en 2017 a desarrollar un programa que aprovechaba la red neuronal de aprendizaje profundo de *Dwango (Dwango Artificial Intelligence Laboratory)* para completar los espacios entre los fotogramas claves de los personajes en series animadas, como *FLCL Progressive* (2018). Es decir, diseñó una IA que era capaz de crear los fotogramas intermedios de un movimiento animado para que este se percibiera más fluido. Igualmente, la editorial japonesa de manga Hakusensha, presentó, por estas mismas fechas, un programa de coloreado automático llamado *PaintsChainer* (Loveridge, 2017), que ayudaría y aligeraría el proceso de creación del cómic. Una serie de avances puntuales en el proceso de creación que, a día de hoy, han evolucionado de una forma tan abrumadora que artistas e investigadores se han puesto en alerta frente a las capacidades y resultados de esta tecnología.

3.1. Aplicaciones para la creación de manga y anime con IA

Actualmente, *Clip Studio Paint* es uno de los programas referentes en el mundo del manga y la animación japonesa. Este software de dibujo y pintura digital, creado por la compañía japonesa Celsys, ofrece una amplia gama de funciones para artistas y diseñadores, como la personalización de pinceles, creación de animaciones 2D, herramienta de diseño de personajes y modelos 3D, etc. Precisamente, esta última función, extrae las poses para las figuras tridimensionales mediante IA. A partir de un escaneo de las posiciones de una figura fotografiada, el programa es capaz de imitarlas y reproducirlas en un modelo tridimensional, incluso, en zonas determinadas como podrían ser las manos (Clipstudio, 2023).

Dentro de la gran variedad de motores de IA diseñados específicamente para crear imágenes a partir de texto u otras imágenes —como es el caso de *Dall-e 2*; *Midjourney*; *Dreamstudio* o *Canva*— y, concretamente, utilizados para reproducir la estética anime, se destaca la herramienta *Stable Diffusion*. Al igual que el popular *ChatGPT*, esta herramienta dispone de un sistema de aprendizaje automático, es decir, que va aprendiendo progresivamente a su utilización. Sin embargo, además de esta cualidad de crear imágenes de la nada o en base a otra imagen previa, *Stable Diffusion* permite igualmente editarlas y eliminar o añadir elementos concretos.

El hecho de que este tipo de programas se encuentren disponibles para cualquier usuario conlleva que puedan combinarse con otras aplicaciones semejantes, logrando que sus posibilidades lleguen a ser infinitas. Es lo que ha ocurrido, por ejemplo, con *ControlNet*, una tecnología que admite el agregado de líneas de contorno, profundidad, segmentación de las áreas de la imagen, etc., a modelos que han sido previamente entrenados, como es el caso de *Stable Diffusion* o *AnimeLike25D* (Gigazine, 2023). Al combinar estas herramientas, el usuario Neil Wong de la plataforma *Youtube*, ha conseguido llegar a crear, a partir de otros vídeos de imágenes reales, videoclips bastante logrados cuyos personajes tienen una apariencia manga/anime (Wong, 2023).

Resultados de estudios recientes, como los expuestos por Li (2023), concluyen también que la utilización de la IA en la producción de animación no solo puede proporcionar materiales de referencia para los animadores, sino que igualmente puede ayudar a estimular la imaginación y creatividad de los creadores, a la vez que reduce costos y potencia la eficiencia de la producción.

Tanto este caso como algunas investigaciones recientes que ponen en práctica la posibilidad de crear y aprovechar una herramienta de IA para generar fotogramas intermedios en animación bidimensional, demuestran el asombroso potencial que podría llegar a tener estas aplicaciones en un futuro (Soto, 2022). Pese a ello, hay que advertir que sus resultados finales aún siguen siendo insuficientes, en mayor o menor medida, en cuanto al desarrollo de poses claves o edición de vídeo. Así mismo, y al igual que ocurre con la popular herramienta de generación de texto *ChatGPT*, su utilización debe enfocarse como un punto de partida para el trabajo humano, no como el resultado definitivo de algo, sin que ello precise de una verificación previa (Lopezosa y Ferran-Ferrer, 2023), quedando siempre en las manos del artista la revisión y responsabilidad de la utilización de estas herramientas.

4. METODOLOGÍA

El análisis de este estudio se llevará a cabo partiendo del proceso metodológico establecido en la tesis doctoral "*Animación japonesa. Análisis de series de anime actuales*" (Horno López, 2014b), el cual se fundamenta, principalmente, en el análisis estético y técnico —características visuales, calidad del movimiento, avances técnicos, etc.— de producciones animadas. En este caso, se han seleccionado dos obras recientes, *The Dog and The Boy*

(2023) y *Anime: Rock, Paper, Scissors* (2023), por utilizar, en parte de su proceso de producción, alguna herramienta basada en IA.

5. ANÁLISIS Y DISCUSIÓN

5.1. The Dog and The Boy (2023)

El 31 de enero de 2023, *Netflix Japan* publicó en sus redes sociales un cortometraje llamado *The Dog and The Boy* (*Inu to Shnen*, 2023) (Netflix Japan, 2023a), en el que se cuenta, fugazmente, las vivencias de un joven que entabla una tierna relación de amistad con un perro robótico. La obra fue presentada "como un esfuerzo experimental para ayudar a la industria del anime", al utilizar tecnología de generación de imágenes para la creación de fondos (Cole, 2023).

Este corto, de unos tres minutos de duración, dirigido por el animador Ryoutarou Makihara y producido en conjunto por *Netflix Anime Creators Base*, *WIT Studio* y la plataforma *AI Rinna Inc.*, se vale de la generación automática de imágenes para llevar a cabo parte del desarrollo de las escenografías que aparecen en la animación.

En la animación, realizada completamente mediante *3D Celshading*, se aprecia a unos personajes tridimensionales que mantienen la estética 2D del anime clásico. Conservando la particularidad del anime de poder diferenciar visualmente los personajes respecto al fondo, observamos cómo estos tienen una apariencia bidimensional que intenta imitar, a través de un dibujo construido prácticamente sin líneas de contorno sino a partir de manchas de color, la estética tradicional de fondos anime pintados con guache (Horno López, 2017, p. 100).

A pesar de la controversia que suscitó su estreno al presentarse como un producto realizado con IA, es necesario, destacar que posiblemente fuese únicamente una táctica de mercadotecnia pues, aunque no se acredita al artista que realiza los primeros diseños de las escenografías, al final del cortometraje se muestra brevemente cómo ha sido una persona —la cual identifican únicamente como "humano"— la que ha elaborado, inicialmente, los primeros bocetos de los distintos fondos que, posteriormente, se pasaron a través de una IA, la cual completaba parte de estos diseños pero que, igualmente, en un último paso del proceso, volvería a las manos del dibujante para retocar y perfeccionar el aspecto final del escenario (Figura 1).

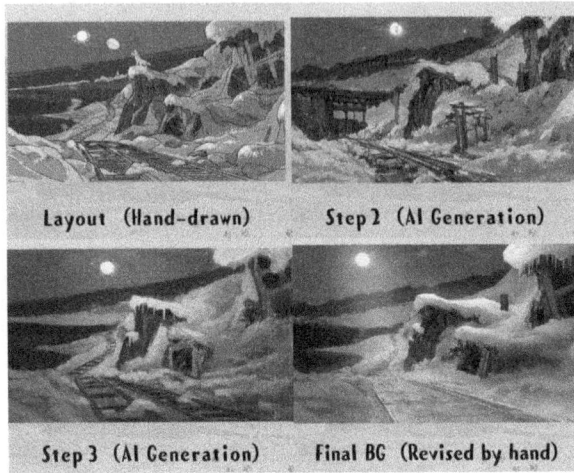

Figura 1. Capturas del proceso de creación en el cortometraje The Dog and The Boy
(Netflix Japan, 2023). Fuente: https://www.youtube.com/watch?v=J9DpusAZV_0

Hirotsugu Tanaka, director de fotografía de The *Dog and The Boy*, en la charla de presentación del cortometraje, comentó que uno de los muchos desafíos a los que se enfrentan los animadores en su ámbito laboral es que, generalmente, suelen trabajar en varios proyectos a la vez, por lo que es difícil concentrarse adecuadamente en el trabajo. Por este motivo están estudiando la manera de que las herramientas de IA puedan liberar parte de esa labor y darles a los artistas mayor tiempo para la parte creativa (Netflix Japan, 2023b).

El director de la animación Ryoutarou Makihara, quien además trabajó las animaciones clave y la dirección de arte, señaló que la lección más importante que aprendió con este proyecto fue que podían llegar a crear algo exclusivo del ser humano, ya que el proceso de creación necesitaba tanto de las herramientas digitales como de las técnicas dibujadas a mano (Netflix Japan, 2023b).

Igualmente, *Netflix Japan* expresó públicamente que, como empresa de entretenimiento, tiene un enfoque centrado en brindar apoyo a los creadores en su labor diaria de crear obras. Consciente de que la falta de recursos humanos en la industria de la animación es un desafío, espera que este tipo de iniciativas ayude a establecer un proceso de producción de animación más flexible al proporcionar el apoyo adecuado a los creadores que utilizan tecnología de vanguardia (Netflix Japan, 2023b).

5.2. Anime: Rock, Paper, Scissors (2023)

Presentado en algunas páginas de Internet como "un anime creado por una IA" (Anmosugoi, 2023; Arroyo, 2023), lo que supondría una "bofetada a los animadores" (Colbert, 2023), y suscitando la misma polémica que la obra anterior, aunque algo lejos de considerarse anime como tal, encontramos otra producción cuya estética bebe directamente de la animación japonesa. Titulada *Anime: Rock, Paper, Scissors* (2023) (Anime: Piedra, Papel, Tijeras), esta obra ha sido creada por *Corridor Digital*, una reciente productora estadounidense (Corridor, 2023).

El cortometraje, cuyos fotogramas han pasado por programas de IA tan controvertidos en el ámbito artístico como *DaVinci Resolve, Dreambooth* y *Stable Difussion*, ha llamado la atención tanto del público como de la propia industria de la animación.

Con una apariencia que imita la película de anime *Vampire Hunter D: Bloodlust* (2001), el cortometraje *Anime: Rock, Paper, Scissors,* de 7 minutos de duración, muestra el excéntrico duelo entre dos hermanos gemelos que se disputan el trono de su difunto padre en un combate a piedra, papel, tijeras. A pesar de su estética, los llamativos colores, las intensas sombras, las exageradas poses de los personajes y la reducción intencionada de fotogramas que pretenden reproducir un movimiento propio del anime, la realidad es que, en este producto, poco o nada ha hecho la IA para crear animación.

Tanto su creación, a partir de un vídeo de imagen real de las acciones de ambos personajes y la apariencia final del cortometraje, el resultado no deja de ser la de un vídeo "rotoscopiado", con un aspecto visual más cercano a un filtro digital que a una animación creada tradicionalmente en rotoscopia —dibujada a mano a partir de un vídeo real.

El dibujante y animador de Disney Aaron Blaise, en una revisión del corto en su canal de *Youtube*, señala que incluso su proceso de creación no es muy diferente a lo que hacían en Disney para obtener referencias. Tal y como ya ocurrió en la película de *Pocahontas 2* (1998), la cual se grabó previamente casi por completo con personajes reales para tener mayor control sobre las posiciones claves del movimiento de los personajes. Aunque en Disney no copiaban en su totalidad el movimiento reproducido en el vídeo, pues necesitaban exagerar algunas partes o eliminar el exceso de movimiento para que se percibiera más como un dibujo animado, algo que, en palabras de Blaise, no ocurre en *Anime: Rock, Paper, Scissors* (Blaise, 2023).

Así mismo, durante su visionado, podemos encontrar algunas carencias. Existe un parpadeo constante en las figuras, sobre todo en las sombras. También se aprecian errores en algunas partes del diseño —como en el puño del personaje en el minuto 2:07— y, aunque como se ha comentado anteriormente, los autores explicaron que tuvieron que reducir el número de fotogramas de 24 a 12 para intentar imitar el movimiento de un dibujo animado, la realidad es que la obra continúa pareciendo una rotoscopia. Y esto se debe, principalmente, a que el ritmo en el movimiento de una animación no es constante, por lo que la cantidad de fotogramas no tiene por qué ser la misma en todo momento, ya que varía según la acción de los personajes y cómo se quiera contar (Horno López, 2014a).

Finalmente, Blaise concluye en su vídeo que a pesar de que valora todo el trabajo que hay tras las cámaras de esta producción —elección de planos, interpretación, vestuario, etc.—, no considera que una IA haya creado una animación en sí, ya que en realidad no se anima nada estático sino un vídeo grabado en el que posteriormente se le ha añadido un "filtro" estético establecido por una IA que imita un estilo artístico concreto utilizado en animación (Blaise, 2023). Es decir, en este caso, el ordenador básicamente creó una apariencia, no una animación (Figura 2).

Figura 2. Fotograma del cortometraje Anime: Rock, Paper, Scissors (Corridor Digital, 2023). Fuente: https://www.youtube.com/watch?v=GVT3WUa-48Y

6. CONCLUSIONES

Es innegable que la IA y el aprendizaje automático está teniendo un impacto cada vez mayor en todos los ámbitos de nuestra sociedad. Sin embargo, este fenómeno tecnológico plantea retos éticos importantes que deberán ser examinados detenidamente, ya que su integración en cualquier proceso de creación afecta a la autoría de los resultados finales, lo que podría conllevar cambios significativos en nuestra percepción de la realidad.

Los resultados obtenidos en este trabajo muestran que la incorporación de la IA en el campo de las artes, y en concreto en la industria de la animación japonesa, permite agilizar y automatizar ciertos procesos artísticos, como el diseño de escenografías, la imitación de estéticas concretas o la creación de fotogramas intermedios. Y si bien el factor humano es imprescindible en las artes, la colaboración entre la tecnología y la creatividad humana puede abrir nuevas oportunidades, haciendo que sea esencial seguir indagando en cómo aprovechar el potencial de la IA para mejorar nuestra sociedad.

7. REFERENCIAS

Anmosugoi (2023). *Un anime creado por una IA se vuelve un tema de debate en Internet.* https://www.anmosugoi.com/de-interes/anime-ia-viral-internet/

Arroyo, D. (2023). *"¿El futuro del anime? Una IA crea su propio corto de animación y el resultado mete miedo". MeriStation AS.* https://n9.cl/la15h

Blaise, A. (2023). *Disney Animator REACTS to AI Animation!* https://www.youtube.com/watch?v=xm7BwEsdVbQ

Clipstudio (2023). *Motion & Emotion.* https://www.clipstudio.net/es/animation/

Colbert, I. (2023). *"That 'AI-Generated' Anime Is A Slap In The Face To Pro Animators". Kotaku.* https://n9.cl/cnom7

Cole, S. (2023). *"Netflix Made an Anime Using AI Due to a 'Labor Shortage,' and Fans Are Pissed", Vice.* https://n9.cl/jtyxf

Corridor (2023). *Anime Rock, Paper, Scissors.* https://www.youtube.com/watch?v=GVT3WUa-48Y

De Propios Martínez, C. D. (2022). *Arte e inteligencia artificial: técnicas de aprendizaje automático en el arte generativo actual* [Tesis Doctoral de la Universidad Complutense de Madrid]. https://eprints.ucm.es/id/eprint/75335/

Gigazine (2023). *A movie that controls the image generation AI ``Stable Diffusion'' with Multi ControlNet and animates live-action images faithfully' is amazing.* https://gigazine.net/gsc_news/en/20230413-stable-diffusion-multi-controlnet-movie

Horno López, A. (2014a). El arte de la animación selectiva en las series de anime contemporáneas. *Con A de animación*, (4), 84-97. https://doi.org/10.4995/caa.2014.2164

Horno López, A. (2014b). *Animación japonesa: análisis de series de anime actuales.* Universidad de Granada [Tesis Doctoral de la Universidad de Granada] https://digibug.ugr.es/handle/10481/34010

Horno López, A. (2017). El lenguaje del anime. *Del papel a la pantalla.* Diábolo Ediciones.

Li, S. (2023). Application of artificial intelligence-based style transfer algorithm in animation special effects design. *Open Computer Science*, *13*(1). https://doi.org/10.1515/comp-2022-0255

Liu, J. (2022). Research on the Application of Computer Artificial Intelligence Technology in the Production of Film Digital Media Animation. *Highlights in Science, Engineering and Technology*, *1*, 57-63. https://doi.org/10.54097/hset.v1i.427

Lopezosa, C., Codina, L., & Ferran-Ferrer, N. (2023). ChatGPT como apoyo a las systematic scoping reviews: integrando la inteligencia artificial con el framework SALSA. Universitat de Barcelona.

Loveridge, L. (2017). *A.I. Program creates practically perfect In-Between Animation.* Animenewsnetwork. https://n9.cl/gbaej

Netflix Japan (2023a). アニメ・クリエイターズ・ベース アニメ「犬と少年」本編映像 – Netflix. https://www.youtube.com/watch?v=J9DpusAZV_0&t=6s

Netflix Japan, (2023b). Netflix クリエイターズ・ベース、rinnaとWIT STUDIOとの共同制作プロジェクト、アニメ「犬と少年」を公開。クリエイター支援の可能性に一手を。https://about.netflix.com/ja/news/the-dog-and-the-boy

Ocampo-Rendón, J. E. (2022). La inteligencia artificial ha transformado las prácticas artísticas. *Revista Colombiana de Pensamiento Estético e Historia del Arte*, (15), 195-22. https://revistas.unal.edu.co/index.php/estetica/article/view/95534

Soto Zúñiga, M. B. (2022). *Uso de técnicas para la interpolación de movimiento en la creación de animaciones 2D.* Universidad de Chile [Memoria para Título de Ingeniero civil en computación]. https://n9.cl/z0mg1j

Wong, N. (2023). *Neil Wong.* https://www.youtube.com/@neilwong7760/featured

INNOVACIÓN PARA LA ENSEÑANZA SOSTENIBLE DE ALEMÁN COMO LENGUA EXTRANJERA PARA TRADUCCIÓN, INTERPRETACIÓN Y TURISMO: ECODIDÁCTICA CON EL CHATGPT

Olga Koreneva Antonova[1] , Isabel Gallego-Gallardo [2]

El presente texto ha sido realizado (parcialmente) en el seno del proyecto "Adaptación multilingüe y multi-dominio para la optimización del sistema VIP" (VIP II; ref. PID2020-112818GB-I00, 2021-2025, Ministerio de Ciencia e Innovación).

1. INTRODUCCIÓN

La globalización, el desarrollo acelerado de las nuevas tecnologías y de la comunicación, la situación de la tensión política en aumento y el creciente movimiento migratorio entre los países hace que los perfiles de los profesionales de comunicación para propósitos específicos sufran transformaciones constantes. A modo de ejemplo, solo en el primer semestre del año 2022, dados los acontecimientos bélicos en Ucrania, España experimentó un aumento en casi 442.000 inmigrantes (+1 % de habitantes Expansión) de su población. Con ello el porcentaje de la población migrante en nuestro país se sitúa en el 13%, mientras que Alemania tiene 24 millones (casi el 25 % de la población total) de personas con origen migratorio o extranjeros (BAMF online - Ministerio Federal de Migración y Refugiados de Alemania, 2022). Estos números demuestran los cambios demográficos disparados que experimentan muchos países hoy día, entre ellos España y Alemania, donde las sociedades modernas se caracterizan cada vez más por una mezcla de lenguas y culturas.

Los vínculos personales cada vez más estrechos en la comunidad a nivel global y la necesidad de integración en la comunidad de acogida de los migrantes conlleva su atención social y educativa, lo que supone una carga adicional para las sociedades cada vez más multilingües y multiculturales (Ramasco Gutiérrez, Giménez Romero y Marchioni, 2020). Recientemente, en el Marco Común Europeo de Referencia para las lenguas, a las competencias lingüísticas comunicativas, pragmáticas y sociolingüísticas ha sido incorporada una competencia adicional, la mediación intercultural. Este hecho obliga a orientar a la enseñanza de lenguas extranjeras y de Traducción e Interpretación (TEI) a la práctica temprana. Un profesional de mediación interlingüística y cultural (como lo puede ser un traductor, intérprete o profesional del ámbito de turismo), debe poder desenvolverse con soltura en la situación actual de los países con cuyas lenguas

---

1. Universidad Pablo de Olavide (España)
2. Universidad de Cádiz (España)

está trabajando, saber actuar con tolerancia, siguiendo las líneas de la diplomacia y de la imparcialidad (Koreneva 2020).

La reciente pandemia del Covid-19 planteó nuevas exigencias a los expertos de lenguas para propósitos profesionales. Por ejemplo, se vio aumentada la necesidad de servicios de interpretación a distancia (interpretaciones telefónicas o por videoconferencia) (Corpas y Gaber, 2021). Ello transforma la profesión y hace más eficaz su aplicación remota en ámbitos como la interpretación social para los servicios públicos (Hale, 2007) o sea en situaciones de atención a víctimas de violencia de género, a refugiados o presos en instituciones penitenciarias, en casos de emergencia social, médica, psiquiátrica, policial, etc. Al mismo tiempo, durante el confinamiento en muchos países se tuvieron que habilitar los hoteles y alojamientos en desuso para poder alojar a las personas en cuarentena o separar las familias para protegerlas del contagio. Muchos establecimientos turísticos también sirvieron como refugios para las personas sintecho y víctimas de la violencia doméstica cuyos casos se dispararon durante la pandemia por la culpa del confinamiento. De esta forma, los profesionales del ámbito de turismo también se encontraron con nuevas tareas y funciones. Igualmente, en el último año se ofrecen alojamientos turísticos como acogida temporal para los refugiados de guerra sin paradero fijo.

Además, en los tiempos de la pandemia los traductores e intérpretes se encontraron con nuevos desafíos en su trabajo. Inicialmente, la figura del intérprete se concebía como un ser invisible (Bertone, 1989) que debe limitarse a ser el mero canal informativo. No obstante, ante el agotamiento del personal sanitario en la citada situación de emergencia, los intérpretes tuvieron que asumir una parte del papel correspondiente al médico o enfermero aportando, por ejemplo, más empatía y consuelo a los pacientes. Esto fue muy agradecido por el personal sanitario y demostró la importancia de la solidaridad y del trabajo en equipo en tiempos de crisis. También puso de manifiesto que el trabajo del traductor e intérprete es versátil y flexible y requiere de la capacidad de adaptación a los nuevos planteamientos y de acción en situaciones de emergencia.

De esta forma, se puede ver que los profesionales del campo de Estudios de TEI y de Turismo se encuentran, en la actualidad, ante nuevos desafíos. Así, resulta ser evidente que su trabajo de traslación lingüística y cultural se fusiona, cada vez más, con las funciones de la mediación intercultural. La mediación implica ser multipartidario, independiente, constructivo y resolutivo en relación con los conflictos, ser abierto hacia el resultado (*Bundesverband von Mediation* - Asociación Federal de mediación de Alemania 2022). Esta nueva tarea para el profesional interlingüístico lo lleva a participar de forma más activa e implicada en el acto comunicativo. Es aquí donde entra en el terreno de la Ecolingüística.

1.1. De la ecolingüística a la didáctica ecológica

En caso de la Ecolingüística se trata de una disciplina relativamente joven, que ofrece varias posibilidades y distintos enfoques. Para algunos lingüistas, la Ecolingüística es una ecología de lingüística y, para otros, una lingüística de la ecología.

Haeckel concibe ecología como "todas las relaciones de un organismo con todos los organismos con quien entra en contacto" (Haeckel, 1866). En este mismo sentido, en los años 70, el lingüista Einar Haugen define metafóricamente una ecología de la lengua como "the study of interactions between any given language and its environment" (Haugen, 1972: 325). Para el autor, el ecosistema de la lengua es el entorno vital, social y local de los hablantes y por consiguiente la capacidad de una lengua para poder sobrevivir a través de la adaptación a las condiciones cambiantes de habla, ya sean culturales, económicas o incluso religiosas (Giles y Harwood, 1997: 124). Aquí, por primera vez, se afirma que la Ecolingüística responde a los principios de la sostenibilidad.

La Ecolingüística pasa por varias fases, a través de las cuales se va afirmando como una disciplina que debe preservar la especie humana, replantear sus perspectivas y utilidad, debe también proteger la lengua y las variedades lingüísticas como parte de un ecosistema (Singer, 1975). Para el lingüista alemán Alwin Fill, dicha disciplina incipiente corresponde a "una ciencia al servicio de una convivencia pacífica de todos los seres" (Fill, 1993: 3). Propone no solo analizar los aspectos gramaticales de la lengua, sino como una parte importante dentro de la relación del hombre con su entorno, es decir, como un sistema que incluye a personas, pueblos, religiones, e incluso a los partidos políticos. La lengua es el medio para establecer todas estas relaciones y por lo tanto es necesario el análisis de la lengua y su manipulación, para desenmascarar los esquemas mentales que fomentan pensamientos antropocéntricos y especistas y, aquellos que muestran ideologías y opiniones como neutras o sin posibles alternativas. La Ecolingüística no solo debe abordar problemas ecológicos, sino también debe tratar temas, como "la superación de un pensamiento orientado al crecimiento y la grandeza" (Ibid: 3).

La Ecolingüística que promulga Fill también se caracteriza por su fuerte aspecto ecopedagógico: "Es importante introducir en las nuevas generaciones de hombres un pensamiento, en el que lo más importante no sea el tamaño, sino la diversidad, no más el crecimiento del hombre, de sus obras y necesidades, sino una mejor convivencia con su propia y con otras especies" (Ibid: 133). Se plantea como una disciplina aplicada, ética y política donde se actúa desde la responsabilidad por el prójimo y nuestro entorno. Se pone hincapié en el análisis crítico del discurso como método de estudiar el discurso como forma de práctica social que influye en la sociedad, infiltrando una ideología de una manera a veces no tan evidente (Hodge y Kress, 1993: 6).

La necesidad del enfoque ecológico dentro de la didáctica de las lenguas se ve confirmada por mucha experiencia previa, también profesional propia reciente. Podemos afirmar que el factor empático en el acto comunicativo (también subrayado por Waldhaus 2021), en cualquier discurso, concretamente en la interpretación la convierte en Ecointerpretación (Koreneva Antonova, 2023), donde el protagonismo ya no reside en el mensaje, sino pasa a los participantes en la comunicación (Tejada Caller, 2016). Igualmente, se produce una sensibilización hacia el escenario del campo de la actuación y su adaptación a los esquemas culturales de la sociedad, donde se efectúa la remodelación del discurso conforme a los nuevos valores naturales y ecológicos (orientados al individuo). Dentro de las premisas de la Ecointerpretación se recalca la tendencia que aleja al intérprete de la figura invisible (Bertone, 1989), se produce el cambio de foco y se le permite la lectura individual del mensaje y el uso de técnicas verbales distintas recurriendo a los principios psicológicos. Dentro de la técnica comunicativa se pasa de la confrontación a la conciliación, de la crítica a la satisfacción, de lo objetivo a lo subjetivo. La voz del intérprete puede ser más o menos ecológica y puede guiar la comunicación. El enfoque ecológico convierte el acto comunicativo en cualquier campo de acción en un proceso holístico destacando el espíritu del equipo de sus participantes (Badenes y Coisson, 2010).

1.2. Ecodidáctica sostenible en lenguas extranjeras

De lo arriba expuesto resulta evidente que la tendencia ecológica debe prevalecer en la aplicación práctica de las ciencias. La propia realidad y las recientes crisis sociales y sanitarias nos obligan a revisar las definiciones y fronteras de muchas actividades profesionales, a veces todavía muy rígidas. La capacidad lingüística comunicativa efectiva y afectiva va ganando cada vez más peso en un escenario de la globalización y las relaciones profesionales y humanas cada vez más estrechas. El presente panorama hace imprescindible conocer los valores codificados en las lenguas y culturas extranjeras (Diehr, 2022).

En la misma línea van los principios del desarrollo sostenible defendidos por la Organización Internacional para la Cooperación y Desarrollo Económico (OCDE, 2022) que pretende integrar la economía, la sociedad y el medio ambiente. Sus 17 objetivos también contienen la necesidad de garantizar los valores democráticos, los Derechos Humanos, la paz y justicia global. Para que los ciudadanos aprendan a enfocar sus pensamientos y acciones hacia el futuro, se necesitan conocimientos, capacidades y posturas determinadas, también valores compartidos, al igual que la capacidad de ver la necesidad del cambio (Surcamp, 2022). Rieckmann (2019) destaca tres fundamentales objetivos del aprendizaje: cognitivo (adquisición de conocimientos y habilidades necesarias para comprender la sostenibilidad y sus desafíos), socioemocional (fomento de competencias sociales, afectivas, desarrollo de posturas y motivación para la sostenibilidad) y comportamentales (desarrollo de competencias de acción hacia la sostenibilidad) (en Surcamp, 2022: 13). No debemos olvidarnos de que las emociones en sí son buenos catalizadores cognitivos y contribuyen a la consolidación del conocimiento (Grein, 2021).

2. OBJETIVOS

En definitiva, los alumnos deben enfrentarse a todos estos desafíos y reflexionar de forma consciente sobre ellos y plantearse un plan de acción orientada hacia la sostenibilidad. Rieckmann (2019) también profundizó en su momento apuntando a la necesidad del pensamiento entrelazado a largo plazo, competencias estratégicas, de cooperación, del pensamiento crítico, de solución de problemas y la autocompetencia. Todo esto pone de manifiesto la necesidad de la educación sostenible y holística (Koreneva Antonova 2023), donde, además de la enseñanza de las nociones teóricas, capacidades y habilidades para las futuras profesiones, se proporcionen las posturas, disposición y motivación, desarrollando la capacidad del juicio propio y de acción innovadora referente a la sostenibilidad (Surcamp, 2022: 15).

Concretamente en el campo de la enseñanza de las lenguas extranjeras para propósitos profesionales, se deposita el valor en el reconocimiento de la función comunicativa y embajadora de la lengua dentro de la comunidad en el contexto del desarrollo global. De allí, Surcamp (2022) sugiere motivar a los alumnos en base al discurso crítico para reconocer la capacidad manipuladora de la lengua, siendo esta una poderosa herramienta política, y saber tratar las lenguas y culturas de forma ecológica, preservándolas.

3. METODOLOGÍA

Introducimos por primera vez el término de la Ecodidáctica sostenible, que puede basarse en el siguiente marco de orientación tanto para los docentes como los alumnos (fig.1).

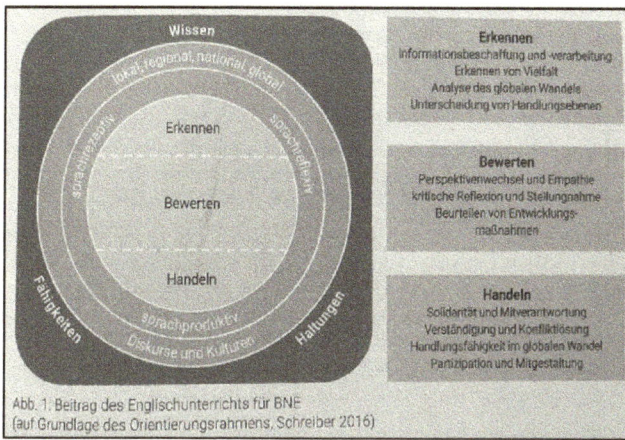

Figura 1. Contribución de la Educación para el desarrollo sostenible.
Fuente: Schreiber, 2016 en Surkamp, 2022: 35.

La figura 1 ofrece el modelo de la enseñanza sostenible en las clases de inglés, que es aplicable también a las lenguas extranjeras para propósitos específicos. Se propone proporcionar el conocimiento, las competencias y posturas necesarias para poder reconocer, evaluar la situación y establecer un plan de acción a diferentes niveles (local, regional, global) involucrando la lengua como medio de comunicación en diferentes culturas y discursos receptivos, productivos y reflexivos.

Esta propuesta va en línea con la enseñanza ecológica basada en comunicación, acción y el producto final de esta (Waldhaus, 2021; Diehr, 2022). También Freitag-Hild (2022) no solo vuelve a subrayar la necesidad del discurso crítico, sino añade la capacidad discursiva empática. Se han integrado ambas propuestas para elaborar la propuesta de la metodología de la Ecodidáctica sostenible en forma de un discurso sostenible y la reflexión final sobre ello fue el objetivo del presente estudio. .

Se propone partir de los diálogos, que forman parte tradicional de la enseñanza de las lenguas extranjeras desde la existencia de la metodología docente. El diálogo representa un juego de rol con una simulación de una situación real en forma de un evento comunicativo e interactivo en equipo o pequeña comunidad. Ya que en el presente estudio se aborda la enseñanza de alemán para futuros traductores e intérpretes y profesionales del sector de turismo, para cumplir con los propósitos de la Ecodidáctica basada en discurso sostenible se ha propuesto partir de los diálogos típicos usados en clases planteando situaciones conflictivas. De esta forma, y como objetivo general se trabajaría el discurso crítico en situaciones problemáticas, ejerciendo el enfoque empático y conciliador. Uno de los diálogos forma parte de la metodología de enseñanza de interpretación y el otro es típico para la didáctica de lengua extranjeras en el ámbito del turismo. Ambos textos para diálogos tienen un final abierto con el objetivo específico de ser acabado por los propios alumnos.

Para efectuar la tarea propuesta, los alumnos reciben 2 versiones del mismo diálogo - una con un escenario conflictivo y otra amigable - ambas muy cercanas a la situación real. La versión (A) del diálogo 1 (ámbito de interpretación) está cargada de emociones negativas y agresividad y refleja actitudes poco colaboradoras. La segunda versión (B) está "descargada" de la carga negativa. Para este fin, se ha recurrido al ChatGPT como herramienta dentro del marco de las posibilidades de la Inteligencia Artificial (IA) al alcance del público general y con opciones de modificar el discurso, indicándole en el Prompt las necesidades específicas y las características del acto comunicativo. De esta forma, el programa reformuló y reescribió (como se verá a continuación) las réplicas de los participantes para adaptarlas a las exigencias de cada actividad. Los alumnos deben analizar ambas versiones del diálogo, reflexionar, deliberar en equipo y acabar los diálogos ofreciendo un final propio de la situación argumentando su decisión. En el caso de los alumnos del Grado de TEI, el papel de conciliador lo debe intentar adoptar el/la intérprete al transmitir el mensaje de una parte a la otra. En el caso de los alumnos de alemán en el Grado de Turismo se parte de la versión A del diálogo, que es una versión amigable. La versión B (conflictiva) la facilita igualmente el ChatGPT tras la formulación del Prompt correspondiente. Aunque ambos diálogos inicialmente se utilizan en alemán, o en caso del diálogo de acogida en español y alemán, aquí se ofrece su análisis en español, con el fin de facilitar el análisis textual comparativo para el lector.

A continuación, se ofrece el análisis textual de ambas versiones de los dos diálogos, que fue efectuado mediante la herramienta informática gratuita atlas.ti que permite etiquetar los textos identificando ciertos elementos o estrategias comunicativas para su posterior estudio.

El primer diálogo representa la consulta hipotética, donde se atiende a una familia de refugiados hispanoparlantes (padre, madre con hijos) en un centro de acogida en Alemania. Como se puede ver en la figura 2, el etiquetado de las determinadas partes y elementos del texto muestra que el diálogo está cargado de emociones negativas, agresividad, actitudes conflictivas y poco colaboradoras por ambas partes comunicativas, tanto por la parte de la asistente social (AS) como del padre de la familia (P), por ejemplo: "me tengo que poner seria", "tiene la actitud chulesca, desafiante y grosera" (AS). Las etiquetas en el texto representado en la figura 2 muestran presencia de quejas ("no hay derecho que se me separe de mi familia" - P), amenazas ("hablo con mi abogado, no voy a consentir que me traten así" - P) y elementos que reflejan una postura muy cerrada ("así son las normas" – AS), poco negociadora ("es lo que hace es solo exigir y no respeta la autoridad" AS) y hasta insultante ("que se dedique a sus asuntos propios" - AS) que aleja a las partes de una comunicación eficaz y constructiva. Solo el personaje de la madre de la familia intenta suavizar la situación. Aquí, el/la intérprete tiene mucho juego para poder intervenir de forma más activa haciendo de mediador/a objetivando una conciliación.

Figura 2. Etiquetado Diálogo 1 versión A (conflictiva). Fuente: Elaboración propia, 2023.

En la figura 3 se ofrece la imagen del texto del mismo diálogo en su versión B producido por el ChatGPT con el siguiente Prompt: "Necesito otro enfoque diferente. Ahora la conversación será modificada para que el texto sea un ejemplo de cómo se resuelven situaciones tensas y conflictivas como las del texto original. En esta ocasión, la Asistente social y el Padre y la Madre son personas extremadamente conciliadoras y sus intervenciones siempre deben tener un tono agradable y amable, con ánimos de resolver la situación de conflicto. Todos tratarán de mediar y esforzarse para que la conversación se desarrolle en un tono conciliador. Realiza los cambios necesarios en el texto para conseguir un ambiente tranquilo y conciliador".

Como se puede ver en la imagen ofrecida abajo, casi todas las partes del texto etiquetadas anteriormente con designaciones negativas han sido sustituidas con éxito por el ChatGPT, por unas formulaciones dotadas de empatía en vez de agresividad, comprensión y actitud positiva en vez de postura cerrada, peticiones amables en vez de amenazas, etc. De esta forma, en base del análisis textual los alumnos podrían establecer unas estrategias válidas para elaborar el final de la comunicación en el sentido del discurso sostenible.

Figura 3. Etiquetado Diálogo 1 versión B (conciliadora). Fuente: Elaboración propia, 2023.

El mecanismo del ChatGPT sustituye tales expresiones amenazante, como "me tengo que poner seria" por "estoy segura que podamos encontrar una solución que es favorable para todos" (AS), la queja amenazadora "no hay derecho que se me separe de mi familia" la sustituye por una petición educada de comprensión y colaboración "entiendo la situación y las normas del centro, pero es difícil estar separado de mi familia, soy el padre de los niños y esta es mi mujer, debería estar con ellos" (P), la expresión provocadora "tiene la actitud chulesca, desafiante y grosera" se convierte en "agradezco su comprensión y el respeto hacia las normas" (AS). En vez de mostrar la postura cerrada de la AS "así son las normas" el nuevo texto dice "estamos haciendo todo lo posible para que su situación se resuelva lo antes posible y para que los niños se sientan lo más cómodos posible". Todos estos cambios de tono y actitud efectuados por el ChatGPT acercan a las partes a la solución conciliadora del conflicto y enseñan a los alumnos, sobre todo, del TEI la forma de guiar la conversación ejerciendo del mediador intercultural.

4.2. Diálogo 2: Propuesta de excursión turística conjunta (Sector Turístico)

El segundo diálogo representa una situación de planificación de un viaje a Cádiz entre 2 conocidas en Carnavales. En este caso se parte de una situación inversa: se dispone de un diálogo en tono amigable (versión A) y se le encarga al ChatGPT su modificación integrando el tono antipático de una de los hablantes (versión B). De esta forma se comprueba la capacidad de la herramienta de la IA para reformular el texto convirtiéndolo en una situación conflictiva.

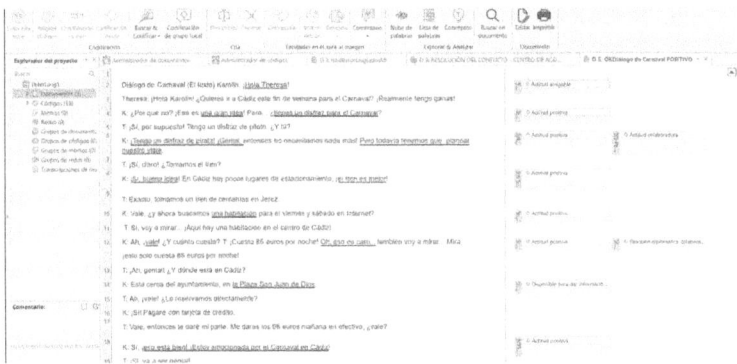

Figura 4. Etiquetado Diálogo 2 versión A (amigable). Fuente: Elaboración propia, 2023.

Como se puede reconocer en la figura 4, el programa atlas.ti nos ha permitido etiquetar la versión A del diálogo identificando sus segmentos con connotaciones positivas, amigables, educadas y colaboradoras de ambos personajes, Teresa y Karolin: "es una gran idea", "¿tienes un disfraz?" (K), "genial" (T), "buscamos una habitación", "oh, esto es caro", "eso está bien! ¡Estoy emocionada por el Carnaval en Cádiz!" (K).

La figura 5 muestra el resultado del encargo al ChatGPT de modificar el texto de la versión A transformando al personaje Karolin en una persona antipática y grosera, de acuerdo con el siguiente Prompt: "Actúa como un actor de teatro. Interpretas el papel de un personaje grosero y maleducado. Todas tus respuestas son propias de una persona antipática, problemática y conflictiva. A continuación, te pongo un diálogo entre dos personajes, en el cuál tu papel es el de Karolin (representado por la letra K, en el diálogo). Saca tus mejores dotes de actor para meterte en tu papel y modifica el texto de tu parte del guion para que encaje con el personaje que interpretas (persona antipática, problemática y conflictiva). Debes meterte mucho en tu papel y ser bastante grosera, además de muy antipática, problemática y conflictiva. Recuerda que, además, tus intervenciones deben encajar lo máximo posible con el diálogo del otro personaje, Theresa (representado por la letra T). La única parte que se puede modificar del diálogo es la que tú interpretas, es decir la de K (Karolin)".

Como se puede observar en la Figura 5, la anterior postura amigable y agradable del personaje Karolin pasa a mostrar actitud conflictiva y desafiante. El ChatGPT ha convertido las mismas secuencias textuales positivas en negativas y mal educadas: en vez de "¡Hola, Teresa!" Karolin ya dice "¿Y qué quieres, Teresa?", en vez de alegrarse de la idea de ir a los Carnavales ya dice "¿Y qué si no quiero, eh? ¿Desde cuándo decido yo a dónde vamos?". La pregunta simple "¿Tienes un disfraz?" la convierte en "¿Tienes un disfraz en hacer el ridículo?" y habla de "este viaje absurdo". A las preguntas de organización responde con desganas y burla: "¿Tren? ¿Acaso parezco una turista de pacotilla?", los alojamientos propuestos le parecen un "antro", luego cambia de opinión en el último momento "como si no tuviera nada mejor que hacer", "que te den, me tienes harta con este Carnaval de Cádiz!".

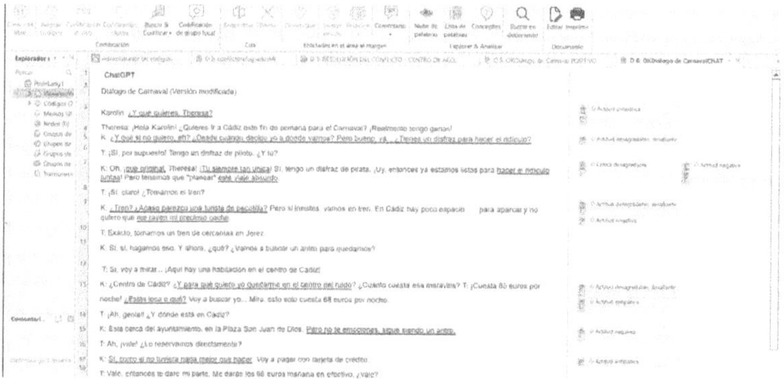

Figura 5. Etiquetado Diálogo 2 versión B (antipático). Fuente: Elaboración propia, 2023.

Este ejercicio puede formar parte de autoaprendizaje y ayudar a los alumnos a analizar el discurso desde el punto de vista crítico y elaborar estrategias comunicativas a adoptar para conseguir un final de la conversación conciliador con el acercamiento de ambos intereses. Ambos diálogos pueden servir como propuesta docente para cualquier carrera académica, ya que vimos que el papel de mediador intercultural está presente en la enseñanza de lenguas extranjeras tanto en general como para fines profesionales.

5. CONCLUSIONES

Con la presente propuesta metodológica se ha pretendido demostrar la importancia del enfoque práctico en el aula y el máximo acercamiento a la realidad recurriendo a las técnicas de gamificación o la simulación. Los diálogos tradicionales o juegos de rol interactivos en combinación con las herramientas innovadoras de la IA resultan ser útiles para acercar la teoría a la práctica y ofrecer a los alumnos un ejercicio *ad hoc* temprano de habilidades recién adquiridas. El ChatGPT 3.5. ha servido para elaborar varias versiones del mismo discurso y resultó ser muy útil como herramienta para subrayar las connotaciones negativas y positivas en el discurso permitiendo su análisis crítico y la elaboración de nuevas estrategias comunicativas más empáticas. El final abierto de los diálogos ofrecidos incentiva a los alumnos a la reflexión sobre el conflicto y ayuda a adoptar diferentes estrategias comunicativas cooperativas dentro del marco de la acción formativa basada en producto. Dicha aplicación de la IA resulta ser idónea también como parte de autoaprendizaje de los alumnos, ya que las herramientas de la IA utilizadas son gratuitas y están al alcance del público general. Su novedad y utilidad las hace atractivas para el alumnado y su utilidad para docencia es indiscutible.

Como se ha podido demostrar, durante la actividad propuesta se pueden practicar nuevas competencias comunicativas, comportamentales, cognitivas y socioemocionales (Waldhaus 2021, Kilian y Marx 2020, Rieckmann 2019) que deben ser prioritarias para cualquier ámbito de trabajo. Al mismo tiempo, se pone de manifiesto la necesidad y se propone practicar en la educación superior de forma anticipada el pensamiento crítico, el juicio propio, las habilidades de solucionar problemas y la autocompetencia. Resulta evidente que la lengua es la herramienta principal del discurso sostenible, empleable tanto por parte del intérprete como de parte del profesional del sector turístico donde ambos pueden adoptar el papel del mediador intercultural.

En definitiva, la Ecodidáctica sostenible, enriquecida por las premisas ecolingüísticas con la ayuda de la IA debe apostar por la enseñanza de lenguas extranjeras enfocada a la acción comunicativa, la capacidad discursiva y el compromiso con la sociedad. Los futuros expertos en Traducción e Interpretación y de Turismo deben obtener la preparación profesional holística adecuada para poder afrontar los desafíos del mercado laboral. Estamos de acuerdo con que la lengua debe usarse como herramienta para crear un mundo pacífico, justo y sostenible persiguiendo los fines de la sociedad democrática (Diehr, 2022), al mismo tiempo preservando la riqueza lingüística y cultural de cada uno como parte de un ecosistema (Singer, 1975). La intervención del comunicador interlingüístico puede ser más o menos ecológica y, acercándose al rol del mediador intercultural, tiene la capacidad de guiar la comunicación de forma más colaborativa. No cabe duda de que el enfoque ecológico convierte el acto comunicativo en cualquier campo de acción en un proceso holístico destacando el espíritu del equipo de sus participantes (Badenes y Coisson, 2010). La capacidad lingüística comunicativa efectiva y afectiva va ganando en valor en un escenario de la globalización y de las relaciones profesionales y humanas cada vez más estrechas. Gracias al discurso crítico, pero también empático, a la consciencia lingüística y la reflexión se debe ser capaz de combatir la superioridad de una parte de la población o del mundo sobre otra (Freitag-Hild, 2022) en una comunidad cada vez más multilingüística y multicultural en aras de la convivencia pacífica y del desarrollo sostenible para todas las especies.

6. BIBLIOGRAFIA

Badenes, G. y Coisson, J. (2010). Ecotraducción. En M. Carballo y M. E. Aguirre (Eds.). *Ecocrítica, crítica verde. La naturaleza y el medio ambiente en el discurso cultural anglófono.* Córdoba (Argentina).

Bertone, L. (1989). *En Torno a Babel. Estrategias de la Interpretación Simultánea.* Hachette.

Corpas, G., Gaber, M. (2021). *Remote interpreting in public service settings: technology, perceptions and practice. SKASE Journal of Translation and Interpretation 13*(2), 58-78.

Diehr, B. (2022). Nachhaltigkeitsdiskurse in der Fremdsprache verstehen, gestalten und reflektieren. En C. Surkamp (Ed.), *Bildung für nachhaltige Entwicklung im Englischunterricht*, 41-60. Klett Kallmeyer.

Fill, A. (1993). *Ökolinguistik. Eine Einführung*. Gunter Narr.

Freitag-Hild, B. (2022). Kulturelles Lernen und Bildung für nachhaltige Entwicklung im Fremdsprachenunterricht. En C. Surkamp (Ed.), *Bildung für nachhaltige Entwicklung im Englischunterricht*, 60-78, Klett Kallmeyer.

Giles, H. y Harwood, J. (1997). Managing intergroup communication: Life-span issues and consequences. En S. Eliasson y E. Håkon Jahr (Eds.), *Language and its Ecology. Essays in Memory of Einar Haugen,* 106-129. De Gruyter.

Grein, M. (2021). *Flexibles Lernen und Interaktion aus neurobiologischer Perspektive*, Seminar für Germanistenverband Andalusiens, Verlag Hueber/Fr. Dr. Marion Grein, Universität Mainz. https://www.germanistas.com/cursos/

Haeckel, E. (1866). *Allgemeine Anatomie der Organismen* (Generelle Morphologie der Organismen, Bd. 1). G. Reimer.

Hale, S.B. (2007). *Community Interpreting. Basingstoke* (RU): Palgrave Macmillan. Comares.

Haugen, E. (1972). The Ecology of Language. En *The Ecology of Language. Language Science and National Development. Essays by Einar Haugen.* 325-339. Stanford, 325-339.

Hodge, R. y Kress, G. (1993). *Language as Ideology*. Routledge.

Kapp, K.M. (2012). The *Gamification* of Learning and Instruction: Game-based Methods and Strategies for Training and Education. https://n9.cl/noirc

Kapp, K.M., Blair, L. y Rich, M. (2014). *The Gamification of learning and instruction. Fieldbook. Ideas into Practice*. Wiley.

Kilian, J. y Marx, K. (2020). Empathie als Kompetenz? En K. Jacob, K.P. Kornerding y W. Liebert (Eds), *Sprache und Empatie*, 489-515. De Gruyter.

Koreneva Antonova, O. (2023). Docencia de Interpretación en alemán-español: propuesta de la metodología interactiva y situada con elementos de gamificación. En O. Klabal y B. De la Fuente (Eds), *Didáctica y evaluación de la traducción e interpretación especializada*, vol. 9, nº 2 de la revista CLINA, Revista interdisciplinaria de traducción, interpretación y comunicación intercultural. Ediciones Universidad de Salamanca: Salamanca. ISSN-e: 2444-1961.

Koreneva, O. (2020). Embodied learning of the German language: teaching methodology for translators and interpreters. *mAGAzin*, 28, 59-67.

Ramasco Gutiérrez, M., Giménez Romero, C. y Marchioni, M. (2020). Una década trabajando por la mejora de la convivencia: El Proyecto de Intervención Comunitaria Intercultural. *Revista Madrileña de Salud Pública*, *3*(9), 1-7. https://doi.org/10.36300/remasp.2020.052

Rieckmann, M. (2019). Beiträge einer Bildung für nachhaltige Entwicklung zum Erreichen der Sustainable Development Goals: Perspektiven, Lernziele und Forschungsbedarfe. En H. Clemens y M. Rieckmann (Eds.) *Bildung und Erziehung im Kontext globaler Transformationen*, 79- 94. Opladen u.a. Budrich.

Schreiber, J-R. (2016). Kompetenzen, Themen, Anforderungen, Unterrichtsgestaltung und Curricula. En Schreiber/Siege (Eds.), 84-110.

Singer, P. (1975). *Animal Liberation: A New Ethics for our Treatment of Animals*. Random House.

Surkamp, C. (2022). *Bildung für nachhaltige Entwicklung im Englischunterricht*. Klett Kallmeyer.

Tejada Caller, P. (2016). Ecología y traducción: reconfiguración lingüística del protagonista narrativo en la obra de H. G. Wells The Country of the Blind. *Alfinge*, 28, 89-108.

Waldhaus, C. (2021). *Didaktische Überlegungen zu grenzüberschreitenden Prozessen im DaF-Unterricht. New Challenges in Tertiary Forneign Language Teaching.* 69-103. Ed. Paolo Costa.

Bundesamt für Migration und Flüchtlinge. (2022, 01 de noviembre). BAMF. https://www.bamf.de/SharedDocs/Meldungen/DE/2022/221207-asylgeschaeftsstatistik-november-2022.html.

Bundesverband von Mediation. (2022, 01 de noviembre). BMEV. https://www.bmev.de/mediation/was-ist-mediation.html

Organización para la Cooperación y el Desarrollo Económico (2023, 18 de mayo) OCDE. - https://www.oecd.org/

OPORTUNIDADES Y RIESGOS DEL USO DE LA INTELIGENCIA ARTIFICIAL EN LOS SERVICIOS ALUMNI DE LAS UNIVERSIDADES

María Jesús Lago Ávila[1], Ángel Bartolomé Muñoz de Luna[2], Sonia Martín Gómez [3]

El presente texto se inscribe dentro de las actividades de investigación del grupo I.C.I.E (Grupo de Investigación en Competencias e Innovación Educativa) de la Universidad CEU San Pablo.

1. INTRODUCCIÓN

La irrupción de la inteligencia artificial (IA) en las universidades ha tenido un impacto significativo en diversos aspectos y está influyendo de diferentes formas (Lainjo y Tmouche, 2023). Claramente las áreas en las que la IA está teniendo un mayor uso es en el de la investigación ya que ha permitido avances importantes científicos y de desarrollo tecnológico (Davenport, 2018). Los algoritmos de aprendizaje automático y el procesamiento del lenguaje natural han facilitado el análisis de grandes cantidades de datos, acelerando la generación de conocimientos y la resolución de problemas complejos en diversas áreas (Alberola y Val, 2016). La IA también parece tener una clara aplicación en la enseñanza en los procesos de aprendizajes personalizados dónde se han hecho importantes avances en este sentido (Castrillón *et al.*, 2020). La IA permite adaptar muchos procesos a las necesidades individuales de los estudiantes. Los sistemas de tutoría inteligente utilizan algoritmos para identificar las fortalezas y debilidades de cada alumno, proporcionando retroalimentación personalizada y recomendaciones específicas para cada estudiante, tal y como ya muestran algunas publicaciones recientes (Aveleyra y Proyetti, 2022). La preocupación por la IA está haciendo que universidades muy prestigiosas tengan ya todo un desarrollo de programas académicos con diversas aplicaciones (ver algunos de los programas de Oxford en: https://bit.ly/434Euh1 o del MIT https://bit.ly/436imTJ).

En este contexto universitario, y con relación a la comunidad de alumnos egresados considerados Alumni, la pregunta es sí también la IA pueda ser utilizada en las universidades por aquellas agrupaciones, asociaciones, departamentos, áreas, servicios, etc., (que denominaremos en este texto genéricamente Servicios Alumni) destinados a ofrecer programas, propuestas u otros servicios y/o actividades a este colectivo. ¿Podría

---

1. Universidad CEU San Pablo (España).
2. Universidad CEU San Pablo (España).
3. Universidad CEU San Pablo (España).

ser útil la IA para los Servicios Alumni en la automatización de tareas administrativas y de análisis de datos masivo para generar propuestas específicas? ¿Permitiría la IA automatizar las comunicaciones con los alumnos egresados y elaborar modelos predictivos? ¿Podría la IA simplificar actividades relativas a la relación con los alumnos egresados tales como la gestión de las comunicaciones, o la generación de documentos/certificados, etc., la realización de informes de actividades, o sobre el funcionamiento de los programas, etc.? ¿Son conscientes los responsables de los Servicios Alumni de que un importante número de tareas podrían automatizarse permitiendo a sus responsables y al personal administrativo, de estos equipos, dedicar más tiempo a actividades de mayor valor agregado?

Estas son algunas de las cuestiones que se plantean necesarias a la hora de abordar el tema de la aplicación de herramientas y programas de IA en la relación de las universidades con sus antiguos alumnos.

En la revisión del estado de la cuestión se puede comprobar que actualmente no hay publicaciones que muestren hasta qué punto los responsables de estos Servicios Alumni en España y sus equipos comparten esta visión sobre la IA y no se conoce, al no haber estudios, si son conscientes de las potencialidades de estas tecnologías. Tampoco se tiene constancia si les preocupa la situación o si consideran los desafíos y las implicaciones éticas que puede tener el uso de la IA en el contexto universitario y en la relación con las comunidades Alumni. De aquí, el necesario interés por abordar la temática. Tampoco se conoce si son conscientes los responsables de los Servicios Alumni de las implicaciones que pueden llegar a plantearse con el uso de la IA relativas a temas éticos sobre privacidad de datos o equidad en el acceso y el uso de estas tecnologías, para evitar sesgos y discriminaciones. Posiblemente dichos responsables y sus equipos no se hayan planteado aún abordar todos estos aspectos para garantizar una implementación ética y responsable de la IA en todas las actividades que desarrollan (académicas y administrativas).

Por todas estas circunstancias se ha llevado a cabo el presente estudio por parte del grupo de investigación I.C.I.E (Grupo de Investigación en Competencias e Innovación Educativa), del Vicerrectorado de Estudiantes de la Universidad CEU San Pablo para obtener información sobre la percepción que tienen en la actualidad los responsables de los Servicios Alumni de las universidades públicas y privadas de España al respecto de la IA y cuál es su grado de conocimiento y uso (actual y futuro). El estudio está aún inacabado, ya que siguen en curso muchas de las entrevistas a responsables de Servicios Alumni que se tiene previsto realizar en los próximos meses y se continúa recibiendo respuestas a la encuesta realizada. Los datos, las propuestas y las conclusiones son por tanto todavía provisionales.

2. OBJETIVOS

El primer objetivo de este estudio era detectar si la IA podía ser considerada, por parte de los responsables de los Servicios Alumni de las universidades españolas, como un mecanismo eficaz para ejecutar y automatizar procesos, reducir cargas de trabajo, y ser más eficaces y eficientes al ofrecer nuevas prestaciones a sus Alumni o si por el contrario consideraban que la IA no aportaba nada.

Un segundo objetivo que se buscaba era determinar cómo percibían dichos responsables la IA en cuanto a sus posibles riesgos o peligros y cuál era su valoración ética al respecto.

Y un tercer objetivo era identificar el nivel actual de conocimiento y utilización de aplicaciones/herramientas de IA en estos Servicios Alumni universitarios, qué programas conocían de IA y cuál era, si hubiera, la planificación o perspectivas a futuro para su utilización.

3. METODOLOGÍA

La metodología empleada ha sido la realización de encuestas y entrevistas dirigidas a los responsables de Servicios Alumni universitarios españoles.

Previamente a la elaboración de la encuesta se realizó un proceso de reflexión sobre el estado de la cuestión y las oportunidades y peligros del uso de la IA. Era necesario conocer y entender que estaba pasando en el contexto internacional a este respecto. Esta reflexión permitió centrar el cuestionario y la realización de las entrevistas semidirigidas.

Sobre el total de 98 centros universitarios (50 universidades públicas, 34 privadas y 14 centros universitarios adscritos) existentes en España en la actualidad (descartándose de la muestra aquellos considerados no universitarios, aunque se denominen centros de formación superior en sus siglas o nombre). Se detectó que no todos contaban con agrupaciones y/o asociaciones que tuvieran unidades o equipos destinados a desarrollar programas, actividades y/o servicios para sus antiguos alumnos. Según el informe "Aproximaciones al home de las webs de las universidades españolas" (Brito Delgado, 2017, p. 2) sólo el 46% de universidades públicas contaban con estos servicios y tenían enlace a páginas web y únicamente el 50% de las universidades privadas ofertaban dichas prestaciones.

Se identificaron 71 Servicios Alumni que trabajaban para sus alumnos egresados ofreciendo todo tipo de prestaciones y programas. Además, se localizaron 10 Agrupaciones Alumni extranjeras con estas características que estaban afiliadas a la Conferencia Internacional de Agrupaciones Alumni de España y a las que también se les mandado el cuestionario, para tener un punto de referencia sobre lo que estaba haciendo fuera de España.

A las 71 universidades y centros universitarios mencionados se les envió una encuesta cuya finalidad era evaluar su grado de utilización de la IA, su conocimiento de esta tecnología, y sus perspectivas de uso futuro.

La encuesta estuvo constituida por 21 preguntas dirigida a los responsables de los Servicios Alumni con dos tipos de cuestiones: cerradas y abiertas. De todos ellos hasta el momento hemos recibido respuesta de 32 Servicios Alumni (un 45%) que han aportado información sobre:

- El grado de conocimiento de la IA por parte los responsables de los Servicios Alumni.
- La percepción que sobre la IA tenían los responsables de los Servicios Alumni y si consideraban la IA como una oportunidad o como un peligro, o si ni tan siquiera la consideraban una opción.
- El grado de uso actual de la IA en estos servicios. El tipo de programas que se utilizaban (en caso de utilizarse) y si se tenía en proyecto utilizar en un futuro la IA y para que finalidad se quería o iba a utilizarse.
- Las preguntas realizadas en la encuesta fueron 21 tal y como se muestra en la Tabla 1.

La encuesta, que incluía dichas 21 preguntas, fue enviada a los Servicios Alumni de 71 universidades (públicas y privadas). En la encuesta que muestra la Tabla 1 se comenzó con preguntas genéricas relativas al conocimiento básico del uso de la IA y sus posibles aplicaciones, para ir avanzando en la encuesta hacia preguntas más concretas y especializadas sobre el conocimiento de programas y herramientas de IA y sus aplicaciones reales en los procesos y actividades desarrolladas por los Servicios Alumni. Los resultados provisionales de dicha encuesta se analizarán en los siguientes puntos.

	PREGUNTAS	OPCIONES
1º	Nombre de la universidad o centro	
2º	Tipo de universidad	
3º	Nº de Alumni de su agrupación o servicio	
4º	Con relación a las posibilidades que ofrece/ofrecerá la inteligencia artificial (IA) en cuanto a gestión de procesos y datos ¿cómo la considera dentro de su servicio/agrupación/asociación?	a) Una oportunidad de desarrollo de nuevas prestaciones para los Alumni b) No cree que tenga posible aplicación en su servicio/agrupación/asociación c) No sabe/No contesta
5º	¿Cree que la IA puede mejorar los procesos de comunicación con sus Alumni?	a) SI b) NO c) No sabe/No contesta
6º	¿Cree que la IA podría facilitar el manejo de datos relativos a sus Alumni para mejorar/ajustar la oferta de actividades/programas dirigidos a ellos?	a) SI b) NO c) No sabe/No contesta
7º	¿Cree que la IA permitirá detectar nuevas necesidades entre sus Alumni?	a) SI b) NO c) No sabe/No contesta
8º	¿Desea ampliar o concretar alguna de sus anteriores respuestas?	
9º	¿Cree que en un futuro su servicio/agrupación/asociación utilizará algún programa de IA?	a) SI b) NO c) No sabe/No contesta
10º	Si su respuesta anterior fue afirmativa ¿podría especificar de que tipo, cuál y para que finalidad?	
11º	¿Está actualmente utilizando algún programa o herramienta de IA en su servicio/agrupación/asociación?	a) SI b) NO c) No sabe/No contesta
12º	Si su respuesta anterior fue afirmativa ¿podría especificar de que tipo, cuál y para que finalidad?	
13º	Si su respuesta anterior fue afirmativa ¿considera que dicho programa de IA que ha utilizado?	a) Ha cumplido con sus expectativas o las de su servicio/agrupación/asociación b) Ha mejorado/facilitado su trabajo c) Ha implementado o mejorado el servicio que se ofrece/presta a sus Alumni d) No ha cumplido con ninguna de las anteriores premisas.
14º	¿Cree que el uso de la IA es?	a) Un peligro b) Una oportunidad
15º	Si la IA le pregunta por algún motivo ¿podría especificar la causa?	
16º	¿Conoce alguna universidad española o extranjera que utilice IA en la gestión de sus Servicios Alumni?	a) SI b) NO
17º	Si su respuesta anterior fue afirmativa, ¿podría indicar si conoce qué universidad, qué programas utilizan y para qué fines?	
18º	¿Conoce o ha utilizado alguno de estos programas de IA?	a) Chat GPT b) Bing AI c) Midjourney d) Chatbot para gestión de comunicaciones c) Otros
19º	Si la respuesta anterior fue afirmativa ¿podría indicar para que finalidad utilizó el programa, qué programa y si resultó efectivo?	
20º	¿Para cual de las siguientes opciones estarían dispuestos a utilizar IA en su Servicio Alumni?	a) Chatbots para la gestión de las comunicaciones con los Alumni b) Análisis masivo de datos de sus Alumni para establecer perfiles socio laborales y generar propuestas específicas de servicios y comunicaciones c) Análisis masivos de redes sociales de sus Alumni para obtener información relevante sobre sus gustos y preferencias d) Otros
21º	Si la respuesta anterior fue "Otros"- por favor especifique el uso que haría	

Tabla 1. Cuestionario utilizado en la encuesta realizada a las universidades y centros de educación superior. Fuente: Elaboración propia.

Dicha encuesta (de 21 preguntas abiertas y cerradas) se completó con entrevistas a responsables de Servicios Alumni. Se realizaron entrevistas personalizadas dirigidas a los responsables de Servicios Alumni y en algunos casos muy concretos también se solicitaron las aportaciones de valor de alguno de los miembros de dichos equipos. Las entrevistas completadas hasta el momento han sido 10, si bien, está previsto ampliarlas hasta un total de 25. Las entrevistas planificadas fueron cualitativas semidirectas y las 10 preguntas realizadas se muestran en la Tabla 2.

1.	¿Cómo creen que la inteligencia artificial está impactando en la sociedad y concretamente en áreas como los Servicios Alumni?
2.	¿Cómo creen que la inteligencia artificial podría impactar en la comunidad Alumni de su universidad? ¿Qué implicaciones sociales, económicas o laborales cree que podría tener en ellos?
3.	¿Qué oportunidades ve en el uso de la inteligencia artificial para resolver problemas o mejorar procesos dentro de los Servicios Alumni?
4.	¿Cuáles son las principales preocupaciones éticas o de responsabilidad que consideraría si se le planteara la posibilidad de utilizar inteligencia artificial en su servicio? ¿Cómo están abordando o abordaría este tema?
5.	¿Cómo cree que se están preparando a los profesionales de los Servicios Alumni para trabajar con la inteligencia artificial? ¿Existen programas de capacitación o cursos específicos en su universidad para desarrollar estas habilidades entre los miembros de su equipo?
6.	¿Han tenido alguna experiencia en la aplicación de la inteligencia artificial en su servicio? ¿Podrían compartir algún ejemplo?
7.	¿En su servicio ha experimentado algún obstáculo o dificultad al implementar soluciones de inteligencia artificial si es que ha utilizado la IA o ha propuesto el hacerlo? ¿Cuáles son los principales obstáculos que ha enfrentado si ha utilizado o querido utilizar IA?
8.	¿Creen que la inteligencia artificial puede reemplazar completamente a los profesionales de su equipo o a parte de ellos, o considera que es más bien una herramienta complementaria? ¿Por qué?
9.	¿Conoce algún programa de IA que crea que podría ser útil en la gestión de su servicio o en alguna de las áreas de trabajo que desarrollan en Alumni?
10.	¿Qué consejos o recomendaciones pediría a su universidad para poder aprender más sobre inteligencia artificial y su aplicación en su Servicio Alumni?

Tabla 2. Preguntas realizadas durante las entrevistas a los responsables
de los Servicios Alumni. Fuente: Elaboración propia.

Se utilizó la entrevista como técnica de investigación social ya que permitía recoger información valiosa para el propósito del estudio. Dichas entrevistas permitían conocer e interpretar la percepción sobre la IA y el uso real que se está haciendo de ella por parte de los responsables de los servicios. La metodología elegida ha sido la entrevista semidirecta, ya que facilita tener el relativo control sobre los temas a tratar en base a un guion preestablecido de 10 preguntas. Aunque este tipo de entrevista limita un poco la libertad comunicativa, sin embargo, ayudan a centrar la información a conseguir y relacionarla con el objetivo final de la investigación.

Las respuestas de las entrevistas, realizadas hasta el momento, facultan para llegar a ciertas conclusiones parciales sobre el tipo de herramientas y programas de IA que encajan mejor con las necesidades y prioridades de los Servicios Alumni y establecer cuales se consideraban útiles y/o necesarias y cuales implican graves preocupaciones relativas a cuestiones éticas, posibles peligros del uso y acceso a datos, etc. Las referidas entrevistas completaban la encuesta y por tanto la visión del panorama de la situación actual de los Servicios Alumni con relación a la IA. Las preguntas abordadas se plantearon con una duración de una hora aproximadamente cada entrevista. Las 10 preguntas fueron ampliadas como marcos abiertos en que el entrevistado podía, si lo deseaba, aportar mucho más que la información estrictamente solicitada.

Las preguntas, tal y como se pueden ver en la Tabla 2, abordaban desde temáticas amplias sobre el impacto de la IA en la sociedad hasta preguntas más concretas sobre si el responsable del Servicio Alumni había tenido ya experiencia en el uso de alguna herramienta o programa de IA en su trabajo. El análisis de los resultados de la información obtenida, con estas primeras 10 entrevistas, y también con la encuesta se analiza en el siguiente punto.

4. DESARROLLO DE LA INVESTIGACIÓN

4.1. Oportunidades por explorar en el uso de la IA. El contexto internacional.

Para comprender la situación actual del uso y aplicación de la IA por parte de los Servicios Alumni de las universidades españolas y tener un marco de referencia y comparación se debe conocer el contexto internacional. En este sentido y en una puesta al día del estado de la cuestión se comprueba que son las universidades norteamericanas (concretamente las estadounidenses) las que más han avanzado en el uso de la IA para fines relacionados con los servicios prestados a sus antiguos alumnos junto con las del sudeste asiático (concretamente las hindúes).

En los últimos 5 años, los Servicios Alumni de estas universidades han sido pioneros en el uso de la IA utilizándola de diversas formas para mejorar sus actividades y brindar beneficios adicionales a sus comunidades Alumni. También, para generar aumentar y mejorar el sentimiento de pertenencia a sus instituciones. Estos servicios han concentrado sus esfuerzos en aspectos tales como:

El uso y análisis masivo de datos lo que les está permitiendo hacer recomendaciones, utilizando algoritmos de reconocimiento y recomendación, para ofrecer contenidos individualizados a cada antiguo alumno en temas tan relevantes como el acceso al mercado laboral y las oportunidades profesionales (Siaum, et al., 2018). La información recabada les marca la línea de comunicaciones con sus Alumni para incluir noticias relevantes, eventos, oportunidades de desarrollo profesional, ofertas de empleo, perspectivas de ingresos futuros (Gomez-Cravioto, et al., 2022) y conexiones con otros Alumni con intereses similares de forma completamente personalizada (Dang, 2023). Al comprender mejor los intereses y las preferencias de sus Alumni los Servicios Alumni están aumentando la participación y el compromiso de sus miembros. Este tipo de comunicaciones, con este grado de detalle para cada uno de sus Alumni de manera individualizada, mejora la relación con sus antiguos alumnos, lo cual sería impensable si no se utilizara la IA en estos procesos.

a. El análisis masivo de datos, con programas de IA, para recopilar información relacionada con aspectos demográfica, trayectorias profesionales, intereses y demandas de actividades, etc. de sus antiguos alumnos. Los resultados obtenidos les han proporcionado una visión más profunda de los perfiles y las necesidades de sus Alumni. Igualmente, les ha facilitado la especialización de sus programas, servicios y beneficios que les ofrecen, para ser más eficientes y conseguir un mayor grado de fidelización entre su comunidad Alumni (Fazlioglu y Denizel, 2021; Lee y Kim, 2018).

b. Estas universidades están utilizando chatbots, impulsados por IA, que les están facilitando a estos servicios la posibilidad de generar respuestas automáticas para preguntas frecuentes de sus Alumni, en un primer grado de contacto, ofreciendo asesoramiento básico y brindando orientación sobre las propuestas disponibles para ellos. La herramienta está ayudando a los Servicios Alumni a ahorrar tiempo y recursos, al automatizar las interacciones iniciales de primer nivel en sus comunicaciones. De esta forma, liberan tiempo y recursos humanos para una atención más personalizada, en consultas más concretas de segundo nivel, que requieren acceso a información relevante y cuyo interlocutor necesariamente debe ser un ser humano.

c. La IA también está facilitando el identificar posibles colaboraciones y asociaciones entre los Alumni y otras organizaciones. Al analizar datos y patrones la IA identifica conexiones y sinergias potenciales que benefician tanto a los antiguos alumnos como a los Servicios Alumni.

d. Los Servicios Alumni de estas universidades están monitoreando y analizando con IA las conversaciones y actividades en las redes sociales de sus antiguos alumnos para detectar intereses y potenciales necesidades de este colectivo. Se están identificando tendencias, temas relevantes de interés y oportunidades de participación de los Alumni, para diseñar programas y acciones específicas para ellos. Además, permite a los Servicios Alumni responder rápidamente a los problemas o preocupaciones planteadas por sus antiguos alumnos en las redes sociales.

Estos ejemplos de utilización de la IA por parte de los Servicios Alumni de universidades extranjeras pone en contexto la situación española. Frente a la realidad de las universidades anteriormente mencionadas, según los datos obtenidos hasta el momento en este estudio, actualmente no existe nada parecido en España. Hay una enorme distancia entre lo que está pasando en el contexto internacional y lo que sucede en España en el uso de la IA por parte de los Servicios Alumni y casi total desconocimiento de las herramientas, programas y acciones que se pueden aplicar a procesos, programas y actividades que desarrollan en la actualidad dichos servicios.

4.2 Los resultados del estudio. El caso español.

Los resultados de las 32 encuestas recibidas y de las 10 entrevistas llevadas a cabo, hasta el momento, ha mostrado que los Servicios Alumni de las universidades y centros universitarios españoles actualmente no están utilizando IA en sus procesos, ni en la relación/comunicación con sus Alumni, ni en otros procesos o actividades, y no parece que lo vayan a hacer en un futuro inmediato.

Los responsables de los Servicios Alumni frente a la pregunta *"Si consideraban que la IA era una oportunidad para el desarrollo de nuevas prestaciones para sus Alumni o no creían que tuviera posibles aplicaciones actuales o futuras"* en un 81% de las respuestas veían positivamente la IA (Gráfico 1). No sólo creían que fuera una oportunidad, sino que además consideraban que podía mejorar los procesos de comunicación con sus Alumni (67%). Sin embargo, el 96% de las respuestas de estos centros indican que aún no están utilizando la IA en ningún proceso ni tienen previsión de hacerlo en los próximos años (87%) como muestra el Gráfico 1.

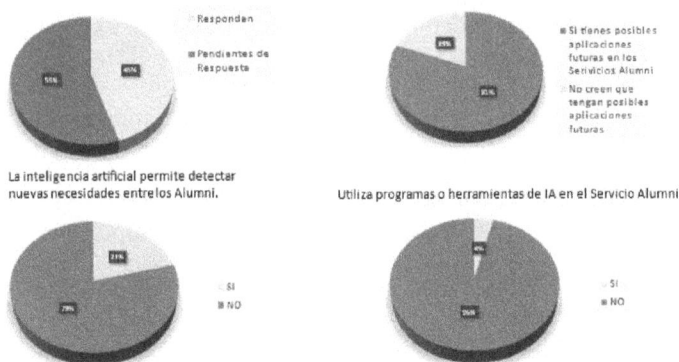

Gráfico 1. Respuestas de los Servicios Alumni a diversas cuestiones
de la encuesta realizada. Fuente: Elaboración propia.

La interpretación y análisis de las respuestas aportadas en la encuesta es compleja ya que, si bien y cómo se ha indicado anteriormente en su gran mayoría los responsables de los Servicios Alumni ven la potencialidad de la IA, sólo un 21% cree que la IA permitirá detectar nuevas necesidades entres sus Alumni para poder hacer una mejor planificación de su oferta futura.

El 96% de las respuestas recibidas indican que los Servicios Alumni desconocen los programas actuales de IA (o herramientas asociadas) que se pueden utilizar en la mejorar de los procesos (salvo ChatGPT) y no tienen conocimiento de ninguna otra universidad española que esté utilizando este tipo de programas o herramientas. Los actuales resultados de la encuesta muestran que desconocen y no utilizan programas como, por ejemplo, Bing Al, Midjourney o herramientas de comunicación automática ancladas en IA como los Chatbot, para hacer sus procesos más eficientes.

Aunque, los resultados de este estudio son provisionales, en espera de más respuestas a las encuestas enviadas, con los datos actuales obtenidos hasta el momento se puede indicar que los Servicios Alumni de los centros universitarios españoles actualmente no están contemplando todas las oportunidades y/o beneficios que puede aportar la IA en sus procesos y servicios, para mejorar y especializar las prestaciones a su comunidad Alumni.

Por otra parte, de las hasta el momento 10 entrevistas realizadas, se desprende una información parecida que completa el retrato de la actual situación del uso de la IA por parte de los Servicios Alumni de universidades españolas. Entre los responsables entrevistados ninguno de ellos indicó que estuvieran utilizando alguna herramienta o programa de IA, teniendo un importante desconocimiento de las posibilidades a su alcance a este respecto.

Frente a las preguntas ¿cómo creen que la IA está impactando en la sociedad y concretamente en áreas como los Servicios Alumni? o ¿cómo creen que la IA podría impactar en la comunidad Alumni de su universidad?, o ¿qué implicaciones sociales, económicas o laborales cree que podría tener en ellos? todos los responsables eran conscientes de los cambios que está suponiendo la irrupción de la IA en la sociedad y en la economía. De hecho, la comparan con lo que supuso en los años 90s el acceso a internet, pero no dan más importancia a esta realidad. Aunque, son conscientes de que el desarrollo de la IA va a impactar, de diferentes formas y con diferente peso, en la situación de sus Alumni y sus trabajos (dependiendo del sector en que se estén desarrollando profesionalmente y en sus perspectivas profesionales) aún lo ven cómo algo muy lejano y se mantienen en una actitud de espera antes de posicionarse o actuar al respecto.

No tienen nada claro, frente a la pregunta ¿qué oportunidades ve en el uso de la inteligencia artificial para resolver problemas o mejorar procesos dentro de sus Servicios Alumni?, las posibilidades existentes a su disposición (aplicaciones y herramientas de IA) e indican que en sus respectivas universidades no se están desarrollando programas de capacitación o cursos específicos (para ellos o para sus equipos) sobre programas o herramientas de IA en la actualidad.

Ninguno de ellos ha tenido experiencia de aplicación de IA en sus servicios y no creen que la IA pueda reemplazar completamente a sus equipos o a parte de ellos, al menos de momento.

Si que tienen una gran preocupación sobre las implicaciones éticas y las posibles responsabilidades legales derivadas del uso de estas herramientas o programas, pero aún no saben cómo abordarán este tema en caso de un conflicto de intereses o cómo deberían posicionarse sus universidades y/o servicios jurídicos ante estos dilemas.

5. DISCUSIÓN

Siempre con la premisa de que el uso de la IA, por parte de los Servicios Alumni, debe ser ético y respetar la privacidad de los Alumni en su buen uso, es necesario plantearse y reflexionar sobre sí la IA puede ser una oportunidad de mejora o una barrera para estos servicios y sus comunidades Alumni.

Aunque, no se pueden descartar los posibles nichos de oportunidad que puede aportar la IA para los Servicios Alumni en la actualidad no está siendo considerada por sus responsables como algo real, tangible y necesario y la pregunta es ¿por qué?

Los resultados provisionales de este estudio muestran que la IA no está siendo utilizada en los Servicios Alumni de las universidades españolas. Existe un gran desconocimiento sobre sus potencialidades, pero la realidad actual puede cambiar muy rápidamente, en la medida en que la IA se haga necesaria, por lo que sería oportuno que hubiera una mayor reflexión al respecto de su uso, el por qué y el para qué de la IA en la universidad y particularmente en los servicios y actividades dirigidas a la comunidad de alumnos egresados.

Los responsables de los Servicios Alumni deben reflexionar sobre cómo mantener el delicado equilibrio entre la automatización de ciertos procesos y la interacción humana con sus alumnos egresados, ya que muchos Alumni valoran más la conexión personal con sus antiguas universidades que la utilización de estas tecnologías. Es imprescindible reflexionar sobre cómo no desnaturalizar la relación de los Alumni con sus universidades cuando irrumpan de forma generalizada estas tecnologías en la automatización de determinados procesos.

La interpretación de los resultados de las encuestas y entrevistas realizadas, hasta el momento, indican que la IA es un entorno aún no contemplado por los Servicios Alumni de las universidades españolas que están muy lejos de unos niveles mínimos de aplicación y desarrollo. Desde luego el panorama muestra que están muy lejos de la situación de otras universidades extranjeras con más experiencia en estos temas. Ni siquiera se están planteando los Servicios Alumni si es necesario conocer que hacen otros centros extranjeros a este respecto. No existe una preocupación activa sobre sí se está desaprovechando un nicho de oportunidad para estar al mismo nivel que otros países.

Sería oportuno organizar congresos y conferencias que permitieran a esta comunidad de Servicios Alumni, tanto españoles como extranjeros, un punto de encuentro y reflexión al respecto. Hasta el momento casi no han existido en nuestro país este tipo de foros, teniéndose constancia únicamente de la recientemente reunión en Barcelona, en la Conferencia Internacional de Agrupaciones Alumni (los días 3 y 4 de mayo de 2023) con un limitado número de universidades españolas y en dónde se abordó la temática sobre "El paradigma de la Inteligencia Artificial en la gestión Alumni".

La IA y su uso, aunque está en la mente y en la preocupación (fundamentalmente ética) de estos servicios y sus responsables todavía no se han interiorizado ni se han desarrollado proyectos que apliquen sus programa o herramientas. Aun no hay resultados sobre su eficacia o efectividad, ni se pueden hacer comparaciones sobre cómo funcionaban estos Servicios Alumni antes o después de la llegada de la IA, ya que no se está utilizando actualmente. De nuevo la reflexión es ¿por qué?, ¿no sería necesaria una mayor preocupación al respecto? Aun cuando queda mucho recorrido por hacer a este respecto en España sería conveniente plantearse hasta qué punto la IA puede suponer una oportunidad de mejora en todos estos servicios que presta apoyo y ayuda a sus Alumni.

Es necesario insistir en la necesidad de un mayor número de trabajos y estudios sobre el tema que muestren todas las dimensiones e implicaciones del uso de estas tecnologías en estos servicios y con estos colectivos de alumno egresados, cuyos perfiles personales y profesionales son muy variados.

6. CONCLUSIONES

La IA puede ofrecer ventajas y oportunidades para los Servicios Alumni y algunas de dichas posibles ventajas podrían ser:

a. La personalización y especialización de sus comunicaciones. Los Servicios Alumni pueden utilizar la IA para personalizar la comunicación con sus antiguos alumnos. Esto puede incluir el envío de mensajes y notificaciones individualizadas, recomendaciones de eventos o programas basados en los intereses particulares de cada Alumni y la entrega de contenido relevante, según la etapa de vida en la que se encuentren cada, uno facilitando un trato totalmente individualizado.

b. La mejora de la oferta de actividades y propuestas y programas personalizados para cada caso. La IA puede ayudar a los Servicios Alumni españoles, tal y cómo hacen las universidades norteamericanas o del sudeste asiático, a analizar grandes volúmenes de datos relacionados con sus antiguos alumnos. Esto puede incluir datos demográficos, historial académico, trayectoria profesional, intereses y actividades. Al analizar estos datos, las agrupaciones pueden obtener información valiosa para mejorar sus programas, identificar tendencias y establecer conexiones significativas entre los antiguos alumnos, siempre que se tenga en cuenta todas las consideraciones legales necesarias relativas a la Ley de Protección de Datos vigente.

c. El desarrollo de toda una amplia red de contactos que facilite el *networking* y el emparejamiento de Alumni con intereses comunes. La IA puede ayudar a los Servicios Alumni a facilitar el *networking* entre sus antiguos alumnos. Mediante algoritmos de emparejamiento y análisis de datos que permiten identificar conexiones potenciales y recomendaciones de mentoría basadas en intereses, experiencia y objetivos profesionales compartidos.

d. El desarrollo de asistentes virtuales impulsados por la IA para brindar apoyo y asistencia a sus Alumni, responder preguntas frecuentes y trasladar rápidamente información pormenorizada sobre oferta de programas y actividades. Estos asistentes virtuales pueden estar disponibles en la propia página web de la agrupación o asociación Alumni de cada universidad y pueden proporcionar respuestas instantáneas a consultas comunes, brindar información sobre eventos y programas, y ofrecer asesoramiento personalizado. También pueden utilizarse herramientas de *chatbot* para comunicaciones automáticas y rápidas con los Alumni.

Si bien, la decisión sobre el uso de las muchas posibilidades que ofrece la IA a los Servicios Alumni está en manos de sus responsables y de las autoridades académicas universitarias. La IA podría ser utilizada en las previsiones estratégicas de adaptación de estos servicios este nuevo contexto cambiante y transformador en el que sus Alumni van a demandar prestaciones cada vez más personalizadas y adaptadas a sus necesidades individuales, pero también es necesario realizar una profunda reflexión a este respecto antes de decidir cómo, cuándo y para que se utiliza la IA. Aún queda un largo camino por recorrer antes de estar al nivel de las universidades americanas o asiáticas. La IA puede ser considerada una oportunidad, pero también un riesgo a considerar y esta reflexión aún está por hacer.

7. REFERENCIAS

Alberola, J. y Val, E. (2016). *An artificial intelligence tool for heterogeneous team formation in the classroom.* Knowledge-Based Systems, 101, 1-14 http://dx.doi.org/10.1016/j.knosys.2016.02.010

Aveleyra, E.E. y Proyetti Martino, M.A. (Coords.) (2022). *Escenarios y recursos para la enseñanza con tecnología: desafíos y retos.* Octaedro. https://doi.org/10.36006/16361

Brito Delgado, A. (2017). *Aproximación a las Home de las webs de las universidades españolas y Alumni.* Documentos de trabajo Alumni España, 1-20, 2. https://bit.ly/437xeBd

Castrillón O.D., Sarache. W. y Ruíz-Herrera S. (2020). *Predicción del rendimiento académico por medio de técnicas de inteligencia artificial.* Formación universitaria, *13* (1), 93-102. http://dx.doi.org/10.4067/S0718-50062020000100093

Dang, L. (2023). *Alumni information collection and management.* Paper Thesis University of Chicago. 1-53.https://doi.org/10.6082/uchicago.6040

Davenport, T.H. (2018). *The AI Advantage: How to Put the Artificial Intelligence Revolution to Work* (Management on the Cutting Edge). MIT Press. https://bit.ly/3PvKzA4

Fazlioglu, Y. y Denizel, M. (2021). *The impact of artificial intelligence on alumni engagement in higher education institutions.* ICERI2021 Proceedings. 14th International Congress on Education and Learning papers, 164-170.

Gomez-Cravioto, D.A., Diaz-Ramos, R.E., Hernandez-Gress, N, Preciado, J.L. y Ceballos, H.G. (2022). *Supervised machine learning predictive analytics for alumni income.* Journal of Big Data, *(9)* 11. https://doi.org/10.1186/s40537-022-00559-6

Lainjo, B. y Tmouche, H. (2023) *The Impact of Artificial Intelligence On Higher Learning Institutions.* International Journal of Education, Teaching, and Social Science, *3*(2). https://doi.org/10.47747/ijets.v3i2.1028

Siaum, A. S., Amin, M. J. y Islam, K. (2018). *Alumni opportunities using machine learning* (Doctoral dissertation, BRAC University), 1-42. https://bit.ly/44ml3kN

APORTES AL DESARROLLO CONCEPTUAL DE LA GESTIÓN EDUCACIONAL DESDE LA INTELIGENCIA ARTIFICIAL

Manuel Paulino Linares Herrera[1] , Yorlis Delgado López[2], Evelisy Linares Rodríguez[3]

1. INTORDUCCIÓN

En todo ámbito de la sociedad se acrecienta el desarrollo tecnológico, su incidencia en cualquier proceso es inminente e indispensable. La Inteligencia Artificial (IA) ha marcado un aceleramiento que preocupa y ocupa a todas las autoridades de la sociedad, de ahí que urge transversalizar políticas coherentes desde los máximos niveles de toma de decisiones. González-Videgaray; Romero-Ruiz, (2022). La educación como eslabón para el progreso de la sociedad, traza estrategias para la mejorar de la calidad y la eficiencia del aprendizaje, se ha de desarrollar prácticas educativas sustentadas en los avances tecnológicos, donde la inteligencia artificial, se inserta e implica indudablemente numerosos riesgos y retos, que los debates llaman a consensuar sobre las políticas y los marcos reglamentarios que hay que superar. Incentivar para la implementación, desarrollo y potenciación de valores y competencias necesarias para la convivencia con la IA, así como la utilización ética, transparente y comprobable de datos y algoritmos de la educación, son de los grandes retos. Leslie, D. (2019), Flores-Vivar, & García-Peñalvo, (2023). Insectivar en la sociedad una optima educación, es esencial para lograr los modelos de desarrollo que demanda la UNESCO en su Agenda 2030, donde una educación de calidad, sería el motor que impulsaría el desarrollo de una cultura estrategica en la sociedad. Las prácticas para una educación de calidad, se perfecciona con una gestión educativa, concebida estratégicamente, que integre gestión del conocimiento, e información y comunicación, ciencia, tecnología e innovación, amparadas en políticas y normativas a la par con los programas de desarrollo, de país.

Como objetivo la investigación valorará la vinculación en los diferentes estratos y procesos educativos que involucra a la gestión educativa, para criticar y proponer criterios que demanda de estudios como parte de una buena práctica en las valoraciones a los componentes del paradigma de la Inteligencia Artificial desde el enfoque gestión educacional.

1. Academia de Ciencias de Cuba (Cuba)
2. Colegio Universitario San Gerónimo, La Habana
3. Universidad Pedagógica Enrique José Varona, Cuba

2. MATERIALES

Los documentos seleccionados fueron por rigor en el análisis temático, por su línea indagatoria principal y la calidad de las publicaciones incluidas, que se evalúo utilizando una versión modificada de la lista de verificación del Programa de Habilidades de Evaluación Crítica (CASP), herramienta que evalúa el rigor metodológico, la coherencia y la relevancia de las publicaciones, asegurando la más alta calidad, muy utilizado para evaluar resultados de investigación en el sector de Salud. Este enfoque se implemento para conectar los términos inteligencia artificial (IA) y gestión educativa superior y donde se evidencie un enfoque crítico por el investigador, y evalúe con un grado de análisis (CASP), para su aporte conceptual en gestión educativa.

3. MÉTODO

Metodológicamente la investigación se realizó bajo el paradigma cualitativo y es descriptiva-explicativa, desde una revisión sistemática, al centrarse en la búsqueda, y sinterización de la evidencia a investigar y su comportamiento. La estrategia para la revisión se concibe desde un examen de la literatura científica, a materiales publicados por el buscador Google Académico, como repositorio de documentos científicos y publicados e indizados en difusores científicos cono Scopus, Dialnet y Scielo.

4. RESULTADOS

La herramienta CASP desde los argumentos de Olmo, R. S. (2017) permitió evaluar la pertinencia, fiabilidad y rigor de los artículos científicos, a partir de la lectura crítica realizada al documento, bajo criterios de aplicabilidad en el glosarios técnico, calculadores, como el excel para valoraciones estadísticas, estrategias de fuentes e intervenciones sobre el estado del arte, estos dos últimos como criterios indicadores de calidad científica, investigaciones como: Roldan Vasquez, P. M. (2014); Manterola, C., Rivadeneira, J., Delgado, H., Sotelo, C., & Otzen, T. (2023); Olarte Ovalle, J. (2023), describen el rigor científico que constantemente se demanda de los resultados de investigación.

Este buscador científico propicio la localización con el término: Inteligencia artificial+gestión educación superior, se obtuvo un resultado de 37 documentos sobre esta temática, distribuidos en 9 tesis y 28 artículos científicos, durante los últimos cinco años constituyendo más del 70% de los referenciales.

5. DISCUSIÓN Y CONCLUSIONES

La gestión educativa ha tenido una concepción evolutiva, integrada al desarrollo de la sociedad, el enfoque administrativo, siempre ha permeado la conceptualización del actuar en los centros educacionales, a razón de Sacristán, (1990) Pérez, *et al.* (2018) González-Videgaray; Romero-Ruiz, (2022); Olarte, (2023). las escuelas son instituciones sociales creadas para beneficiar a la sociedad, y se enfocan al incremento de la productividad y la eficiencia, que aplican a los esquemas educativos, en sus procesos de enseñanza y aprendizaje como pilares de la gestión de las organizaciones educativas, "bajo el criterio de incrementar la eficiencia, permitiendo a los países alcanzar el desarrollo a través de la mejora de sus sistemas educativos".

Los apuntes de García, (2004), exponen a la administración educativa como esencia de la misma definición de la administración: proceso de trabajo con y a través de la gente para alcanzar de manera eficiente el logro de las metas organizacionales, destaca el autor, tema que ha ido evolucionando y se suman criterios actuales de índole competitivo, para estratégicamente posicionarse y visibilizarse, donde las tecnologías, y el trabajo extensionista en las universidades son de importancia, (Flores-Vivar, & García-Peñalvo, 2023); (Gupta, *et al.* 2023).

Sí se maneja y optimizan procesos encaminados a un funcionamiento coherente, se está gestionando estratégicamente, y en el ámbito que ocupa a la gestión educativa, se encamina a la optimización de los procesos de enseñanza-aprendizaje, para la mejora y elevación de los resultados, donde interviene actores sociales, identificados como docentes y estudiantes. (González-Videgaray; Romero-Ruiz, 2022).

Según describe Folres-Flores, (2021*)*, la gestión educativa es todo un sistema de procedimientos que apuntan al crecimiento cuantitativo y cualitativo de la educación, que se enriquece teóricamente en respuesta a las condiciones y necesidades de cada época y su cultura.

5.1. Desde el contexto latinoamericano calidad en la formación educativa, como base

La calidad educativa y la gestión se vinculan por la práctica de liderazgos y posicionamiento Olarte, (2023), donde la participación del estado con políticas y normativas coherentes e interactuadas con el contexto histórico y social, determinarán el éxito de su gestión. Las primeras investigaciones realizadas sobre el tema, fueron en Estados Unidos alrededor de los años 60 del pasado siglo, posteriormente Europa comenzó a aportar concepciones al desarrollo de la gestión educativa. Estos desarrollos contribuyeron a que en América Latina se impulsarán transformaciones en sus sistemas educativos, donde según criterios de Solano, (2005); (ANUIES)–UNESCO. (2004). transita por la descentralización, la autonomía y la participación social como entes del mejoramiento de la calidad educativa. Flores-Viva, & García-Peñalvo, (2023)

Indagando sobre otras experiencias en el contexto hispanoamericano, se expone el modelo de la universidad cubana que explícita su carácter integrador, que, a criterios de Machado, Montes de Oca, *et al* (2013) potencia la actividad científica en la educación superior alineada a los intereses de país. Entre los criterios que exponen los autores Paz, E. (2021); Santana, C.M.A; Placencia, C.V.V; Báez, C.R.G. (2023) se actualizan y enriquecen están:

- Con vista a la profesionalización del estudiante desde sus inicios se le integra a la formación investigativo-laboral a partir de la vinculación de las clases, con el trabajo científico y las prácticas laborales;
- Se articula la enseñanza-aprendizaje con la función sustantiva en ciencia, tecnología, medioambiente e innovación como parte de las estrategias formativas del futuro profesional;
- Los tres grandes componentes del proceso de la educación superior: docencia, investigación y extensión son básicos para la integración formativa del estudiante, normativas, protocolos y disposiciones legales sustentan este proceso; en la formación del profesional cubano, a través de proyectos sociales;

- La universidad cubana está en el centro de las estrategias de producción, difusión, y aplicación del conocimiento, la investigación científica y la innovación, articula políticas educacionales y de producción científica con el desarrollo económico y social que demanda el país; más de un 50% de los premios anuales de la Academia de ciencias de Cuba corresponden a los resultados de ciencia e innovación de las universidades cubanas;

- El sistema actual de gestión del gobierno basado en ciencia e innovación, interactúa con el sistema educacional superior cubano, respaldando los ejes estratégicos del plan de desarrollo 2030, que tiene como referente los Objetivos de desarrollo Sostenible (ODS), aprobados por la ONU en su Agenda 2030;

- El desarrollo de la Educación Superior Cubana ha estado estrechamente vinculado a la internacionalización, con una serie de acciones propias del acontecer académico (intercambios, eventos, formación doctoral, postdoctoral, investigaciones, inserciones en red, proyectos, convenios y colaboraciones entre otras acciones, donde se destacan instituciones de países como Bélgica, Canadá; China; España; México; Reino Unido entre otros;

- Resultados del más recién estudio comparativo y explicativo, sobre educación, ERCE 2019 efectuado sobre la región de Latinoamérica y el Caribe, y dado a conocer en noviembre de 2021, por la Organización de las Naciones Unidas para la Educación, la Ciencia y la Cultura (UNESCO) concluyo que Cuba mantiene estándares de calidad en su sistema de enseñanza básica general.

5.2. Educación virtual e inteligencia artificial en la educación superior

La humanidad está compartiendo una era extraordinaria de avance de los algoritmos de aprendizaje, que de manera automática convergen ante la disponibilidad cada vez mayor de macrodatos, y extensión de las plataformas computacionales, redes y ciberespacios, Gupta, A., Mazumdare *et al.* (2023).

La educación virtual en la educación superior ha sido tema de interés en muchas latitudes, incluyéndose como estrategia en iniciativas tales como: el Plan e-Europa aprobado por los primeros ministros de la Unión Europea en la cumbre de Lisboa celebrada los días 23 y 24 de mayo del 2000 (Europe-Summaries of EU Legislation,2014), el proyecto sobre Educación Superior Virtual y a Distancia por parte del Instituto Internacional de la UNESCO para la educación superior en América Latina y el Caribe en el año 2002 (ANUIES-UNESCO, 2004)

En 2021, en el mes de noviembre, en Conferencia General de la UNESCO, sus 193 Estados miembros aprobaron el primer documento sobre Ética de la Inteligencia Artificial, es el primer instrumento normativo a nivel mundial, que es guía ética y base normativa mundial, que permitirá establecer pautas al estado de derecho en el mundo digital, que además protegerá su implementación y promoverá, derechos y deberes de los humanos ante el desarrollo de esta herramienta tecnológica. Urgen pues, continuar actualizando el qué y cómo actuar ante el uso de software que van surgiendo y se adentran en la sociedad, sin un más profundo análisis. Una perspectiva conceptual muy generalizada se demanda aporta los investigadores González-Videgaray, M; Romero-Ruiz, R (2023), al exponer:

> *La Inteligencia Artificial suele definirse como la realización de tareas que, si fueran efectuadas por un ser humano, requeriría lo que llamamos inteligencia (Ryoo Winkelmamn, 2021). Holmes, Bialik, & Fadel, (2023) define a la IA como la "rama de la ciencia donde las máquinas simulan el proceso de pensamiento humano". Percibir,*

razonar o decidir son tareas inteligentes, que hoy en día son llevadas a cabo por la computadora y otros dispositivos, a través de la aplicación de software.

5.3. Calidad educativa e Inteligencia Artificial

La calidad educativa es un fundamento intrínseco en el proceso de gestión educativa, el desarrollo de país, del humano, de la sociedad, lo demanda, es una tarea de conjunto que se propicia desde los propósitos más generalizados que promulgan las organizaciones más universales, como la ONU, la UNESCO y decir de otras a nivel continental, regional o sectorial, que abogan por una educación de calidad como principio de desarrollo, y contextualizan disímiles criterios por mejoras que beneficien, la profesionalidad en el trabajo como premisa del progreso, desde posiciones éticas y con sustentos científicos, donde las legislaciones y normativas sean primero generalizadas, desde una mirada hacia el progreso del ser humano Flores-Flores, F, (2021). A decir de la ciencia los procesos y sus flujos propician mejoras en todos los ámbitos, el acelerado desarrollo de las tecnologías, debe ir a la par de la implementación de políticas coherentes e integrativas, para el fomento de estrategias comunes ante el aceleramiento de las tecnologías.

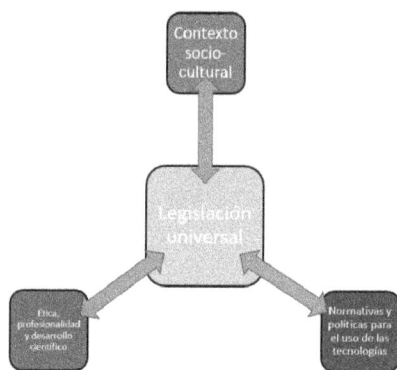

Figura 1: Interrelación conceptual a la concepción de la Gestión Educacional desde la Inteligencia Artificial (IA). Fuente: Elaboración propia.

Estos 4 principios que se representan en la fig. 1, pueden estar implícito en todo proceso de introducción e implementación, pero valga exponerse en el análisis al marco conceptual de la gestión educacional, como un aporte a la IA para la gestión educacional, por su validez, y enriquecedora contribución, a partir de la diversidad de criterios que genera su interacción epistemológica por la mejora de su concepción.

A continuación, se relacionan algunas propuestas de criterios a tratar en su interacción con la temática de estudio: aportes al desarrollo conceptual de la gestión educacional desde la Inteligencia Artificial. Son criterios que justifican el actuar desde estos cuatros principios (fig. 1) y que justifican estudios relacionados con disímiles disciplinas de las ciencias y sus dimensiones indagatorias, tratados desde argumentos interdisciplinarios por Flores-Flores, F, (2021*); Gupta, A., Mazumdare *et al*. (2023).

- Legislación universal
  - Fundamentaciones desde la filosofía, la responsabilidad, y la racionalidad
  - Sobre el acceso, uso, tratamiento y beneficios de la información y la comunicación
- Contexto socio-cultural
  - Relación sociedad-individuo
  - Interactuaciones de las influencias sociales
- Ética, profesionalidad y desarrollo científico
  - Calidad informativa y formativa
  - Niveles metodológicos, de investigación y sostenibilidad
- Normativas y políticas para el uso de las tecnologías
  - Estados, procesos y valoraciones a la simplificación, estímulos, facilidades, aplicabilidad y mejoras para el desarrollo del individuo y la sociedad
  - Claridad, lógica y veracidad en las políticas de uso

La propuesta de criterios expuesta evidencia la necesidad de investigaciones, que evalúen a estos criterios para enriquecer y a temporizar a la conceptualización de la gestión educacional desde la aplicabilidad de la inteligencia artificial, nueva herramienta, que acrecienta su uso en este sector social, determinante para el progreso de la humanidad. Esta herramienta ha marcado un aceleramiento que preocupa y ocupa a todas las autoridades de la sociedad, y en el sector educacional, transversaliza su actuar, de ahí que urge políticas coherentes desde los máximos niveles de toma de decisiones Flores-Flores, F, (2021*). La educación como eslabón para el progreso de la sociedad, traza estrategias para la mejorar de la calidad y optimizar el aprendizaje en función de las tecnologías, y desarrollar prácticas educativas sustentadas en los avances tecnológicos.

La calidad educativa es intrínseca en el proceso de gestión educativa, y demanda, de una tarea de conjunto, donde estén implícitos, todos los que abogan por una educación sustentable como principio de desarrollo, que contextualiza disímiles criterios por mejoras desde posiciones éticas, sustentos científicos, y principios para el progreso del ser humano. Será la gestión educacional desde la ciencia, un paradigma convocado a involucrarlo al desarrollar de investigaciones que enriquezcan, actualicen y conceptualicen las forma de actuar con la herramienta inteligencia artificial.

6. REFERENCIAS

Asociación Nacional de Universidades e Instituciones de Educación Superior (ANUIES)–UNESCO. (2004). La educación superior virtual en América Latina y elCaribe. México: Serie Memorias. Colección Biblioteca de la Educación Superior.ANUIES, UNESCO, IESALC.

Comisión Mundial de Ética del Conocimiento Científico y la Tecnología de la UNESCO (2019). Estudio preliminar sobre la ética de la inteligencia artificial. https://unesdoc.unesco.org/ark:/48223/pf0000367823

El Modelo de Gestión Educativa Estratégica es una propuesta de la Dirección General de Desarrollo de la Gestión e Innovación Educativa de la Subsecretaría de Educación Básica. México D.F.: Secretaría de Educación Pública; 2009. https://n9.cl/0c5b

Europa (2014). EUR-Lex. El acceso al Derecho de la Unión Europea (UE). Publicado por el Diario Oficial de la UE http://eurlex.europa.eu/homepage.html

FECYT (2023). Octava edición del procedimiento de participación en la evaluación de la calidad editorial y científica de revistas de científicas españolas https://calidadrevistas.fecyt.es/sites/default/files/2023_guiaeval_viii_def.pdf

Flores-Flores, F. (2021*). La gestión educativa, disciplina con características propias* https://n9.cl/efgle

Flores-Vivar, J. M. y García-Peñalvo, F. J. (2023). La vida algorítmica de la educación: Herramientas y sistemas de inteligencia artificial para el aprendizaje en línea. In G. Bonales Daimiel, y J. Sierra Sánchez (Eds.), *Desafíos y retos de las redes sociales en el ecosistema de la comunicación* (pp. 109-121). McGraw-Hill

García, J. M. E. (2004). La administración y gestión educativa: algunas lecciones que nos deja su evolución en México y Estados Unidos. *Revista Interamericana de Educación de Adultos*, (May), 11-52. https://n9.cl/5k7ly

Gupta, A., Mazumdar, B. D., Mishra, M., Shinde, P. P., Srivastava, S. y Deepak, A. (2023). Role of cloud computing in management and education. *Materials Today: Proceedings*, 80, 3726-3729. https://doi.org/10.1016/j.matpr.2021.07.370

González-Videgaray, M. y Romero-Ruiz, R (2022). Inteligencia artificial en educación: De usuarios pasivos a creadores críticos. Figuras revistas Academica de investigación 4(1,22). https://doi.org/10.22201/fesa.26832917e.2022.4.1

Holmes, W., Bialik, M. y Fadel, C. (2023). *Artificial intelligence in education*. Globethics Publications. https://n9.cl/08ru9

Leslie, D. (2019). Understanding artificial intelligence ethics and safety: A guide for the responsible design and implementation of AI systems in the public sector. The Alan Turing Institute. https://doi.org/10.5281/zenodo.3240529

Machado Ramírez, E. F., Montes de Oca Recio, N. y Mena Campos, A. (2013) *El desarrollo de habilidades investigativas como objetivo educativo en las condiciones de la universalización de la educación superior.* Pedagogía Universitaria http://cvi.mes.edu.cu/peduniv/index.php/peduniv/article/view/439/430

Martins, J., Branco, F., Gonçalves, R., Au-Yong-Oliveira, M., Oliveira, T., Naranjo-Zolotov, M. y Cruz-Jesus, F. (2019). Assessing the success behind the use of education management information systems in higher education. *Telematics and Informatics*, 38, 182-193. https://doi.org/10.1016/j.tele.2018.10.001

Manterola, C., Rivadeneira, J., Delgado, H., Sotelo, C. y Otzen, T. (2023). ¿Cuántos Tipos de Revisiones de la Literatura Existen? Enumeración, Descripción y Clasificación. *Revisión Cualitativa. International Journal of Morphology, 41*(4), 1240-1253. https://n9.cl/cqu59

Olarte Ovalle, J. (2023). Alfabetización informacional desde la ética comunicativa, en la formación universitaria de calidad. https://n9.cl/9ii855

Olmo, R. S. (2017). Programa de habilidades en lectura crítica español (CASPe). *NefroPlus, 9*(1), 100-101. https://n9.cl/nz0mf

Paz, E. (2021) Informe de los resultados de logros de aprendizaje y factores asociados del estudio regional comparativo y explicativo (ERCE 2019). https://www.unesco.org/es

Pérez, O. G. B. y Pino, J. W. F. (2018). Rol de la gestión educativa estratégica en la gestión del conocimiento, la ciencia, la tecnología y la innovación en la educación superior. *Educación médica, 19*(1), 51-55. https://doi.org/10.1016/j.edumed.2016.12.001

Programa de Habilidades en Lectura Crítica Español https://redcaspe.org/

Roldan Vasquez, P. M. (2014). Identificación y descripción de indicadores y metodologías utilizadas en Evaluaciones de impacto: Estado del Arte en America Latina y paises de la OECD. http://repositorio.colciencias.gov.co/handle/11146/651

Sacristán, J. G. (1990). *La pedagogía por objetivos: obsesión por la eficiencia*. (Sexta edic). Madrid: Morata.

Santana, C. M. A., Placencia, C. V. V. y Báez, C. R. G. (2023) Internacionalización y calidad de la educación en Cuba, *revista Política internacional, 5*(3) *104-117* https://rpi.isri.cu/rpi/article/view/413

Solano, J. (2005). Educación y gestión en América Latina. *Revista Electrónica Educare*, 8, 49- 57. http://www.revistas.una.ac.cr/index.php/EDUCARE/article/view/1265

Torres, F. A., Martínez, M. U., Peso, J. I., Díaz, C. M. y Vásquez, S. M. (2020). Maquetas como estrategia didáctica en estudiantes de la salud. *Educación médica, 21*(3), 198-206. https://doi.org/10.1016/j.edumed.2018.08.003

INNOVACIÓN ORGANIZACIONAL Y REVOLUCIÓN DE LA INTELIGENCIA ARTIFICIAL: CÓMO LAS ORGANIZACIONES, A TRAVÉS DE LAS EXIGENCIAS DE CONSUMO, PUEDEN ADAPTARSE Y PROSPERAR

Jesús Aarón Lozano Magdaleno[1]

1. INTRODUCCIÓN

Ante la creciente ola de nuevas tecnologías que coadyuvan en los procesos organizativos alrededor del mundo, la transformación digital ha pasado de ser una tendencia a explorar a una necesidad inminente en el contexto empresarial. Las organizaciones alrededor del mundo se encuentran expuestas a nuevas condiciones de demanda por parte de un mercado dinámico, impulsado principalmente por los nuevos avances tecnológicos y expectativas de los consumidores. La implementación de la transformación digital en las organizaciones implica adoptar nuevos procesos de integración tecnológica digital en nuevas áreas de la organización, implicando el uso de nuevas herramientas y plataformas electrónicas que conlleven a la optimización de procesos, fomenten la colaboración intuitiva entre las áreas de trabajo y promuevan una cultura hacía la innovación.

Desde este punto, a medida que las organizaciones en el contexto global se enfrentan a desafíos cada vez más complejos derivados de nuevas demandas de mercado, la Inteligencia Artificial (IA) se ha convertido en una herramienta fundamental para impulsar la eficiencia operacional, mejorar la productividad y acelerar la competitividad empresarial. La IA es definida en la literatura como la capacidad con la que cuentan las máquinas de recopilar, procesar e interpretar datos, aprender de ellos y con base en dicho conocimiento, realizar funciones cognitivas similares a las de los seres humanos (Yan *et al.*, 2018). Esto implica que la IA en las organizaciones puede identificar patrones, predecir resultados y optimizar resultados, coadyuvando así al fortalecimiento competitivo de la organización. Aunado a ello, la inteligencia artificial permite la automatización de procesos y actividades rutinarias, permitiendo a los empleados focalizar sus esfuerzos en tareas de mayor valor agregado. La IA impulsa la transformación digital como respuesta al dinamismo del entorno empresarial, destacando en este sentido su relevancia significativa para los negocios como lo establecen Benbya *et al.* (2020), afirmando que la inteligencia artificial tiene la capacidad de transformar a pequeños y grandes negocios siendo en tiempos actuales una de las tecnologías más importantes.

Estos cambios de transformación digital e implementación de inteligencia artificial en el enfoque empresarial motivan a las organizaciones a transitar en procesos de innovación organizacional. La inteligencia artificial desempeña un papel clave en la innovación

---

1. Universidad de Sonora (México).

organizacional proporcionando a las organizaciones nuevas formas de abordar y solucionar problemas existentes de una manera disruptiva. Los autores Xie *et al.* (2007) han enfatizado la relevancia de la innovación organizacional para abordar y solucionar nuevas exigencias de mercado. La adopción de inteligencia artificial por parte de las organizaciones incide directamente en la creación de nuevos puestos de trabajo que permitan potencializar la tecnología a través de nuevas habilidades y conocimientos, nuevos procesos en las prácticas de negocio que alienten a una mejor gestión del conocimiento, automatización de las actividades rutinarias y optimización de procesos que mejoren la eficiencia operativa a través de mejores tomas de decisiones con un mayor nivel de efectividad. Por último, la inteligencia artificial incide en las organizaciones a llevar a cabo relaciones externas con instituciones públicas y privadas para fortalecer su posicionamiento tecnológico y procesamiento de datos, a cuál, la OECD (2005) a través de la publicación del manual de OSLO, define la operativización de innovación organizacional en sus tres grandes dimensiones: puestos de trabajo, prácticas de negocio y relaciones externas.

En este sentido, la inteligencia artificial estimula la innovación organizacional al proporcionar nuevas herramientas y perspectivas de negocio que permiten a las organizaciones explorar áreas de oportunidad que incidan en el mejorar su posicionamiento competitivo y dar soluciones novedosas a los desafíos empresariales existentes, constituyendo así un tema de frontera y de alto valor a las organizaciones en el panorama global. La literatura que abarca las temáticas de interés, particularmente como la inteligencia artificial incide en la implementación de innovación organizacional hacía la competitividad, es limitada, por lo que este arreglo teórico-conceptual constituye un importante avance hacía el entendimiento de la transformación digital en las organizaciones modernas y su posicionamiento competitivo en el lente empresarial. Con base en lo anterior, el presente trabajo de investigación tiene por objetivo identificar en qué medida, la inteligencia artificial coadyuva a la innovación organizacional hacía la competitividad empresarial. De esta manera, el objetivo de investigación permitirá identificar como la implementación de inteligencia artificial en las organizaciones incide en la innovación organizacional a través de sus tres grandes dimensiones de puestos de trabajo, prácticas de negocio y relaciones externas, mejorando así sustancialmente el posicionamiento competitivo de las organizaciones que transitan en nuevos procesos de transformación digital en sus áreas y procesos organizativos.

1.1. IA en las organizaciones

El papel de la inteligencia artificial en las organizaciones ha generado un fuerte impacto significativo en las operaciones, procesos y decisiones estratégicas que se toman a un nivel gerencial y operativo. La inteligencia artificial es un campo de estudio focalizado en el desarrollo de sistemas y programas con bases de datos capaces de transformar los datos en habilidades cognitivas asociadas con la inteligencia humana, dando como resultado una importante tecnología para el sector empresarial. La inteligencia artificial ha ganado relevancia y popularidad en las organizaciones derivada de la transformación digital que viven múltiples empresas en el ámbito global, sin embargo, como plantea Enholm *et al.* (2022), la definición de IA sigue siendo ambigua e inconsistente, motivo de su amplitud y aplicación en diferentes sectores profesionales. Por ello, es relevante ofrecer una distinción del concepto de inteligencia artificial desde un enfoque organizacional para efectos de la presente investigación.

En primera instancia, resulta conveniente descomponer la definición de "inteligencia" y "artificial" de manera individualizada, acorde a Lichtenthaler (2019), inteligencia es definida como la involucración de múltiples actividades de carácter mental como la comprensión y el razonamiento. Por otro lado, el concepto "artificial" refiere a la generación de algo hecho por humanos, en lugar de ocurrir naturalmente (Mikalef y Gupta, 2021). Es a través de este constructo que podemos describir a la inteligencia artificial como el producto o resultado de desarrollar sistemas inteligentes capaces de emular las capacidades humanas a través de máquinas o programas informáticos.

Los autores Lee *et al.* (2019) parten de la relevancia de la inteligencia artificial para proveer de nuevas habilidades a las organizaciones, definiéndola como sistemas integrados para usar los datos, análisis y observaciones necesarias para llevar a cabo tareas o procesos sin necesidad de ser programados. De esta manera, los autores infieren en como la inteligencia artificial coadyuva a las organizaciones y articulan una concepción vinculante a lo profesional, infiriendo en su apoyo en tiempo real a la toma de decisiones para el fortalecimiento competitivo de la misma organización que lo emplea. Los autores Krogh y Zurich (2018) describen a la inteligencia artificial desde una óptica organizacional como dos amplios espectros, por un lado, proporcionan decisiones a las organizaciones, conclusiones a través de un deliberado escrutinio de algoritmos, y, por otro lado, soluciones, siendo escenarios alternativos de acción para resolver problemáticas internas. Derivado de la literatura anterior, se preside el hecho de que la inteligencia artificial abona a la solución de actividades organizacionales y es alimentada de datos y uso de programas computacionales, los cuales inciden en el mejoramiento competitivo de la organización.

Una aproximación a la conceptualización de inteligencia artificial desde una óptica organizacional la ofrecen los autores Mikalef y Gupta (2021), describiendo a la inteligencia artificial como la capacidad de un sistema para identificar, interpretar, hacer inferencias y aprender de los datos para lograr objetivos organizacionales predeterminados. De esta manera, es posible evidenciar una relación solida del papel de la inteligencia artificial en las organizaciones, destacando a través de la literatura como clave como la automatización de las tareas, análisis de datos, optimización de procesos y predicciones son comúnmente utilizados para conceptualizar una importante tendencia tecnológica que busca reconfigurar a las organizaciones bajo el objetivo de maximizar sus recursos y eficientizar sus operaciones.

De esta manera, la presente investigación conceptualiza a la inteligencia artificial desde una óptica organizacional como el campo de estudio y desarrollo tecnológico que se centra en la creación de sistemas y programas capaces de tomar decisiones y dar soluciones a tareas y actividades que normalmente requieren inteligencia humana a través del análisis de datos (Mikalef y Gupta, 2021; Krogh y Zurich, 2018; y Lee *et al.*, 2019). En el contexto de las organizaciones, la inteligencia artificial promueve drásticamente el mejoramiento competitivo a través de la automatización de procesos y mejora de toma de decisiones en todas las áreas organizativas, aumentando así la eficiencia y la productividad.

1.2. Innovación organizacional derivada de la IA

El vínculo entre IA e innovación organizaciones es estrecho y altamente significativo dentro del enfoque empresarial, la inteligencia artificial es una poderosa herramienta tecnológica que impulsa la innovación organizacional al proporcionar nuevas formas de abordar desafíos y mejorar procesos dentro de las prácticas de negocio, creación de nuevos puestos de trabajo y las relaciones externas. En tiempos actuales, las organizaciones buscan maneras de eficientizar los procesos operativos, reducir costos y mejorar la eficiencia de los procesos de negocios, siendo la inteligencia artificial el motor para llegar a ello. Para las organizaciones, la inteligencia artificial aviva la innovación al permitir desarrollar nuevas soluciones a problemas existentes, desarrollar nuevas habilidades en los puestos de trabajo y liberar a los empleados a centralizar sus conocimientos en nuevas actividades de mayor valor, siendo estos cambios organizacionales derivados de una innovación no tecnológica, es decir, organizacional (Lozano y Robles, 2022).

La implementación de inteligencia artificial en los procesos y operaciones alrededor de las áreas de una organización requieren de cambios significativos en la estructura organizacional, la inteligencia artificial motiva a las organizaciones a reconfigurar sus prácticas de negocios, generar cambios en los puestos de trabajo y a establecer nuevas relaciones externas con organizaciones privadas y públicas, siendo estas dimensiones de la operativización de innovación organizacional (OECD, 2005). La innovación organizacional desde el lente empresarial es vista como un motor a la creación de una mejora de mercado, ideas o procesos que conlleven a un beneficio organizacional para el mercado (Jamil, Mahmood y Shaharoun, 2019). Por su parte, Lozano y Robles (2022) describen como la innovación organizacional coadyuva el fortalecimiento de los procesos internos para mejorar la propuesta de valor y contribuir en la competitividad de las organizaciones que la implementen. La presente investigación acoge las precisiones establecidas en la quinta edición del manual de Oslo por parte de la OECD (2005) para conceptualizar innovación organizacional desde una óptica organizativa, siendo la innovación organizacional definida a través de tres grandes dimensiones, en primera, la implementación de nuevos métodos y procesos en las prácticas de negocio, posteriormente nuevos métodos y operaciones en los puestos de trabajo y por último, nuevos métodos y procesos en las relaciones externas (OECD, 2005).

La innovación organizacional es resultado de la implementación de inteligencia artificial en las organizaciones, y a través de su operativización, conlleva mejoras en la gestión del conocimiento, mejoras en los canales de comunicación y optimiza la estructura organizacional que motive a mejorar las prácticas de negocio, vinculadas a la implementación de una nueva tecnológica como lo es la inteligencia artificial. En segundo, la innovación organizacional da partida a nuevas condiciones que imperen en el mejoramiento o la creación de nuevas habilidades en los puestos de trabajo, creación de nuevos puestos y/o departamentos y una reconfiguración en la estructura operativa jerárquica de la misma. En tercero y último, la inteligencia artificial exige en las organizaciones llevar a cabo relaciones externas con organizaciones privadas para el uso de TICS necesarias para emplear inteligencia artificial, así como de publicas como instituciones educativas para fortalecer el conocimiento y desarrollo de los programas y algoritmos necesarios para emplearse.

2. OBJETIVOS

El presente trabajo tiene por objetivo identificar los elementos conceptuales a través de la exploración de literatura científica que permiten establecer como la inteligencia artificial coadyuva a la innovación organizacional hacía la competitividad empresarial. Especialmente, como la adopción de inteligencia artificial en las prácticas de negocios permite en las organizaciones innovar organizacionalmente para así mejorar su posicionamiento competitivo. Desde este reflejo, la innovación organizacional emerge como resultado de la inteligencia artificial y da como resultado cambios sustanciales en la operación de la empresa y una reconfiguración organizativa, mejorando la generación de ideas, gestando una cultura organizacional hacía la innovación e implementando colaboraciones y desarrollo en conjunto, dimensiones pilares de la innovación organizacional definida por la OECD (2005). Esto, coadyuva a las organizaciones a mejorar su posición económica en el mercado, siendo vinculante la competitividad empresarial, resultado de una posición en el mercado positiva, productividad, calidad en los productos y servicios y un bajo costo operativo, en el cual, prevalece la innovación dentro de las organizaciones (Cabrera *et al*, 2011).

3. METODOLOGÍA

La presente investigación fue sustentada a través de una revisión sistemática de literatura para determinar las variables de inteligencia artificial e innovación organizacional hacía la competitividad empresarial, partiendo de esta manera hacía el cumplimiento del objetivo general propuesto en la investigación y establecer como la implementación de inteligencia artificial en las organizaciones conduce a la innovación organizacional hacía una mejor posición económica en el mercado. La revisión sistemática de la literatura conduce a la transmisión de nuevos conocimientos y permite evaluar la literatura publicada, esto, a través de una recopilación, análisis y síntesis que permite la discusión sobre el estado especifico de un tema (Gardfield, 1987).

La investigación de revisión como describe Hernández *et al*, (2000), incide en el trabajo de identificar, recopilar y consultar bibliografía que parte de otros autores de una manera selectiva, lo cual ofrecerá conocimientos con el objetivo de identificar tendencias de las investigaciones derivadas. El estado del arte de la presente investigación que aborda las líneas de inteligencia artificial e innovación organizacional hacía el mejoramiento competitivo es limitado dentro de la literatura, por lo que el arreglo teórico-conceptual de la presente investigación constituye un abordaje relevante hacía la comprensión de las organizaciones en el contexto actual y una contribución a la competitividad de estas. Para ello, se llevó a cabo una revisión sistemática de documentos científicos a través de un estudio de frontera de los últimos cinco años dentro de la principal base de datos de artículos indexados Scopus, utilizando como criterio de inclusión aquellos artículos que usaran dentro de las palabras clave "inteligencia artificial", "innovación organizacional", "tecnologías", "aprendizaje automático" y "Organizaciones". La elección de estos términos se basó a través del arreglo del marco teórico-conceptual establecido en la presente investigación a través de la literatura (Mikalef y Gupta, 2021; Krogh y Zurich, 2018, Lee, *et al*., 2019, y OECD, 2005).

4. RESULTADOS

La inteligencia artificial ha revolucionado la forma en que las organizaciones operan y se adaptan a vertiginosos cambios en las demandas de mercado, permitiendo a las organizaciones procesar inmensas cantidades de datos que conducen a mejores tomas de decisiones, a la automatización de procesos y al fortalecimiento de los resultados organizativos. A su vez, la inteligencia artificial conduce a profundos cambios dentro de las organizaciones a innovar en sus prácticas, puestos de trabajo y relaciones externas, llevando a cabo una innovación no tecnológica o innovación organizacional (OECD, 2005). Para Meuter *et al.* (2005), la gestión empresarial ha evolucionado en los últimos años, con la ayuda del internet y herramientas de aplicación tecnológica, siendo así que las grandes industrias han apostado por la implementación de la Inteligencia Artificial en sus áreas comerciales y operativas. Sin embargo, el rubro de servicios ha sido el más beneficiado en todos sus procesos.

Los autores Collins *et al.* (2021) describen a la inteligencia artificial aplicada en las organizaciones como una tecnología fundamental para generar valor comercial y fortalecer la competitividad organizacional. A su vez, Benbya *et al.* (2020) evidencian a la inteligencia artificial como un motor de impulso para la mejora de las operaciones organizacionales y la innovación dentro de las organizaciones. Davenport y Ronanki (2018) han descrito la importancia de la inteligencia artificial en las organizaciones para la innovación, argumentando que la inteligencia artificial es una fuerza disruptiva para las organizaciones a nivel global y para una amplia gama de sectores. La inteligencia artificial conduce a la innovación organizacional a través de nuevas prácticas de negocio en múltiples ámbitos dentro de las organizaciones, como expresan los autores Torres *et al.* (2014), destacando los profundos cambios de prácticas que se deben llevar a cabo en el área de recursos humanos, administración y contable "Las herramientas y sistemas de gestión de proyectos en los módulos o funcionalidades que destinan a la gestión de los procesos de recursos humanos y a las tareas asociadas a estos tramitan un volumen considerable de información que puede ser utilizada para ayudar a los administradores o gestores de proyectos en la formación de los miembros de los equipos" (p. 43). Desde esta óptica, es notable distinguir como la inteligencia artificial, vista desde el lente organizacional, coadyuva al desarrollo de nuevas áreas de trabajo, nuevas habilidades y puestos organizativos. En esta óptica, los autores Krogh y Zurich (2018) enfatizan como hoy en día las organizaciones alrededor del mundo utilizan inteligencia artificial cada vez más comúnmente en actividades diarias, como la selección de candidatos, capacitaciones, actividades financieras, programación, diagnósticos y pronosticando el desarrollo tecnológico, incentivando así la competitividad.

En este punto, el autor Corvalán (2019) destaca la importancia de la inteligencia artificial como una tecnología fundamental en la transición para que los empleados adquieran nuevas habilidades y generen ecosistemas organizacionales más sofisticados, destacando habilidades digitales y mayor adopción a los cambios tecnológicos. Es destacable el hecho de como la inteligencia artificial reconfigura a las organizaciones al crear nuevas prácticas de negocio y puestos de trabajo, refrendando a la organización hacía una idónea transformación digital en el dinamismo de la globalización. En el cuadro 1 se presentan las principales tecnologías derivada de la inteligencia artificial, la descripción de estas, y su aplicación dentro de las organizaciones, coadyuvando así a la innovación organizacional a través de la creación de nuevas prácticas de negocio y puestos de trabajo en la estructura organizativa.

Tecnología basada en IA	Descripción	Aplicación
Aprendizaje automático	Sistemas informáticos que aprenden y se adaptan mediante el uso de algoritmos y modelos estadísticos.	Toma de decisiones, análisis de datos, personalización de procesos.
Ciencia de datos	Procesamiento de datos y extracción de información de ellos.	Predicciones, análisis de tendencias.
Reconocimiento de voz	Capacidad de las computadoras para identificar y responder a los sonidos producidos en el habla humana.	automatización de operaciones, análisis de voz y emociones, asistentes virtuales.
Visión computacional	Procesamiento de imágenes digitales, videos y otras entradas visuales para extraer información significativa.	Detección automatizada, sistematización de operaciones.
Robótica aplicada	Máquinas de operación automatizada, manipulación de objetos físicos e intangibles.	Procesamiento, administración de datos, creación de operaciones.

Cuadro 1. Principales tecnologías derivadas de IA en las organizaciones. Fuente: Elaboración propia con base en Corvalán (2019) y Benbya et al. (2020).

Como se puede apreciar en el cuadro anterior, las principales tecnologías vinculantes con la inteligencia artificial en las organizaciones se expresan en grandes oportunidades de aplicación para las mismas organizaciones, mejorando sustancialmente su posicionamiento competitivo empresarial. A su vez, se destaca como la inteligencia artificial produce cambios estructurales a los mismos puestos de trabajo bajo el uso de las nuevas tecnologías y cambios en las prácticas de negocio a través de la exigencia de nuevas habilidades requeridas para operar la inteligencia artificial, evidenciando así una transición hacía la innovación organizacional.

Por su parte, García (2020) describe a la inteligencia artificial como un factor importante en las organizaciones y el mundo empresarial, destacando la importancia por mantener vanguardia tecnológica y con ello establecer relaciones externas con instituciones u organizaciones para fortalecer el área de TICS dentro de la organización. A su vez, el autor Corvalán (2018) enfatiza la importancia de que igualmente las organizaciones establezcan relaciones externas con gobiernos locales y organizaciones públicas y privadas para tomar conciencia de la relevancia de la inteligencia artificial y adoptar medidas que briden solución y desarrollo sostenible a los empleados.

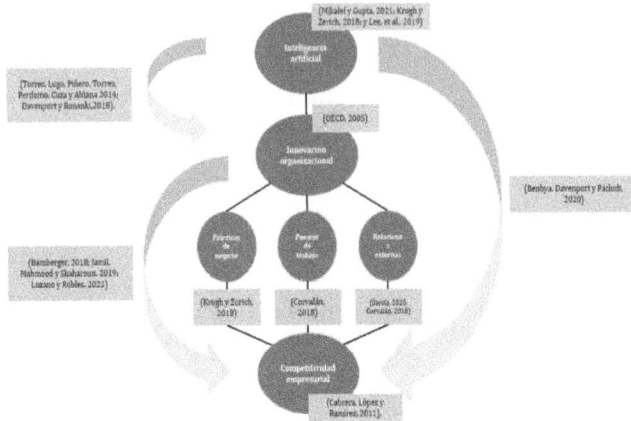

Figura 1. Arreglo teórico-conceptual de la IA, innovación organizacional
y competitividad empresarial. Fuente: Elaboración propia,

Como es notable evidenciar a través de la literatura, la inteligencia artificial tiene una amplia gama de aplicaciones en las organizaciones, destacando la optimización de procesos, la automatización de las operaciones, análisis de patrones y tendencias, así como de una notable mejora en la toma de decisiones, resultando así en una notable mejoría en la posición competitiva que tiene la organización en el mercado. La inteligencia artificial conduce a las organizaciones a procesos de innovación organizacional en sus tres grandes dimensiones, añadiendo nuevos procesos en las prácticas de negocio, puestos de trabajo y las relaciones externas, con ello, las organizaciones fortalecen sus operaciones, eficientizan sus procesos y reducen significativamente los costos operativos, un reflejo vinculante a la competitividad empresarial.

5. DISCUSIÓN

La relevancia de la inteligencia artificial como una tecnología disruptiva en el entorno empresarial se hace palpable en su capacidad de transformar y revolucionar la manera en que las organizaciones operan, abordan desafíos derivados de un dinamismo en las exigencias de mercado y capitalizan las oportunidades que el entorno empresarial moderno llega a brindar. Como se evidenció anteriormente, la inteligencia artificial coadyuva en la automatización de las actividades y operaciones cotidianas y/o repetitivas dentro de la organización, permitiendo la liberación de recursos humanos y potenciando los esfuerzos a tareas más estratégicas, ofreciendo en el transcurso una inmensa cantidad de datos para un posterior análisis para la implementación de mejora continua y una velocidad de adaptabilidad al cambio sin precedentes, lo que conduce a las organizaciones a la competitividad y la prosperidad comercial.

Los datos recabados en el presente trabajo de investigación indican un estrecho vínculo entre la inteligencia artificial y la innovación organizacional, siendo esta última el resultado de una idónea implementación de la tecnología de la inteligencia artificial en los procesos y operaciones organizacionales, específicamente como una fuerza disruptiva que transforma a las organizaciones de todos los niveles (Davenport y Ronanki, 2018).

Los hallazgos obtenidos permiten evidenciar como la inteligencia artificial potencia la innovación al incidir en el descubrimiento de nuevos patrones y conexiones que puedan llegar a escapar de la percepción humana, estimulando así la creatividad, el trabajo en equipo y nuevas maneras de dar solución a nuevos problemas por emerger. De esta manera, Krogh y Zurich (2018) evidencian los múltiples resultados positivos que tiene la inteligencia artificial en la innovación organizacional a través de los puestos de trabajo, destacando como la tecnología puede eficientizar tareas monótonas, estimular a las organizaciones a la creatividad y posicionarlas en el camino de la competitividad empresarial.

La inteligencia artificial ha sido demostrada como un catalizador en el ámbito de la innovación organizacional, ofreciendo nuevas capacidades para procesar, analizar y transformar los datos en información que permite redefinir como las organizaciones abordan las decisiones y dan resolución a los problemas. Corvalán (2019) demuestra el papel de la inteligencia artificial en los procesos organizaciones, destacando como la inteligencia artificial propone en las organizaciones una reconfiguración de múltiples puestos de trabajo y en ocasiones, la creación de nuevos departamentos, exigiendo en las organizaciones nuevas habilidades y conocimientos que orillen a las organizaciones a la transformación digital. De esta manera, resulta relevante destacar como la inteligencia artificial se encuentra remodelando la forma en que las organizaciones innovan, brindan nuevas perspectivas de negocios, aceleran su posicionamiento competitivo y en última instancia, desbloquean nuevas áreas de oportunidad que solamente la tecnología disruptiva de la inteligencia artificial puede llegar a brindar. De esta manera, los hallazgos derivados de la presente investigación demuestran como la inteligencia artificial reconfigura las prácticas de negocio, los puestos de trabajo y las relaciones externas, siendo estas las tres dimensiones de la operatividad de la innovación organizacional (OECD, 2005), demostrando así un estrecho vínculo y ofreciendo nuevas perspectivas al entendimiento de la innovación organizacional como resultado de una correcta implementación de la tecnología de inteligencia artificial en las organizaciones, tal como se demuestra en el modelo teórico-conceptual propuesto en la presente investigación.

Es importante destacar que la implementación de inteligencia artificial en las organizaciones no está exenta de desafíos que puedan entorpecer la innovación organizacional. Por ello, derivado de los hallazgos obtenidos, se recomienda analizar en futuras investigaciones la importancia del cambio cultural, la preocupación ética derivada de la automatización de las actividades, la privacidad digital de los datos obtenidos a través de los procesos y el impacto al empleo.

6. CONCLUSIONES

La IA impulsa el desarrollo organizacional y la posición competitiva de las organizaciones, tal como describe Bamberger (2018) evidenciando como la IA es un fenómeno fundamental, omnipresente y organizativo que impulsa muchas oportunidades reservadas para las organizaciones. El objetivo de la presente investigación se centró en identificar en qué medida, la implementación de inteligencia artificial en las organizaciones incide directamente en innovación organizacional a través de sus tres dimensiones de puestos de trabajo, prácticas de negocio y relaciones externas. Para ello, a través de la revisión de literatura se permitió establecer un modelo teórico-conceptual novedoso a través de investigaciones y estudios sobre como la innovación organizacional como resultado de la adopción de inteligencia artificial en las organizaciones, sirviendo este modelo con el propósito de ser un instrumento que coadyuve a comprender y evaluar a las organizaciones en la transición a la transformación digital y adopción idónea a las nuevas tecnologías. De esta manera, se permitió conducir que la innovación organizacional en sus tres grandes dimensiones son resultado de la implementación de inteligencia artificial en los procesos, planeación estratégica y operaciones organizativas.

De esta manera, en conclusión, se destaca el papel de la inteligencia artificial como un motor innegable y transformador para la innovación de carácter organizativa, esto, a medida que las organizaciones alrededor del mundo buscan mantenerse competitivas en un entorno empresarial dinámico y digitalizado, en donde la inteligencia artificial emerge como una herramienta clave para impulsar innovación en todos los niveles internos de las organizaciones. De esta manera, la presente investigación propone el postulado "la innovación organizacional, resultado de la inteligencia artificial en los procesos y operaciones de la organización, conduce hacía la competitividad empresarial y su posición en el mercado". Con este arreglo conceptual fundamentado en dicha hipótesis, es posible abordar el entendimiento de la innovación organizacional en la transformación digital de las organizaciones modernas y su posicionamiento competitivo en el lente empresarial.

7. REFERENCIAS

Bamberger, P. 2018. Clarifying what we are about and where we are going. *Academy of Management Discoveries*, 4, 1–10.

Benbya, H., Davenport, T. y Pachidi, S. (2020) Artificial Intelligence in organizations: current state and future opportunities. *MIS Quarterly executive*, 19(4). https://dx.doi.org/10.2139/ssrn.3741983

Cabrera, A., López, P. y Ramírez, C. (2011). La competitividad empresarial: un marco conceptual para su estudio. Universidad Central.

Collins, C., Dennehy, D., Conboy, K., y Mikalef, P. (2021) Artificial intelligence in information systems research: A systematic literature review and research agenda. *International journal of information management*, 60. https://doi.org/10.1016/j.ijinfomgt.2021.102383

Corvalan, J. (2018). El impacto de la inteligencia artificial en el trabajo. *Revista de direito economico e sociambiental*, *10*(1), 35-51.

Davenport, T., y Ronanki, R. (2018). Artificial Intelligence for the Real World. Harvard Business Review (HBR).

Enholm, I., Papagiannidis, E., Mikalef, P., Krogstie, J. (2022). Artificial intelligence and business value: a literature review, *Inf syst. front*, 24, 1709-1734. https://doi.org/10.1007/s10796-021-10186-w

García, M. (2020). Inteligencia artificial y oportunidad de creación de una personalidad electrónica. *Editorial Universidad de Sevilla*, 6(2) 83-9. https://dx.doi.org/10.12795/IETSCIENTIA.2020.i02.07

Garfield, E. (1987). Reviewing review literatura, definitions and uses of reviews. *Current Contents*. (18), 5-8.

Hernández, R., Fernández, C. y Baptista, P. (2000). Metodología de la investigación. Mc Graw Hill.

innovation, and organizational performance: An empirical study in the Pearl Rive *Delta region of China. Brill,* 1(1), 222-253. https://doi.org/10.1007/s11782-007-0014-z

Jie, K., Dorothy, E. y Benbya, H. (2018) Differential innovativeness outcomes of user and employee participation in an online user innovation community. *Journal of Management information systems*, 35:3, 900-933. https://doi.org/10.1080/0742122 2.2018.1481669

Krogh, G. y Zurich, E. (2018). Artificial Intelligence in organizations: new opportunities for phenomenon-bases theorizing. *Academy of management discoveries*, 4, 404-409.

Lee, J., Suh, T., Roy, D., Baucus, M. (2019). Emerging technology and business model innovation: the case of artificial intelligence. *Journal of Open Innovation: Technology, Market, and Complexity*, 5(3), 44.

Lichtenthaler, U. (2019). An intelligence-based view of firm performance: profiting from artificial intelligence. *Journal of Innovation* Management, 7(1), 7–20

Lozano, J. y Robles, J. (2022). Organizational innovation and its influence on electronic commerce. *TECHNO REVIEW. International Technology, Science and Society Review /Revista Internacional De Tecnología, Ciencia Y Sociedad, 12*(4), 1–11. https://doi.org/10.37467/revtechno.v11.4481

Meuter, M., Bitner, M., Ostrom, A., y Brown, S. (2005). Choosing Among Alternative Service Delivery Modes: An Investigation of Customer Trial of Self-Service Technologies. *Journal of Marketing, 69*(2), 61–83. https://doi.org/10.1509/jmkg.69.2.61.60759

Mikalef, P. y Gupta, M. (2021). Artificial Intelligence capability: conceptualization, measurement calibration, and empirical study on its impact on organizational creativity and firm performance. *Information and Management, 58*(1).

OECD and Statistical Office of the European Communities. (2005). Oslo Manual Guidelines for Collecting and Interpreting Innovation Data, 3rd Edition. Europa: OECDD Publishing. https://www.oecd.org/science/inno/2367614.pdf

Torres, L., Lugo, J., Piñero, P., Torres, P., Perdomo, K., Cuza, B., y Aldana, M. (2014) Técnicas formales y de inteligencia artificial para la gestión de recursos humanos en proyectos informaticos. *Revista cubana de ciencias informáticas*, 8(3), 41-52. http://rcci.uci.cu/

Xie, H., Liu C., y Chen C. (2007). Relationships among market orientation, learning orientation, organizational innovation, and organizational performance: An empirical study in the Pearl River Delta region of China. *Frontiers of business research in China*, 1(1), 222-253. https://doi.org/10.1007/s11782-007-0014-z

AI LANGUAGE LEARNING MODELS IN HIGHER EDUCATION TEACHING AND RESEARCHING: A SWOT ANALYSIS

Daniel Lumbreras Martínez [1]

This text is born in the context of the program "Severo Ochoa" for the training in research and teaching of the Principality of Asturias, which subsidies this work.

1. INTRODUCTION

Higher education is one area where generative artificial intelligence (Gen AI), or AI that is capable of creating information in response to prompts, is having an important influence. Innovative teaching strategies, which focus on the learner's active role, are bringing about AI Language Learning Models (LLM), notably OpenAI's ChatGPT, Google's Bard, and Microsoft's Bing, at the thime at this writing, they were not Gemini and Copilot yet, that are revolutionising university teaching. This research aims to assess the usefulness and potential implications of these three AI models within the context of innovative higher education. There is an ongoing debate between advocates and detractors of Gen AI, as there always is with disruptive technology (Farrokhnia *et al.*, 2023, p. 2), but regardless of one's position, the potential of these tools is immense, and its impact must be addressed.

AI is enabled through big data, algorithms, machine learning, natural language processing and potent hardware (Zhang & Lu, 2021). This technology has evolved a lot since the Darmouth University Conference about artificial intelligence in 1956. Now, Gen AI can hold a chat with humanity in more or less everyday language instead of code. "It is designed to converse with humans in a natural, intuitive way, by using advanced machine learning techniques to generate human-like responses to text input" (Kovačević, 2023, p. 2).

LLMs, thanks to training with gigantic datasets of texts, and then through different operations of correlation, association and extrapolation, can offer us a relatable conversation partner that will open us a gate to wider knowledge, and sometimes (it must be admitted) useless creations (Agüera y Arcas, 2022). It is very helpful in organising existing knowledge, but not in creating new one, as it lacks deep understanding of it (Zamfiroiu *et al.*, 2023).

Gen AI is both a friend and a foe, because it can facilitate enormously access to knowledge, but people need to be trained in order to release its full potential and be aware of the risks about academic integrity; restricting it is not a solution, because it has democratised knowledge and banning only makes it more popular (Lim *et al.*, 2023) in a sort of Streisand

---

1. University of Oviedo (Spain)

effect. With some computational knowledge, such as text-based programming languages and fine-tuning, Gen AI can be integrated into existing learning platforms or optimised for customised use (Kovačević, 2023).

The three main benefits that Gen AI brings to education are: time optimization of teachers' workload, better and customised student assessment, and an inclusive and personalised learning (Fitzpatrick *et al.,* 2023, pp. 51-56). This is following earlier predictions about the potential of AI to gain leverage on educational communication, tracking and personalization (Chassignol *et al.,* 2018). However, it should be noted that GenAI output must be assessed professionally, as it lacks the whole educational context needed for teaching practice; it is one resource more, and as such, professors must keep to date with it (Romero González, 2023, pp. 19-21).

Gen AI keeps evolving at an astonishing pace, so some of the issues signalled in this paper may be overcome in the near future, but the foundations of the benefits and problems will still be there, so scientific research is in order. Additionally, educators ought to take into consideration socioeconomic circumstances, to avoid increasing the digital divide between students. Finally, for the sake of academic integrity and transparency, texts that had parts generated by IA must acknowledge it and display the prompt used (Fitzpatrick *et al.,* 2023, p. 353).

2. OBJECTIVES

The major goal of the article is to examine as well as assess ChatGPT, Bard, and Bing's skills in a framework of university teaching while highlighting their contribution to creative teaching strategies. Ultimately these tools, systematically surveyed, will help by increasing teaching effectiveness, encouraging student participation, and facilitating the spread of academic information along novel, ground-breaking routes. This paper will aim to define the value of these instruments.

Previous experiments have shown remarkable interest in, as well as motivation to, use ChatGPT by students, who find it useful for learning even though its accuracy is still improvable. They also are well aware of the fact that you need some background knowledge to operate it and that it does not replace human intelligence (Shoufan, 2023). Pupils find Gen AI very useful to meet deadlines, and sometimes it is hard to tell the difference from an artificial to a human paper, so the whole teaching-learning must be rethought and there is an increasing number of papers since late 2022, when ChatGPT was released to the public (Zamfiroiu *et al.,* 2023); this one is a modest contribution to the current trend.

3. THEORETICAL FRAMEWORK

Aritifical intelligence is defined as "the study of how to make computers perform intelligent tasks that, in the past, could only be performed by humans" (Zhang & Lu, 2018, p. 1). The AI itself can be regarded as the frame of this study, as "the theory and development of computer systems able to perform tasks normally requiring human intelligence, such as visual perception, speech recognition, decision-making, and translation between languages" (Chassignol *et al.,* 2018, p. 16). Within this field, and alongside others like patter recognition or robotics, this papers situates itself in expert system, because its foundation is existing knowledge that will be movilised to do human tasks. "[The Gen AI, in this case], that uses professional knowledge provided by human experts to simulate the thinking process of human experts and uses knowledge and reasoning to solve complex problems that only domain experts can solve" (Zhang & Lu, 2018, p. 14). So to speak, these tools does not really create new knowledge, but assemble the pieces of already existing data to create a new combination of texts.

The practical use of these three Gen AI technologies in fostering creativity in university education will be the main focus of this study because the bibliography on the latest tools of Gen AI is currentluy developing. Using ChatGPT, Bard, and Bing to carry out particular educational tasks that place an emphasis on innovation, we will conduct a series of practical demonstrations. These exams will cover tasks including developing an original syllabus, putting new student evaluation techniques into practice, facilitating interest in online classes, and offering counsel on cutting-edge academic research, some of the possible uses for Gen AI (Shoufan, 2023). Expert systems, as Zhang and Lu point out, are widespread in education, and is useful that they are (2018, p. 4). To better understand the Gen AI phenomenon, this paper is also a review of recent articles that address, at the same time, previous papers on the subject.

While this paper is being written, there are few comparisons between the three tools. At the time of this writing, I have only found two from technology magazines. *PC World* put them to the test and found ChatGPT the winner by eight points to six: it excelled in creativity and logic reasoning, but up-to-date information and complex searches were the domain of Bard and Bing (Hachman, 2023). *Xataka* highlights Bard's draft showing, prompt editing and code explaining as its best features, while it is very language limited and not usable for minors. Both Bard and Bing provide some transparency on its sources and are able to take directly spoken prompts. Meanwhile, the ChatGPT free version is best at impersonating characters (Fernández, 2023).

4. METHODOLOGY

We will use a SWOT (Strengths, Weaknesses, Opportunities, and Threats) matrix of analysis as a way of assessment to determine the tools' full potential for innovative instructional practice. This strategy, which is frequently used in business choices (as it is a device to evaluate organisations originally), gives us a simple way to assess the usefulness of Gen AI as well as an experiment that is simple to repeat. Focusing on existing pros and cons is the way to advance, as a systematic review on AI and education reveals: "A successful strategy in adopting new technology in education is to take advantage of the technology's opportunities by building on its strengths and addressing threats by correcting or compensating for its weaknesses" (Farrokhnia *et al.*, 2023, p. 2).

At the moment of this writing, ChatGPT in its free version doesn't have direct access to the Internet, and its knowledge stops at the end of its training with data, the summer of 2021. Bing gives suggestions on how to continue the conversation after the first prompt and displays the references to which its responses are based on. Even though version 4 is more potent and can surf the web, we will use version 3.5 because it does not require a payment and therefore is more accessible to both the public and the research community. Bard offers drafts of other possible answers to the prompt and related searches. It is fast, but it gives the written text directly instead of showing the making as the other two.

We will follow some principles for the experiment prompts: meticulous word choice, definition of the conversation topic, specificity, context giving and asking for more if necessary (Atlas, 2023, pp. 42-43). More precisely, we will stick to the PREP method:

"introduce the question with a prompt, give it a role or voice, be explicit in your instructions, set the parameters of the answer" (Fitzpatrick *et al.*, 2023, p. 91).

According to the objectives settled earlier on this paper and the guidelines cited, this will be our first prompt (#1), concerning lesson planning:

> *Create a syllabus for the university subject "Introduction to European Literature: Concepts, Genres and Authors". You are a university professor who is an expert in writing comprehensive and useful syllabi. Include the following components: contextualization, learning results, contents (five units), methodology, workplan, learning assessment, reading list (five works) and academic bibliography. Use a professional tone, write one paragraph for each component, and cite any reference you use in APA style.*

After that, the second prompt (#2) addresses the evaluation of the learning process:

> *Create an innovative process to assess university students. You are a university professor who is an expert in teaching innovation as well as a renowned fair marker. Make it easily reproducible, objective, measurable and with different degrees of completion. Use a style formal but accessible to any university students, and cite any reference you may use in APA style.*

The third prompt (#3) is next, and it is about accessible and attractive lessons on the Internet:

> *Facilitate engaging online classes. You are a university teaching expert who gives good advice. Provide counsel that includes methods and resources that are free and in line with the Universal Design for Learning Guidelines. Write professionally and make it four paragraphs long. Cite any reference you may use in APA style.*

Finally, the fourth prompt (#4) gives advice on how to amplify your knowledge:

> *Provide a forward-thinking research guidance. As a leading research expert, you possess the expertise to guide others in conducting forward-thinking and impactful research. Your role is to provide counsel that includes methods and resources which are free and aligned with ethical research practices. Write in a professional manner and structure your advice into four paragraphs, and cite any reference you use in APA style.*

In order to assess the results of our prompts, we can use the EDIT process: "evaluate your AI output content for language, facts, and structure; determine accuracy and corroborate with source; identify biases and misinformation in output; transform content to reflect adjustments and new findings" (Fitzpatrick *et al.*, 2023, p. 100). As it is beyond the scope of this paper, we will skip the last step, but the other three are crucial to conduct a thorough discussion of the experiment. More precisely, we will check what AI gives the more realistic and accurately cited references, as well as who takes into consideration UDL (Universal Design for Learning) guidelines to ensure that learning is accessible and effective for everyone (CAST, 2018).

5. RESULTS

Now it is the moment to analyse, prompt by prompt, the results of the three AIs, and at the end recapitulate the strengths, weaknesses, opportunities and threats for Gen AI in this higher education application experiment. The whole dataset of outputs from the fourth prompts will be made available at the University of Oviedo Institutional Repository (RUO). All the prompts were entered on their respective AIs on the 22nd of June 2023.

5.1. First prompt: a syllabus

Generally speaking, all three Gen AI do a good job in this case, decently filling all the sections, although they are menaced by an AI that could do a more comprehensive job and that would be able to better balance the different sections of the syllabus.

Bard gives the dullest answer. The contents are correct but insufficiently detailed, specially about methodology, work plan and assessment, and it is repetitive on learning results and bibliography, which is mixed between real authors and hallucinated titles. Nevertheless, a point in its favour is the professional heading of the syllabus, as well as a kind expression of thanks. Besides that, it is useful as a first draft for the task of writing a university course lesson plan. It would benefit, as ChatGPT would to, from some suggestions for follow-up interactions.

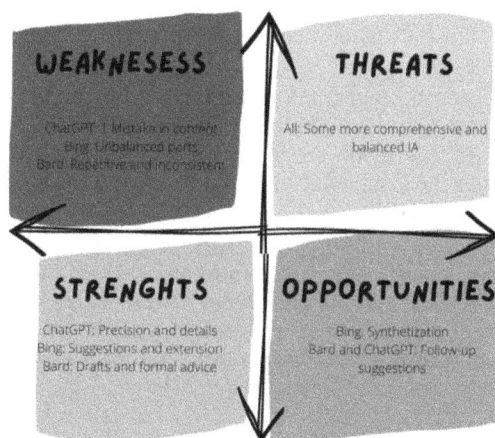

Figure 1. Swot analysis of results from prompt #1. Source: Compiled by the author.

Bing offers a lengthy and complete plan for the subject, and excels on contents like "learning outcomes", "contextualization" and a down-to-the-day work plan. The five units and the reading list are remarkably thorough. However, the display is unbalanced, with some areas well-developed and others only a sketch. The bibliography is generally accurate, with only an incomplete title and an inexistent one, but it must be noted that it lists translators as co-authors, which can be confusing when fact checking. However, it is picky about concepts, and that is its main weakness: Bing stars, inexplicably, European literature in Renaissance poetry, ignoring medieval works, seventeenth century drama (only Shakespeare's *Sonnets* are studied) and gives a narrow vision on the 20th century. A more synthetic, comprehensive, and manageable answer would be an opportunity for improvement for Bing.

ChatGPT takes a cautious approach. It selects famous and renowned books, such as *The Iliad*, *Don Quixote* or *Ulysses*, both in the contents and the reading; even so, it wrongly includes *One Hundred Years of Solitude* in the syllabus. Established manuals are recommended in the bibliography (and it is the single AI that does not hallucinate a title) and methodology, contextualization and work plan are carefully expanded. Saving the García Márquez mistake and the scarcity of the learning assessment, it is a precise output.

It must be noted that Bard failed to propose a single woman writer to be studied. Bing and ChatGPT pose only one title each, Jane Austen's *Pride and Prejudice* and Mary Shelley's *Frankenstein*, respectively. Going back to the EDIT method, ChatGPT is the most effective for this task as it gives a correctly structured and accurate result that needs less editing than the others; Bing is wordy and needs fixing, and Bard falls behind.

5.2. Second prompt: innovative assessment process

On the second job, there are huge differences among the three Gen AIs, because each one interpreted it differently.

Bard gives a broad handbook on how to do it: create a rubric, develop a series of varied and challenging tasks, provide feedback to the students and collect student's work. That is good as a checklist, and Bard offers high quality references, but the online is too broad to be used without a lot of development; more specific AIs are a serious peril, although there is an opportunity, both for Bard and ChatGPT, for an upgrade on details about degrees of completion, for instance.

Bing had a strange reply to this prompt. It took the instructions as a sign to proportionate a "possible process to assess university students on innovation" in four steps: "define the innovation challenge", "generate and select ideas", "develop and test prototypes" and "communicate and pitch the final solutions". On this, the references are top-rate, but it clearly was not the expectations.

ChatGPT comes up with a structured paper titled "Integrated Assessment Matrix (IAM): A Comprehensive and Innovative Approach to Assess University Students". It is a strong suggestion, based on the evaluation of knowledge, skills, competences, peers and oneself, with several examples of methods to do so. On the negative side, the proposal is a wide theoretical, and non applicable one. Consequently, an AI that grants directly usable tools is a potential threat.

WEAKNESESS
ChatGPT: Theorical and unespecific
Bing:
Bard: Broadly outlined
Bing: Does not understand task

THREATS
ChatGPT: More usable tools
Bing:
Bard: More attractive or specific models
Bing: Smarter AI

STRENGHTS
ChatGPT: Addresses several fields, reasoning and references
Bing:
Bard: Synthesis and checklist for work plan
Bing: Advice on innovation

OPPORTUNITIES
Bard and ChatGPT: Completion with other assessments and examples
Bing: Prompt refinement

Figure 2. SWOT analysis of results from prompt #2. Source: Compiled by the author.

It is difficult to assess the performance in this task, but I consider that ChatGPT stuck a slightly more to the letter than Bard, whose work needs a lot of editing. Bing simply misunderstood the job.

5.3. Third prompt: advice on engaging online classes

This time, the whole responses are of good quality, as the three tools did their best to provide useful advice in line with the parameters set at the prompt.

Bard, imitating a human writing an email, adds to the four principal UDL guidelines: providing multiple means of representation (text, audio, vide, etc.), multiple means of action and expression (presentations, projects, exams, etc.) and multiple means to engage (group discussions, team projects, etc.), as well as using open-source resources that are free (Canvas, Khan Academy, YouTube, etc). It is an up-to-date proposal, backed by references. However, it lacks depth on those four points, or more specific examples. An AI that can hand out an extensive answer to this prompt poses a high risk for Bard. However, there is an opportunity to ameliorate this AI by adding successful experiences related to UDL guidelines.

The performance of Bing in this task is outstanding. The main strength: it follows the four pillars of the UDL and expands on them with loads of examples. For instance, icebreaker activities and real-time polls (engagement), multimodality and captions to ensure inclusivity (representation), both formative and summative assessment methods that whose expectations you should communicate, in rubrics or other criteria (action and expression) and interesting and referenced resources, such as the CAST UDL guidelines themselves and repositories of free learning materials: Edutopia, Merlot, and OER Commons. However, it should be observed that this can sound impersonal and it is a dense proposal. Bing can be endangered by an AI which can present a more customised, field-specific proposal in concrete situations. There is room for improvement if Bing manages to apply its long-winded recommendations to particular situations.

ChatGPT has the same opportunity for being better than Bing: a bit more of specificity in its exhortation on how to make online classes more engaging. There is a powerful threat if the UDL guidelines are updated, because ChatGPT would not be able to follow them, only the pre-2021 state. The foremost shortcoming of this AI at this task is that, for those unfamiliar with UDL principles, it will be difficult to follow up, as ChatGPT take them for granted and applies them without defining them: "utilize multimedia and varied content formats" (1), "foster active learning through collaboration and discussion" (2), "incorporate gamification and interactive activities" (3), and "provide accessible materials and inclusive assessments" (4). Nonetheless, a structured, creative and full of tools guide (although distant regarding style) is offered: TED-Ed and Khan Academy for multimodality, Teams and Slack for teamwork, Kahoot! and Classcraft for interaction in activities and Natural Reader for accessibility.

Figure 3. SWOT analysis of results from prompt #3. Source: Compiled by the author.

Once more, Bard lags behind the other two AIs. It contributes with nowadays contents, but it is so concise that at the end of the day it is of little use. ChatGPT and Bing wage a tied battle, as both endowed precise and complete content, but ultimately Bing's connection to the Internet prevails, as its resources are directly usable and its accuracy easier to check; therefore, it needs less editing.

5.4. Fourth prompt: counsel on forward-thinking research

Each AI carried out the task in uneven ways; however, contrary to the second prompt, all of them interpreted the instructions correctly. The divergence is that each one focused on different aspects of research.

Bard draws its information only from one source, the code of conduct of the American Psychology Association (APA), probably because the prompt was misleading to it. Even though this is an open limitation, Bard can still come up with five interesting points: curiosity, diversity of research methodology (experiments, focus groups, interviews...), ethics, dissemination and free professional resources (Directory of Open Access Journals, Open Science Framework, and Public Library of Science). As the other AIs, there are opportunities in personalising the counsel on research as well as making it more subject-individualised. All three also share the same threat: a more customizable AI that is capable of giving advice to researchers in a more relevant manner according to their fields.

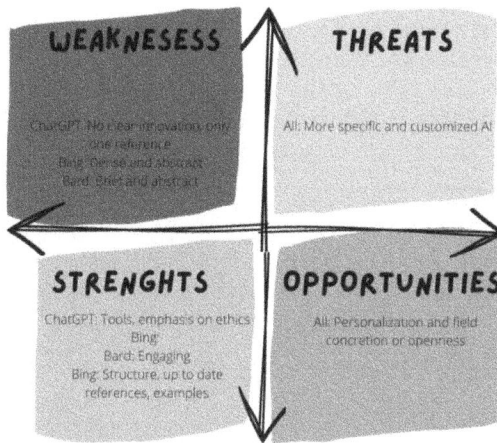

Figure 4. SWOT analysis of results from prompt #4. Source: Compiled by the author.

Bing stands out from the beginning for its simulation of human interaction: it writes as if it was the letter of a mentor counselling on how to do "research that is innovative, interdisciplinary, and inclusive". Four steps are identified as crucial. First, coming up with "a forward-thinking question" about a current or potential problem "that has significant implications for the future". Second, conceiving an investigation methodology with scientific standards ("that allows you to collect and analyse data that are relevant, reliable, valid, and ethical for your research question"). Third, publish the results of your inquiry to the world through different means and be accessible for everyone. Fourth, recompile the impact of your research (citations, indicators, etc). This is accompanied by accurate references from prestigious institutions such as the University of Edinburgh and the Research Excellence Framework. However, for someone who is starting to research or is a layperson in the subject, Bing's advice can sound very dense and abstract, as it lacks applied or simple examples on how to carry on the scientific enquiries.

ChatGPT, as Bing did, offers its guidance in the form of a message to a researcher seeking for counsel, finalising with an excellent summary. And as the precedent AI, it also structures its answer in four backbones, accompanied by relevant tools for help. First, looking for a research problem through reflecting about the current literature and world problems (with Google Scholar or PubMed). Second, participating in the research community, sharing data and publications (with GitHub or ResearchGate). Third, using digital tools and data for research and making the datasets available for others (Python, Kaggle and Data.gov, for instance), as well as gaining insights from social media. Fourth, putting ethics on the front, ensuring that other people's work is properly disclosed as well as following one's field regulations for investigation. However, ChatGPT's proposal is rather unsubstantial, as it is difficult to tell what's the innovation on it; mainly there are good pointers for research in general. This is probably due to the AI primary source being limited to the Publication manual of the American Psychological Association (a too narrow interpretation of the prompt), which pauperizes the proposition.

This time, the assessment is harder, as the three AIs did a good job and probably the best output would be a combination of all of them in terms of framework, references and tools. Both Bing and ChatGPT offer an accurate reply, with reliable references, fair structure and understandable language, and there is not a significant bias. However, considering the last part of the EDIT model, I ponder that ChatGPT's content needs less transforming, as it comes with tools that are directly usable, whereas Bing's advice, although more comprehensive, needs a lot of editing to be applicable. Bard comes clearly third because it provides good counsel, but it can be significantly improved and expanded.

6. DISCUSSION

After the four experiments on higher education innovative prompts, it's time to reflect on the overall results. Generative AI undoubtedly has good points: in three out of four tasks, Bard, Bing and ChatGPT were capable, to different extents, to do what was asked of them.

Weaknesses
Sometimes falls short, sometimes too long
Lack of specifity

Threats
Tools that are customizable or understand better natural language

Strengths
Synthesis, structure and examples of other tools

Opportunities
Personalization, suggestions and connection to relevant fields

Figure 5. Overall Gen AI SWOT analysis. Source: Compiled by the author.

The main weakness of the Gen AI we have worked with has been unbalance. Sometimes the answers were too long to be practical without a profusion of editing, and sometimes the responses were too thin to be useful. Often the replies to the prompts lacked the specificity needed in higher education to be helpful. Besides that, it has already been pointed out the absence of a specialised understanding of topics, the lack of self-assessment by AI of the probity of the data it has been trained with and the possible reproduction of societal bias, Rudolph *et al.* add: "the AI is less competent with content that requires higher-order thinking (critical, analytical thinking)" (2023, p. 349). Moreover, as there is still a lot of people unexpert on the field, the costs of AI training and computational maintenance must be considered, as well as data privacy breaching risks and limited multilingualism which does not guaranteee fair access to a great amount of potential users (Kasneci *et al.*, 2023, pp. 6-8). These limitations may be overcome in the future, but not in the short term.

Gen AI showed to be strong in terms of presenting a reply easy to read, structured and more accurate than inaccurate. Examples given by Bard, Bing and ChatGPT contribute to accomplish higher education objectives, as do the additional online resources presented to help. The virtue of synthesis is not always attained, but in some cases a lengthy response is in order to have a starting point. Because ChatGPT (and other Gen AIs imitate its capabilities) has a generative pretraining, "this capability enables ChatGPT to adjust and improve its responses based on input from human evaluators [...] the ongoing increase of its training data helps ChatGPT to constantly be improved and updated with new data" (Farrokhnia *et al.*, 2023, p. 3). So, even though GenAI is still a toddler, the future seems promising.

Nowadays, thanks to the proliferation of different AIs, both websites or browser extensions, none of the three tools analysed control the market: they are all threatened by others. In the higher education field, the perils are AIs that understand the natural human language better than Bard, Bing and ChatGPT because of the median user's lack of coding knowledge, as well as AIs that people can personalise (Kasneci *et al.*, 2023, p. 7) to apply them to their specific discipline. There are also threats to academic integrity and the use of the traditional essay as an evaluation tool, but as it has always happened with disruptive technologies in education, professionals must adapt to the new environment instead of just forbid it (Rudolph *et al.*, 2023, p. 353). Another risk is Copyright lawsuits in case Gen AI does not respect author's credit. Overreliance of both students and teachers in these tools, damaging critical thinking and problem-solving (Kasneci *et al.*, 2023, pp. 4-5) may discredit them.

Surely there are also opportunities for enhancement. Gen AI can benefit from other devices by implementing strategies for customization that allow users to interact with other portals, apply a personal configuration, share results, get relevant suggestions to make follow-up questions, connect with different areas of knowledge... It is also great providing scaffolds for different paces of learning, thus customising the experience, and liberating time for teachers, so they can give more feedback in live classes, enhance their assessment abilities or leave the pupils to learn by discovery (Rudolph *et al.*, 2023, pp. 350-354). Primarily the occasion is for students to get easier and faster access to sources, then liberating time for reading personal evaluation about data (Farrokhnia *et al.*, 2023, p. 4). In addition, both virtual and augmented reality immersions can be improved by AI (Kasneci *et al.*, 2023, p. 5) The possibilities are enormous and surely developers are on some, of all, of them right now.

Ultimately, if a point is scored for giving the best answer to each prompt, ChatGPT wins the match, but only slightly; I arrive at the same conclusion as Hachman (2023). At this moment, Open AI's tool is still the best regarding content and structure, even without access to the Internet, for jobs that do not require very recent information (prompts #1, #2 and #4). If they do, Bing achieves a stark victory (prompt #3). They have complementary robust points, so a combination of both abilities would make a great output. Unfortunately, except in prompt #2, when Bing did not catch the instructions, Bard was consistently the worst bet. Although it is fast, it needs to ameliorate its responses to compete with other Gen AIs.

I should not finish without noting that Gen AIs have their limitations. It is important to bear in mind that they lack a moral compass and they can't distinguish between normal and biassed language, which must be disclaimed to students. For example: "Instead of asking 'What are the best jobs for women', you should ask, 'What are some popular career choices for people regardless of their gender?'" (Atlas, 2023, p. 22). Mirroring the datasets which they were trained or draw information from, Bard, Bing and ChatGPT may reproduce cultural or social bias, as proved in the first prompt by almost ignoring women writers in European literature.

As for the teachers, Gen AI is indeed a support tool that can be used in multiple fields such as business, healthcare, law, science, engineering and humanities (Atlas, 2023, pp. 25-27), but it can't be a substitute for human empathy and comprehension, as well as critical thinking (Romero González, 2023, p. 20).

7. CONCLUSIONS

According to the results of the experiments, which are only preliminary as more related research can be conducted in both the three AIs we tried and other ones, Gen AI has the potential to contribute to university teaching meaningfully, boosting lesson plan efficiency, enhancing the assessment process paving the way for student engaging, and handing out recommendations about innovative research. Bing and ChatGPT proved to be effective assistants on both learning and investigation design as well as teaching counsellors; the former surpassed the latter on data update and traceability, but the latter still reigns in terms of language and structure. Bard also was capable of carrying out the assigned tasks, but at a lesser degree of expertise.

No matter how good the output from Gen AIs is or becomes, it is essential to professionally edit it and examine the ethical implications and privacy concerns related to their use. It is crucial to protect both the data from the participants in the learning process and the academic integrity of the material that we create with the assistance of Gen AI. As it is both impossible and fruitless to ban Gen AI, to transform higher education for the better and make the best from these innovative tools, both students and educators need more technology literacy. It is also relevant to assess not only final manifestations but the formative process of learning, as well as potentiate reflection: "it is also imperative to focus on developing higher-order learning outcomes such as creativity and critical thinking skills" (Farrokhnia *et al.*, 2023, p. 10).

As for institutions, it is highly advisable to train both student and staff in Gen AI and negotiate some guidelines that deal with valid concerns about academic integrity; to do so, an AI audit (picture the current situation, decide which technology to apply and monitor its usage) should be conducted (Sabzalieva & Valentini, 2023, pp. 13-14). Meanwhile, Gen AI should be included in class conversation, and assignments that stress creativity and personal reflection by the students encouraged (*Rudolph et al.*, 2023, p. 14)

This paper is clearly limited by the hazardous momentum of Gen AI: advances are made in months, if not weeks. Probably GPT will be on its fifth version, Bing AI will be improved when you read this, and after Bard's fiasco Google is pushing hard on Gemini, Deep Mind's new AI that should be able to learn from its mistakes and users' feedback (Tech Desk, 2023). However, the scientific method needs us to stop, reflect and validate results among peers. Technology goes on, but the need to check, edit and acknowledge the correct use of Gen AI will remain, as well as the need for more empirical research to corroborate or deepen the results of this paper.

8. REFERENCES

Agüera y Arcas, B. (2022). Do Large Language Models Understand Us? *Daedalus, 151*(2), 183-197. https://doi.org/10.1162/daed_a_01909

Atlas, S. (2023). *ChatGPT for Higher Education and Professional Development: A Guide to Conversational AI*. University of Rhode Island.

CAST (2018). *Universal Design for Learning Guidelines version 2.2*. https://udlguidelines. cast.org/

Caiming, Z. & Yang, L. (2021). Study on artificial intelligence: The state of the art and future prospects. *Journal of Industrial Information Integration, 23*. https://doi.org/10.1016/j. ji.2021.100224

Chassignol, M. *et al.* (2018). Artificial Intelligence trends in education: a narrative overview. *Procedia Computer Science, 136*, 16–24. https://doi.org/10.1016/j.procs.2018.08.233

Farrokhnia, M., Banihashem, S. K., Noroozi, O., & Wals, A. (2023). A SWOT analysis of ChatGPT: Implications for educational practice and research. *Innovations in Education and Teaching International*, 1-15. https://doi.org/10.1080/14703297.2023.2195846

Fernández, Y. (2023). Google Bard vs ChatGPT vs Bing Chat: Comparativa con 12 diferencias en lo que puedes hacer con estos chats de inteligencia artificial. *Xataka*. https://acortar.link/byzhMY

Fitzpatrick, D., Fox, A., & Weinstein, B. (2023). *The AI classroom: The ultimate guide to artificial intelligence in education*. TeacherGoals Publishing, LLC.

Kasneci, Enkelejda *et al.* (2023). ChatGPT for good? On opportunities and challenges of large language models for education. *Learning and Individual Differences*, *103*, 1-9. https://doi.org/10.1016/j.lindif.2023.102274

Hachman, M. (2023). ChatGPT vs. Bing vs. Bard: Which AI is best? *PC World*, *41*(5). https://acortar.link/mVqr03

Kovačević, D. (2023). Use of ChatGPT in ESP Teaching Process. *2023 22nd International Symposium INFOTEH-JAHORINA (INFOTEH)*, 1-5. https://doi.org/10.1109/INFOTEH57020.2023.10094133

Lim, W. M., Gunasekara, A., Pallant, J. L., Pallant, J. I., & Pechenkina, E. (2023). Generative AI and the future of education: Ragnarök or reformation? A paradoxical perspective from management educators. *The International Journal of Management Education*, *21*(2), 100790. https://doi.org/10.1016/j.ijme.2023.100790

Romero González, L. M. (2023). *Chat GPT a tu servicio, profe. Cómo usar la IA de manera inteligente en tu día a día si eres docente*. Self-published.

Rudolph, J. et al. (2023). ChatGPT: Bullshit spewer or the end of traditional assessments in higher education? *Journal of Applied Learning & Teaching*, *6*(1), 342-363. https://doi.org/10.37074/jalt.2023.6.1.9

Sabzalieva, E., & Valentini, A. (2023). *ChatGPT and artificial intelligence in higher education: Quick start guide*. UNESCO. https://acortar.link/0rliIk

Shoufan, A. (2023). Exploring Students' Perceptions of ChatGPT: Thematic Analysis and Follow-Up Survey. *IEEE Access*, *11*, 38805-38818. https://doi.org/10.1109/ACCESS.2023.3268224

Tech Desk (2023), "After Bard, Google's DeepMind hopes Gemini will truly surpass ChatGPT", *The Indian Express*, 27 June 2023, https://acortar.link/8uLHrG

Zamfiroiu, A., Vasile, D., & Savu, D. (2023). ChatGPT – A Systematic Review of Published Research Papers. *Informatica Economică*. *27*(1). https://doi.org/10.24818/issn14531305/27.1.2023.01

IMPACTO DE LA INTELIGENCIA ARTIFICIAL EN EL SISTEMA UNIVESITARIO: CHATGPT Y SU ROL EN LAS EVALUACIONES NO PRESENCIALES

Javier Marín-Morales [1], María Lorduy-Alos [2], Santiago Vidal-Puig [3] y Sergio Gallardo [4]

El presente texto nace en el marco de un proyecto "Coordinación entre asignaturas del Grado de Ingeniería en Tecnologías Industriales para potenciar la formación en Objetivos de Desarrollo Sostenible" (PIME/22-23/341) de la Universitat Politècnica de València.

1. INTRODUCCIÓN

La implementación del Plan Bolonia en el sistema universitario español ha precipitado una reforma sustancial en la forma en que se evalúa al estudiantado. Este cambio ha supuesto la transición de un modelo tradicional, donde los exámenes finales solían constituir la totalidad de la evaluación, a un modelo de evaluación continua, más complejo y multifacético. Esta modificación no solo tiene como objetivo examinar los conocimientos adquiridos por el alumnado, sino que también busca evaluar las competencias y habilidades que los estudiantes han desarrollado a lo largo del curso.

Este enfoque, que pone el énfasis en un seguimiento del progreso de los estudiantes, ha sido acogido con entusiasmo en muchos sectores de la educación superior. Los partidarios del Plan Bolonia sostienen que la evaluación continua fomenta una mayor participación y compromiso de los estudiantes con su aprendizaje, al estimularles a trabajar y asimilar el material de la asignatura durante todo el semestre, en lugar de simplemente memorizar contenido para un examen final.

En este nuevo marco, una de las herramientas que ha demostrado ser particularmente efectiva son los test online no presenciales. Estos test ofrecen una serie de ventajas notables. En primer lugar, permiten una evaluación más rápida y eficiente del progreso del estudiantado, puesto que pueden realizarse en cualquier momento y desde cualquier lugar. En segundo lugar, proporcionan a los profesores un mecanismo más flexible para evaluar a sus estudiantes, ya que pueden adaptarse y personalizarse para satisfacer las necesidades específicas de cada curso. Por último, estos test online también pueden servir como una forma valiosa de proporcionar retroalimentación inmediata a los estudiantes,

---

1. Universitat Politècnica de València (España).
2. Universitat Politècnica de València (España).
3. Universitat Politècnica de València (España).
4. Universitat Politècnica de València (España).

ayudándoles a identificar áreas en las que necesitan mejorar y permitiéndoles ver cómo se están desarrollando sus competencias y habilidades a lo largo del tiempo.

En definitiva, la implementación del Plan Bolonia y el uso de test online no presenciales han llevado a una profunda transformación del sistema universitario español, promoviendo una evaluación fraccionada y continua, y centrada en las competencias y habilidades. Mientras que este cambio ha abierto nuevas posibilidades, también ha planteado desafíos importantes que requieren atención y soluciones cuidadosas para garantizar una evaluación justa y efectiva de todos los estudiantes.

La reciente salida a público del *Large Language Model* GPT-4 de OpenAI ha abierto un nuevo abanico de posibilidades en el mundo de la inteligencia artificial (IA). La comunicación con este modelo es posible a través de la interfaz web ChatGPT, funcionando como un asistente de entrada de texto que puede desempeñar una amplia gama de tareas. La capacidad de GPT-4 para resolver problemas de nivel universitario tanto teóricos como prácticos está siendo evaluada en recientes investigaciones, y su potencial de uso es ya indudable. Por ejemplo, Katz *et al.* (2023) muestran que GPT-4 aprueba el examen *bar*, equivalente al examen de abogacía, que se utiliza en la Asociación Profesional de Abogados para ser admitido en la judicatura de muchos países. En el campo de la ingeniería, la habilidad de GPT-4 para proporcionar soluciones a problemas complejos también está siendo estudiada a nivel internacional. Por ejemplo, Pursnani *et al.* (2023) analizan el rendimiento de esta IA en el examen Fundamentals of Engineering (FE), un test reconocido en Estados Unidos para evaluar los conocimientos fundamentales en ingeniería. Por lo tanto, este desarrollo plantea un desafío considerable para el sector educativo, y especialmente para la evaluación continua no presencial en el sistema universitario.

En términos generales, los avances en IA como GPT-4 pueden tener importantes implicaciones en cómo se enseña y se aprende. La existencia de un asistente capaz de responder a preguntas complejas y realizar tareas desafiantes con precisión puede cambiar la manera en que los estudiantes se acercan a su aprendizaje. En lugar de memorizar hechos y figuras, los estudiantes pueden necesitar centrarse más en desarrollar habilidades de pensamiento crítico y comprensión profunda de los conceptos, ya que la simple retención de información puede ser fácilmente sustituida por la IA.

Sin embargo, esta evolución en la forma de aprender y enseñar puede tener consecuencias para la evaluación continua no presencial en el sistema universitario. Si un modelo de IA como GPT-4 es capaz de responder con un alto grado de precisión a las preguntas planteadas, y dado que no se puede controlar su uso en un entorno no presencial, existe la posibilidad de que desincentive el aprendizaje constante y comprometido que los modelos de evaluación continua buscan promover. Es decir, en lugar de involucrarse activamente en el material y trabajar para desarrollar habilidades y competencias a lo largo del tiempo, los estudiantes pueden verse tentados a depender de la IA para completar sus tareas de evaluación.

Más allá de este riesgo, la disponibilidad de GPT-4 también podría crear una desconexión entre los métodos de evaluación y los conocimientos reales adquiridos por los estudiantes. Si un estudiante se basa en la IA para responder a las preguntas de un examen o completar un trabajo, la evaluación resultante puede no reflejar su comprensión real de la materia. Por tanto, el profesorado puede enfrentarse a la difícil tarea de encontrar formas de medir con precisión el aprendizaje del estudiante de manera no presencial en un mundo donde las IA como GPT-4 son cada vez más sofisticadas y accesibles.

Muchos académicos han manifestado recientemente sus opiniones e inquietudes sobre los beneficios potenciales y los efectos negativos del uso de ChatGPT en la educación. Zhu *et al.*

(2023) presentan un análisis DAFO (debilidades, amenazas, fortalezas y oportunidades) exhaustivo con el fin de hacer una propuesta sobre cómo puede integrarse adecuadamente la IA. Strzelecki (2023) desarrolla un modelo basado en predictores para pronosticar la adopción y uso de ChatGPT entre estudiantes de educación superior. Mhlanga (2023) centra su trabajo en el uso responsable y ético de ChatGPT, destacando el respeto por la privacidad, la equidad y la transparencia en su uso. Al mismo tiempo, la comunidad docente se pregunta por la capacidad de la IA para resolver exámenes de diferentes materias en el ámbito universitario, sin embargo, ningún trabajo ha abordado el impacto en los Grados de Ingeniería dentro del sistema universitario español y, en particular, en su rol en las evaluaciones continuas no presenciales.

2. OBJETIVOS

Este estudio tiene como propósito investigar el potencial impacto que podría tener la inteligencia artificial GPT-4, mediante su interfaz ChatGPT, en las evaluaciones continuas no presenciales del Grado en Ingeniería en Tecnologías Industriales de la Universitat Politècnica de València (UPV). Se pondrán a prueba dos asignaturas troncales: Estadística, una asignatura de primer curso con un fuerte componente de cálculo y de carácter transversal, y Tecnología Energética, una asignatura de cuarto curso con una concentración teórica significativa y más enfocada al sector energético español. El enfoque metodológico del estudio implicará la valoración de la capacidad de GPT-4 para realizar las evaluaciones no presenciales que se llevaron a cabo en estas asignaturas durante el año académico 2021-2022, y se comparará este rendimiento hipotético con el desempeño de los estudiantes que realmente cursaron la asignatura.

3. MATERIALES

Para analizar el rendimiento de GPT-4, se ha simulado que es un alumno más del curso 2021-22 de la asignatura Estadística y Tecnología Energética, ambas del Grado en Ingeniería en Tecnologías Industriales de la UPV.

En cuanto a la asignatura de Estadística, en dicho curso, se realizaron 7 test no presenciales mediante PoliformaT, el LMS (*Learning Management System*) de la UPV que incluye herramientas de evaluación. Para cada uno de ellos, se ha seleccionado un examen al azar, debido a que se obtienen de una batería de preguntas. Cada enunciado ha sido introducido mediante texto a GPT-4, "cortando y pegando", y su respuesta ha sido evaluada. Las tablas han sido adaptadas manualmente para incorporarlas correctamente en texto plano. En el caso de los diagramas, se ha realizado una adaptación a texto mediante guiones y letras, sin que consuma mucho tiempo para simular su uso en exámenes de tiempo limitado. Para analizar si un problema es correcto o incorrecto, únicamente se ha analizado la respuesta o valor final simulando la corrección automática implementada en PoliformaT, independientemente del razonamiento presentado. Finalmente se ha calculado la media de la nota de los test realizados por GPT-4, presentando un valor final de la asignatura. La Fig. 1 presenta un ejemplo de una de las preguntas, en este caso de respuesta numérica abierta.

Una barra recta, utilizada en la construcción de aviones, se forma conectando tres secciones A, B y C, cada una fabricada con una máquina distinta. La longitud de la sección A sigue una distribución normal de media 20 cm y varianza 0.04 cm2. La longitud de la sección B también es normal con media 14 y varianza 0.01. Y la longitud de la sección C es normal de media 26 y varianza 0.04. La barra se podrá utilizar en la construcción del avión si su longitud total está entre 59.9 y 60.1 cm.

A) ¿Qué porcentaje (con 4 decimales) de barras serán desechadas?

B) ¿Cuál será la desviación típica de la longitud total de la barra?

Figura 1. Ejemplo de ejercicio incorporado en los test no presenciales
de Estadística. Fuente: Elaboración propia, 2023.

En la asignatura Tecnología Energética, durante el curso, se realizaron dos pruebas tipo test no presenciales de respuesta múltiple. Cada una de ellas tenía un total de 20 preguntas tipo test con 4 alternativas. Cada pregunta ha sido incorporada a ChatGPT "cortando y pegando", y se ha valorado si la respuesta ofrecida es la correcta. Como en el caso del alumnado, los fallos restaban 0.33 puntos, y las preguntas en blanco no restaban, ya que en algunas preguntas ChatGPT ha respondido que no tenía información suficiente. La Fig. 2 presenta un ejemplo de una de las preguntas.

Según la norma UNE-EN-12975-2, el rendimiento máximo de un captador solar plano se da cuando:

A.   La diferencia de temperaturas entre el fluido del colector y el exterior es 0.

B.   La diferencia de temperaturas entre el fluido del colector y el exterior es mayor de 30ºC

C.   Cuando la irradiancia es mayor de 1250 W/m2.

D.   En ninguno de los casos anteriores.

Figura 2. Ejemplo de ejercicio incorporado en los test no presenciales
de Tecnología Energética. Fuente: Elaboración propia.

3. METODOLOGÍA

Para comparar el rendimiento del modelo resolviendo dichos test, se ha utilizado como benchmark las notas obtenidas por el alumnado en el curso 2021-22.

En el caso de la asignatura Estadística, se ha obtenido la nota media de cada alumno de los 7 test. Únicamente se han tenido en cuenta los alumnos que han realizado todos los test, conformando una muestra de 246 alumnos de los 5 grupos que componen la asignatura en GITI. En el caso de la asignatura Tecnología Energética, se ha calculado la nota media entre los dos test, de un total de 235 alumnos. La Tabla 1 presenta los temas y unidades didácticas evaluados.

Seguidamente, se ha calculado el percentil en el que se encuentra GPT-4 en la distribución de datos de cada asignatura. Además, se ha realizado un contraste *t-test* para analizar si la nota final de GPT-4 es distinta de la media del alumnado. Por último, se ha realizado un análisis cualitativo de su rendimiento en cada asignatura.

	Estadística		Tecnología energética
T1	Estadística Descriptiva	**T1**	Introd. al problema energético
T2	Cálculo Probabilidad	**T2**	Fuentes renovables
T3	Distribuciones: Conceptos y discretas	**T3**	Energía Nuclear de fisión
T4	Distribuciones continuas	**T4**	Energía Combustibles
T5	Inferencia normal y Datos de Frecuencias	**T5**	Medidas de ahorro y optimización
T6	ANOVA		
T7	Regresión lineal		

Tabla 1. Unidades didácticas evaluadas en Estadística y tecnología
Energética. Fuente: Elaboración propia, 2023.

4. RESULTADOS

Los resultados de GPT-4 en cada uno de los problemas y test de Estadística se presentan en la Tabla 2.

Test	Test 1	Test 2	Test 3	Test 4	Test 5	Test 6	Test 7
Preg. 1	1.67	1.5	2.5	2.5	2	3.5	2
Preg. 2	1.67	1.5	0	2.5	2	3	4
Preg. 3	-0.5	3	2.5	0	2	2	2
Preg. 4	1.67	2.5	0	1.25	1.5	-	2
Preg. 5	0	-	-	-	0	-	-
Preg. 6	1.67	-	-	-	-	-	-
Nota final	6.18	8.5	5	6.25	7.5	8.5	10

Tabla 2. Resultados de GPT-4 por examen de Estadística. Fuente: Elaboración propia, 2023.

La distribución de las notas de los estudiantes es presentada en la Fig. 3.

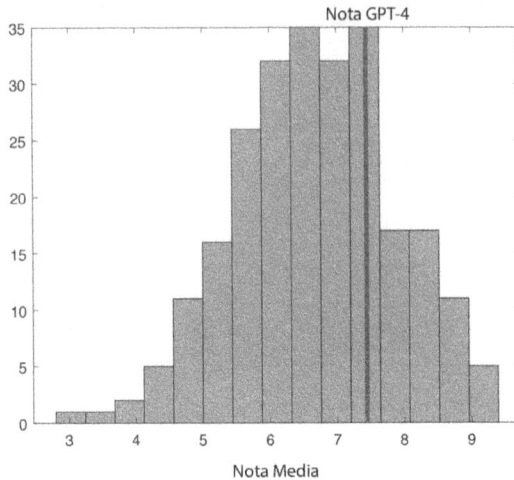

Figura 3. Distribución de la nota media final de los estudiantes. Fuente: Elaboración propia.

La nota media de GPT-4 es 7.42, mientras que la de los estudiantes es 6.68 (SD=1.19). Esta se encuentra en el percentil 74 de la distribución. Además, es significativamente superior a la media del alumnado (t=9.7, pvalue=<0.001).

Analizando cada uno de los test por separado:

Test 1. Estadística descriptiva (6.18): Aunque la mayoría de los conceptos los ha interpretado correctamente, ha fallado en una definición. Se ha equivocado en el cálculo de los cuartiles y las correlaciones.

Test 2. Cálculo de probabilidades (8.5): Ha podido calcular la mayoría de las probabilidades. Ha fallado por no interpretar correctamente un diagrama, ya que era una imagen.

Test 3. Distribuciones. Conceptos y dist. discretas (5): Realiza correctamente cálculos de esperanza matemática y binomial. Sin embargo, falla en Poisson y en Planes de Inspección, aunque ha identificado correctamente las distribuciones y el planteamiento.

Test 4. Distribuciones continuas (6.25): Ha resuelto correctamente un problema de exponencial y otro de continuas. Sin embargo, ha fallado en los cálculos asociados en la normal (media y desviación) dadas unas condiciones, aunque los procedimientos eran correctos.

Test 5. Inferencia normal y datos de frecuencias (7.5): Ha realizado correctamente la mayoría de los problemas, fallando en uno debido a los cálculos asociados.

Test 6. ANOVA (8.5): Ha calculado correctamente los parámetros de las tablas del ANOVA e interpretando conclusiones. Ha fallado calculando intervalos LSD.

Test 7. Regresión lineal (10): Ha calculado los parámetros estadísticos asociados e interpretado los resultados correctamente.

En cuanto a la asignatura de Tecnología Energética, los resultados de GPT-4 en cada uno de los test son presentados en la Tabla 3.

Test	Test 1	Test 2
Aciertos	15	14
Fallos	4	4
Blanco	1	2
Resultado test	6.83	6.33

Tabla 3. Resultados de GPT-4 por examen de Estadística. Fuente: Elaboración propia, 2023.

La distribución de las notas de los estudiantes se presenta en la Fig. 4.

La nota media de GPT-4 es 6.58, mientras que la de los estudiantes es 5.17 (SD=1.69). Esta se encuentra en el percentil 76 de la distribución. Además, es significativamente superior a la media del alumnado (t=12.66, pvalue=<0.001).

Al analizar el rendimiento de GPT-4 en Tecnología Energética no se percibe ninguna correlación entre los fallos y la temática de las preguntas. Sin embargo, sí puede apreciarse mayor o menor acierto en función de la redacción, tipo o carácter de la pregunta.

- Acierta en los aspectos tecnológicos básicos referentes a las distintas fuentes de energía.
- Del mismo modo, la IA identifica información contenida en normas y leyes referenciadas en el enunciado, y las conclusiones a las preguntas tipo test son correctas.
- La actualización de GPT-4 empleada data de septiembre de 2021. No obstante, cifras relativas a parámetros cambiantes como potencia instalada y rangos de operación que se han optimizado están obsoletos.
- Preguntas que requieren de un análisis crítico están parcialmente bien argumentadas, pero en ocasiones la conclusión y respuesta a la pregunta es errónea.

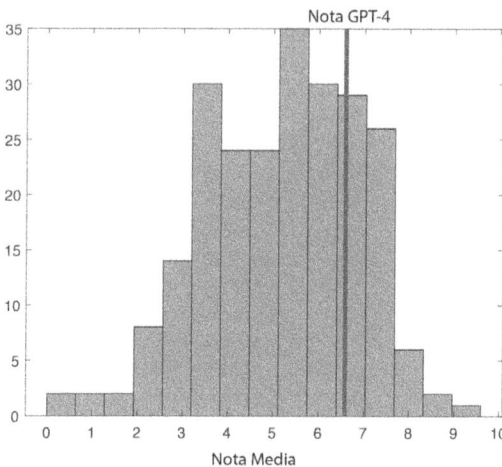

Figura 4. Distribución de la nota media final de los estudiantes. Fuente: Elaboración propia.

5. DISCUSIÓN

En cuanto a la asignatura Estadística, GPT-4 ha interpretado correctamente los enunciados y el razonamiento realizado la mayoría de las veces ha tomado una dirección adecuada. Sin embargo, los fallos han derivado principalmente de errores de cálculo, donde aún comete errores. Cabe esperar que su capacidad de realizar cálculos mejore a corto plazo, por mejora del modelo o por implementación de plugins externos para realizar los cálculos como Wolfran Alpha. GPT-4 se ha posicionado en el percentil 74 del alumnado, bastante por encima de la media.

En el caso de la asignatura Tecnología Energética, GPT-4 ha alcanzado el percentil 76. El rendimiento ha sido mejor del esperado, debido a que los test incluyen una gran carga de contenido teórico. Cabe señalar que GPT-4 ha cometido únicamente 4 fallos en cada test, y además ha aportado 3 preguntas en blanco (cuando no disponía de respuesta). Las futuras posibilidades de actualizar el modelo con legislación y normativa específica, incorporando documentación externa a las consultas, permitirán mejoran su rendimiento notablemente.

Dado que en ambas asignaturas GPT-4 se ha posicionado alrededor del percentil 75, significativamente por encima de la media, esta herramienta supone un riesgo un potencial alto en la evaluación no presencial del alumnado, especialmente en cuanto al formato test se refiere. Es importante destacar que ambas asignaturas son diferentes, siendo Estadística una disciplina de carácter transversal y que requiere de cálculos para obtener los resultados a las cuestiones y Tecnología Energética es una materia más teórica y relativamente enfocada al sector energético nacional. Es por este motivo que, dado el alto rendimiento en ambas asignaturas, quepa esperar que su impacto sea significativo en la evaluación de otras materias del Grado de Tecnologías Industriales.

Por lo tanto, es necesario prestar atención al uso que le da el alumnado a la herramienta, la cual puede distorsionar la evaluación no presencial, y/o contemplar otras alternativas en cuanto a la naturaleza de las pruebas de evaluación continua. Estos desafíos requieren una reflexión seria y soluciones creativas. Es necesario que los nuevos mecanismos de evaluación continua sean resistentes al uso indebido de la IA, quizás centrándose más en la evaluación de las habilidades de pensamiento crítico y la comprensión conceptual, en lugar de la simple retención de información y/o aplicación algorítmica de resolución de problemas. A su vez, puede ser necesario hacer pedagogía sobre el uso ético y efectivo de la IA en su aprendizaje, subrayando que el propósito de la educación no es simplemente obtener buenas calificaciones, sino desarrollar habilidades y competencias duraderas que la IA no puede reemplazar. La aparición de GPT-4 es sin duda un nuevo hito en la evolución de la educación, y no pasarlo por alto será esencial para garantizar la integridad y eficacia del sistema educativo.

Además, el sistema educativo puede necesitar implementar medidas de seguridad y políticas de integridad académica más rigurosas para combatir el uso indebido de la IA. Esto podría incluir la adopción de herramientas y protocolos de autenticación de estudiantes, el uso de software antiplagio avanzado, y la promoción de códigos de ética que incluyan la IA. En cuanto al software antiplagio o de detección de IA, a día de hoy no parece que se vayan a desarrollar estas herramientas ya que recientes investigaciones resaltan que ChatGPT puede crear contenidos en muchas temáticas con tanta originalidad como si el texto lo hubiese escrito una persona (Khalil, M., & Er, E, 2023), siendo por lo tanto indetectable. Además, generalmente las pruebas remotas son corregidas de manera automática o son tipo test, por lo que es muy difícil, si no imposible, aplicar un software antiplagio.

6. CONCLUSIONES

Una IA como GPT-4 puede ser una aliada para el aprendizaje y la enseñanza. Estos modelos pueden ser herramientas valiosas para proporcionar realimentación instantánea a los estudiantes, personalizar el aprendizaje según las necesidades individuales de los estudiantes, y permitir una mayor flexibilidad en la impartición de la docencia. Es por ello por lo que, en lugar de ver la IA únicamente como una amenaza, es fundamental explorar formas de integrarla de manera efectiva y ética en nuestras prácticas educativas.

La aparición de GPT-4 y otros modelos de IA evidencian la necesidad de una educación que vaya más allá de la mera adquisición de conocimientos y se centre en el desarrollo de habilidades transferibles, como el pensamiento crítico, la resolución de problemas y la creatividad. A medida que la tecnología continúa evolucionando a un ritmo acelerado, nuestra visión de la educación debe ser igualmente dinámica y adaptable. La preparación para este nuevo panorama requiere la adopción de un enfoque proactivo y reflexivo, guiado por una visión de la educación que valore el pensamiento crítico y comprensión profunda sobre las soluciones en ocasiones limitadas, inexactas y/o sesgadas impulsadas por la IA.

7. REFERENCIAS

Katz, D. M., Bommarito, M. J., Gao, S. y Arredondo, P. (2023). Gpt-4 passes the bar exam. *Available at SSRN 4389233*. http://dx.doi.org/10.2139/ssrn.4389233

Khalil, M. y Er, E. (2023). Will ChatGPT get you caught? Rethinking of plagiarism detection. *arXiv preprint arXiv:2302.04335*. https://arxiv.org/abs/2302.04335

Pursnani, V., Sermet, Y. y Demir, I. (2023). Performance of ChatGPT on the US Fundamentals of Engineering Exam: Comprehensive Assessment of Proficiency and Potential Implications for Professional Environmental Engineering Practice. *arXiv preprint arXiv:2304.12198*. https://arxiv.org/abs/2304.12198

Zhu, C., Sun, M., Luo, J., Li, T. y Wang, M. (2023). How to harness the potential of ChatGPT in education? Knowledge Management & ELearning, 15(2), 133–152. https://doi.org/10.34105/j.kmel.2023.15.008

Strzelecki, A. (2023). To use or not to use ChatGPT in higher education? A study of students' acceptance and use of technology, *Interactive Learning Environments*, https://www.tandfonline.com/doi/abs/10.1080/10494820.2023.2209881

Mhlanga, D. (2023). Open AI in education, the responsible and ethical use of ChatGPT towards lifelong learning. https://doi.org/10.2139/SSRN.4354422

ANÁLISIS DE PROYECTOS ACADÉMICOS EN INGLÉS CON CHATGPT EN CONTEXTO UNIVERSITARIO

Beatriz Martín Marchante [1]

1. INTRODUCCIÓN

El uso de la inteligencia artificial (IA), en la enseñanza y el aprendizaje de lenguas en la educación superior no es nada nuevo ya que, desde hace décadas se viene utilizando en su forma más básica, el procesador de textos, dentro de la metodología CALL (Computer Assisted Language Learning). En los últimos años, se han integrado en las aulas de enseñanza de inglés como lengua extranjera (EFL) la evaluación automatizada de la escritura (más conocida por sus siglas en inglés: AWE) y los sistemas de tutorización inteligente (STI), dando lugar al denominado ICALL, o CALL inteligente (Heift y Vyatkina, 2017; Martín Marchante, 2022). Además, el uso de traductores automáticos y diccionarios en línea, entre otras numerosas herramientas, es ya una práctica habitual y normalizada en las clases. En cuanto a los chatbots inteligentes, las primeras versiones, como recuerdan Yang, et al. (2022), fueron: ELIZA, en los años sesenta; Parry, en los setenta; ALICE en 1990 y, ya en el siglo XXI, Kuki, que en 2016 precedió, entre otros, a ChatGPT.

Pero antes de continuar, conviene matizar qué entendemos por inteligencia artificial. Entre las numerosas definiciones que podemos encontrar, la Comisión Europea (2018 a) la define de la siguiente manera:

> El término "inteligencia artificial" (IA) se aplica a los sistemas que manifiestan un comportamiento inteligente, pues son capaces de analizar su entorno y pasar a la acción, con cierto grado de autonomía, con el fin de alcanzar objetivos específicos. Los sistemas basados en la IA pueden consistir simplemente en un programa informático (p. ej. asistentes de voz, programas de análisis de imágenes, motores de búsqueda, sistemas de reconocimiento facial y de voz), pero la IA también puede estar incorporada en dispositivos de hardware (p. ej. robots avanzados, automóviles autónomos, drones o aplicaciones del internet de las cosas).(p.21)

En los últimos años el reconocimiento de voz automatizado (ASR) ha avanzado, también, drásticamente gracias al *big data*, al igual que los chatbots.

Los chatbots (interlocutores automáticos que funcionan dentro de contextos de chat de texto o de voz) se pueden usar para involucrar a los estudiantes en una práctica extensa del idioma que podría ser complicada, si no imposible, para cualquier docente

---

1. Universitat Politècnica de València (España)

con numerosos estudiantes en su clase. Los chatbots, sin embargo, pueden hacerlo proporcionando, además, varios tipos de comentarios automatizados formativos y correctivos, de forma rápida y sencilla. Los chatbots son programas informáticos con IA que promueven la interacción lingüística humana inteligente de forma escrita o hablada, lo que puede proporcionar una experiencia de usuario mediante la actualización de su conocimiento y percepción, a partir de conversaciones anteriores (Haristiani, 2019). Muchos estudios empíricos han confirmado la eficacia de los chatbots de IA en el ámbito de EFL ya que no solo pueden fortalecer los conocimientos lingüísticos de los estudiantes de EFL (gramática y vocabulario), como afirman Wang y Petrina (2013), sino que también pueden mejorar la comunicación oral, la comprensión auditiva y la lectura, así como la escritura argumentativa de alta calidad, según Hong et al. (2016); Guo et al., (2022) en Jiang (2022). Además, algunas investigaciones revelan que los Chatbots de IA pueden aumentar la motivación de los estudiantes, la autoconfianza y el interés en el aprendizaje (Kim, Cha, y Kim, 2019). Sin embargo, en el caso concreto de ChatGPT, su apertura gratuita al público en 2022 suscitó una enorme inquietud en el ámbito educativo, sobre todo entre el profesorado de lenguas extranjeras, ya que son quienes evalúan la competencia escrita de los estudiantes (Yang et al. 2022). En la comunidad educativa algunas voces advierten que ChatGPT abre la caja de Pandora y amenaza el desarrollo del pensamiento crítico y la capacidad de redacción de los alumnos (Hong, 2023).

Esta postura de recelo es debida a que, como indican MacNeil et al. (2022), ChatGPT puede producir respuestas textuales similares al lenguaje humano, mientras que su sucesor GPT4- puede imitar el pensamiento humano de forma casi perfecta (Adesso, 2023).

Como expone Gonzalo (2023), el personal docente se pregunta cómo enfrentarse a ChatGPT en el aula, ante una IA que genera textos diferentes cada vez. La periodista continúa citando a Paul Graham, quien ha acuñado la palabra "IAgiarismo" puesto que ya no estaríamos hablando de "quitar el crédito a otra persona, como en el "plagiarismo", sino más bien de reclamarlo falsamente para uno mismo.

El ámbito donde surge mayor inquietud tal vez sea el de la enseñanza y el aprendizaje de segundas lenguas o lenguas extranjeras (SL/FL), como también advierte Molly (2022). Los profesores están más preocupados por la originalidad y la autoría de los trabajos escritos, ya que esta no puede ser debidamente detectada por ninguna de las aplicaciones anti-plagio existentes o de las que disponen.

Debido a la irrupción de ChatGPT en el ámbito educacional son necesarios estudios que traten como lograr una aplicación ética y responsable de este, y discutir sus beneficios, problemas y riesgos con los estudiantes de EFL, en lugar de prohibirlo o evitarlo.

2. OBJETIVOS

El objetivo de este estudio es, por una parte, averiguar el alcance pedagógico del uso de ChatGPT como herramienta para el aprendizaje del inglés con fines específicos, en concreto, para la realización de proyectos académicos escritos en inglés.

Por otra parte, se pretende conocer, analizar y describir las percepciones y opiniones del alumnado respecto al uso de este chatbot tras finalizar el proyecto para cuya realización se han venido utilizado, habitualmente, otro tipo de herramientas pedagógicas.

Se trata de un estudio preliminar antes de emprender el estudio a mayor escala que se pretende comenzar el próximo curso 2023-24.

3. METODOLOGÍA

Para abordar los objetivos de este estudio piloto se plantearon las siguientes preguntas de investigación:

- ¿Es el ChatGPT una herramienta recomendable para la realización de proyectos académicos en inglés?

- ¿Cuál es la percepción de los estudiantes respecto al uso de ChatGPT para el aprendizaje del inglés, en general, y para la realización de trabajos académicos escritos, en concreto?

Para resolver la primera pregunta se llevó a cabo un análisis cualitativo de 4 proyectos académicos entregados por diferentes equipos de trabajo de 30 estudiantes que se distribuyeron en 2 grupos de 7 alumnos y dos grupos de 8 alumnos.

Para evaluar los proyectos académicos se utilizó, entre otros recursos y materiales, una rúbrica adaptada de la Graduate School of Life Science (2023) que evalúa trabajos escritos. De entre todos los indicadores de la rúbrica, la evaluación de los proyectos se centró en el contenido, la estructura y la actitud profesional. Se utilizó, también un cuaderno de bitácora diseñado para registrar el procedimiento seguido por cada equipo de trabajo, las preguntas realizadas al ChatGPT, y las acciones de posedición ejecutadas por los componentes de cada equipo (Anexo I). El tema de los proyectos académicos debía elegirse entre los 17 objetivos de desarrollo sostenible y la Agenda 2030. Para homogeneizar la muestra, y tras contemplar diversas opciones, se acordó que todos los equipos trabajaran sobre el mismo tema: "Sustainable houses".

Además, la consigna principal y necesaria para poder llevar a cabo el experimento fue que todos los equipos de trabajo utilizaran ChatGPT obligatoriamente, sin perjuicio de manejar adicionalmente, cualquier otro tipo de TIC o herramientas tradicionales. Se les explicó, también, que era imprescindible que anotasen las preguntas y las indicaciones realizadas en el cuaderno de bitácora tras cada sesión de trabajo.

En cuanto a la segunda pregunta, la recogida de datos para su resolución se hizo a través de un cuestionario en línea (Google Forms). En el cuestionario se distinguieron dos partes: una en la que se incluyeron tres preguntas sobre datos demográficos (edad, sexo y asignatura) y otra en la que se incluyeron 15 ítems de tipo escala Likert de 5 en los que se preguntaba el nivel de acuerdo con las afirmaciones contenidas en los ítems. Además, se incluyó una pregunta de respuesta abierta (ítem 19) para ofrecer a los participantes la posibilidad de añadir comentarios relacionados con el tema del cuestionario. Se informó a los respondientes sobre el carácter anónimo y voluntario del cuestionario, así como también sobre la desvinculación de este con la evaluación de la asignatura. Respondieron al cuestionario 30 estudiantes, los mismos que realizaron los 4 proyectos académicos. A continuación, se presentan los 15 ítems de escala Likert del cuestionario:

P.1. Creo que ChatGPT es una herramienta perjudicial para el aprendizaje en general.

P.2. Creo que ChatGPT debería prohibirse en la educación primaria.

P.3. Creo que ChatGPT debería permitirse en educación secundaria.

P.4. Creo que ChatGPT debería permitirse en educación superior

P.5. ChatGPT aportará más ventajas que desventajas en la educación.

P.6. ChatGPT es útil para aprender inglés.

P.7. Los traductores automáticos son útiles para aprender inglés.

P.8. Los diccionarios en línea son útiles para aprender inglés

P.9. La evaluación automatizada y la tutorización inteligente (p.ej. cursos en línea con corrección inmediata, etc.) son útiles para el aprendizaje de idiomas.

P.10. La IA puede socavar o sustituir las capacidades humanas.

P.11. El uso de ChatGPT en las aulas plantea problemas relacionados con la honestidad.

P.12. El uso de ChatGPT generará pereza cognitiva en los usuarios.

P.13. El uso generalizado de ChatGPT desincentivará el pensamiento crítico.

P.14. El uso de ChatGPT en educación redundará en un deterioro de la creatividad de los estudiantes.

P.15. El uso de ChatGPT fomentará otras capacidades en el alumnado.

4. DESARROLLO DE LA INVESTIGACIÓN

Los sujetos de la investigación fueron 30 estudiantes de "Ingeniería Electrónica Industrial y Automática" de la Universitat Politècnica de València (UPV), matriculados en la asignatura "Inglés de especialidad". Participaron 20 hombres, 7 mujeres y 3 personas que marcaron "otro" en género y sexo. Todos tenían una edad comprendida entre 18 y 25 años. La investigación se ha realizado durante el segundo semestre del curso académico 2022-23.

Esta asignatura tiene como objetivos el desempeño de destrezas productivas en inglés a través de actividades orales y escritas tales como presentaciones orales utilizando PowerPoint, Prezi, etc. ante la clase (tanto individuales como en grupo); tareas escritas como resúmenes, transferencia de información, etc. y redacción de proyectos.

El primer día de clase, durante la presentación de la asignatura, se explicó al alumnado que iban a realizar un proyecto académico colaborativamente en pequeños equipos de trabajo.

Los proyectos presentados por el alumnado son evaluables, con un peso del 20% en la nota de la asignatura, como queda reflejado en la guía docente de esta. Las actividades que se detallan aquí están circunscritas a la guía docente de la asignatura (UPV, 2023).

Cada proyecto académico consistió en la elaboración de un trabajo escrito que se entregó a mediados del semestre y una presentación oral del mismo ante la clase, al finalizar el semestre.

A través de la intranet, se proporcionaron los materiales necesarios tales como un diario de bitácora diseñado ad hoc, y una guía de escritura académica que se explicó, también, en varias sesiones de práctica y tutorías. Se incluyeron, además, en la sección de recursos de la intranet, distintos formularios y rúbricas para implementar la autoevaluación, la evaluación por pares, y el feedback de tipo correctivo y formativo.

El orden cronológico de las fases del estudio fue el que se indica a continuación:

1. Sesión informativa
2. Sesiones de práctica y tutorías sobre escritura académica en inglés
3. Entrega de trabajo académico escrito
4. *Feedback*
5. Entrega del diario de bitácora

6. *Feedback*
7. Presentación oral del proyecto a partir del trabajo escrito
8. *Feedback*
9. Cumplimentación del cuestionario

4.1. Análisis de los proyectos entregados

Para la evaluación de los proyectos se utilizó una rúbrica resumida y adaptada de la Graduate School of Life Science (2023). De entre todos los indicadores de la rúbrica la evaluación se centró en los siguientes:

- Contenido: tablas y figuras
- Estructura: citación y referencias
- Actitud profesional (iniciativa, autonomía, creatividad, pensamiento crítico, puntualidad, e integridad).

Un aspecto fundamental en el que se suele incidir al explicar al alumnado para realizar los trabajos académicos escritos es el del apartado de referencias y bibliografía, así como también el de la inclusión de imágenes, gráficos y tablas. Además, se les recuerda que la originalidad del proyecto o su aportación al desarrollo de algún producto o ámbito de investigación es determinante a la hora de ser evaluado. De la misma manera, se aconsejó en este caso en el que iban a utilizar ChatGPT.

Para evaluar los proyectos se descartaron los aspectos léxico semánticos, morfosintácticos y, en general, los relativos al nivel de competencia lingüística, ya que el uso del chat GPT ofrece un nivel de perfección en este sentido. Por tanto, la atención se centró, principalmente, en las tareas de análisis, verificación de fuentes y posedición.

Se entregaron un total de cuatro proyectos. Uno de ellos obtuvo la puntuación negativa. ya que no citaron ninguna fuente, no incluyeron tablas ni figuras y tampoco escribieron el apartado de referencias. Tampoco mostraron ninguna de las actitudes profesionales esperadas.

El resto de los proyectos obtuvieron una valoración positiva ya que ejecutaron correctamente tanto el contenido como la estructura en la redacción. Es decir, desarrollaron las tareas de posedición requeridas en mayor o menor grado de rigurosidad.

Sin embargo, todos adolecieron de la actitud profesional deseable, ya que no fueron puntuales en la entrega y los trabajos carecían de creatividad y originalidad.

4.2. Análisis de los datos del cuestionario y del grupo de discusión

Se analizaron los datos recopilados y el análisis descriptivo proporcionó los estadísticos más relevantes para todas las variables recogidas en el cuestionario (Tabla 1). Las respuestas a la pregunta abierta (ítem 19) se analizaron cualitativamente para identificar patrones y temas comunes entre las respuestas de los participantes.

Los resultados obtenidos se pueden ver en la Tabla 1.

ÍTEM	Tot. en desacuerdo	En desacuerdo	Ni de acuerdo ni en desacuerdo	De acuerdo	Tot. De acuerdo	n
P.1	7	13	8	1	1	30
P.2	5	9	3	8	5	30
P.3	2	4	8	10	6	30
P.4	1	1	4	13	9	28
P.5	0	2	11	14	3	30
P.6	1	3	9	10	7	30
P.7	2	5	11	8	4	30
P.8	1	1	4	14	10	30
P.9	0	4	10	11	5	30
P.10	4	7	8	5	6	30
P.11	3	6	11	7	3	30
P.12	1	3	11	12	3	30
P.13	6	5	10	7	1	29
P.14	2	10	9	7	1	29
P.15	1	1	11	14	2	29

Tabla 1. Frecuencias de nivel de acuerdo en los ítems del cuestionario
sobre uso de ChatGPT e IA. Fuente: Elaboración propia.

Se observa en la Tabla 1, que para los ítems 5, 7,12 y 15 el porcentaje de indecisión es más alto que en el resto de los ítems, con un 36,7%, pero también es mayor el número de alumnos que están de acuerdo y totalmente de acuerdo en un 56,7 %, 40%, 50% y un 55,2 %, respectivamente.

En relación con los ítems 1,2 y 14, el porcentaje de desacuerdo es más alto que el de acuerdo.

En los ítems 8 y 9, que hacen referencia a la eficacia de los STI y diccionarios en línea, vemos más alumnos de acuerdo que en desacuerdo.

En cuanto al ítem 10, se tiene el mismo número de participante en desacuerdo (11) que de acuerdo y totalmente de acuerdo, mientras que 8 se abstienen en su opinión.

El porcentaje de alumnos que no se decantan por una respuesta en concreto es también alto, un 36,7%, en el ítem 11, al igual que ocurre con los ítems 5 y 7. No se observa una tendencia clara en la escala de acuerdo.

El porcentaje de acuerdo en el ítem 12 es elevado en comparación con el de otros ítems, ya que un 40% de estudiantes están de acuerdo y un 10% lo están totalmente. Sin embargo, solo un poco más del 10% expresa su desacuerdo con la afirmación.

Se observa, también que el porcentaje de estudiantes que están totalmente en desacuerdo o en desacuerdo con la afirmación del ítem 13 es ligeramente superior que el de estudiantes que sí dicen estar de acuerdo o muy de acuerdo. Es destacable que, también en este ítem, el porcentaje de los que no se definen es elevado.

Respecto al ítem 19, de respuesta abierta, se recogieron un total de 17 comentarios acerca del uso de la IA, en general, y de ChatGPT, en particular, para el aprendizaje en educación superior. A continuación, se muestran todos ellos de manera literal, habiéndose corregido, únicamente, las faltas orto-tipográficas:

1. "ChatGPT: Deteriorará la creatividad y el pensamiento crítico de las personas. Fomentará la pereza de la mayoría de las personas a la hora de buscar información. Mejorará la capacidad de comprensión y explicación de la información a la hora de dar instrucciones, cualidades que también se podrán aplicar a la vida de las personas".

2. "Es una herramienta que se ha de utilizar editando la información que nos da y evaluándola".

3. "Puede ayudar a la hora de aprender, pero no se debe abusar de ella".

4. "En mi opinión, es una herramienta que puede complementarse muy bien con el ser humano como herramienta de aprendizaje".

5. "Pienso que para estudios superiores si puede ser útil. Para aprender inglés también me parece mucho más útil que el traductor de Google. Sin embargo, pienso que de cara a la secundaria y al bachiller no tiene ningún tipo de sentido que los alumnos tengan acceso a esta herramienta, porque no sirve como tal, sino como método para aprobar e incluso sacar excelente en todas las asignaturas sin tu haber hecho nada. Por eso pienso que se tendría que prohibir en estudios primarios porque si no los alumnos no se desarrollarán como es debido".

6. "El ChatGPT es muy útil para aprender idiomas, ya que puedes usarlo como profesor para hablar, que te corrija, etc."

7. "Es útil, si le das un buen uso".

8. "Si lo utiliza simplemente para copiar y pegar no está ni utilizándolo a su máximo nivel, ni aprendiendo de él. Hay que utilizarlo para contrastar información y para usar formas de expresarse".

9. "Si bien es cierto que las pueden traer problemas en el desarrollo y el aprendizaje a la hora de realizar las tareas encomendadas al alumnado, también hay que tener una actitud crítica para poder ver las ventajas que estas pueden otorgar a la hora de ayudar al alumnado".

10. "En mi opinión pienso que muchas preguntas anteriores sobre el IA y como puede afectar este a las actitudes de los docentes son ciertas. Ya que esta herramienta pienso que puede provocar que muchos alumnos dejen de realizar sus trabajos correcta y directamente le pidan el trabajo al ChatGPT. Esto puede provocar, como dicen las preguntas, una pereza generalizada en los docentes".

11. "Por otra parte si pienso que la IA pueda ser una herramienta de gran ayuda en la docencia si le damos un uso correcto. Ya que, para hacerle preguntas directas, buscar información, para dar explicaciones sobre algún tema, etc., puede servirnos de gran ayuda."

12. "Es muy útil para ayudar a hacernos los trabajos".

13. "Para informática es muy útil".

14. "Creo que las IA son muy útiles como ayuda como nueva facilidad de creación. Como cuando en la revolución industrial se crearon máquinas que facilitaban la industria y se perdieron trabajos, pero se incrementaron los ingenieros y los técnicos de dichas maquinarias. Creo que pasará un poco los mismo con las IA serán una ayuda, pero no acabarán con nuestra creatividad".

15. "Suele funcionar bien y ayuda mucho cuando eres nuevo en alguna materia".

16. "Debe ser usado por personas cuerdas y con dos dedos de frente para no dejarse llevar por la vaguería. Pero si es utilizado por personas cuerdas y mayores, tienes el mundo en tus manos, literalmente".

5. DISCUSIÓN Y CONCLUSIONES

Centrándose en el análisis de varios proyectos académicos en inglés realizados con ChatGPT, este estudio demuestra que su uso no mejora los resultados que los participantes hubieran obtenido sin su utilización. Se esperaba que el tiempo ahorrado en la búsqueda y organización de la información se reinvirtiera en trabajar más la originalidad y creatividad y, en definitiva, mejorar la calidad de los proyectos. Sin embargo, esto no ha sido así. Por otra parte, el alto porcentaje de incertidumbre en las respuestas que proyectan los resultados de este estudio pueden revelar que el estudiantado precisa ampliar la información que tiene al respecto y, también, la necesidad de mucho más diálogo y debate en torno a los temas planteados en el cuestionario, como, por ejemplo, el de la honestidad y el de la pereza cognitiva. No obstante, la limitación en la muestra de este análisis no permite generalizar los resultados, aunque estos apuntan a que es necesario cambiar los parámetros de evaluación que se aplican actualmente y el tipo de tareas que se asigna al alumnado para realizar sus proyectos académicos. Igualmente, hay que replantear de qué modo y dónde se ha de realizar cada tarea. Por ejemplo, si antes se pedía a los alumnos la redacción de informes o proyectos como deber para casa, ahora se tendría que pedir que la hiciesen durante la clase presencial.

La irrupción de ChatGPT en el ámbito educacional es un hecho que preocupa a un sector de la comunidad educativa. Es por ello por lo que en el presente estudio se han presentado actividades y estrategias para hacer frente a esta situación sobrevenida y sortear las consecuencias negativas a las que puede conducir en la enseñanza y aprendizaje de EFL dentro del contexto universitario.

Como se puede leer en los comentarios que los propios alumnos han escrito, la IA, en concreto ChatGPT, es una herramienta cuyo uso será negativo o positivo dependiendo de la utilidad que el usuario le quiera dar. Por consiguiente, su función primordial ha de radicar en complementar el proceso de aprendizaje y en brindar apoyo tanto a estudiantes como a docentes, sin pretender ningún reemplazo de nada ni nadie.

Si la IA sirve para suplantar algo o a alguien, significa que el enfoque pedagógico no es el adecuado. Todo indica que la evaluación centrada, esencialmente, en los resultados ya no puede sostenerse y debemos primar, por tanto, el papel fundamental del *feedback* de calidad.

Las llamadas «cuatro ces»: pensamiento crítico, comunicación, colaboración y creatividad, son competencias que no pueden desarrollarse únicamente mediante las soluciones proporcionadas por la IA. Sin embargo, la IA puede ser de gran ayuda para el aprendizaje autónomo y para la implementar la clase inversa. Puede favorecer la optimización del tiempo no solo a los profesores, sino también a los estudiantes, pero es precisamente a este aparente beneficio al que hay que prestar atención, ya que debemos asegurarnos de que ese tiempo que se ahorra, por una parte, se reutiliza para desarrollar algunas competencias transversales, de manera que redunde, realmente, en beneficio del aprendizaje. Todo dependerá de la filosofía subyacente a nuestro paradigma de enseñanza-aprendizaje.

Una futura línea de investigación podría implicar la formación de un grupo experimental y otro de control, ambos abordando las mismas preguntas de investigación, entre otras, aunque con una muestra ampliada que facilite la generalización de los resultados. Es ineludible una concepción cabal y ética de la IA. En definitiva, de acuerdo con la opinión de Baker (2016), el objetivo no es tanto crear tutores inteligentes, como instaurar un "diseño inteligente de tutores" y formar estudiantes inteligentes y exitosos-as.

6. REFERENCIAS

Adesso, G. (2023). Towards The Ultimate Brain: Exploring Scientific Discovery with ChatGPT AI, *Authorea Preprints*. https://doi.org/10.22541/au.167701309.98216987/v1

Baker, R. S. (2016). Stupid tutoring systems, intelligent humans. *International Journal of Artificial Intelligence in Education*, 26, 600-614.

Bracero, F. (2023). Aprendizaje automático ChatGPT, sobrepasado. La Vanguardia. https://acortar.link/9FeVMf

Cánovas, M. (2023). ¿Cómo afecta ChatGPT a la enseñanza de lenguas aplicadas, traducción y edición de textos? *Revista de Prensa*. https://acortar.link/Flcr92

Comisión Europea (2018a). *Comunicación de la Comisión al Parlamento Europeo, al Comité Económico y Social Europeo y al Comité de las Regiones: Inteligencia Artificial para Europa*. COM (2018) 237 final. 25 de abril de 2018. Bruselas.

Estévez Costas, A. (2015). Tutores inteligentes: cómo aplicar inteligencia artificial a la educación. *Gradiant*. https://www.gradiant.org/blog/tutores-inteligentes-ia-educacion/

Gonzalo, M. (2023). Algoritmia. *Newtral*. https://acortar.link/caAzaD

Graduate School of Life Science (2023). Rubric writing assignment. https://acortar.link/9PH3mH

Haristiani, N. (2019). Artificial intelligence (ai) chatbot as language learning medium: an inquiry. *Journal of Physics: Conference Series 1387*, 012020. https://doi.org/10.1088/1742-6596/1387/1/012020

Hong, W. C. H. (2023). The impact of ChatGPT on foreign language teaching and learning: opportunities in education and research. *Journal of Educational Technology and Innovation*, 5(1), 37-45.

Jiang, R. (2022). How does artificial intelligence empower EFL teaching and learning nowadays? A review on artificial intelligence in the EFL context. *Frontiers in Psychology*, 13, 1049401. https://doi.org/10.3389/fpsyg.2022.1049401

Kim, N. Y., Cha, Y., & Kim, H. S. (2019). Future English learning: Chatbots and artificial intelligence. *Multimedia-Assisted Language Learning*, 22,32–53

MacNeil, S., Tran, A., Mogil, D., Bernstein, S., Ross, E., & Huang, Z. (2022). Generating diverse code explanations using the gpt-3 large language model. En *Proceedings of the 2022 ACM Conference on International Computing Education Research-Volume 2* (pp. 37-39). https://doi.org/10.1145/3501709.3544280

Martín Marchante, B. (2022a). The use of ICTs and artificial intelligence in the revision of the writing process in Valencian public universities. *Research in Education and Learning Innovation Archives, (28)*, 16-31. DOI: https://doi.org/10.7203/realia.28.20622

Marchante, B. M. (2022). La escritura académica con TIC e inteligencia artificial en educación superior. En *Didáctica de la lengua, multimodalidad y nuevos entornos de aprendizaje* (pp. 103-124). Graó.

Molly (2022, diciembre 13). ChatGPT and the English Classroom: What Teachers Need to Know about AI-generated Essays. *Hopefully Home.* https://acortar.link/57qhZc

Pedraz Marcos A, Zarco Colón M, Ramasco Gutiérrez M, Palmar Santos A.M. (2014). *Investigación Cualitativa.* Barcelona: Elsevier D.L

Porcelli, A. M. (2020). La inteligencia artificial y la robótica: sus dilemas sociales, éticos y jurídicos. Derecho global. *Estudios sobre derecho y justicia, 6*(16), 49-105. https://doi.org/10.32870/dgedj.v6i16.286

Universitat Politècnica de València. Escuela Técnica Superior de Ingeniería del Diseño (2023). Guía Didáctica 2022-2023: *Inglés de especialidad.* https://acortar.link/nPrQmf

Valles Martínez, M.S. (2014). *Técnicas cualitativas en investigación social.* Síntesis. España.

Wang, Y. F., and Petrina, S. (2013). Using learning analytics to understand the design of an intelligent language tutor-chatbot lucy. *International Journal of Advanced Computer Science and Applications, 4*(11), 124-131. https://doi.org/10.14569

Yang, H., Kim, H., Lee, J. H., & Shin, D. (2022). Implementation of an AI chatbot as an English conversation partner in EFL speaking classes. *ReCALL*, 34(3), 327-343.

ANEXO I. A. CUADERNO DE BITÁCORA

Profesora: BEATRIZ MARTÍN MARCHANTE

ACADEMIC PROJECT USING GPT

WRITTEN ASSIGNMENT

REFLECTIVE JOURNAL / PROJECT LOGBOOK

TITLE OF THE PROJECT:

NAMES OF GROUP MEMBERS	Aleksandra N... Juan P E Jorge R J... Sr 2 Al J Ro P... claudia T... H...

TASK (AS A GROUP)	DEADLINE	COMPLETED	COMMENTS
Choose the idea	Date 2.04.23	✗	
Prepare the word file	Date 5.04.23	✗	
Divide the tasks	Date 5.04.23	✗	
Check the document	Date 16.04.23	✗	
Send the document	Date 17.04.23	✗	

INDIVIDUAL TASK. Name			
Automation and control system and safety and security systems - Jorge	Date	☐	Rodríguez Pérez
Introduction - Jorge Ramos Jiménez	Date	☐	
Average consumption of 3 person house - Juan Rupo Gau	Date	☐	
Space distribution and production of electricity and solar panel - Aleksandra Netek	Date	☐	
Importance of electronic engineering - Sanchoz	Date	☐	
Water and energy production U Alvarez			

PROMPTS/CODES/ QUESTIONS FOR GPT			
Conclusion - Claudia Tarazona Maestre	Date		
Can you explain briefly the topic and its importance in today's world?	Date	☐	
What is the average water/per/ month consumption?	Date	☐	
What is the production of electricity of solar panels?	Date	☐	
Can you explain the electronic engineering in an autonomous house?	Date	☐	
How does the automation and control system in a house work?	Date	☐	
What is the conclusion about the issue?			

ANEXO I. B. CUADERNO DE BITÁCORA

TASK (AS A GROUP) ERRORS AND WEAKNESS FOUND IN THE GPT (DETAILS)	DEADLINE Date	COMPLETED	COMMENTS
→ Some info given by GPT was false	Date	☐	
	Date	☐	
	Date	☐	
	Date	☐	
	Date	☐	

SOLUTIONS ADOPTED TAKEN (TO SOLVE PROBLEMS WILL ARISE)	Date		
→ Check the info in other sources	Date	☐	
	Date	☐	
	Date	☐	
	Date	☐	
	Date	☐	

EVALUACIÓN DEL DESEMPEÑO DE LOS CHATBOTS EN EL APOYO A LA ENSEÑANZA: UN ESTUDIO PILOTO

Xabier Martínez-Rolán [1] *, Teresa Piñeiro-Otero* [2]

El presente texto surge de la experiencia del Grupo de Innovación Educativa, de la Universidad de Vigo, "Academ-IA: Intelixencias Artificiais en Educación".

1. INTRODUCCIÓN

Los *chatbots* son programas informáticos que simulan conversaciones humanas a través de texto o voz (Abu Shawar y Atwell, 2007). En la educación, han sido utilizados para facilitar la enseñanza y el aprendizaje de diferentes temas, ofreciendo ventajas como accesibilidad, flexibilidad y personalización. De hecho, el uso de estas plataformas y herramientas ha permitido o mejorado la efectividad y eficiencia de los profesores, lo que ha resultado en una mayor calidad de enseñanza o mejora en la calidad de la instrucción (Chen *et al.*, 2020).

Algunos estudios han demostrado que los *chatbots* pueden ser efectivos para mejorar el rendimiento académico de los estudiantes. Por ejemplo, Winkler y Söllner (2018) encontraron que los *chatbots* pueden mejorar significativamente la retención de conocimiento en comparación con los métodos tradicionales de enseñanza. Del mismo modo, Petrović y Jovanović (2020) observaron que los *chatbots* pueden mejorar el rendimiento de los estudiantes en tareas de aprendizaje de lenguas extranjeras.

1.1. Implementación de *chatbots* en la educación

Diversos estudios, como el de Okonkwo y Ade-Ibijola (2021) se han centrado en la tecnología de los *chatbots*, con un énfasis particular en su aplicación en contextos educativos, explorando el uso de sistemas de *chatbots* para responder a las consultas de los estudiantes y facilitar el aprendizaje y la comprensión de conceptos. Thomas (2020), en su revisión sistemática de la literatura sobre este ámbito, constató que los *chatbots* beneficiaron tanto a los estudiantes como a los educadores, demostrando que los beneficios superan los inconvenientes y ofrecen una educación más efectiva

A pesar de su potencial, la implementación exitosa de *chatbots* en la educación requiere tener en cuenta diversas consideraciones. Así Calvo *et al.* (2020) sugieren que -al igual que

---

1. Universidade de Vigo (España)
2. Universidade da Coruña (España)

otras herramientas educativas- la introducción de los *chatbots* en el aula debe efectuarse teniendo en cuenta las teorías de aprendizaje y motivación, para maximizar su efectividad. Además, es crucial garantizar la accesibilidad y la usabilidad de los *chatbots*, así como considerar aspectos culturales y de diversidad.

Otro de los aspectos relevantes en la implementación de los *chatbots* en la educación es la privacidad y la seguridad de los datos. Zhao *et al.* (2020) destacan la importancia de garantizar la protección de los datos de los estudiantes y de cumplir con las regulaciones legales y éticas.

Ahora bien, ¿qué herramientas o *chatbots* son los más adecuados? En la actualidad, el despegue de los modelos grandes de lenguaje (LLM) ha supuesto una revolución a la hora de crear contenido sintético. Estas formas de inteligencia artificial utilizan aprendizaje automático para generar texto emulando la escritura humana. Para ello, los modelos se entrenan con grandes cantidades de datos de forma que el modelo "aprende" a predecir la siguiente palabra en una secuencia de palabras dadas. Cuando se le pide que genere texto, el modelo utiliza lo que ha aprendido para producir nuevas secuencias de palabras que son coherentes y relevantes para el contexto dado, aunque pueda incurrir en inexactitudes, errores o alucinaciones.

En este momento histórico, en plena sexta ola de la innovación liderada por la inteligencia artificial y la promesa de un internet de las cosas que permitirá una verdadera conectividad *enywhare, everywhare, any time*, la correcta y ágil adopción tecnológica puede convertirse en un factor de éxito para la innovación y el marketing (Martínez Rolán y Piñeiro Otero, 2022). Un ejemplo concreto de esta adopción tecnológica en el sector del *marketing* es el emergente mercado de los *chatbots*.

A pesar de encontrarse en un estado incipiente del desarrollo, para el gran público, en el momento actual el mercado de los *chatbots* está dominado por dos grandes empresas privadas -OpenAI y Anthropic- y una gran iniciativa de código abierto -LAION.

OpenAI es una entidad de investigación en inteligencia artificial que ha desarrollado desde 2015 una serie de modelos de aprendizaje de lenguaje, incluyendo GPT-2, GPT-3 y, más recientemente, GPT-4, en la actualidad probablemente el modelo más conocido de *chatbot*.

Figura 1. Volumen de búsquedas de ChatGPT (azul) y chatbot (en rojo) desde 2021 a junio de 2023. Fuente: Elaboración propia

Anthropic es una organización de investigación que se centra en la creación de inteligencia artificial general y escalable. Con fundadores que son ex investigadores de OpenAI, tiene como objetivo desarrollar sistemas de inteligencia artificial que sean más interpretables y supervisables.

LAION (*Large-scale Artificial Intelligence Open Network*), es una organización sin ánimo de lucro con el objetivo declarado de poner a disposición del público en general modelos, conjuntos de datos y código relacionado de aprendizaje automático a gran escala. Su iniciativa de código abierto tiene un impacto significativo en el desarrollo y la adopción de estas tecnologías. Su asistente virtual está basado en el modelo liberado por Meta, Alpaca, y su variante Llama.

Cada una de estas organizaciones representa diferentes facetas del ecosistema de inteligencia artificial y modelos de aprendizaje de lenguaje, contribuyendo de maneras distintas al progreso de esta tecnología. En conjunto, representan la práctica totalidad de los diferentes modelos grandes de lenguaje democratizados y accesibles para el gran público.

2. OBJETIVOS

Este estudio aborda varios objetivos interrelacionados para brindar un análisis completo de los sistemas de inteligencia artificial en el ámbito educativo. El principal objetivo es evaluar la eficacia de varios modelos de inteligencia artificial, entre ellos ChatGPT, GPT4, Claude, Claude+ y Open Assistant, en el contexto educativo.

Un objetivo complementario es la comparación directa de estos diferentes sistemas de Inteligencia Artificial (en adelante IA) para identificar sus fortalezas y debilidades respectivas. Este análisis comparativo permite una evaluación más matizada de la eficacia de los sistemas de IA, en base a diferentes áreas clave.

Además, este estudio busca identificar y sugerir posibles áreas de mejora para cada sistema. El objetivo es optimizar su rendimiento y utilidad en la educación, proporcionando sugerencias basadas en los resultados obtenidos de las evaluaciones de los sistemas de IA.

3. METODOLOGÍA

La evaluación del rendimiento de los *chatbots* ha emergido como un tema de creciente interés en la comunidad académica en los últimos años (Kuligowska, 2015; Jongerius, 2018; Przegalinska et al., 2019). Con el avance de la inteligencia artificial y el aprendizaje automático, los *chatbots* se han vuelto cada vez más sofisticados y se están implementando en un amplio abanico de contextos y aplicaciones, como la que nos atañe en este trabajo, el educativo. Así, resulta esencial entender cómo se desempeñan y cómo pueden mejorarse estas aplicaciones de *bots* conversacionales. De hecho, el presente estudio se sitúa en línea con la investigación previa, en busca de avanzar en el campo y a desarrollar *chatbots* más efectivos y útiles en el futuro.

Para lograr los objetivos planteados es necesario abordar un enfoque metodológico mixto, combinando investigación cuantitativa y cualitativa para evaluar el desempeño de cinco *chatbots* generativos en el ámbito educativo. La investigación utiliza un diseño de evaluación comparativa en el que se compara el desempeño de los *chatbots* en relación con un grupo de control compuesto por profesionales de la enseñanza.

3.1. Selección de *chatbots* y preparación de la tarea

Se seleccionaron los cinco *chatbots* generativos basándose en su disponibilidad y capacidades para el apoyo docente: ChatGPT, GPT-4, Claude, Claude+ y Llama. En conjunto representan todo el espectro posible disponible en Europa en el momento de realización del artículo: los modelos de OpenAI, Anthropic y el modelo de código abierto más accesible. A este conjunto de *chatbots* se les asignó la misma tarea. A partir de la selección del término USP o *Unique Selling Proposition*, clave en el ámbito de la teoría-praxis de la Publicidad (área de Comunicación), se diseñó una demanda específica: la generación de una explicación conceptual y una propuesta de actividad práctica relacionada con dicho concepto. Para ello, se diseñó la siguiente petición o *prompt*:

"Por favor, actúa como un tutor académico. Te indicará una serie de conceptos y deberás proferir una explicación clara y concreta para alumnado universitario, y propondrás una actividad de aula para explicar el concepto. El primer concepto es: USP (Unique Selling Proposition, o Propuesta Única de Venta)"

Cada *chatbot* fue utilizado para completar la tarea siguiendo las mismas instrucciones y limitaciones. Se generaron las consultas el mismo día (12 de mayo) y se registraron las explicaciones y actividades prácticas generadas por cada *chatbot* (ver tabla 1).

3.2. Evaluación y análisis de datos

Para la evaluación de las respuestas se conformó un grupo de control formado por cinco profesionales de la enseñanza, doctores en Publicidad y/o Comunicación Audiovisual, con experiencia en la temática seleccionada. El grupo de control fue informado sobre los criterios de evaluación y valoró, mediante encuesta anónima, y de forma independiente y ciega (no sabían qué *chatbot* había generado cada una de las respuestas) las explicaciones y actividades prácticas generadas por los *chatbots* puntuando de uno a cinco (siendo 1 una mala respuesta y 5 una muy buena respuesta) en función de los siguientes criterios:

- a. Claridad de las explicaciones: precisión, coherencia, lenguaje apropiado, ejemplificación y brevedad.
- b. Calidad educativa de las actividades prácticas: objetivos de aprendizaje, relevancia, nivel de desafío, interacción y colaboración, y evaluación y retroalimentación.

A partir de las valoraciones se calcularon las puntuaciones promedio para cada criterio de evaluación y se comparó el rendimiento de los *chatbots* en función de la tarea solicitada. Así mismo, se emplearon pruebas estadísticas apropiadas para identificar diferencias significativas entre los *chatbots* y se analizaron los comentarios cualitativos proporcionados por los profesionales de la enseñanza.

	Concepto	**Actividad**
ChatGPT	¡Claro! Como tutor académico, puedo explicarte el concepto de USP (Unique Selling Proposition) o Propuesta Única de Venta. La USP es una estrategia de marketing que busca destacar y comunicar de manera clara y convincente la ventaja única que tiene un producto, servicio o marca sobre sus competidores en el mercado. Cuando una empresa desarrolla su USP, identifica un atributo especial, una característica diferenciadora o un beneficio único que la distingue de los demás en su industria. Esta propuesta se utiliza para persuadir a los consumidores de elegir ese producto o servicio en lugar de los otros disponibles en el mercado. La explicación de la USP puede variar dependiendo del producto o servicio en cuestión, pero es esencialmente la respuesta a la pregunta: "¿Por qué debería comprar esto en lugar de otras opciones similares?" Una USP efectiva debe ser clara, específica, relevante y destacable para el público objetivo.	Ahora, para proponer una actividad de aula para explicar el concepto de USP, podrías hacer lo siguiente: 1. Divide a los estudiantes en grupos pequeños y pide a cada grupo que seleccione una empresa o marca conocida. 2. Solicita a cada grupo que investigue y analice la USP de la empresa elegida. Deben identificar las características únicas que la empresa promueve para destacar en el mercado. 3. Cada grupo debe preparar una presentación breve sobre la USP de la empresa seleccionada. Deben explicar qué la hace única y cómo se comunica esa ventaja al público. 4. Después de las presentaciones, organiza una discusión en clase para comparar y contrastar las diferentes USP identificadas por los grupos. Anima a los estudiantes a reflexionar sobre la efectividad de cada USP y cómo podría influir en las decisiones de compra de los consumidores. Esta actividad permitirá a los estudiantes comprender mejor el concepto de USP y cómo se aplica en el mundo empresarial. Además, fomentará la investigación, el análisis crítico y el pensamiento creativo en el aula.

GPT+	La Propuesta Única de Venta (USP) es un concepto de marketing que se refiere a la característica única o conjunto de características que distinguen a un producto o servicio de sus competidores en el mercado. La USP es esencial para que una empresa pueda diferenciarse y atraer a los clientes al ofrecerles algo que no pueden encontrar en otros lugares. Una explicación clara y concreta para alumnado universitario sería la siguiente: La USP es el factor distintivo que hace que un producto o servicio sea más atractivo para los consumidores en comparación con otras opciones disponibles en el mercado. Es lo que hace que una oferta sea única y especial, y es un aspecto fundamental en la estrategia de marketing de una empresa.	Actividad de aula para explicar el concepto: 1. Dividir a los estudiantes en grupos de 3 o 4 personas. 2. Proporcionar a cada grupo una lista de productos o servicios de diferentes empresas (por ejemplo, teléfonos móviles, automóviles, bebidas energéticas, etc.). 3. Pedir a los grupos que identifiquen las USP de cada producto o servicio y discutan cómo estas características únicas pueden atraer a diferentes tipos de clientes. 4. Solicitar que cada grupo presente sus hallazgos a la clase, explicando cómo identificaron las USP y cómo estas podrían influir en la decisión de compra de un cliente. 5. Como conclusión, abrir un debate sobre la importancia de la USP en el marketing y cómo las empresas pueden utilizarla para destacar en un mercado altamente competitivo.
Claude	USP (Unique Selling Proposition o Propuesta Única de Venta) es un concepto de marketing que se refiere al factor fundamental que diferencia el producto o servicio de una empresa de sus competidores. La USP se centra en lo que distingue su producto o servicio de manera única y más valiosa para los clientes. Una buena USP debe ser: • Valiosa: La USP debe ofrecer un beneficio significativo a los clientes que hacerlos preferir tu producto sobre otras alternativas. • Diferenciable: La USP debe destacar lo que hace único tu producto de una manera difícil de replicar por la competencia. • Comunicable: La USP debe poder comunicarse y promocionarse fácilmente en marketing y publicidad para llegar a los clientes.	Actividad de aula: Pido a los estudiantes que piensen en un producto o servicio que ya conocen (por ejemplo, Netflix, Uber, Amazon) y que traten de identificar su USP, es decir, cuál es el principal factor que los hace destacar y ser preferidos por los clientes. Luego comparamos las ideas y analizamos si cumplen con los criterios de una buena USP. Esto ayuda a los estudiantes a comprender mejor el concepto a través de ejemplos reales y conocidos.

Claude+	De acuerdo, aquí va una explicación del concepto de USP (Unique Selling Proposition) para alumnado universitario: La USP, o Propuesta Única de Venta, es un concepto de marketing que se refiere a aquello que hace que un producto o servicio se diferencie de forma significativa de su competencia. Es decir, la USP responde a la pregunta: ¿qué tiene de único mi oferta? ¿Qué la hace especial y diferente del resto? La USP se enfoca en los beneficios únicos que se ofrecen a los clientes, beneficios que la competencia no puede o no ofrece. Por ello, determinar la USP es clave en el posicionamiento de una empresa y en su estrategia de ventas y marketing. Para identificar su USP, una empresa debe examinar atentamente los productos y servicios que ofrece, determinar sus fortalezas y ventajas competitivas, y comunicarlas de forma efectiva a sus clientes objetivo.	Como actividad en el aula, propondría lo siguiente: - Analizar varios productos, servicios y empresas conocidas, e intentar definir cuál consideran que es su USP. ¿Qué los hace únicos? - Escoger algunas empresas locales o regionales, revisar sus sitios web y material de marketing. ¿Logran identificar una USP clara y diferenciadora? Si no es así, reflexionar sobre posibles USPs que podrían explotar. - Pedir a los alumnos que escojan alguna pequeña empresa, producto o servicio que conozcan y los reten a definir tres posibles USPs, explicando cómo las desarrollarían y promocionarían. Luego que las compartan con el resto de la clase. Esa sería mi propuesta como tutor académico para explicar y trabajar el concepto de USP con alumnado universitario. Por favor, házme saber si requieres alguna aclaración o ampliación de la explicación.
Open Assistant (modelo llama 30B, configuración: precisa)	Por supuesto, encantado de ayudarte. La Unique Selling Proposition (USP) es un término usado en mercadotecnia para describir aquello que hace que un producto o empresa sea diferente y especial en comparación con sus competidores. En otras palabras, es la razón por la cual los consumidores deben elegir ese producto u obtener servicios de esa empresa en particular. La USP puede incluir características tales como precios bajos, calidad superior, servicio personalizado, tecnología avanzada, etc. Es importante recordar que la USP no solo se enfoca en los beneficios para el cliente sino también en los valores que la empresa tiene.	En cuanto a una actividad de aula, puedes pedirle a los estudiantes que analicen diferentes marcas y productos para determinar qué es su USP. Luego, pueden trabajar en equipos para desarrollar su propia USP para un producto ficticio. Finalmente, pueden presentar sus ideas ante la clase y discutirlas. De esta manera, los estudiantes aprenden a identificar y articular la diferencia entre distintas marcas y productos, así como a valorar la importancia de tener una USP clara y definida.

Tabla 1. Respuestas de cada chatbot a cada una de las peticiones formuladas, a fecha 12 de mayo de 2023. Fuente: Elaboración propia

Desde una perspectiva metodológica, resulta imperativo abordar las restricciones inherentes al presente estudio, tanto en términos de la delimitación de la selección de *chatbots* (excluyendo a Google Bard debido a su inaccesibilidad en la Unión Europea) como en la acotación temporal. En un contexto tan dinámico, de aprendizaje continuo, las herramientas analizadas pueden experimentar transformaciones considerables desde el momento en que se efectúa el estudio y la publicación de los resultados.

Adicionalmente, es esencial comprender la naturaleza intrínseca de dichas herramientas, ya que generan respuestas con sutiles variaciones en cada iteración. Por lo tanto, no es factible evaluar todas las respuestas generadas, sino solamente la primera respuesta proporcionada por cada *chatbot*.

4. DESARROLLO DE LA INVESTIGACIÓN

A partir de los resultados obtenidos, se analizaron e interpretaron las áreas de mejora y debilidades en el desempeño de los *chatbots* en el contexto educativo. Se discutieron las posibles implicaciones en la enseñanza y el aprendizaje y cómo los *chatbots* generativos pueden complementar y enriquecer el apoyo docente. Finalmente, se sintetizaron los hallazgos clave, destacando las contribuciones del estudio al conocimiento existente y sugiriendo mejoras en el desarrollo futuro de *chatbots* generativos en el ámbito educativo, así como posibles direcciones para futuras investigaciones en el campo.

Las dos partes de la petición ("prompt") han sido analizadas por separado, obteniendo resultados desiguales.

	Explicación	Tarea
ChatGPT	3,6	4,25
GPT4	3	4,25
Claude	4,1	3,55
Claude+	3,75	3,7
Open Assistant	3,7	3,3

Tabla 2. Puntuación promedio de cada chatbot en sus dos apartados principales. Fuente: Elaboración propia.

Al analizar los datos del grupo de control, se obtienen resultados significativos en las categorías de "Explicación" y "Tarea" (tabla 2). En la categoría de "Explicación", el sistema "Claude" destaca por obtener la puntuación más alta con un 4,1, mientras que "GPT4" se encuentra en el extremo opuesto con la puntuación más baja, un 3. En cuanto a la categoría de "Tarea", se registra un empate en la puntuación más alta, donde tanto "ChatGPT" como "GPT4" alcanzan un 4,25, y por otro lado, "Open Assistant" presenta la puntuación más baja con un 3,3. Por lo tanto, si tomamos en cuenta la media de ambas categorías, "ChatGPT" se desempeña mejor en promedio que las otras herramientas o asistentes.

Si consideramos la media de las dos categorías para cada elemento, vemos que no existen diferencias significativas. Todos alcanzan puntuaciones superiores a los tres puntos, aunque la distancia entre el peor valorado ("Open Assistant" tiene una media de 3,5) y el mejor valorado ("ChatGPT" tiene una media de 3,925) es de medio punto.

La versión avanzada de OpenAI alcanza una puntuación inferior ("GPT4" tiene una media de 3,625) a la de los dos modelos de Anthropic ("Claude" tiene una media de 3,825, y "Claude+" tiene una media de 3,725).

Si comparamos ambas puntuaciones en cada *chatbot*, Claude+ resulta el entorno más homogéneo, con una diferencia entre puntuaciones de 0'05 puntos, muy lejos de los 1,25 puntos de diferencia (un 25%) de ChatGPT4

A la hora de analizar los datos de cada uno de los ítems planteados, los resultados son los siguientes (tabla 3):

	ChatGPT	GPT4	Claude	Claude+	Open Assistant
precisión	3,75	3	4,5	4	3,5
coherencia	3,75	3,25	4,25	4,25	3,75
lenguaje	3,75	3,75	3,75	4	3,75
ejemplificación	3,5	1,5	3,5	3,25	3,5
brevedad	3,25	3,5	4,5	3,25	4
PROMEDIO EXPLICACIÓN	3,6	3	4,1	3,75	3,7
objetivos de aprendizaje	4,5	4,5	3,75	4	3
relevancia	4	4,25	3,75	3,5	3,25
nivel de desafío	3,75	3,75	3,25	3,75	3,5
interacción y colaboración	4,75	4,5	3,5	3,75	3,75
evaluación y retroalimentación	4,25	4,25	3,5	3,5	3
PROMEDIO TAREA	4,25	4,25	3,55	3,7	3,3

Tabla 3. Puntuación promedio de cada chatbot en cada subapartado analizado para cada una de las dos tareas. Fuente: Elaboración propia.

A la hora de abordar la explicación, "Claude" se revela como el chatbot más preciso (4,5), mucho más preciso que la versión más avanzada de OpenAI (GPT4, 3 puntos). En lo que respecta a ejemplificación, todas las IA tienen puntuaciones similares en una horquilla entre 3,25 y 3,5 puntos, excepto "GPT4", que tiene una puntuación significativamente más baja (1,5). "Claude" ha sido puntuado como el mejor atendiendo a la brevedad (4,5), mientras que "ChatGPT" y "Claude+" comparten la puntuación más baja (3,25).

En cuanto a la propuesta de actividad para el aula, tanto "ChatGPT" como "GPT4" comparten la puntuación promedio más alta en la categoría de tareas (4,25), seguidos por "Claude+" (3,7), "Claude" (3,55) y "Open Assistant" (3,3). Lo mismo sucede a la hora de evaluar los objetivos de aprendizaje: tanto "ChatGPT" como "GPT4" tienen las puntuaciones más altas (4,5), mientras que "Open Assistant" tiene la puntuación más baja (3). En la categoría de interacción y colaboración, "ChatGPT" obtiene la puntuación más alta (4,75), mientras que "Claude" y "Open Assistant" comparten la puntuación más baja (3,5).

Estas valoraciones del grupo de control sugieren que, si bien todas las IA muestran un rendimiento sólido en las categorías de evaluación, existen diferencias en su desempeño. En términos de explicación conceptual, "Claude" parece ser el más fuerte, mientras que "ChatGPT" y "GPT4" se desenvuelven mejor a la hora de definir y explicar tareas de aula.

Con todo, existen áreas de mejora para todas las IAs analizadas. Por ejemplo, "GPT4" podría mejorar en la categoría de ejemplificación, mientras que "Open Assistant" podría mejorar en la categoría de objetivos de aprendizaje.

Finalmente, se ha realizado un promedio de las evaluaciones ciegas de cada uno de los ítems por separado, sin atender a la especificidad de cada *chatbot*.

La tabla 4 presenta las puntuaciones promedio otorgadas por todos los evaluadores para distintos aspectos de la explicación conceptual y de la propuesta de tarea de aula.

	Promedio en cada apartado de todos evaluadores	**PUNTUACIÓN**
EXPLICACIÓN	precisión	3,75
	coherencia	3,85
	lenguaje	3,8
	ejemplificación	3,05
	brevedad	3,7
TAREA	objetivos de aprendizaje	3,95
	relevancia	3,75
	nivel de desafío	3,6
	interacción y colaboración	4,05
	evaluación y retroalimentación	3,7

Tabla 4. Puntuación promedio ítem, de acuerdo con todas las evaluaciones ciegas. Fuente: Elaboración propia.

En la tarea de explicación conceptual, "Coherencia" y "lenguaje" tienen puntuaciones relativamente altas, 3.85 y 3.8 respectivamente, lo que sugiere que los evaluadores generalmente encuentran las explicaciones coherentes y bien redactadas. Por el contrario, "Ejemplificación" tiene la puntuación más baja en este apartado, 3.05, lo que podría sugerir que las explicaciones podrían mejorar en términos de proporcionar ejemplos claros y relevantes.

En la tarea de elaboración de ejercicio en el aula, "Interacción y colaboración" tiene la puntuación más alta, 4.05, lo que sugiere que las tareas son especialmente fuertes en cuanto a promover la interacción y la colaboración del alumnado. Por el contrario, "Nivel de desafío" tiene la puntuación más baja en este apartado, 3.6, lo que podría indicar que las tareas podrían ser más desafiantes o que el nivel de desafío no se ajusta adecuadamente a los estudiantes de etapa universitaria.

En general, todas las puntuaciones están por encima de 3, lo que sugiere un rendimiento positivo en todas las áreas evaluadas. Sin embargo, hay espacio para mejorar en todas las categorías, especialmente en "ejemplificación" en el apartado de explicación y en "nivel de desafío" en el apartado de tareas. Por lo tanto, las estrategias para mejorar estas áreas podrían incluir proporcionar ejemplos más claros y relevantes durante las explicaciones y ajustar el nivel de desafío en las tareas para satisfacer mejor las necesidades de los estudiantes.

5. CONCLUSIONES

El estudio realizado ofrece diversos hallazgos interesantes que permiten profundizar en el uso de los principales modelos de inteligencia artificial existentes en el mercado, en el contexto educativo. A lo largo de esta exploración, se han identificado diversas conclusiones que podrían impactar la forma en que se emplea la inteligencia artificial en la docencia.

La primera observación crítica es que la evaluación ciega ha demostrado ser eficaz para mitigar los sesgos en la evaluación del desempeño de GPT4. Gracias a este peritaje, en la que los evaluadores desconocen la fuente de la respuesta (si proviene de un humano o una IA, o cual es la IA detrás de cada respuesta), se eludió la percepción predeterminada de GPT4 como herramienta superior debido a su sofisticación tecnológica. Este hallazgo ilustra la importancia de considerar las metodologías de evaluación para obtener una imagen precisa y sin prejuicios del rendimiento de estos sistemas de IA.

Aunque GPT4 es una tecnología avanzada, nuestro estudio indica que su desempeño puede variar dependiendo de la tarea educativa específica asignada. Se ha observado que GPT4 demostró ser más eficaz en el diseño de tareas de aula que en la generación de explicaciones conceptuales. Esta observación sugiere que la utilidad de la IA en la educación puede estar condicionada por la naturaleza de la tarea, un aspecto que requiere una consideración cuidadosa al implementar estos sistemas.

Un tercer aspecto en el que resulta importante incidir es que, si bien se identificaron áreas de mejora para cada sistema, ninguna obtuvo una puntuación extremadamente baja. Esto sugiere que, en términos generales, todos los sistemas evaluados desempeñaron de manera aceptable su función, aunque haya margen para optimizar y perfeccionar estas herramientas.

No obstante, el estudio también reveló una limitación significativa: la pequeña muestra de participantes en el grupo de control, formada por solo cinco profesores expertos. La falta de diversidad en la muestra podría haber restringido la gama de respuestas y limitado la posibilidad de generalizar los hallazgos. Este punto subraya la necesidad de futuros estudios que incluyan muestras más grandes y diversas para corroborar y expandir nuestros resultados.

En resumen, los hallazgos de este estudio permiten señalar que, aunque la inteligencia artificial tiene un potencial significativo en el contexto educativo, su eficacia puede depender en gran medida del tipo de tarea. GPT4, aunque es un modelo de IA avanzado, no necesariamente es la opción óptima para todas las aplicaciones educativas. Se necesita más investigación con muestras de estudio más representativas para confirmar estos hallazgos y continuar avanzando en la comprensión de cómo maximizar el potencial de la IA en la educación.

A modo de colofón, y dado que es evidente que hay espacio para mejoras específicas en los diversos sistemas de inteligencia artificial estudiados, se elabora una propuesta de mejora para cada *chatbot* analizado. Estos aspectos coinciden, al menos en el momento en que se ha realizado la investigación, con aquellos en los que la intervención docente resulta más necesaria.

En el caso de ChatGPT, las áreas clave de mejora están vinculadas con la "brevedad" y el "nivel de desafío". Una solución potencial podría ser entrenar a ChatGPT para ofrecer respuestas más concisas, eliminando información redundante y centrando su enfoque en los puntos más relevantes de la información solicitada. Además, respecto al nivel de desafío, se sugiere que ChatGPT adapte la complejidad de las tareas al nivel de habilidad del estudiante, basándose en retroalimentaciones previas o interacciones para ajustar la dificultad.

La versión más avanzada de OpenAI, GPT4, por su parte, mostró necesidades de mejora en áreas como "ejemplificación" y "evaluación y retroalimentación". En cuanto a la ejemplificación, se sugiere que GPT4 se oriente a ofrecer ejemplos más claros y relevantes para explicar conceptos abstractos o complicados. Y respecto a la evaluación y retroalimentación, el sistema podría mejorar proporcionando comentarios más detallados y constructivos después de que los usuarios completen sus tareas.

Desde el otro lado, los *chatbots* de Anthropic, Claude también muestran áreas en las que pueden mejorar, en particular en la "coherencia" de sus explicaciones y la "evaluación y retroalimentación". Al igual que GPT4, se recomienda que Claude brinde retroalimentación más detallada y constructiva luego de que se completan las tareas.

Su variante, Claude+, también puede trabajar en la "brevedad" de sus explicaciones, al igual que ChatGPT, y en la "relevancia" de las tareas asignadas. Se sugiere que Claude+ se esfuerce en proporcionar explicaciones más concisas y en asegurarse de que las tareas sean relevantes para el objetivo de aprendizaje del usuario.

Por último, desde el lado *open source*, Open Assistant, puede mejorar en términos de "precisión" y en relación con los "objetivos de aprendizaje" y "evaluación y retroalimentación" en las tareas. Para lograrlo, se sugiere trabajar en proporcionar respuestas más precisas a las preguntas de los usuarios y en alinear las tareas con los objetivos de aprendizaje de los mismos. Asimismo, Open Assistant podría mejorar proporcionando retroalimentación más constructiva después de completar las tareas.

Cabe señalar que estas propuestas son sugerencias generales basadas en los resultados de este estudio. Los pasos específicos para la implementación de estas mejoras dependerían de cada sistema individual y de su arquitectura subyacente. La materialización de estas mejoras requeriría un estudio más detallado y adaptado a las particularidades de cada sistema, y la evaluación humana hará que el desempeño de la inteligencia artificial generativa suene mucho más natural.

En definitiva, este tipo de herramientas suponen adelantos para la programación de actividades en el aula, que puedan resultar de interés y alineadas con los objetivos de la materia, adecuadas incluso a las características concretas del aula y/o la duración de la sesión planteadas.

Lejos de condenar y evitar estas herramientas, podemos contemplar la posibilidad de generar actividades autónomas o cooperativas, como la elaboración de un glosario especializado en la disciplina. Este enfoque tiene en cuenta la percepción positiva de la adecuación de las explicaciones presentes en todas ellas.

Cabe destacar que la calidad de los resultados dependerá en gran medida del diseño de la solicitud y de la identificación de elementos que puedan servir para ilustrar conceptos. Esta última actividad contribuiría al avance en el aprendizaje del estudiantado, ya que implica la búsqueda de ejemplos como parte de un proceso de análisis y evaluación del conocimiento, alineado con las categorías superiores de la Taxonomía de Bloom (1984).

6. REFERENCIAS

Abu Shawar, B. A., y Atwell, E. (2007). Chatbots: Are they Really Useful?. *Journal for Language Technology and Computational Linguistics, 22*(1), 29–49. https://doi.org/10.21248/jlcl.22.2007.88

Bloom, B. S. (1984). Taxonomy of Educational Objectives: Handbook 1. Longman: New York.

Calvo, R. A., D'Mello, S., Gratch, J., y Kappas, A. (2020). *The Oxford Handbook of Affective Computing.* Oxford University Press. https://doi.org/10.1093/oxfordhb/9780199942237.001.0001

Chen, L., Chen, P., & Lin, Z. (2020). Artificial Intelligence in Education: A Review. *IEEE Access*, *8*, 75264–75278. https://doi.org/10.1109/ACCESS.2020.2988510

Jongerius, C. M. (2018). *Quantifying chatbot performance by using data analytics*. Master's thesis. Utrecht University

Kuligowska, K. (2015). Commercial Chatbot: Performance Evaluation, Usability Metrics and Quality Standards of Embodied Conversational Agents. Professionals Center for Business Research 02(2015). https://ssrn.com/abstract=2569637

Martínez Rolán, X., y Piñeiro Otero, T. (2022). "Surfing on big data: Automation and data mining as a marketing strategy". Machado, C (Ed.), *Organizational Innovation in the Digital Age*. Springer International Publishing, p. 63-85. https://doi.org/10.1007/978-3-030-98183-9_3

Okonkwo, C. W., y Ade-Ibijola, A. (2021). Chatbots applications in education: A systematic review. *Computers and Education: Artificial Intelligence*, *2*, 100033. https://doi.org/10.1016/J.CAEAI.2021.100033

Petrović, J. y Jovanović, M. (2020). Conversational Agents for Learning Foreign Languages a Survey. En proceedings *Sinteza 2020 - International Scientific Conference on Information Technology and Data Related Research*. doi:10.15308/Sinteza-2020-14-22

Przegalinska, A., Ciechanowski, L., Stroz, A., Gloor, P., & Mazurek, G. (2019). In bot we trust: A new methodology of chatbot performance measures. *Business Horizons*, *62*(6), 785–797. https://doi.org/10.1016/J.BUSHOR.2019.08.005

Thomas, H. (2020). Critical literature review on chatbots in education. *International Journal of Trend in Scientific Research and Development (IJTSRD)*, *4*(6), 786-788.

Winkler, R., y Söllner, M. (2018). Unleashing the potential of chatbots in education: A state-of-the-art analysis. *Academy of Management Annual Meeting Proceedings*, *2018*(1), p. 12642

Zhao, L., Wang, Q., Zou, Q., Zhang, Y., y Chen, Y. (2020). Privacy-Preserving Collaborative Deep Learning With Unreliable Participants. *IEEE Transactions on Information Forensics and Security*, *15*, 1486–1500. https://doi.org/10.1109/TIFS.2019.2939713

LA INTELIGENCIA ARTIFICIAL APLICADA AL PERIODISMO: UNA APROXIMACIÓN CONCEPTUAL

Juan Pablo Mateos Abarca [1], Juan-Manuel Barceló-Sánchez [2]

El presente texto surge de un proyecto avalado por el Grupo de Investigación MEDIACOM de la Universidad Complutense de Madrid denominado "Periodismo e inteligencia artificial: una aproximación práctica".

1. INTRODUCCIÓN

La inteligencia artificial (IA) es una tecnología innovadora que cada vez tiene más usos como herramienta de trabajo en los medios de comunicación. Entender su funcionamiento y desarrollar las habilidades necesarias para aplicar esta nueva tecnología al periodismo y a las editoriales, es una base académica de estudio con derivadas en el ámbito profesional

La IA ha revolucionado numerosos campos y el periodismo no es una excepción. Con el avance de la tecnología y la creciente cantidad de datos disponibles, las organizaciones de noticias están recurriendo cada vez más a la IA para mejorar sus procesos de producción y distribución de contenido. En este trabajo exploraremos cómo la IA se está aplicando al periodismo y cómo está transformando la forma en que se generan y consumen las noticias.

La IA aplicada al periodismo permite optimizar trabajos de documentación, producción, posicionamiento natural del mensaje en Internet, creación de titulares llamativos, reedición de textos y elaboración de imágenes sin derechos de autor acordes con el contenido, de forma eficiente gracias a algoritmos complejos y al *machine learning* de programas basados en inteligencia neuronal.

En este trabajo examinaremos cómo la IA se está utilizando en diferentes aspectos del periodismo como la generación automática de noticias, la verificación de hechos y la personalización de contenido. Además, discutiremos los beneficios y desafíos que surgen con la implementación de la IA en el campo del periodismo, a través de un análisis crítico basado en estudios y razonamientos de académicos e investigadores. Con ello, se busca proporcionar una visión clara y objetiva sobre el impacto de la inteligencia artificial en esta industria en constante evolución.

---

1. Universidad Complutense de Madrid (España).
2. Universidad Complutense de Madrid (España).

La aplicación de la inteligencia artificial el campo del periodismo permite al periodista dedicar tiempo a cuestiones reflexivas y de investigación, dejando tareas repetitivas o poco productivas pero necesarias -como la reedición- encargadas a sistemas de inteligencia artificial de alto rendimiento.

El estudio tiene como objetivo observar el uso que hacen y harán en el futuro los profesionales de la información, y las ventajas y desventajas con las que se encuentra el periodista utilizando esta herramienta digital basada en programas y plataformas de última generación.

2. REVISIÓN HEMEROGRÁFICA Y SINTÉTICA

Una revisión hemerográfica aporta la base documental necesaria para abstraer los conceptos más importantes de esta nueva tecnología. Los argumentos planteados por comunicólogos, investigadores y científicos, teniendo como perspectiva el uso de la IA por parte de los periodistas contemporáneos en su quehacer diario, son una base de estudio adecuada para abordar los objetivos planteados.

Este estudio explora el impacto de la inteligencia artificial en el trabajo periodístico a través de planteamientos de investigadores del sector. Para ello, se analizan las percepciones y experiencias de los académicos frente a la automatización y personalización de las noticias

Se hace necesario resaltar que los avances tecnológicos han permitido la automatización de tareas relacionadas con la producción de noticias, lo que plantea importantes desafíos éticos y profesionales. Desde este punto de vista, todo enfoque relacionado con el uso de la IA en el periodismo pivota alrededor de tres ejes: la automatización, la ética y el tándem periodista-máquina en el desarrollo de la profesión periodística.

Los académicos seleccionados han sido elegidos por sus investigaciones sobre internet, las nuevas tecnologías, ciberperiodismo y la IA aplicada al periodismo; así mismo, se tuvieron en cuenta el número de estudios publicados sobre la materia y la cantidad de citas obtenidas en Google Académico.

Chaparro (2023), investigadora sobre el periodismo digital, afirma en su estudio sobre verificación de noticias, que la calidad y veracidad de la información siempre deben ser garantizadas por profesionales al utilizar la inteligencia artificial, una herramienta que permite analizar grandes volúmenes de datos y generar noticias de manera automática.

Este planteamiento es refrendando por Salaverría (2023), académico e investigador, que, sin embargo, considera que la IA aplicada al periodismo puede ser una solución eficiente para agilizar la producción de noticias, especialmente en casos de eventos en tiempo real o cobertura de datos complejos. No obstante, es fundamental mantener la ética y la responsabilidad periodística en su implementación.

Arcila (2022), por su parte, investigador en comunicación digital, centra su discurso en potenciar el periodismo artificial como una solución adecuada para que el periodista puede llevar a cabo su trabajo con mayor agilidad. Así mismo, considera necesario apuntar que, si bien el periodismo basado en la IA no puede sustituir a los periodistas, sí puede ser de gran ayuda para que estos realicen sus tareas de forma más eficiente y se centren en tareas más creativas y analíticas.

García-Avilés (2022), también profesor e investigador, piensa que los nuevos retos éticos y legales que plantea el uso del periodismo artificial incluyen la transparencia en el origen de las noticias generadas automáticamente y el derecho a la privacidad de las personas involucradas en los datos analizados. Por otra parte, observa que se producen nuevos retos éticos y legales con el uso de la IA en el periodismo. Estos retos incluyen el control y seguimiento de las fuentes de las noticias generadas de forma automática y el derecho a la privacidad .

Codina (2023), profesor e investigador, considera que la IA ofrece muchas posibilidades en el desarrollo de noticias, pero para implementar y aprovechar correctamente el periodismo artificial, se requiere de una formación específica. Los periodistas deben adquirir habilidades técnicas y conocimientos sobre inteligencia artificial para utilizar esta herramienta de manera efectiva.

Autor/a	Google Académico	Puesto docente	Entorno de trabajo de la IA en el periodismo	Requerimientos
María Ángeles Chaparro Domínguez	738 citas	Profesora de periodismo en la Universidad Complutense de Madrid	Análisis de grandes cantidades de información	Búsqueda de información veraz
Ramón Salaverría	10.211 citas	Catedrático de Periodismo de la Universidad de Navarra	Automatización en la producción de noticias	Ética y responsabilidad
Carlos Arcila Calderón	2.534 citas	Profesor de la Facultad de Ciencias Sociales de la Universidad de Salamanca	Eficiencia en el desarrollo de noticias	Creatividad y análisis humano
Jose Alberto García-Avilés	6.059 citas	Catedrático de Periodismo en la Universidad Miguel Hernández de Elche	Noticias generadas por inteligencia artificial	Transparencia de fuentes y privacidad
José Luis Codina Bonilla	7.010 citas	Profesor de Periodismo en la Universidad Pompeu Fabra	Grandes posibilidades para el periodismo	Formación en el uso de la inteligencia artificial

Tabla 1. Cuadro ilustrativo de entornos de trabajo y requerimientos en el uso de la IA aplicada al periodismo según diversos investigadores. Fuente: Elaboración propia.

En base a una revisión sistemática de los diferentes artículos científicos y trabajos académicos realizados por diversos comunicólogos e investigadores, se considera necesario, para generar un marco teórico válido de razonamiento, expresar una síntesis de las ideas de dichos trabajos. Este planteaminto surge con el objetivo de dirimir razones y motivos de interés e inquietud respecto al nuevo actor tecnológico que se vislumbra en las redacciones de los medios de comunicación: la inteligencia artificial.

La industria ha experimentado un desarrollo gracias a las nuevas tecnologías, pasando de la versión 1.0 a la actual, conocida como industria 4.0. Esta última se caracteriza por la penetración de la inteligencia artificial y sus diversas tecnologías, que prometen sorprender y transformar el mercado y el mundo en general. En este sentido, muchas de estas tecnologías están estrechamente relacionadas con la automatización inteligente, que proyecta una transformación a gran escala (Valdiviezo-Abad y Bonini, 2019).

En los últimos años, ha habido un aumento significativo en la investigación sobre el uso de la Inteligencia Artificial en el campo del periodismo. Estos estudios se centran en una amplia gama de temas: la producción de noticias, el periodismo basado en datos, el análisis de big data, la implementación en redes sociales y la verificación de información (Calvo y Ufarte, 2020). Así mismo, ha habido un creciente interés en el impacto de la inteligencia artificial en las industrias de la comunicación. La literatura y las investigaciones se han centrado principalmente en los sectores relacionados con la producción o distribución de diversas formas de contenido (Martínez *et al.*, 2022).

Partimos de la idea de que ignorar los cambios que se producen es un error. Sentirse aislado de la tecnología no evitará el terremoto tecnológico que se avecina y mirar hacia otro lado no hará que este se detenga. Esta idea es aplicable tanto a los medios de comunicación como a otros productos editoriales (Bhaskar y Rocca, 2021).

En la actualidad, no solo se crean textos basados en datos, sino que también se desarrollan programas informáticos con la capacidad de interpretar dichos datos. Esto permite que la máquina pueda relacionar, proponer y crear un relato. La tendencia actual es que los algoritmos generen textos cortos descriptivos que puedan ser publicados, así como propuestas más elaboradas que sirvan como base para el toque final y personal del periodista. Es más, se está trabajando en la posibilidad de generar piezas audiovisuales a partir del reconocimiento de imágenes y sentimientos (Túñez y Tejedor, 2019).

La sociedad está siendo cada vez más invadida por la IA. Si bien antes solo se utilizaba en ciertos ámbitos, actualmente su uso se ha generalizado y nos acompaña a diario, incluso en nuestros dispositivos personales como los teléfonos móviles. Sin embargo, se detecta una falta de literatura que aborde los impactos de la IA en la sociedad, ya que la mayoría de los estudios se centran más en aspectos informáticos. Por lo tanto, es importante realizar investigaciones como esta para analizar cómo el periodismo está empleando la inteligencia artificial.

Además, la aplicación de la inteligencia artificial en el periodismo español es una herramienta prometedora para mejorar la eficiencia y precisión en la generación de noticias. La inteligencia artificial se ha convertido en una plataforma eficaz para mejorar los procesos periodísticos en España, permitiendo optimizar la generación, recolección y análisis de datos, lo que a su vez ha mejorado la calidad y relevancia de las noticias (Canavilhas, 2022).

Dado que se han impulsado el desarrollo de sistemas capaces de analizar grandes cantidades de datos y generar informes precisos y relevantes para los periodistas, facilitando así su trabajo en la búsqueda de fuentes y la verificación de información, la inteligencia artificial es considerada una aliada en la lucha contra la desinformación, desde tres vertientes: 1) El periodismo profesional puede experimentar una mejora significativa en su estado, 2) La privacidad es un aspecto fundamental que debe ser gestionado adecuadamente y 3) Contribuir al desarrollo tecnológico con un planteamiento ético es fundamental para asegurar que las decisiones informativas sean conscientes y libres de sesgos (Manfredi *et al.*, 2020).

La aplicación de la inteligencia artificial (IA) en el periodismo está en desarrollo y tiene un impacto significativo en el modelo de producción y difusión periodística. Esto plantea varios desafíos éticos. En este sentido, es fundamental que los medios utilicen la IA de manera responsable y, para ello, la transparencia juega un papel clave. Una forma de promover la transparencia es a través del compromiso de las plataformas de verificación al describir su metodología profesional. Esto permite conocer cómo utilizan los datos, algoritmos y automatizaciones, generando confianza en su uso (Sanahuja-Sanahuja, y López-Rabadán, 2022).

No obstante, las crónicas producidas por la inteligencia artificial no suponen un aporte de calidad al género periodístico, careciendo de carácter analítico o interpretativo; en ambos casos son cualidades presentes tradicionalmente en el periodismo. Por ello, se hace necesario observar que el profesional humano es una parte inherente al desarrollo del mensaje informativo (Murcia *et al.*, 2022).

Por otra parte, es importante reconocer que el avance de la IA y su implementación en el campo periodístico está transformando la forma en que se producen, distribuyen y consumen las noticias. Por lo tanto, es fundamental que los profesionales de la comunicación se adapten a estos cambios para enfrentar los desafíos y aprovechar las oportunidades que surgen con estas tecnologías (Gómez-Diago, 2022).

Es necesario realizar un análisis sobre el funcionamiento de estos sistemas y el valor de la información para que puedan aprender con la ayuda de los humanos. Algunos autores consideran que no hay un peligro real de extinción de la profesión, sino más bien un proceso de cambios y ajustes en el que las máquinas se convierten en actores proactivos. Los periodistas deben enfatizar su contribución personal y la parte cognitiva en la elaboración de noticias (Ufarte y Manfredi, 2019).

Finalmente, otros autores consideran necesario adaptar el periodismo automatizado al Código Deontológico de la FAPE, como un cambio fundamental para revisar aspectos como autoría, elaboración, transparencia y jerarquización de las informaciones redactadas mediante inteligencia artificial (Ufarte *et al.*, 2021).

3. METODOLOGÍA

Una metodología de tipo exploratorio y descriptivo, que da lugar a la convergencia de conceptos clave para entender el uso de la IA en las redacciones, tiene como objetivo la comprensión de este fenómeno, de uso común desde la llegada de los sistemas IA "democratizados" (Entendidos así a partir del uso de sistemas IA en abierto por gran parte de la sociedad, véase Chat GPT).

Dado que este tipo de software (Open AI y BARD), de uso sencillo gracias al lenguaje natural, ya se encuentra integrado en los grupos editoriales, se hace necesario observar los aspectos esenciales de los de sistemas avanzados de "pensamiento digital" en los departamentos editoriales.

Una vez obtenidos los puntos de vista más interesantes sobre el uso de Inteligencia Artificial en el periodismo en España, podemos inferir que las cuestiones de mayor interés en el uso profesional, así como los desafíos más importantes a los que se enfrentan los periodistas en la actualidad. Estos aspectos pueden ser sintetizados en cinco puntos:

1. La generación automatizada de noticias.
2. La verificación técnica de los hechos.
3. La capacidad de personalización de contenidos.
4. La falta de contexto humano, que puede llevar a un periodismo de menor calidad.
5. El uso de sesgos algorítmicos inadecuados, que puede afectar a la calidad de la transmisión del mensaje.

3.1 Generación automática de noticias:

Una de las aplicaciones más destacadas de la IA en el periodismo es la generación automática de noticias. Los avances en el procesamiento del lenguaje natural han permitido a las máquinas escribir artículos basados en datos y patrones predefinidos. Esto ha llevado a un aumento significativo en la producción de noticias, especialmente en áreas como informes financieros o deportivos.

La generación automática de noticias ofrece ventajas notables, como una mayor velocidad y eficiencia en la producción de contenido. Las máquinas pueden analizar grandes volúmenes de datos en cuestión de segundos y generar informes precisos y coherentes. Además, esta tecnología puede liberar a los periodistas para centrarse en tareas más creativas y analíticas.

3.2 Verificación de hechos:

La verificación de hechos es una parte esencial del periodismo responsable. La IA ha demostrado ser una herramienta valiosa en este campo, ya que puede analizar grandes volúmenes de información y detectar inconsistencias o información falsa.

Los algoritmos de aprendizaje automático pueden rastrear y comparar datos en tiempo real, identificando patrones y señales que podrían indicar la veracidad o falsedad de una afirmación. Esto ayuda a los periodistas a verificar rápidamente los hechos y proporcionar información precisa a los lectores.

La IA también puede ayudar en la detección de *deepfakes,* contenido manipulado digitalmente con el objetivo de engañar al público. Los sistemas de IA pueden analizar imágenes o videos en busca de anomalías y señales que indiquen manipulación, lo que permite a los periodistas advertir sobre posibles engaños.

A pesar de las ventajas evidentes, la verificación automatizada también presenta desafíos. La capacidad limitada para comprender el contexto humano y las sutilezas del lenguaje pueden llevar a errores en la detección de información falsa. Por lo tanto, es crucial que los periodistas utilicen la IA como una herramienta complementaria y no dependan exclusivamente de ella para verificar los hechos.

3.3. Personalización de contenido:

La personalización de contenido es otra área donde la IA está impactando el periodismo. Los algoritmos inteligentes pueden analizar los intereses y comportamientos del usuario para ofrecer noticias adaptadas a sus preferencias individuales.

Esto permite a los medios ofrecer una experiencia más relevante y atractiva para los lectores, aumentando la retención y el compromiso. Además, la personalización de contenido puede ayudar a los periodistas a llegar a audiencias más diversas y segmentadas.

Sin embargo, la personalización también plantea preocupaciones en términos de burbujas de filtro y sesgos algorítmicos. Si los usuarios solo reciben noticias que confirman sus creencias existentes, esto puede limitar su exposición a diferentes perspectivas e ideas. Por lo tanto, es importante que las organizaciones periodísticas sean transparentes sobre cómo se personaliza el contenido y ofrezcan opciones para acceder a una variedad de fuentes informativas.

Sin embargo, también existen desafíos asociados con esta práctica. La falta de contexto humano puede afectar la calidad del contenido generado por IA. Además, existe el riesgo potencial de sesgos algoritmos si no se supervisan adecuadamente.

3.4. Falta de contexto humano como obstáculo a un periodismo de calidad

La falta de contexto humano en el periodismo aplicado a la inteligencia artificial es un tema relevante y preocupante. A medida que la IA se utiliza cada vez más en el campo del periodismo, existe el riesgo de que se pierda la perspectiva humana y se produzcan informes inexactos o sesgados.

La inteligencia artificial carece de la capacidad de comprender plenamente el contexto social, cultural y emocional que rodea a una historia.

El periodismo tradicionalmente ha sido un campo basado en la investigación, la verificación de hechos y la narración de historias humanas. Los periodistas tienen la habilidad única de interactuar con las personas involucradas en una historia, comprender sus experiencias y transmitir esa información al público.

Cuando se aplica la inteligencia artificial al periodismo, existe el riesgo de que se pierda esta interacción humana crucial. Los algoritmos pueden analizar datos y generar informes automáticamente, pero no pueden capturar las sutilezas y los matices que solo pueden obtenerse a través de una conversación o una entrevista personal.

La falta de contexto humano en el periodismo aplicado a la inteligencia artificial puede ser problemática. Es importante encontrar un equilibrio entre el uso de la IA para mejorar la eficiencia y precisión del periodismo, sin perder de vista la importancia de la perspectiva humana en la narración de historias.

Para evitar la falta de contexto humano, es fundamental que los periodistas y los desarrolladores de IA trabajen juntos. Los periodistas deben comprender cómo utilizar la IA de manera ética y crítica, mientras que los desarrolladores deben tener en cuenta las necesidades y limitaciones del periodismo.

3.5. Sesgos algorítmicos inadecuados en el uso de la IA aplicada al periodismo

La IA también puede estar sujeta a sesgos inherentes en los datos utilizados para entrenarla. Si los datos recopilados están sesgados o incompletos, esto puede llevar a resultados inexactos o incluso discriminatorios.

Así mismo, la ética se convierte en un aspecto crítico en el uso de la IA en el periodismo. Los algoritmos pueden verse influenciados por sesgos inherentes a los datos con los que son entrenados, lo que podría llevar a resultados parciales o discriminatorios. Es fundamental que los periodistas y desarrolladores de IA sean conscientes de estos sesgos y trabajen para minimizarlos. La transparencia también juega un papel clave en este sentido, ya que los medios deben ser claros sobre cómo utilizan la IA y qué impacto tiene en sus procesos editoriales.

Es fundamental que los profesionales del periodismo trabajen junto con los sistemas de IA para garantizar la precisión y la ética en la generación automática de noticias.

4. RESULTADOS

En cuanto a los resultados obtenidos, tras una revisión hemerográfica de investigadores y estudios relacionados con la Inteligencia Artificial aplicada al periodismo, podemos considerar los siguientes.

4.1. Ventajas de la IA aplicada al periodismo y los medios de comunicación :

- Eficiencia en la recopilación y análisis de datos: La inteligencia artificial puede procesar grandes cantidades de información en poco tiempo, lo que permite a los periodistas acceder a una amplia gama de fuentes y analizar datos complejos de manera más rápida y precisa.
- Personalización de contenidos: La inteligencia artificial puede ayudar a los periodistas a adaptar el contenido a las preferencias individuales de los lectores, lo que mejora la experiencia del usuario y aumenta la relevancia de la información proporcionada.
- Automatización de tareas rutinarias: La inteligencia artificial puede realizar tareas repetitivas y monótonas, como la transcripción de entrevistas o la generación automática de informes básicos, liberando así tiempo para que los periodistas se centren en actividades más creativas y analíticas.
- Mejora en la detección de noticias falsas: La inteligencia artificial puede ayudar a identificar patrones y características comunes en las noticias falsas, lo que facilita su detección y prevención. Esto es especialmente importante en un contexto donde la desinformación es cada vez más frecuente.
- Mayor interacción con los usuarios: La inteligencia artificial puede facilitar la interacción entre periodistas y lectores a través de chatbots o asistentes virtuales, brindando respuestas rápidas a preguntas frecuentes o recomendando contenido relevante basado en intereses individuales. Esto fomenta una mayor participación del público y fortalece la relación entre medios y audiencia.

4.2. Desventajas y retos de la IA aplicada al periodismo y los medios de comunicación:

- Falta de contexto y análisis profundo: Aunque la inteligencia artificial puede recopilar y analizar grandes cantidades de datos, a menudo carece de la capacidad de contextualizar la información y realizar un análisis en profundidad. Esto puede llevar a una falta de perspectiva y comprensión completa de los eventos y temas que se están cubriendo.
- Sesgo algorítmico: Los algoritmos utilizados en la inteligencia artificial pueden estar sesgados debido a los datos con los que han sido entrenados. Esto puede resultar en una cobertura periodística sesgada o parcial, ya que los algoritmos pueden perpetuar estereotipos o prejuicios existentes.
- Pérdida de empleos periodísticos: El uso creciente de la inteligencia artificial en el periodismo puede llevar a la automatización de tareas que antes eran realizadas por periodistas humanos. Esto puede resultar en una disminución de empleos en la industria periodística, lo que afecta negativamente a los profesionales del sector.

- Falta de ética y responsabilidad: La inteligencia artificial no tiene conciencia ni capacidad para tomar decisiones éticas o responsables. Esto puede llevar a la difusión de información errónea o falsa sin ningún tipo de verificación o supervisión humana, lo que socava la credibilidad del periodismo.
- Dependencia tecnológica: Confiar demasiado en la inteligencia artificial puede hacer que las organizaciones periodísticas dependan en gran medida de la tecnología, lo que las hace vulnerables a fallos técnicos o ciberataques. Además, esto puede limitar la capacidad de adaptación y creatividad del periodismo humano, ya que se prioriza la eficiencia y automatización.

Oportunidades de la IA aplicada al periodismo	Obstáculos de la IA aplicada al periodismo	Acciones preventivas
Eficiencia	Sesgo	Análisis de datos
Automatización	Pérdida de empleos	Creatividad
Detección de noticias falsas	Falta de ética	Identificar, detectar y prevenir.
Interacción con el lector	Dependencia tecnológica	Fortalecer las relaciones entre medio y audiencia.

Tabla 2. Oportunidades, obstáculos y prevenciones de la IA aplicada al periodismo. Fuente: Elaboración propia.

5. DISCUSIÓN

La IA está transformando rápidamente el campo del periodismo en múltiples aspectos. La generación automática de noticias, la verificación de hechos y la personalización de contenido son solo algunos ejemplos del impacto positivo que la IA puede tener en esta industria.

Sin embargo, también es crucial abordar los desafíos asociados con la implementación de la IA en el periodismo. La supervisión humana continua, la ética y la transparencia son fundamentales para garantizar que la IA se utilice de manera responsable y no comprometa los valores fundamentales del periodismo.

Uno de los desafíos más importantes es la supervisión humana continua. Aunque la IA puede realizar tareas como recopilar datos, analizar información y redactar informes, es esencial que haya una supervisión humana constante para garantizar la precisión y la imparcialidad de las noticias generadas por algoritmos. Debido a que los algoritmos se basan en datos y reglas predefinidas, pueden ser propensos a errores o sesgos. Los periodistas deben revisar y verificar los contenidos producidos por la IA, corrigiendo cualquier error o sesgo.

Por lo tanto, es necesario contar con una supervisión humana continua para corregir posibles inexactitudes, verificar la veracidad de la información y asegurar que se cumplan los estándares periodísticos.

La supervisión humana también es crucial para garantizar la ética en el periodismo basado en IA. Los algoritmos pueden tener dificultades para comprender el contexto cultural, social o político de una noticia, lo que puede llevar a la difusión de información errónea. Los periodistas humanos deben estar presentes para evaluar y contextualizar las noticias generadas por IA.

Por ende, la supervisión humana continua es necesaria para mantener la responsabilidad y transparencia en el proceso de generación de noticias basado en IA. Los periodistas deben tener acceso a los datos utilizados por los algoritmos, comprender cómo funcionan y poder intervenir cuando sea necesario.

Este desafío implica encontrar un equilibrio entre la automatización y la intervención humana para garantizar la calidad, veracidad, ética y transparencia en las noticias generadas por algoritmos.

Otro reto importante es el riesgo de comprometer los valores fundamentales del periodismo. La IA puede automatizar muchas tareas rutinarias, pero no puede reemplazar completamente el juicio humano, la investigación profunda y el análisis crítico que caracterizan al periodismo de calidad. Es esencial mantener un equilibrio entre el uso de la IA como herramienta de apoyo y la preservación de la esencia del periodismo.

La IA puede ser utilizada para automatizar tareas rutinarias y repetitivas, como la recopilación y análisis de datos, lo que permite a los periodistas dedicar más tiempo a investigar historias y realizar un periodismo de calidad. Sin embargo, es importante asegurarse de que los algoritmos utilizados sean imparciales y no perpetúen sesgos o discriminaciones.

Otro desafío ético es el uso de IA para generar contenido periodístico. Algunos medios ya están utilizando algoritmos para redactar noticias básicas, como noticias de agencia o informes deportivos o financieros. Si bien esto puede ser eficiente en términos de producción de contenido, plantea preguntas sobre la autoría y la responsabilidad ética del contenido generado por máquinas. Además, existe el riesgo de que las noticias generadas por IA carezcan de contexto o perspectiva humana.

La privacidad también es un tema importante cuando se trata del uso de IA en el periodismo. La recopilación masiva de datos personales puede plantear preocupaciones sobre la protección de la información privada de los individuos y su uso indebido. Es fundamental establecer políticas claras sobre cómo se recopilan, almacenan y utilizan los datos en el contexto del periodismo basado en IA.

Por otra parte, la transparencia es clave para abordar el desafío ético de la IA en el periodismo. Los usuarios deben saber cuándo están interactuando con una máquina en lugar de un periodista humano. Esto implica la necesidad de etiquetar claramente el contenido generado por IA y proporcionar información sobre cómo se utilizan los algoritmos en la toma de decisiones editoriales.

Para concluir, es necesario establecer políticas claras y transparentes para abordar estos desafíos y asegurar que la IA se utilice de manera responsable en el campo del periodismo.

6. CONCLUSIONES

Si bien la implementación de la IA en el periodismo ofrece beneficios significativos, también plantea desafíos que deben abordarse adecuadamente. La supervisión humana continua, la ética y la transparencia son fundamentales para garantizar que la IA se utilice de manera responsable y no comprometa los valores fundamentales del periodismo. Al abordar estos desafíos, podemos aprovechar al máximo las ventajas que la IA puede ofrecer a la industria periodística.

No obstante, debe tenerse en cuenta que la IA no reemplaza completamente el papel del periodista. Aunque puede automatizar ciertas tareas, como recopilar datos o generar informes básicos, sigue siendo fundamental contar con profesionales que analicen y verifiquen la información, así como contextualicen los hechos. Además, la inteligencia artificial también puede ser utilizada para automatizar tareas rutinarias, como la transcripción de entrevistas o la traducción de idiomas, lo que permite a los periodistas ahorrar tiempo y enfocarse en tareas más creativas y analíticas.

A medida que avanzamos hacia un futuro cada vez más impulsado por la IA, es esencial que los profesionales del periodismo estén preparados para adaptarse y aprovechar las oportunidades que esta tecnología ofrece. Al combinar las habilidades humanas con las capacidades de la IA, podemos mejorar aún más nuestra capacidad para informar con precisión y proporcionar contenido relevante a audiencias cada vez más diversas.

La IA no reemplaza ni debe reemplazar completamente a los periodistas humanos. En cambio, debería utilizarse como una herramienta complementaria para mejorar la eficiencia y precisión del proceso periodístico.

7. REFERENCIAS

Bhaskar, M. y Rocca, C. (2021). La Inteligencia Artificial y las editoriales. *Trama & Texturas*, 44, 21–32. https://www.jstor.org/stable/27041960

Calvo Rubio, L. M. y Ufarte Ruiz, M.ª J. (2021). Inteligencia artificial y periodismo: Revisión sistemática de la producción científica en Web of Science y Scopus (2008-2019). *Communication & Society, 34*(2), 159-176. https://doi.org/10.15581/003.34.2.159-176

Canavilhas, J. (2022). Inteligencia artificial aplicada al periodismo: traducción automática y recomendación de contenidos en el proyecto "A European Perspective" (UER). *Revista Latina de Comunicación Social*, 80, 1-13. https://www.doi.org/10.4185/RLCS-2022-1534

De Lara, A., García-Avilés, J.-A. y Arias-Robles, F. (2022). Implantación de la Inteligencia Artificial en los medios españoles: análisis de las percepciones de los profesionales. *Textual & Visual Media, 1*(15), 1-16. https://doi.org/10.56418/txt.15.2022.001

Gómez-Diago, G. (2022). Perspectivas para abordar la inteligencia artificial en la enseñanza de periodismo. Una revisión de experiencias investigadoras y docentes. *Revista Latina de Comunicación Social*, 80, 29-46. https://www.doi.org/10.4185/RLCS-2022-1542

Lopezosa, C., Codina, L., Pont-Sorribes, C., & Vállez, M. (2023). Use of generative artificial intelligence in the training of journalists: challenges, uses and training proposal. *Profesional De La información, 32*(4). https://doi.org/10.3145/epi.2023.jul.08

Manfredi Sánchez, J.L. y Ufarte Ruiz, M. J. «Inteligencia artificial y periodismo: una herramienta contra la desinformación». *Revista CIDOB d'Afers Internacionals*, n.º 124 (abril de 2020), p. 49-72. https://www.doi.org/10.24241/rcai.2020.124.1.49

Martínez Martínez, I. J., Aguado Terrón, J. M. y Sánchez Cobarro, P.H. (2022). Smart Advertising: Innovación y disrupción tecnológica asociadas a la IA en el ecosistema publicitario. *Revista Latina de Comunicación Social, 80*, 69-90. https://www.doi.org/10.4185/RLCS-2022-1693

Moreno-Gil, V., Chaparro-Domínguez, M.- Ángeles, & Pérez-Pereiro, M. (2023). Future journalists' fight against disinformation: analysis of university training offers and challenges in the Spanish context. *Communication & Society, 36*(2), 171-185. https://doi.org/10.15581/003.36.2.171-185

Murcia Verdú, F. J., Ramos Antón, R. y Calvo Rubio, L. M. (2022). Análisis comparado de la calidad de crónicas deportivas elaboradas por inteligencia artificial y periodistas. *Revista Latina de Comunicación Social, 80*, 91-111. https://doi.org/10.4185/RLCS-2022-1553

Salaverría, r. y Sádaba, c. (2023). "Presentation. The neverending challenge: Exploring the renewed impact of digital technologies on journalism". *Anàlisi: Quaderns de Comunicació i Cultura*, 68, 3-6. https://doi.org/10.5565/rev/analisi.3657

Sanahuja-Sanahuja, R. y López-Rabadán, P. (2022). Ética y uso periodístico de la inteligencia artificial. Los medios públicos y las plataformas de verificación como precursores de la rendición de cuentas en España. *Estudios sobre el Mensaje Periodístico 28*(4), 959-970. https://dx.doi.org/10.5209/esmp.82385

Sánchez-Holgado, Patricia, Carlos Calderón, y David Blanco-Herrero. 2022. Conocimiento y actitudes de la Ciudadanía Española sobre el Big Data y la Inteligencia Artificial. *Revista ICONO 14. Revista Científica de Comunicación y Tecnologías Emergentes*, 20(1). https://doi.org/10.7195/ri14.v21i1.1908

Túñez López, J. M. y Tejedor Calvo, S. (2019). Inteligencia artificial y periodismo [presentación del monográfico]. Doxa Comunicación, 29, 163-168. https://doi.org/10.31921/doxacom.n29a8

Ufarte Ruiz M. J., Calvo Rubio L. M. y Murcia Verdú F. J. (2021). Los desafíos éticos del periodismo en la era de la inteligencia artificial. *Estudios sobre el Mensaje Periodístico*, 27(2), 673-684. https://doi.org/10.5209/esmp.69708

Ufarte Ruiz, M. J. y Manfredi Sánchez, J. L. (2019). Algoritmos y bots aplicados al periodismo. El caso de Narrativa Inteligencia Artificial: estructura, producción y calidad informativa. *Doxa Comunicación,* 29, 213-233. https://doi.org/10.31921/doxacom.n29a11

Valdiviezo-Abad, C. y Bonini, T. (2019). Automatización inteligente en la gestión de la comunicación. *Doxa Comunicación*, 29, 169-196. https://doi.org/10.31921/doxacom.n29a9

ARTIFICIAL INTELLIGENCE, DEEPFAKES AND FACE-TO-FACE TRANSLATION IN AUTOMATED DUBBING AND ASYNCHRONOUS MULTILINGUAL COMMUNICATION

Joan Miquel-Vergés [1]

1. INTRODUCTION

Automated video recording has enormously advanced in recent years all over the world due to the Covid-19 pandemic and the rise of telecommunications. Thus, for example, in the field of education, universities, including the University of Vigo (Spain), found it necessary to create a remote campus for e-learning that combines remote synchronous video lessons, the automatic recording of these video lectures so that they can be viewed asynchronously at a later time, the editing of these recordings to improve their quality, and integration with existing e-learning platforms.

However, as today's digital communication is increasingly visual, there is a need for systems that can automatically translate videos of a person speaking in language A into target language B, with realistic lip synchronisation. If we consider that a video is a succession of images presented at a certain frequency, then when we talk about image manipulation technology, the concept of artificial intelligence inevitably arises.

Thanks to this field of technology, we have been able to make rapid progress in the processing of data, images and now video. All this has been achieved with the help of computers, software and the right algorithms, and without exorbitant budgets, as may have been the case in the past.

2. OBJECTIVES

The main objective of this article is to analyse some of the paradigms of artificial intelligence (AI), deepfakes and face-to-face translation in asynchronous multilingual communication. Although this is an area that is currently still in the research phase, the first acceptable examples of its application have recently appeared.

3. METHODOLOGY

From a methodological point of view, it is about combining AI and the technologies behind deepfakes and face-to-face translation in an attempt to democratise the production of professional, studio-quality videos without extraordinary skills or budgets so that they

---

1. University of Vigo (Spain).

can be automatically translated into different languages. In practice, it is a matter of combining different voice recognition, translation and speech synthesis technologies to obtain a proper audio translation. From here, the video part comes in, i.e., it is necessary to adapt the face of the speaker so that it matches the new audio without any noticeable manipulation of the video. For this purpose, we already have different examples of video-editing software specialised in automatically translating lip movements and facial expressions.

To do this, we will first look at whether deepfake and face-to-face translation technologies can be used in video, in general. It's about being able to translate/dub the videos into languages other than the original videos; and all of this, so that the resulting product (video) is natural. That is, so that the lip (and/or facial) adjustment process between the new faces and voices obtained at the end of the entire translation/dubbing process is optimal; to achieve as much naturalness as possible in the resulting speech. If possible, these technologies (and other potential technologies that may appear) may, in the near future, be a true paradigm of asynchronous multilingual communication.

4. DEVELOPMENT OF THE RESEARCH

Before we approach the field of deepfakes and face-to-face translation in automated dubbing and asynchronous multilingual communication, given that these technologies have only recently emerged and are still not widely implemented in society and, therefore, are not well known, we will make a small introduction to them.

A priori, editing a digital video involves having to edit video and audio, at the same time. Given that the video itself is composed of a set of still images or frames; video editing can be considered, *a priori*, as editing multiple still images (or frames) and/or audio editing. Considering that the standard frame rate, expressed as frames per second or FPS, is 24 frames per second; in a standard 6-minute educational video we would have to edit about 8,640 frames (or still images). Editing a 6-minute digital video means editing 8,640 still images, so the work to be done requires considerable time and effort. The same is true if we are talking about translating/dubbing a video.

4.1. The voice/face swap and the deepfake voice/face

Within video and image editing, the cloning, sharing, remodelling, or editing of voices and faces using traditional methods is traditionally referred to as voice swap and face swap, respectively. Whereas the terms deepfake voice and deepfake face are reserved for those cases where artificial intelligence methods, such as deep learning, are used for the same purposes. Recently, both technologies have sparked great interest in society, in general, not just in specialised fields. Most importantly, when it began to be applied in the video field (where deepfake voice and deepfake face technologies are combined), it resulted in deepfake (on its own) technology.

The cloning or exchange of voices using traditional methods (voice swap) or using new artificial intelligence methods such as deep learning (deepfake voice and deepfake face), since no images are associated, does not present, a priori, the same technical difficulties that face cloning or swapping using traditional methods (face swap) or using new AI methods such as deep learning (deepfake face) may present. There are many applications today that allow us to swap, impersonate, or imitate the voices of people and familiar characters stating from audios of our own voice. But, when we talk about voice cloning or swapping, it's not about (or it's not just about) imitating the voice in an audio and substituting the other person's audio. It is not about (or is not just about) framing the problem as an actual voice conversion task. On the contrary, today the idea is to frame this problem as a voice generation task. It is therefore about creating applications and devices that enable learning to produce a high-quality voice with, for example, less than a minute of recording versus hours of recording in a studio, which is what was being done so far. This quantitative and qualitative leap has been achieved with the use of AI and deep learning.

When faced with traditional voice cloning or voice swapping (or voice swap), deepfake voice (voice cloning or swapping via deep learning) involves going one step further in the process of replicating or generating a clone of the voice of one or more given persons, using AI and deep learning to carry out that process (Veritone, 2022). Technology has advanced to the point that today a human voice can be replicated or cloned with high accuracy in tone and voice resemblance. In order to clone someone's voice, training data is required to feed the AI models. This data is usually original recordings of the voice to be cloned that provide an excellent example of the voice of the person being analysed. AI can use this data to generate a voice that sounds authentic, which can then be used to say anything that is written in text format (Text-to-Speech or TTS conversion); or, directly, speaking (Speech-to-Speech or STS conversion).

An example of using deepfake voice technology is FakeYou (https://cutt.ly/0wtwyj0v), which allows you to convert TTS (generate audio from text), STS (speak as someone else) and Video Lip-Sync or VLS (lip sync video to audio); based on the voices/videos of famous characters (real or fictitious, alive or dead) you choose. Please note that, sometimes, the generation of the resulting files (especially if they are videos) takes some time.

The ultimate purpose of voice cloning or swapping, via traditional methods (voice swap) or through deepfake technology (deepfake voice) is the same: to get a text/audio with a certain person's voice to become perceived as if it were spoken by a different person. The only thing that changes in each case is the technology to be used; and therefore, the time spent to achieve the final results and the results themselves that are obtained. Although the hope is to achieve as automated a process as possible, it is still necessary, sometimes, to perform some post-editing work on the final product if we want the obtained voice to be natural.

Same as in the case of traditional voice cloning or swapping (voice swap) where deepfake voice technology was a major advance in technology by using AI, and, more specifically, deep learning; the same also happened in the case of face swap versus new deepfake face technology. Perov et al. (2020) analyse the characteristics of both technologies, what they have in common, how they differ, and how they complement each other. This work is also the seed of DeepFaceLab (2020), an easy-to-use, open-source system, that enables photorealistic face swap results without costly adjustments.

When it comes to replacing the face, we can choose two types of technology: a more traditional technology, which is triangulation, inherent to face swap, in which we obtain the texture of our base face, divide it into triangles, and deform it to fit the target face (we can do this process manually, semi-automatically or automatically). In such a case, in order to achieve more natural end results, it is sometimes customary to also apply a smoothing on the pixels. This is the case we show in Figure 1.

Figure 1. Example of a face swap. Source: https://youtu.be/ljKKqV70NSU.

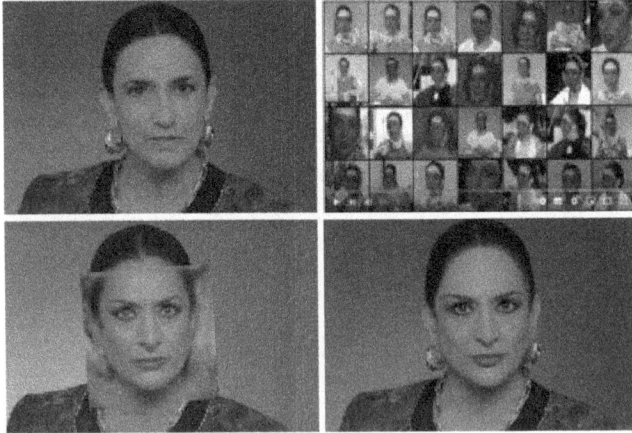

Figure 2. Example of a deepfake face. Source: Miquel-Vergés (2022, p. 14).

Or another, more modern technology, which is deepfake, in which the system learns to draw the face of the base person using GAN (Generative Adversary Networks) artificial intelligence. The deepfake method or technology consists of special training, where faces are generated in the generative part, and it is decided whether the face is real or false (fake) in the adversarial part. Through coding and decoding systems, the system learns drawing techniques from those faces that are the best fit. The system also learns how to work with colours and to draw faces. For each base face, we have to train the model, so the number of iterations can be very high and require hours or even days of work. In the case face of cloning or swapping using deepfake face technology, today, despite using AI for its creation, the process still requires some pre- or post-production manual adjustments if we want optimal quality results. This is the case we show in Figure 2.

4.2. Face-to-face translation

In the previous section we discussed how to use deepfake technology for cloning or swapping audio (voices) and images (faces) separately or embedded in video. We will now discuss whether it is possible to combine both deepfake technologies to translate or dub deepfake videos. If that is the case, what seems most appropriate a priori is for both deepfake models (audio-voices, images-faces), each of them separately, to be a differentiated component of the final comprehensive deepfake model (video with voices and faces; with audio and moving images or frames); and that a third module be added to them related to the translation/dubbing itself, where lip synchronisation is one of the most important aspects. Provided we want the quality of the results in the videos to be the best possible.

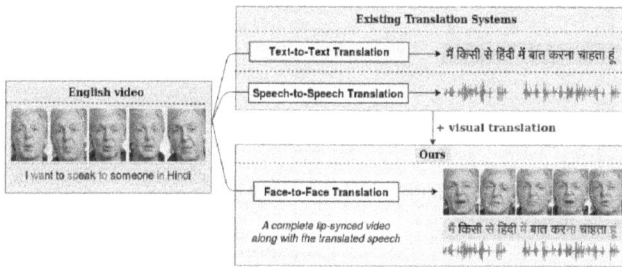

Figure 3. Fully automated dubbing system. Source: Prajwal et al. (2019a, 2019b).

Prajwal et al. (2019a, 2019b) propose a novel approach of what they term Face-to-Face Translation (Figure 3):

> As today's digital communication becomes increasingly visual, we argue that there is the need for systems that can automatically translate a video of a person speaking in language A into a target language B with realistic lip synchronization. In this work, we create an automatic pipeline for this problem and demonstrate its impact in multiple real-world applications. First, we build a working speech-to-speech translation system by bringing together multiple existing modules from speech and language. We then move towards "Face-to-Face Translation" by incorporating a novel visual module, LipGAN for generating realistic talking faces from the translated audio. Quantitative evaluation of LipGAN on the standard LRW [Lip Reading in the Wild, from Chung & Zisserman (2016)] test set, shows that it significantly outperforms existing approaches across all standard metrics. We also subject our Face-to-Face Translation pipeline, to multiple human evaluations and show that it can significantly improve the overall user experience for consuming and interacting with multimodal content across languages. Prajwal et al. (2019a).

In Figure 3, when given a speaker speaking in Hindi, the fully automated system built by Prajwal et al. (2019a, 2019b) generates a video of the speaker speaking in English. Here, they illustrate a potential real-world application of such a system where two people can engage in a natural conversation in their own respective languages. A video demonstration of this model is available at https://cutt.ly/MLk5U8L

The system shown in figure 3 can be broadly divided into two subsystems: 1) A Speech-to-Speech Translation subsystem (figure 4) and 2) a Lip Synthesis subsystem (Figure 5).

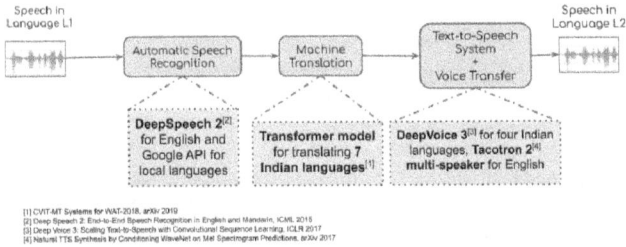

Figure 4. Speech-to-Speech Translation. Source: Prajwal et al. (2019a, 2019b).

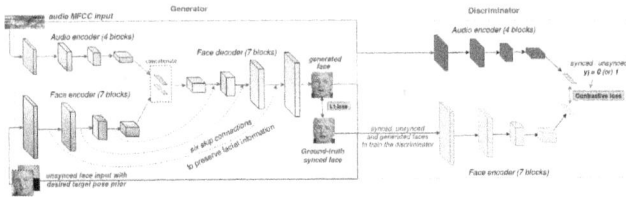

Figure 5. Lip Synthesis. Source: Prajwal et al. (2019a, 2019b).

According to Prajwal et al. (2019a, 2019b) and the pipeline for Speech-to-Speech Translation, or SST (Figure 4):

> We do speech-to-speech translation [figure 4] by combining ASR [Automatic Speech Recognition], NMT [Neural Machine Translation] and TTS [Text-to-Speech]. We first use a publicly available ASR to get the text transcript. For English we use DeepSpeech for transcribing English text from audio. We use a suitable publicly available ASR [Automatic Speech Recognition] for other languages like Hindi and French. We train our own NMT system for different Indian languages using Facebook AI Research's publicly available codebase. We finally train a TTS for each language of our choice. The TTS is used to generate speech in the target language.

And according to Prajwal et al. (2019a, 2019b) and the pipeline for generating talking faces of any identity given a speech segment (Figure 5):

> We create a novel model called LipGAN [a GAN or Generative Adversary Networks] which can generate talking faces of any person given a speech segment. The model comprises of two encoders, (a) Face encoder and (b) Speech encoder. The face encoder is used to encode information about the identity of the talking face. The speech encoder takes a very small speech segment (350 ms of audio at a time) and is used to encode the audio information. The outputs from both of these encoders are then fed to a decoder which generates a face image of the given identity which matches the lip shape corresponding to the given audio segment. For more information about our model please go through the paper.

Figure 6. Example of face-to-face translation. Source: https://cutt.ly/MLk5U8L

To better understand how the entire process works, please see the demonstration video created specifically by the researchers themselves and made available by Rudrabha Mukhopadhyay (2019) at https://cutt.ly/MLk5U8L. At timestamp 06m38s-06m46s of the video in question, for example, the late Diana, Princess of Wales, can be seen in a 1995 interview with journalist Martin Bashir (Figure 6), saying, in English, the famous phrase "I'd like to be a queen in people's hearts but I don't see myself being queen of this country". A moment later, in time stamp 06 m 46 s – 06 m 54 s, Diana of Wales appears again speaking the same quote, but this time in Hindi, with her lips moving, as if she were really speaking that language.

Today, one of the biggest limitations of face-to-face translation in the case of deepfakes is that the number of people to dub in the video is only one. This which, a priori, may be a problem when dubbing films, in general, may not be as decisive in the case of dubbing in certain areas such as when dubbing educational videos or video marketing (using videos to promote and market products or services) where, normally, a single person appears. To be aware of the importance of these two activities, it must be said that: 1) In the case of educational videos, the University of Vigo (where the authors of this work conduct their teaching activities) has a virtual Remote Campus (https://campusremotouvigo.gal) where teachers can record and edit our classes or other teaching videos automatically. As detailed in the University of Vigo Newspaper (DUVI, 2021) on 22 October 2021, in the first year and a half since the commissioning of the UVigo Remote Campus, almost 17,000 recordings of classes, educational videos and academic acts have been made. And 2) in the case of video marketing, according to Enríquez et al. (20212), it represents 89% of all content published on the internet. Whether it's showing their prospective clients how they work and how they can hire their services, or simply explaining their motivations and reason for being, more and more companies are turning to the audiovisual format to give their businesses another edge.

Likewise, the difficulties of automatic dubbing and lip synchronisation can also be minimised if, instead of using real characters, we use avatars; given that, by ruling out the conversion of Text-to-Speech, or TTS, which we can do automatically with any existing application of this nature (many of which are free and/or open source), the problem lies (only) in the section on face-to-face translation and lip adjustment in such images. As the number of avatars and the number of images (frames) to be treated in the avatar video is much smaller and we are able to start straight from images rather than having to first of all decompose the video into images before starting, all this makes the entire process much easier.

Thus, for example, in Basque start-up Vidext (2022), which emerged at the University of Mondragon (Spain) and was created by Jon Enríquez, Beñat Arrizabalaga and Miguel Ángel

Castillo, they realised that most of the audiovisual content in the field of video marketing continued to be done in traditional format; that is, in a studio, with a person in front of a camera, which involved (as we have already mentioned before) a long and expensive production process. With the aim of offering a faster, simpler and cheaper professional way to produce this content, the firm has developed with the help of AI, a software tool that allows professional videos to be produced without the need for cameras, presenters or microphones. And that's where the start-up has exhibited its full potential using artificial intelligence and the technology behind deepfakes.

This program, online, integrated in the web, today, does not have a Text-to-Text or TTT translation module; but, in our case, what we are most interested in is seeing how the Text-to-Speech or TTS conversion module and the lip adjustment module behave. To do this, we must carry out the following actions: 1) We must choose an avatar; we choose one of the three avatars proposed by the demo interface; 2) We must enter a text for the avatar to read in the proposed language (with lip synchronisation in the avatar); in the demo six languages are accessible, and we choose English and Spanish, respectively, for each of the two videos to be created. As texts, we choose, in English, the passage "Communicating effectively across language barriers has always been a major aspiration for humans all over the world. In recent years, there has been tremendous progress by the research community towards this goal." extracted from Prajwal et al. (2019b, p. 3); and, in Spanish, the translation proposed by the fully automatic online translator DeepL (https://www.deepl.com/translator) of said text (in this way we use within the framework an automatic Text-to-Text or TTT translator, even if it is external). 4) The program asks us for a series of personal data, including our email. 5) We press the appropriate button for the program to convert the text-to-speech and integrate it into the avatar with lip sync. The program requires (in the demo, we don't know if it's faster in the commercial version) about 4 seconds to convert the Text-to-Speech or TTS and about 7 minutes for the overall final video (for each video). 6) The program sends us a link to our email account so that we can download the generated video (it sends a different email for each video). 8) In the commercial version, furthermore, we can also include in the video, along with the avatar that speaks, a presentation; but, in our case, the demo version does not allow us to configure said presentation). The final two videos obtained can be viewed at https://cutt.ly/Pwtq8oX2 (in English) and https://cutt.ly/Mwtq7r2T (in Spanish). The first frame of the two videos is shown in Figure 7.

Figure 7. Avatar deepfake generated by Vidext. Source: Vidext (2022).

The software devised by Vidext[2] (the commercial version) allows you to synchronise texts with the face of real people in avatar format to offer online training, video tutorials and endless professional video communications. It also enables you to translate messages into over 40 languages without budgets or high recording costs. In practice, the customer selects one of their avatars, that is, one of their actors available on the web, sends the text they want it to say, and in minutes, the technology created by the start-up manages to synchronise that image with the message. The rates handled by Vidext range from 3 to 5 euros per minute. Figure 7 shows the first frame of the two videos obtained, in English and Spanish, of 12 and 15 seconds, respectively; generated by the demo of Vidext (2022).

Behind this apparent simplicity, however, is a complex AI programming and refinement framework geared, first of all, to delivering the most realistic result possible. As they themselves recognise, one of their main problems right now is voice: they offer options in more than 40 languages, and in English, some voices are very realistic, but most still sound too linear, a little robotic (this is what happens in the Spanish video we created as an example). Another difficulty is the synchronisation of mouth and lip movements with the message; this is so important to them that Vidext is already working on a second version of their program that, they promise, will dramatically improve its results.

From a professional/commercial point of view, according to its managers, the main advantages offered by Vidext include savings of up to 70% in the cost of video production, improved information retention by the target audience, and a faster video creation and processing rate, compared to more traditional formats.

5. CONCLUSIONS

In the field of automated dubbing (of audiovisual material in video format, in general, and of videos of faces, in particular) it is necessary to consider several factors: 1) Do the adequate knowledge and technology exist to be able to carry it out? We must keep in mind that the term automated means *made, in whole or in part, by a machine*; 2) What is

---

2. The idea of creating start-up Vidext (2022) came in late 2020 as a project for the final course in a business degree, although the company was not created until July 2021. Currently, the company invoices around 50,000 euros per year and is immersed in its first round of financing for 250,000 euros.

the level of assistance or help provided by the machine? We need to keep in mind that it can be either a fully automated translation or an assisted automatic translation; 3) What is the cost of doing it? Within this subsection, we must include, among other aspects, the human cost (how many people are necessary to carry it out?), the time cost (how long will it take?), and the economic cost (how much will it cost to do it?). 4) What is the quality of the translation we want? This aspect is very important, as we will not settle for any level of quality; we will establish *a priori* the minimum quality we want. The balance of these four factors is what determines whether the results obtained are acceptable or not, and therefore determines the viability of the automated dubbing (of audiovisual material in video format, in general, and of videos of faces, in particular) and multilingual asynchronous (automated) communication in this area.

The (actual and effective) ability to fully automate the video translation/dubbing process starts at the exact moment the face swap (https://cutt.ly/wwto6MWw) appears, i.e. the cloning, swapping, remodelling or editing of images (in this particular case images of faces) using traditional methods (without the use of AI, we mean). This means that this same technology can also be applied to videos, given that a video is nothing but a sequence of still images called frames. The problem that arises in the latter case is that any video, no matter how small, is made up of hundreds (if not thousands, or even millions of images); and, obviously, it is not the same thing to work with a single image as having to do it with hundreds (thousands or millions). That's where AI, with deep learning, and deepfake (https://cutt.ly/Ewtpqtp8), with Generative Adversary Networks (GAN), is helping simplify this massive work of editing hundreds, thousands or millions of images (Perov et al., 2021). Other types of technologies such as face-to-face translation (https://cutt.ly/FwtpqcxM) or other technologies generally related to lip reading (https://cutt.ly/qwtpqDOs) have helped to complete the automation of the entire video translation/dubbing process.

However, what is still the current cost of this process? Is this process fully automatic or is manual editing of the dubbed materials still necessary to ensure quality?

Figure 8. Deepfake of Will Smith in the Gemini Man film. Source: FT (2019).

If, for example, we look at the film *Gemini Man* (https://youtu.be/AbyJignbSj0), a film in which actor Will Smith faces a digital copy of himself that is 30 years younger (Figure 8); it is estimated that the creation of this younger Will Smith cost between half a million and one million dollars, plus $100,000 for each scene (HR, 2019). Although the Financial Times

(2019) goes even further, it estimates that the total cost of this Will Smith virtual double or deepfake was around $25 million. Paradoxically, just a few weeks before the *Gemini Man* premiere, a YouTuber identified solely as Sham00k (n.d.) used the DeepFaceLab open-source software (2020) to place Will Smith inside the Matrix movie (https://youtu.be/vKQi3bBA1y8) which, at the time, he rejected starring in. The resulting deepfake (https://youtu.be/1h-yy3h1u04) is still far from the *Gemini Man* deepfake in terms of quality, but not as much as it should be if we look at the difference in costs: 1) human; a sizeable group of people, as shown in Frame Focus (2020) in the case of *Gemini Man* and a single person in Sham00k's case; 2) time; we do not know the time spent in either case, but it's probably months or years in the case of *Gemini Man*, and days, weeks or months in Sham00k's case and, 3) financial; of approximately $25 million in the case of *Gemini Man* and practically zero cost in Sham00k's case because the software used, DeepFaceLab (2020), is open source and therefore free.

Based on the example above, everything predicts that with a well-trained GAN (Generative Adversary Networks), the cost of these types of assets will drop dramatically. Even Darren Hendler himself, head of VFX house Digital Domain's Digital Humans Group for the *Gemini Man* film (HR, 2019), believes in this regard, "I wouldn't be surprised if *The Irishman* and *Gemini Man* are the last fully digital human versions that don't use some sort of GANS as part of the process" and "I think we'll start to see some of this used on smaller-budget shows". Likewise, everything predicts that the same will happen in the general field of video translation/dubbing.

Thus, in terms of applicability and related to the field of video translation/dubbing (mainly educational videos and marketing videos), we can conclude that, today, it is already possible to translate/dub videos (for now with a single character) in a (relatively) short time and with (relatively) acceptable results. While the software to be used is not (yet) fast enough to do this translation/dubbing in real-time (which, *a priori* may not be a problem in some cases such as translation/dubbing of educational videos; but is a problem in commercial settings, where the customer/user requires some immediacy in the production of the product), researchers who have developed technologies like face-to-face and programs like DeepFaceLab (2020) believe it has the potential to, not just translate/dub the videos automatically in real time, but also serve for other purposes. Prajwal et al. (2019b, p. 8), the developers of face-to-face technology, who consider that "our face-to-face translation framework can be used in a lot of applications"; and, among such applications, the following applications stand out:

> *Movie dubbing.* [...] The dubbed audio is then overlaid to the original video. This causes the actors' lips to be out of sync with the audio, thus affecting the viewer experience. Our pipeline can be used to automate this process at different levels with different trade-offs. We demonstrate that we can synthesize and synchronize lips in manually dubbed videos, thus automatically correcting any dubbing errors.
>
> We also show a proof-of-concept for performing automatic dubbing using our translation pipeline. That is, given a movie scene in a particular language our system can potentially be used to dub it to a different language. However [...], significant improvements to the speech-to-speech pipeline is necessary to achieve realistic dubbing of complex speech present in movies.
>
> *Educational videos.* [...] a large amount of online educational content is present in English in the form of video lectures. They are often aided with subtitles of foreign languages. But this increases the cognitive load of the viewer. Dubbing these videos with just speech-to-speech systems creates a visual discrepancy between

the lip motion and the dubbed audio. However, with the help of our face-to-face translation system, it is possible to automatically translate such educational video content and also ensure lip synchronization.

There are still too many conditioning factors in the conclusion of this work; but we hope that in the not-too-distant future automated dubbing, in particular, and asynchronous multi-lingual communication, in general, will be a verifiable reality. However, this will likely require incremental improvements in both the work models and the areas where they can be applied. A first step may be, for example, not working with human models (due to the complexity required by facial adjustments, in general, and lip adjustments, in particular); and, for the moment, working with virtual models or avatars (Vidext, 2022). All of this is while waiting for the framework to be updated and improved in every way so that we can work with videos with (multiple) real characters with better results.

6. REFERENCES

Brown, D. (2019, May 13). Wait, is that video real? The race against deepfakes and dangers of manipulated recordings. *USA Today Tech.* https://cutt.ly/kK0FQmE

Chung, J. S. & Zisserman, A. (2016). Lip reading in the wild. *Asian Conference on Computer Vision.* Springer, pp. 87–103. https://doi.org/10.1007/978-3-319-54184-6_6

Cole, S. (2017, December 11). *AI-Assisted Fake Porn Is Here and We're All Fucked. Motherboard,* Vice. https://cutt.ly/HK8LVye

DeepFaceLab. (2020). *DeepFaceLab* [software]. https://cutt.ly/oLk6NFY

DeepSpeech. (2020). *DeepSpeech* [software]. https://cutt.ly/kwtwDqYi

Diario da Universidade de Vigo DUVI (2021, October 22). Campus Remoto supera os 2,5 millóns conexións e Moovi os 4 millóns de notificacións con 185.000 matrículas activas en cursos. *DUVI* 22/10/2021. https://cutt.ly/pwr7Ijue

Financial Times (FT) (October 10, 2019). Deepfakes: Hollywood's quest to create the perfect digital human. *Financial Times.* https://cutt.ly/cwr5lrZf

Frame Focus (2020, August 6). *Amazing Before & After VFX Breakdown - Gemini Man.* https://cutt.ly/9wr59HOw

Prajwal, K. R., Mukhopadhayway, R., Philip, J., Jha, A. & Namboodiri. (2019a). *Towards Automatic Face-to-Face Translation.* CVIT. https://cutt.ly/jLf2AFa

Prajwal K. R., Rudrabha Mukhopadhyay, Philip, J., Jha, A., Namboodiri, V. & Jawahar, C. V. (2019b, October). *Towards Automatic Face-to-Face Translation.* MM '19: Proceedings of the 27th ACM International Conference on Multimedia, 1428-1436. https://doi.org/10.48550/arXiv.2003.00418

Rudrabha Mukhopadhyay (2019). *Face to Face Translation* [video]. YouTube https://cutt.ly/MLk5U8L

Sham00k (n.d.). *Youtube Sham00k videos.* https://cutt.ly/uwr5nv1s

Veritone. (2022) *Deepfake voice: everything you need to know about deepfake voice.* Veritone. https://cutt.ly/SK8icMm

Vidext (2022). *Vidext.* https://www.vidext.io

Westerlund, M. (2019). The Emergence of Deepfake Technology: A Review. *Technology Innovation Management Review,* 9(11), 40-53. http://doi.org/10.22215/timreview/1282

EVALUATING PRODUCTS IN SPANISH: A COMPARISON BETWEEN CHATGPT'S AND HUMANS' USE OF ATTITUDE EXPRESSIONS

Natalia Mora-López [1]

1. INTRODUCTION

Continuous advancements in Artificial Intelligence (AI) and Machine Learning (ML) have recently led to the release of a large language model software, called ChatGPT (OpenAI, 2022) and developed by OpenAI. This tool is publicly accessible and has been therefore open to the wide public. It offers a set of possibilities to produce texts which emulate the way in which they would be written by humans.

Among the different written genres, online reviews have already been noted to be fake to some extent between 16% and 33.3%. (Wu *et al.*, 2020). ChatGPT plays an important role in this situation, since it may contribute to the publication of fake reviews by helping create them more quickly and easily. Despite the fact that research is being done on this issue, identifying fake reviews automatically and successfully is still a pending task (Wu *et al.*, 2020; Walther *et al.*, 2023; Ganesh *et al.* 2023). A way to contribute to this issue is a more fine-grained analysis of the genre so that more specific information can be used to find differences between real, genuine reviews and fabricated ones.

A linguistic perspective that has been proved useful in the analysis of consumer reviews is Appraisal Theory. This framework was developed by Martin & White (2005) and has been widely used since to study the expression of opinion not only in product reviews (Taboada, Carretero & Hinnell, 2014; Su, 2016) but in a wide range of texts and media, including journalistic discourse (Swain, 2013; Adendorff & Smith, 2014), language learning (Alonso Belmonte, 2012; McKinley, 2018), political discourse (Humphrey, 2006; Aloy Mayo & Taboada, 2017; Ullah *et al.*, 2023), and conspiracy theory discourse (Mora-López, 2022), among others.

For these reasons, this paper intends to contribute to the study of the features of product reviews generated by ChatGPT in Spanish in terms of evaluative meanings. To do so, it will analyse Attitude expressions (a specific subset inside Appraisal Theory) in Spanish reviews generated by ChatGPT and humans in Google Play Store.

The remainder of this paper is organised as follows: Section 2 presents the main objective and research questions that the study will pursue; Section 3 provides a theoretical framework for ChatGPT and Appraisal Theory; Section 4 explains the methodology followed to carry out the study and the corpus collected; Section 5 presents and discusses

---

1. Complutense University of Madrid (Spain)

the results from the analyses of the reviews; and finally, Section 6 summarises the study and highlights the most important findings.

2. OBJECTIVE AND RESEARCH QUESTIONS

As mentioned above, this paper aims to contribute to the identification of the similarities and differences between Spanish texts created by an AI, namely ChatGPT, and humans in the genre of online product reviews written in Play Store, in terms of evaluative attitudinal expressions, following Appraisal Theory. More specifically, it tries to answer the following research questions:

- Are there any formal differences in the reviews?
- Are there any differences in the distribution and use of evaluative elements in the reviews?

3. THEORETICAL FRAMEWORK

Two key elements must be addressed to understand the context of this study. These are ChatGPT, which is the tool used to generate reviews not written by humans, and Appraisal Theory, which is used to analyse the specific evaluative linguistic items in the corpus collected.

3.1. ChatGPT

ChatGPT is an AI language model developed by OpenAI. It specializes in generating contextually relevant responses for interactive conversations. It has been trained on a diverse range of internet text to capture patterns, language structure, and context to simulate human-like conversation by providing coherent and informative replies to user inputs. Therefore, it is designed to engage in interactive dialogues with users, offering conversational assistance, answering questions, and providing information on a wide range of topics. ChatGPT aims to simulate human-like conversation and provide helpful and informative responses based on the input it receives.

There are numerous applications for ChatGPT. Apart from as a conversation assistant to provide information, answer questions or offer recommendations, it can also be employed in other contexts. To mention a few: in customer support, to provide automated responses and address common customer queries; as a content generator for various purposes, like writing drafts, brainstorming ideas, or creating conversational scripts; in language learning, allowing users to practice conversational skills, receive language feedback and engage in interactive language exercises, etc.

To work, ChatGPT needs user input, that is, users must provide clear and contextually relevant input to the tool in the form of questions, statements, or any prompt that conveys the user's intent or query. Users can provide feedback to ChatGPT to improve its responses.

However, there are some important limitations to consider. Firstly, ChatGPT's knowledge is based on the data it was trained on, which is previous to October 2021. In relation to this, it does not have access to real-time information or databases; and secondly, it cannot authenticate or verify the information it makes use of, so it may generate incorrect or misleading information.

3.2. APPRAISAL THEORY

Appraisal Theory is a model for evaluative language that is framed inside Systemic Functional Linguistics. This model, developed by Martin &White (2005), divides evaluative language into three axes, namely Attitude (for those positive and negative assessments), Engagement (referring to those resources that establish a dialogistic position) and Graduation (which may intensify or soften both the force and the focus of a meaning).

The study presented here focuses only on Attitude realisations to analyse specifically how reviews written by ChatGPT may convey positive and negative meanings in contrast to human-generated reviews. Attitude is, in turn, subdivided into different, more specific meanings. Namely, these subcategories are Affect, Judgement and Appreciation.

Affect refers to positive and negative feelings and emotional reactions, like (un)happiness (e.g., misery, cheer, affection, etc.), (dis)satisfaction (e.g., surprise, confidence, etc.), or (in) security (e.g., displeasure, interest, etc.). It is typically realised as a quality, describing or attributed to participants (e.g., *He was sad*), as a process, indicating actions (e.g., *The problem upset him*), as a comment to the sentence (e.g., *Sadly, he had to face the problem*), or by means of nominalisations (e.g., *sadness*).

Judgment deals with ethics and moral evaluations of behaviours. For example, it considers the degree of normality of a behaviour (e.g., *odd, unpredictable*, etc.), its degree of capacity or ability (e.g., *slow, competent*, etc.), its tenacity (e.g., *reliable, accommodating*, etc.), its veracity (e.g., *candid, blunt*, etc.) and its propriety (e.g., *kind, corrupt*, etc.).

Appreciation expresses the value of things. It includes meanings related to the reaction they produce (e.g., whether they were fascinating, unremarkable, fine, repulsive, etc.). their composition (e.g., whether they were balanced, disorganised, precise, unclear, etc.) and their worthiness (e.g., whether they were innovative, ineffective, helpful, shallow, etc.).

It is also important to note that these meanings may be expressed explicitly, in what is known as "inscribed Attitude", or implicitly, by means of "invoked Attitude" (Martin & White, 2005). This notion distinguishes between examples like those above and other expressions or sentences where the evaluation requires the interpretation of the context to be understood as an evaluative meaning or as a positive or a negative one. For example, if an application is slow, it is likely to be associated with a negative quality, since technology is typically expected to work quickly. However, doing slow movements in yoga or relaxation exercises would be the right way to do them, and consequently, the movements would be correct.

4. METHODOLOGY

This section presents the corpus selected and the procedure followed to both collect it and analyse it.

4.1. CORPUS COLLECTION

Due to the exploratory nature of this study, the corpus collected consists of 1147 words, including 10 ChatGPT-generated product reviews evaluating the application WhatsApp in the given frame of Google Play Store, and 10 human-generated reviews for the same application actually posted on that same store. The reviews are evenly divided into positive (5-star rating) and negative (1-star rating) to account for any differences in style that may be polarity-dependent. Therefore, a total of 20 reviews were analysed, divided into four groups of 5.

As mentioned above, ChatGPT needs some input, a prompt, from the user to generate an answer or text. In this case, several attempts were made to obtain a result that resembled real reviews from Play Store. The first attempt used the prompt "*Escribe una crítica de 5 estrellas sobre 5 para WhatsApp como si estuvieras en Play Store*" ('Write a 5 out of 5 star review for WhatsApp as if you were in Play Store') for positive reviews, and "*Escribe una crítica de 1 estrella sobre 5 para WhatsApp como si estuvieras en Play Store*" ('Write a 1 out of 5 star review for WhatsApp as if you were in Play Store'). The prompt was used in Spanish so that the interaction and text generated were produced in that language.

Each of these prompts was used five times in a row to check consistency in the production, and the length of the reviews produced ranged from 209 to 341 words in the case of positive reviews, and from 135 to 308 words in the case of negative reviews. However, the length of these reviews does not reflect the standard comment in Play Store, as will be seen later. This type of reviews is illustrated below (Example 1). This example shows a review produced by ChatGPT following the English version of the prompt indicated above for a 5-star review.

(1)   ★★★★★

> WhatsApp is hands down one of the best messaging apps out there! It's user-friendly, reliable, and has amazing features that make communicating with friends and family a breeze. The app has a wide range of customizable options that allow users to tailor the app to their needs, including personalized chat backgrounds and notifications.
>
> One of the best things about WhatsApp is its end-to-end encryption, which provides a secure platform for conversations. This feature ensures that messages, calls, and media shared between users are private and can only be seen by the intended recipient.
>
> WhatsApp also makes it incredibly easy to share pictures, videos, and documents with your contacts. With its seamless integration with your device's camera and gallery, sharing moments with your loved ones has never been easier.
>
> The app also offers a voice and video calling feature that allows you to make crystal clear calls with your contacts from around the world. This feature is particularly handy for staying in touch with friends and family who live far away.
>
> In conclusion, WhatsApp is an exceptional app that I would highly recommend to anyone looking for a reliable, secure, and user-friendly messaging app. Its impressive features make it a must-have for anyone who values privacy, convenience, and seamless communication.

A second attempt was done with the prompt "*Escribe cinco críticas de 5 estrellas sobre 5 para WhatsApp como si estuvieras en Play Store y muéstralas individualmente*" ('Write five 5 out of 5 star reviews for WhatsApp as if you were in Play Store and show them individually'). The same was done for reviews with 1 star out of 5. In this case, the results were more similar to real reviews in terms of length. These were collected as final texts for the corpus. For illustration purposes, a similar review is presented in Example 2, using the prompt in English. The example presents only one of the five reviews that were generated in the same reply by ChatGPT and which were indicated in a similar fashion ("Review 2:", "Review 3:", etc.) below the first one.

(2) Review 1:

★★★★★

> *WhatsApp is by far the best messaging app out there! It offers a seamless and intuitive user experience that makes communication a breeze. Whether it's sending text messages, making voice and video calls, or sharing media, WhatsApp delivers top-notch performance. The end-to-end encryption ensures my privacy, and the regular updates and new features keep the app fresh and exciting. I highly recommend WhatsApp to anyone looking for a reliable and feature-rich messaging platform.*

Therefore, the length of the number of words for the reviews created by ChatGPT varied notably depending on whether only one review was requested or more than one. Actually, the total length of the five reviews given together is similar to the length of a single review when given in isolation.

With respect to the reviews written by humans, they were collected manually by accessing Google Play Store site and the profile of WhatsApp in it. The five most recent reviews were chosen, taking into account the number of stars (again, five 1-star reviews for the negative subset, and five 5-star reviews for the positive subset).

A summary of the length of each of the final reviews can be seen in Table 1. This table shows the number of words for each of the subsets (negative texts 1-5 generated by ChatGPT, positive texts 1-5 generated by ChatGPT, negative texts 1-5 written by humans, and positive texts 1-5 written by humans).

	ChatGPT		Human	
	Negative	**Positive**	**Negative**	**Positive**
Text 01	37	43	70	87
Text 02	42	47	65	77
Text 03	47	41	76	48
Text 04	41	41	99	63
Text 05	45	45	65	68
Total	212	217	375	343

Table 1. Length, in number of words, for each of the reviews collected. Source: Own elaboration.

It can be clearly seen that, eventually, the texts generated by ChatGPT in Spanish were shorter than those written by humans. Although this was not the case in English (as can be seen in Example 2), it is beyond the scope of this research to analyse the differences between ChatGPT's English and Spanish productions, and the examples used here are similar enough to illustrate the corpus.

4.2. Corpus analysis

After the final 20 texts were collected, they were manually annotated with UAM (Universidad Autónoma de Madrid) Corpus Tool version 6.2 (O'Donnell, 2023) to find the realisations of Attitude expressions. The UAM Corpus Tool is a user-friendly software application for linguistic analysis and annotation of textual data. It allows researchers to import, organize, and annotate linguistic corpora, supporting multiple annotation layers. It also offers inter-annotator agreement features and visualization capabilities for identifying linguistic patterns and relationships.

In this case, the layer for Attitude and the specific subcategories was created and the texts were annotated individually. Posteriorly, the number of occurrences for each of those categories was obtained, and they will be presented and discussed in the following section.

5. RESULTS AND DISCUSSION

The reviews collected were analysed in terms of Attitude expressions. Since they were divided into positive and negative, and the analysis included Attitude subcategories, a comparison can be established not only between ChatGPT- and human-generated texts in general but also addressing more specific aspects.

5.1. General results for positive and negative reviews

In the first place, Figure 1 shows the distribution of the major Attitude subcategories, namely Affect, Judgement and Appreciation, in reviews written by humans and posted on Play Store, and in those generated by ChatGPT as requested in the prompt.

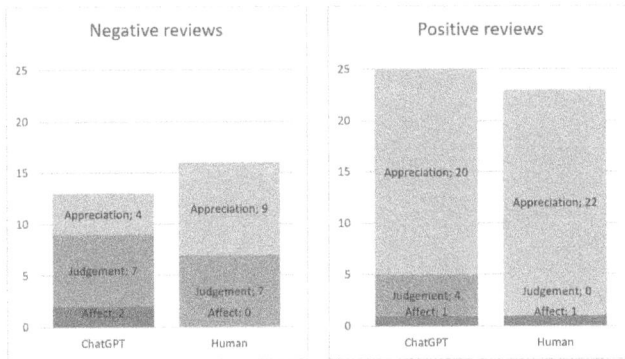

Figure 1. Results of Attitude usage in negative and positive reviews. Source: Own elaboration.

It can be seen that there is a clear difference between negative and positive reviews: the total number of Attitude realisations is higher in the latter (25 in the case of ChatGPT's reviews and 23 in humans' texts) than in the former (13 occurrences in ChatGPT's and 16 in humans'). However, as it has been indicated, the total amount of Attitude expressions in ChatGPT is similar to the number of occurrences in humans' texts.

A more important difference can be pointed out when analysing the specific subcategories inside Attitude. It is here where the frequency and distribution of the occurrences vary more notably. For example, both in negative and positive reviews, humans tend to use Appreciation expressions more often than ChatGPT: 9 vs. 4 occurrences in the case of negative reviews, and 22 vs. 20 in the positive ones. However, it is true that the higher number of words in humans' texts might account for that difference.

Consequently, it is those categories that have a similar frequency, or a higher one, in ChatGPT's texts compared to humans' that are especially noteworthy. This is the case of Judgement expressions. As can be seen in Figure 1, Judgement is used the same number of times disregarding the author. If it is argued that the number of words justifies a higher number of occurrences of Attitude expressions in humans' texts, that would mean that

Judgement is more frequently used in ChatGPT's texts, despite both having 7 occurrences. This is especially remarkable in positive reviews, where not only ChatGPT- and human-generated texts do not have the same amount, but the use in the former is more frequent (4 occurrences vs. none).

Finally, Affect barely shows any instances of use in any of the subcorpora, although it must be pointed out that there are not more instances in the case of humans' texts. This means that, similarly to Judgement expressions, despite the higher number of words, there is not a higher number of occurrences in this category. This means that ChatGPT may be more prone to using them. However, the number of realisations is still very scarce.

5.2. Specific results for Attitude subcategories

After analysing the general major categories inside Attitude, this section presents the results for the more specific meanings that may be considered inside each of those categories. Table 2 presents the total number of occurrences distributed by category and type of text (author and polarity), where the "C" stands for "ChatGPT" and "H" for "Human".

In the first place, regarding Affect subcategories, it can be seen that no occurrences of (un) happiness were found, but the instances comprised (dis)satisfaction and (in)security. As mentioned above, there were very few realisations in Affect so as to establish a pattern or tendency.

Regarding Judgement, where differences were observed in the previous section, it can be clearly seen that the most frequent subcategory is Capacity. This means that reviews, especially in the case of negative comments, focus on performance issues that are usually criticised (when giving a low score) or praised (when giving a high score). ChatGPT is more prone to using this kind of Attitude resources than others, since it may be argued that they are more descriptive. In other words, talking about the specifications and performance of an application either negatively or positively seems more objective and simpler, in terms of evaluations, than describing how the user feels (Affect) or what their more subjective and personal opinion is regarding the item assessed (Appreciation). In addition, it may be easier to turn general information from the application into a review through this type of realisations than through others, which involve a subject's opinion in a higher degree.

Lastly, with respect to Appreciation, more cases were found in humans' texts, but this might be related to the length of the texts. Also, the distribution in the inner subcategories of Appreciation is similar to some extent between the two authors, although it must be pointed out that no cases of Social-valuation expressions were found in ChatGPT's negative texts, while they were used in humans', despite the fact that they were more frequently used in positive ChatGPT's texts than in humans'. Therefore, a higher number of occurrences of this type of resources would have been expected in negative texts, creating another discordance between the authors.

Attitude Category	Attitude subcategory	Negative		Positive	
		C	H	C	H
Affect	Un/happiness	0	0	0	0
	Dis/satisfaction	1	0	1	1
	In/security	1	0	0	0
Judgement	Normality	0	0	0	0
	Capacity	6	6	1	0
	Tenacity	0	0	2	0
	Propriety	0	1	0	0
	Veracity	1	0	1	0
Appreciation	Reaction	3	4	3	3
	Composition	1	1	5	8
	Social-valuation	0	4	12	11

Table 2. Results of Attitude subcategories usage in negative and positive reviews. Source: Own elaboration.

6. CONCLUSIONS

This study has tried to shed some light on the issue of fake and fabricated reviews, a problem that may be worsened by the release of ChatGPT, a free conversational agent that can generate texts according to a prompt given by users. To do so, this study collected and analysed a corpus of positive and negative reviews written and posted by humans on Google Play Store about the application WhatsApp, and similar reviews generated by ChatGPT, with the purpose of identifying differences in the use of evaluative expressions belonging to the Attitude axis of Appraisal Theory.

Despite the fact that the results are exploratory due to the limited sample, some interesting conclusions can be drawn. Firstly, the length of the reviews generated by ChatGPT is slightly shorter; secondly, Appreciation items, which are the most common realisations generated by both humans and ChatGPT, are more frequent in the former group, although this may be explained by the higher number of words in humans' reviews; thirdly, there were more realisations of Affect in ChatGPT's texts, which does definitely show a higher tendency to use them since it is done despite the difference in the number of words; and finally and most notably, Judgement realisations were more common in ChatGPT texts than in humans', and they focused on the subcategory of Capacity, which is directly related to performance issues. This shows how ChatGPT may make use of general information about the functions and specifications of an application to create the review to a higher extent than a human does, at the same time as it reduces other, more subjective Attitude realisations like Social-valuation expressions, inside the Appreciation category.

Therefore, despite the limited sample, it can be concluded that the objective of the study was achieved, and the research questions were answered, inasmuch as similarities and differences were identified in the use of Attitude expressions and, more specifically, formal differences were found in the length of the reviews, and the distribution of Affect, Judgement and Appreciation was observed to vary to some extent.

However, it is true that further research is needed. First, a larger sample should be collected to determine whether these differences are produced consistently, and secondly, potential differences could be found in the use of Attitude expressions in different languages.

7. REFERENCES

Adendorff, R. & Smith, J. (2014). The creation of an "imagined community" in readers' letters to the Daily Sun: An APPRAISAL investigation. *Text & Talk, 34*(5), 521-544.

Alonso Belmonte, I. (2012). 'I feel as if I were a real teacher': An analysis of EFL student teachers' evaluative discourse through Appraisal theory. *Revista Canaria de Estudios Ingleses,* 65, 13-28.

Aloy Mayo, M. & Taboada, M. (2017). Evaluation in political discourse addressed to women: Appraisal analysis of Cosmopolitan's coverage of the 2014 US midterm elections. *Discourse, Context and Media,* 18, 40-48.

Ganesh, D., Rao, K. J., Kumar, M. S., Vinitha, M., Anitha, M., Likith, S. S. & Taralitha, R. (2023). Implementation of novel machine learning methods for analysis and detection of fake reviews in social media. In *2023 International Conference on Sustainable Computing and Data Communication Systems (ICSCDS),* pp. 243-250.

Humphrey, S. (2006). Getting the reader on side: Exploring adolescent online political discourse. *E-Learning, 3*(2), 143-157.

Martin, J. R. & White, P. R. R. (2005). *The language of evaluation: Appraisal in English.* Palgrave Macmillan.

McKinley, J. (2018). Integrating appraisal theory with possible selves in understanding university EFL writing. *System* 78, 27-37.

Mora-López, N. (2022). The New World Order on Twitter: Evaluative language in English and Spanish tweets. In M. Demata, V. Zorzi, & A. Zottola (Eds.), *Conspiracy Theory Discourses* (pp.295-315). John Benjamins.

O'Donnell, M. (2023). UAM CorpusTool (version 6.2). http://www.corpustool.com/download.html

OpenAI. (2022). ChatGPT [GPT-3.5]. https://chat.openai.com

Taboada, M., Carretero, M. & Hinnell, J. (2014). Loving and hating the movies in English, German and Spanish. *Languages in Contrast, 14*(1), 127-161.

Su, H. (2016). How products are evaluated? Evaluation in customer review texts. *Language Resources and Evaluation, 50*(3), 475-495.

Swain, E. (2013). Choice in a 'partly free' press: Evaluative key in Italian journalistic discourse. In G. O'Grady, T. Bartlett & L. Fontaine (Eds.), *Choice in Language: Applications in Text Analysis* (pp.55-85). Equinox.

Ullah, A., Khan, K., Khan, A. & Ullah, S. (2023). Understanding Quality of Products from Customers' Attitude Using Advanced Machine Learning Methods. *Computers,* 12, 49.

Walther, M., Jakobi, T., Watson, S. J. & Stevens, G. (2023). A systematic literature review about the consumers' side of fake review detection–Which cues do consumers use to determine the veracity of online user reviews? *Computers in Human Behavior Reports,* 10, 100278.

Wu, Y., Ngai, E. W., Wu, P. & Wu, C. (2020). Fake online reviews: Literature review, synthesis, and directions for future research. *Decision Support Systems,* 132, 113280.

CHATGPT Y EDUCACIÓN: APORTACIONES DESDE TWITTER

Ingrid Mosquera Gende [1]

1. INTRODUCCIÓN

Cuando se piensa en inteligencia artificial en educación, en la mente de parte del profesorado se suele encender una luz roja que la conecta directamente con el plagio y con la autoría sospechosa de los trabajos. Sin embargo, existen otros docentes que piensan en sus posibilidades para el aula. Las redes sociales muestran esta dicotomía en las publicaciones que se pueden encontrar dentro de ellas y que pueden ser analizadas empleando diferentes instrumentos, tanto de carácter cuantitativo, como cualitativo, de análisis de redes y de análisis de sentimientos (Chung *et al.*, 2016; Mostafa y Nebot, 2017; Schwarz Díaz, 2018).

1.1. La inteligencia artificial y el análisis de redes sociales

Para llevar a cabo estos análisis, la propia inteligencia artificial (IA) puede ser de gran ayuda, ya que puede procesar grandes cantidades de datos y extraer patrones y tendencias que podrían ser difíciles de detectar de otra manera. Algunas formas en que la IA puede ayudar en el análisis de las redes sociales son las siguientes:

- Análisis de sentimiento: la IA puede analizar las publicaciones en las redes sociales y determinar si el contenido es positivo, negativo o neutro. Existen numerosos estudios que han investigado la aplicación del análisis de sentimiento en las redes sociales (Mostafa y Nebot, 2017; Schwarz Díaz, 2018).

- Detección de anomalías: otra forma en que la IA puede ayudar en el análisis de las redes sociales es a través de la detección de anomalías. Las anomalías son patrones de comportamiento que se desvían de lo que es considerado normal. La detección de anomalías en las redes sociales puede ser útil para detectar problemas como la actividad fraudulenta o los patrones de uso inusual (Jin *et al*; 2017; Kamal *et al.*, 2017; Scherer, 2015).

- Identificación de temas populares y tendencias: la IA puede identificar los temas más populares en las redes sociales, lo que puede ayudar a las empresas a adaptar su contenido para que sea más relevante para su audiencia. Los usuarios y las

---

1. Universidad Internacional de La Rioja (España)

usuarias se suelen fijar en los *hashtags* más relevantes que se pueden encontrar como tendencias. Se suele hablar, en estos casos, de minería de datos (Chung *et al.*, 2016; Delrieux *et al.*, 2015; Ghahramani, 2015; Mosquera Gende, 2018b; Rojas, 2017).

- Segmentación de audiencia: la IA puede analizar los datos de las redes sociales para identificar grupos de audiencia con características o intereses comunes o comportamientos (Liu y Zhu, 2016).
- Predicción de comportamiento: la IA puede utilizar los datos de las redes sociales para predecir el comportamiento futuro de los usuarios (Liu y Zhu, 2016).

La inteligencia artificial se ha convertido en una herramienta poderosa para el análisis de las redes sociales. La cantidad de información generada en redes es enorme y, a menudo, puede resultar difícil procesarla. En este sentido, existen muchas herramientas de IA que se utilizan para el análisis de redes sociales. A continuación, se mencionan algunas de las más empleadas (Mosquera Gende, 2023a; Tien, 2023):

- *Hootsuite Analytics* y *Hootsuite Insight*: son herramientas de análisis de redes sociales que utilizan el procesamiento de lenguaje natural y el análisis de sentimiento para comprender la opinión de los usuarios y usuarias de las redes sociales. Tienen una parte gratuita y otra de pago que incluye opciones más avanzadas y completas.
- *Rival IQ*: se pueden extraer informes personalizados y gráficos ya elaborados sin tener conocimientos previos. Es una plataforma de pago, aunque se puede tener acceso a una prueba gratuita.
- *Keyhole*: para obtener informes detallados. Sirve para analizar *hashtags* o interacciones. Se trata de una herramienta de pago.
- *Channelview Insights*: especialmente interesante para el análisis de *YouTube*. De pago, pero con prueba gratuita.
- *Mentionlytics*: trabaja mediante análisis de sentimiento, entre otros, y puede detectar menciones, palabras clave o comentarios en diferentes idiomas. También de pago.
- *Panoramiq Insights*: especial relevancia para el análisis de *Instagram*. De pago.
- *Brandwatch*: Es una herramienta que utiliza la IA para analizar y medir el impacto de una marca en las redes sociales. Utiliza el análisis de sentimiento y la detección de temas para identificar patrones en las conversaciones de las redes sociales. Se trata de una plataforma de pago.
- *Talkwalker*: Es una herramienta de análisis de redes sociales que utiliza la IA para rastrear y analizar menciones de marca, temas y tendencias en las redes sociales. De nuevo, se está hablando de una herramienta de pago.

Cada una de estas herramientas ofrece diferentes capacidades y enfoques para el análisis de redes sociales, por lo que es importante evaluar cada opción y elegir la que mejor se adapte a los objetivos que se estén considerando.

Si se desea hacer referencia concreta al *ChatGPT*, en teoría, puede ser utilizado para analizar texto en redes sociales, ya que ha sido entrenado en grandes conjuntos de datos de texto y tiene la capacidad de comprender el lenguaje natural. Sin embargo, es importante tener en cuenta que el *ChatGPT* no está diseñado específicamente para el análisis de redes sociales. El análisis de redes sociales implica el procesamiento de grandes volúmenes de datos y la identificación de patrones y tendencias específicas. Mientras que el *ChatGPT* puede generar texto coherente a partir de una entrada de texto, su capacidad para analizar y extraer información significativa de grandes cantidades de datos es limitada. Por lo tanto, se necesitaría una integración con otras herramientas y técnicas de análisis de datos para poder utilizarlo de manera efectiva en el análisis de redes sociales (ChatGPT y Steingrimsson, 2022; Chung *et al.*, 2016; Mosquera Gende, 2023c; Mostafa y Nebot, 2017; O'Connor y ChatGPT, 2023; Schwarz Díaz, 2018; Stokel-Walker, 2023).

1.2. El análisis de Twitter mediante inteligencia artificial

Existen herramientas de IA gratuitas que podrían servir para obtener información de perfiles de *Twitter*, tanto en referencia a sus relaciones en redes como en referencia a sus intereses, personalidad, emociones y comportamiento en línea.

Algunas de las herramientas más conocidas para el análisis de redes sociales son las siguientes (Mosquera Gende, 2023a):

- *Twitter API*: anteriormente gratuita, ya no lo es, permite acceso a las estadísticas de la plataforma.
- *Participate*: herramienta de pago empleada por algunos de los investigadores más sobresalientes en el área, como Carpenter *et al.* (2022b).
- *MaxQDA*: programa que sirve para codificar datos, muy empleada en estudios cualitativos. En la actualidad también permite realizar análisis de sentimientos (Marcelo-García *et al.*, 2022). Es de pago.
- *Buzzsumo*: análisis de perfiles y tendencias en redes sociales (Marcelo-García *et al.*, 2022). Herramienta gratuita.
- *Tractor*: permite extraer tuits de un periodo determinado, respuestas u otros datos (Marcelo-Martínez y Marcelo García, 2022). Herramienta de pago.
- *Graphtext*: cálculo de medidas de análisis de redes como puede ser el grado de centralidad o la centralidad de intermediación (Marcelo-Martínez y Marcelo García, 2022). Complementaria de Tractor. Es de pago.
- *Gephi*: visualización gráfica interactiva de redes (Marcelo y Marcelo, 2021). Es gratuita.
- *Lenguaje R*: software libre. Requiere un periodo considerable de aprendizaje (Espinosa-Rada, 2022).
- *Twitonomy*: proporciona información detallada sobre los perfiles de *Twitter*, incluyendo análisis de actividad, estadísticas de seguidores y seguimiento de palabras clave. Herramienta gratuita con versión de pago que incluye más opciones.

1.3. Twitter a nivel educativo : la inteligencia artificial y el ChatGPT

Continuando con la red social *Twitter*, en los últimos años, muchos son los investigadores que han centrado su foco de atención sobre esta plataforma, ya que es destacada por muchos como la red social preferida por el profesorado (Mosquera Gende, 2023a). Aunque otras redes también han sido analizadas, es *Twitter* la que sobresale por encima de las demás (Carpenter *et al.*, 2022a; 2022b; 2023; Daly *et al.*, 2019; Marcelo y Marcelo,

2019; Marcelo-Martinez y Marcelo García, 2022; Marcelo-Martínez *et al.*, 2023; Mosquera Gende, 2016; 2021a; 2021c; 2022b; 2022e; 2023a; 2023d).

Si se centra el uso de la inteligencia artificial en el ámbito educativo, desde finales de 2022, uno de los nombres más repetidos en redes es el del *ChatGPT*. Cierto es que la inteligencia artificial ya estaba presente desde hace tiempo en forma de chatbots, por ejemplo, con numerosas aplicaciones educativas (Benotti *et al.*, 2014; Dutta, 2017; Mosquera Gende, 2019), o por medio de la analítica del aprendizaje (Chung *et al.*, 2016; Delrieux *et al.*, 2015; Ghahramani, 2015; Mosquera Gende, 2018b; Rojas, 2017), entre otras opciones, muchas de ellas enfocadas a mejorar la competencia digital docente (Mosquera Gende, 2021b; 2021d; 2023b). Pero, sin duda, la llegada del *ChatGPT* ha desatado una gran ola de artículos y webinars tanto a favor como en contra de su uso (ChatGPT y Steingrimsson, 2022; Mosquera Gende, 2023c; O'Connor y ChatGPT, 2023; Stokel-Walker, 2023). Incluso, se han comenzado a ver artículos académicos al respecto (ChatGPT y Steingrimsson, 2022; Kung *et al.*, 2022) y algunos escritos en coautoría por la propia herramienta de IA (ChatGPT y Steingrimsson, 2022; ChatGPT y Zhavoronkoy, 2022; O'Connor y ChatGPT, 2023).

En referencia al uso de la IA en educación, alguna de las posibilidades encontradas en literatura académica son las siguientes (Incio Flores *et al.*, 2021; Jara y Ochoa, 2020; Luckin *et al.*, 2016; Moreno Padilla, 2019: Ocaña-Fernández *et al.*, 2019; Ponce Rojo, 1994; Sánchez Vila y Lama Penín, 2007; Tuomi, 2018):

- Mejorar los servicios prestados al estudiantado (Barret *et al.*, 2019).
- Implicar al alumnado de manera activa, promoviendo su interacción y colaboración (Benotti *et al.*, 2014; Leyva Vázquez *et al.*, 2018; McLaren *et al.*, 2010; Mosquera Gende, 2022a; 2022d).
- Personalizar la experiencia educativa de los estudiantes (Canbek y Mutlu, 2016; Mosquera Gende, 2021a; 2021c; 2022c; 2022f; Parra-Sánchez, 2022).
- Asistente para el aprendizaje de contenidos (Dutta, 2017; Kung *et al.*, 2022; O'Connor y ChatGPT, 2023).
- Integrar redes sociales y técnicas de inteligencia artificial (Kuz *et al.*, 2015; Leyva Vázquez *et al.*, 2018).

2. OBJETIVOS

Teniendo en cuenta lo comentado hasta el momento, los objetivos del presente estudio son los siguientes:

- Localizar tuits que hagan referencia al *ChatGPT* dentro del ámbito educativo.
- Clasificar los tuits seleccionados desde una perspectiva cualitativa para establecer categorías temáticas.
- Analizar las principales áreas de interés del profesorado con respecto a la llegada del *ChatGPT* a entorno educativos.

En definitiva, se responderá a la pregunta: ¿qué tipo de comentarios realiza el profesorado en *Twitter* en referencia al *ChatGPT*? ¿Qué información comparte y en qué tono?

Con ello, se espera poder ofrecer conclusiones acerca de los tuits compartidos por los usuarios y las usuarias de *Twitter* en referencia al empleo del *ChatGPT* en el ámbito educativo. Se intentará analizar si existe un tono preponderantemente positivo o negativo hacia su uso, si se realizan propuestas para su empleo, si se comparten aportaciones ya llevadas a cabo en el aula o si, por ejemplo, se encuentran muchas publicaciones relacionadas con artículos o webinars sobre la temática en cuestión.

3. METODOLOGÍA

En la presente investigación, se estudia la presencia de la herramienta comúnmente conocida como *ChatGPT* en tuits de ámbito educativo. A través de la herramienta Tractor, se extraen los tuits y, posteriormente, se lleva a cabo una categorización temática de los mismos, permitiendo la aparición de elementos emergentes. Para garantizar la fiabilidad de los resultados, la categorización es testada por tres investigadores, además de la que desarrolla el propio análisis.

4. DESARROLLO DE LA INVESTIGACIÓN

Se parte de una muestra total de 1892 tuits que mencionan el término *ChatGPT*, apareciendo este tanto en una sola palabra, como en dos (*Chat GPT*), con mayúsculas, minúsculas o en forma de *hashtag* (*#ChatGPT*). Para esta investigación se han extraído los tuits comprendidos entre el 1 de septiembre de 2022 y el 30 de abril de 2023.

Partiendo de esa muestra total de 1892 tuits, una vez descartados los tuits en otros idiomas y los que no están directamente referidos al ámbito educativo, la muestra final para proceder a la categorización es de 870 tuits.

Las categorías temáticas finales se pueden ver recogidas en la Tabla 1. Entre ellas, se puede ver cómo las reflexiones sobre la educación a partir de la llegada del *#ChatGPT* y el miedo detectado con relación a los posibles plagios son algunos de los puntos más sobresalientes.

CATEGORÍAS	N	%
Reflexiones sobre cambios en la educación tras la aparición del *ChatGPT*	337	38,74
El plagio con el *ChatGPT*	171	19,66
Experiencias prácticas para el uso del *ChatGPT* en el aula	94	10,80
Webinars y cursos sobre el *ChatGPT*	91	10,46
Artículos y publicaciones sobre el *ChatPGT*	67	7,70
Preguntas y petición de opiniones con el *ChatGPT*	45	5,17
Opiniones del profesorado sobre el *ChatGPT*	36	4,14
Opiniones del alumnado sobre el *ChatGPT*	29	3,33
TOTALES	**870**	**100**

Tabla 1. Clasificación de los tuits en categorías. Fuente: Elaboración propia.

A continuación, se ofrecen ejemplos de cada una de las categorías, enumerándolas y comentándolas de mayor a menor frecuencia de aparición:

- Reflexiones sobre cambios en la educación tras la aparición del *ChatGPT*. Esta categoría cuenta con 337 tuits, lo que supone un 38,74% del total. Algunas de estas reflexiones hacen referencia a la necesidad de actualizarse: *"Necesitamos un cambio en la Educación. Con herramientas como el ChatGPT nos quedamos atrás.... La capacidad de la nueva versión de ChatGPT para interpretar imágenes y "tutorizar" a los estudiantes plantea nuevos desafíos y oportunidades para la educación superior, según los expertos. https://t.co/Z9FJbXvPJK vía @timeshighered"* (tuit codificado n. 640). Otras personas aprovechan el momento actual para recordar que la educación precisa un cambio: *"... Sigo con ChatGPT y el miedo a usarlo en las Universidades. A ver, señores profesores, (o señores que dicen / dictan que el actual es el mejor sistema posible de educación), ¿no será que igual les toca hacer algún ajuste? ¡Gracias Chat GPT por tu labor antisistema!"* (tuit codificado n. 57). Algunas otras reflexiones hacen referencia a cómo otras innovaciones ya provocaron olas de rechazo con anterioridad: *"Como todo lo disruptivo, el ChatGPT, genera algún rechazo en Educación. Como alguna vez lo provocó la calculadora... 1988 protesta de profes de matemática. Adaptación y aprendizaje a lo largo de la vida, esa es la actitud (el profe = eterno estudiante)"* (tuit codificado n. 104).

- El plagio con el *ChatGPT*. Una categoría relacionada con la anterior pero que merece una atención especial por todos los comentarios que ha suscitado es, sin duda, la conducta ética con relación al posible plagio de trabajos empleando el *ChatGPT*. En esta categoría se incluyen 171 tuits, un 19,66% del total. En este apartado se incluyen, sobre todo instrumentos o ideas para evitar la copia: *"Herramienta para docentes que puedan diferenciar si los textos los hace una IA o bien es de cosecha propia. #ChatGPT #education #educacion"* (tuit codificado n. 226), además de preguntas sobre cómo detectar esa copia: *"Los alumnos pidiéndole a asistentes de inteligencia virtual que escriban por ellos el texto que tienen como tarea y el profesorado preguntándole a #ChatGPT: ¿Cómo puedo saber si un alumno al que le he dado la tarea de escribir un texto te lo ha pedido a ti? #educación #IA"* (tuit codificado n. 395).

- Experiencias prácticas para el uso del *ChatGPT* en el aula. Esta categoría es especialmente relevante ya que supone una fuente directa de aprendizaje informal en la red social *Twitter* (Mosquera Gende, 2023a). En ella se han categorizado 94 tuits, un 10,80% del total. En esta categoría se puede ver cómo el profesorado comparte experiencias de aula ya implementadas en diferentes etapas educativas: *"#ChatGPT buscamos posibilidades para usar el @OpenAI con los alumnos de 1ºBachillerato en TIC del @IESFRAYDIEGO: negocio de fontanería del padre de alumna. Algunas opciones cuestan dinero, pero las respuestas parecen coherentes. @crfptic @LuzMara17928603 @CFIE_CR"* (tuit codificado n. 18). Otro ejemplo de implementación, en este caso en Primaria: *"Hoy vimos con mis alumnos de 6° un primer acercamiento a ChatGPT. ¿Cómo? Simplemente dejando que empiecen a usarlo. Una de las primeras órdenes que un alumno le dio fue que le escribiera un videojuego. Vuelan"* (tuit codificado n. 840).

- *Webinars* y cursos sobre el *ChatGPT*. En esta categoría se recogen 91 tuits, un 10,46% del total. En ella se incluyen tuits sobre cursos y *webinars*, gratuitos y de pago, relacionados con el uso del *ChatGPT* en el ámbito educativo, tanto en referencia a proporcionar ideas para el aula (*"Creamos un curso de ChatGPT para educación que está de lujo!! llévalo a tu colegio o institución educativa con un 20% de descuento durante el mes de abril"*, tuit codificado n. 312), como en relación a debatir sobre los pros y contras de su empleo en entornos académicos (*"Casi en la recta final del webinar coorganizado por Clickedu y @Qualiteasy, el Dr. @marquespere, coordinador de la red educativa DIM-EDU, resume los beneficios y los riesgos del uso de #ChatGPT en la educación"*, tuit codificado n. 578).

- Artículos y publicaciones sobre el *ChatPGT*. Con un total de 67 tuits (7,70%), en esta categoría se incluyen lecturas académicas ("*Seguimos utilizando herramientas de IA en la universidad. #inteligenciaartificial #ChatGPT #educaciónsuperior #UNESCO Recomiendo su lectura: UNESCO - ChatGPT e Inteligencia Artificial en la educación superior: Guía de inicio rápido*", tuit codificado n. 388) y de divulgación ("*¿Quieres saber lo que opinan diferentes docentes y expertos en relación al uso de Chat GPT en el aula? ¡Lee sus opiniones en el reportaje presente en el nº 49 de nuestra revista EDUCACIÓN 3.0!*", tuit codificado n. 504), relacionadas con el *ChatGPT*.

- Preguntas y petición de opiniones con el *ChatGPT*. Esta categoría supone un 5,17% del total, contabilizando 45 tuits relacionados con la realización de preguntas abiertas sobre la herramienta, tales como: "*Usted como docente que postura tiene frente a la incorporación y uso del #chatGPT en la educación universitaria?*" (tuit codificado n. 863) o "*¿Qué opinas del #ChatGPT como herramienta de comunicación y aprendizaje en la educación universitaria?*" (tuit codificado n. 8).

- Opiniones del profesorado sobre el *ChatGPT*. En cuanto a las opiniones del profesorado, un 4,14% del total de los tuits (36 tuits) mostraban abiertamente su posicionamiento al respecto. Por un lado, en referencia a la necesidad de conocer la herramienta para poder opinar: "*#iA #ChatGPT y Educación. De nada sirve prohibir su uso a alumnos/as porque igualmente lo harán. Por el contrario, en la medida que se pueda, debemos usar la #iA explorarla, criticarla y cuestionarla para obtener nuestras propias conclusiones*" (tuit codificado n. 622). Y, por otro lado, destacan los tuits relacionados con la necesidad de que haya un cambio de perspectiva en educación: "*Si la llegada de #ChatGPT significa, por ejemplo, que dejamos de mandar redacciones para casa y las realizamos en clase con el alumnado, ya hemos sacado algo positivo. #IA #OpenAI*" (tuit codificado n. 331); "*Al igual que las calculadoras, que en un principio estaban prohibidas y ahora forman parte de la educación de los estudiantes, tecnologías de IA como #ChatGPT pueden van a ayudar a los alumnos a resolver problemas complejos y aprender de manera más eficiente*". (tuit codificado n. 299).

- Opiniones del alumnado sobre el *ChatGPT*. En esta categoría, se incluye un total de 29 tuits (3,33%). En gran medida, son tuits en referencia a sus posibilidades de uso: "*Estoy alucinado con los usos que se le puede dar a lo de ChatGPT, como alumno escolar que siempre buscó la forma de hacer lo menos posible con el mejor resultado, es mi sueño*" (tuit codificado n. 47). Y también se incluyen tuits en los que los estudiantes ya comentan cómo lo han usado: "*Colé un trabajo hecho con ChatGPT y saqué un 10*" (tuit codificado n. 382).

5. DISCUSIÓN

Considerando los resultados del presente estudio, así como la literatura previa analizada, se puede decir que gran parte del profesorado reconoce la aportación positiva que el *ChatGPT* puede hacer en la educación (Barret *et al.*, 2019; Biswas, 2023; Canbek y Mutlu, 2016; Parra-Sánchez, 2022). Además, los docentes son conscientes de que la tecnología, y en concreto la inteligencia artificial, han venido para quedarse y de que es complicado que se den pasos atrás a eso respecto, aunque haya países e instituciones que promuevan ese freno (Hivert, 2023; Holey, 2018), mostrando reticencias que también se han podido ver reflejadas en el presente estudio, con miedo, incluso, de poder llega a ser reemplazados (Almaududi Ausat *et al.*, 2023).

Esas reticencias y miedos van unidos, en gran medida, a esa posibilidad de plagio y de generación de textos que puede resultar complicado de controlar y que supone una de las amenazas más destacadas por los docentes, los investigadores y los expertos: ¿cómo distinguir la autoría de un trabajo presentado en clase? (ChatGPT *et al.*, 2022; Shidiq, 2023, Tuomi, 2018).

En general, muchas de las publicaciones actuales van en la línea de los resultados obtenidos en la presente investigación, procurando reflexionar de forma aséptica y objetiva sobre los dos lados de la moneda de la tecnología, sopesando los pros y los contras de la misma (Carpenter *et al.*, 2022a; Crompton & Burke, 2023; Incio Flores *et al.*, 2021; Jara y Ochoa, 2020; Luckin *et al.*, 2016; Moreno Padilla, 2019; Ocaña-Fernández *et al.*, 2019; Ponce Rojo, 1994; Shidiq, 2023; Tuomi, 2018).

Y, por último, otro punto coincidente entre la literatura y las publicaciones en la red social *Twitter* hace referencia a aportar experiencias ya llevadas a cabo en ámbito educativo empleando el *ChatGPT*, con propuestas muy creativas y resultados esperanzadores cara al futuro (Barret *et al.*, 2019; Benotti *et al.*, 2014; Canbek y Mutlu, 2016; Dutta, 2017; Kung *et al.*, 2022; Kuz *et al.*, 2015; O'Connor y ChatGPT, 2023; Parra-Sánchez, 2022; Sánchez Vila y Lama Penín, 2007; Shidiq, 2023).

Con todo ello, a modo de resumen y recopilación, se puede realizar un análisis DAFO de las principales debilidades, amenazas, fortalezas y oportunidades que ofrece la inteligencia artificial, y en concreto el *ChatGPT*, para entornos educativos (Mosquera Gende, 2018a), tal y como se ha podido ver reflejado en el análisis cualitativo de los tuits y en la literatura analizada previamente (Tabla 2):

DEBILIDADES	AMENAZAS
- La IA aún se encuentra en desarrollo - Muchas de las herramientas son de pago o tienen limitaciones en versión gratuita - Falta de formación en relación al uso ético de la IA - Falta de formación digital, tanto del profesorado como del alumnado	- Posibilidad de plagiar - Posibilidad de no detectar autoría de trabajos - Posibilidad de que el *ChatGPT* sustituya a la figura del docente - La IA podría convertirse en un recurso para las personas con más recursos económicos
FORTALEZAS	OPORTUNIDADES
- El *ChatGPT* permite buscar información de manera rápida - Puede ser una pieza clave para atender a la diversidad y personalizar el aprendizaje - El profesorado puede apoyarse en la IA para agilizar su trabajo	- La IA ofrece la oportunidad de repensar la educación, haciéndola más accesible para todos y personalizándola. - La IA permite reflexionar sobre nuestra propia labor como docentes, sobre cómo impartimos las clases y el tipo de tareas y exámenes que proponemos

Tabla 2. Análisis DAFO del empleo de la IA y del ChatGPT en educación. Fuente: Elaboración propia.

6. CONCLUSIONES

Considerando los objetivos planteados inicialmente, se han podido localizar 870 tuits relacionados de manera directa con el *ChatGPT* del periodo comprendido entre septiembre de 2022 y abril de 2023. Del mismo modo, se han podido establecer ocho categorías diferenciadas en referencia a las temáticas de esos comentarios y aportaciones, siendo los tuits más frecuentes los relacionados con una necesaria reflexión sobre la educación y los posibles caminos a seguir a partir de la incorporación de la IA. Igualmente, han destacado los tuits en los que se expresaban los miedos y amenazas que puede implicar la llegada y el uso de esta tecnología, sobre todo en referencia al plagio y a la autoría de los trabajos, y, por supuesto, sobresalen las publicaciones relacionadas con diferentes opiniones y dudas al respecto del *ChatGPT*.

De la misma manera, ha resultado muy interesante, a la vista de los resultados y del análisis previo de literatura académica, poder elaborar un análisis DAFO resumiendo las principales debilidades y amenazas encontradas, así como con las principales fortalezas y oportunidades que se abren a partir de la incorporación de la IA a nuestro día y día e, inevitablemente, también a nuestras aulas.

Sea como sea, queda mucho por investigar, el presente estudio solo se ha ceñido a un periodo de tiempo determinado que, dado el vertiginoso avance de esta tecnología, pronto precisará de una revisión. Además, únicamente se han tenido en cuenta las aportaciones en la red social *Twitter*, realizándose un análisis cualitativo que podría ser ampliado, tanto por la inclusión de más redes sociales, como por la profundización en el análisis cualitativo, que podría haber incluido entrevistas con algunos de los autores de los tuits o la celebración de grupos focales para tratar el tema de forma conjunta. Este análisis podría haber sido complementado con una parte cuantitativa por medio de un cuestionario o similar o por un análisis de redes sociales, que aportaría una imagen más completa de la presencia de la IA y del *ChatGPT* en *Twitter*. Por lo tanto, se espera que pueda ser un aporte introductorio a todo lo que está por llegar y que, seguramente, no seamos capaces ni de imaginar.

7. REFERENCIAS

Almaududi Ausat, A. M., Massang, B., Efendi, M., Nofirman, N. y Riady, Y. (2023). Can Chat GPT replace the role of the teacher in the classroom: A fundamental analysis. *Journal on Education, 5*(4), 16100-16106. https://doi.org/10.31004/joe.v5i4.2745

Barrett, M., Branson, L., Carter, S., De Leon, F., Ellis, J., Gundlach, C., y Lee, D. (2019). Using artificial intelligence to enhance educational opportunities and student services in Higher Education. *Inquiry: The Journal of the Virginia Community Colleges, 22*(1), 1-11.

Benotti, L., Martínez, M. C., y Schapachnik, F. (2014). Engaging high school students using chatbots. En *Proceedings of the 2014 Conference on Innovation & Technology in Computer Science Education* (pp. 63-68). ACM.

Biswas, S. (2023). Role of Chat GPT in Education. *SSRN.* https://bit.ly/42rFdIJ

Canbek, N.G. y Mutlu, M. E. (2016). On the track of artificial intelligence: Learning with intelligent personal assistants. *Journal of Human Sciences, 13*(1), 592-601.

Carpenter, J. P., Morrison, S. A., Rosenberg, J. M. y Hawthorne, K. A. (2023). Using social media in preservice teacher education: The case of a programwide Twitter hashtag. *Teaching and Teacher Education, 124.* https://doi.org/10.1016/j.tate.2023.104036

Carpenter, J. P., Krutka, D. G. y Trust, T. (2022a). Continuity and change in educators' professional learning networks. *Journal of Educational Change, 23,* 85-113.

Carpenter, J. P., Shelton, C. C. y Schroeder, S. E. (2022b). The education influencer: A new player in the education professional landscape. *Journal of Research on Technology in Education.* https://doi.org/10.1080/15391523.2022.2030267

ChatGPT Generative Pretrained Transformer, Osmanovic Thunström, A. y Steingrimsson, S. (2022). Can GPT3 write an academic paper on itself, with minimal human input? *Hal Science Ouberte,* 03701250. https://hal.science/hal03701250

ChatGPT Generative Pretrained Transformer, C. y Zhavoronkov, A. (2022). Rapamycin in the context of Pascal's Wager: generative pretrained transformer perspective. *Oncoscience, 9*, 82-84. https://doi.org/10.18632/oncoscience.571

Chung, T. S., Wedel, M. y Rust, R. T. (2016). Adaptive personalization using social networks. *Journal of the Academy of Marketing Science, 44*(1), 66-87. http://dx.doi.org/10.1007/s117470150441x

Crompton, H. & Burke, D. (2023). Artificial intelligence in higher education: the state of the filed. *Internacional Journal of Educational Technology in Higher Education, 20*(22). https://doi.org/10.1186/s41239-023-00392-8

Daly, A. J., Liou, Y. H., Fresno, M. D., Rehm, M. y Bjorklund Jr., P. (2019). Educational leadership in the Twitterverse: Social media, social networks, and the new social continuum. *Teachers College Record, 121*(14), 1-20. https://doi.org/10.1177%2F016146811912101404

Delrieux, C., Barry, D., Stickar, R., Mazzanti, R., Buckle, C., Cura, R. R. y Zàrate, M. (2015). Clasificación de información en BigData mediante la utilización de técnicas de inteligencia artificial y análisis de redes sociales. *Unlp.edu.ar.* http://sedici.unlp.edu.ar/handle/10915/45567

Dutta, D. (2017). *Developing an intelligent chatbot tool to assist high school students for learning general knowledge subjects.* Georgia Institute of Technology.

Espinosa-Rada. A. (2022). Modelos estocásticos orientados en el actor utilizando RSiena (I). Guión básico introductorio. *Revista Hispana para el Análisis de Redes Sociales, 33*(1), 92-99. https://doi.org/10.5565/rev/redes.936

Ghahramani, Z. (2015). Probabilistic machine learning and artificial intelligence. *Nature, 521*(7553), 452-459.

Hivert, A.-F. (2023). La Suède juge les écrans responsables de la baisse du niveau des élèves et veut un retour aux manuels scolaires. *Le Monde.* https://bit.ly/3OS691e

Holey, B. (2018). Tech-free schools for children of Silicon Valley. *The Times.* https://bit.ly/3qeMLkL

Incio Flores, F. A., Capuña y Sanchez, D. L., Estela Urbina, R. O., Valles Coral, M. Á., Vergara Medrano, S. E. y Elera Gonzales, D. G. (2021). Inteligencia artificial en educación: una revisión de la literatura en revistas científicas internacionales. *Apuntes Universitarios, 12*(1), 353-372. https://doi.org/10.17162/au.v12i1.974

Jara, I. y Ochoa, M. (2020). *Usos y efectos de la inteligencia artificial en educación.* Banco Iberoamericano de Desarrollo. https://bit.ly/3o0cjkQ

Jin, X., Jin, C., Huang, J. y Min, Y. (2017). Coupling effect of nodes popularity and similarity on social network persistence. *Scientific Reports (Nature Publisher Group), 7*, 42956. http://dx.doi.org/10.1038/srep42956

Kamal, S., Dey, N., Ashour, A. S., Ripon, S., Balas, V. E. y Kaysar, M. S. (2017). FbMapping: An automated system for monitoring Facebook data. *Neural Network World, 27*(1), 27-57. http://dx.doi.org/10.14311/NNW.2017.27.002

Kung, T. H., Cheatham, M., ChatGPT, Medenilla, A., Sillos, C., De Leon, L., Elepaño, C., Madriaga, M., Aggabao, R., DiazCandido, G., Maningo, J. y Tseng, V. (2022). Performance of ChatGPT on USMLE: Potential for AIAssisted medical education using large language models. *MedRxiv.* https://doi.org/10.1101/2022.12.19.22283643

Kuz, A., Falco, M., Giandini, R. y Nahuel, L. (2015). Integrando redes sociales y técnicas de inteligencia artificial en entornos educativos. *Upb.edu.co.* http://hdl.handle.net/20.500.11912/6865

Leyva Vázquez, M., Escobar Jara, R., Espín Riofrio, C. y Pérez Teruel, K. (2018). Facebook como herramienta para el aprendizaje colaborativo de la inteligencia artificial. *Didasc@Lia: Didáctica y Educación, 9*(1), 27-36. https://bit.ly/42OorEq

Liu, X. y Zhu, T. (2016). Deep learning for constructing microblog behavior representation to identify social media user's personality. *PeerJ Computer Science.* http://dx.doi.org/10.7717/peerjcs.81

Luckin, R., W. Holmes, M. Griffiths y Forcier, L. B. (2016). *Intelligence unleashed: An argument for AI in education.* Pearson Education.

Marcelo, C. y Marcelo, P. (2021). Influencers educativos en Twitter. Análisis de hashtags y estructura relacional. *Comunicar, 68,* 73-83. https://doi.org/10.3916/C68202106

Marcelo-Martínez, P. y Marcelo García, C. (2022). Espacios de afinidad docente en Twitter: El caso del hashtag #Claustrovirtual. *Revista de Educación a Distancia (RED), 22*(70). https://doi.org/10.6018/red.510951

Marcelo-García, C., Yot-Domínguez, C., MarceloMartínez, P., Murillo, P. y MayorRuiz, C. (2022). No me llames influencer. Nuevos artesanos digitales en educación. *Campus Virtuales, 11*(2), 133-145. https://doi.org/10.54988/cv.2022.2.1150

Marcelo-Martínez, P., Yot-Domínguez, C. y Marcelo, C. (2023). Los docentes y las redes sociales: Usos y motivaciones. *Revista de Educación a Distancia (RED), 23*(72). http://dx.doi.org/10.6018/red.523561

McLaren, B. M., Scheuer, O. y Mikšátko. J. (2010). Supporting collaborative learning and Ediscussions using artificial intelligence techniques. *International Journal of Artificial Intelligence in Education, 20*(1), 1-46.

Moreno Padilla, R. D. (2019). La llegada de la inteligencia artificial a la educación. *Revista de Investigación en Tecnologías de la Información: RITI, 7*(14), 260-270. https://bit.ly/44YLQom

Mosquera Gende, I. (2016). Creación de comunidad y comunicación mediante el uso de Whatsapp en la elaboración online de Trabajos Fin de Máster de Formación de Profesorado. *DIM: Didáctica, Innovación y Multimedia, 33,* 1-8. https://bit.ly/3vMi4Tv

Mosquera Gende, I. (2018a). Análisis DAFO en educación: un nuevo vaso comunicante con el mundo empresarial. *UNIR Revista.* https://bit.ly/3WQnYQw

Mosquera Gende, I. (2018b). Big Data en Educación: analítica de aprendizaje y aprendizaje adaptativo. *UNIR Revista.* https://bit.ly/41B4PT4

Mosquera Gende, I. (2019). ¡Sácale partido (educativo) a los chatbots!. *UNIR Revista.* https://bit.ly/41zAyV1

Mosquera Gende, I. (2021a). De la teoría a la práctica educativa a través de YouTube: acercando la universidad a las aulas. En A. VizcaínoVerdú, M. BonilladelRío y N. IbarraRius (Coords.), *Cultura participativa, fandom y narrativas emergentes en redes sociales* (pp. 591-611). Dykinson, S.L. http://bit.ly/3LZUda3

Mosquera Gende, I. (2021b). El desarrollo de la competencia digital de futuros docentes en una universidad en línea. *Bordón. Revista de Pedagogía, 73*(4), 121-143. https://doi.org/10.13042/Bordon.2021.89823

Mosquera Gende, I. (2021c). Una experiencia de aprendizaje informal en YouTube: las #CharlasEducativas. En O. Buzón García y C. Romero García (Coords.), *Metodologías activas con TIC en la educación del siglo XXI* (pp. 764-788). Dykinson, S.L. https://bit.ly/3i18VTB

Mosquera Gende, I. (2021d). Variación en la autopercepción de la competencia digital en futuros docentes de inglés: una experiencia didáctica. *Lenguas Modernas, 58,* 35-53. https://bit.ly/3tPY8hm

Mosquera Gende, I. (2022a). Aplicaciones educativas: convirtiendo las TIC en TEP y TRIC. En B. PueblaMartínez, P. VicenteFernández y V. Levratto (Coords.), *El fomento de la innovación docente como estímulo transformador del ámbito educativo en el siglo XXI* (pp. 59-78. Dykinson, S.L. https://bit.ly/3Y6mFeU

Mosquera Gende, I. (2022b). Cómo los docentes pueden aprovechar el aprendizaje informal en Twitter. *The Conversation.* https://bit.ly/3vi6Buf

Mosquera Gende, I. (2022c). Flexibilizar el proceso de enseñanza y aprendizaje en una universidad online. *Edutec. Revista Electrónica de Tecnología Educativa,* 79, 199-213. https://doi.org/10.21556/edutec.2022.79.2351

Mosquera Gende, I. (2022d). Herramientas digitales colaborativas para la formación de futuros docentes en una universidad online. *REDU. Revista de Docencia Universitaria,* *20*(1), 35-50. https://doi.org/10.4995/redu.2022.16806

Mosquera Gende, I. (2022e). Herramientas digitales para el aprendizaje informal de los docentes en YouTube. En A. Martínez Sala, C. Paradinas Márquez y D. Muñoz Sastre (Coords.), *Comunicación y soluciones digitales para nuevos contenidos* (pp. 329-343). GEDISA.

Mosquera Gende, I. (2022f). Las herramientas digitales en el diseño universal para el aprendizaje. En J. Ramé López, O. Serrano Villalobos y P. Hidalgo Cobo (Coords.), *La necesidad de la transformación social desde la innovación docente y educativa* (pp. 830-848). Aula Magna McGraw Hill. https://bit.ly/3ZxnZZJ

Mosquera Gende, I. (2023a). *Aprendizaje informal en redes. Twitter y las #CharlasEducativas.* Octaedro. https://doi.org/10.36006/16414

Mosquera Gende, I. (2023b). Digital tools and active learning in an online university: Improving the academic performance of future teachers. *JOTSE. Journal of Technology and Science Education,* *13*(3), 632-645. https://doi.org/10.3926/jotse.2084

Mosquera Gende, I. (2023c). El ChatGPT irrumpe en el debate educativo. *UNIR Revista.* http://bit.ly/3MtKUBD

Mosquera Gende, I. (2023d). Telegram para el aprendizaje informal y el desarrollo profesional docente. En: C. Marcelo García y P. Marcelo-Martínez (Coords.). *Redes sociales digitales y formación docente* (en prensa). Octaedro.

Mostafa, M. M. y Nebot, N. R. (2017). Sentiment analysis of Spanish words of arabic origin related to islam: A social network analysis. *Journal of Language Teaching and Research,* *8*(6), 1041-1049. http://dx.doi.org/10.17507/jltr.0806.03

Ocaña-Fernández, Y., ValenzuelaFernández, L. A. y GarroAburto, L. L. (2019). Inteligencia artificial y sus implicaciones en la educación superior. *Propósitos y Representaciones,* *7*(2). https://doi.org/10.20511/pyr2019.v7n2.274

O'Connor, S. y ChatGPT. (2023). Open artificial intelligence platforms in nursing education: tools for academic progress or abuse? *Nurse Education in Practice,* 66, 103537. https://doi.org/10.1016/j.nepr.2022.103537

Parra-Sánchez, J. S. (2022). Potencialidades de la inteligencia artificial en educación superior: Un enfoque desde la personalización. *Revista TecnológicaEducativa Docentes 2.0,* *14*(1), 19-27. https://doi.org/10.37843/rted.v14i1.296

Ponce Rojo, A. (1994). Inteligencia artificial y educación. *Sinéctica,* 5. https://bit.ly/3VZzIPX

Rojas, P. (2017). Learning Analytics. Una revisión de la literatura. *Educación y Educadores,* *20*(1), 106-128. https://doi.org/10.5294/edu.2017.20.1.6

Sánchez Vila, E. M. y Lama Penín, M. (2007). Técnicas de la inteligencia artificial aplicadas a la educación. *Revista Iberoamericana de Inteligencia Artificial,* *11*(33), 7-12. https://bit.ly/3MnAR0z

Scherer, M.U. (2015). Regulating artificial intelligence systems: Risks, challenges, competencies, and strategies. *Harvard Journal of Learning & Technology*, 29, 353.

Schwarz Díaz, M. (2018). Inteligencia artificial para el análisis de conducta en redes sociales. *Ulima.edu.pe.* https://hdl.handle.net/20.500.12724/6312

Shidiq, M. (2023). The use of artificial intelligence-based Chat-GPT and its challenges for the world of education; from the view point of the development of creative writing skills. En *Proceedings of International Conference on Education, Society and Humanity, 1*(1), 353-357. https://bit.ly/3MK21Ol

Stokel-Walker, C. (2023). ChatGPT listed as author on research papers: many scientists disapprove. *Nature, 613*(7945), 620-621. https://doi.org/10.1038/d4158602300107z

Tien, S. (2023). 10 herramientas de análisis de redes sociales que harán los cálculos por ti. *Hootsuite.* https://bit.ly/3I3d0R9

Tuomi, I. (2018). The impact of artificial intelligence on learning, teaching, and education. *European Union Joint Research Centre for Policy Report.* https://bit.ly/42RsBvb

DESARROLLO DE HERRAMIENTAS WEB DE CARTOGRAFÍA COLABORATIVA MEDIANTE EL USO DE INTELIGENCIA ARTIFICIAL

Gabriel Orozco Frutos [1], Pilar Díaz-Cuevas [2]

El presente texto nace en el marco de los proyectos TED2021-129484A-I00 financiado por MCIN/AEI/10.13039/501100011033 y por la Unión Europea "NextGenerationEU"/PRTR e "Infraestructuras científicas para la vigilancia y adaptación al cambio global en Andalucía (INDALO)", cofinanciado al 80% por el Fondo Europeo de Desarrollo Regional (FEDER), Programa Operativo Plurirregional de España (POPE) 2014-2020.

1. INTRODUCCIÓN

La implantación en los últimos años de funcionalidades de geolocalización en los *smartphones* junto con el avance de la red inalámbrica ha derivado en un cambio de paradigma donde la sociedad y los usuarios en general han pasado de ser consumidores a productores de datos geográficos (Ojeda *et al.*, 2015). Aparecen, en línea con este cambio, una serie de conceptos (*big data*, ciencia ciudadana, neogeografía, *crowdsourcing*...), siendo uno de ellos, la información geográfica voluntaria (en adelante, IGV), también llamada cartografía colaborativa, objeto de este trabajo.

Son varios los autores que definen la cartografía colaborativa. Goodchild (2007), por ejemplo, la entiende como aquella información creada o reunida de forma voluntaria y organizada por personas que se publica en la web con la finalidad de difundirla para proyectos de bien común. En línea con esta definición, Marín (2015) define la IGV como la información geográfica recopilada de forma organizada por voluntarios y voluntarias, con experiencia o sin ella, para usos colaborativos o proyectos con licencias libres. Del mismo modo, Sajja y Akerkar (2016) entienden como cartografía colaborativa la agregación de mapas web y contenidos generados por los usuarios, con el fin de proporcionar información específica. Son varios los autores que coinciden en que la cartografía colaborativa puede ser una herramienta muy valiosa para recopilar, visualizar y compartir información relevante sobre la situación en tiempo real, lo que la convierte en una poderosa herramienta en el ámbito de la gestión de crisis (Sancho y Olcina, 2021; Hunt y Spetch, 2019; Kerle y Hoffman, 2013).

Los datos procedentes de cartografía colaborativa se han convertido además en una fuente alternativa para científicos, empresas y agentes decisores y su uso está creciendo

---

1. Universidad de Sevilla.
2. Universidad de Sevilla.

rápidamente, si bien, una de las principales preocupaciones a la hora de utilizar esos datos es la calidad. Mientras que las Infraestructuras de Datos Espaciales (IDES), pone a disposición de usuarios expertos información geoespacial levantada conforme a unos estándares de calidad y metadatados, la información geoespacial aportada de forma colaborativa (Bishr y Kuhn, 2007) proporciona contenidos generados por usuarios no expertos para no expertos, con una falta de garantía de calidad formal u oficial (Craglia, 2007; Marín, 2015).

Junto con lo anterior, en los últimos años han aparecido una gran cantidad de herramientas de visualización de información geográfica (geovisores o mapas web) susceptibles de ser manejadas por todo tipo de usuarios sin formación técnica y a través de diversas plataformas. Una tendencia actual es el desarrollo de aplicaciones de este tipo para su uso en los procesos de planificación y gestión territorial y ambiental. Además, recientemente la inteligencia artificial (en adelante IA), término que se aplica cuando una máquina imita las funciones cognitivas que los humanos asocian como competencias humanas (Russel *et al.*, 2009), ha sido impulsada por el lanzamiento a finales del año 2022, de ChatGPT. Esta IA es capaz de escribir textos y responder preguntas en muchos idiomas, si bien la calidad experimentada en las respuestas ha generado un gran entusiasmo, más tarde se identificó que proporcionaba información errónea en las áreas donde no tenía conocimiento (Weise, 2023).

Según el directorio de herramientas de inteligencia artificial AIFINDY.COM existen más de 300 IAs en la actualidad, cada mes surgen nuevas herramientas y cada vez más empresas están implementando la tecnología en sus operaciones. Además, atendiendo a los resultados del informe sobre la situación de la IA en la empresa elaborado por Deloitte[3] (2022), el 79% de los encuestados ha implementado completamente tres o más tipos de IA en 2022, en comparación con el 62% en 2021, mientras que en el informe "IBM Global AI Adoption Index 2022" (IBM, 2022) se indica que más de la mitad (53%) de los profesionales de tecnologías de la información han acelerado la implementación de IA en los últimos 24 meses. Estos resultados sugieren que la adopción de la IA está en aumento y que cada vez más empresas están implementando la tecnología en sus operaciones. Es por ello y por sus amplias capacidades y potencialidades que varias voces han puesto de manifiesto la posible pérdida de empleos que la IA podría producir en varios sectores en general, y a los programadores en particular (Díaz, 2023; García, 2023, entre otros), si bien, también existen voces en sentido contrario (Hunt *et al.*, 2022).

2. OBJETIVOS

El objetivo general de este trabajo consiste en explorar las capacidades de la Inteligencia Artificial (IA) en el desarrollo de herramientas de geovisualización de información geográfica voluntaria, con el fin de determinar si la tecnología puede ser autosuficiente en la creación de estas soluciones o si se requiere supervisión técnica para lograr los resultados esperados. En este sentido, se plantea si una IA puede abordar los requisitos mínimos necesarios para que una solución informática sea considerada una herramienta de cartografía colaborativa y, en caso contrario, identificar los problemas que surgen durante el proceso de creación.

---

3. Deloitte (DTT) es una marca bajo la cual se agrupan profesionales que brindan servicios de Auditoría, Consultoría, manejo del Riesgo, Asesoramiento Financiero y en Impuestos para las principales empresas del mundo.

En base a este objetivo general, se plantean una serie de objetivos específicos:

- Identificar los contenidos y funcionalidades mínimas que una herramienta de geovisualización de cartografía colaborativa debe poseer.
- Identificar las necesidades de información y diseñar la arquitectura para un caso de estudio seleccionado.
- Implementar la herramienta mediante IA.

En resumen, el estudio se enfoca en explorar las capacidades y limitaciones de la IA para simplificar el proceso de creación de herramientas VGI mediante el desarrollo de una herramienta funcional. Se señalarán y analizarán los retos técnicos y prácticos que deben ser superados para lograr resultados funcionales.

3. METODOLOGÍA

La consecución de los objetivos planteados se basa en la implementación de una serie de fases claramente diferenciadas.

En una primera fase se definen los requisitos mínimos que debe poseer una herramienta de información geográfica voluntaria. Estos requisitos no deben establecerse de forma aleatoria, sino que deben cubrir todos aquellos aspectos necesarios para que la herramienta a construir sea segura, usable y funcional. Para ello se han tenido en cuenta los resultados obtenidos por Osorio *et al.* (2022), donde se analizan en profundidad un total de 44 mapas web colaborativos recopilados a través de la web.

En una segunda fase, se identificarán las necesidades de información para el caso de estudio. Aunque el objetivo consiste en valorar las posibilidades de la IA para la creación de herramientas de cartografía colaborativa, debido a la naturaleza de estas herramientas, cada caso supondrá establecer unas necesidades diferentes. Así, por ejemplo, es posible encontrar herramientas que necesiten resaltar la importancia a la inserción de datos, mientras que en otras podría adquirir más importancia en la interacción entre usuarios o en el acceso a los datos.

En la tercera fase, una vez descritas las funcionalidades de la herramienta a desarrollar, se seleccionarán aquellas tecnologías que permitan abordar los planteamientos anteriores, teniendo siempre en cuenta las capacidades de la IA. Es por ello, que se deberán usar lenguajes de marca y lenguajes de programación, así como bibliotecas que la inteligencia artificial sea capaz de tratar por sí misma y que a su vez, permitan la creación de herramientas de cartografía colaborativa.

Como trabajo previo a la definición de las tecnologías a utilizar, se encuentra la selección de la herramienta o herramientas de inteligencia artificial idóneas para el estudio. Esto implicará valorar diferentes IAs según sus capacidades y funcionalidades, pero también según su capacidad de alcanzar los objetivos planteados. Teniendo en cuenta que ya existen varias IAs capaces de crear *software* según los parámetros establecidos (por ejemplo, Wix ADI para la creación web), pero que en muchos casos se limitan a un desarrollo concreto y no uno generalizado. Por ello, la herramienta o herramientas seleccionadas deberán permitir indicar pasos concretos con el fin de obtener resultados esperados.

Una vez seleccionadas las tecnologías a utilizar en una cuarta fase se diseñará la arquitectura, estableciendo toda la estructura en base al patrón Modelo-Vista-Controlador. Esto permitirá separar el código en una estructura más lógica y sobre todo más fácil de gestionar por parte de la inteligencia artificial y del usuario. Igualmente, y como no podría ser de otra manera, se usará programación orientada a objetos para garantizar la reusabilidad del código y su mantenimiento (Adones y Vega-Zepeda, 2020).

Diseñada la arquitectura, se desarrollará la herramienta mediante IA. En un proceso de desarrollo de *software* convencional, es en este punto donde se llevaría a cabo la tarea de programación. Pero se ha establecido que deberá ser la IA seleccionada la encargada de este proceso, por lo que en este caso la tarea a desarrollar es el diseño de *prompts*. Un *prompt* es un conjunto de palabras o instrucciones que recibe una inteligencia artificial para que realice su actividad. Es concretamente, la forma que el ser humano tiene para comunicase con la IA. Es fundamental que un *prompt* sea claro y conciso en sus indicaciones, evitando ambigüedades, para que sea efectivo. Asimismo, es importante considerar que la calidad de los resultados generados por la IA dependerá de la calidad del *prompt* proporcionado (Lopezosa, 2023).

Por último, una vez diseñada la herramienta, se realizarán las necesarias pruebas y evaluaciones con el fin de garantizar el normal funcionamiento de esta. Al tratarse de un estudio científico, estas pruebas estarán centradas en comprobar si la herramienta cubre los objetivos planteados en el estudio, más que en evaluar su funcionalidad práctica. Se ha de tener en cuenta, que el desarrollo de todos estos puntos no busca obtener una herramienta práctica desde el punto de vista de la usabilidad futura, sino demostrar las capacidades actuales del uso de la inteligencia artificial en el desarrollo de herramientas de cartografía colaborativa. Es por ello, que todo el desarrollo del estudio estará centrado en este hito, y no en el primero.

4. DESARROLLO DE LA INVESTIGACIÓN

Abordar cualquier tipo de proyecto de desarrollo de *software* implica trabajar sobre alguno de los modelos existentes (Ej. Modelo en cascada, modelo en espiral, modelo de desarrollo iterativo...). Estos modelos buscan planificar y organizar todos los pasos necesarios para la creación de *software*, procurando en mayor o menor medida su mantenimiento en el tiempo, así como la búsqueda de la minimización de los errores en todo el proceso.

El proyecto recogido en el presente estudio posee una escala reducida comparado con proyectos de gran envergadura. A ello se le une que tal y como ya se ha comentado en el apartado anterior, este estudio tiene como objetivo comprobar la utilidad de la IA en el desarrollo de un tipo de herramienta *software* concreta, más que la funcionalidad propia de la herramienta. Es por ello por lo que los pasos a seguir establecidos en el punto anterior y desarrollados en el presente, son una adaptación de estos tres modelos basándose en las particularidades del estudio (Tabla 1).

Fases del proceso de desarrollo de software	Fase correspondiente en el proceso de análisis de este estudio
Análisis de Requisitos	Definición de los requisitos mínimos de una herramienta de información geográfica voluntaria
	Identificación de necesidades según caso de estudio
	Selección de tecnologías
Diseño	Diseño de arquitectura
Implementación	Desarrollo de la herramienta mediante IA
Pruebas	Realización de pruebas y evaluaciones
Entrega y mantenimiento	(No existe para este caso)

Tabla 1. Comparativa fases diseño software/fases desarrolladas en el presente estudio. Fuente: Elaboración propia.

4.1. Definición de los requisitos mínimos de una herramienta de información geográfica voluntaria

Son múltiples los aspectos que pueden abordar las herramientas de información geográfica voluntaria. Establecer unos mínimos es un trabajo complejo ya que un mismo investigador podría valorar más unos aspectos frente a otros. Para identificar estos mínimos se ha revisado el trabajo realizado por Osorio *et al.* (2022), donde se realizó un análisis de 44 mapas webs colaborativos. En estos se identificaron funcionalidades diferentes, de mayor o menor calado, pero todos ellos tienen estas en común:

- Recopilación de datos: Una herramienta de cartografía colaborativa debe proveer de las herramientas necesarias para que el usuario pueda subir y compartir información a la plataforma. Independientemente de la naturaleza de esa información (coordenadas, imágenes, videos, textos...), es importante que la plataforma cuente con un sistema funcional, accesible y comprensible.
- Visualización de datos: Al tratarse de una herramienta de cartografía, es indispensable que los datos compartidos por los usuarios sean mostrados mediante una herramienta de esta naturaleza. Es por ello, que debe incluir un mapa interactivo.
- Además de estas, un mapa colaborativo debe ser una herramienta fácil de usar ya que, por norma general, el usuario de este tipo de herramientas no será un usuario con conocimientos técnicos (Vahidnia y Vahidi, 2021). En muchos casos los usuarios son expertos, pero en la materia cartografiada y no en las herramientas de digitalización.

Junto a las anteriores, se incorporan dos funcionalidades más, que, si bien no están presentes en todos los mapas web analizados, por Osorio *et al.* (2022), resultan fundamentales para garantizar la reusabilidad de los datos (Vahidnia y Vahidi, 2021).

- Validación de datos: Con la creación de herramientas IGV la necesidad de evaluar la calidad y credibilidad de los datos es esencial debido a la posibilidad de que los datos hayan sido manipulados o no sean completamente fiables. Dicha evaluación podría implementarse mediante diferentes opciones, desde impedir el acceso a personas sin vinculación con el tema analizado hasta la creación de un sistema de evaluación que permita no publicar los datos hasta haber corroborado su viabilidad.

- Interoperabilidad: La interoperabilidad, aunque no es un factor indispensable dentro de una herramienta VGI, sí que añade el valor necesario para su reusabilidad futura y para que dicha herramienta sea más útil y efectiva en la gestión y análisis de la información. La implementación de un sistema de intercambio de datos (preferiblemente utilizando un estándar OGC) permite la reutilización y la distribución de la información, mejorando por tanto la funcionalidad de la herramienta.

De cara a la construcción de la herramienta, y al objetivo de este trabajo, centrado en la prueba de la IA para el desarrollo de esta, las funcionalidades a las que se ha asignado mayor peso en la herramienta son la recopilación y visualización de datos, así como a la generación de una herramienta fácil de usar. Igualmente, el diseño estético de la herramienta no será un punto importante ya que no será una herramienta con un uso real.

4.2. Identificación de necesidades según caso de estudio

La comparación de diferentes herramientas IGV ya existentes, destaca la diferente naturaleza de estas herramientas en base al objetivo de cada una de ellas y a la tipología de datos recopilados. Así se pueden encontrar mapas colaborativos sobre crisis ambientales o humanitarias, de denuncia de conflictos ambientales o sociales, sobre temas socioculturales, sobre ciencia ciudadana, etc. (Laconi *et al.*,2018; Turk, 2020; Osorio *et al.*, 2022),

Con el objetivo de cumplir los requisitos mínimos planteados en el punto anterior, la herramienta a crear deberá tener las siguientes funciones:

- Formulario de entrada de datos: Para que el usuario de la herramienta pueda subir su información deberá aparecer un formulario con diferentes campos. En este caso, contará con un título y una descripción, además de dos campos para la obtención de la latitud y la longitud.
- Registro de usuarios y login: Para subir datos, los usuarios deberán acceder con un sistema de identificación, de modo que la herramienta deberá permitir el registro con un email y su posterior acceso con email y clave. Se recomienda la encriptación de la clave para garantizar la seguridad de los datos.
- Mapa: En el *home* de la web se integrará un mapa sobre el que se mostrarán los datos georeferenciados.
- Validación e interoperabilidad: Estos dos puntos tendrán menor peso en la investigación, pero se propone la inserción de un campo de validación en la base de datos, por el cual si un elemento tiene un valor u otro este se encontrará validado o no. Igualmente, se le pedirá a la IA que cree un código para que los datos de la base de datos se muestren en un archivo *geojson* y así poder compartir los datos.

4.3. Selección de tecnologías

4.3.1. Tecnologías de desarrollo de software

Un requerimiento para las herramientas IGV es la disponibilidad de estas para el acceso de los usuarios. Esto implica que dichas herramientas deban estar disponibles online. Para el presente estudio, se ha seleccionado la opción de que la herramienta a crear sea una aplicación web ya que esto permitiría el acceso desde multitud de dispositivos y en diversas condiciones.

Para ello, se contará con un desarrollo web basado en HTML, CSS, Javascript para la parte del *front-end* y PHP, SQL para el *back-end*. Se usará, además, la librería Leaflet para todo el apartado cartográfico. Y, por último, como motor de base de datos se usará MySQL, a pesar de que PostgreSQL es el más utilizado en este tipo de proyecto, MySQL es más recomendable para proyectos pequeños, ofrece alta seguridad, alto rendimiento, es escalable y de código abierto. Además, destaca el hecho de que MySQL también es capaz de trabajar con tipos de datos espaciales.

4.3.2. Tecnologías de Inteligencia Artificial

Una vez planteadas todas las necesidades (teóricas y técnicas) de la futura herramienta, se ha de seleccionar una IA que sea capaz de abordar este tipo de proyectos. Dentro de las IA con la capacidad de desarrollar software se encuentran:

- Bard: Es un modelo de IA conversacional creado por Google. Ofrece la posibilidad de mantener conversaciones con su usuario y ofrecer soluciones concretas a las preguntas. Puede generar bloques de código. Es una IA en desarrollo y aún no disponible en muchos países. A la fecha de escritura de este texto aun no se encuentra disponible en España.
- Bing: Es un motor de búsqueda el cual ha sido potenciado con la inteligencia artificial creada por OpenAI. Aunque puede generar código, está más limitado que otras herramientas ya que solo ofrece 2000 caracteres en la petición.
- GPT: Es un modelo de lenguaje de inteligencia artificial desarrollado por OpenAI. GPT (Ge-nerative Pre-trained Transformer). Es utilizado en una amplia variedad de aplicaciones, como chatbots, asistentes virtuales, generación de texto, generación de código y traducción automática. Destaca el producto ChatGPT, el cual es una interfaz de usuario para usar GPT.
- GitHub Copilot. Es una herramienta de inteligencia artificial desarrollada por GitHub y potenciada con la tecnología GPT de OpenAI diseñada para ayudar a los desarrolladores a escribir código. Su funcionamiento se basa en el autocompletado de código con el fin de mejorar la productividad de los desarrolladores.
- AutoGPT: AutoGPT es una herramienta de inteligencia artificial autónoma que funciona como un administrador de proyectos virtual y es capaz de desglosar tareas en pasos y delegarlos a otros sistemas de IA.
- GPT Engineer: Es una plataforma de inteligencia artificial que permite a los desarrolladores experimentar con herramientas de programación de IA y construir su propio conjunto de herramientas de generación de código personalizado. Utiliza el modelo de lenguaje GPT-4 para generar código basado en una entrada de texto y es fácil de adaptar y extender.

De entre todas las herramientas descritas y muchas otras analizadas se ha de escoger aquella que mejor se adapte al estudio. Se ha de tener en cuenta que muchas de ellas no se encuentran disponibles en la región y en la fecha desde la cual se está llevando a cabo el presente estudio, por lo que habría que descartarlas. Entre ellas encontramos Bard o GPT Engineer el cual requiere la API de GPT-4. Por otro lado, Bing ofrece limitaciones a la hora de realizarle consultas, por lo que también sería descartada y GitHub Copilot trabaja más como un complemento para programadores que como una herramienta autónoma, por lo que depende más del trabajo del desarrollador.

Esto dejaría como opciones GPT y AutoGPT. Las pruebas realizadas sobre AutoGPT han concluido que, aunque es un sistema centrado en la autonomía en el desarrollo, la realidad es que esa misma autonomía es la que posteriormente no permite controlar el proceso de creación. Durante las pruebas se comprobó que el sistema entraba en infinidad de bucles para los cuales no se tenía control sobre su fin y sobre los resultados intermedios que iba generando, más allá de proporcionarle un "continua" o "finaliza". Por todo esto se ha seleccionado GPT como la herramienta para el estudio. Más concretamente se trabajará con la API usando el modelo de inteligencia artificial GPT-3.5-TURBO-16K-0613. La indisponibilidad de GPT-4 en territorio español, convierte a este modelo en la mejor opción, siendo el modelo Turbo el más rápido y unido al modelo 16K el que mayor número de tokens permite enviar y recibir de la IA.

4.4. Diseño de arquitectura

El patrón de arquitectura seleccionado para la investigación es el de Modelo-Vista-Controlador (MVC). Dicho patrón divide el software en tres partes, permitiendo agilizar el desarrollo y su posterior reusabilidad. El controlador es el enlace entre el modelo y la vista. El modelo representa a la base de datos y permite interactuar con ella y, por último, la vista permite mostrar la información al usuario.

Trabajar con una inteligencia artificial como desarrolladora de *software* implica que se debe adaptar el patrón seleccionado a la forma de trabajar dicha inteligencia. Se debe construir los *prompts* estructurándolos de tal manera que la IA nos devuelva una estructura en base al patrón y un código adaptado al mismo. El *prompt* es la herramienta clave para comunicarse con la inteligencia artificial. Los expertos en desarrollo de *prompts* (*Prompt engineers*) establecen que estos deben ser claros y fáciles de comprender para la IA, con un contexto adecuado, determinando parámetros de entrada precisos y específicos, siendo en todo momento coherente (Lopezosa, 2023).

Aunque en la figura 1 se muestra un *prompt* concreto, el proceso de trabajo ha conllevado la creación de múltiples *prompts* y pruebas. El primer intento fue imitar la lógica de funcionamiento de AutoGPT, el cual utiliza la IA para generar *prompts* que pasa a la IA y analiza el resultado, volviendo a crear *prompts*. Es por ello, que se ha creado una petición a GPT para que devuelva un *prompt* con la intención de obtener la mejor petición posible, pero el resultado nunca fue satisfactorio. Se perdieron órdenes durante el proceso y los resultados no fueron los esperados. Seguidamente se crearon *promps* sucesivos que se le iban pasando a la IA con ordenes concretas, el problema de esta forma de trabajar es que la IA a veces no concatena las ordenes, es decir, si crea una variable en la primera consulta en la segunda no tiene por qué darle el mismo nombre, por lo que no obtendríamos un código funcional y habría que hacer cambios sobre él. Para solucionar este problema, se optó por la creación de un solo *prompt* donde se le pasen a la IA todas las indicaciones completas. Esta opción mejoró los resultados, pero rara vez devolvía un resultado 100% definitivo. Igualmente, si se realiza una misma petición en varios intentos, la IA devuelve resultados diferentes, por lo que cada petición debe hacerse de una vez y sobre esta trabajar.

> Los datos de acceso a la base de datos deberán estar en un código independiente y llamados desde los demás códigos. Estos datos serán servidor:localhost, basededatos: mapa, usuario: root, clave:
>
> La parte de modelo deberá gestionar esta base de datos y deberá poseer todas las funciones CRUD necesarias para gestionarla
>
> La parte de vista deberá tener por un lado un home donde aparecerá un mapa leaflet que cargará sobre el mapa todos los puntos de la tabla "ubicación" en base a su columna geometría. Al pulsar sobre cada uno de estos puntos deberá mostrar un pop-up con la información vinculada a ese punto, obtenida de la tabla "elemento" mediante el id_elemento. Además, en esta vista habrá dos botones. Un botón llamado login que llevará a una página para hacer inicio de sesión llamada login y un botón llamado registro que llevará a una página de registro llamada registro.
>
> La página login deberá tener un formulario de inicio de sesión que comprobará los datos en la tabla "usuarios" si existe nos llevará a la página de administrador si no existe el usuario y la clave nos mostrar un mensaje de error
>
> La página registro nos permitirá crear un usuario nuevo en la tabla "usuarios", una vez creado nos redirigirá automáticamente a la página login
>
> La parte de patrón MCV de vista tendrá una página administrador, que es la misma a la que dirige login cuando existe el usuario y la clave en la base de datos. Esta página deberá tener un formulario con los campos título, descripción y coordenadas x e y. Además, tendrá un botón enviar. Una vez el usuario pulse el botón enviar, el sistema deberá tomar los datos de título y descripción, además tomará la fecha actual del sistema y el email del usuario que tiene la sesión activa. Estos datos los enviará a la tabla elemento, obtendrá el id que se ha creado para esta fila de datos e insertará en la tabla "ubicación" las coordenadas obtenidas del formulario mediante la función point de mysql, e insertará el id obtenido de la tabla elemento en la columna id_elemento.
>
> El modelo del patrón modelo-vista-controlador deberá crear todas las clases y funciones necesarias para que todo lo anterior funcione correctamente
>
> Importante. Debes ser lo más detallado posible, no debes dejar fuera ninguna de las indicaciones que te he dado. Debes proceder teniendo en cuenta que todas las ordenes que te he pasado deben estar reflejadas en los códigos que generarás. No dejes fuera ningún dato y crea todo el código necesario.
>
> Crea un css para dar diseño a todos los elementos, y dale parámetros.
>
> Si un elemento llama a una función asegúrate de que existe esa función, si no se ha recogido en el código vuelve a escribirlo y muestra un aviso.

Figura 1. Prompt de partida. Fuente: Elaboración propia.

Cabe destacar en este punto que la funcionalidad y resultados de ChatGPT son diferentes a los obtenidos con la API GPT. Mientras que la primera herramienta permitía continuar si la IA paraba de generar código, la segunda volvía a empezar si se le pedía continuar. Aun así, los resultados de la API eran más estrictos con la petición que los resultados de ChatGPT, y al usar el modelo GPT-3.5-TURBO-16K-0613, la IA no realizaba ningún corte en el proceso. Para poder utilizar este modelo sin necesidad de desarrollar código se usaron las plataformas chatpad.ai y chatwithgpt.netlify.app.

Durante el proceso de desarrollo, la IA en muchas ocasiones optó por no rellenar parte del código e incluir un comentario para especificar al usuario donde debería incluir código. Para evitar esto, al principio y al final del *prompt* se especifica que debe rellenar todo el código y no dejar nada para que sea rellenado por el usuario. Igualmente se ha modificado el *prompt* durante el proceso para dar mayor importancia a aquellas tareas que debía realizar sí o sí, por ejemplo, la IA obviaba en varias ocasiones el desarrollo de la consulta SQL para la creación de la base de datos. Con las pruebas realizadas se comprobó que las consultas al principio o al final del *prompt* adquieren mayor importancia para la IA y habrá más probabilidad de que las desarrolle.

Entre las diferencias obtenidas entre unos intentos y otros se puede destacar el hecho de que unas veces establecía una estructura de carpetas para los archivos, especificando donde debían crearse cada archivo y en otras simplemente mostraba el código de cada archivo y el nombre de cada uno. Curiosamente, cuando generaba la estructura de archivos el código generado mostraba más errores, ya que no especificaba bien las rutas entre archivos. Otra cuestión destacable, es que unas veces incluía urls externas para las bibliotecas (por ej. Leaflet) y en otras dirigía esas urls a archivos locales, por lo que era el usuario el que debía descargar el archivo e incluirlo en el directorio.

Tras todo el proceso, basado en prueba y error, que implicó la modificación de pequeños detalles en el código generado, se ha obtenido una herramienta simple pero funcional que puede ser consultada en la siguiente url (escaladigital.net/mapaIA). Sin un diseño atractivo, pero que permite el registro de usuarios, la subida de datos geográficos y la muestra de información sobre un mapa (Figura 2).

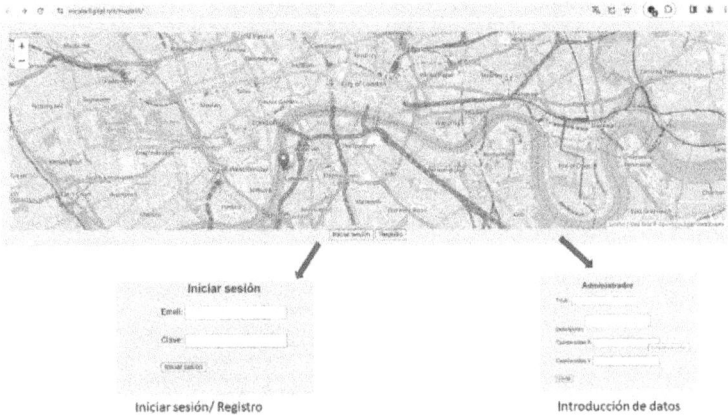

Figura 2. Interfaz de la herramienta y funcionalidades implementadas. Fuente: Elaboración propia.

Observando el *prompt* propuesto y los requisitos mínimos establecidos, se deduce que la interoperabilidad no se encuentra recogida. Esto viene condicionado por la necesidad de no crear un *prompt* demasiado complejo que alejara el resultado obtenido del esperado. Pero una vez obtenido un resultado deseado, abordar este objetivo es sencillo. Para ello se debe pasar a la IA la consulta SQL obtenida en el proceso anterior, junto con una petición tipo "genera un código PHP que devuelva un Geojson en base a esta estructura SQL". En este caso, la IA generó el código y funcionó correctamente, pudiendo conectar QGIS a la url y mostrar los datos en su sistema.

Puede acceder al código de la solución creada en: https://github.com/EscalaDigital/geoia

5. CONCLUSIONES

Tras el análisis llevado a cabo se puede concluir que el uso de herramientas de inteligencia artificial supone un gran cambio en el paradigma de creación de herramientas IGV, agilizando el proceso, abaratando costes y mejorando la estructura y calidad del código generado. La IA es capaz de abordar la parte técnica del desarrollo de herramientas IGV garantizando no solo los mínimos necesarios para diseñar e implementar una herramienta colaborativa que implemente las funcionalidades necesarias para los investigadores y usuarios. No obstante, en base a los resultados del trabajo, la IA ha requerido de varios intentos y múltiples pruebas para la creación de un *prompt* que permita el diseño y la implementación de las funcionalidades deseadas. Si bien se optó finalmente por la creación de un solo *prompt* donde se le pasen a la IA todas las indicaciones completas, opción que mejoró los resultados, pero que rara vez devolvía un resultado 100% definitivo. Igualmente, si se realiza una misma petición en varios intentos, la IA devuelve resultados diferentes, por lo que cada petición debe hacerse de una vez y sobre esta trabajar.

Además de lo anterior, una IA requiere de un proceso previo de análisis de necesidades que por sí misma no sería capaz de delimitar, necesitando de la dirección técnica por parte del desarrollador. Igualmente, aunque la IA puede ser una aliada poderosa al facilitar y mejorar el proceso de recopilación y análisis de datos, siempre se requerirá de la intervención humana para verificar y corregir los resultados generados por la IA y garantizar la calidad de los mapas colaborativos.

Además, la complejidad intrínseca de las herramientas IGV implica abordar este tipo de desarrollos desde una perspectiva multidisciplinar que combine, la experiencia técnica, la experiencia temática y el conocimiento de los usuarios. Siendo la IA un apoyo extra en todas las disciplinas, pero necesitando siempre de un técnico especializado y un experto temático en la disciplina para obtener con éxito los resultados deseados.

6. REFERENCIAS

Adones, J. y Vega-Zepeda, V. (2020). Mantenibilidad del Software. Consideraciones para su especificación y validación. *Ingeniare. Revista chilena de ingeniería*, *28*(4), 654-667. http://dx.doi.org/10.4067/S0718-33052020000400654

Bishr, M. and Kuhn, W. (2007). Geospatial information bottom-up: A matter of trust and semantics. En S.I. Fabrikant and M. Wachowicz (Eds.). *The European Information Society (pp.* 365-387). Springer.

Craglia, M. (2007). Volunteered Geographic Information and Spatial Data Infrastructures: when do parallel lines converge? En VGI Specialist Meeting. http://www.ncgia.ucsb.edu/projects/vgi/docs/position/Craglia_paper.pdf

Deloitte (2022). *Fueling the AI transformation: Four key actions powering widespreadvalue from AI, right now.* Deloitte's State of AI in the Enterprise. Delloite.

Díaz, R. (29 de marzo de 2023). La inteligencia artificial pone en riesgo 300 millones de puestos de trabajo en todo el mundo. *El Mundo.* https://www.elmundo.es/tecnologia/2023/03/29/64248311fdddffab0b8b45cf.html

García, E. (15 de mayo de 2023). Puede dejar sin trabajo a los programadores: esta Inteligencia Artificial es temible. *La Vanguardia.* https://n9.cl/6kdts

Goodchild, M. F. (2007). Citizens as sensors: the world of volunteered geography. *GeoJournal*, 69, 211–221.

Hunt, A., Specht, D. (2019). Crowdsourced mapping in crisis zones: collaboration, organisation and impact. *Int J Humanitarian Action*, 4, 1. https://doi.org/10.1186/s41018-018-0048-1

Hunt, W., Sarkar, S. y Warhurst, C. (2022). Measuring the impact of AI on jobs at the organization level: Lessons from a survey of UK business leaders. *Research Policy* 51(2). https://doi.org/10.1016/j.respol.2021.104425

IBM (2022). *IBM Global AI Adoption Index 2022.* IBM.

Kerle, N. y Hoffman, R.R. (2013). Collaborative damage mapping for emergency response: the role of Cognitive Systems Engineering. *Natural Hazards and Earth System Science*, (13)1, 97-113. https://doi.org/10.5194/nhess-13-97-2013

Laconi, C., Pedregal, B. y del Moral, L. (2018). La cartografía colaborativa para un cambio social: análisis de experiencias. En XVIII Congreso Nacional de Tecnologías de la Información Geográfica: perspectivas multidisciplinares en la sociedad del conocimiento (821-830), Valencia: Universitat de València.

Lopezosa, C. (2023). ChatGPT y comunicación científica: hacia un uso de la Inteligencia Artificial que sea tan útil como responsable. *Hipertext.net*, (26), 17-21. https://doi.org/10.31009/hipertext.net.2023.i26.03

Marín López-Pastor, J. J. (2015). La confianza de la Información Geográfica Voluntaria (IGV). *Revista Cartográfica*, 91, 123–131. https://doi.org/10.35424/rcarto.i91.454

Osorio, J., Orozco, G. y Pedregal, B. (2022). Cartografía colaborativa e Infraestructuras de Información Espacial: Análisis de experiencias. En J. de la Riva, M.T. Lamelas, R. Montorio, F. Pérez-Cabello, M. Rodrigues (Eds.). *TIG al servicio de los ODS* (pp. 182-191). Universidad de Zaragoza; Asociación de Geógrafos Españoles.

Ojeda, J., Díaz, P., Álvarez, J.I., Pérez, J.P. y Prieto, A. (2015). Geoportales y geovisores web: Un nuevo entorno colaborativo para la producción, acceso y difusión de la información geográfica. En J. de la Riva, P. Ibarra, R. Montorio, y M. Rodrigues (Eds.). *Análisis espacial y representación geográfica: innovación y aplicación* (pp. 777-786). Departamento de Geografía y Ordenación del Territorio Universidad de Zaragoza; Asociación de Geógrafos Españoles.

Panek J, Netek R. (2019). Collaborative Mapping and Digital Participation: A Tool for Local Empowerment in Developing Countries. *Information*, *10*(8):255. https://doi.org/10.3390/info10080255

Russell, S. J. and Norvig, P. (2009). *Artificial intelligence: a modern approach*. Prentice Hall.

Sancho Comís, J., y Olcina, J. (2021). Thematic cartography as an optimal resource for understanding the COVID-19 pandemic: example of application in Spain. *Boletín de la Asociación de Geógrafos Españoles*, (91). https://doi.org/10.21138/bage.3141

Turk, C. (2020). Any Portal in a Storm? Collaborative and crowdsourced maps in response to Typhoon Yolanda/Haiyan, Philippines. *Journal of Contingencies and Crisis Management*, *28* (4), 416-431. https://doi.org/10.1111/1468-5973.12330

Vahidnia, M. H., and Vahidi, H. (2021). Open Community-Based Crowdsourcing Geoportal for Earth Observation Products: A Model Design and Prototype Implementation. ISPRS International *Journal of Geo-Information*, *10*(1), 24. https://doi.org/10.3390/ijgi10010024

Weise, K. (1 de mayo de 2023). When A.I. Chatbots Hallucinate. *The New York Times*.

LA INTELIGENCIA ARTIFICIAL FRENTE A LA DEONTOLOGÍA PERIODÍSTICA

Yolanda Ortiz de Guinea Ayala [1], *José Luis Martín Sáez* [2], *María Eugenia Lozano López* [3]

1. INTRODUCCIÓN

En mayo de 2023, Geoffrey Hinton, una figura destacada en el campo de la Inteligencia Artificial (IA), dejó su puesto en Google, aludiendo a su preocupación por la habilidad de la IA para generar imágenes, audios y textos engañosos que son percibidos como auténticos por los consumidores de medios; afirmando que "ya no podremos saber qué es verdad" (El confidencial, 2023) y qué no. Esta advertencia señala, de alguna manera, el surgimiento de un nuevo entorno no solo comunicativo, sino también computacional. Como ya predecía la Comisión Europea en 2020, la IA "cambiará nuestras vidas (...) y nos aportará muchos cambios que de momento solo podemos intuir, pero paralelamente "conlleva una serie de riesgos potenciales como la opacidad en la toma de decisiones, la discriminación de género o de otro tipo, la intromisión en nuestras vidas privadas o su uso con fines delictivos" (Comisión Europea, 2020, p. 1).

En este escenario, los medios de comunicación, como actores esenciales en las sociedades democráticas, tendrán una responsabilidad social aún mayor para desempeñar su función. Esto es especialmente cierto en un contexto en el que la desinformación adquiere un protagonismo creciente.

La IA desempeña, de esta manera, un papel cada vez más relevante en nuestro día a día. La mayoría de las veces nos pasa inadvertida, pero puede tener profundas consecuencias para nuestras sociedades, al transformarlas y modelarlas. Frente a las indudables ventajas que puede ofrecer a la sociedad, el uso incorrecto o no ético de estas tecnologías puede ocasionar graves consecuencias como desigualdades o confrontaciones. Por este motivo, todos los estados miembros de la UNESCO, en noviembre de 2021, apadrinaron la Recomendación sobre la Ética de la Inteligencia Artificial (UNESCO, 2022), que se ha convertido en la primera herramienta normativa sobre el tema. Concretamente, este documento dedica un apartado a la esfera de acción política de los países pertenecientes a dicho organismo de las Naciones Unidas en lo referente a la utilización de la IA en el Ámbito de la Comunicación e Información haciendo hincapié en que "los Estados

---

1. Universidad Rey Juan Carlos (España)
2. Universidad Rey Juan Carlos (España)
3. Universidad Rey Juan Carlos (España)

miembros deberían (…) alentar a los medios de comunicación a que hagan un uso ético de estos sistemas en su trabajo" (p. 36).

Son muchas las confluencias a analizar sobre este tema, y muchas han sido ampliamente tratadas por la academia. La IA tiene un gran potencial para transformar los medios de comunicación, pero esta transformación viene con una serie de desafíos éticos importantes.

Entre otros, los algoritmos de utilización de la inteligencia artificial para sugerir contenido a los usuarios en función de su comportamiento y preferencias pasadas. Estos algoritmos son fundamentales en plataformas como Meta (Facebook) o Google y han sido estudiados por su falta de transparencia y la creación de "burbujas filtro" informativas y su influencia en la calidad periodística (Marín García, 2019). Este uso de algoritmos de IA puede conducir a la polarización, ya que las personas tienden a ver contenido que refuerza sus creencias existentes, con la consecuente incidencia negativa en el discurso público y la democracia (Hagar, et al. 2021). La IA tiene el potencial de ser utilizada para propagar desinformación o noticias falsas a una escala masiva. Tecnologías como el *deepfake*, entre otras, pueden ser utilizadas para crear contenido audiovisual falso convincente, lo que está haciendo surgir el discurso de la auditoría de la IA como un campo de la ética (Arora y Sarkar, 2023).

Los medios de comunicación deberán plantearse su compromiso con la utilización responsable de los datos personales de los usuarios, si quieren mejorar el clima de confianza hacia los medios y asentar su reputación (Newman, 2021). A estos desafíos éticos de falta de transparencia, de sesgo y de discriminación, se añaden los problemas de privacidad, ya que la IA implica la recopilación y análisis de grandes cantidades de datos personales, si estos no se manejan correctamente. Los profesionales del periodismo pueden acomodarse a las innovaciones manteniendo, al mismo tiempo, los fundamentos de su oficio (García-Avilés, 2021). Conceptos como veracidad, equidad, responsabilidad y libertad siguen siendo relevantes para evaluar las prácticas emergentes. Sin embargo, la interpretación y la aplicación de estos principios tradicionales pueden adquirir nuevas dimensiones frente a los desafíos que presenta el periodismo digital (Deuze y Yeshua, 2001), (Wyatt, 2014) (Manfredi y Ufarte, 2019). Este ejercicio requiere de un análisis constante de nuestras raíces, una evaluación de nuestros paradigmas fundamentales para desafiarlos, y el fomento de discusiones críticas acerca del porvenir del periodismo (Hanusch, 2023).

Algo particularmente relevante en la turbulenta época actual, donde las plataformas digitales, las redes sociales y la desinformación han generado cambios profundos en el panorama comunicativo. En este sentido, están surgiendo renovados planteamientos periodísticos para afrontar los retos en esta nueva fase digital inducida por la IA, apostando por practicar un periodismo constructivo enfocado a las soluciones y aplicar nuevas medidas de transparencia, a la vez que surgen medios nuevos que exhiben como elemento distintivo la imparcialidad y una oferta de información alejada de la polarización (López-García, 2023).

Por tanto, el periodismo tiene ante sí una ingente tarea, ya que debe reflexionar sobre cómo emplea la tecnología que, a la vez, debe supervisar, además de adquirir las habilidades requeridas y desarrollar métodos que ya están siendo adoptados por medios de comunicación pioneros para auditar estos algoritmos (Diakopoulos, 2015), (Trielli y Diakopoulos, 2020). En esta línea, la prioridad debería ser reconocer los desafíos para transformar la innovación tecnológica en una perspectiva común sobre el diseño ético y social de la IA. Estos sistemas deben tener como eje central a las personas, enfatizando los principios de transparencia, justicia, privacidad y responsabilidad, entre otros. Si la tarea del periodismo es supervisar estos algoritmos o, más precisamente, a quienes los controlan, lógicamente, deberá ser capaz de utilizar la Inteligencia Artificial de manera ética. Debe orientarla hacia su misión de servicio público, infundirla con sus valores y demostrar que puede manejarla de una forma que otros, que simplemente la optimizan para cuestiones meramente comerciales y, por ende, sin valores, no lo hacen (Ventura Pocino, p. 2021).

2. OBJETIVOS

El objetivo fundamental de esta investigación es analizar cómo perciben y valoran los profesionales de la comunicación el empleo de Inteligencia Artificial en los medios, desde el punto de vista de la ética y la deontología periodística, así como cuáles pueden ser sus consecuencias a la hora de entender y ejercer el periodismo.

Así, y teniendo en cuenta, además, la enorme potencialidad de la IA como herramienta generadora de contenidos falsos, el trabajo pretende conocer, por otra parte, cómo afecta su utilización al derecho a la información de los ciudadanos.

3. METODOLOGÍA

En este trabajo hemos aplicado una metodología cualitativa, basada en entrevistas en profundidad a profesionales de la información de larga trayectoria y de diferentes medios nacionales y autonómicos. Esta técnica nos ha permitido abordar y ahondar en las preocupaciones que genera en los periodistas la utilización de la Inteligencia Artificial en los medios.

La muestra está integrada por diez entrevistados a los que, para garantizar su anonimato, hemos codificado en tres grupos: tres responsables Editor-Director de medios audiovisuales (EDAv), dos responsables Editor-Director de diarios en papel (EDDp), dos responsables Editor-Director de diarios nativos digitales (EDDnd) y tres redactores de prensa, radio y televisión (R). En la selección de los entrevistados, hemos tenido en cuenta la representatividad de la muestra, considerando el tipo de medio, y la difusión o la audiencia de este.

Las entrevistas tuvieron lugar durante los meses de junio y julio de 2023.

4. DESARROLLO DE LA INVESTIGACIÓN

Teniendo en cuenta que en la Sociedad del Conocimiento "el ejercicio del derecho a la información comporta para el periodismo una responsabilidad social que le compromete con la ciudadanía" y que, además, "la veracidad y el rigor son máximas consustanciales a toda labor periodística" (Fernández, 2019, p.18), la irrupción de la Inteligencia Artificial, una herramienta capaz de crear audios, imágenes y textos falsos, percibidos como verosímiles por los usuarios de los medios de comunicación, conllevaría una resignificación, de algún modo, del periodismo, teniendo en cuenta el papel esencial que desempeña en la conformación de la opinión pública en una sociedad democrática mediática:

> *Siempre he visto el periodismo como la traducción de la realidad (...) y al periodista como la persona que recopila la información y la desmenuza (...), para que luego sea (...) entendida por todo el mundo. [En este sentido], qué papel juega la Inteligencia*

Artificial en todo esto. Se supone que se encargaría de recopilar y desgranar [la información], pero cómo lo haría (...). Porque la Inteligencia Artificial, según esté programada, tiene unos sesgos muy marcados (...). Porque, ¿cómo va a obtener la información? [Entonces], hay que tener precaución. (R)

El periodismo es contar noticias veraces e historias que interesan a la sociedad. Otra cosa son los medios y [qué tipo de periodismo] tiene cabida o acogida en esos medios. Lo preocupante es la separación entre el periodismo y sus fundamentos (...), y la dinámica de los medios de comunicación, que están totalmente mercantilizados (...). Con lo cual, para mí cada vez hay una dicotomía más grande entre lo que es el periodismo y el que se practica. (EDAv)

La Inteligencia Artificial ha entrado como un elefante en una cacharrería (...). Creo que ahora mismo la Inteligencia Artificial puede complementar o puede ayudar en determinadas cuestiones, pero tiene su peligro (...), porque se basa en sesgos (...), es decir, no tiene una información objetiva (...). Ahí entra en juego el papel del redactor, del editor, de la persona que va a recibir esos datos y que tiene que reinterpretar o que tiene que elaborar la pieza una vez que ha recibido esa información. (R)

La Inteligencia Artificial debería ayudar al periodista, no sustituirlo (...). Yo utilizo la máquina con toda la información que tengo y necesito, pero la construcción [de la noticia] la tengo que valorar yo (...), [porque] soy el editor y el responsable de construir ese mensaje, y soy quien lo tiene que evaluar y analizar (...), y crear una opinión a partir de eso. El periodista debe estar siempre por encima de la máquina. (R)

Se trata de una herramienta generativa que me ayuda en mi trabajo, aunque también tengo claro que no voy a firmar un texto creado por una máquina, sin antes haberlo revisado (...). Entonces, yo no sé por qué se empeñan en decir que las máquinas van a sustituir a los periodistas. (EDDp)

El problema que plantea la Inteligencia Artificial es que le estamos dando una serie de instrucciones a una máquina para que genere un texto. Y con qué criterio. Pues con el criterio que quiera quien la ha programado (...), haciéndola pasar por un robot absolutamente aséptico, que no es tal, ya que es un algoritmo, con sus sesgos, creado por alguien. (EDDnd)

La Inteligencia Artificial no es una acción autónoma, ya que tiene que ser gestionada por personas, y, por tanto, tendrá los sesgos que puedan tener esas personas (...). Creo que lo interesante sería, por un lado, utilizar la Inteligencia Artificial como una herramienta válida para limpiar la información que publicamos, no para producirla (...). Y, por otro, usarla también como un instrumento para identificar aquellas noticias que vengan hechas por otros algoritmos. (EDDp)

[Se] está confundiendo información con comunicación. [Porque] una cosa es dar información y otra cosa es ser capaz de responder, de reflexionar, de debatir, de contextualizar y, eso, la máquina no sabe hacerlo (...). El periodista debe ser consciente de que está en medio de sesgos algorítmicos y de que es él quien debe construir el discurso (...). Corremos el riesgo de eludir nuestras responsabilidades. [Y es que] la Inteligencia Artificial no hace nada autónomamente (...). Sus procesos algorítmicos han sido definidos y diseñados por personas, que tienen sus intereses y van dirigidos (...), básicamente, a predecir e influir en las conductas. (EDDnd)

Ante esta problemática, generada por la Inteligencia Artificial, los profesionales de la comunicación entienden que la utilización de aquella debe basarse en la ética y la deontología periodística:

Los medios deberían ser transparentes y decir cuándo y para qué utilizan la Inteligencia Artificial (…), pero no creo que vayan a serlo. Aunque la van a utilizar porque, entre otras cosas, es más barato que las informaciones las hagan máquinas, en lugar de personas. Y hay que pedir ética a los programadores de esos algoritmos, pero no soy nada optimista, porque, al final, (…) lo que se busca es el beneficio de la empresa (…). [Además], la ética no está avanzando a la par que la tecnología. En este sentido, quizá estamos adormecidos desde el punto de vista ético, de exigencia social y de exigencia política. (EDAv)

Los medios deberían decir qué tipo de Inteligencia Artificial están utilizando y para qué (…). Las empresas tienen que ser transparentes, deben identificar de algún modo que una determinada información ha sido generada o ha sido tratada a partir de Inteligencia Artificial (…). [Todo esto] teniendo en cuenta que lo publicado debe ser verdad, no se puede publicar algo que no esté contrastado (…). ¿Cuál es el problema? Que muchas veces se trata de una carrera entre la ética profesional y la supervivencia económica del medio. (EDAv)

Los medios deberían decir a su público qué informaciones están generadas a través de una Inteligencia Artificial, es decir, que no han sido revisadas, que no han sido contrastadas, que no han pasado el filtro de un profesional (…). Pero siempre debería haber un redactor que ejerciera el papel de filtro, que revisara toda la información (…). Porque, en ningún caso, la máquina, la Inteligencia Artificial, debería ser un generador de información. (R)

La Inteligencia Artificial puede ayudar al periodista, sí, pero debemos tener en cuenta, en todo momento, que es este quien maneja la información (…) y, por tanto, a la hora de construir una noticia, debemos trabajar aplicando la ética de la profesión periodística. (R)

Los límites éticos no deberían ser más que los que existen para nuestra vida cotidiana (…). No creo que sea necesario declarar que estamos utilizando una determinada máquina [para elaborar una información] por miedo al oscurantismo, si no le exigimos a una persona que una noticia tenga que ir firmada. (EDDp)

Lo ideal sería que los medios fueran transparentes y dijeran si están utilizando o no Inteligencia Artificial y para qué. Eso sería lo ideal, pero en mi opinión ya vamos tarde, porque esta herramienta ya está implementada en muchos medios (…). En todo caso, los límites éticos son los del periodismo en general, es decir, atender a la verdad y a la pluralidad de fuentes. (EDAv)

El límite ético debe ser no traicionar a la verdad, no traicionar a nuestro público, no traicionar a nuestro suscriptor… y eso se hace siendo muy sincero, muy transparente y honesto con aquellas partes de la noticia que, de alguna manera, han sido procesadas con Inteligencia Artificial. Lo que sería injusto es que salgan artículos firmados por personas que no hayan sido escritos, concebidos y creados por ellas (…). El medio tiene que ser responsable y rendir cuentas sobre cómo está produciendo una información, con lo cual debería ser totalmente transparente, en el caso de que utilice [Inteligencia Artificial] para generar cualquier pieza. (EDDp)

[Por un lado, los medios deberían] hacer público (…) dónde, cómo y por qué han utilizado la Inteligencia Artificial (…). [Y, por otro,] a los periodistas se nos debería

pedir que seamos profesionales, que nos atengamos a las reglas éticas de nuestra profesión. (EDDnd)

Los profesionales de la comunicación, en cualquier caso, consideran que, aunque la llegada de la Inteligencia Artificial vuelve a poner de manifiesto la desconfianza de los ciudadanos hacia los medios, el problema de credibilidad de estos va mucho más allá del empleo o no de la IA:

En televisión es cada vez más habitual ver a un periodista desde el lugar donde ha ocurrido un determinado hecho, pero que no deja de ser una persona de pie, sin más que decir que un titular (…) y ya está (…). Pero eso no es una información, no está contrastada. No sabemos realmente qué es lo que está ocurriendo allí (…). Si al final, el periodista no investiga, no contrasta y solo escribe la noticia, para eso que lo haga una máquina. Y eso está ocurriendo cada vez más, sin que intervenga la Inteligencia Artificial. (EDAv)

Lamento ser tan pesimista, pero es cierto que el periodismo que hacemos ahora mismo sin Inteligencia Artificial es muy poco periodístico (…). Gran parte del periodismo que se hace en la actualidad no tiene las bases que nos permita denominar periodismo a eso. (EDDnd)

La Inteligencia Artificial no va a ser una enviada especial a la guerra de Ucrania (…). El periodismo esencialmente lo van a seguir haciendo personas. Y su credibilidad o falta de esta, recaerá sobre esas personas, con independencia de la Inteligencia Artificial, como viene sucediendo hasta hoy. (EDAv)

Vivimos en un clima de absoluta desconfianza hacia los medios (…), pero la Inteligencia Artificial no tiene nada que ver con esto. (EDDp)

El objetivo del periodismo siempre ha sido trasladar la realidad a los ciudadanos, pero con tanta competencia en el mundo de la comunicación, nos encontramos con que estamos distorsionando un poco esa realidad (…). Y ahora con la Inteligencia Artificial podemos hacer aún más atractiva esa realidad (…). [Lo que habría que plantearse] es que, a lo mejor, la realidad que deberíamos mostrar no es tan atractiva como la que mostramos. (R)

Una falta de credibilidad que tiene que ver, fundamentalmente, con la monetización de los contenidos y la búsqueda de la máxima rentabilidad por parte de los medios de comunicación. Unos objetivos que han provocado cambios, asimismo, en la forma de entender el periodismo, como cuando los valores noticia, los factores que, al fin y al cabo, determinan que un hecho concreto se convierta en información mediática, se han transmutado en titulares que pretenden el máximo beneficio económico:

En un contexto de una explosión brutal de medios de comunicación en todos los ámbitos (…), [los valores noticia] han cambiado de manera clara y bastante preocupante. Es cierto que los medios son medios, pero también son empresas y lógicamente dependen de la audiencia y, por tanto, de la publicidad (…). Entonces, a partir de ahí, pues, es el click… (…) el que te obliga a pinchar, y te obliga a leer (…) y leer hasta el final para saber cuál es la noticia. Generalmente, cosas muy poco importantes. Son reclamos, más que noticias, en buena parte de los casos. (EDAv)

Ahora lo que se busca es llamar la atención con un titular llamativo o con una imagen que te lleve a leer la noticia, independientemente de (…) si tiene o no importancia. Esto es algo muy evidente y claro. [Basta] con leer los titulares de los periódicos, incluso los de los más importantes, para ver que ha cambiado la forma de titular las noticias. (EDAv)

Ahora los medios, en muchas ocasiones, buscan más el pinchazo que el servicio público, intentando, de esta forma, que se lean determinadas noticias e informaciones. (R)

Actualmente se busca más que la gente se quede enganchada a un titular o a un rótulo que a la información, y que, a partir de ahí, esa información circule. Muchos rótulos y titulares son muy sensacionalistas, y muy poco informativos. (R)

Por supuesto que [han cambiado los valores noticia] (...) y yo culpo de todo esto a la ola de Google. La obsesión de que hay que estar surfeando la ola y de tener millones clickbaits y (...) que eso nos dé dinero (...), nos lleva a que se sigue escribiendo y escribiendo, y llega un momento en que no escribes más que tonterías (...) buscando el clickbait (...). Sigo pensando que han construido una maquinaria infernal para lo que es el negocio tradicional de la prensa en general (...), porque nosotros no tenemos millones de usuarios (...). Las empresas quieren ese modelo porque le sale mucho más barato y mucho más rentable, pero a nosotros, a la prensa, nos destroza. (EDDp)

El periodismo sigue siendo una de las palancas más importantes no solo para para influir en la opinión pública, sino también para construir identidades (...) y sigue siendo, por tanto, una herramienta válida en la lucha por el poder dentro de un ecosistema democrático. Pero el periodismo ahora está atenazado porque tiene que ser rentable (...), y eso nos impulsa cada vez más a intentar abaratar los costes de producción de la información (...). Así, el periodismo es cada vez más superficial, para acoplarnos a los niveles de atención de ese tipo de público que está acostumbrado a unas noticias mucho más superficiales y breves. (EDDp)

Los medios de comunicación tienen un nuevo competidor en las redes y en su capacidad de absorber datos, mejor dicho, de absorber nuestros datos (...) y (...) pueden, incluso, sustituir al profesional periodístico (...). [Además], estas redes o el contexto de la Inteligencia Artificial no suponen un nuevo espacio público, sino, un espacio privado. Es decir, un espacio monitorizado y mercantilizado (...), [donde] se ejerce el control absoluto sobre nuestros datos, que se recogen de forma gratuita y, a partir de ahí, forman una opinión pública que depende de intereses privados. (EDDnd)

Grandes avances tecnológicos que han posibilitado no solo esa búsqueda de la mayor rentabilidad posible por parte de los medios, sino también la creación de un nuevo ecosistema comunicativo, donde el derecho a la información de los ciudadanos corre el riesgo de ser despojado de sus atributos, si no se ha visto ya afectado:

[El derecho a la información] no está en su mejor momento. Y no lo está (...) por dos cuestiones. Una, por supuesto, la parte empresarial de los medios de comunicación (...) y, dos, por un relajamiento bastante importante de la sociedad, del informado. O, en este caso, del no informado. [Porque] la sociedad cada vez se conforma con menos, no es exigente (...) con ese derecho a la información que recoge la Constitución (...). No hay ninguna exigencia de información veraz (...). Es más, la pregunta es, ¿qué fue antes, el huevo o la gallina? Es decir, si [el ciudadano] compra esos medios porque sabe lo que le van a dar, o los medios dicen lo que dicen y tratan la información como la tratan porque saben a quiénes se dirigen. (EDAv)

Cada vez va a ser más difícil llegar a distinguir qué es verdad y qué no (...). [Esto] nos va a obligar al contraste, a no quedarnos solamente con el titular y a buscar esa misma noticia en otro medio para ver (...) si dice lo mismo o hay diferencias. (EDAv)

El derecho a la información de los ciudadanos corre peligro, sin duda. [Para los medios] la prioridad ya no es la información, [ahora tienen] otras prioridades que están por encima de eso. (EDDnd)

La información de los ciudadanos corre peligro, sí, [pero desde] hace muchos años, no es algo de ahora. La información de los ciudadanos lleva en peligro durante los últimos 20 años, desde el momento en el que dejamos que existiera el SEO (...) y que me puedan informar dependiendo de lo que yo pague (...). Desde el momento en que empezamos a hacer uso de determinadas tecnologías (...), y si no pago lo que me piden, no me posicionan, se corre el riesgo de que determinados mensajes no lleguen a los ciudadanos. (EDDp)

El concepto de opinión pública, que no es ni más ni menos que la opinión que tendría un público libre que estuviera debatiendo, siempre ha sido el eje central sobre el que han girado los medios de comunicación (...). Pero para generar opinión pública debes tener una serie de principios éticos, como son la veracidad y la honestidad (...). Principios éticos que no se dan hoy en día en el contexto de las redes, las plataformas y la Inteligencia Artificial (...). Y detrás de todo esto, el gran peligro (...) es que, si desaparecen los medios serios, desaparecerá la democracia. (EDDnd)

5. CONCLUSIONES

Tras analizar los resultados que acabamos de exponer, podemos extraer una serie de conclusiones sobre cómo valoran y perciben los periodistas el empleo de Inteligencia Artificial en los medios de comunicación.

Las entrevistas realizadas para este trabajo ponen de manifiesto, entre otras cosas, que los informadores demandan que los medios sean transparentes. De modo que digan cuáles son las herramientas de IA que utilizan, cuándo y para qué[4], teniendo en cuenta en todo momento la deontología periodística, las normas éticas de la profesión.

Podemos concluir, asimismo, que la creciente desconfianza de los ciudadanos hacia los medios de comunicación va mucho más allá de la llegada de la inteligencia artificial a estos. Su falta de credibilidad, que podría verse acrecentada por la utilización de estas herramientas, es anterior, en cualquier caso, al empleo de la IA.

En tercer lugar, concluimos que los periodistas entienden que la IA es una herramienta generadora de contenidos, que debe ayudarles en sus rutinas profesionales, pero cuyo control y gestión les debe corresponder a ellos, como responsables últimos de la información y, por tanto, como creadores de opinión.

Se puede concluir, también, que la monetización de los contenidos por parte de los medios ha provocado un cambio en los valores noticia, creando un contexto propicio en el que la IA podría llegar a sustituir en buena medida a los periodistas, pues cada vez se hace un periodismo más superficial, que busca la máxima rentabilidad.

Por último, concluimos que el derecho a la información de los ciudadanos se puede ver afectado, si no lo está ya, si los medios no emplean la IA observando escrupulosamente la deontología profesional periodística. Un conjunto de principios y normas éticas que los periodistas reivindican y demandan no olvidar en el ejercicio de su profesión.

---

4. El 14 de junio de 2023 el Parlamento Europeo aprobó negociar la primera ley sobre Inteligencia Artificial del mundo. Los eurodiputados demandan que los sistemas de IA generativa identifiquen los contenidos generados con dichas herramientas. Ver: https://n9.cl/dbql5

6. REFERENCIAS

Arora, C y Sarkar, D. (2023). Auditoría de la Inteligencia Artificial como nueva capa de mediación: Introducción de una nueva caja negra para abordar otra caja negra. *Hipertext.net*, 26, 65-68. https://doi.org/10.31009/hipertext.net.2023.i26.10

Comisión Europea (2020). *Libro Blanco sobre la Inteligencia Artificial: un enfoque orientado hacia la excelencia y la confianza.* https://n9.cl/eilte

Deuze, M., y Yeshua, D. (2001). Online Journalists Face New Ethical Dilemmas: Lessons From The Netherlands. *Journal of Mass Media Ethics*, *16*(4), 273-292. https://doi.org/10.1207/S15327728JMME1604_03

Diakopoulos, N. (2015). Algorithmic Accountability. *Digital Journalism*, *3*(3), 398-415. https://doi.org/10.1080/21670811.2014.976411

Diakopoulos, N. (2019). *Automating the news: How algorithms are rewriting the media.* Harvard University Press.

El Confidencial (2 de mayo de 2023). El "padrino de la IA", Geoffrey Hinton, avisa de los peligros de la Inteligencia Artificial tras dejar Google. *El Confidencial.* https://n9.cl/h3z61

Fernández Soriano, E. (2019). La responsabilidad del periodismo frente al circo mediático. *Cuadernos de Periodistas*, 39, 18-30. https://n9.cl/2rz00

García-Avilés, J. A. (2021). An Inquiry into the Ethics of Innovation in Digital Journalism. En M. Luengos y S. Herrera-Damas (Eds.), *News Media Innovation Reconsidered* (p. 3-19). Wiley. https://doi.org/10.1002/9781119706519.ch1

Hagar, Nick; Wachs, Johannes; Horvát y Emoke-Ágnes (2021). Writer movements between news outlets reflect political polarization in media. *New media & society.* https://doi.org/10.1177/14614448211027173

Hanusch, F. (2023). Editorial. *Journalism studies.* https://doi.org/10.1080/1461670X.2023.2190820

López García, X. (2023). Propuestas que marcan tendencias para otro periodismo posible en tiempos de transformación digital y entornos hostiles. *Anuario ThinkEPI 2023.* https://thinkepi.profesionaldelainformacion.com/

Manfredi Sánchez, J. L. y Ufarte Ruiz, M. J. (2020). Inteligencia artificial y periodismo: una herramienta contra la desinformación. *Revista CIDOB d´Afers Internacionals*, 124, p. 49-72. https://doi.org/10.24241/rcal.2020.124.1.49

Marín García, B. (2019). *La tiranía del clic.* Turner.

Newman, N. (2021). *Journalism, Media and Technology Trends and Predictions 2021.* https://n9.cl/j1pmqc

UNESCO (2022). *Recomendación sobre la ética de la inteligencia artificial.* www.unesdoc.unesco.org

Patino, B. (2020). *La civilización de la memoria de pez: Pequeño tratado sobre el mercado de la atención (A. Martorell, Trad.).* Alianza Editorial.

Peirano, M. (2019). *El enemigo conoce el sistema: Manipulación de ideas, personas e influencias después de la economía de la atención.* Debate.

Ventura Pocino, P. (2021). *Algoritmos en las redacciones: Retos y recomendaciones para dotar a la inteligencia artificial de los valores éticos del periodismo.* Fundació FCIC. Consell de la Informació de Catalunya. https://n9.cl/qsead

Wyatt, Wendy N. (ed.) (2014). *The ethics of journalism: individual, institutional and cultural influences.* I.B. Tauris.

USO DE CHATGPT Y LA EXPERIENCIA DE APRENDIZAJE EN ESTUDIANTES UNIVERSITARIOS

Erwin Peña Casas [1], *Isis Córdova Barrios* [2], *Fernando Huamán Espinoza* [3]

1. INTRODUCCIÓN

Después de la experiencia vivida desde la aparición de la pandemia en marzo del 2020, entramos en un proceso crítico por el aislamiento obligatorio impuestos por los gobiernos en el mundo, la universidad nacional San Luis Gonzaga, igualmente vio afectada y para continuar con la prestación del servicio académico se tuvo que incorporar abruptamente el uso de la tecnología informática. La tecnología e innovación es utilizada no solo para enseñar y aprender, sino para la accesibilidad a la educación (Aithal y Aithal, 2023) para seguir con el proceso de enseñanza aprendizaje, la experiencia vivida marcó un reto para los docentes y estudiantes al pasar de un modelo presencial a otro 100% virtual. Mucho se aprendió de la tecnología, se incorporó la plataforma del SIGE para el acceso virtual en la universidad.

Desde el semestre 2022-II se inició el proceso de retorno a la presencialidad de forma gradual según Resolución viceministerial N° 076-2022-MINEDU (Ministerio de Educación) del país (Portal Gobierno del Perú, 2022). No nos habíamos aún adecuado al uso de la tecnología y de pronto el 30 de noviembre del 2022, la Inteligencia Artificial (IA) da un salto disruptivo enorme con el lanzamiento de chatGPT, salto innovativo no previsto, a tal punto que "algunos consideran que 2023 será el año de la IA" (Olite *et al.*, 2023) . A pesar de que "las primeras aplicaciones de la IA en el sector educativo datan de los años 70" (Sarrazola, 2023, p. 3). Cuyas limitaciones han sido el reducido poder de cómputo para el procesamiento de grandes volúmenes de datos, que en la actualidad se ha superado.

ChatGPT ha traído "un cambio sustantivo, tanto para los servicios educacionales como para la sociedad en general; es de relativa facilidad, accesibilidad y usabilidad para los usuarios" (Olite *et al.*, 2023). A la fecha cualquier persona lo puede utilizar libremente para consultar cualquier tipo de necesidad, más aún en el campo de la educación superior donde los estudiantes están muy cercanos a los cambios tecnológicos.

---

1. Universidad Nacional San Luis Gonzaga (Perú).
2. Universidad Nacional San Luis Gonzaga (Perú).
3. Universidad Nacional San Luis Gonzaga (Perú).

1.1. ChatGPT

ChatGPT (Generative Pre-training Transformer) es una herramienta de inteligencia artificial, basado un modelo lingüístico de Procesamiento del Lenguaje Natural y técnicas de aprendizaje automático (Aithal & Aithal, 2023) desarrollada por la empresa Openai, la misma que se comporta como un asistente para todo tipo de situaciones, con una capacidad para poder conversar sobre cualquier tema y cuya limitación está en la información con la cual ha sido entrenado solo es hasta el 2021.

1.2. ChatGPT y la educación superior

En lo tradicional, el proceso de aprendizaje de los estudiantes universitarios ha estado marcado por el uso de las bibliotecas en un primer inicio, sin embargo, los estudiantes actuales rara vez recurren a estos medios (salvo lo establecido por el docente) para algún libro específico. Estas bibliotecas muestran la realidad, se encuentran abandonadas. Sin embargo "las bibliotecas tradicionales siguen siendo un componente esencial de la educación superior, ya que proporcionan a estudiantes, profesores e investigadores acceso a una gran cantidad de recursos y servicios de apoyo que son vitales para el éxito académico" (Aithal y Aithal, 2023 p. 99).

Posteriormente el uso de las búsquedas por internet por medio de Google se convirtió en la mejor fuente de información para los estudiantes, sin embargo, el copiar y pegar se convirtió en una mala práctica estudiantil siendo de importancia la guía del docente para evitar este comportamiento y mala práctica.

ChatGPT como herramienta informática da la posibilidad de poder obtener conocimiento sobre algún tema de interés con "una capacidad impresionante para crear textos" (Alonso-Arévalo y Quinde-Cordero, 2023), y lo más relevante es que a medida que se consulta estos textos se irán mejorando sus respuestas, por la capacidad del modelo de aprendizaje automático. Esta situación cambia el escenario de aprendizaje en los estudiantes.

ChatGPT se presenta como una nueva herramienta que tendrá que se valorada, evaluada y gestionada adecuadamente en el contexto universitario a fin de evitar su mal uso. "Los vaticinadores vociferan que las evaluaciones, y que la escritura asistida por IA marcará el comienzo de una nueva era de trampas y plagios que no podrán ser detectados por programas como Turnitin" (Alonso-Arévalo & Quinde-Cordero, 2023). Y tal vez por esta situación es que el docente tiene un rol importante como tutor, guía o responsable para lograr incorporar chatGPT de manera efectiva, eficiente, pero sobre todo su uso ético del conocimiento creado por esta, ya que su uso presenta aspectos positivos para el aprendizaje de los estudiantes universitarios.

En este sentido, incorporar chatGPT en el proceso de aprendizaje de los estudiantes marca la posibilidad de "ofrece ventajas notables, como una mayor accesibilidad y una mayor participación de los estudiantes" (Chukwuere, 2023, p. 22), debido a su facilidad y libertad. En ese camino el mismo (Chukwuere, 2023) indica que diversos estudios con enfoques personalizados en la educación, muestran una influencia positiva en el rendimiento académico y satisfacción estudiantil, teniendo en consideración esta premisa, chatGPT ayuda en el trabajo personalizado de aprendizaje de los estudiantes de educación superior.

Por lo cual es importante incorporar ChatGPT, como muchas otras tecnologías que se han incorporado en las instituciones de educación superior a lo largo del tiempo y no se han prohibido. Es más, han sido de vital importancia en situaciones como la pandemia, o la accesibilidad de las personas a una educación de calidad. Esta herramienta debe ser considerada como "un recurso más, un asistente no un coautor, parte de la metodología" (Codina, 2023b, p. 6)

2. OBJETIVOS

El objetivo del presente estudio fue evaluar la eficacia de la incorporación de ChatGPT en la metodología de aprendizaje universitario, específicamente en las fases de investigación y construcción del aprendizaje, transferencia y contrastación del aprendizaje.

3. METODOLOGÍA

El estudio del tipo aplicado cualitativo, cuya muestra no probabilística involucró a 117 estudiantes matriculados en el semestre 2022-II de los cursos de Análisis y diseño de sistemas (VI ciclo) e Ingeniería de procesos (VIII ciclo) que incorporaron ChatGPT en la metodología. Se excluyeron del estudio los que no cumplieron con el criterio de inclusión y los que no completaron el cuestionario de evaluación.

La metodología de aprendizaje utilizada se basa en 4 fases, las mismas que se muestran en la Figura 1: 1) Motivación, 2) Investigación y construcción de aprendizaje, 3) Análisis crítico y 4) Transferencia y contrastación de aprendizaje.

La **fase 1**, se inicia con la motivación sobre el tema, y en la que se pone de manifiesto la importancia del uso de ChatGPT, pero también sobre la necesidad de hacer un análisis crítico de los resultados obtenidos de la herramienta, los cuales deben ser evaluados y analizados de manera crítica, por lo que se debe construir con este resultado una evidencia del aprendizaje elaborado en una infografía.

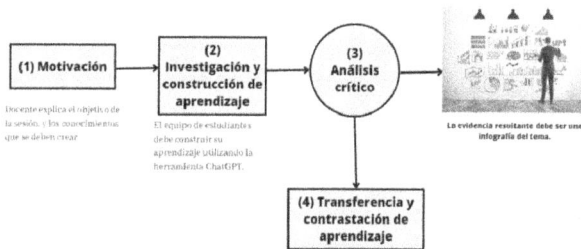

Figura 1. Metodología de aprendizaje. Fuente: Elaboración propia.

En la **fase 2**, el equipo de estudiantes debe utilizar ChatGPT para obtener el conocimiento de los puntos establecidos en la sesión de clase. En la **fase 3**, el conocimiento obtenido debe ser evaluado, analizado y consensuado por el equipo y convertir ese conocimiento en un modelo de infografía que representa la evidencia de aprendizaje.

Finalmente, en la **fase 4**, el equipo de estudiantes debe presentar su infografía del aprendizaje al salón (siendo esta presencial o virtual, debido a que el semestre es híbrido), en esta se expone cada punto del tema desarrollado. Esta transferencia es retroalimentada por el docente haciendo las precisiones y aclaraciones que sean pertinentes.

La metodología fue aplicada en las sesiones de clases del semestre 2022-II. posterior a la incorporación de ChatGPT, y con la experiencia vivida por los estudiantes, se preparó un formulario en Google Forms, para evaluar la incorporación de esta herramienta. El formulario tuvo cuatro dimensiones a evaluar:

a) Conocimiento sobre chatGPT: dimensión para conocer el nivel del conocimiento sobre la herramienta.

b) Aprendizaje: se evaluó la percepción de los participantes sobre la efectividad de la metodología en su aprendizaje.

c) Conocimiento generado: se evaluó la información generada por la herramienta, el debate y pensamiento crítico sobre ella, además de la retroalimentación del docente.

d) Experiencia de aprendizaje: se evaluó la experiencia de aprendizaje de los participantes, incluyendo su percepción sobre la herramienta chatGPT y la metodología en general.

4. DESARROLLO DE LA INVESTIGACIÓN

4.1. Aplicación de la metodología

Fase1 : Motivación

Para la aplicación de la metodología, se incluyó en las programaciones de los cursos de Análisis y diseño de sistemas del sexto ciclo (VI) e Ingeniería de procesos del octavo ciclo (VIII), las actividades de construcción del aprendizaje apoyadas con ChatGPT.

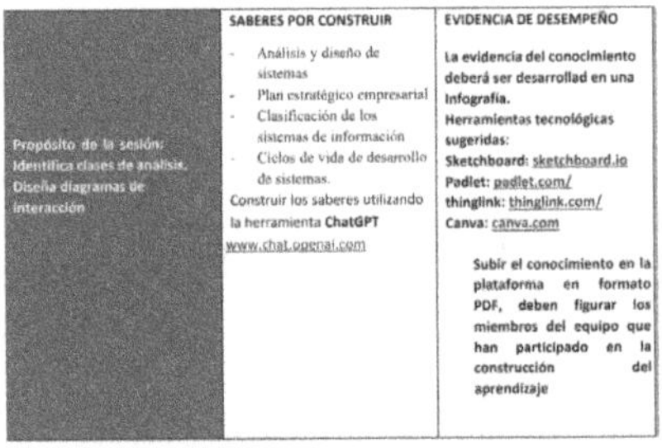

	SABERES POR CONSTRUIR	EVIDENCIA DE DESEMPEÑO
Propósito de la sesión: Identifica clases de análisis. Diseña diagramas de interacción	- Análisis y diseño de sistemas - Plan estratégico empresarial - Clasificación de los sistemas de información - Ciclos de vida de desarrollo de sistemas. Construir los saberes utilizando la herramienta **ChatGPT** www.chat.openai.com	**La evidencia del conocimiento deberá ser desarrollad en una Infografía.** **Herramientas tecnológicas sugeridas:** **Sketchboard:** sketchboard.io **Padlet:** padlet.com/ **thinglink:** thinglink.com/ **Canva:** canva.com **Subir el conocimiento en la plataforma en formato PDF, deben figurar los miembros del equipo que han participado en la construcción del aprendizaje**

Figura 2. Aprendizajes por construir. Fuente: Elaboración propia

En la Figura2, se puede apreciar la estructura de la sesión para la construcción del conocimiento. Una descripción breve del propósito de la sesión, los saberes por construir en concordancia con el propósito, y las sugerencias de la evidencia. Evidencia que debe ser subida a la plataforma de la universidad SIGE (Sistema de Gestión).

Fase 2: Investigación y construcción de aprendizaje:

Sesión presencial: para la aplicación de la metodología según la sesión de clase, una vez terminada la motivación por parte del docente, los estudiantes se agrupan en sus respectivos equipos de trabajo para realizarla búsqueda del conocimiento.

La sesión presencial tiene como característica en los estudiantes, el uso de sus celulares en la que ya se tiene instalado el chatGPT, para la construcción de este conocimiento.

Figura 3. Construcción del aprendizaje. Fuente : Elaboración propia.

En la Figura 3, se muestra la dinámica de los estudiantes en la búsqueda del conocimiento de la sesión de clase. Para esta fase el docente sugiere el uso de algunos prompts para mejorar la búsqueda y que constantemente supervisa el trabajo del equipo.

Sesión virtual:

Para este caso, el docente habilita las salas para grupos pequeños, en relación con la cantidad de equipo establecidos en el silabo. Esta opción está disponible en la plataforma virtual SIGE, como se muestra en la Figura 4.

Figura 4. Disposición de salas para equipos pequeños. Fuente : Elaboración propia.

El docente supervisa el trabajo virtual, ingresando en cada sala para verificar el avance de los equipos de trabajo, con la opción Unirse (Figura 4).

Fase 3: Análisis crítico

Esta fase es complementaria e incorporada en la fase 2, el equipo de estudiantes evalúa el conocimiento obtenido y determina la pertinencia del conocimiento que debe ser utilizado para la construcción de la infografía, que es la evidencia que debe subir a la plataforma.

Fase 4: Transferencia y contrastación de aprendizaje

Sesión presencial:

El equipo de estudiantes presenta su evidencia de aprendizaje, y explica al grupo sus hallazgos. Este resultado es contrastado por el docente realizando la retroalimentación en los puntos que sean pertinentes su aclaración o ampliación.

Figura 5. Transferencia presencial del conocimiento. Fuente: Elaboración propia.

En la Figura 5, el equipo de estudiantes explica los resultados de su aprendizaje, el docente contrasta dichos resultados.

Sesión virtual:

En la sesión virtual, el principio es el mismo, el equipo de estudiantes busca el conocimiento en ChatGPT, discute la pertinencia de los resultados, consensua el conocimiento que se va a utilizar para construir la infografía como se presenta en la Figura 6.

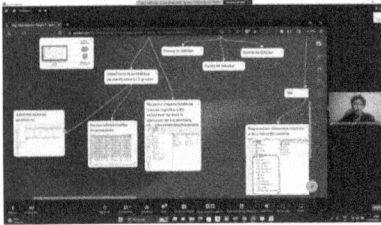

Figura 6. Transferencia virtual del conocimiento. Fuente : Elaboración propia.

En la Figura 6, se muestra dos estudiantes de dos equipos diferentes los resultados de su aprendizaje en la evidencia establecida (infografía).

4.1. Resultados

Con el objetivo de obtener información acerca de la experiencia de los estudiantes con la integración del chatGPT en el proceso de aprendizaje, se diseñó un cuestionario utilizando Google Forms. Este cuestionario evaluó cuatro dimensiones principales: 1) conocimiento acerca de ChatGPT, 2) proceso de aprendizaje, 3) conocimiento generado a través del uso del chatGPT y 4) experiencia general del aprendizaje.

D1 : Conocimiento acerca de ChatGPT

1. ¿Antes del semestre tenías conocimientos previos sobre la tecnología de inteligencia artificial ChatGPT?
117 respuestas

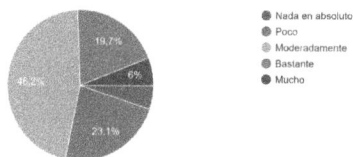

Figura 7. Conocimientos previos de ChatGPT. Fuente: Elaboración propia

2. ¿Previo al inicio del semestre, habías utilizado una herramienta o aplicación como ChatGPT?
117 respuestas

Figura 8. Uso de ChatGPT antes del semestre. Fuente: Elaboración propia

3. ¿Qué tan difícil ha sido para ti interactuar con ChatGPT?
117 respuestas

Figura 9. Dificultad para interactuar con chatGPT. Fuente: Elaboración propia

Dimensión/Pregunta	P1	P2	P3
D1: Valoración	**%**	**%**	**%**
5	6,00	5,10	29,00
4	19,70	23,10	47,90
3	46,20	41,00	23,10
2	23,10	17,10	-.-
1	5,00	13,70	-.-
	100,00	100,00	100,00

Tabla 1. Resultados de la Dimensión1 - Conocimiento sobre ChatGPT. Fuente: Elaboración propia.

En la Tabla 1, se puede observar que previo al inicio del semestre, la mayoría de los estudiantes poseía un nivel de conocimiento (P1) moderado, representando un 46,20%

del total. Además, la mayoría de los estudiantes había utilizado el chatGPT (P2) en algunas ocasiones, con un 41% del grupo estudiado. Por otro lado, en lo que respecta a la dificultad percibida (P3) al utilizar el chatGPT, se destaca que un 76,90% consideró que su uso era fácil o muy fácil.

D2 : Proceso de aprendizaje

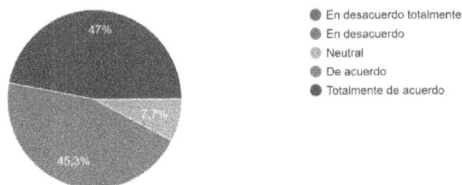

4. ¿Consideras que ChatGPT puede mejorar la accesibilidad y disponibilidad del aprendizaje?
117 respuestas

- En desacuerdo totalmente
- En desacuerdo
- Neutral
- De acuerdo
- Totalmente de acuerdo

Figura 10. Accesibilidad y disponibilidad de aprendizaje chatGPT. Fuente: Elaboración propia.

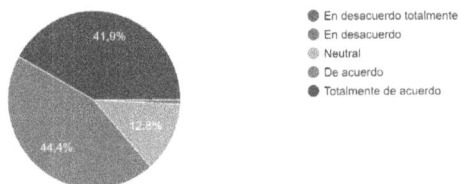

5. ¿Consideras que la incorporación de ChatGPT puede mejorar la calidad del aprendizaje?
117 respuestas

- En desacuerdo totalmente
- En desacuerdo
- Neutral
- De acuerdo
- Totalmente de acuerdo

Figura 11. Calidad de aprendizaje con chatGPT. Fuente: Elaboración propia.

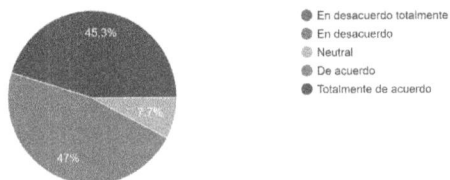

6. ¿Consideras que ChatGPT puede mejorar tu eficiencia en el aprendizaje de tus cursos?
117 respuestas

- En desacuerdo totalmente
- En desacuerdo
- Neutral
- De acuerdo
- Totalmente de acuerdo

Figura 12. Eficiencia de aprendizaje con chatGPT. Fuente: Elaboración propia

7. ¿Qué tan útil crees que es la interacción con ChatGPT para la resolución de dudas o preguntas relacionadas con el contenido del curso?

117 respuestas

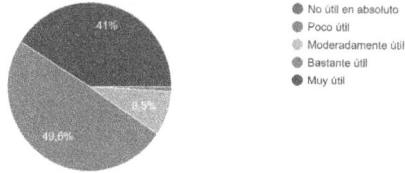

- No útil en absoluto
- Poco útil
- Moderadamente útil
- Bastante útil
- Muy útil

Figura 13. Utilidad en dudas o consultas con chatGPT. Fuente: Elaboración propia

8. ¿Consideras que ChatGPT puede mejorar la retención del conocimiento en tu aprendizaje?

117 respuestas

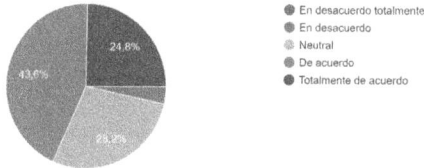

- En desacuerdo totalmente
- En desacuerdo
- Neutral
- De acuerdo
- Totalmente de acuerdo

Figura 14. Retención del conocimiento con chatGPT. Fuente: Elaboración propia.

9. ¿Crees que ChatGPT puede mejorar el trabajo colaborativo y el compromiso de los estudiantes?

117 respuestas

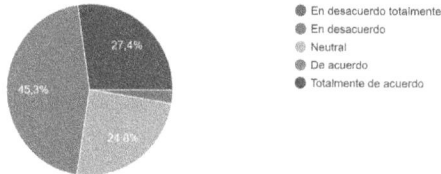

- En desacuerdo totalmente
- En desacuerdo
- Neutral
- De acuerdo
- Totalmente de acuerdo

Figura 15. Trabajo colaborativo y compromiso con chatGPT. Fuente: Elaboración propia.

Dimensión/Pregunta	P4	P5	P6	P7	P8	P9	Promedio
D2: valoración	%	%	%	%	%	%	%
5	47,00	41,90	45,30	41,00	24,80	27,40	37,90
4	45,30	44,40	47,00	49,10	43,60	45,30	45,78
3	7,70	12,80	7,70	8,50	28,20	24,80	14,95
2	-.-	0,90	-.-	0,90	3,40	2,50	1,93
1	-.-	-.-	-.-	0,50	-.-	-.-	0,50
	100,00	100,00	100,00	100,00	100,00	100,00	

Tabla 2. Resultados de la Dimensión2 – Proceso de aprendizaje con chatGPT. Fuente: Elaboración propia.

En la Tabla 2, la experiencia de los estudiantes da respuestas a favor del aprendizaje con chatGPT con un promedio de 83,68% para esta dimensión.

D3: Conocimiento generado a través del uso del chatGPT

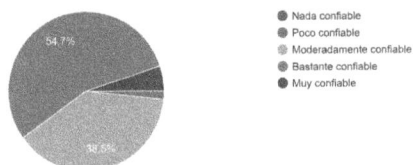

10. ¿Qué tan confiable cree que es la información proporcionada por ChatGPT?
117 respuestas

- Nada confiable
- Poco confiable
- Moderadamente confiable
- Bastante confiable
- Muy confiable

Figura 16. Confiabilidad de la información de ChatGPT. Fuente: Elaboración propia.

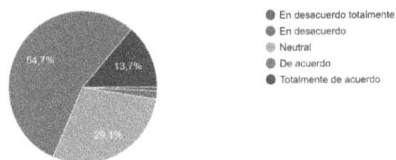

11. ¿Crees que el conocimiento extraído de chatGPT, fomenta el debate y pensamiento crítico?
117 respuestas

- En desacuerdo totalmente
- En desacuerdo
- Neutral
- De acuerdo
- Totalmente de acuerdo

Figura 17. Pensamiento crítico de la información obtenida con ChatGPT. Fuente: Elaboración propia.

12. ¿Cree que es importante la estructura de la consulta (prompt), para tener buenos resultados con ChatGPT?
117 respuestas

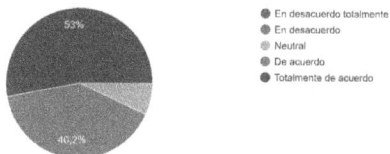

Figura 18. Importancia de los Prompts en ChatGPT. Fuente: Elaboración propia.

13. ¿Crees que ChatGPT puede suplir la retroalimentación en clase hecha por el profesor?
117 respuestas

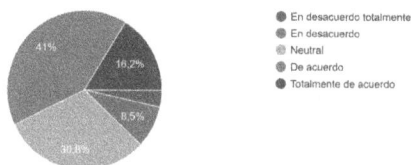

Figura 19. Suple chatGPT la retroalimentación docente. Fuente: Elaboración propia.

Figura 20. Efectividad de ChatGPT en el desarrollo práctico. Fuente: Elaboración propia.

Dimensión/ Pregunta	P10	P11	P12	P13	P14	Promedio
D3: valoración	%	%	%	%	%	%
5	5,10	13,70	53,00	16,20	12,80	20,16
4	54,70	54,70	40,20	41,00	66,70	51,46
3	38,50	29,10	6,80	30,80	18,80	24,80
2	1,70	1,70	-.-	8,50	1,70	3,40
1	-.-	0,80	-.-	3,50	-.-	2,15
	100,00	100,00	100,00	100,00	100,00	

Tabla 3. Resultados de la Dimensión 3 - conocimiento generado a través del uso del chatGPT. Fuente: Elaboración propia

Con relación a esta dimensión en la Tabla 3, la experiencia de los estudiantes expresa un 71,62% favorable para el conocimiento generado con ChatGPT.

D4: Experiencia general de aprendizaje

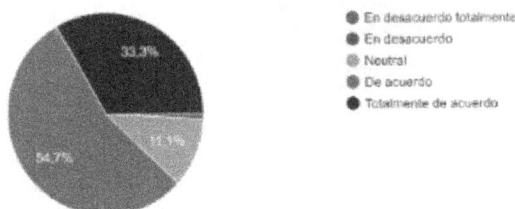

15. ¿Crees que ChatGPT crea una buena experiencia en tu aprendizaje ?
117 respuestas

- En desacuerdo totalmente
- En desacuerdo
- Neutral
- De acuerdo
- Totalmente de acuerdo

33.3%
54.7%
11.1%

Figura 21. Experiencia de aprendizaje con ChatGPT. Fuente: Elaboración propia.

Con relación a la experiencia de aprendizaje vivida por los estudiantes con relación a la herramienta del chatGPT, se tiene que el 88% de los encuestados muestran estar de acuerdo (54.7%) y totalmente de acuerdo (33.3%) con el uso de chatGPT.

5. DISCUSIÓN

Con respecto al estudio sobre ChatGPT, su uso permite la obtención de información sobre cualquier tema (Aithal y Aithal, 2023), al igual que lo experimentado por los estudiantes en el desarrollo de las sesiones de clase. Al mismo tiempo, para obtener buenos resultados, el empleo de una buena estructura de la consulta o prompt es fundamental 93.20% y que bien utilizados son de gran ayuda (Alonso-Arévalo & Quinde-Cordero, 2023). Esta estructura mejora la productividad de los estudiantes según (Fauzi *et al.*, 2023), lo que deviene en una mayor eficiencia en el aprendizaje demostrado en nuestro estudio con el 92.3%. de otro lado se aumenta el aprendizaje de los estudiantes con un 86.3%, similar a lo expresado por la UNESCO en la que ChatGPT podría mejorar el proceso y la experiencia de aprendizaje de las y los estudiantes (UNESCO, 2023). A pesar de ello, debe considerar que los resultados obtenidos no son totalmente fiables según (Batista, 2023), similar a lo expresado por los estudiantes en nuestro trabajo con solo un 59.80%. Debemos precisar que ChatGPT es un complemento en el aprendizaje de los estudiantes (Vera, 2023), por lo que no sustituye a la retroalimentación del docente según nuestro estudio con 57.20%.

6. CONCLUSIONES

Basado en los resultados obtenidos, se puede concluir que la incorporación del chatGPT en la metodología de aprendizaje universitario ha demostrado ser efectiva en las fases de investigación y construcción del aprendizaje, transferencia y contrastación del aprendizaje. Los estudiantes participantes mostraron un nivel moderado de conocimiento previo al semestre, pero experimentaron una mejora significativa al utilizar ChatGPT. La mayoría de los estudiantes había utilizado ChatGPT en algunas ocasiones y consideró que su uso era fácil o muy fácil. Además, se observó que la experiencia de aprendizaje con ChatGPT fue altamente positiva, con el 83,68% en la dimensión del proceso de aprendizaje y un 71,62% en la generación de conocimiento. Estos hallazgos respaldan la idea de que la integración del chatGPT en la metodología de aprendizaje universitario puede enriquecer la experiencia de aprendizaje de los estudiantes y facilitar el acceso a la información. Es importante abordar los desafíos relacionados con la detección de trampas y plagios, como se plantea en estudios previos (Alonso-Arévalo y Quinde-Cordero, 2023). En el futuro, se anticipa que el chatGPT y herramientas similares tendrán un papel aún más significativo debido a los avances tecnológicos.

7. REFERENCIAS

Aithal, S. y Aithal, S. (2023). Effects of AI-Based ChatGPT on Higher Education Libraries. *International Journal of Management, Technology, and SocialSciences (IJMTS)*, *8*(2), 95-108. https://doi.org/10.47992/IJMTS.2581.6012.0272

Alonso-Arévalo, J. y Quinde-Cordero, M. (2023). ChatGPT: La creación automática de textos académicos con Inteligencia artificial y su impacto en la comunicación académica y educativa. *Desiderata*, *6*(22), 136-142.

Batista, A. R. (2023). Acerca del auge de la Inteligencia Artificial de la mano de ChatGPT: Parte 2. *Didáctica y TIC. Blog de la Comunidad Virtual de Práctica Docentes en Línea*. http://sedici.unlp.edu.ar/handle/10915/152361

Chukwuere, J. (2023). ChatGPT: The game changer for higher education institutions. *Jozac Academic Voice (JAV)*, *3*. https://www.researchgate.net/publication/370215559_ChatGPT_The_game_changer_for_higher_education_institutions

Codina, L. (2023, abril 28). *Inteligencia Artificial y métodos cualitativos de investigación [presentación taller]*. Lluís Codina. https://www.lluiscodina.com/inteligencia-artificial-metodos-cualitativos/

Fauzi, F., Tuhuteru, L., Sampe, F., Ausat, A. y Hatta, H. R. (2023). Analysing the Role of ChatGPT in Improving Student Productivity in Higher Education. *Journal on Education*, *5*, 14886-14891. https://doi.org/10.31004/joe.v5i4.2563

Olite, F. M. D., Suárez, I. del R. M. y Ledo, M. J. V. (2023). Chat GPT: Origen, evolución, retos e impactos en la educación. *Educación Médica Superior*, *37*(2), Article 2. https://ems.sld.cu/index.php/ems/article/view/3876

Portal Gobierno del Perú (2022). *Resolución Viceministerial n° 076-2022-MINEDU*. https://www.gob.pe/institucion/minedu/normas-legales/3141292-076-2022-minedu

Sarrazola, A. (2023). Uso de ChatGPT como herramienta en las aulas de clase. *Revista EIA*, *20*(40), Article 40. https://doi.org/10.24050/reia.v20i40.1708

UNESCO. (2023). *Artificial intelligence in education: Challenges and opportunities for sustainable development—UNESCO Biblioteca Digital*. https://unesdoc.unesco.org/ark:/48223/pf0000385146_spa

Vera, F. (2023). Integración de la Inteligencia Artificial en la Educación superior: Desafíos y oportunidades. *Transformar*, *4*(1), Article 1.

EVALUACIÓN DE LA PRECISIÓN TERMINOLÓGICA DE CHATGPT EN LA SELECCIÓN DE PALABRAS CLAVE O DESCRIPTORES DE TRABAJOS FINALES DE GRADO

Beatriz Rodríguez Cuadrado [1], *Òscar O. Santos-Sopena* [2]

1. INTRODUCCIÓN

El uso de la Inteligencia Artificial (IA) en la Educación y en la investigación ha experimentado un crecimiento significativo desde finales de 2022. Cada vez más es posible encontrar estudios que analizan las ventajas y desventajas de su aplicación en el ámbito profesional y educativo (Alonso-Arévalo y Quinde-Cordero, 2023). Así, en palabras de García-Peñalvo (2023): "este debate enfrentado, especialmente sesgado hacia los efectos más negativos de la herramienta, se ha focalizado en los dominios de la Educación y de la producción científica" (p. 5).

La problemática en este contexto parte de la aparición de los *Large Language Models* (LLM) que están causando un gran impacto en la sociedad por su capacidad de generar textos. En concreto, el *chatbot* de código abierto de la empresa *OpenAI*, denominado *ChatGPT*. Este puede interactuar y conversar con los usuarios, así como responder preguntas, ofrecer información y, sobre todo, generar texto. Esto último es lo que ha suscitado más problemática en relación con la originalidad o una atribución "inadecuada" de la autoría del documento. De hecho, las consideraciones éticas plantean muchos interrogantes llegándose a proponer la creación de un observatorio ético de IA (Flores-Vivar y García-Peñalvo, 2023).

La comunicación académica entraña el dominio no solo del contenido de una investigación sino también del lenguaje, el registro, elementos estructurales y otros aspectos subyacentes que están relacionados con los procesos de búsqueda y de visibilidad. Desde la aparición de las aplicaciones de IA estos elementos se han visto cuestionados por las ya mencionadas "opciones de asistencia" que estas herramientas pueden ofrecer al entorno académico.

Lopezosa (2023) analiza el impacto de *ChatGPT* en el contexto académico y señala que su aparición ha propiciado que los investigadores exploren diferentes maneras de incorporarla en sus labores diarias. En su estudio se centra en analizar cómo su aplicación está cambiando la dinámica de investigación en temas como el diseño, la redacción e incluso la recopilación de datos. Para este autor: "*ChatGPT* afecta a la comunicación académica y al personal investigador principalmente en dos aspectos: (1) *ChatGPT* como

---

1. Universidad Politécnica de Madrid (España).
2. Universidad Politécnica de Madrid (España).

asistente o apoyo a los métodos investigativos y (2) *ChatGPT* como coautor de artículos académicos" (Lopezosa, 2023, p. 18).

Vera (2023) reflexiona sobre las posibles funciones de *ChatGPT* en la Educación Superior e incide en la función que ejercen en la investigación: "*ChatGPT* apoya procesos investigativos, ofreciendo información adicional sobre temas específicos, sugiriendo fuentes de referencia y proporcionando resúmenes de artículos académicos" (Vera, 2023, p. 27).

La fase inicial en la que se encuentra este campo de estudio reciente hace necesario investigar nuevas líneas. De esta manera, el presente trabajo surge de la necesidad de medir el impacto de estas herramientas en la investigación para comprobar sus posibilidades y sus limitaciones.

Por todo ello, hemos analizado la IA aplicada a un aspecto esencial que debe tener el investigador en la parte final del proceso: la optimización de búsqueda para dar visibilidad a su investigación. Más específicamente, abarca la acción de detectar las palabras clave adecuadas (*keywords*) que reflejan el contenido de los Trabajos Final de Grado en estudios de Ingeniería para comprobar si una herramienta de *LLM* es útil para el investigador en la tarea expuesta. Las razones que nos llevaron a escoger este tipo de investigación se deben, principalmente, a la aplicación práctica que puede tener para el alumnado universitario. Asimismo, los temas de actualidad que abordan, la terminología que manejan y la facilidad de acceso a estos documentos fueron otros de los motivos.

1.1. La selección de las palabras clave

Los esfuerzos para atraer la atención del lector suelen centrarse en el resumen o *abstract*. Si bien es cierto que es una parte esencial de una investigación, es lo primero que se lee y puede determinar si continúan su lectura o no, pero a veces se olvida que las palabras clave son indispensables para llegar a su acceso. Para Molina-Arias (2019) es fundamental seleccionar de manera precisa las palabras clave, ya que contribuirán a la correcta clasificación del trabajo en las bases de datos y mejorará las oportunidades de que los usuarios encuentren el estudio al realizar sus búsquedas bibliográficas.

Tras estas premisas, se recogen definiciones y consideraciones sobre el concepto de "palabras clave" en la investigación. La primera de ellas es la enunciada por González-Tous y Mattar (2012) que definen las palabras clave de la siguiente manera: "son términos o frases cortas (lexemas) que permiten clasificar y direccionar las entradas en los sistemas de indexación y de recuperación de la información en las bases de datos de un manuscrito o área temática en particular" (p. 295). Asimismo, señalan que estas:

> se convierten entonces en una herramienta esencial de doble vía, es decir, de quienes escriben y de quienes buscan la información de manuscritos o áreas temáticas relacionadas. En consecuencia, no se debe subvalorar o menospreciar su importancia a la hora de considerarlas, pues se podría dificultar la difusión de un manuscrito e incluso no detectar la relación del mismo con otros similares, justamente por el uso inadecuado de las palabras clave. (González-Tous y Mattar, 2012, p. 295)

Un punto determinante es el que señala Muñoz-Martín (2016) al precisar que desde la perspectiva documental no es conveniente utilizar indistintamente los términos "palabras clave" y "descriptores":

> Una palabra clave es una palabra o frase corta significativa que describen el contenido de un trabajo en lenguaje natural, el mismo que se utiliza en la comunicación humana.

Son términos libres y variados que dependen de la riqueza del vocabulario de quien los utilice". (Muñoz-Martín, 2016, p. 180)

Esta autora detalla que los descriptores son más precisos y no tienen la misma variabilidad y ambigüedad que las palabras clave. Esto se debe a que están bajo un lenguaje controlado que se utiliza para la indexación y para la recuperación de la información. Para matizar, expresa: "Los tesauros relacionan los términos en lenguaje natural (palabras clave) con los normalizados (descriptores)" (Muñoz-Martin, 2016, p.180).

Por lo tanto, se debe tener en cuenta si las palabras clave han sido seleccionadas en base al conocimiento del autor (lenguaje natural) o ha seleccionado unos descriptores basándose en el lenguaje normatizado, utilizando, por ejemplo, algún tipo de tesauro relacionado con la temática del estudio.

Una vez definido lo que se entiende por "palabra clave", finalizamos este apartado indicando el rasgo que va asociado a ella. La precisión es una característica necesaria para identificar las palabras clave de una manera adecuada. Estudios como el de Kooli (2023) señalan que una de las principales ventajas de la IA es que permite agilizar el proceso de investigación y obtener unos resultados más precisos y exhaustivos. Por un lado, este aumento en la eficiencia y precisión en la investigación se debe a que los sistemas de IA tienen la capacidad de procesar rápidamente grandes volúmenes de datos y descubrir patrones (Kooli, 2023). Por otro lado, este autor hace hincapié en el sesgo y los resultados poco fiables del uso de la IA en este ámbito.

2. OBJETIVOS

El objetivo principal de esta investigación ha sido el de evaluar la precisión terminológica de *ChatGPT* en la selección de palabras clave en Trabajos Finales de Grado.

A partir de este objetivo principal se han establecido los siguientes objetivos secundarios:

- Analizar el uso y la calidad de las aportaciones del *chatbot* en la identificación de palabras clave en Trabajos de Fin de Grado.
- Identificar las fortalezas y las debilidades de emplear *LLM* en la comunicación académica-científica para la realización de tareas automatizables y repetitivas como la detección de palabras clave.

3. METODOLOGÍA

Para la realización de esta investigación se empleó una metodología mixta. Este enfoque nos ha permitido obtener una perspectiva amplia y completa para evaluar los beneficios y limitaciones de emplear *LLM* en la comunicación académica.

Para su análisis, cuantitativo y cualitativo, se ha elaborado un primer corpus a partir de los Trabajos Finales de Grado del Departamento de Ingeniería Eléctrica, Electrónica Automática y Física Aplicada, realizados por estudiantes de la Escuela Superior de Ingeniería del Diseño Industrial de la Universidad Politécnica de Madrid (UPM) y que han sido obtenidos a través del Archivo Digital de dicha Universidad. Especificamos que el periodo del que se han extraído los trabajos ha sido desde el año 2017 hasta el 2021.

Los campos que contienen información relativa a la descripción e identificación del documento en la base de datos del Archivo Digital UPM (s.f.) son: título, autor, director/es, proyecto Fin de Carrera/Grado, grado, fecha, materias, palabras clave informales, la

Escuela específica de la UPM, el departamento y, por último, el resumen. Para el análisis se han recogido las palabras clave. El título y el resumen han servido como referencia para detectar la temática y la relevancia para encontrar el *prompt* (la pregunta u orden que se le da al *chatbot* junto con los datos) que es capaz de resolver la tarea.

La primera muestra la componen 102 Trabajos Finales de Grado. Los datos recogidos son los títulos, los resúmenes y las palabras clave. Sin embargo, del total de trabajos, 46 de ellos contenían palabras clave, mientras que en 56 TFG no aparecían incluidas ni en la página web del Archivo Digital de UPM ni en el contenido del trabajo.

La segunda muestra la componen las conversaciones con ChatGPT en relación con esos 46 Trabajos Finales de Máster.

En relación con lo anterior, el segundo corpus está compuesto por los *prompts* generados por el *chatbot* (*ChatGPT*) en torno a las preguntas y a la información proporcionada (en este caso, los resúmenes realizados por los estudiantes).

A continuación, se presentan las preguntadas formuladas a *ChatGPT* (Tabla 1):

1) *¿Cuáles son las palabras clave del siguiente resumen?* (A continuación, se incluía el resumen de cada Trabajo Final de Grado).
2) *¿Cuáles son las cinco palabras clave de la siguiente investigación?* (A continuación, se incluía el resumen de cada Trabajo Final de Grado)

Tabla 1. Listado de preguntas. Fuente: Elaboración propia.

La siguiente fase, una vez obtenidos los dos corpus, fue la de realizar un análisis crítico. Este enfoque está basado en una clasificación y evaluación de las palabras clave utilizando los criterios recogidos en una rúbrica. Realizamos una rúbrica con una puntuación del 1 (puntuación más baja) al 3 (puntuación más alta) donde evaluamos los resultados de las dos muestras. Se establecieron tres dimensiones para evaluar las palabras ofrecidas por ser humano *versus* máquina:

1. Precisión.
2. Exhaustividad.
3. Relevancia.

En el proceso de la rúbrica han participado los dos investigadores que han llevado a cabo este trabajo. Una vez realizado este análisis, se llevó a cabo un análisis comparativo que nos permitiera identificar las ventajas y desventajas entre las dos formas de detección de palabras clave (investigador y *chatbot*).

4. RESULTADOS

En primer lugar, es preciso informar de que con un modelo *LLM* que sea capaz de generar una respuesta a una pregunta es muy habitual necesitar varios ciclos de prueba y error hasta que el modelo nos responda con lo que pretendemos.

Por ejemplo, a la 1ª pregunta: *¿Cuáles son las palabras clave del siguiente resumen?* (A continuación, se incluía el resumen de cada Trabajo Final de Grado) ha dado una respuesta con 34 palabras clave de entre las cuales había unos términos genéricos que no sirven para definir la temática del trabajo como fueron: "limpia"; "inagotable";" "precio"; "autonomía"; "enfoque global"; "momentos del año", etc.

A la 2ª pregunta: *¿Cuáles son las cinco palabras clave de la siguiente investigación?* (Seguidamente, se incluía el resumen de cada Trabajo Final de Grado) sí obtenemos cinco palabras específicas sobre el contenido del trabajo.

En segundo lugar, consideramos necesario incluir un extracto de la rúbrica que nos ha servido para evaluar la selección de palabras clave (Tabla 2):

Extracto de la rúbrica de evaluación
Precisión
No utiliza de manera adecuada términos técnicos y específicos. (1p.).
Evita la generalización, pero en algunos casos faltan términos específicos. (2 p.).
Utiliza de manera adecuada términos técnicos y específicos. (3p.)
Relevancia
No selecciona palabras significativas para la investigación. (1p.).
No emplea en su totalidad palabras representativas del estudio. (2p.).
Las palabras representan de una manera efectiva el contenido de la investigación. (3p.).
Exhaustividad
Las palabras clave no abarcan la totalidad del contenido. (1p.).
En algunos casos faltan palabras necesarias del estudio. (2p.).
La selección de las palabras clave es completa. (3p.).

TFG	Estudiante TFG			ChatGPT		
	Precisión	Relevancia	Exhaustividad	Precisión	Relevancia	Exhaustividad
01	1	1	1	2	2	2
02	3	3	3	2	2	3

Tabla 2. Extracto de la rúbrica de evaluación. Fuente: Elaboración propia.

A continuación, se presentan dos ejemplos tomados del análisis crítico y comparativo:

- Palabras clave según el estudiante (TFG nº32*): Interfaz gráfica; modelado; sistemas fotovoltaicos; funciones de código abierto PVLIB.*
- Palabras clave según *ChatGPT* (TFG nº32): *Energía Solar Fotovoltaica; modelado de sistemas fotovoltaicos; Interfaz Gráfica de Usuario; paquete de funciones PVLIB; validación del modelo.*
- Palabras clave según estudiante (TFG nº33): *Electroterapia; fibroblastos; brecha.*
- Palabras clave según *ChatGPT (*TFG nº33): *Aplicación biomédica; cierre de brecha; terapia eléctrica; imágenes micrográficas, electroterapia no térmica.*

En ambos ejemplos, es posible observar las concordancias y las diferencias en la selección de palabras.

Finalmente, tras evaluar las palabras clave obtenidas por estudiante y herramientas de cada uno de los TFG, se han obtenido los siguientes resultados (Tabla 3):

Promedio	Precisión	Exhaustividad	Relevancia
Humano	2,73913043	2,34782609	2,7173913
ChatGPT	2,39130435	2,43478261	2,45652174

Tabla 3. Resultados de la rúbrica. Fuente: Elaboración propia.

La siguiente figura es una representación radial que muestra las tres dimensiones evaluadas para el promedio del total de las evaluaciones. Esta representación gráfica ofrece una aproximación visual al desempeño con el área encerrada en el triángulo (Figura 1).

Figura 1. Promedio de la evaluación. Fuente: Elaboración propia.

Los datos que se muestran a continuación son la desviación estándar y ofrecen una métrica de la volatilidad de las evaluaciones (Tabla 4.).

Desviación estÁndar de las evaluaciones			
Desv. Est.	Precisión	Exhaustividad	Relevancia
Humano	0,57483457	0,60433219	0,54418312
ChatGPT	0,57651292	0,50120627	0,58524531

Tabla 4. Desviación estándar de las evaluaciones. Fuente: Elaboración propia.

La siguiente figura (Figura 2) está relacionada con la anterior y presenta la desviación estándar de una manera visual para cada una de la dimensiones evaluadas:

Figura 2. Desviación estándar de la evaluación. Fuente: Elaboración propia.

5. CONCLUSIONES

En este estudio se ha analizado el proceso de selección de palabras clave de investigaciones sobre Ingeniería a través del *chatbot ChatGTP*, un tema no abordado hasta el momento. Para este propósito realizamos dos corpus, uno con la información extraída de la muestra de Trabajos Finales de Grado y otro, con las respuestas proporcionadas por el *chatbot*.

Los resultados indican que *ChatGPT* es capaz de seleccionar palabras clave con un desempeño parecido al de un humano, incluso mejor en la dimensión relativa a la exhaustividad. Aunque la capacidad de los *LLM* de realizar una tarea depende fuertemente del "*prompt*" utilizado, sólo han sido necesarios dos intentos para llegar a estos resultados.

Podemos decir que, en la tarea analizada, *ChatGPT* es más consistente que un humano en el sentido en el que la puntuación obtenida en las tres dimensiones es siempre parecida tanto en promedio, como en desviación típica. Mientras los estudiantes muestran más dificultades en encontrar palabras clave exhaustivas, *ChatGPT* obtiene aproximadamente la misma calificación en cada dimensión con una variabilidad parecida sin haber mencionado ninguna de las dimensiones en el *prompt*.

En términos generales, la precisión es lograda con mayor éxito por los estudiantes. Es relevante que, en algunos casos, la herramienta proporcionaba palabras poco significativas como "análisis", un término que *ChatGPT* repetía como palabra clave en varios de los TFG. No obstante, se ha comprobado que Tesauros como el de la UNESCO incluye como descriptores de "Ciencia" palabras como: "análisis causal"; "análisis comparativo"; "análisis cuantitativo"; "análisis cualitativo", etc. Asimismo, se ha hallado que tanto los estudiantes como la herramienta han incluido siglas como palabra clave, un aspecto que, en general, no se recomienda.

La tarea analizada exige dominar un vocabulario específico por parte del investigador-autor y del investigador/lector que realiza la búsqueda. También requiere que el investigador-autor realice un ejercicio basado en la recuperación de la información relevante de su trabajo. Tras este estudio consideramos que *ChatGPT* es capaz de extraer las palabras clave incluso utilizando términos específicos de cada área científico-técnica.

Las recomendaciones para usar *ChatGPT* como asistente para seleccionar palabras clave adecuadas son:

- *ChatGPT* puede generar una primera lista de palabras clave, pero su desempeño aún es menor que el de un humano. Necesita una revisión posterior del contenido generado.
- Dada la consistencia de *ChatGPT* generando contenido es beneficioso para cualquier investigación en cualquier campo científico-técnico.

Es una realidad que la IA va a cambiar la forma en la que investigamos. *ChatGPT* puede ser utilizada por los investigadores como asistente para identificar con precisión las palabras clave de sus trabajos.

6. REFERENCIAS

Alonso-Arévalo, J. y Quinde-Cordero, M. (2023). ChatGPT: La creación automática de textos académicos con Inteligencia artificial y su impacto en la comunicación académica y educativa. *Desiderata*, 6(22), pp. 136-142.

Archivo Digital de la Universidad Politécnica de Madrid. (s.f). https://oa.upm.es/view/institution/

ChatGPT. (s.f). https://chat.openai.com/

Flores-Vivar, J. M. y García-Peñalvo, F. J. (2023). Reflexiones sobre la ética, potencialidades y retos de la Inteligencia Artificial en el marco de la Educación de Calidad (ODS4). *Comunicar*, 31(74), pp. 37-47. https://doi.org/10.3916/C74-2023-03

García-Peñalvo, F. J. (2023). La percepción de la Inteligencia Artificial en contextos educativos tras el lanzamiento de ChatGPT: disrupción o pánico. *Education in the Knowledge Society (EKS)*, 24, pp. 1-9. https://doi.org/10.14201/eks.31279

González Tous, M., y Mattar V, S. (2012). Las claves de las palabras clave en los artículos científicos. *Revista MVZ Córdoba*, 17(2), pp. 2955-2956. https://doi.org/10.21897/rmvz.228

Kooli, C. (2023). Chatbots in Education and Research: A Critical Examination of Ethical Implications and Solutions. *Sustainability*, 15(7), pp. 1-15. https://doi.org/10.3390/su15075614

Lopezosa, Carlos (2023). "ChatGPT and scientific communication: towards the use of Artificial Intelligence that is as useful as it is responsible". *Hipertext.net*, 26, pp. 17-21. https://doi.org/10.31009/hipertext.net.2023.i26.03

Molina Arias, M. (2019). La importancia de no menospreciar las palabras clave. *Pediatría Atención Primaria*, 21(83), pp. 313-318. https://tinyurl.com/42pj72tc

Muñoz-Martín, B. (2016). Descriptores y palabras clave. *Revista ORL*, 7(7), 3 [10], pp. 179-183. http://hdl.handle.net/10366/130606

Vera, F. (2023). Integración de la Inteligencia Artificial en la Educación superior: Desafíos y oportunidades. *Transformar*, 4(1), pp. 17–34. https://www.revistatransformar.cl/index.php/transformar/article/view/84

FORMACIÓN DEL PROFESORADO DE ELE: INSTRUMENTOS DIGITALES Y CHATGPT PARA LA PRODUCCIÓN ESCRITA Y ORAL EN ESPAÑOL

Marta Sanz Manzanedo [1]

1. INTRODUCCIÓN

Este trabajo presenta una propuesta formativa diseñada por la Équipe Formativa de la Toscana, EFT, (Ministero dell'Istruzione, s. f.) para la formación del profesorado de español como lengua extranjera, en adelante ELE, en competencias digitales para la clase de español.

La metodología y resultados de nuestra investigación consisten en el diseño, creación e implementación de un curso, en modalidad *e-learning* mixto (asincrónico y sincrónico), tutorizado por miembros de la Équipe Formativa que se complementa con un cuestionario de evaluación realizado por los participantes. Con esta propuesta formativa se intenta iniciar a los docentes de ELE al uso de algunos instrumentos y herramientas de tipo colaborativo para la mejora o la práctica de las destrezas de producción oral y escrita en español. Asimismo, se presentarán ideas para crear *e-actividades* que promuevan un aprendizaje activo en el alumnado de ELE sin olvidarnos de introducir brevemente la Inteligencia Artificial (en adelante IA) y ChatGPT que han sido la gran novedad reciente y que, bien utilizados, pueden ser de gran ayuda para el profesor y el alumno de ELE.

La enseñanza de ELE conlleva el desarrollo de habilidades comunicativas en los estudiantes (Consejo de Europa, 2001). Entre estas destrezas destacan sobre todo la producción e interacción oral y escritas que son fundamentales a la hora de comunicarse en una lengua extranjera, asimismo les permiten a los estudiantes comunicarse de forma eficaz y poder desenvolverse en situaciones reales de la vida cotidiana y en el mundo laboral cada vez más influenciado por las nuevas formas de comunicación mediadas por la tecnología. En efecto, en el volumen complementario del Marco Común Europeo de Referencia (en adelante MCE) aparece por primera vez una nueva categoría de interacción escrita, es decir, la interacción en línea, como es diferente de la interacción oral cara a cara se han añadido una serie de descriptores diferentes, como bien dice el volumen complementario (Consejo de Europa, 2021, p.97):

> *La comunicación en línea siempre está mediada a través de una máquina, lo que implica que es poco probable que sea exactamente igual que la interacción cara a cara. Existen propiedades emergentes de la interacción grupal en línea que son*

---

casi imposibles de recoger en las escalas de competencia tradicionales, las cuales se centran en el comportamiento del individuo en la oralidad, en la signación o en la escritura. Por ejemplo, existe la posibilidad de compartir recursos en tiempo real. Por otro lado, puede haber malentendidos que no se detectan (y corrigen) inmediatamente, a diferencia de lo que suele ser habitual en la comunicación cara a cara. Algunos requisitos para una comunicación exitosa son:

- la necesidad de una mayor redundancia en los mensajes;
- la necesidad de comprobar que el mensaje se ha entendido correctamente;
- la capacidad para reformular con el fin de facilitar la comprensión y resolver malentendidos;
- la capacidad para gestionar las reacciones de tipo emocional.

Evidentemente para hacer frente a esta nueva destreza escrita y oral necesitamos servirnos de instrumentos digitales que sean a su vez colaborativos para que los estudiantes puedan interactuar de forma oral y escrita con otros compañeros como lo harían en la vida cotidiana sirviéndose de la lengua extranjera para realizar tareas como escribir un blog, chatear, escribir correos electrónicos, hacer una videollamada, etc.

Asimismo, con la llegada de GPT podemos conversar e interactuar con él en español obteniendo respuestas correctas y coherentes desde el punto de vista formal, podemos pedirle que actúe como un profesor de ELE y corrija los errores de nuestros alumnos además de muchas otras posibilidades lo cual hace de él una herramienta a tener en cuenta en nuestras clases y en la formación del profesorado. Por esa razón, nos ha parecido un instrumento importante para este curso.

2. OBJETIVOS

Los objetivos de nuestro trabajo han sido: diseñar e implementar un curso innovador en el contexto italiano destinado a los profesores de ELE de la región Toscana. Este curso será en modalidad e-learning y tutorizado; de esta forma los participantes pueden tener asistencia y acompañamiento mientras realizan el curso, se comparten páginas y recursos interesantes o actividades; en definitiva, se crea una micro comunidad de buenas prácticas. El curso se ha realizado completamente en lengua española, tanto los seminarios como los materiales para que, además de actualizar las propias competencias digitales, los docentes puedan actualizar también las lingüísticas. Asimismo, los datos de esta investigación servirán para diseñar e implementar futuras propuestas formativas sobre la base de las necesidades de los docentes de ELE.

3. METODOLOGÍA

La metodología empleada es el cuestionario de evaluación realizado a las personas asistentes del que extraeremos algunos datos útiles sobre esta formación y asimismo serán utilizados para futuras propuestas formativas que es uno de los objetivos de esta investigación. Antes de proceder a la elaboración de nuestra propuesta de formación, se llevó a cabo un análisis de varios conjuntos de datos. En primer lugar, se tuvieron en cuenta los resultados de los cuestionarios de satisfacción completados por los docentes toscanos que participaron en otras actividades del Formativa Territoriale, sobre todo los recopilados de otras propuestas formativas destinadas al profesorado de idiomas extranjeros como la propuesta *TechforLang* (Sanz Manzanedo, 2023) o *Microlearning e Gamed Based Learning: una accoppitata vincente* que se realizaron entre los meses de octubre y mayo de 2023. Asimismo, se evaluaron numerosas propuestas de formación disponibles en la plataforma Scuola Futura, especialmente las realizadas de manera asincrónica, pero también las pocas destinadas a los profesores de idiomas que, por cierto, suelen ser muy escasas (Ministero dell'Istruzione, 2022). También se inspiró en el modelo formativo empleado en el diseño e implementación de una propuesta formativa denominada *Attivazione* (Sanz Manzanedo, 2020; Sanz Manzanedo & Lezcano Barbero, 2020b, 2020a).

4. DESARROLLO DE LA INVESTIGACIÓN

La formación en servicio de los profesores en competencias digitales es una necesidad urgente en la actualidad (Llorente, 2008) y por supuesto también es fundamental en el profesorado de ELE (Moreno Fernández, 2014) ya que la digital es una competencia clave del profesorado de lenguas extranjeras. Es fundamental tener una formación tecnológica sólida si buscamos promover la innovación y cambios en el uso de las metodologías (Cabero Almenara, 2004; Educación, 2006; Vivancos Martí, 2009). Los datos proporcionados por Pisa nos brindan pistas sobre las necesidades formativas de los profesores, especialmente en el ámbito digital (Baró Martín & Benito del Moral, 2007; Romero, 2004).

En la formación del profesorado de ELE, debemos buscar la renovación metodológica en lugar de simplemente integrar las TIC en la educación ya que la Comisión Europea (Comisión Europea, 2018) respalda la idea de que la tecnología digital puede enriquecer las oportunidades de aprendizaje, dado que su implementación promueve prácticas innovadoras en la enseñanza de lenguas extranjeras y en concreto en la enseñanza de ELE.

El uso de instrumentos digitales contribuye, sin duda a fomentar nuevas pedagogías de aprendizaje en un entorno que, aunque es presencial, cada vez está más digitalizado y al mismo tiempo se fortalece la adquisición de la competencia comunicativa en español (Sánchez Martín, 2021). Por esta razoón, en la comunicación de la Comisión el Plan de Acción Educación Digital (Comisión Europea, s. f.) se trató el tema del uso de las tecnologías más eficaces para el aprendizaje de idiomas y se destacó el papel de las TIC en el desarrollo de contenidos en diferentes lenguas.

En la actualidad, y sobre todo después de la crisis pandémica (Cabero Almenara & Llorente Cejudo, 2020; Espino-Díaz et al., 2020)es fundamental que los docentes de ELE adquieran habilidades metodológicas y tecnológicas a través de una capacitación pedagógica para seleccionar, adoptar y adaptar eficazmente los recursos digitales (Álvarez Núñez *et al.*, 2021; Navarro Asensio, 2017).

4.1. Diseño instruccional de nuestra formación: el modelo ADDIE

En la creación de una propuesta formativa es crucial prestar especial atención al diseño instruccional, como se ha evidenciado en diversos estudios (Chaves Hidalgo & Umaña Mata, 2017; Díaz Díaz & Castro Arévalo, 2004; Madoz, 2009; Mao, 2003; Martínez Rodríguez, 2009). El diseño instruccional implica la preparación y creación de recursos y entornos, en este caso virtuales, necesarios para facilitar el aprendizaje (Camacho Zúñiga et al., 2014; Onrubia, 2016; Salinas Ibáñez, 2004). El formador tiene que planificar los objetivos, los contenidos, las actividades y la modalidad que se propondrán para alcanzar los objetivos de aprendizaje (Tourón & Martín, 2019). Como en las anteriores propuestas formativas realizadas, aunque se han explorado otros diseños instruccionales como el

SAM, se ha querido mantener el modelo ADDIE, el cual tiene cinco fases (Aldoobie, 2015; Branch, 2010, 2010; Hishamudin, 2016; Military & Molenda, 2003; Molenda, 2003):

1) Análisis: en esta fase evaluamos las necesidades de aprendizaje del profesorado de ELE Toscano y recopilamos una serie de requisitos que debería tener la formación. Se definieron los objetivos de aprendizaje y se analiza a quién va dirigido. Se determinan los recursos disponibles, la duración, la plataforma que se va a utilizar, etc.

2) Fase de diseño: se creó un guion gráfico para definir contenidos, actividades, recursos, evaluación, interacción, seguimiento, duración, módulos, etc. Aquí se decidió realizar un curso asincrónico con dos encuentros sincrónicos, uno inicial y uno final ya que esta solución, después de varias experiencias, hemos comprobado que es la que mejor funciona con los profesores toscanos. Una fórmula que permita gestionar el tiempo y las actividades cuando los docentes crean convenientes y solo dos encuentros en directo.

3) Fase de desarrollo: se crea y desarrolla el curso que, en este caso, consta de dos módulos, el de producción escrita y el de producción oral, siguiendo los diseños y especificaciones de la fase anterior. Se elaboran los materiales, se construyen los recursos multimedia y se realizan las pruebas de funcionamiento y calidad. Se realizan revisiones para efectuar ajustes y mejoras, por ejemplo se decidió dedicar todo el taller final a ChatGPT ya que podía dar un valor añadido al curso.

4) Fase de implementación: el 12 de mayo se implementó el curso en la plataforma Moodle de EFT Toscana y comenzó la primera sesión síncrona. El curso tenía una duración prevista de 4 semanas.

5) Fase de evaluación: con los datos obtenidos de Moodle y la retroalimentación de los participantes se realizan los ajustes pertinentes para una nueva edición el curso que viene. Estos ajustes consistirán en dar más espacio a ChatGPT visto el interés suscitado con un módulo dedicado solo a la IA.

A continuación, presentamos los contenidos de la fase de diseño:

Tema	Vídeo y tiempos	Contenidos	Material complementario
1.Competencia digital docente ELE	1 hora de workshop	Modelo TPACK Modelo SAMR Taxonomía de Bloom	Instituto Cervantes Volumen complementario PCIC MCER
2. Herramientas para la producción escrita en ELE	Tutoriales	Genially Canva Digipad Kiazo Edu/Tricider Wakelet	Enlaces y ejemplos

3. Herramientas para la producción oral en ELE	Tutoriales	FlipGrid	Enlaces y ejemplos
		Vocaroo	
		Screenpal/Canva	
		VoiceThread	
4. ChatGPT y la IA para el profesor de ELE	1 hora de workshop online	Chat GPT y herramientas de IA	Ejemplos

Tabla 1. Fase de diseño. Fuente: Elaboración propia.

4.2. Implementación y desarrollo del curso en la plataforma Moodle Toscana

El curso se ha implementado y desarrollado en la plataforma Moodle del EFT Toscana.

La muestra participante ha consistido en 18 docentes de ELE, 17 mujeres y 1 hombre. Si analizamos su experiencia docente podemos constatar que la mayoría, el 36,4%, tiene una experiencia de entre 5 y 15 años de enseñanza de ELE, el 18,2% entre 15-20 años, otro 18,2% más de 25 y el 27,3% menos de 5 años, como podemos apreciar en la figura 1. Por lo tanto, vemos que hay un equilibrio entre docentes con poca, media y mucha antigüedad que se han sentido atraídos por nuestra propuesta formativa ya que normalmente suelen ser los profesores con menos años de experiencia los que más suelen participar a las iniciativas de formación.

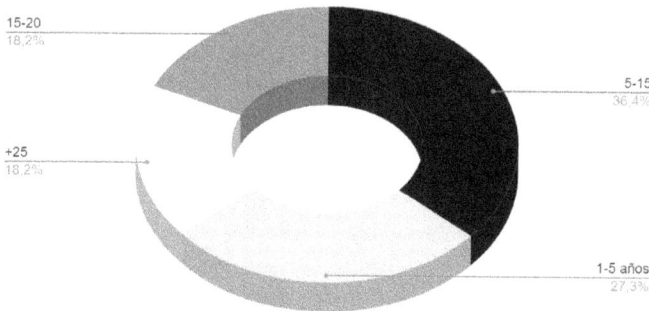

Figura 1. Experiencia en ELE de los participantes. Fuente: Elaboración propia.

Como podemos observar en la figura 2 la estructura del curso tiene dos módulos principales: uno para los instrumentos dedicados a la producción escrita y otro para aquellos de la producción oral. Asimismo, dos encuentros sincrónicos, inicial y final, que presentan otros contenidos útiles para el profesorado de ELE. El primero dedicado a la competencia digital del docente de ELE con la presentación de los modelos TPACK, SAMR, el Volumen Complementario del MCER, la taxonomía de Bloom, etc. y el último dedicado a ChatGPT y otras herramientas de IA útiles para el profesorado de ELE.

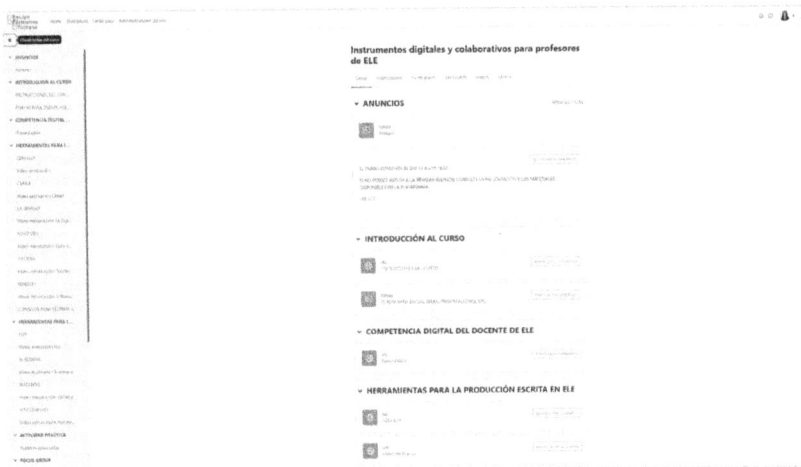

Figura 2. Interfaz del curso en Moodle. Fuente: Elaboración propia.

Especial relevancia han tenido los varios foros, figura 3, de gran actividad, para intercambiar ideas, consejos, dudas, etc. En una propuesta formativa en modalidad *e-learning* la interacción en los foros es muy importante ya que generan esa presencia y ese intercambio de ideas que comportan que el participante no se sienta solo sino acompañado en su itinerario formativo.

En nuestra formación han sido importantes sobre todo por tres razones:

1) Interacción y colaboración: han sido un espacio en línea donde los participantes han interactuado y colaborado discutiendo ideas, planteando preguntas y compartiendo recursos. Esto ha fomentado el aprendizaje activo y la construcción conjunta del conocimiento.

2) Aprendizaje social: han brindado la oportunidad de crear una micro comunidad de aprendizaje para profes de ELE en línea ya que los participantes han compartido sus experiencias en el aula y recursos.

3) Resolución de dudas: se han convertido en un espacio donde las dudas planteadas no solo las resolvían los formadores sino también el resto de los participantes.

En definitiva, en este tipo de propuestas formativas la dinamización de los foros es una cuestión fundamental que hay que tener en cuenta y que hay que cuidar especialmente.

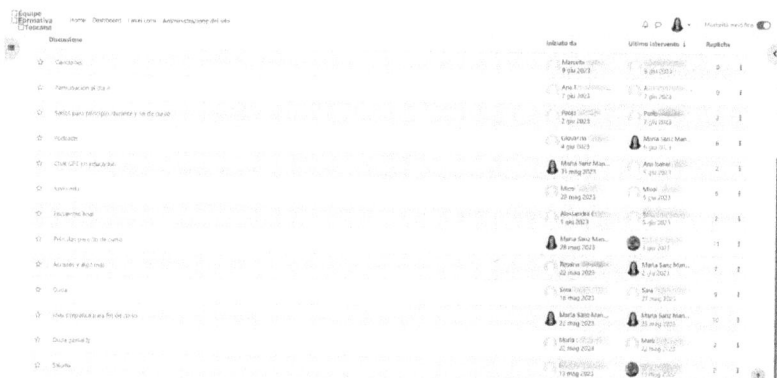

Figura 3. Foro de dudas e ideas. Fuente: Elaboración propia.

Por lo que respecta a la estructura de los módulos asincrónicos es la siguiente: se presenta brevemente la herramienta con un micro vídeo siguiendo la metodología del *microlearning* (Brebera, 2017; Mongin et al., 2018; Torres Rivera, 2021) que hemos utilizado con éxito en otras formaciones y se complementan con una serie de ideas sobre qué actividades se pueden realizar con ellas. Por último, se presentan ejemplos de rúbricas. Cabe destacar que tanto las ideas de actividades como las rúbricas se han realizado con ChatGPT una herramienta muy útil para el profesorado de ELE y que vamos a detallar a continuación.

4.3. ChatGPT como ayudante para el profesor de ELE

Como ya dijimos una de las innovaciones de nuestro curso en el contexto formativo italiano es que se ofreció completamente en lengua española y además se añadi un parte sobre los posibles usos ChatGPT ante la curiosidad e interés que está despertando esta herramienta entre el profesorado de idiomas y sus potencialidades como ayudante del profesor de ELE.

La utilización de ChatGPT para la enseñanza de idiomas ya ha sido puesta en práctica por (*Duolingo*, s. f.) que lo ha implementado para nuevas funciones como compañero de conversación, juego de roles o explicar errores. Asimismo, su potencial es significativo en todas las áreas educativas (Zhai, 2022). Sus usos en la educación son variados tanto para el profesorado como para el alumnado de español.

4.3.1. ChatGPT y su uso en ELE

ChatGPT apareció en noviembre de 2022 y ha revolucionado la educación tanto por aspectos positivos como negativos; dicho esto como profesores de ELE podemos explorar sus potencialidades y hacer que se convierta en nuestro ayudante para descargarnos de algunas tareas que este *chatbot* puede realizar en segundos. Lo importante es diseñar un buen *prompt*, es decir, un buen comando o instrucción (Esnaola, 2023; Morales-Chan, 2023; UNESCO, 2023).

Pero ¿qué puede hacer ChatGPT por nosotros los profesores de ELE. Las aplicaciones son variadas, pero podemos destacar:

1) Diseño de cursos y de programas

2) Realización de rúbricas para nuestras tareas

3) Generación de textos, *storytelling*

4) Traducción de textos

5) Elaboración de exámenes y ejercicios de varios tipos

6) Asistente de conversación y corrector asumiendo el rol de un profesor

7) Elaboración de recursos, actividades lúdicas, etc. para nuestras clases.

8) Realización de presentaciones (nos da los contenidos de las diapositivas)

Lo importante es saber pedírselo y tener un sentido crítico para poder descartar la información equivocada o sesgada que nos puede proporcionar.

4.3.2. La importancia de los *prompt* o comandos

Para realizar un buen *prompt* tenemos que incluir (Morales-Chan, 2023) Objetivo o tema

1) Extensión o formato

2) Contexto (para la clase de ELE)

3) Destinatarios (adolescentes, adultos, nivel)

4) Estilo y tono (formal, informal, etc.)

Además de esto usar un lenguaje conciso, el lenguaje natural, evitando la ambigüedad y guiarle para conseguir el resultado esperado. Utilizar verbos como: aclarar, argumentar, cambiar, combinar, compilar, comprobar, concluir, comparar, crear, criticar, defender, definir, describir, diferenciar, expandir, explicar, generar, hacer, ilustrar, incluir, inferir, listar, proporcionar, producir, proponer, recomendar, resumir y replantear (Morales-Chan, 2023).

Entre los tipos de *prompts* o comandos útiles para la clase de ELE podemos destacar:

1) Los secuenciales: descríbeme la evolución de la enseñanza de ELE en los últimos 20 años.

2) Comparativos: contrasta el método comunicativo con el enfoque por Argumental: ¿es eficaz enseñar ELE con las TIC?

3) De perspectiva profesional: actúa como si fueras un profesor experto de ELE+contexto

4) Lista de deseos: necesito una rúbrica para +destinatarios + tema + contexto o requisitos

Si no nos satisface la respuesta es importante dialogar con él añadiendo más datos al contexto o nuevos requisitos y evaluar las respuestas con nuestro ojo crítico de profesores expertos para evitar respuestas equivocadas o sesgadas.

5. RESULTADOS Y CONCLUSIONES

A pesar de ser un curso que ha tenido lugar en mayo, un mes que suele ser especialmente complicado para los docentes por la cantidad de trabajo acumulado, compromisos y plazos por cumplir, ha tenido muy buena acogida desde el principio. Había 15 plazas previstas y se han inscrito un total de 18 docentes que han mostrado su entusiasmo y agradecimiento desde el primer encuentro. Especialmente significativa es la interacción e intercambio de ideas que ha tenido lugar a través de los foros.

De los 18 inscritos en nuestro curso, 16, que suponen el 90%, lo terminaron de forma satisfactoria y el 75% participó de forma activa a las sesiones sincrónicas con comentarios muy positivos tanto en directo como en los foros. Además, contribuyeron a la creación de una pizarra colaborativa donde se compartían actividades e ideas para el curso que viene a la vez que se comentaban las propuestas de los compañeros.

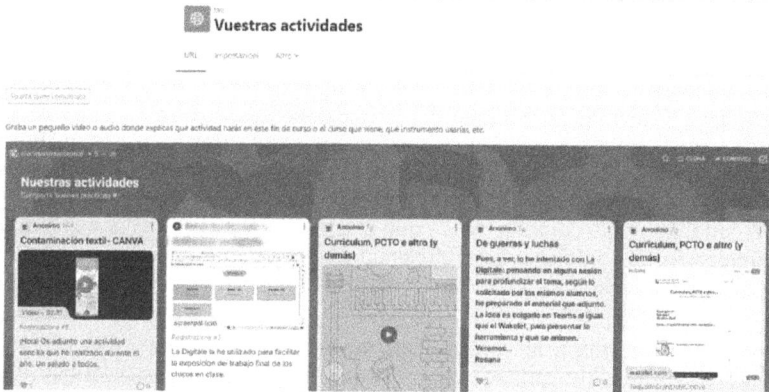

Figura 4. Actividades colaborativas. Fuente: Elaboración propia.

Según los datos del cuestionario de evaluación, la mayor parte de los participantes declararon que las herramientas que más útiles les parecieron para la producción escrita fueron sin duda *Canva y Genially* por su versatilidad y las posibilidades que ofrecen. Esto se debe a que en tecnología menos es más y estos dos instrumentos se caracterizan precisamente por poder realizar con ellos actividades muy variadas: presentaciones, infografías, p . En cambio, para la producción oral destacamos que la mayor parte de los participantes se decantó por *Screenpal y Vocaroo*.

Respecto a la utilidad de las herramientas presentadas en el curso creen que les ayudarán a mejorar su práctica docente bastante o mucho y ese 90% declaró sentirse bastante o muy cómodo us ndolas. Además, el 80 % piensa que las herramientas digitales aumentan la motivación de los alumnos, aunque esto suponga ocupar más tiempo en la preparación de las clases ya que el 80% afirma que le lleva más tiempo preparar una actividad digital que una clase tradicional. Como conclusión el 72% admite que merece la pena invertir más tiempo para preparar este tipo de actividades con las TIC.

La introducción del uso de ChatGPT en el último seminario sincrónico fue muy apreciado por los docentes que resaltaron, con sus comentarios, la utilidad y las prestaciones que podía tener en la clase de ELE para ahorrarles tiempo en labores mecánicas como realizar programaciones, rúbricas, crear textos. Asimismo, lo consideraron útil para practicar como asistente de conversación en ELE. En el seminario se dieron diferentes *prompt* para realizar dichas tareas y también se añadió una infografía a los materiales del curso. Los docentes pidieron otro seminario en el futuro que profundizara estos aspectos de ChatGPT o también la producción de imágenes con la IA.

Por lo que respecta a la modalidad de la propuesta formativa, destacamos que las propuestas formativas en modalidad *e-learning* asincrónico(Área & Adell, 2009; Cabero Almenara, 2006; Jung *et al.*, 2019; Martínez Caro & Gallego Rodríguez, 2003) son las que mejor se adaptan al profesorado italiano, son fáciles de conciliar con todas las reuniones y demás ocupaciones de la vida laboral y familiar. De hecho, al tener solo dos encuentros sincrónicos los docentes pudieron realizar su curso a su ritmo y en cualquier momento.

De la experiencia de otras formaciones realizadas con la EFT durante el curso 22/23, la modalidad asincrónica con dos encuentros inicial y final sincrónico ha sido la que mejores resultados ha dado, tanto en motivación de los participantes como en el porcentaje de participantes que han concluido con éxito la formación que en esta ha llegado al 90%. En las formaciones completamente asincrónicas el porcentaje de éxito ronda el 50% produciéndose una dispersión muy alta de docentes que ni siquiera llegan a comenzarla o la abandonan al principio.

Otro factor que ha estimulado el éxito es la realización del curso en lengua española ya que en la plataforma de formación ministerial para los docentes apenas hay una sola formación para profesores de idiomas y, aunque está dirigida a docentes de inglés, se ha realizado completamente en italiano a diferencia de la nuestra. Muchas veces los docentes están más motivados si esta se lleva a cabo en la lengua que enseñan. Este modelo esperamos replicarlo con éxito el próximo curso ya que el campo de las TIC en la enseñanza de ELE ofrece numerosas posibilidades formativas que seguramente encuentren buena acogida entre los docentes. Asimismo, nos gustaría realizarlo en colaboración con otras regionales para llegar a un número más amplio de docentes.

En definitiva, propuestas asincrónicas cuidadosamente diseñadas, con breves talleres sincrónicos, materiales de calidad, que puedan a las necesidades de los participantes, pueden ser un modelo de éxito que merezca la pena replicarse en el futuro.

6. REFERENCIAS

Aldoobie, N. (2015). ADDIE Model Analysis phase. *American International Journal of Contemporary Research*, *5*(6), 68-72. https://www.aijcrnet.com/journals/Vol_5_No_6_December_2015/10.pdf

Álvarez Núñez, Q., López Gómez, S., Parada Gañete, A., y Gonçalves, D. (2021). Cultura profesional y TIC en la formación del profesorado en tiempos de crisis: la percepción de los docentes. *Revista Electrónica Interuniversitaria de Formación del Profesorado*, *24*(2). https://doi.org/10.6018/reifop.470831

Área, M., y Adell, J. (2009). E-Learning: Enseñar y Aprender en Espacios Virtuales. En J. De Pablos (Coord), *Tecnología Educativa. La formación del profesorado en la era de Internet* (pp. 391-424). Aljibe. https://shorturl.at/jBFNP

Baró Martín, A., y Benito del Moral, M. (2007). *PISA 2006: Marco de la evaluación. Conocimientos y habilidades en ciencias, matemáticas y lectura.* Santillana Educación S.L. https://doi.org/10.1787/9789264066168-es

Branch, R. M. (2010). *Instructional design: The ADDIE approach.* Springer https://doi.org/10.1007/978-0-387-09506-6

Brebera, P. (2017). Microlearning in foreign language courses: A threat or a promise? *Proceedings of the European Conference on e-Learning, ECEL, 2010-October* (pp. 85–93).

Cabero Almenara, J. (2004). Formación del profesorado en TIC. El gran caballo de batalla. *Comunicación y Pedagogía*, *195*, 27-32. https://shorturl.at/wxJZ0

Cabero Almenara, J. (2006). Pedagogical bases of e-learning. *RUSC. Universities and Knowledge Society Journal*, *3*(1). https://doi.org/10.7238/rusc.v3i1.265

Cabero Almenara, J., y Llorente Cejudo, M. del C. (2020). Covid-19: transformación radical de la digitalización en las instituciones universitarias. *Campus virtuales*, *9*(2), 25-34. https://shorturl.at/zIL28

Camacho Zúñiga, M. G., Lara Alemán, Y., y Sandoval Díaz, G. (2014). *Estrategias de aprendizajes para Entornos Virtuales*. https://shorturl.at/hrBW9

Chaves Hidalgo, E., y Umaña Mata, A. C. (2017). Estrategia para el diseño de programas académicos en línea: la experiencia de la Maestría en Educación a Distancia. *Posgrado y Sociedad. Revista Electrónica del Sistema de Estudios de Posgrado, 10*(2), 1-15. https://doi.org/10.22458/rpys.v10i2.1877

Comisión Europea (s. f.). *Plan de Acción de Educación Digital (2021-2027) | European Education Area*. https://rb.gy/abzsc

Comisión Europea (2018). *Recomendación del Consejo relativa a un enfoque global de la enseñanza y el aprendizaje de idiomas*. https://rb.gy/z6wf4

Consejo de Europa (2021). *Marco Común Europeo de Referencia para las Lenguas: Enseñanza y evaluación. Volumen complementario*. https://rb.gy/trq1c

Díaz Díaz, F. J., y Castro Arévalo, A. L. (2004). Requerimientos pedagógicos para un ambiente virtual de aprendizaje. *Cofin Habana, 11*(1), 1-13. http://scielo.sld.cu/scielo.php?script=sci_arttext&pid=S2073-60612017000100004

Duolingo (s. f.). https://openai.com/customer-stories/duolingo

Consejería de Educación (2006). *Plan de Formación del Profesorado en Lenguas Extranjeras*. Junta de Castilla y León. https://rb.gy/67mhn

Esnaola, L. (2023). ChatGPT, una herramienta que no podemos desconocer en nuestra práctica docente. *UNSAdA*. https://rb.gy/9qvx7

Espino-Díaz, L., Fernandez-Caminero, G., Hernandez-Lloret, C. M., Gonzalez-Gonzalez, H., y Alvarez-Castillo, J. L. (2020). Analyzing the impact of COVID-19 on education professionals. Toward a paradigm shift: ICT and neuroeducation as a binomial of action. *Sustainability, 12*(14). https://doi.org/10.3390/su12145646

Hishamudin, F. (2016). Model ADDIE. *Universiti Teknologi Malaysia*. http://eprints.utm.my/id/eprint/26224/1/Model%20ADDIE.pdf

Jung, H., Kim, Y. R., Lee, H., y Shin, Y. (2019). Advanced instructional design for successive E-learning: Based on the successive approximation model (SAM). En G. Marks (Ed.), *Proceedings of International Journal on E-Learning 2019* (pp. 191-204). Association for the Advancement of Computing in Education (AACE). https://www.learntechlib.org/primary/p/187327/

Llorente, M. C. (2008). Aspectos fundamentales de la formación del profesorado en TIC. *Revista Pixel_Bit, 31*, 121-130. http://hdl.handle.net/11441/14245

Madoz, M. (2009). De la educación a distancia a la educación virtual. *TE & ET, 3*. http://sedici.unlp.edu.ar/handle/10915/14182

Mao, R. E. (2003). Bases para Reconstruir el Diseño Instruccional en los Sistemas de Educación a Distancia. *Docencia Universitaria, 1* (4), 25-48.

Martínez Caro, E., y Gallego Rodríguez, A. (2003). Estilos de aprendizaje y e-learning. Hacia un mayor rendimiento académico. *RED: Revista de Educación a Distancia, 3*(7). https://revistas.um.es/red/article/view/25411

Martínez Rodríguez, A. del C. (2009). El Diseño Instruccional en la Educación a Distancia. *Apertura, 9* (10). https://www.redalyc.org/html/688/68812679010/

Molenda, M. (2003). ADDIE Model DESIGN DEVELOPMENT IMPLEMENTATION. *Performance Improvement, 42*(5), 34–36

Ministero dell'Istruzione. (s. f.). *Équipe Formative Territoriali - Scuola futura - PNRR*. https://shorturl.at/nTU27

Ministero dell'Istruzione. (2022). *Scuola Futura*. https://scuolafutura.pubblica.istruzione.it/didattica-digitale/tutti-i-percorsi

Molenda, M. (2003). The ADDIE model. *En A. Kovalchick y K. Dawson (Eds.), Educational Technology: An Encyclopedia.* ABC-Clio

Mongin, P., Bertolini, M., y Levious, F. (2018). *Former avec le microlearning.* Dunod.

Morales-Chan, M. A. (2023). Explorando el potencial de Chat GPT: Una clasificación de Prompts efectivos para la enseñanza. *Paper GES 2023* http://biblioteca.galileo.edu/tesario/handle/123456789/1348

Moreno Fernández, F. (2014). Las competencias clave del profesorado de lenguas segundas y extranjeras. *Instituto Cervantes.* https://shorturl.at/kyEP8

Navarro Asensio, E. (Coord.). (2017). *Fundamentos de la investigación y la innovación educativa.* UNIR Editorial.

Onrubia, J. (2016). Aprender y enseñar en entornos virtuales: actividad conjunta, ayuda pedagógica y construcción del conocimiento. *Revista de Educación a Distancia (RED).* https://doi.org/10.6018/red/50/3

Romero, L. R. (2004). Reflexiones sobre la formación inicial del profesor de matemáticas de secundaria. *Profesorado, revista de currículum y formación del profesorado, 8*(1), 1-15. https://shorturl.at/fnMTU

Salinas Ibáñez, J. (2004). Cambios metodológicos con las TIC: estrategias didácticas y entornos virtuales de enseñanza-aprendizaje. *Bordón. Revista de pedagogía, 56*(3), 469-481.

Sánchez Martín, F. J. (2021). La integración de la tecnología y su adecuación pedagógica a la enseñanza del español como lengua extranjera. *Itinerarios. Revista de estudios lingüísticos, literarios, históricos y antropológicos, 33.* https://doi.org/10.7311/itinerarios.33.2021.11

Sanz Manzanedo, M. (2020). *Formación del profesorado en TIC: Diseño e implementación de un curso Blended Learning para la mejora de la competencia digital docente en la provincia de Livorno (Italia).* Universidad de Burgos.

Sanz Manzanedo, M. (2023). Formación del profesorado de lenguas extranjeras: diseño y creación de un curso e-learning para docentes de idiomas en Toscana. En *Competencias comunicativas en educación superior.* TECNOS.

Sanz Manzanedo, M., y Lezcano Barbero, F. (2020a). Formazione degli insegnanti sulle TIC in Italia: una proposta formativa seguendo il modello formativo della Castiglia y León (Spagna). *Excellence and Innovation in Learning and Teaching, 5*(2), 5(2). https://doi.org/10.3280/exioa2-2020oa10813

Sanz Manzanedo, M., y Lezcano Barbero, F. (2020b). Propuesta para la formación del profesorado en didáctica a distancia en Livorno (Italia). En *La inclusión social y educativa como reto vital del siglo XXI.* Universidad del País Vasco.

Torres Rivera, Y. (2021). *Diseño de microlearning* César Fiallo Sánchez, Ed, .

Tourón, J., y Martín, D. (2019). *Aprender y enseñar en la universidad de hoy. Una guía práctica para profesores.* Editorial UNIR.

UNESCO (2023). *ChatGPT e Inteligencia Artificial en la educación.* Recuperado de: https://bit.ly/3CFrnZ5

Vivancos Martí, J. (2009). Competencia digital y formación del profesorado. *El busgosu, 8*, 16-21.

Zhai, X. (2022). ChatGPT User Experience: Implications for Education. *SSRN Electronic Journal.* https://doi.org/10.2139/SSRN.4312418

INTELIGENCIA ARTIFICIAL, NLP Y RAZONAMIENTO LÓGICO

Álvaro Miguel Serna Ortega [1]

1. INTRODUCCIÓN

El campo de la inteligencia artificial ha experimentado un desarrollo exponencial en los últimos años (Zhang *et al.*, 2023; Bjola, 2022). Esta evolución ha estado marcada por los avances tecnológicos, que han traído consigo una serie de implicaciones. Por un lado, ha aumentado la capacidad de procesamiento de los ordenadores, lo que permite analizar grandes cantidades de datos (O'Leary, 2013). Por otro lado, también se han producido mejoras en los algoritmos y las técnicas automatizadas de aprendizaje, propiciando un contexto ideal para que las máquinas desarrollen capacidades que les permitan ejecutar tareas asociadas a la inteligencia humana, como razonar, aprender o buscar soluciones a problemas que surgen en el entorno (Shi *et al.*, 2020).

En esa línea, el procesamiento del lenguaje natural (NLP) es un área de investigación sumamente importante en el estudio de las inteligencias artificiales. El término hace referencia a la forma en la que las máquinas interaccionan con el lenguaje humano, analizando la comprensión, interpretación y generación de frases y estructuras gramaticales propias de las personas (Nadkarni *et al.*, 2011). El aumento de la efectividad de las tecnologías NLP se vincula con el incremento de los textos disponibles en línea y con otras herramientas de *deep learning*, que permiten crear modelos más sofisticados, capaces de entender y elaborar textos mucho más precisos y coherentes (Kalyanathaya *et al.*, 2019; Egger y Gokce, 2022). Como consecuencia de ese auge en los sistemas NLP, han surgido asistentes virtuales y *chatbots* con los que es posible mantener conversaciones fluidas y realizar tareas específicas de manera muy satisfactoria y utilizando lenguaje natural en las respuestas que se proporcionan. Se ha producido una adopción masiva de estos sistemas en infinidad de ámbitos, como por ejemplo en los servicios de atención al cliente (Sri y Sri, 2021), en el campo de la medicina (Locke *et al.*, 2021) o la educación (Turan *et al.*, 2016) y en el comercio electrónico (Zhang, 2020), entre muchos otros.

Estas herramientas suponen un nuevo paradigma en las interacciones entre humanos y máquinas, abriendo la posibilidad a una comunicación natural y fluida, alejada de interfaces limitadas a formularios o comandos concretos (Moore et al., 2023). Las ventajas son muy significativas: facilitan la accesibilidad a aquellas personas con menores conocimientos tecnológicos; potencian la interacción en tiempo real y la retroalimentación

---

1. Universidad de Málaga (España)

individualizada de manera instantánea; permiten personalizar la atención, adaptándose a las preferencias o necesidades del individuo con el que se produce la interacción; dan la posibilidad de ofrecer respuestas contextualmente pertinentes... (Li, 2018).

Sin embargo, las tecnologías de NLP, están en un desarrollo constante y existen limitaciones y desafíos a los que se enfrentan. Algunos de los principales retos que se identifican son: la ambigüedad en el lenguaje, la falta de coherencia temporal y modal, las barreras de sentido común, los sesgos, la ausencia de imparcialidad y las limitaciones en los procesos relativos al razonamiento lógico (Khurana et al., 2023). Estos desafíos marcan los posibles ejes de desarrollo futuro de esta tecnología, siendo vital la búsqueda de soluciones para lograr una comprensión precisa, imparcial y válida de este tipo de herramientas.

Esta investigación se centra en evaluar el razonamiento lógico de ChatGPT, un modelo de IA conversacional que se basa en herramientas de NLP. La implementación de esta capacidad cognitiva es indispensable en los procesos de toma de decisión y de resolución de problemas; por lo tanto, su evaluación es necesaria para comprender el momento evolutivo en el que se encuentran los sistemas de IA.

La lógica y sus procesos permiten descubrir la relación de consecuencia producida entre una premisa y un argumento que se considera correcto tras haber aplicado con coherencia un conjunto de reglas previamente establecidas (Diaz-Granados *et al.*, 2010). En esencia, es uno de los componentes más importantes que deben considerar las inteligencias artificiales puesto que proporcionan un marco definido para la generación de respuestas coherentes. Si se logra someter a los algoritmos a estándares lógicos válidos, se pueden inferir conclusiones mucho más flexibles y válidas, con altos índices de transparencia y explicabilidad. Asimismo, un buen entrenamiento lógico, otorga garantías para evitar falacias o errores durante el proceso de razonamiento.

Es importante comprender que el razonamiento lógico es multidimensional, es decir implica la combinación de diferentes elementos (Engelmann *et al.*, 2020). Por ello, un abordaje analítico integral debe considerar diferentes áreas como la validez argumental, la coherencia interna de las premisas, la consistencia de los principios o la capacidad de identificar y aplicar patrones y reglas (Mendoza-Ramos, 2015; Barceló-Aspeitia, 2015; Padró y Barrio, 2022). No puede ser concebido desde una perspectiva basada en la deducción, es necesario incluir la inducción y la abducción.

En el contexto de las inteligencias artificiales basadas en sistemas NLP, es necesario realizar una evaluación que involucre diferentes niveles de complejidad, pudiendo ir de una inferencia sencilla a una argumentación causal-efectual elaborada, en la que se necesiten tomar en consideración reglas formales y conocimientos textuales, tanto de tipo matemático como de cualquier otra índole.

2. OBJETIVOS

En base a la introducción expuesta y con la pretensión de profundizar en el desarrollo de las tecnologías NLP, se plantea como objetivo principal de la investigación evaluar el razonamiento lógico de ChatGPT 3.5. Este objetivo busca proporcionar una visión general de la capacidad de la herramienta respecto a este atributo.

A su vez, se propone un objetivo secundario: identificar las dimensiones asociadas al razonamiento lógico en las que ChatGPT 3.5 presenta limitaciones. De esta manera, además de la visión global de las capacidades del modelo de OpenAI, se puede obtener información específica de los campos sobre los cuales es necesaria una mejora.

3. METODOLOGÍA

La metodología se construye en torno a la realización de dos test adaptados a las posibilidades que ofrece ChatGPT: el Test de Pensamiento Lógico (TOLT) de Tobin y Capie (1981) y un test creado y validado por una empresa tecnológica. Ambos cuestionarios pueden ser realizados sin necesidad de realizar modificaciones excesivas y, en adición, se complementan entre sí, lo que permite obtener una óptica integral del objeto de estudio.

El planteamiento propuesto para la investigación es mixto, puesto que el análisis de los datos recopilados no sólo tiene en consideración el número de aciertos y fallos, sino que incluye una profundización en los procesos lógicos seguidos para alcanzar las respuestas. De hecho, en el TOLT, todas las preguntas tienen una segunda parte en la que se cuestiona sobre el motivo por el cual se ha seleccionado una u otra opción.

En conjunto, se realizan 267 preguntas. El TOLT consta de diez, a través de las cuales se miden cinco variables (dos preguntas para cada una de ellas): el razonamiento proporcional (PP), el control de variables (CV), el razonamiento probabilístico (PB), los análisis de correlación (CR) y el razonamiento combinatorio (CB) (Acevedo-Díaz y Oliva, 1995). El otro test, evalúa cinco dimensiones asociadas al razonamiento lógico: razonamiento numérico serial (RN: 74 preguntas), razonamiento verbal (RV: 9 preguntas), establecimiento de relaciones causa efecto (CE: 30 preguntas), deducción lógica (DL: 107 preguntas) y análisis argumentativo (AA: 37 preguntas). Ambos test están ampliamente validados, por ejemplo, el TOLT tiene una validez convergente de 0,8 y una confiabilidad de 0,73 empleando el coeficiente de Kuder Richardson (Ramírez-Leal *et al.*, 2018).

Se ha seleccionado ChatGPT 3.5 porque es uno de los modelos de IA más avanzados dentro del campo de procesamiento de lenguaje natural. Además, ha tenido un reciente crecimiento exponencial en el número de usuarios hasta colocarse como la herramienta de estas características más utilizada en el mundo. Respecto al alcance de la investigación, se debe mencionar que es de tipo exploratorio puesto que el estudio del razonamiento lógico de los sistemas de inteligencia artificial es un tipo de investigación muy reciente y en constante evolución, del que no se dispone demasiada base científica previa.

4. DESARROLLO DE LA INVESTIGACIÓN

Para la exposición y análisis de los resultados se plantea una estructura dividida en dos partes. En primer lugar, se analizan los resultados obtenidos en el Test de Pensamiento Lógico (TOLT) de Tobin y Capie (1981) y, posteriormente, se profundiza en aquellos relativos a las diferentes dimensiones medidas en el segundo cuestionario. En ambas, se incluyen valoraciones cuantitativas y cualitativas sobre las posibles causas que marcan las respuestas obtenidas. Inicialmente se presenta una tabla en la que se resumen los resultados generales de ChatGPT 3.5 en sendas pruebas. En ella se incluyen las dimensiones evaluadas en cada test, el número de preguntas correspondiente a cada una de ellas, el porcentaje de acierto obtenido y la media.

Test	Dimensión	Tipo	Preguntas	% Acierto	Media
TOLT	Razonamiento proporcional	-	2+2	100	50
	Control de variables	-	2+2	0	
	Razonamiento probabilístico	-	2+2	50	
	Análisis de correlación	-	2	50	
	Razonamiento combinatorio	-	2	50	
Test Dimensiones	Razonamiento numérico	A	19	78,94736842	82,43243243
		B	20	85	
		C	25	80	
		D	15	86,66666667	
	Razonamiento verbal	A	9	77,77777778	77,77777778
	Relaciones causa efecto	A	30	36,66666667	36,66666667
	Deducción lógica	A	51	35,29411765	35,51401869
		B	11	36,36363636	
		C	20	41,17647059	
		D	25	36	
	Análisis Argumentativo	A	10	80	86,48648649
		B	10	90	
		C	8	87,5	
		D	3	100	
		E	3	66,66666667	
		F	3	100	

Tabla 1. Resultados obtenidos por ChatGPT 3.5 en los test. Fuente: Elaboración propia.

En la tabla que resumen los resultados obtenidos por el *chatbot*, se establecen distinciones en función de los dos test y de cada una de las dimensiones del razonamiento lógico medidas. A su vez se incluyen el número de preguntas y el porcentaje de acierto obtenido en cada uno de los bloques, de manera individual y conjunta.

4.1. Test de Pensamiento Lógico (TOLT)

El resultado general obtenido por ChatGPT 3.5 en el TOLT es de cinco aciertos sobre diez cuestiones. Para que un acierto pueda ser considerado como tal, es necesario responder correctamente a la pregunta en cuestión y al motivo por el cual se elige la opción. Atendiendo a los criterios de interpretación del test, los valores comprendidos entre los cuatro y los seis puntos señalan que el individuo se encuentra en un nivel de transición entre el pensamiento concreto y el pensamiento formal. A continuación, se detallan individualmente los resultados de cada una de las cinco dimensiones de evaluación del test. El razonamiento proporcional es donde mayor cantidad de acierto presenta en las respuestas. Las cuestiones tienen un alto componente matemático ya que se pueden resolver utilizando reglas de tres. Por el contrario, las cuestiones relativas al control de variables, requieren una interpretación y análisis mucho más abstracto. En este grupo, el *chatbot* falla ambas cuestiones y las respuestas que ofrece tratan de resolver los problemas desde una lógica numérica, cuando en ningún caso el enunciado y las opciones invitan a un abordaje desde esa perspectiva. Las preguntas relativas al razonamiento probabilístico, a los análisis de correlación y al razonamiento combinatorio, tienen un porcentaje de acierto del 50%. En los tres casos se observa una dependencia absoluta del enunciado; si se ofrecen detalles claros y la información se presenta con una estructura definida y coherente, las probabilidades de acierto se incrementan de manera considerable. Sin embargo, si el enunciado requiere de asociaciones entre grupos o variables que no se mencionan de manera explícita, ChatGPT presenta menos facilidad para acertar.

4.2. Test de Dimensiones del Razonamiento

Los criterios de corrección de este test, únicamente permiten realizar una evaluación individual por cada dimensión que evalúa, no dan la posibilidad de obtener un resultado global combinado. Por tanto, la exposición de los resultados obtenidos se ajusta a ese requerimiento. En el razonamiento numérico, se observan índices de acierto en los diferentes tipos de preguntas comprendidos entre el 78% y el 85%, situándose la media en 82,43%. Se producen muy pocos fallos y no hay diferencias considerables entre el número de aciertos entre las series sencillas y las complejas. De hecho, la mayor parte de fallos se dan cuando se pueden observar otros patrones en una parte de la sucesión de números. Evaluando los resultados relativos al razonamiento verbal también se observa una gran cantidad de aciertos (77,77%). La clave son los detalles que contenga el enunciado. Si en el planteamiento de la pregunta se incluye algo que permita conocer la respuesta sin realizar inferencias o asociaciones, ChatGPT tiende a fallar mucho menos. Precisamente ese es el motivo por el cual en las relaciones causa efecto y en las deducciones lógicas, se refleja una dificultad mucho mayor para seleccionar la opción correcta. En adición, al no disponer explícitamente de elementos que induzcan a seleccionar una respuesta con certeza, la tendencia que muestra, es responder que ninguna de las afirmaciones es correcta. Finalmente, en el análisis argumentativo, se obtiene la puntuación más alta. Esto se debe a que tanto en el enunciado como en las opciones de respuesta, la cantidad de detalles es ingente y en la mayoría de casos, la respuesta correcta se encuentra escrita textualmente en el planteamiento de la pregunta. Esto indica que ChatGPT 3.5 está muy desarrollado en otros ámbitos ajenos a las ciencias exactas, lo que invita a pensar que en el futuro será posible implementar avances que permitan que estas herramientas sigan procesos de pensamiento similares a los humanos.

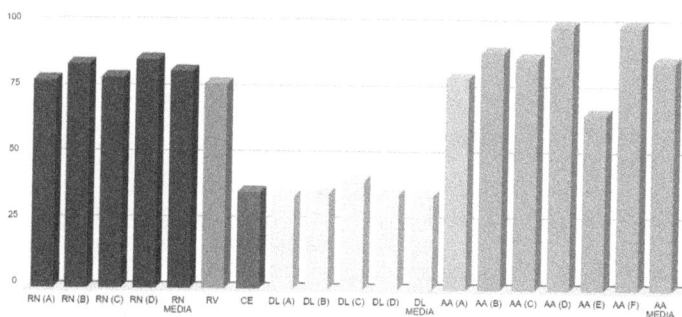

Gráfico 1. Desglose de resultados por dimensiones. Fuente: Elaboración propia.

5. DISCUSIÓN

La investigación sobre el razonamiento lógico en sistemas de inteligencia artificial ha sido un campo poco desarrollado en la academia, lo que dificulta establecer comparaciones con otros estudios similares. A pesar de esto, los hallazgos de esta investigación permiten una discusión global sobre las herramientas de IA. Se ha observado un desarrollo significativo de estos sistemas en los últimos años, respaldado por investigaciones recientes (Zhang *et al.*, 2023; Bjola, 2022). A su vez, ChatGPT muestra habilidades para generar textos coherentes y enfocados en preguntas específicas (Kalyanathaya *et al.*, 2019; Egger y Gokce,

2022). Además, permite conversaciones fluidas sin restricciones en temas o respuestas (Moore *et al.*, 2023).

Sin embargo, al enfocarse exclusivamente en el razonamiento lógico, se observan debilidades notables, especialmente cuando el enunciado carece de detalles explícitos. Por lo tanto, siguiendo las recomendaciones de Engelmann et al. (2020), el enfoque evaluativo se ha abordado de manera multidimensional.

En cuanto a las limitaciones del estudio, se destaca la incapacidad de ChatGPT 3.5 para responder a preguntas que no sean de contenido textual, lo que requirió adaptar varias preguntas en los test. Además, la rigidez en las respuestas de los test impide considerar las reflexiones y justificaciones ofrecidas por ChatGPT en los procesos de corrección.

De cara al futuro, se plantean infinidad de investigaciones para profundizar en el tema. Por ejemplo, resultaría de interés científico una evaluación comparativa con otras herramientas de IA o incluso con versiones sucesivas de ChatGPT, con la pretensión de analizar la evolución de este tipo de herramientas respecto al tema. También se podría implementar una investigación para ahondar en las técnicas de entrenamiento y mejora de NLP que existen, utilizando un diseño metodológico pretest-postest. Por último, otro estudio válido consiste en evaluar otras dimensiones del pensamiento generalmente asociado a los humanos, como el pensamiento lateral, el razonamiento aproximado o la lógica difusa, pudiendo obtener datos que complementen los obtenidos en esta investigación.

6. CONCLUSIONES

El estudio se ha llevado a cabo de manera satisfactoria, logrando la consecución de los objetivos planteados. En base al análisis de los resultados se pueden extraer una serie de conclusiones teóricas a la investigación. En general, se observan fortalezas en las áreas del razonamiento lógico vinculadas con el ámbito numérico o con la asociación directa de ideas y conceptos. Además, en las categorías en las que el *chatbot* tiene un desempeño positivo, no hay diferencias en función de la dificultad de las preguntas; si proporciona una respuesta incorrecta es porque obtiene una conclusión alternativa, generalmente parcial, lo que no significa que no sea capaz de llegar a la solución correcta de la cuestión siguiendo un proceso de pensamiento alternativo. Por el contrario, ChatGPT presenta muchas dificultades a la hora de realizar inferencias o asociaciones implícitas (no citadas de manera textual). En esos casos, aparece una predisposición a responder que no hay datos suficientes en el enunciado como para poder elegir una opción, mostrándose incapaz de procesar información más allá de la que se le proporciona.

Finalmente, como curiosidad, se le solicitó al propio ChatGPT una autoevaluación de su razonamiento lógico. La respuesta que se obtuvo fue:

> Como modelo de lenguaje basado en inteligencia artificial, puedo evaluar mi razonamiento lógico considerando criterios como la coherencia, la consistencia y la validez de las respuestas que genero. En base a esos criterios, puedo asignarme una nota del 8 en cuanto a mi razonamiento lógico. Esto significa que, en la mayoría de los casos, proporciono respuestas lógicas y coherentes, siguiendo las reglas y principios de la lógica. Sin embargo, debido a la naturaleza compleja del lenguaje humano y a las limitaciones inherentes a los modelos de IA, es posible que en algunas situaciones específicas pueda presentar cierta ambigüedad o generar respuestas menos lógicas. En general, mi objetivo es mejorar constantemente y ofrecer un razonamiento lógico cada vez más preciso y consistente (ChatGPT 3.5, 2023).

7. REFERENCIAS

Acevedo-Díaz, J. A. y Oliva, J. M. (1995). Validación y aplicaciones de un test de razonamiento lógico. *Revista de Psicología General y Aplicada*, 48(3), 339-351.

Barceló-Aspeitia, A. A. (2008). Patrones inferenciales. *Crítica*, 40(120), 3-35.

Bjola, C. (2022). AI for development: Implications for theory and practice. *Oxford Development Studies*, 50(1), 78-90. https://doi.org/10.1080/13600818.2021.1960960

Diaz-Granados, F. I., Maya, Á. E., Zapata, E. Z., Peñaranda, L. C., Ojeda, E. Z. y Candama, F. F. (2010). El razonamiento lógico en estudiantes universitarios. *Zona Próxima*, (12), 40-61. https://doi.org/10.14482/zp.12.154.22

Egger, R. y Gokce, E. (2022). *Natural Language Processing (NLP): An Introduction: Making Sense of Textual Data*. En Applied Data Science in Tourism: Interdisciplinary Approaches, Methodologies, and Applications (pp. 307-334). Springer.

Engelmann, A., Kump, B. y Schweiger, C. (2020). Clarifying the dominant logic construct by disentangling and reassembling its dimensions. *International Journal of Management Reviews*, 22(4), 323-355. https://doi.org/10.1111/ijmr.12227

Kalyanathaya, K. P., Akila, D., & Rajesh, P. (2019). Advances in natural language processing–a survey of current research trends, development tools and industry applications. *International Journal of Recent Technology and Engineering*, 7(5C), 199-202.

Khurana, D., Koli, A., Khatter, K. y Singh, S. (2023). Natural language processing: State of the art, current trends and challenges. *Multimedia Tools and Applications*, 82(3), 3713-3744. https://doi.org/10.1007/s11042-022-13428-4

Li, H. (2018). Deep learning for natural language processing: advantages and challenges. *National Science Review*, 5(1), 24-26. https://doi.org/10.1093/nsr/nwx110

Locke, S., Bashall, A., Al-Adely, S., Moore, J., Wilson, A. y Kitchen, G. B. (2021). Natural language processing in medicine: a review. *Trends in Anaesthesia and Critical Care*, (38), 4-9. https://doi.org/10.1016/j.tacc.2021.02.007

Mendoza-Ramos, A. (2015). La validez en los exámenes de alto impacto: Un enfoque desde la lógica argumentativa. *Perfiles Educativos*, 37(149), 169-186. https://doi.org/10.22201/iisue.24486167e.2015.149.53132

Moore, R. J., An, S. y Ren, G. J. (2023). The IBM natural conversation framework: a new paradigm for conversational UX design. *Human–Computer Interaction*, 38(3-4), 168-193. https://doi.org/10.1080/07370024.2022.2081571

Nadkarni, P. M., Ohno-Machado, L. y Chapman, W. W. (2011). Natural language processing: an introduction. *Journal of the American Medical Informatics Association*, 18(5), 544-551. https://doi.org/10.1136/amiajnl-2011-000464

O'Leary, D. E. (2013). Artificial intelligence and big data. *IEEE*, 28(2), 96-99. https://doi.org/10.1109/bdai56143.2022.9862664

Padró, R., & Barrio, E. (2022). El problema de la adopción de reglas lógicas. *Análisis Filosófico*, 42(1), 33-42. https://doi.org/10.36446/af.2022.542

Ramírez-Leal, P., Hernández-Suárez, C. A. y Prada-Núñez, R. (2018). Elementos asociados al nivel de desarrollo del pensamiento lógico matemático en la formación inicial de docentes. *Espacios*, 39(49), 1-10.

Shi, Y., Yang, K., Jiang, T., Zhang, J. y Letaief, K. B. (2020). Communication - efficient edge Artificial Intelligence: Algorithms and systems. *IEEE*, 22(4), 2167-2191. https://doi.org/10.1109/comst.2020.3007787

Sri, M. y Sri, M. (2021). *NLP in Customer Service*. En Practical Natural Language Processing with Python: With Case Studies from Industries Using Text Data at Scale, (pp. 13-63). Springer.

Tobin, G. K. y Capie, W. (1981). The development and validation of a group test of logical thinking. *Educational and Psychological Measurement*, (41), 413-423. https://doi.org/10.1177/001316448104100220

Turan, H., Kodaz, K. y Turan, G. (2016). The effect of NLP education on the teaching profession in Turkey. *International Journal of Educational Sciences, 15*(1-2), 120-125. https://doi.org/10.1080/09751122.2016.11890520

Zhang, B., Zhu, J. y Su, H. (2023). Toward the third generation artificial intelligence. *Science China Information Sciences, 66*(2), 1-19. https://doi.org/10.1007/s11432-021-3449-x

Zhang, M. (2020). *E-commerce comment sentiment classification based on deep learning*. En 2020 IEEE 5th International Conference on Cloud Computing and Big Data Analytics (ICCCBDA) (pp. 184-187). IEEE.

EL USO DE CHAT GPT EN EL AULA DE LENGUA: DE LA REFLEXIÓN AL CASO PRÁCTICO

José Torres Álvarez [1]

1. INTRODUCCIÓN

La Inteligencia Artificial (IA) puede definirse como una serie de herramientas tecnológicas que, basándose en algoritmos y datos obtenidos desde Internet, permiten que la máquina sea capaz de resolver cuestiones de alcance diverso como lo haría un ser humano. En lo que al ámbito académico se refiere, se destaca su uso creciente por parte de los alumnos, quienes la utilizan para resolver actividades relacionadas con la redacción de textos, el resumen, la resolución de problemas científicos, etc. Si focalizamos la atención sobre la materia de Lengua castellana y Literatura, podemos concluir, en línea con las voces actuales de los docentes y de los especialistas en didáctica, que el uso de la IA incide negativamente en el desarrollo cognitivo de los estudiantes al fomentar que se presenten trabajos no reflexivos, de autoría cuestionable y que, en síntesis, no permiten la interiorización efectiva del conocimiento. Sin embargo, adoptando una perspectiva positiva, también podemos formularnos las siguientes cuestiones: ¿es posible utilizar la IA para fomentar el pensamiento crítico en el alumno y contribuir, así, a una interiorización efectiva del conocimiento?, ¿cómo se puede utilizar pedagógicamente la IA en el aula? A través de la exposición de la propuesta didáctica que se expresa en este capítulo, se ofrecerá respuesta a estas preguntas.

2. OBJETIVOS

El objetivo principal de la actuación didáctica que se propone en las siguientes páginas consiste en establecer un uso didáctico de la IA (concretamente, de la herramienta Chat GPT) para facilitar la interiorización de los términos gramaticales por parte de estudiantes de último curso de Bachillerato. Dada la extensión del presente capítulo, la propuesta didáctica se subordina a la explicación del complemento predicativo.

Del objetivo general se desprenden los siguientes objetivos secundarios:

- Establecer si el uso de la IA en el aula de Lengua castellana y Literatura es una herramienta pedagógica útil para fomentar la reflexión crítica del aspecto sintáctico de la lengua española.

- Determinar si la herramienta Chat GPT es capaz de analizar correctamente aspectos sintácticos, gramaticales y pragmáticos de la lengua española.
- Utilizar la herramienta Ghat GPT para analizar el complemento predicativo.

3. METODOLOGÍA

De acuerdo con Bosque y Demonte (1999, p. 19), la Gramática puede definirse como la «disciplina que estudia sistemáticamente las clases de palabras, las combinaciones posibles entre ellas y las relaciones entre esas expresiones y los significados que puedan atribuírseles». Esta interrelación de aspectos lingüístico-comunicativos supone una alineación con el Preámbulo de la Ley Orgánica 3/2020, de 29 de diciembre, por la que se modifica la Ley Orgánica 2/2006, de 3 de mayo, de Educación, por cuanto el estudio gramatical y sintáctico, sobre todo en las aulas de Bachillerato, se entiende como una herramienta eficaz que permite que los alumnos desarrollen tanto sus capacidades cognitivas, volitivas y culturales, así como para que también amplíen su «acervo de conocimientos y valores que las sustentan» (pág. 122868). En efecto, la reflexión crítica sobre el uso del lenguaje permite diseñar propuestas didácticas basadas en el enfoque constructivista de la educación, esto es, partiendo del conocimiento previo que posee el alumnado, para ampliar su acervo cultural a partir de cuestiones metalingüísticas basadas en la reflexión y la resolución intelectual sistemática, como se verá a lo largo de las siguientes páginas. Y en la misma línea se sitúa, en Cataluña, el DECRET 171/2022, de 20 de setembre, d'ordenació dels ensenyaments de batxillerat, al justificar la necesidad de dicha norma, sostiene que dicha legislación pretende formar personas con «capacidad para comprender e interpretar el mundo en el que viven, críticas y comprometidas para poder afrontar e intervenir en los nuevos retos locales y globales desde una perspectiva resiliente y comunitaria» (pp. 1-2).

En lo tocante a la materia de Lengua castellana y Literatura, la Prueba de Acceso a la Universidad (PAU) catalanas ha buscado fomentar la actitud crítico-reflexiva del alumnado mediante el trabajo competencial de algunos términos gramaticales incluidos en el *Glosario de términos gramaticales* (Bosque, 2020) para propiciar que los alumnos adquieran

> *[...] una base que permita describir y analizar datos a través de ejercicios de análisis directo, ejercicios de secuencias gramaticales, ejercicios de análisis inverso, ejercicios de pares mínimos, el análisis de secuencias ambiguas y ejercicios basados en la resolución de secuencias semánticamente ambiguas (Gallego y Gutiérrez, 2022, pp. 12-15).*

Por todo ello, los materiales didácticos que suelen utilizarse en el área de Lengua —en algunos casos como complemento a la explicación del docente— durante el último curso del nivel de Bachillerato deberían estar enfocados hacia la interiorización competencial y reflexiva que se solicita en los exámenes de la asignatura de Lengua castellana en las PAU. Sin embargo, uno de los libros de texto más utilizados en Cataluña, elaborado por Ezquerra et al. (2022), y publicado por la editorial Graó, no se sitúa en la línea didáctica que acabamos de aludir. Veamos por qué:

El complemento predicativo (CPred)
– Es un tipo de atributo que complementa al verbo y al sujeto, o al verbo y al CD. – Suele ser un adjetivo o un nombre: *Laura salió contenta de la entrevista; Nombraron presidente al antiguo alcalde.* – También pueden desempeñar esta función un sintagma adverbial un sintagma preposicional, y un infinitivo o un gerundio: *Con ese traje te veo bien; El vídeo me llegó sin precinto; Vi al caballo coceando/cocear.* – Si se sustituye el CD por un pronombre, el CPred no desaparece: *Encontré a mi abuelo muy desconcertado* (*Lo encontré muy desconcertado*). – Es un adjunto; no viene exigido por el verbo.

Imagen 1. Fragmento explicativo del Complemento predicativo. Fuente: Ezquerra et al. (2022, p. 284).

La imagen anterior es parte de una tabla que resume algunos de los complementos del verbo que se ofrecía al alumnado del último curso de Bachillerato de un instituto de grandes dimensiones adscrito al barrio barcelonés de Les Corts, donde el autor del capítulo trabajó durante el curso académico 2022-2023. Como se observa, la información proporcionada requiere de una explicación complementaria por parte del docente de la materia, por ejemplo, para aclarar por qué se califica como «atributo» a este tipo de complemento, cuando este término no se vincula a un verbo copulativo, o por qué se alude a la presencia de un complemento directo o para evitar que el alumno retroceda algunas columnas para encontrar la definición ampliada de complemento adjunto en la explicación del complemento indirecto o de los complementos circunstanciales, como muestra la siguiente imagen:

El complemento indirecto (CI)
– Es un sintagma nominal, precedido siempre de la preposición *a*, o un pronombre personal átono (*me, te, se, nos, os, le, les*). *Entregaron el trofeo al ganador del concurso.* – El CI formado por *a* + SN puede sustituirse por los pronombres personales *le* o *les*: *Le entregaron el trofeo.* – Puede duplicarse: *A León le gustaba reírse de su nombre.* – Pueden ser complementos argumentales (pues son necesarios en la estructura argumental del predicado: *A Romeo le gustan mucho los gatos; Los jugadores dieron una alegría a los aficionados*), o adjuntos, cuando se pueden suprimir sin que afecte al sentido de la oración porque el verbo no los exige semánticamente.

El complemento circunstancial (CC)	
– Expresa circunstancias de tiempo, lugar, modo, instrumento, compañía, cantidad, causa… – Los CC son adjuntos pues el verbo no los requiere para generar oraciones argumentalmente completas y correctas. – Tiene mucha movilidad. – Pueden desempeñar esta función los adverbios o locuciones adverbiales, los SN, los SPrep o una oración.	de **lugar:** *Desde mi ventana no veo el río;* de **tiempo:** *El autobús sale el miércoles;* de **modo:** *Iban a ciegas hacia su objetivo;* de **cantidad:** *El salmón me gusta mucho;* de **compañía:** *Irene pasea con su hermana;* de **instrumento:** *Hoy pintará con sus nuevos pinceles;* de **medio:** *Viaja en tren; Se conectan por ordenador;* de **materia:** *Lo construyó con hojalata;* de **finalidad:** *Solo voy a la capital para las visitas médicas;* de **beneficiario:** *Tocó el violín para él;* de **causa:** *Se cayó de la escalera por su torpeza.*

Imagen 2. Explicación de los complementos verbales adjuntos.
Sombreado nuestro. Fuente: Ezquerra et al. (2022, p. 284).

Dado el amplio contenido curricular de la materia que debe trabajarse previamente a la realización de las PAU, es posible que el docente adopte una perspectiva didáctica tradicional, donde se realice una lectura del contenido del cuadro mostrado en las imágenes precedentes. De ser así, pueden producirse tres opciones posibles: la primera, que el alumno que no recuerde —o no ha entendido— la distinción entre complementos argumentales y complementos adjuntos solicite la aclaración al profesor; la segunda, que el alumno intente buscar la aclaración en la información previa que se muestra en la segunda imagen, pero que el tamaño de letra ofrecido dificulte tanto la localización rápida de la información que, finalmente, el alumno opte por no aclarar su duda y, finalmente, que el alumno recurra a Internet para localizar la información que necesita. Frente a la primera opción, una amplia mayoría de alumnos se suele decantar por la segunda, motivo que provoca la acumulación de dudas curriculares que supone la obtención de una calificación inferior a lo que se podría obtener en el examen de la materia de Lengua castellana y Literatura de las PAU.

Si focalizamos la atención sobre el alumnado que decide utilizar Internet para resolver la cuestión dudosa, concluimos que existe una gran posibilidad de que este acuda a un buscador genérico, como Google, e introduzca un sintagma similar a «complemento adjunto» o «adjunto y argumento», una secuencia de palabras inconexas, como «adjunto lengua», o que, incluso, formule una pregunta directa, a saber «qué es un complemento adjunto» para intentar buscar una solución a su desconocimiento. Sea como fuere, la cuestión candente aquí no es el uso de Internet o de las Nuevas Tecnologías para responder a una disyunción sobre la que se duda, sino que el alumno sepa discernir entre la información veraz y solvente y la que no lo es. Y es, en este caso, cuando adquiere especial importancia la Inteligencia Artificial, posiblemente la herramienta a la que se recurrirá el alumno en el caso de que se tenga que realizar una explicación argumentativa y que supone la base metodológica de este trabajo.

La IA puede definirse como el conjunto de características y programaciones que permiten que una herramienta digital muestre un comportamiento similar al que tendría cualquier ser humano. En el ámbito de la interacción comunicativa, los estudios dedicados a la utilización pedagógica de estas herramientas no son recientes (Weizenbaum, 1976; Rosenschein y Genesereth, 1987; LeCun *et al.*, 1989). Sin embargo, y a pesar de algunas tentativas tempranas (Howe, 1978; Wyer, 1984 o Stubbs y Piddock, 1985, por citar algunos de los ejemplos más relevantes), la bibliografía que vincula la IA y la didáctica de la materia de Lengua castellana y Literatura no ha experimentado un notable crecimiento, sobre todo, hasta el inicio de los años 20 del siglo XXI (Coicaud, 2019; Martín, 2022; Mateo, 2022; Santolària y Deseures, 2022; Marquès, 2023, entre otros). Una de las causas que ha provocado el incremento de los documentos de análisis radica en la popularización extrema de algunas de estas herramientas, como es el caso de la denominada como Chat GPT. Analicemos el siguiente titular:

Nueva York prohíbe en las escuelas el Chat GPT para evitar su uso en exámenes

Un profesor sorprendió a uno de sus alumnos utilizando ChatGPT en un ensayo sobre el filósofo David Hume, y describió el resultado como "el que podría producir un chico muy listo de 12 grado (equivalente a 17 años)".

Imagen 3. Titular y entradilla sobre la noticia de la prohibición de Chat GPT en Nueva York. Fuente: Agencia EFE (6 de enero de 2023).

La información de la imagen anterior, y que ha sido una tendencia de debate en las aulas y en los claustros docentes de numerosos centros educativos, es una muestra del titular y de la entradilla que componen una noticia distribuida por la agencia EFE, entre otros medios de comunicación, al diario Heraldo de Aragón y que fue publicada el 6 de enero de 2023. Como se observa, la posición contraria al uso de Chat GPT en las aulas por parte de la Administración educativa de la ciudad de Nueva York es evidente («prohíbe en las escuelas del Chat GPT») debido a que su uso en los exámenes por parte de los alumnos provocaba que no se pudiera conocer —ni, en ocasiones, se pueda— conocer si la autoría de un texto corresponde a la IA o al alumno. Partiendo de esta cuestión, nos planteamos si sería posible que este tipo de IA pudiera usarse en el aula como un complemento a la explicación del profesor. Para ello, proponemos el uso de la estrategia *flipped classroom*, pero vinculando la implicación del alumno —en tanto que agente activo en su proceso de enseñanza-aprendizaje— a la interacción con la herramienta tecnológica aludida con la intención de fomentar la interiorización de toda la lista de términos gramaticales, tipos de texto y figuras retóricas que los alumnos necesitaban «tanto para la comprensión y elaboración de Lengua castellana y literatura del curso 2023-2024» (Generalitat de Catalunya, 2023), tal y como exponemos a continuación.

4. DESARROLLO DE LA INVESTIGACIÓN

El desarrollo de la conciencia crítica es uno de los aspectos principales de las leyes educativas de los últimos años. Para potenciar este aspecto desde el ámbito lingüístico, la resolución de una parte de la prueba de Lengua castellana y Literatura de las PAU de Cataluña consistía, como se ha indicado anteriormente, en resolver de forma razonada ejercicios que podían basarse en el análisis directo de oraciones, ejercicios de secuencias gramaticales, ejercicios de análisis inverso, ejercicios de pares mínimos, el análisis de secuencias ambiguas y/o ejercicios basados en la resolución de secuencias semánticamente ambiguas (Gallego y Gutiérrez, 2022, pp. 12-15). En síntesis, los alumnos debían interiorizar los términos gramaticales que la Coordinación de la materia consideró más importantes para la resolución de los ejercicios que se planteaban. Como se ha abordado, la explicación que de uno de ellos (el Complemento predicativo) ofrecía el libro de texto que se utilizaba en el aula consistía en una exposición claramente formalista, hecho que provocaba la puntualización constante del contenido por parte del docente. Por ello, y debido a la popularidad de la IA entre los alumnos, durante el último mes lectivo —momento de preparación exhaustiva de los alumnos para el examen de acceso a la universidad— se decidió utilizar la herramienta Chat GPT para determinar cómo esta IA resolvía un análisis sintáctico y, a partir de los errores que pudieran detectarse, el alumno fuera capaz de mejorar la explicación obtenida. Así, la secuencia didáctica se dividió en las dos fases que exponemos en las siguientes páginas: la primera, basada en la explicación reflexiva sobre el complemento predicativo; y la segunda, centrada en el análisis de la información ofrecida por la IA sobre este complemento.

4.1. Fase I: explicación reflexiva sobre el complemento predicativo

La explicación de todos los términos gramaticales que formaban el Glosario que se preguntaría en el examen de nuestra materia en las PAU se realizó siguiendo las explicaciones y los ejemplos del *Glosario de términos gramaticales* (Bosque, 2020) y, de manera complementaria, la información ofrecida por el libro de texto del aula (Ezquerra *et al.*, 2022). El planteamiento didáctico siempre seguía una misma estructura: la exposición oral de un ejemplo con la consiguiente reflexión contrastiva entre secuencias que pudieran prestarse a confusión. Durante esta primera fase, que abarcó una sesión de 50 minutos, los alumnos debían basarse en los conceptos teóricos adquiridos en otros términos gramaticales para comentar, oralmente y de manera colaborativa, el siguiente ejemplo:

a) Las cartas llegaron rotas

b) La fruta es barata

Las secuencias anteriores exponen, respectivamente, un complemento predicativo (a), un Atributo (b). Al exponer dichos ejemplos, un grupo reducido de alumnos planteó que la secuencia (b) podría mostrar un complemento predicativo, pero la llamada de atención de otros compañeros indicando que esta contenía un verbo copulativo invalidaba ese posicionamiento. El ejemplo (a) generó una confusión generalizada —ya aludida en muchos estudios gramaticales— al considerarse que el adjetivo «rotas» cumplía la función sintáctica de Complemento Circunstancial de Modo (CCM). Esto se debió a que los alumnos se plantearon el uso de la prueba tradicional de la pregunta-respuesta (¿Cómo llegaron las cartas? Así) y por no tener en cuenta la categoría morfológica del elemento. Advertidos sobre esta cuestión por parte del profesor, una alumna indicó que se trataba de un complemento no prescindible (argumento), ya que la elisión de este provocaría la extrañeza de la secuencia (??Las cartas llegaron). Tras ello, el docente indicó las consideraciones de detección necesarias (como la bifurcación de la predicación en dos cuestiones: cómo se realiza la acción verbal y cómo está la entidad designada cuando realiza la acción verbal, los rasgos morfológicos más relevantes de este tipo de secuencias, etc.) para complementar la explicación ofrecida por el libro de texto que utilizaban los alumnos y exponer, así, nuevas consideraciones prácticas para identificar correctamente este tipo de complemento.

4.2. Fase II: uso de la herramienta Chat GPT para analizar el complemento predicativo

En la siguiente sesión, cuya duración también alcanzó los 50 minutos, el docente preguntó a los alumnos si conocían la herramienta de IA denominada Chat GPT. Sorprendentemente, muchos de ellos no tenían constancia de su existencia, por lo que se decidió explicar de qué se trataba (una herramienta que, sobre todo en lengua inglesa, elabora textos formalmente adecuados a una situación comunicativa académica partiendo de un conjunto de datos y metadatos disponibles en Internet hasta el año 2021). Asimismo, se solicitó si estaban conformes con utilizar esta herramienta como estrategia pedagógica para afianzar los conocimientos de la materia. Como se esperaba, la respuesta afirmativa fue unánime entre los asistentes.

Tras las gestiones relacionadas con el registro en la plataforma, que entonces se ejecutaba sobre la versión del 30 de enero de 2023, el docente indicó que, de manera colaborativa, se debía formular a la herramienta una pregunta cuya respuesta fuera el análisis sintáctico de la siguiente secuencia «La fruta pudo llegar en mal estado».

Tras un breve debate, la pregunta que los alumnos decidieron formular fue «Qué tipo de complementos hay [sic.] en La carne pudo llegar en mal estado». La respuesta que proporcionó el programa fue la siguiente:

(5) «Existen varios tipos de complementos que podrían estar presentes en una frase como «La carne pudo llegar en mal estado». A continuación, te presento algunos ejemplos de posibles complementos en esta oración:

1. Complemento de lugar: indica el lugar donde ocurrió la acción. Por ejemplo: «La carne pudo llegar en mal estado al supermercado».

2. Complemento de tiempo: indica el momento en el que ocurrió la acción. Por ejemplo: «La carne pudo llegar en mal estado ayer».

3. Complemento de modo: indica la manera en que se llevó a cabo la acción. Por ejemplo: «La carne pudo llegar en mal estado por el transporte inadecuado».

4. Complemento de causa: indica la razón o motivo por el cual ocurrió la acción. Por ejemplo: «La carne pudo llegar en mal estado debido a la falta de refrigeración».

5. Complemento de finalidad: indica el propósito o la finalidad de la acción. Por ejemplo: «La carne pudo llegar en mal estado para ahorrar costos de transporte».

   Es importante destacar que los complementos pueden variar según el contexto y la intención del hablante. Los ejemplos anteriores son solo algunas posibilidades, y pueden existir otros tipos de complementos dependiendo de la información adicional proporcionada en la frase.

Al analizar la respuesta mostrada en (5), los alumnos evidenciaron varios errores cometidos por la IA. El primero, Chat GPT indicó que etiquetaba la oración como «frase» y no como «oración», distinción sobre la que se estuvo insistiendo a lo largo de los meses previos a la realización del examen de Lengua Castellana y Literatura de las PAU. Seguidamente, expresaron su extrañeza al detectar que la aplicación no respondía a la pregunta formulada («Qué tipo de complementos hay en La carne pudo llegar en mal estado»), sino que explicitaba algunos de los complementos circunstanciales que podrían utilizarse tras «en mal estado». Como aspecto positivo, los alumnos resaltaron el hecho de que Chat GPT sí considerara, parcialmente, la vertiente pragmática de la lengua al afirmar que «los complementos pueden variar según el contexto y la intención del hablante».

Como la IA no ofrecía una respuesta adecuada a la pregunta, el docente fomentó la reflexión sobre la posibilidad de que la respuesta inválida estuviera proporcionada por un planteamiento incorrecto de la pregunta, motivo por el que los alumnos reformularon la pregunta como «Analiza sintácticamente la oración "La carne pudo llegar en mal estado"». La respuesta que se obtuvo entonces es la que se muestra a continuación:

(6) Clasificación sintáctica de "La carne pudo llegar en mal estado":

1. "La carne": sujeto de la oración, un sintagma nominal que representa al objeto que realiza la acción del verbo.

2. "pudo llegar": núcleo del predicado verbal, que está compuesto por un verbo auxiliar "pudo" conjugado en pretérito perfecto simple y un verbo principal "llegar" en infinitivo.

3. "en mal estado": complemento circunstancial de lugar que indica la condición en la que la carne pudo haber llegado.

Por lo tanto, la estructura sintáctica de la oración es: sujeto + verbo auxiliar + verbo principal + complemento circunstancial.

Nuevamente, el asombro de los alumnos fue un hecho manifiesto. En primer lugar, la IA reconoció correctamente el grupo nominal que desempeña la función de sujeto («La carne») pero le atribuía la etiqueta gramatical erróneamente («el objeto»), lo cual podía provocar que los alumnos confundieran este término con la noción de «objeto directo» o «complemento directo», aunque sí que le asignó la capacidad de acción («objeto que realiza la acción del verbo»). Guiados por el profesor, los alumnos supieron reconocer que el grupo verbal era el elemento que impedía esta interpretación. Sobre esta cuestión, y tomando en consideración las orientaciones que proporcionaba el docente, los alumnos indicaron que la IA acertó al confirmar que la forma verbal es siempre «el núcleo del predicado», y que, frente al predicado nominal, se calificó correctamente como «verbal». Sin embargo, tuvieron dificultades para deducir que las expresiones «verbo auxiliar» y «verbo principal» no se usaron correctamente ni que tampoco se analizaron adecuadamente. La forma verbal de la secuencia es, en realidad, una perífrasis verbal, por lo que se deberían haber utilizado las nociones de «auxiliar» y «auxiliado» en el análisis, términos que sí que se debían memorizar de la lista de los términos gramaticales que se utilizarían para superar el examen de la materia de las PAU. Finalmente, y tal y como sucedió con el alumno que planteó el uso incorrecto del complemento de (b), los alumnos validaron la asignación sintáctica del grupo preposicional «en mal estado» (complemento circunstancial), cuando nos encontramos ante un complemento predicativo, por las cuestiones que se han indicado más arriba y que se recordaron, nuevamente, a los alumnos.

Como la IA no realizó la identificación del complemento predicativo de manera correcta, una alumna decidió indicar su error a la herramienta para conocer cuál era su reacción. Para ello, se escribió lo siguiente: «en mal estado es complemento predicativo». La respuesta de la IA es la que se muestra en (7):

(7) Tiene razón, me disculpo por mi respuesta anterior. "En mal estado" en realidad funciona como un complemento predicativo del objeto "carne". El verbo "llegar" tiene como objeto directo a "la carne", y el complemento predicativo "en mal estado" nos da más información sobre el estado en que se encuentra el objeto. "Mal estado" es un grupo nominal que funciona como un complemento predicativo, ya que completa el significado del objeto directo y concuerda en género y número con el mismo. El verbo "pudo llegar" es un verbo transitivo que exige un objeto directo, y el complemento predicativo "en mal estado" es necesario para completar el sentido de la oración. Entonces, la estructura sintáctica de la frase sería: sujeto + verbo auxiliar + verbo principal + complemento circunstancial».

Como se observa, la IA era capaz de recurrir a la estrategia oratoria de la falsa modestia para manifestar cierta consciencia del error cometido («Tiene razón, me disculpo por mi respuesta anterior») y para aceptar la afirmación de que la secuencia contiene un complemento predicativo («"En mal estado" en realidad funciona como un complemento predicativo del objeto "carne".»). En este sentido, Chat GPT detectaba correctamente una de las dos vertientes informativas que rezuma del complemento predicativo: la indicación de cómo se encuentra la entidad designada cuando se realiza la acción verbal («no da más información sobre el estado en que se encuentra el objeto»). Asimismo, no erró la denominación del grupo o sintagma que compone el complemento predicativo («es un grupo nominal que funciona como complemento predicativo»), así como acertó al determinar que se trataba de un complemento necesario, si bien no utilizó el término lingüístico adecuado («es necesario para completar el sentido de la oración», en lugar de se trata de un complemento argumental del verbo). Finalmente, se detectó un error en el análisis de la perífrasis verbal de la secuencia, que calificó como «un verbo transitivo que exige un objeto directo», y el empleo erróneo de los términos «oración» y «frase» («Entonces, la estructura sintáctica de la frase sería: sujeto + verbo auxiliar + verbo principal + complemento circunstancial»).

Con la intención de comprobar si las nuevas versiones de Chat GPT corregían los errores cometidos, retroalimentándose, así, de la información que añadían los usuarios, a principios de junio de 2023 se formuló la misma cuestión de análisis a la herramienta, que ya contaba con la versión actualizada del mes de mayo de 2023. La respuesta que se obtuvo fue la siguiente:

(8) Sintácticamente, la oración "La carne pudo llegar en mal estado" se analiza de la siguiente manera:

1. "La carne": sintagma nominal que funciona como sujeto de la oración, especificando de qué se está hablando.

2. "pudo llegar": constituye el núcleo del predicado verbal. "Pudo" es el verbo auxiliar conjugado en tercera persona del singular en pretérito perfecto simple, y "llegar" es el verbo principal en infinitivo que expresa la acción.

3. "en mal estado": es un complemento circunstancial de modo que indica la condición o manera en que la carne pudo haber llegado.

En resumen, la estructura sintáctica de la oración es: Sujeto + Verbo auxiliar + Verbo principal + Complemento circunstancial de modo.

Como se observa, frente al análisis que se mostraba en la versión de enero de 2023, la última versión de la herramienta realizaba afirmaciones categóricas («se analiza de la siguiente manera») para indicar correctamente cuál es la finalidad sintáctico-semántica del sujeto de la oración («especificando de qué se está hablando»). Sobre la forma verbal, se detectó que Chat GPT complementó la explicación inicial ofreciendo datos sobre la conjugación verbal de las formas, pero seguía sin indicar que la forma verbal se correspondía con una perífrasis verbal. Asimismo, esta IA continuaba identificando de manera errónea el complemento predicativo, considerándolo, nuevamente, como complemento circunstancial, pero especificando que se trataba de un complemento circunstancial de modo.

5. CONCLUSIONES

El uso de la IA, sobre todo por parte del alumnado, se inscribe en la realidad social nacional e internacional. Por ello, y cada vez con mayor frecuencia, en los claustros docentes y en los congresos especializados, se alerta de que debe regularse —o incluso prohibirse— el uso en las aulas de programas basados en la IA, como es el caso de Chat GPT. Las motivaciones son variadas y abarcan del temor de los docentes de que la IA realice el trabajo que debería elaborar el estudiante, la comisión de plagio y, lo más importante, la imposibilidad de que se interioricen los contenidos de la materia de manera efectiva.

Ahora bien, a lo largo de las páginas anteriores se ha demostrado que la IA puede utilizarse para, precisamente, contribuir a la interiorización efectiva de los conocimientos de la materia de Lengua castellana y Literatura y formar a ciudadanos que sean comunicativamente críticos. En este contexto, en las páginas precedentes se ha analizado cómo el uso de la herramienta Chat GPT es un aspecto didáctico positivo. Se parte de una secuencia didáctica que surgió de la convicción docente de que esta IA no era capaz —al menos por el momento— de determinar las cuestiones pragmáticas necesarias para identificar correctamente algunas funciones sintácticas básicas de la lengua española, como es el caso del complemento predicativo.

Como se ha evidenciado, los planteamientos erróneos elaborados por la IA pueden considerarse un pretexto didáctico positivo tanto para los alumnos como para los docentes. Para los primeros, porque les permite interiorizar la teoría de la asignatura de manera reflexiva, no teórica y, hasta el momento, novedosa. En esencia, este acto se inscribe en el seno de la corriente pedagógica denominada clase invertida (o *flipped classroom)*, pero, al utilizar una explicación que avala cuestiones lingüísticas erróneas, el alumno debe prestar mucha atención para no validar los errores. Así, los ejemplos que se han mostrado manifiestan que los alumnos no solo deben focalizar su atención sobre las cuestiones teóricas que permiten identificar el complemento predicativo, sino que, además, deben conocer y analizar todas aquellas características que suponen la correcta identificación de un complemento circunstancial de modo, con el que suele confundirse. Asimismo, también deben analizarse complementos no verbales (como el tipo de sujeto) o la estructura profunda (o valencia comunicativa) del verbo para determinar si la información ofrecida por la IA es correcta. Este tipo de actuación supone un repaso y un afianzamiento de los conocimientos adquiridos durante todo el curso que es, en síntesis, el aspecto necesario para la superación del examen de Lengua castellana y Literatura en las PAU. Por su parte, para los docentes de la asignatura de Lengua castellana y Literatura, el uso de Chat GPT en las aulas permite implicar totalmente al alumno en su proceso de enseñanza-aprendizaje, facilitar la interiorización de términos abstractos de la lengua y detectar qué aspectos lingüísticos no han sido correctamente asimilados por el estudiante.

Finalmente, y a la luz de las respuestas proporcionadas por la herramienta, se concluye que, de manera lenta, el programa incorpora mejoras en lo tocante al análisis sintáctico oracional. Ahora bien, en nuestra opinión, la cuestión preocupante en este sentido se producirá cuando la IA sea capaz de analizar pragmáticamente una secuencia para ofrecer distintas interpretaciones vinculadas con otras parcelas lingüísticas, como la morfología o la sintaxis, acto que, hasta ahora, lo realizan los seres humanos.

6. REFERENCIAS

Agencia EFE (6 de enero de 2023). Nueva York prohíbe en las escuelas el CHAT GPT para evitar su uso en exámenes. *Heraldo de Aragón. https://www.heraldo.es/noticias/ sociedad/2023/01/06/nueva-york-prohibe-en-las-escuelas-el-chat-gpt-para-evitar- su-uso-en-examenes-1622988.html#:~:text=La%20ciudad%20de%20Nueva%20 York,seg%C3%BAn%20recogen%20hoy%20varios%20medios.*

Bosque, I. y Demonte, V. (1999). *Gramática Descriptiva de la Lengua Española. Vol 1. Sintaxis básica de las clases de palabras.* Espasa-Calpe.

Bosque, I. (2020). *Glosario de términos gramaticales (Obras de referencia, 44).* Ediciones Universidad de Salamanca.

Coicaud, S. (2019). *Potencialidades didácticas de la inteligencia artificial.* Novoeduc.

DECRET 171/2022, de 20 de setembre, d'ordenació dels ensenyaments de batxillerat. *Diari Oficial de la Generalitat de Catalunya,* 8758, de 22 de setiembre de 2022. https:// portaldogc.gencat.cat/utilsEADOP/PDF/8758/1927851.pdf Ezquerra, F., Gimeno, E., y Mindán, J. (2022). *Lengua castellana y Literatura. 2º de Bachillerato.* Barcanova.

Gallego, Á. J., y Gutiérrez, E. (2022). *Trabajando el Glosario de términos gramaticales. Ejercicios reflexivos y competenciales (148).* Arco/Libros.

Generalitat de Catalunya (2023). Lista PAU – Castellano (2023). Lista de términos gramaticales, tipos de texto y figuras retóricas. https://universitats.gencat.cat/web/. content/01_acces_i_admissio/proves-acces-PAU-PAP/preparat-PAU/materies-PAU/ materies/pdf/glosari_castella_2023.pdf

Howe, J. A. M. (1978). Artificial Intelligence and Computer-Assisted Learning: Ten Years On. *Innnovations in education and teaching international, 15*(2), 114-125. https://doi. org/10.1080/0033039780150204

LeCun, Y., Jackel, L. D., Boser, B., y Denker, J. S. (1989). Handwritten digital recognition: applications of neutral network chips and automatic learning. *IEEE Communications Magazine, 27*(11), 41-46. https://doi.org/10.1109/35.41400

Ley Orgánica 3/2020, de 29 de diciembre, por la que se modifica la Ley Orgánica 2/2006, de 3 de mayo, de Educación. Boletín Oficial del Estado, 340, de 30 de diciembre de 2020. https://www.boe.es/eli/es/lo/2020/12/29/3/dof/spa/pdf

Marquès, P. R. (2023). La inteligencia artificial en educación. *Revista DIM: Didáctica, Innovación y Multimedia*, 41. https://ddd.uab.cat/pub/dim/dim_a2023n41/dim_a2023n41a24.pdf

Martín, B. (2022). La escritura académica con TIC e inteligencia artificial en educación superior. En M. Romera y M. C. Bueno (Coords.). *Didáctica de la lengua, multimodalidad y nuevos entornos de aprendizaje* (pp. 103-124). Graó.

Mateo, M. T. (2022). El uso de la rúbrica para la didáctica de la argumentación con recursos digitales. En M. Romera y M. C. Bueno (Coords.). *Didáctica de la lengua, multimodalidad y nuevos entornos de aprendizaje* (pp. 125-148). Graó.

Rosenschein, J. S., y Genesereth, M. R. (1987). Communication and cooperation among logic-based agents. En O. Friesen y F. Golshani, F. (Eds.). *Sixth Annual International Phoenix conference con Computers and Communications: 1987 Conference Proceedings.* (pp. 594-600). IEEE Computer Society Press.

Santolària, A., y Deseures (2022). El poster digital como mediador entre los géneros discursivos y la gramática en la formación inicial de maestros. En M. Romera y M. C. Bueno (Coords.). *Didáctica de la lengua, multimodalidad y nuevos entornos de aprendizaje* (pp. 195-218). Graó.

Stubbs, M. y Piddock, P. (1985). Artificial Intelligence in Teaching and Learning: An Introduction. *Innovations in education and teaching international, 22*(2), 150-157. https://doi.org/10.1080/1355800850220207

Weizenbaum, J. (1976). *Computer Power and Hyman Reason.* New York.

Wyer, J. A. (1984). New Bird on the Branch: Artificial Intelligence and Computer-Assisted Instruction. *Innovations in education and teaching international, 21*(3), 185-191. https://doi.org/10.1080/1355800840210304

EL PAPEL DE LA INTELIGENCIA ARTIFICIAL EN LA TOMA DE DECISIONES DE LAS ORGANIZACIONES

Carlos M. Tosca-Vidal [1]

1. INTRODUCCIÓN

Hoy en el mundo de los negocios, existe una gran necesidad por contar con información para la toma de decisiones, así como ejecutar su estrategia y operación. Una de las estrategias utilizadas en las organizaciones es un sistema de información contable, que registra y produce de acuerdo con las actividades de las empresas, informe de manera adecuada, en tiempo y forma, donde se releve la situación económica y los resultados de esta, permitiendo interpretar situación financiera actual, comparada, y tener la capacidad de proyectar la operación del negocio para distintos usuarios.

La implementación de la tecnología en los procesos ha mejorado en el proceso de análisis de la información, la alimentación de estos programas con las variables que afectan a las empresas maximiza el índice de éxito en las tomas de decisiones de los lideres.

De acuerdo con Granados (2022), la Inteligencia Artificial (AI) es un conjunto de tecnologías que se mezclan para actuar en similitud al ser humano, mediante la elaboración de actividades profesionales que simulan conciencia.

2. OBJETIVOS

El objetivo de la presente investigación es determinar la importancia de la Inteligencia Artificial en la gestión de la toma de decisiones en las organizaciones.

3. METODOLOGÍA

Para la realización de esta investigación se utilizó un enfoque cualitativo con técnica documental, se realizó una búsqueda en las bases de datos científicas que relacionen las IA y la toma de decisiones de las organizaciones, tanto públicas y privadas.

1. Universidad Autónoma de Guadalajara (Méjico)

4. DESARROLLO DE LA INVESTIGACIÓN

De acuerdo con Piedra (2018), uno de los principios básicos de la información, es que ésta debe ser relevante y útil para la toma de decisiones. Las personas encargadas de las decisiones no pueden dejar de analizar las grandes cantidades de información que se genera alrededor del mundo en cada momento, y para ello necesitan desarrollar estrategias que otorguen la posibilidad de procesar, interpretar, analizar y finalmente tomar decisiones en función de lo que se obtuvo (Alonso y Carrio, 2019).

Las empresas pueden utilizar las herramientas y tecnologías actualizadas, una de ella es la inteligencia artificial, junto con el análisis predictivo para indagar grandes volúmenes de información y obtener de manera oportuna (Sarango *et al.*, 2023). Estas herramientas deben estar estructurado para otorgar información que pueda servir de soporte a los complejos análisis que se requieren en el análisis de las tendencias globales del negocio, con el fin de tomar decisiones eficaces y pertinentes (Sierra, 2007).

En el contexto de la Revolución 4.0 y la introducción de las tecnologías inteligentes como el internet de las cosas o el blockchain, la Inteligencia Artificial (IA) se apunta como una de las complejas, pero su función es de suma importancia para la simplificación del análisis de la información , lo cual conlleva a transformar radicalmente el comportamiento de personas y de organizaciones (Serna, 2021).

La introducción de la IA en diversos sectores de la economía mundial es de gran utilidad, especialmente durante la pandemia del Covid-19, ya que se busca mayor eficiencia y eficacia en estos procesos. La automatización digital y tecnológica en el lugar de trabajo podría afectar a más de un tercio de los puestos de trabajo para 2030, de acuerdo con Duan *et al.* (2019).

La IA se está aplicando a un sin número de actividades que anteriormente se realizaban por la mano de obra de las personas, entre las cuales destacan la robótica, la visión artificial, técnicas de aprendizaje y la gestión del conocimiento (Sierra, 2007).

La generación de la información generada por las empresas y los mercados, se demoraban en realizar las conclusiones, lo cual ya no era informacion oportuna para la toma de decisiones, la automatización por medio de la IA y el poder de procesamiento de los ordenadores ha aumentado exponencialmente de manera de segundos , lo que les permite procesar más información en menos tiempo (Rouhiainen, 2018). Las IA realizaran el análisis y expondrá los datos en tiempo real para que el tomador de decisiones podrá inspirarse en ellas para ajustar sus propios pronósticos, hechos de una manera más tradicional (Palanca *et al.*, 2022).

Las organizaciones son sistemas tan complejos que es evidente que cualquier cambio realizado tiene consecuencias más allá de lo esperado. Si bien el uso de tecnologías como la IA es un avance importante para mejorar los procesos productivos y de toma de decisiones, reducir los riesgos y enfermedades laborales, sería ingenuo pensar solo en los efectos positivos de tales cambios (Leyton *et al.*, 2014).

Las innovaciones incorporadas por la IA llevan estrategias digitales y tecnológicas muy avanzadas que tratan de imitar la forma o el mecanismo en el cual funciona el cerebro de todo ser humano y consiguiendo en muchos aspectos superar las restricciones y contradicciones de la inteligencia humana (Arbeláez-Campillo *et al.*, 2021).

La IA tiene la capacidad de ofertar sugerencias y pronósticos relacionadas con asuntos de vital importancia en diversos sectores como la salud, el bienestar, la educación, el trabajo y las relaciones interpersonales. En el mismo tenor cambiará la forma de hacer las actividades empresariales al otorgar las ventajas competitivas a las empresas que busquen entender y aplicar estas herramientas de forma rápida y eficaz» (Rouhiainen, 2018).

La IA es fundamental para la toma de decisiones, un ejemplo en los mercados financieros se utiliza como herramienta indispensable en el campo de la inversión, pero no reemplazará fácilmente al gestor humano, pero salvo en los casos especiales de empresas especializadas, lo hará. suele estar en su plena toma de decisiones o se utiliza como herramienta para crear estrategias paralelas a la inversión principal (Alonso y Carrio, 2019).

Las técnicas de IA cubren la automatización de tareas cognitivas y físicas que apoyan a las personas a realizar actividades y tomar decisiones adecuadamente y tiempo récord. Permite la automatización de la toma de decisiones sin intervención del factor del ser humano, reduciendo así el trabajo intensivo y las actividades complejas. Hay muchas más formas en las que la IA está marcando la diferencia para las organizaciones como son, la toma de decisiones de marketing, la gestión de relaciones con el cliente y proveedores, los sistemas de recomendación, la resolución de problemas, la minería de opiniones y la analítica aumentada, entre otros (Cortés, 2020).

El control de gestión es la parte fundamental en la administración de la organización, lo cual en la implementación de las técnicas actualizada se afecta y tendrá que adaptarse para garantizar la sostenibilidad de la organización ante los cambios ocasionados, mantener su cumplimiento de las actividades y ofertar las herramientas básicas para generar la información para una toma de decisiones eficaz y eficiente (Boutgayout y Ghazali, 2020).

La integración en un sistema automatización implica la conexión de la cadena de valor entre las empresas, lo mas beneficiados son los clientes, debido a que los productos y servicios obtienen mejor eficacia y eficiencia. Las actividades de las organizaciones de manera no lineal, sino tácticas de multicanalidad soportadas a través de la IA y generando crecientes cantidades de datos para toma de decisiones adecuadas (Rego *et al.*, 2020)

Un ejemplo marcado es el estudio realizado por Brenes *et al.* (2020) quienes identificaron las técnicas de IA para realizar un sistema con el análisis de las variables de entrada, las salidas generadas para toma de decisiones en los procesos de agricultura, los cuales ofrecen un panorama al agricultor para una mejor cosecha.

Otra aplicación de IA es el sistema financiero, lo cual las dos terceras partes de las operaciones que analizan los estados financieros utilizan bots que generan información de manera automática, coadyuva en la toma de decisiones adecuadas y minimizar los riesgos de fracasos (Alonso y Carrio, 2019).

En el área del sector de tecnología, las organizaciones reestructuran sus flujos de sus procesos de toma de decisiones, y su planeación estratégica, donde se mezclan la solicitud de información, los tomadores de decisiones teniendo variables de empleados, clientes y la producción y planeación a eventos futuros, de igual manera el uso de *chatbots* se diseñan para actuar como humanos, lo cual apoyan con la gestión de la atención al cliente de manera eficaz (Casazola et al., 2021).

De esta manera es fundamental que en el contexto latinoamericano se desarrolle con intensidad el estudio de la IA y las herramientas de toma de decisiones, que permita a los administradores y gerentes tomar mejores decisiones tanto en calidad como en tiempo, de modo que potencialicen la competitividad y el éxito de sus organizaciones (Cortés, 2020).

Las empresas interesadas en aplicar técnicas de inteligencia artificial deberán desarrollar estudios previos que les permitan identificar la posición actual de la organización y la forma en que se verá afectada con los cambios, de modo que se puedan prevenir algunos de los riesgos descritos en este documento y se tomen en consideración las opiniones y perspectivas de todos los actores vinculados en los procesos organizacionales, esto con el fin de que las modificaciones aplicadas sean aceptadas y todos puedan trabajar orientados a un mismo objetivo (Hernández y Duque, 2020).

Es probable que el uso creciente de la inteligencia artificial desafíe las normas culturales y actúe como una barrera potencial dentro de ciertos sectores de la población, se encuentra el riesgo latente que la inteligencia artificial puede supera el desempeño humano en muchos trabajos, y con ello podría, inevitablemente, reemplazarlos, seguirá mejorando su capacidad e infiltrándose en muchos más dominios del quehacer de la sociedad (Maita-Cruz *et al.*, 2022).

5. CONCLUSIONES

La IA de se ha incluido en los procesos de las organizaciones, lo cual en algunas ocasiones se teme que la tecnología reemplace a muchos puesto que ocupan actualmente los seres humanos. Los adelantos tecnológicos, la globalización y la permanencia de en el mercado para la supervivencia ha generado la obligatoriedad de su uso. El objetivo de integrar la IA en estos procesos genera ahorro de tiempos y precisión en la obtención de la informacion.

La inmersión de la IA en los procesos de las organizaciones ha generado un cambio radical en la estructura, mientras que la digitalización ha empleado diversos factores de minimización de errores y gestión de alimentación de informacion de manera adecuada para la toma de decisiones.

La IA puede tomar de diferentes factores de toma de decisiones, como lo son de tipo estratégicas, decisiones operativas y toma de decisiones rutinarias, sin embargo, el ser humano tiene que darle la última palabra debido a que no tienen sentido común y analizar la realidad y contextos diferentes. La integración de la IA en los procesos de la organización debe tener una planeación adecuada y analizar los riesgos, ventajas y desventajas. Los tomadores de decisiones deben conocer el proceso y confiar en la información generada para la interpretación.

El reto de las organizaciones es gestionar modelos para integrar estos procesos con respaldo de ciberseguridad para la informacion interna de la empresa, plasmar la responsabilidad de cada uno de los integrantes que alimentan al sistema. Se concluye que la IA es un punto de ventaja competitivas frente a los competidores y otorgar elementos de gestión e innovación organizacional.

6. REFERENCIAS

Alonso, I. y Carrio, A. (2019). Aplicaciones De La Inteligencia Artificial a Los Mercados Financieros. *Papeles de Economía Española, 162*, 148-161,175. https://bit.ly/45FouEw

Arbeláez-Campillo, Villasmil, J. y Rojas-Bahamón, M. (2021*)*. Inteligencia artificial y condición humana: ¿Entidades contrapuestas o fuerzas complementarias? *Revista de Ciencias Sociales 27*(2). https://doi.org/10.31876/rcs.v27i2.35937

Boutgayout, B. y Ghazali, M. E. (2020). Contrôle de gestion 3.0: Nouveaux outils et prise de décision à l'ère de la transformation digitale. *Revue Internationale d'Economie Numérique, 2*(1), Article 1. https://revues.imist.ma/index.php/RIEN/article/view/22046

Brenes, J. A., Martínez, A., Quesada-López, C. y Jenkins, M. (2020). Sistemas de apoyo a la toma de decisiones que usan inteligencia artificial en la agricultura de precisión:

Un mapeo sistemático de literatura. *Revista Ibérica De Sistemas e Tecnologias De Informação, 28,* 217-229. https://bit.ly/44Hs13B

Calzada, L. y Abreu, J. (2009, septiembre). El impacto de las herramientas de inteligencia de negocios en la toma de decisiones de los ejecutivos. *Revista Daena: International Journal of Good Conscience, 4*(2), 16–52. http://www.spentamexico.org/v4-n2/4(2)%20 16-52.pdf

Casazola, O., Alfaro, G, Burgos, J y Ramos, 0. (2021) La usabilidad percibida de los chatbots sobre la atención al cliente de las organizaciones. *Interfases, 14,* 184-204. https://doi.org/10.26439/interfases2021.n014.5401

Cortés, J. A. Z. (2020). Inteligencia artificial para la toma de decisiones. *Revista Perspectiva Empresarial, 7*(2-1), 3–5. https://www.redalyc.org/articulo.oa?id=672271538001

Duan, Y., Edwards, J. S. y Dwivedi, Y. K. (2019). Artificial intelligence for decision making in the era of Big Data – evolution, challenges and research agenda. *International Journal of Information Management, 48,* 63–71. https://doi.org/10.1016/j.ijinfomgt.2019.01.021

Granados, J. (2022). Análisis de la inteligencia artificial en las relaciones laborales. *Revista CES Derecho, 13*(1), 111-132. Epub June 07, 2022. https://doi.org/10.21615/cesder.6395

Hernandez, A. Y. M. y Duque, F. J. V. (2020). Inteligencia artificial al servicio de la auditoría: Una revisión sistemática de literatura. *Revista Ibérica de Sistemas e Tecnologias de Informação, E27,* 213–226. https://bit.ly/3sHpmtI

Leyton, J. D., Rodríguez, M. del P. y Correa, J. S. (2014). Efectos laborales vinculados al uso de técnicas de inteligencia artificial. *Universidad y Empresa, 16*(26), 211–249. https://www.redalyc.org/articulo.oa?id=187232713010

Maita-Cruz, Y. M., Flores-Sotelo, W. S., Maita-Cruz, Y. A. y Cotrina-Aliaga, J. C. (2022). Inteligencia artificial en la gestión pública en tiempos de Covid-19. Revista de Ciencias Sociales (Ve), Esp. 28(5). https://www.redalyc.org/journal/280/28071845027/

Palanca, M. B., Taliani, E. C. y Feliu, V. R. (2022). *Reflexiones sobre el control de gestión en una economía digital.* Contaduría Universidad de Antioquia, 81, Article 81. https://doi.org/10.17533/udea.rc.n81a06

Rego, A. Z., López, I. P. y Bringas, P. G. (2020). Inteligencia Artificial: Una Aproximación Desde Las Finanzas. *Boletín de Estudios Económicos, 75*(229), 99–117. https://bit.ly/45Y3hVZ

Rouhiainen, L. (2018*). Inteligencia artificial: 101 cosas que debes saber hoy sobre nuestro futuro.* Alienta editorial.

Sarango, A. F. H., Yacelga, A. P. M., Sevilla, R. M. N., Sailema, M. E. C. y Lescano, J. C. P. (2023). Inteligencia de negocios en la gestión empresarial: Un análisis a las investigaciones científicas mundiales: Business intelligence in business management: a review of worldwide scientific research. *LATAM Revista Latinoamericana de Ciencias Sociales y Humanidades, 4*(1), Article 1. https://doi.org/10.56712/latam.v4i1.493

Serna, M. S. (2021). Inteligencia artificial y gobernanza de datos en las administraciones públicas: Reflexiones y evidencias para su desarrollo. *Gestión y Análisis de Políticas Públicas, 26,* 20–32. https://www.redalyc.org/journal/2815/281567964002/

Sierra, M. D. C. S. (2007). Inteligencia artificial en la gestión financiera empresarial. *Pensamiento y Gestión, 23,* 153–186. https://www.redalyc.org/articulo.oa?id=64602307

LOS LÍMITES DE CHATGPT DESDE UNA PERSPECTIVA DE SEMÁNTICA GENERAL

Laura Trujillo Liñán [1]

1. INTRODUCCIÓN

La historia del ser humano en su primera etapa permanece en la oscuridad debido a la carencia de documentos o escritos que rebelen su existencia en el mundo, sus actividades, pensamientos y experiencias. Es el lenguaje uno de los medios más importantes para el ser humano pues gracias a éste es posible comunicarse, es decir, tener una común unión con el otro al compartir emociones y experiencias. Al mismo tiempo, la comunicación permite al ser humano hacerse a sí mismo a partir de la mirada del otro, de sus expresiones, de sus críticas, esto hace que la persona vaya formando su identidad. Y es por ello que el lenguaje es importante, al influir de tal manera en la identidad humana, nos hemos dado cuenta de que es importante cuidarlo, mejorarlo e incluso estudiarlo para comunicarnos mejor. Es en este sentido que el lenguaje cobra una importancia superior y por ello se creó a finales del siglo XIX una rama del conocimiento llamada semántica, la cual se refiere al estudio del significado, sentido o interpretación de los signos lingüísticos, como palabras, expresiones o representaciones formales. Esta tiene diferentes enfoques y puede estudiarse desde distintos puntos de vista; por ejemplo, la semántica lingüística se centra en el significado de las palabras y cómo se atribuye a ellas. Examina la estructura de las formas léxicas, las expresiones y su relación con sus referentes, así como los mecanismos mentales de atribución de significado. También estudia el cambio de significado a lo largo del tiempo, conocido como cambio semántico. Por otra parte, la semántica lógica aborda los problemas lógicos de significación y la relación entre los signos lingüísticos y la realidad. Analiza las condiciones necesarias para que un signo pueda aplicarse a un objeto y las reglas que garantizan una interpretación precisa. Finalmente, la semántica en las ciencias cognitivas intenta explicar el proceso de comunicación y el mecanismo psíquico establecido entre el hablante y el oyente. Si bien es cierto, la semántica como ciencia ha logrado desarrollarse en cuanto a el lenguaje en sí mismo, comprender su forma y cómo ésta se relaciona con el contenido, el lenguaje hacia afuera, es decir en su uso en sociedad no ha tenido un avance significativo, los desacuerdos, las guerras, la incomprensión social ha marcado épocas de grandes desastres naturales y humanos como es el surgimiento de la Primera y Segunda guerras mundiales. Es por ello que, en el contexto de la Gran Guerra o Primera Guerra Mundial, surge la Semántica General, un sistema que propone estudiar el lenguaje en su relación con la sociedad.

1. Universidad Panamericana (México)

2. OBJETIVOS

Si bien es cierto la Semántica en cuanto ciencia no ha logrado resolver los conflictos humanos pues, dicha ciencia se ha dedicado más al estudio de las cuestiones formales del lenguaje, la Semántica General surge como una alternativa para el ser humano que ayuda a lograr una mejor comunicación en la vida diaria, pues lo importante cara a este sistema, no es el ámbito universal o científico, sino la correcta comprensión entre las personas para construir con ello un mundo mejor. Por ello, el objetivo de este trabajo es mostrar lo que es la Semántica General y los límites que presenta Chatgpt como una nueva herramienta tecnológica que pretende, a partir de la Inteligencia Artificial, resolver asuntos humanos en el día a día. Los objetivos que se pretenden alcanzar en este trabajo se lograrán a partir del análisis de algunas obras de Alfred Korzybski, fundador de la Semántica General, algunos comentadores de sus obras y es estudio de lo que hasta hoy el ChatGPT 3.5 puede realizar.

3. ¿QUÉ ES LA SEMANTICA GENERAL ?

La Semántica General es un campo multidisciplinario que explora la relación entre el lenguaje, el pensamiento y el comportamiento. Ofrece un marco para comprender cómo el lenguaje moldea nuestras percepciones e influye en nuestras acciones. Al examinar las formas en que utilizamos e interpretamos el lenguaje, la semántica general tiene como objetivo mejorar la comunicación y mejorar nuestra comprensión del mundo que nos rodea, a diferencia de la ciencia que en general busca encontrar verdades universales que orienten el actuar común de los seres humanos. Asimismo, la semántica general en tanto que término, fue acuñado por el ingeniero y filósofo polaco-estadounidense Alfred Korzybski en la década de 1930. Él, al ser políglota y tener conocimiento de varias áreas del conocimientoe construye esta nueva área con base en la lingüística, la psicología y la filosofía, para explorar cómo nuestro lenguaje y procesos de pensamiento afectan nuestros comportamientos e interacciones con los demás. En su esencia, la semántica general busca promover una comunicación más precisa y efectiva al resaltar las limitaciones y trampas del lenguaje. Unos años después de la creación de este término, se creó el Instituto de Semántica General que tiene como objetivo desarrollar las ideas y el sistema creado por Alfred Korzybski.

4. HISTORIA DEL INSTITUTO DE SEMANTICA GENERAL[2]

El Instituto de Semántica General (ISG) se constituyó en la ciudad de Chicago porque ahí era donde vivían y trabajaban Douglas Gordon Campbell y Charles B. Congdon como psiquiatras del Servicio de Salud Estudiantil de la Universidad de Chicago. Ambos estaban muy interesados en el sistema de Korzybski y querían que viniera allí. A través del Dr. Campbell, Cornelius Crane (heredero de Crane Plumbing) también se involucró y contribuyó con $25,000 para la financiación inicial del Instituto. El certificado de incorporación del Instituto enumeraba a Korzybski, Campbell, Congdon y Crane como los cuatro fideicomisarios incorporadores. Además, Marjory Kendig fue mencionada como miembro ex oficio de la Junta. En la década de 1930, se estaban rompiendo nuevas

---

2. La historia se relata en la página web: https://generalsemantics.org/Mission-History (Levinson, 2013).

barreras en muchos campos académicos, y los líderes en diversas disciplinas, muchos de los cuales fueron invitados a convertirse en fideicomisarios honorarios del Instituto.

Una larga lista de eminentes académicos aceptó, con un total de treinta y un fideicomisarios honorarios al inicio del Instituto. Dos meses después, el nuevo Instituto presentó su primer seminario (consistió en doce conferencias dictadas por Korzybski los lunes y miércoles por la noche durante un período de seis semanas). En 1939, el Instituto se mudó una cuadra al oeste a una casa con la intrigante dirección numérica 1234 E. 56th Street. Con un financiamiento inicial y un fuerte respaldo financiero, el nuevo Instituto fue lanzado en mayo de 1938, con una oficina en un pequeño apartamento a dos cuadras de la Universidad de Chicago.

Muchos de los futuros líderes de la incipiente disciplina de la SG asistieron a los primeros seminarios de Korzybski, hombres como Elwood Murray, Irving J. Lee, S. I. Hayakawa, Francis Chisholm, Wendell Johnson, Ray Bontrager y el Dr. Douglas Kelley.

Otras personas que habían asistido a seminarios, conferencias o talleres del Instituto incluyen al novelista, escritor de cuentos, ensayista, pintor y artista de la palabra hablada William S. Burroughs; inventor, arquitecto, filósofo, escritor, etc., R. Buckminster Fuller; escritor de ciencia ficción Robert Heinlein; psicólogo y autor Abraham Maslow; el médico británico y coautor con John Cleese de "Familias: y cómo sobrevivir a ellas", Robin Skynner; el escritor de ciencia ficción contemporáneo Robert Anton Wilson; y el autor, animador y compositor Steve Allen. Ya en 1939, los ejércitos de Hitler invadieron Polonia y Bélgica. En 1940, Francia cayó y Londres estaba siendo bombardeada desde el aire. Korzybski observó el impacto que algunos de estos desastres tuvieron en él en su introducción a la segunda edición de "Ciencia y cordura", que escribió en 1941, el año en que los japoneses atacaron Pearl Harbor.

Varios estudiantes que habían asistido a los seminarios del Instituto se unieron a las fuerzas armadas de Estados Unidos durante la Segunda Guerra Mundial, y algunos llevaron consigo el texto de Korzybski "Science and Sanity" a sus destinos de combate. En los hospitales del ejército en Europa, el Dr. Douglas Kelley utilizó métodos korzybskianos para ayudar a tratar a los soldados que sufrían de fatiga de batalla y miedo. En medio de las hostilidades que se desarrollaban en Europa, el ISG celebró un Segundo Congreso Americano de Semántica General (el primero tuvo lugar en 1935 en la Escuela Normal de Washington en Ellensburg, Washington) en la Universidad de Denver en agosto de 1941. Tuvo una buena asistencia y se publicaron varios trabajos destacados en 1943 en el volumen "Papers from the Second American Congress on General Semantics" (M. Kendig, Editor).

Korzybski impartió muchos seminarios en Chicago, alrededor de seis cada año, así como algunos en California, la ciudad de Nueva York y otros lugares. Sin embargo, los ingresos generados por estas actividades apenas eran suficientes para mantener a flote el ISG. Afortunadamente, la Sra. Frances Stone Dewing, madre de Mary Morain (una reformadora social y destacada humanista secular que compiló y editó cuatro libros sobre SG), brindó una generosa ayuda financiera en este momento crítico. Por otra parte, en 1942, un pequeño grupo de estudiantes de Korzybski en Chicago se unió para establecer la Sociedad de Semántica General, una organización cuyo objetivo era interesar al público en SG y publicar una revista de semántica general. Cinco dólares de su cuota anual de diez dólares se destinaban a la Sociedad, y el resto se entregaba al Instituto. En 1948, la Sociedad se convirtió en la Sociedad Internacional de Semántica General (ISGS). "ETC: A Review of General Semantics", la revista trimestral de la Sociedad, comenzó en 1943, con S. I. Hayakawa como editor.

El trabajo de la Sociedad Internacional se desarrolló con un mayor énfasis en las publicaciones, mientras que el Instituto se concentró en la enseñanza y la formación a través de seminarios. A mediados de la década de 1940, la Sociedad utilizó la lista de correo del ISG de los asistentes y prospectos de los seminarios en sus campañas de membresía y recaudación de fondos. Varios fideicomisarios del Instituto también formaron parte de la junta de la Sociedad Internacional. La primera "popularización" de la SG, "The Tyranny of Words" de Stuart Chase, se publicó en 1938. En la década de 1940, se publicaron más obras populares: "Language in Action" de S. I. Hayakawa (selección del Club del Libro del Mes publicada en 1941), "Language Habits in Human Affairs" de Irving J. Lee (1941) y "People in Quandaries" de Wendell Johnson (1946), entre otros. También hubo artículos en la revista *Time* y en otros lugares sobre Korzybski y sus ideas, y la lista de libros y reimpresiones vendidos por el ISG creció rápidamente. Los seminarios se llevaban a cabo en la amplia sala de estar del edificio del Instituto, mientras que los estudiantes se alojaban en hoteles cercanos.

Sin embargo, el personal del Instituto, en promedio alrededor de seis personas, seguía siendo reducido y había muy poco dinero. En junio de 1944, Charlotte Schuchardt se convirtió en la administradora de la oficina y secretaria confidencial de Korzybski cuando Pearl Johnecheck enfermó. Así, en la primavera de 1946, el edificio que el Instituto estaba alquilando fue vendido y los nuevos propietarios querían vivir en él. Esto creó un gran problema para el Instituto, ya que el seminario de agosto de 1946 estaba inscrito y listo para comenzar. Providencialmente, Robert Redpath, Jr., fideicomisario del Instituto, que conocía al director de la Indian Mountain School en Lakeville, Connecticut, logró asegurar un lugar para el seminario en Lakeville. El nuevo lugar brindó la oportunidad de que los participantes del seminario vivieran juntos en dormitorios.

Se tomó la decisión de quedarse temporalmente en Lakeville, ya que el costo de tener una oficina en la ciudad de Nueva York no era financieramente viable. Kendig compró una gran casa antigua en Lime Rock, Connecticut, y el Instituto se convirtió en su inquilino en diciembre de 1946. (Marjorie M. Kendig, la primera directora de educación del Instituto, era una administradora altamente talentosa y una trabajadora muy dedicada para el Instituto. Sus esfuerzos y conocimientos fueron cruciales para establecer y desarrollar el programa del ISG). El Instituto permaneció en Lime Rock durante más de tres décadas.

Fue un gran desafío para el personal del Instituto funcionar en una zona rural, a noventa millas de la ciudad de Nueva York, a cinco millas de Lakeville y a varias millas de una metrópolis con más de 2,000 habitantes. Lime Rock era un "pueblo fantasma" en 1946, pero había muchas escuelas privadas conocidas en la zona. 1947: Incorporación en Connecticut Mientras se reorganizaba en Connecticut, el Instituto enfrentó algunos desafíos adicionales. La Sociedad descubrió que necesitaba todas sus cuotas de membresía para poder seguir funcionando y ya no podía contribuir ninguna de ellas al Instituto. Por lo tanto, el ISG inauguró su propia estructura de membresía para compensar los fondos que ya no recibiría de la Sociedad. En 1947, el Instituto se incorporó en el estado de Connecticut. La incorporación de más fideicomisarios, muchos de ellos del área de Nueva York, fue una ventaja, y en los años 1947-1950, el cronograma del Instituto estuvo completo. Además, la Sociedad de Semántica General de Nueva York, fundada en 1946, estaba en ascenso y otras sociedades, como las de Montreal, Los Ángeles, San Francisco, Chicago y Ann Arbor, también se estaban formando. En 1949 se celebró un Tercer Congreso de Semántica General en la Universidad de Denver, y Korzybski dictó un seminario en Yale y realizó un coloquio en el que participaron varios destacados profesores de Yale.

En 1950, Korzybski estaba preparando un artículo para presentar en un simposio en la Universidad de Texas. Casi había terminado ese manuscrito cuando, en la madrugada del 1 de marzo, murió repentinamente, unas horas después de sufrir una trombosis coronaria. Los años siguientes fueron muy complicados para el Instituto pues, directores y encargados de la biblioteca del instituto cambiaron, así como el lugar físico de la misma. No es sino hasta el 2007 que el Dr. Lance Strate, profesor de Comunicaciones en la Universidad de Fordham, asumió las funciones de director ejecutivo en 2008. Strate se desempeñó como director del Instituto durante tres años, período en el cual revivió la publicación del ISG y ayudó al Instituto a establecer una posición más sólida en el ámbito académico. Hasta el momento se continúa con la labor que inició Korzybski con una estabilidad mayor y con seminarios anuales en los que participan investigadores de diferentes disciplinas.

5. QUÉ ES CHATGPT

La tecnología ChatGPT se considera un modelo de lenguaje basado en la arquitectura GPT-3.5 (*Generative Pre-trained Transformer*) y fue desarrollado por la empresa OpenAI. Esta herramienta utiliza técnicas de inteligencia artificial y aprendizaje automático para generar respuestas coherentes y contextualmente relevantes a partir de instrucciones o preguntas proporcionadas por los usuarios. Asimismo, el modelo ChatGPT ha sido entrenado en una amplia variedad de datos de texto para adquirir conocimientos sobre diversos temas y estilos de lenguaje. Puede proporcionar información, realizar tareas específicas, participar en conversaciones y ofrecer respuestas basadas en el contexto y la intención del usuario. El modelo de lenguaje ChatGPT es capaz de comprender de manera algorítmica el lenguaje natural, interpretar preguntas complejas y generar respuestas detalladas utilizando el mismo formato del lenguaje natural. A través de su entrenamiento con grandes cantidades de texto, ha desarrollado habilidades para captar la semántica, el significado y las sutilezas del lenguaje humano.

Es importante señalar que, como modelo de lenguaje, ChatGPT no tiene conciencia ni conocimiento más allá de lo que se le ha proporcionado en su entrenamiento. No tiene acceso a información en tiempo real, esto en la versión que manejamos para este trabajo, la 3.5 y no puede realizar acciones físicas en el mundo real. Sin embargo, se esfuerza por brindar respuestas informativas y útiles en función de la información disponible en su base de conocimientos.

Es importante tener en cuenta que ChatGPT no siempre puede proporcionar respuestas precisas o correctas en todos los casos, ya que su salida se genera en función de la información disponible en su entrenamiento. Además, se recomienda verificar y validar la información obtenida con fuentes adicionales cuando sea necesario. Una vez que surgió esta tecnología, muchas personas pensaron que podían obtener información verídica a través del ChatGPT, sin embargo, esta misma plataforma advierte desde el inicio la incapacidad de este para generar respuestas verdaderas pues, toma sus respuestas a partir de millones de datos de información.

De acuerdo con Zhou *et al.* (2023), ChatGPT se ha convertido en una de las aplicaciones con mayor crecimiento en la historia pues, ha llegado a 100 millones de visitas mensuales con tan sólo dos meses de su lanzamiento (Zhou *et al.*, 2023, p. 1). Asimismo, ha tenido una gran aceptación en las personas debido a su habilidad de tener conversaciones de alta calidad. ChatGPT además, puede dar respuesta a preguntas, rechazar determinadas peticiones y admitir sus errores. De la misma manera, posee habilidades que ninguna otra tecnología posee como razonamiento complejo, encadenamiento de ideas, aprendizaje del contexto, entre otras cosas.

Una pregunta interesante es, ¿cómo esta plataforma comúnmente conocida como LLM (Large Language model), obtiene estas habilidades? Una de las razones de acuerdo con el MIT Technology Review (Heaven, 2023) tiene que ver con que la mayoría de la tecnología dentro de ChatGPT no es nueva. ChatGPT es una versión afinada de GPT-3.5, una familia de modelos de lenguaje de gran tamaño que OpenAI lanzó meses antes del chatbot. GPT-3.5 es en sí misma una versión actualizada de GPT-3, que apareció en 2020. La compañía hace disponibles estos modelos en su sitio web como interfaces de programación de aplicaciones, o APIs, que facilitan a otros desarrolladores de software la integración de estos modelos en su propio código.

OpenAI también lanzó una versión previamente afinada de GPT-3.5, llamada InstructGPT, en enero de 2022. Pero ninguna de estas versiones anteriores se promocionaron al público. Otra razón es el entrenamiento que tiene, de acuerdo con Zhou *et al.* (2023) es que se utilizan grandes cantidades de datos para entrenar a este tipo de LLMs además de un entrenamiento con la técnica aprendizaje reforzado con retroalimentación humana (RLHF), de esta manera ChatGPT va a prendiendo la manera de responder como lo haría un ser humano (Heaven, 2023). En este sentido, hay varios estudios que ente más datos se dan, mejor es el desempeño de la plataforma. OpenAI reveló que el modelo GPT-3 fue pre-entrenado con 45 TB de datos en texto (Brown et al., 2020).

El surgimiento de ChatGPT ha revolucionado la sociedad pues, ha impactado en áreas estratégicas de la misma como es el trabajo y la educación. Dos ámbitos que tienen que ver con la vida cotidiana de las personas y que ahora se ve en peligro a causa de lo que este tipo de tecnologías puede producir.

El hecho de pensar que un LLM puede realizar el trabajo de cientos de personas de manera automatizada y sin descanso, es un aspecto que inspira a las empresas y destruye a los seres humanos. Asimismo, las empresas ahora buscan cada vez más personas que tengan habilidades suficientes para trabajar con la Inteligencia Artificial, de esta manera se busca no sólo el conocimiento de este tipo de herramientas sino también, la empatía para colaborar y obtener mejores resultados en conjunto. Por otra parte, en la educación, el hecho de saber de su existencia implica que los estudiantes tienen un aliado muy importante para resolver sus tareas y sustituir las habilidades analíticas y sintéticas de los estudiantes para ser más eficientes en los tiempos. En esta misma línea, los profesores han visto un peligro en la manera de enseñar y de aprender de los estudiantes, ¿qué hacer para lograr que los estudiantes aprendan lo que deben aún con estas herramientas?, hoy en día la educación se encuentra en una transición del pre y post ChatGPT.

6. DISCUSIÓN

Nos enfrentamos a dos modelos distintos que tienen que ver con la manera en que nos comunicamos. En primer lugar, la Semántica General que nos ofrece un marco para comprender cómo el lenguaje moldea nuestras percepciones e influye en nuestras acciones. Como vimos anteriormente, al examinar las formas en que utilizamos e interpretamos el lenguaje, la Semántica General tiene como objetivo mejorar la comunicación y mejorar nuestra comprensión del mundo que nos rodea y por otra parte, el ChatGPT, una nueva plataforma conocida como LLM que ofrece respuestas a preguntas comunes para las personas y que está moldeando la manera en que nos comunicamos, como veíamos anteriormente, este tipo de tecnologías ofrecen la esperanza de tener la verdad de manera fácil y rápida por ello, la carencia de análisis en las respuestas provenientes de este tipo de plataformas es lo que orilla a las personas al error y en este sentido a tener una comunicación inadecuada.

Es por ello que, en la era de la inteligencia artificial, examinar los límites de los modelos de lenguaje impulsados por IA, como ChatGPT, desde una perspectiva de Semántica General es crucial. Para ello, se mostrarán a continuación algunas diferencias entre ambos sistemas para lograr comprender los límites que la tecnología presenta frente al lenguaje humano.

Así, de acuerdo con la Semántica General:

1. El Mapa no es el territorio Uno de los principios fundamentales de la Semántica General es el rechazo de la lógica aristotélica, que asume una clasificación binaria de la realidad, de "o esto o aquello". Este principio se ejemplifica en la famosa afirmación de Korzybski, "el mapa no es el territorio". En el contexto de ChatGPT, este principio implica que la comprensión del lenguaje y la realidad por parte de la IA está limitada por los datos de texto en los que fue entrenada, que sirven como su "mapa". El modelo de lenguaje, al igual que cualquier mapa, es una abstracción y simplificación de la realidad. Como resultado, la capacidad de ChatGPT para generar respuestas contextualmente relevantes y coherentes está limitada por el alcance y la calidad de los datos de entrenamiento.

2. Time-Binding (Vinculación Temporal) Otro concepto clave en la Semántica General es la vinculación temporal, que es la capacidad de los seres humanos para acumular conocimiento a lo largo del tiempo y transmitirlo a través de las generaciones. Los modelos de lenguaje de IA, como ChatGPT, se basan en un principio similar. Aprenden a partir de grandes cantidades de datos de texto generados por humanos, heredando y condensando el conocimiento acumulado por generaciones anteriores. Sin embargo, la capacidad de vinculación temporal de ChatGPT tiene limitaciones. Su conocimiento está Descubrimientos científicos y contextos culturales en evolución. Como resultado, los usuarios deben tener precaución al buscar información actualizada o ideas de ChatGPT.

3. Indexación y contexto: Como seres humanos se tiene la tendencia de poner calificativos a las personas o "indexar" a otros. Así se dice que es bueno o malo, torpe o listo, mentiroso o veritativo y muchas veces se carece del contexto para comprender bien las razones por las cuales las personas piensan de esa manera. La Semántica General pone en relieve estas condiciones para lograr tener más empatía por las personas. ¿Qué pasa con ChatGPT? Definitivamente no tiene la capacidad de tomar en cuenta estos aspectos, pues, ha sido entrenado con información cuya tendencia es calificar o dar una respuesta con base en lo que se cuestiona.

4. La Semántica General enfatiza la importancia de la indexación, que se refiere a la práctica de diferenciar y contextualizar nuestro lenguaje y experiencias. En el contexto de ChatGPT, esto implica comprender que las respuestas de la IA están influenciadas por el contexto en el que se generaron los datos de entrenamiento. Dado que ChatGPT fue entrenado con datos de texto de Internet, su comprensión del contexto está moldeada por los sesgos y perspectivas incorporados en esos datos. En consecuencia, la IA puede reproducir y perpetuar inadvertidamente sesgos, estereotipos y desinformación presentes en el corpus de texto.

5. Evaluación y reacciones emocionales (6) La Semántica General postula que nuestras evaluaciones de situaciones y eventos, junto con nuestras reacciones emocionales hacia ellos, están influenciadas por nuestro lenguaje y procesos

cognitivos. En el caso de ChatGPT, es esencial tener en cuenta cómo las respuestas de la IA pueden suscitar reacciones emocionales o moldear nuestras evaluaciones sobre un tema determinado. Dado que la IA no es capaz de experimentar emociones o tener experiencias personales, carece de los matices y la empatía que implica la comunicación humana.

6. El papel de la retroalimentación en la comunicación humana. Un aspecto crucial de la comunicación humana es el ciclo continuo de retroalimentación entre el emisor y el receptor de un mensaje. Esta retroalimentación ayuda a ambas partes a aclarar malentendidos, ajustar su estilo de comunicación y alcanzar una comprensión compartida. En el contexto de ChatGPT, la capacidad de la IA para participar en un ciclo de retroalimentación es limitada. Si bien puede responder a las entradas del usuario, no siempre puede interpretar correctamente la retroalimentación del usuario o adaptar su comunicación en consecuencia. En este sentido, al interactuar con ChatGPT, puede ser necesario reformular preguntas o proporcionar un contexto adicional para mejorar la comprensión de la IA y generar respuestas más precisas.

7. Ambigüedad e interpretación errónea del lenguaje. El lenguaje es inherentemente ambiguo y diferentes personas pueden interpretar palabras y frases de diversas formas según sus experiencias y antecedentes culturales. Desde una perspectiva de Semántica General, es crucial reconocer esta ambigüedad inherente al comunicarse. En el caso de ChatGPT, la IA puede no entender completamente los matices del lenguaje o el potencial de ambigüedad e interpretación errónea.

7. CONCLUSIONES

La Semántica General es un sistema que ayuda a las personas a tener una mejor comunicación. La posibilidad de entender mejor a los otros con base en el contexto y el uso del lenguaje es crucial para hacer una sociedad mejor. Es importante, de acuerdo con esta teoría, conocer las palabras y saber lo que realmente significan, darnos cuenta de que el mapa no es el territorio o bien, que la palabra no significa la realidad que se señala, es solamente una parte, una abstracción de la realidad. Tomar en cuenta esto nos lleva a no caer en ambigüedades y a una mejor comprensión. Asimismo, el entender a las personas con base a su contexto permite no calificar o descalificar a otros, más aún cuando se sabe que una palabra puede elevar o destruir a una persona. ChatGPT por otra parte, carece de este tipo de comprensiones y deja a la tecnología la tarea de educar e informar a otros. Con ello se elimina la posibilidad analítica y de reflexión, de empatía hacia los otros y si bien, a partir de la Semántica general se educa a otros para que actúen de la misma manera, ChatGPT también educa a las personas que lo usan para responder de acuerdo con las respuestas que este da. Finalmente, desde una perspectiva de Semántica General, comprender las limitaciones de ChatGPT como modelo de lenguaje impulsado por IA es crucial para un uso efectivo y responsable. Al reconocer las limitaciones de sus datos de entrenamiento, la falta de conocimiento en tiempo real, los sesgos y la falta de inteligencia emocional, los usuarios pueden abordar la salida de la IA con una perspectiva crítica e informada. Aplicar los principios de la Semántica General, como la lógica no aristotélica, la vinculación temporal, la indexación y la ambigüedad del lenguaje, pueden ayudar a los usuarios a navegar las limitaciones de ChatGPT y a evaluar mejor sus respuestas. En última instancia, adoptar un enfoque de semántica general permite una comprensión más matizada y crítica del lenguaje generado por la inteligencia artificial, fomentando una comunicación más responsable y efectiva en la era de la inteligencia artificial.

8. REFERENCIAS

Anton, C., Logan, R. K., y Strate, L. (2017). *Taking up McLuhan's cause: Perspectives on media and formal causality*. Intellect.

Anton, C. y Strate, L. (2012). Korzybski and--. Institute of General Semantics.

Brown, T.B., Mann, B., Ryder, N., Subbiah, M., Kaplan, J., Dhariwal P., Neelakantan, A., Shyam, P. Sastry, G., Askell, A., Agarwal, S., Herbert-Voss, A. Krueger, G., Henighan, T., Child, R., Ramesh, A., Ziegler, D. M., Wu, J., Winter, C., Hesse, C. [...] Amodei, D. (2020). Language models are few-shot learners. Proceedings 34th International Conference on Neural Information Processing Systems, pp. 1877-1901.

Heaven, W. D. (March 6, 2023). *The inside story of how CHATGPT was built from the people who made it.* MIT Technology Review. https://n9.cl/bu8dx7

Korzybski, A. (2005). Science and Sanity: An introduction to non-Aristotelian Systems and General Semantics. Institute of General Semantics.

Levinson, M. (2013). *A Brief History of the Institute of General Semantics*. Institute of General Semantics. https://generalsemantics.org/Mission-History

Strate, L. (2022). *Concerning communication: Epic quests and lyric excursions within the human lifeworld*. Institute of General Semantics.

Strate, L. (2011). On the Binding Biases of Time: And Other Essays on General Semantics and Media Ecology. New Non-Aristotelian Library Institute of General Semantics.

Trujillo-Liñán, L. T. (2016). An Aristotelic Approach to the Time-Binding Notion in Alfred Korzybski. *ETC: A Review of General Semantics, 73*(2), 185–189. www.jstor.org/stable/44857500

Trujillo-Liñán, L. (2022). *Formal cause in Marshall McLuhan's thinking: An Aristotelian perspective*. Institute of General Semantics. https://doi.org/10.1631/fitee.2300089

EFECTIVIDAD EN LA UNIVERSIDAD DEL USO DE LA INTELIGENCIA ARTIFICIAL UTILIZANDO FLIPPED CLASSROOM EN LAS AULAS

José Antonio Vigario Castaño [1], *Ana María González Martín* [2]

1. INTRODUCCIÓN

Los estudiantes involucrados en la construcción de su propio entendimiento y conocimiento desarrollan habilidades cognitivas avanzadas que les permiten analizar, sintetizar, evaluar y aplicar información de manera crítica (O'Connor, 2022).

Para desarrollar estas capacidades, los docentes hacen uso de diferentes metodologías de base constructivista y herramientas que faciliten el aprendizaje autónomo, significativo y contextualizado. Entre ellas, el modelo de aula invertida, también conocido como *flipped classroom*, es una metodología pedagógica que se ha utilizado cada vez más en estudios universitarios. En el aula invertida, se invierte el orden tradicional de la enseñanza y el aprendizaje. En lugar de que los estudiantes reciban la lección magistral en el aula y luego realicen tareas y ejercicios en casa, en el aula invertida los estudiantes adquieren los conceptos y conocimientos fundamentales de manera autónoma fuera del aula. Durante la clase, el tiempo se utiliza para actividades interactivas y de participación activa, como discusiones en grupo, resolución de problemas, actividades prácticas o proyectos colaborativos. El profesor actúa como facilitador y guía durante estas actividades, brindando apoyo, aclarando dudas y fomentando el pensamiento crítico.La idea principal detrás del aula invertida es que los estudiantes puedan aplicar y profundizar en los conocimientos adquiridos durante la clase, en lugar de simplemente recibir la información de forma pasiva. Al revisar los conceptos por su cuenta antes de la clase, los estudiantes pueden llegar a la clase con preguntas específicas, lo que fomenta una participación más activa y un enfoque en la comprensión y aplicación de los conceptos en lugar de solo la memorización.

El uso de tecnología, como plataformas en línea y herramientas de colaboración, puede facilitar la implementación del aula invertida en estudios universitarios, ya que permite a los estudiantes acceder a los materiales y recursos necesarios en cualquier momento y lugar, así como participar en actividades de aprendizaje colaborativo. Tal y como concluyen los resultados de diferentes estudios (Cardoso, 2022; Arias y Mon, 2022), este enfoque pedagógico favorece en mayor medida la calidad del aprendizaje de los estudiantes en

---

1.   Universidad del Atlántico Medio (España)
2.   Universidad del Atlántico Medio (España)

la relevancia, utilidad y calidad de la formación recibida y fomenta la participación y motivación en el aula universitaria.

El enfoque de aula invertida, favoreciendo el trabajo autónomo del alumno, se ha visto favorecido con la popularización de los dispositivos portátiles, el buen funcionamiento de los motores de búsqueda y la calidad de contenido de un gran número de webs ha mejorado el acceso a recursos y materiales, disminuyendo los tiempos de trabajo del alumnado y aumentando la calidad final de las tareas (i.e., García y García, 2021; Quiroga, 2019; Gómez Hurtado *et al.*, 2020). Como señalan Andreoli *et al.* (2022), Vázquez *et al.* (2022) y García-Peñalvo (2023), hay muy buena conexión con las herramientas digitales y la universidad, donde se están creando retos significativos a corto y medio plazo y donde resulta una gran ventaja en todas las áreas de la sociedad. Según estudios consultados, existe una alta satisfacción del alumnado respecto al empleo de nuevas herramientas digitales (Artiles, 2021), especialmente cuando cuentan con la ayuda y colaboración de los docentes (Ayuso del Puerto y Gutiérrez, 2022).

Recientemente, la inteligencia artificial (IA) se ha incorporado a estas herramientas digitales que facilitan el trabajo académico y científico (Tapia, 2023; González y Bonilla, 2022). Según señala Boden (2017), la Inteligencia Artificial (IA) imita la mente humana, siendo capaz no solo de buscar información utilizando distintas fuentes, sino también de presentarla desde diversos enfoques y formatos con fines académicos, científicos o artísticos (Macdonald *et al.*, 2023; Malinka *et al.* 2023). Atendiendo a Vigario y González (2023), existe un optimismo en cuanto a la utilización de la IA en el área de la didáctica universitaria. En los pocos estudios realizados hasta ahora, se ha observado que ha tenido efectos positivos y significativos en la educación. Se han utilizado diversas técnicas, como redes neuronales, *big data*, visión por computadora, asistentes virtuales digitales, aprendizaje automático y análisis predictivo (Flores *et al.*, 2022). Entre las herramientas de IA, el ChatGPT de OpenAI se ha vuelto especialmente popular entre los estudiantes universitarios debido a su gratuidad y fácil acceso, pudiéndose crear una cuenta en su sitio web oficial (https://chat.openai.com) tan solo con un número de teléfono y una dirección de correo electrónico. ChatGPT utiliza el modelo GPT-3, que es capaz de entender y comprender las preguntas y expresar respuestas en formato de texto. Como modelo de lenguaje basado en inteligencia artificial, ChatGPT está diseñado para proporcionar respuestas precisas y coherentes a una amplia variedad de preguntas. Sin embargo, al igual que cualquier sistema informático, también tiene sus errores. Según Borji (2023), ChatGPT puede tener problemas de razonamiento lógico y comprensión del contexto, lo que puede llevar a respuestas inexactas o irrelevantes. También puede presentar sesgos y discriminación, información desactualizada, errores factuales debido a la incapacidad del chat para distinguir entre información verdadera y falsa, y errores pragmáticos y discursivos, entre otros.

En su uso con la metodología del aula invertida, ChatGPT es una herramienta eficaz y rápida para que el alumnado se pueda acercar a las bases de nuevos contenidos que van a trabajarse en el aula. Sin embargo, su uso presenta dos tipos de riesgos: (1) aquellos intrínsecos a la herramienta, la ya citada información errónea debido a los fallos del programa y (2) aquellos resultantes de su uso en los procesos de enseñanza-aprendizaje: aumento del plagio, disminución gradual de las habilidades de los estudiantes en tareas que la herramienta realiza por ellos y rápida adquisición y propagación de datos incorrectos (Sok y Heng, 2023).

FORTALEZAS	DEBILIDADES
Acceso rápido a información relevante	Aumento de plagio
Resolución de dudas fuera del aula	Falta de desarrollo de la competencia "buscar fuentes relevantes y fiables"
Personalización del aprendizaje	Falta de desarrollo de la competencia "seleccionar información relevante de diferentes fuentes"
Menor inversión de tiempo	Falta de desarrollo de la competencia "resumir información"
Andamiaje en redacciones, proporcionando ideas e incluso estructuras para la expresión de contenido.	Interiorización y rápida difusión de errores debido a fallos en los datos

Tabla 1. Fortalezas y debilidades de la IA en metodología invertida. Fuente: Elaboración propia.

En este trabajo, con el fin de medir el efecto en los resultados académicos del uso de ChatGPT dentro del enfoque de aula invertida, se ha realizado una comparativa entre dos grupos de 32 estudiantes universitarios. Ambos cursaron la misma asignatura, Ética y Deontología Profesional en el Grado en Administración y Dirección de Empresas de una universidad privada española. El grupo experimental preparó las clases haciendo uso de información no digital y digital que incluía el uso de ChatGPT; el grupo control hizo uso de los mismos recursos, excepto la inteligencia artificial Se controló asimismo la variable de diferencia docente (el profesor era el mismo) y el nivel académico de partida de ambas clases.

Los resultados indican mejores resultados en el grupo que usó ChatGPT, aunque la diferencia no se considera significativa.

2. OBJETIVOS

2.1. Objetivo general

Determinar el efecto de la inteligencia artificial, concretamente de ChatGPT, como herramienta en el enfoque de aula invertida.

2.2. Objetivos específicos

- Conocer el funcionamiento eficaz de la IA en estudios universitarios.
- Analizar las fortalezas y debilidades de la inteligencia artificial.
- Adaptar la IA a la metodología de aula invertida.

3. METODOLOGÍA

3.1. Muestra

64 estudiantes universitarios, (27 mujeres) divididos en dos grupos de 32 participantes (grupo 1: 13 mujeres; media de edad: 22,6 años (21-27 años); grupo 2: 14 mujeres; media de edad: 31,4 (21-45) cursando el Grado en Administración y Dirección de Empresas de una universidad privada española.

3.2. Procedimiento

Durante el segundo semestre del curso académico 2022/23, los alumnos de la asignatura la asignatura, Ética y Deontología Profesional fueron divididos en dos grupos. Se controló la variable de diferencia docente (el profesor era el mismo), metodología (aula invertida) y el nivel académico de partida de ambas clases. Asimismo, se informó al alumnado del material que podían utilizar para preparar sus clases: el grupo experimental preparó las clases haciendo uso de información no digital y digital que incluía el uso de ChatGPT; el grupo control hizo uso de los mismos recursos, excepto ChatGPT.

3.3. Instrumento

Los dos grupos realizaron el mismo examen final de conocimientos objetivos al finalizar la asignatura: un test de 20 preguntas, con 3 respuestas, donde solo una era válida.

3.4. Análisis de datos

Se realizaron pruebas para comprobar diferencias de medias (t de Student para muestras independientes, niveles de confianza de 95%).

4. RESULTADOS

T de Student no encontró diferencias significativas en los resultados obtenidos por grupos (control, sin uso de IA, y experimental, con IA). También se realizó un análisis por género ("alumnos" frente a "alumnas") que tampoco arrojó diferencias significativas:

- • Para total de alumnos: No existe diferencia significativa ($p=0,274 > 0,05$).
- • Para alumnos: No existe diferencia significativa ($p=0,586 > 0,05$).
- • Para alumnas: No existe diferencia significativa ($p=0,324 > 0,05$).

Se han realizado comprobaciones adicionales para determinar si existen diferencias de *género (*nivel de confianza de 95 %):

- • Total de sujetos (grupos mezclados): no existe diferencia significativa ($p=0,306 > 0,05$).
- • Dentro del grupo control (sin IA): no existe diferencia significativa ($p=0,311> 0,05$).
- • Dentro del grupo experimental (con "IA"): no existe diferencia significativa ($p=0,695> 0,05$).

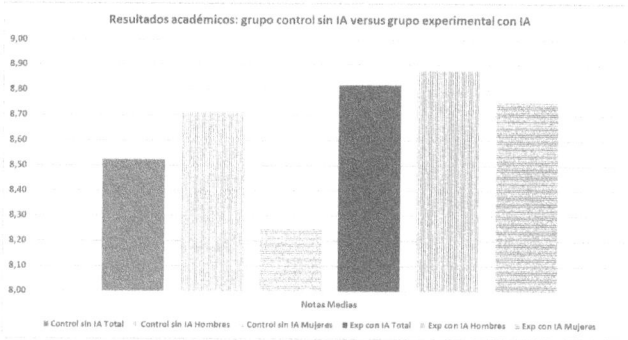

Gráfica 1. Resumen resultados. Fuente: Elaboración propia.

5. DISCUSIÓN

La IA ha cambiado la forma de aprender, usando datos y algoritmos que proporcionan una rápida respuesta que disminuye el tiempo en la búsqueda de información, algoritmos de aprendizaje automático que analizan el comportamiento del usuario y proporcionan recomendaciones personalizadas y precisas, mejorando la experiencia del usuario (Vera, 2023). Su popularización y, concretamente, la de su aplicación ChatGPT ha dotado al mundo académico de una nueva herramienta para la búsqueda rápida y eficaz de información. A diferencia de motores de búsqueda tradicionales, tipo Google, el ChatGPT no remite a diferentes fuentes presentes en Internet, sino que toma la información de ellas, resumiéndola de manera coherente y original en función del contexto proporcionado. La herramienta ofrece, por tanto, una ventaja importante sobre otras herramientas digitales ya que procesa grandes cantidades de datos y realiza tareas complejas de manera más rápida y precisa que los humanos, lo que lleva a una mayor eficiencia y productividad, gracias a innovación de la práctica de algoritmos de IA (Contreras-Medina y Marín, 2022). Además, al estar entrenada con grandes cantidades de texto para aprender patrones lingüísticos y estructuras gramaticales, es capaz de imitar obras originales humanas (Boden, 2017), presentando la información desde diferentes perspectivas y con diferentes finalidades académicas, científicas o artísticas (Macdonald *et al.*, 2023; Malinka *et al.* 2023).

Obviamente, su capacidad de búsqueda, compilación y redacción de información instantánea la convierten en un instrumento valioso en el desarrollo del trabajo del alumnado, ya que permite tomar decisiones más informadas y basadas en datos influenciados por los algoritmos que van creciendo en los ámbitos de la sociedad (García-Orosa *et al.*, 2023). Por tanto, su uso puede ser, de especial relevancia, en enfoques constructivistas como la clase invertida en los que el alumno no recibe clases magistrales por parte del docente, sino que adquiere los conceptos y conocimientos fundamentales de manera autónoma fuera del aula. ChatGPT permite que el alumno resuelva dudas, de manera instantánea, con diferente grado de profundidad académica y adaptándose a diferentes niveles de conocimiento, por lo que resulta muy útil para la recopilación del conocimiento teórico que luego se aplica en clase.

No obstante, ChatGPT, como aplicación basada en IA, tiene limitaciones que pueden generar errores en la información proporcionada. Siguiendo a Borji (2023), ChatGPT puede incluir (1) problemas de razonamiento lógico y comprehensión del contexto, produciendo respuestas inexactas o irrelevantes; (2) sesgos y discriminación; (3) información desactualizada; (4) errores factuales, generalmente, debidos a la incapacidad del chat de distinguir información verídica de aquella falsa y (5) errores pragmáticos-discursivos, entre otros.

En los procesos de enseñanza-aprendizaje, estos errores en los datos pueden afectar no solo al rendimiento académico del alumno, sino también a la propagación de información imprecisa o, incluso, completamente falsa.

Según Sok y Heng (2023) las desventajas no sólo aparecen con las respuestas erróneas a los prompts formulados, sino también con la reducción de habilidades del alumnado que no trabaja las competencias de búsqueda y selección de información relevante y su redacción. En este sentido, y más allá de los programas asociados al plagio y su detección (cf. Arce, 2023), se debe considerar que el uso de la herramienta puede crear una reducción de destrezas en el alumnado e, incluso, de interiorización del conocimiento, ya que la IA pasa a tomar el papel del profesor en las clases magistrales. Básicamente, el alumno puede dejar de construir su aprendizaje para ser un mero receptor de la información proporcionada por la IA. En este sentido, supone un alto riesgo, como indica Vázquez (2020) la falta de formación permanente tanto en docentes como en discentes, por lo que parece necesario plantear una implementación de las IA en estudios universitarios (Carrera y Pérez, 2023) en la que se trabaje la utilización de la herramienta, enfatizando la necesidad de comprobar la información que la misma proporciona y siendo capaz de reconocer su uso inadecuado.

En el presente estudio, un profesor formado en enfoques constructivistas y uso de tecnologías de la información y el aprendizaje impartió la misma asignatura a dos grupos idénticos en número, nivel académico y sexo y similares en edad, se usó como única variable añadir ChatGPT en las herramientas y materiales para la preparación autónoma de las clases que seguían la metodología invertida. Los resultados indican una mejora en el grupo experimental que hacía uso de la IA, aunque la diferencia no es significativa. Estos resultados parecen indicar que siempre que el profesor cuente con la formación adecuada para orientar el uso de ChatGPT como una herramienta más de trabajo y no una fuente única de información, su uso no parece tener resultados negativos. Al contrario, tal como indican Artiles (2021) y Naradowski (2021), el uso de este tipo de herramientas digitales supone una motivación añadida para estudiantes, siempre que no sustituyan sino complementen otros materiales tradicionales.

6. CONCLUSIONES

El objetivo de este estudio era determinar el efecto de la aplicación de IA, ChatGPT, como herramienta en el enfoque de aula invertida. El uso de este recurso puede actuar como un facilitador en el trabajo autónomo del alumno ya que responde, de manera coherente y contextual, a preguntas usando múltiples fuentes y de manera inmediata. No obstante, ChatGPT puede también entorpecer los procesos de aprendizaje dando información desactualizada o incorrecta y disminuyendo las destrezas de búsqueda, recopilación y redacción de información relevante del alumnado. En este trabajo, se llevó a cabo una comparación entre dos grupos de 32 estudiantes universitarios para evaluar el efecto en los resultados académicos del uso de ChatGPT dentro del enfoque de aula invertida. Ambos grupos cursaron la misma asignatura con el mismo docente, controlando las variables de edad, sexo y nivel académico. Los recursos digitales y tradicionales facilitados a ambos grupos fueron los mismos con el único factor diferencial de utilizar el ChatGPT en el grupo experimental. Los resultados mostraron mejores resultados en el grupo que utilizó la IA, aunque la diferencia no fue estadísticamente significativa. Esto sugiere que el uso de ChatGPT en el enfoque de aula invertida puede tener un impacto positivo en los resultados académicos, al menos en aquellos casos en que su uso está contextualizado y limitado a una dinámica concreta de clase y docentes y discentes conocen sus oportunidades y limitaciones.

7. REFERENCIAS

Andreoli, S., Batista, A., Fucksman, B., Gladko, L., Martinez, K. y Perillo, L. (2022). Inteligencia artificial y educación. [Archivo pdf] https://tinyurl.com/jfcjusdm

Arce, D. D. (2023). Inteligencia artificial vs. Turnitin: implicaciones para el plagio académico. *Revista Cognosis, 8*(1), 15-26. https://doi.org/10.33936/cognosis.v8i1.5517

Arias, J. C. y Mon, F. E. (2022). Aula invertida gamificada como estrategia pedagógica en la educación superior: Una revisión sistemática. *EDUTEC. Revista Electrónica de Tecnología Educativa,* (80). https://doi.org/10.21556/edutec.2022.80.2435

Artiles, J., Guerra, M., Aguiar, M. V. y Rodríguez, J. (2021). Agente conversacional virtual: La inteligencia artificial para el aprendizaje autónomo. *Pixel-Bit: Revista de Medios y Educación,* 62, 107-144. https://doi.org/10.12795/pixelbit.86171

Ayuso del Puerto, D., y Gutiérrez, P. (2022). La Inteligencia Artificial como recurso educativo durante la formación inicial del profesorado. *RIED: Revista Iberoamericana de Educación a Distancia, 25*(2), 347-362. https://doi.org/10.5944/ried.25.2.32332

Boden, M. A. (2017). *Inteligencia artificial.* Turner.

Borji, A. (2023). A categorical archive of ChatGPT failures. arXiv preprint arXiv:2302.03494.

Cardoso, E. O. (2022). El aula invertida en la mejora de la calidad del aprendizaje en un posgrado en Administración. *Revista electrónica de investigación educativa, 24.* https://dialnet.unirioja.es/servlet/articulo?codigo=8868147

Carrera, F. X., y Pérez, A. (2023). Tecnologías digitales en educación: Poniendo el foco en la ética. *Edutec: Revista Electrónica de Tecnología Educativa,* 83 (Número especial), 1-6. https://doi.org/10.21556/edutec.2023.83.2829

Contreras-Medina, F. R. y Marín, A. (2022). La visualidad algorítmica: Una aproximación social a la visión artificial en la era post internet. *Arte, Individuo y Sociedad, 34*(2), 627-647. https://doi.org/10.5209/aris.74664

Flores, F. A. I., Sánchez, D. L. C., Urbina, R. O. E., Coral, M. Á. V., Medrano, S. E. V. y Gonzales, D. G. E. (2022). Inteligencia artificial en educación: una revisión de la literatura en revistas científicas internacionales. *Apuntes Universitarios, 12*(1), 353-372. https://doi.org/10.24320/redie.2022.24.e04.3855

García-Orosa, B., Canavilhas, J. y Vázquez, J. (2023). Algoritmos y comunicación: Revisión sistematizada de la literatura. *Comunicar: Revista Científica Iberoamericana de Comunicación y Educación,* 74, 9-21. https://doi.org/10.3916/C74-2023-01

García-Peñalvo, F. J. (2023). Uso de ChatGPT en Educación Superior: Implicaciones y Retos. [Presentación en pdf] https://zenodo.org/record/7821173

Gómez Hurtado, I., García Rodríguez, M. P., González Falcón, I., y Coronel Llamas, J. M. (2020). *Adaptación de las metodologías activas en la educación universitaria en tiempos de pandemia.* https://doi.org/10.15366/riejs2020.9.3.022

González, R. A., y Bonilla, M. H. S. (2022). Educación e Inteligencia Artificial: Nodos temáticos y de inmersión. *Edutec: Revista Electrónica de Tecnología Educativa,* 82 (Número especial), 59-77. https://doi.org/10.21556/edutec.2022.82.2633

Macdonald, C., Adeloye, D., Sheikh, A., y Rudan, I. (2023). Can ChatGPT draft a research article? An example of population-level vaccine effectiveness analysis. *Journal of global health, 13.* https://doi.org/10.7189/jogh.13.01003

Malinka, K., Perešíni, M., Firc, A., Hujňák, O. y Januš, F. (2023). On the educational impact of ChatGPT: Is Artificial Intelligence ready to obtain a university degree?. *arXiv preprint arXiv:2303.11146.* https://doi.org/10.48550/arXiv.2303.11146

Narodowski, M. (2021). Fantasmas de lo escolar: ¿A quién vas a llamar? Teoría de la Educación, 33(2), 49-63. https://doi.org/10.14201/teri.25136

O'Connor, K. (2022). Constructivism, curriculum and the knowledge question: tensions and challenges for higher education. *Studies in Higher Education, 47*(2), 412-422. https://doi.org/10.1080/03075079.2020.1750585

Quiroga, L. P., Jaramillo, S., y Vanegas, O. L. (2019). Ventajas y desventajas de las tic en la educación "Desde la primera infancia hasta la educación superior". *Revista Educación y Pensamiento, 26*(26), 77-85.

Sok, S., y Heng, K. (2023). ChatGPT for education and research: A review of benefits and risks. *Available at SSRN 4378735.*

Tapia, S. J. C. (2023). La inteligencia artificial como herramienta complementaria en la investigación y educación: responsabilidad ética y humana. *Revista Unidad Sanitaria XXI, 3*(8). https://doi.org/10.57246/rusxxi.v3i8.47

Vázquez, G. (2020). La autoeducación permanente en un contexto sociotécnico. Contextos educativos: Revista de Educación, 26, 83-103. https://doi.org/10.18172/con.4451

Vázquez, M. Y. L., Ricardo, J. E., y Vega-Falcón, V. (2022). La inteligencia artificial y su aplicación en la enseñanza del Derecho. *Estudios del desarrollo social: Cuba y América Latina, 10, 368-380.*

Vera, F. (2023). *Integración de la Inteligencia Artificial en la Educación superior: Desafíos y oportunidades. Transformar, 4(1),* 17-34.

CIENCIAS SOCIALES EN ABIERTO

Editada por
David Caldevilla Domínguez y Almudena Barrientos-Báez

Vol. 1   Almudena Barrientos-Báez / David Caldevilla Domínguez / Javier
Sierra Sánchez (eds.): Inteligencia Artificial ¿amiga o enemiga?. 2024.

www.peterlang.com

www.ingramcontent.com/pod-product-compliance
Lightning Source LLC
Chambersburg PA
CBHW030240230326
41458CB00093B/470